财政部"十三五"规划教材

The Audit Case &
Simulation
Experiment

（第3版）

审计案例与模拟实验

刘 静 主编

中国财经出版传媒集团

经济科学出版社
Economic Science Press

图书在版编目（CIP）数据

审计案例与模拟实验/刘静主编. —3 版. —北京：
经济科学出版社，2019.3
财政部"十三五"规划教材
ISBN 978-7-5218-0531-4

Ⅰ.①审…　Ⅱ.①刘…　Ⅲ.①审计-案例-高等
学校-教材　Ⅳ.①F239

中国版本图书馆 CIP 数据核字（2019）第 088042 号

责任编辑：杜　鹏　刘　悦　申甜甜
责任校对：王肖楠
责任印制：邱　天

审计案例与模拟实验
（第 3 版）
刘　静　主编
经济科学出版社出版、发行　新华书店经销
社址：北京市海淀区阜成路甲 28 号　邮编：100142
编辑部电话：010-88191441　发行部电话：010-88191522
网址：www. esp. com. cn
电子邮件：esp_bj@ 163. com
天猫网店：经济科学出版社旗舰店
网址：http://jjkxcbs. tmall. com
固安华明印业有限公司印装
787×1092　16 开　28.25 印张　600000 字
2019 年 7 月第 1 版　2019 年 7 月第 1 次印刷
印数：0001—4000 册
ISBN 978-7-5218-0531-4　定价：56.00 元
（图书出现印装问题，本社负责调换。电话：010-88191510）
（版权所有　侵权必究　打击盗版　举报热线：010-88191661
QQ：2242791300　营销中心电话：010-88191537
电子邮箱：dbts@esp. com. cn）

前　言
PREFACE

2018 年我国政府工作报告明确指出要"加强行政监察和审计监督,坚决查处和纠正违法违规行为";《深圳证券交易所股票上市规则》2018 年进行了修订,增加了因净利润、净资产、营业收入或审计意见类型等规则规定情形被暂停上市的公司,若无法按时披露被暂停上市后的首个年报或按时披露仍显示公司净利润或者扣除非经常性损益后的净利润为负值、期末净资产为负值、营业收入低于 1 000 万元,被出具保留意见、无法表示意见或否定意见的审计报告便会触发强制退市。这进一步强化了审计监督的重要性和权威性,随着我国市场经济发展的不断深入,审计在社会监督中的作用将越来越重要。

本教材主要为培养审计应用型人才服务,将枯燥的审计准则和专业知识寓于生动、鲜活、可读的现实审计案例之中。我们精选了 24 个国内外上市公司典型的完整审计案例,设计了 12 项重点审计业务的模拟实验,涵盖了年度会计报表审计的主要工作环节和政府审计的重要业务。审计案例具体描述了问题的发生背景、主要过程和最终结果,进行了较深刻的审计分析和问题探讨,总结审计规律,升华审计认识;审计模拟实验仿真、生动,给出了审计实验目的与资料,并且详细提出了模拟实验要求,操作性较强,可以缩短审计学习与具体实践的距离感。本教材可用于审计专硕、会计专硕的案例研究,也可以用于审计专业、会计学专业、注册会计师专门方向的本科教学,还可作为审计人员后续教育教材及其他经济管理人员学习与提高审计理论和实践水平的参考资料。

本教材由刘静主编,得到了吴昊洋老师、王继红老师、唐华老师、王丽楠老师、韩道琴老师的大力支持和帮助,深表感激!感谢宋瑚琏注册会计师,感谢闫佳惠博士、孔冉旭硕士、杨惠博硕士、刘为硕士等同学的共同努力与研究。本教材在编写过程中参阅了大量的国内外文献资料,在此,向这些文献资料的作者表示衷心的感谢!对教材中的不妥或缺陷之处,敬请读者批评指正。

编者

2019 年 5 月

目 录
CONTENTS

第二部分　审计模拟实验

第一部分

审计案例专题

案例专题一 审计责任与审计风险问题

案例 1

从 G 外高桥诉普华永道案例
分析注册会计师审计责任

刘　静　唐　华

2006 年 5 月 11 日，上海外高桥保税区开发股份有限公司（股票代码 600648，以下简称"G 外高桥"）发布公告称，普华永道中天会计师事务所（以下简称"普华永道"）在 2003 年度和 2004 年度对 G 外高桥的年度审计中，未保持应有的职业谨慎，未实施有效的审计程序，出具了无保留意见的审计报告，使该公司蒙受巨额经济损失。G 外高桥已于 5 月 9 日，向中国国际经济贸易仲裁委员会上海分会提起仲裁，要求普华永道退还全部审计服务费共计 170 万元，赔偿申请人的全部经济损失共 2 亿元，并且承担全部仲裁费和律师费。此事一公布立即引起财经媒体和会计师职业界的广泛关注，此案是被审计单位直接对会计师事务所提起诉讼，即使在国外这样的案例也较为罕见，同时诉讼的金额十分惊人，达到审计收费的 100 多倍，因此，该案对我国会计师事务所审计风险防范、事务所质量控制及未来业务发展等问题可能产生重大影响。人们不禁要问，综合实力国内排名第一、号称拥有世界最高审计水准的普华永道怎么会被上市公司追究审计责任呢？

一、背景简介

（一）重视审计责任是大势所趋

在市场经济条件下，会计信息的决策作用变得非常重要，一项小小的错误会计信息，可能会导致整个社会资金几万元、几十万元甚至几亿元的错误流向。正是由于会计信息的经济后果性日益突出，一旦发生不应出现的结果，或者会计信息的鉴定者与使用者双方对这种经济后果性产生不同看法时，必将带来法律上的冲突。因此，会计信息经济后果性的增大，就会引起相关的审计责任问题。审计责任是注册会计师执行审计业务、出具审计报告所应负的责任，包括注册会计师审计的职业责任和法律责任。会计信息的决策有用性是全球资本市场发展日益重视的问题，而强化鉴证会计信息可靠性的审计责任是信息时代未来发展的一大趋势。在这样一个大背景下，普华永道被诉巨额赔款事件极具争议，格外引人关注，诉讼结果引发人们的思考。G外高桥诉普华永道事件分析可以成为讨论注册会计师审计责任的典型案例，它的剖析对于今后注册会计师避免法律诉讼有重大意义。

（二）审计准则界定了审计责任

在有关会计师事务所诉讼的早期，由于法律界对注册会计师审计业务性质、审计责任的理解存在误区，经常将会计责任与审计责任混为一谈。社会公众对独立审计作用的理解与注册会计师审计行为结果及业界自身对审计业绩看法之间存在着差异，即审计期望差异。由于受审计技术和成本的限制，加之现代审计是建立在内部控制评价基础上的制度基础审计，注册会计师不能通过审计查出企业所有的错误和舞弊，但社会公众往往将审计意见视同对会计报表的担保或保证。一旦信息使用者发现自己因受不准确的会计信息误导而利益受损时，往往使注册会计师处于被告地位。财政部2006年颁布的《中国注册会计师审计准则第1101号——注册会计师的总体目标和审计工作的基本要求》第三条明确规定："按照中国注册会计师审计准则的规定对财务报表发表审计意见是注册会计师的责任；在被审计单位治理层的监督下，按照适用的会计准则和相关会计制度的规定编制财务报表是被审计单位管理层的责任。财务报表审计不能减轻被审计单位管理层和治理层的责任。"该《审计准则》作为注册会计师执行审计业务的国家标准，进一步明确区分了注册会计师的审计责任和被审计单位的会计责任。无论是注册会计师业界还是公众，关于注册会计师审计责任的界定，目前还有许多问题值得探讨，G外高桥事件的出现为我们提供了一个详尽分析审计责任的案例。

二、案例概况

（一）G外高桥公司与普华永道会计师事务所简介

G外高桥公司于1992年经上海市人民政府批准正式成立，是国内唯一以保税区开发建设为主营业务的上市公司，是上海浦东新区概念股的重要组成部分。公司注册资本为74 505.75万元人民币。公司自身及通过对保税区三家开发公司的持股全面参与上海外高桥保税区十平方公里的综合开发和经营，主营业务是区内基础设施建设、房地产经营和资产经营，并在物流、进出口贸易、酒店服务等方面形成新的经济增长点。G 外高桥是沪市老牌上市公司，曾和同为地产股的浦东金桥、陆家嘴公司并称为著名的"两桥一嘴"，在 20 世纪 90 年代的沪市中其股价极其活跃，曾经风光无限，但 21 世纪以来由于种种原因公司业绩下滑，股价不振。

G 外高桥公司在 2003 年解聘了原会计师事务所，改聘普华永道。

普华永道会计师事务所是四大国际会计师事务所之一，它是普华和永道于1998 年合并组建而成。普华永道与毕马威、安永、德勤被称为"国际四大"会计师事务所。普华永道 2005 年全球收入为 203 亿美元，列"四大"之首，其在150 个国家的 766 个办事机构雇用了 155 693 人，客户中 25% 为大型企业，30%为中型企业，为世界 500 强公司中的 400 多家提供审计、税务和咨询服务。在中国大陆的经营实体名字为普华永道中天会计师事务所。普华永道在中国的排名、业绩情况如表 1 - 1 所示。

表 1 - 1　　　　　　　2005 年会计师事务所综合实力百强排名　　　　单位：万元

综合得分名次	事务所名称	2005 年度业务收入总额
1	普华永道中天	180 296
2	安永华明	97 166
3	德勤华永	90 876
4	毕马威华振	91 478
5	上海立信长江	18 324

资料来源：《2006 年会计师事务所综合评价前百家信息》，中国注册会计师协会网站。

（二）事件回顾

G 外高桥在 2005 年 6 月发现存放于国海证券上海圆明园路营业部证券保证金账户中的资金实际余额与经审计的公司 2003 年度和 2004 年度报表明细账上的金额严重不符。经审计的 2003 年财务报表认定，2003 年 12 月 31 日证券保证金账户余额为 9 000 万元，然而资金变动情况却表明 2003 年底账户余额仅为 3 384元；经审计的 2004 年财务报表认定，2004 年 12 月 31 日证券保证金账户余额为2.04 亿元，然而资金变动情况却表明 2004 年底账户内的资金实际余额仅为20 770.55 元。

在报案并由公安机关介入后查明，G 外高桥计划财务部经理黎某与国海证券上海圆明园路营业部总经理金某、上海国发石油化工有限公司总经理仇某内外勾结、串通舞弊，挪用 G 外高桥存放于国海证券营业部的 2.04 亿元证券保证金，用于坐庄炒股、滚动偿还到期融资款、投资运作共同或分别控股的公司以及平时挥霍。

虽然 G 外高桥巨额保证金被挪用，但负责审计的普华永道却在 2003 年和2004 年出具了无保留意见审计报告。

（三）事件经过

G 外高桥为何在两年的时间内都没有发现资金黑洞？资金如何顺利地从 G 外高桥公司划到证券营业部？原财务部经理黎某向总经理介绍，证券营业部可以支付高于活期存款利率的利息，闲置资金存进去很安全，还可以保证收益性和流动性。于是总经理同意黎某去开户，并审批划出资金 2 亿多元。每季末，黎某都会伪造一份对账单，财务部用以登记本金和利息收益。董事会会议上如果有人问起，总经理便解释如此可以得到高于银行存款的利息收益。

资金又是如何不知不觉地在证券营业部流失的呢？这个过程涉及三个关键人：黎某、营业部总经理金某和营业部客户仇某。黎某将资金先划入 G 外高桥在证券营业部开立的股票账户，三人合作再将资金转至其他账户或直接划出。这个过程涉及三个关键点：办理 G 外高桥公司股票账户资金划转的假公章、股票账户的控制权以及营业部总经理金某对资金划转的审批权。

最终资金去向了哪里？骗取的资金部分用于归还金某私自对外开展委托理财的窟窿以及金某控制的 H 公司和 K 公司，结果导致公司资金流失 2 亿多元。

G 外高桥在其仲裁申请书中称，通过比较明细账和国海营业部提供的资金变动情况表和对账单，发现在 2003～2004 年间 G 外高桥共有 8 000 万元没有进账，同时另有约 14 000 万元保证金在进入保证金账户后被相关人员转出账户挪作他用而未在 G 外高桥的会计资料中做任何记载，且 G 外高桥的财务记录中的证券买卖和利息计提金额也与实际情况不符。但普华永道却在对 G 外高桥 2003 年度和 2004 年度的财务报表进行审计后，于 2004 年 4 月 8 日、2005 年 4 月 1 日出具了无保留意见的审计报告。

2005 年 8 月，G 外高桥的律师向普华永道发出律师函，要求对 G 外高桥的损失赔偿事宜进行谈判，在同年 9 月的回复函中，普华永道断然否认了其对 G 外高桥损失的赔偿责任，并就拒绝赔偿事宜进行协商。此后，双方再无沟通，直至 2006 年 5 月 9 日，G 外高桥依据审计合同中的约定选择了仲裁的方式，向中国国际经济贸易仲裁委员会上海分会提请仲裁，双方在仲裁庭进行了激烈的辩论。

（四）各方说辞

1. 来自 G 外高桥的声音。G 外高桥认为普华永道应该对公司资金损失承担责任，因为普华永道并没有按照正常的审计程序控制函证过程，因函证过程的失误，没有发现公司巨额保证金被挪用。2003～2004 年，普华永道对前述保证金账户资金余额实施审计函证时，注册会计师两次均未直接向证券公司发出询证函，相反却交给 G 外高桥的黎某，由他转交给证券营业部，并且由黎某收回交给注册会计师，使得询证函的发出和收回均控制在 G 外高桥的相关人员手中，为其弄虚作假掩盖挪用资金行为创造了机会。普华永道未对询证函的发出和收回保持有效控制，同时也没有实施其他审计程序核实 G 外高桥的巨额保证金。

G 外高桥管理层认为，普华永道未保持应有的职业谨慎、未实施有效的审计程序，却出具了无保留意见的审计报告，从而使 G 外高桥蒙受了巨额经济损失。

2. 来自普华永道的声音。2005 年 9 月 20 日，普华永道中国总法律顾问克里斯·哈福德（Chris Harford）代表普华永道回复称，其对 G 外高桥的损失不承担任何责任，拒绝就任何刑事的赔偿进行协商。

普华永道认为其已经履行了为 G 外高桥提供服务过程中的全部义务。理由是双方在 2003 年、2004 年签订的《审计业务约定书》中约定了"免责条款"。该条款称："除因本事务所故意的不当行为或欺诈行为所引起的索赔事项外，本事务所概无义务向贵公司（指 G 外高桥）赔偿任何超过本约定书中所支付的专业服务费的金额，无论这些损失是因侵权、违约或其他原因引起。"

普华永道强调，它无义务对任何在约定书中提及的与服务有关的直接或间接的损失、利润损失、未能实现的预期节支负责。

（五）案件结果

事实上，此案件发生后但并未进入法律纠纷之前，财政部于 2005 年 7 月在例行公布的《会计信息质量检查公告》中就发现普华永道因未严格执行审计准则被责令整改。

由于双方对责任争议比较大，究竟是会计责任还是审计责任？仲裁庭经过多次开庭，争议的焦点在于普华永道究竟是错误、过失还是推定欺诈，迟迟未有结论。经过激烈争辩、多方协调沟通，认为普华永道存在一定审计责任，双方最终达成和解。G 外高桥于 2007 年向中国国际经济贸易仲裁委员会提出撤销对普华永道中天会计师事务所仲裁案件的申请，普华永道向 G 外高桥支付了约 2 000 万元的赔偿金。

2008 年 4 月，中国证监会在对 G 外高桥的证监罚字 ［2008］25 号《行政处罚决定书》中，认定 G 外高桥 2003 年年报、2004 年半年报及年报"银行存款——其他货币资金"科目和委托理财收回情况虚假记载，且存在以个人名义开立账户买卖证券等违法行为。证监会对 G 外高桥开出的罚单总额 59 万元，并给予相关责任人罚款和警告的处罚，财务经理黎某最终获刑 7 年。

三、讨论题目

1. 财务报表审计的目标是什么？如何理解管理层对财务报表的责任与注册会计师对财务报表责任的区别？

2. 普华永道是否存在过失？如有过失，应承担何种责任？

3. 普华永道是否应该赔偿？能否依据"免责条款"免责？

4. 如何界定管理层舞弊和职员舞弊？本案属于哪种舞弊？

5. 结合案例，指出注册会计师应对法律诉讼的措施有哪些？如何应对"深口袋"现象？

案例使用说明

一、本案例要解决的关键问题

本案例要实现的教学目标，在于引导学生进一步关注注册会计师应负有的审计责任、法律责任的成因及避免法律诉讼的对策。根据本案例资料，一方面，学生可以进一步思考管理层对财务报表的会计责任与注册会计师对财务报表的审计责任的区别；另一方面，学生可以重点掌握对法律责任范围的正确认识和界定，以及应承担的法律责任后果的形式，进一步了解国际会计师事务所对承担审计失败可能采取的措施，拓宽国内会计师事务所面临法律诉讼时采取对策的研究思路和领域。

二、案例讨论的准备工作

为了有效实现本案例目标，学生应具备下列相关知识背景。

1. 理论背景。本案例需要学生识别的知识点主要包括：会计责任与审计责任的内容及关系，审计法律责任的构成要件、审计法律责任的成因及审计师应承担的后果，管理层舞弊与职员舞弊的界定与区别，避免法律诉讼的措施。

2. 行业背景。G 外高桥是沪市老牌上市公司，在 20 世纪 90 年代的沪市曾经风光无限，但进入 21 世纪以来由于种种原因业绩下滑，股价不振。普华永道对 G 外高桥的财务报告进行审计时正是股市最低迷的时期，大量的上市公司卷入委托理财的陷阱，由此造成的公司巨额亏损以及出现问题的券商等现象接连不断。作为会计师事务所，在审计过程中需要重视对行业风险进行的评估，尤其对重要的账户（如货币资金）进行风险评估，因为货币资金在流动资金中是流动性最强的，其舞弊的可能性比较大。

3. 制度背景。《会计法》《企业会计准则》和相关的会计法规关于会计责任的界定，《注册会计师法》和《中国注册会计师执业准则》对审计责任的界定，注册会计师执业道德准则的相关要求，《中国注册会计师法》关于注册会计师应承担法律责任的规定。

三、案例分析要点

1. 需要学生识别的关键问题。本案例需要学生识别的知识点主要包括，会计责任与审计责任的内容及关系，注册会计师职业责任与法律责任的界定及关系，审计法律责任的成因，过失与舞弊的区分，注册会计师承担法律责任的条件、应承担的后果及应对法律诉讼的措施。

2. 解决问题可供选择的方案及评价。

（1）会计责任和审计责任。从双方的权责上看，保证公司有运行良好的内部控制制度，从而进一步保证公司资产的完整、不受损失及对外提供的财务报告的真实、完整，是公司管理当局责无旁贷的会计责任。而审计责任是注册会计师执行审计业务、出具审计报告所应负的责任，包括注册会计师的职业责任和法律责任。职业责任是指注册会计师在承办审计业务时应履行的义务和职责；法律责任是指注册会计师出现工作失误或欺诈时，在法律上应承担的责任。法律责任和职业责任是审计责任的两个方面，两者是互相补充、紧密相连的，法律责任一般建立在职业责任基础上，即注册会计师没有严格履行职业职责，而出现违约、过失或欺诈的行为，并给相关利益人造成了经济损失，就要承担法律责任。审计责任在任何情况下都不能替代管理当局的会计责任。

（2）审计法律责任的构成要件。审计法律责任的构成要件并不是注册会计师对所有行为都要承担法律责任，而是只有当一种行为满足一定的条件或符合一定的标准时注册会计师才对其承担法律责任，这就是审计法律责任的构成要件，一般可以概括为以下五个方面。

第一，主体要件，即违法主体或承担法律责任的主体，主要指审计人员和机构，如就独立审计而言，法律责任的主体一般有两类，即注册会计师和会计师事务所。

第二，过错，即主体承担法律责任的主观故意或过失。值得注意的是在民法中一般较少区分故意与过失，有时民事责任不以有过错为前提条件，比如无过错责任、公平责任的承担。

第三，违法行为，即注册会计师或会计师事务所从事违反法律法规的审计行为。

第四，损害事实，即受到损失或伤害的事实，包括对注册会计师或会计师事务所以外的利害关系人的人身、财产、精神（或三方兼有）的损失和伤害，其中主要是指财产损害。

第五，因果关系，即注册会计师的违法行为与损害事实之间存在引起与被引起的关系。这是确定对某一特定损害案件中注册会计师或会计师事务所是否承担法律责任的关键要件，也是区分会计责任与审计责任的关键。不是由注册会计师引起的损害事实，就不应由注册会计师承担法律责任。

（3）注册会计师法律责任的成因。造成注册会计师法律责任的原因是多方面的，如图1-1所示。

被审计单位方面的原因在于：一是被审计单位管理当局的错误、舞弊与违反法规行为导致并发生某些严重错误和舞弊，而注册会计师在审计过程中未能发现，发表了不恰当的审计意见，给会计报表使用人造成误解以及因相信不恰当的审计意见而做出错误决策所造成的损失时，注册会计师因此会遭受到有关会计报表使用者的投诉及控告。二是被审计单位经营失败时，由于很多报表使用人不清楚经营失败和审计失败之间的区别，在投资或借款达不到理想中的收益，甚至由于企业经营失败而破产，投资人或债权人会因减少损失而投诉注册会计师，希望得到经济补偿。实际上，被审计单位是造假者，应作为第一责任人承担主要责任。但在现实中，却总是发生绕过被审计者而要求注册会计师承担全部或主要责任的情况。

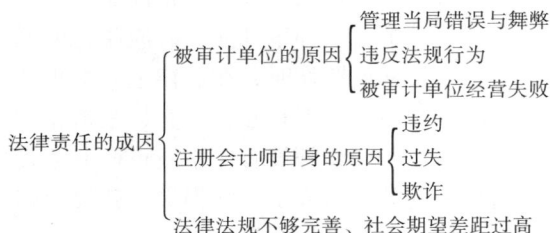

图1-1　注册会计师法律责任成因

注册会计师自身的原因：①违约。违约是指注册会计师在执行审计或其他鉴证业务时，未能履行同委托人签订的合同要求，当违约给他人造成损失时注册会计师应承担违约责任。②过失。过失是指注册会计师在从事审计或其他鉴证业务时缺少应有的职业怀疑态度，过失按其严重程度不同通常可以分为普通过失和重大过失。③欺诈。又称舞弊，是注册会计师以欺骗或坑害他人为目的的一种故意的错误行为。

法律环境有待完善，我国审计准则的地位在法律上没有得到确认。目前，我国关于民事责任和刑事责任的裁定和执行权归属于人民法院，《注册会计师审计准则》被许多法官视为纯粹的行业标准故不足以作为注册会计师的辩护依据，而且涉及注册会计师行业的诉讼案件往往专业性很强、技术复杂程度很高，法院难以独立对案件做出合理界定。社会公众对注册会计师的期望值过高，社会公众将审计意见视为注册会计师对会计报表的担保和保证，他们一旦发现决策所依据的会计报表存在错误或舞弊，就会想到将注册会计师推上法庭，并要求赔偿其有关的损失。

（4）审计师承担法律责任的后果。审计师承担的责任分为行政责任、民事责任和刑事责任。

第一，行政责任是指注册会计师在提供专业服务时，因违反注册会计师行业管理的法律法规或规章，受到行业管理部门专业处罚的一种责任。对于注册会计师个人而言，行政处罚包括警告、暂停营业、吊销注册会计师证书，对会计师事务所而言，行政处罚包括警告、没收违法所得、罚款、暂停营业、撤销等。

第二，民事责任是指注册会计师或会计师事务所因违反合同或不履行其他义务或由于过错造成侵害国家、集体或他人的财产，以及给利害关系人造成损失而承担的一种民事赔偿责任，可分为对委托人的责任和对第三者的责任，主要有赔偿损失、支付违约金等。

第三，刑事责任是指注册会计师因工作中犯有刑法所禁止的行为，如故意出具虚假的审计报告或验资报告，构成了犯罪，依法判处一定的徒刑。

以上三种责任在实际中既可单处，也可并处。一般来说，因违约和过失，可能会使注册会计师承担行政责任或民事责任，因欺诈可能会使注册会计师承担民事责任或刑事责任，而注册会计师和会计师事务所最常面临的则是民事责任。

（5）注册会计师应对法律诉讼的措施有哪些？如何应对"深口袋"现象？第一，严格遵循注册会计师执业道德和专业标准的要求，提高专业胜任能力；第二，深入了解被审单位的业务，审慎选择被审单位；第三，建立、健全会计师事务所质量控制制度；第四，严格签订审计业务约定书；第五，购买责任保险或提取风险基金；第六，聘请熟悉注册会计师法律责任的律师；第七，完善会计师事务所的体制，积极发展合伙制会计师事务所。

由于审计的固有缺陷以及现在的上市公司会计舞弊的手段更具"原创性"和"欺骗性"，注册会计师即使恪尽职守，保持了应有的职业谨慎，也不能确保他们的审计报告准确无误，发现所有的错误和舞弊。一旦注册会计师发表的审计意见与被审计单位的实际情况不符，遭受损失的人们由于对其经济利益的关注，就希望从注册会计师那里得到补偿，不问错在何方。法庭为了社会稳定，处于利益平衡的要求，就可能判决有能力支付赔偿的会计师事务所承担更多责任和赔偿，即出现"深口袋"现象，并演变为"深口袋"理论。面对不合理、不公正的"深口袋"问题，首先注册会计师要从自我做起，加强自我保护。审计过程中每一环节的疏忽和大意都会导致审计失败，从而给注册会计师带来巨大的风险和损失。因此，会计师事务所和注册会计师自身要加强防范，同时政府要完善关于注册会计师责任的法律体系。

3. 推荐解决问题的方案。

（1）该案是会计责任还是审计责任？会计责任和审计责任是两种虽有联系却又截然不同的责任。在我国，从法律关系上说会计责任由《会计法》《企业会计准则》和相关的会计法规界定，而审计责任是由《注册会计师法》和《中国注册会计师执业准则》界定的（我国目前的法律体系在两者的界定上仍存在一定的模糊性）。从双方的权责上看，保证公司有运行良好的内部控制制度，从而进一步保证公司资产的完整、不受损失及对外提供的财务报告的真实、完整，是公司管理当局责无旁贷的会计责任，而注册会计师的审计责任则是验证财务报告的合法性和公允性，发现被审计单位重大错弊和重大、直接的违法行为。

就 G 外高桥案件来看，公司的内部控制出现了明显的漏洞，在长达三年多的时间内，公司的财务经理都可以轻易调动公司的大笔资金竟无人察觉，他是如何获得如此大的权力以及公司的货币资产（最容易失窃的资产）管理为何有如此大的漏洞。虽然在本案中，注册会计师没有按《中国注册会计师执业准则》的规定进行函证，出现了明显的工作失误，但是，注册会计师的审计责任毕竟是次要的，更重要的是从现有的证据来看根本不存在注册会计师串谋舞弊的情况，在这样的情形下，试图让注册会计师承担全部经济损失是没有道理的。

（2）普华永道是否存在过失？如有过失，应承担何种责任？普华永道实施的不规范函证是属于一般过失、重大过失还是欺诈呢？根据《注册会计师法》相关规定，对注册会计师而言，重大过失是指根本没有遵循执业准则或没有按执业准则的基本要求执行审计。在本案中，普华永道没有遵循应有的谨慎性原则，在对保证金账户资金余额实施函证时，无论是 2003 年还是 2004 年，普华永道均未直接向国海证券上海圆明园路营业部发出询证函，而是交给公司计划财务部经理黎某处理，回函亦由黎某交还，为相关人员弄虚作假、掩盖挪用资金行为，客观上提供了机会。在对重要的货币资金进行审计时，将询证函的发出和收回控制在客户手中，没有表现出一个注册会计师应有的专业胜任能力。

但是否询证不当就应该算作重大过失呢？由于询证不当，可能造成该询问事宜出现错漏，但要视该询证项目的重要性而定。如果该询证项目十分重要，则普华永道的做法就应该是重大过失，但如果该询证项目重要性不是很大，那么就不应该构成重大过失。

然而，该项目货币资金数额巨大，仅仅凭询证函是不可以确认这笔存出保证金的存在的。一个合格的注册会计师，应当保持职业怀疑态度，运用专业知识、技能和经验，获取和评价审计证据。正因为这笔项目金额巨大，所以注册会计师应该表现出更大的关注，考虑重大错报风险，实施更多的审计程序，包括考虑大笔资金往来项目是否获得管理层同意，相关交易是否获得适当的授权批准，询问管理层存入该项目的大笔资金的目的和获得他们的书面证明。

因此，本案中，如果普华永道能够通过有效的审计程序，及时发现 2 亿元的保证金损失，G 外高桥年报将体现的是巨额亏损而不是盈利，审计意见应是非无保留意见。换句话说，普华永道在 G 外高桥审计中签字认可的财务报表并不公允，可以据此推断其存在重大过失。由于因违约和过失，可能会使注册会计师承担行政责任或民事责任，本案例中应承担行政责任或民事责任。

（3）普华永道是否应该赔偿？能否依据免责条款而免责？由于普华永道的重大失误而造成此次审计失败，按照审计准则要求，普华永道应承担赔偿责任。对于会计师事务所的侵权责任，有四个法律要件，即存在不实报告、会计师事务所的过失、利害关系人的损失、会计师事务所的过失与损害事实之间的因果关系。

首先，普华永道出具的审计业务报告应认定为不实报告。根据相关规定，会计师事务所违反执业准则以及诚实公允的原则，出具的具有虚假记载、误导性陈述或重大遗漏的审计业务报告，应认定为不实报告。

其次，会计师事务所过失。正如之前所分析的一样，普华永道在审计过程中有重大过失，这是导致审计失败的一个原因。

再其次，本案中的利害关系人并不明确，确认利害关系人的身份困难重重。根据相关规定，因合理信赖或者使用会计师事务所出具的不实报告，与被审计单位进行交易或者从事与被审计单位的股票、债券等有关的交易活动而遭受损失的自然人、法人或者其他组织，应认定为注册会计师法规规定的利害关系人。对于

2 亿元的损失，直接受害者是公司股东，然而他们却不符合利害关系人的条件。

最后，从因果关系角度探讨，由于 G 外高桥相关人员内外勾结，即使普华永道实施了规范的询证函制度，并且保持了足够的职业怀疑态度，也很难发现该舞弊行为。

所以，普华永道虽然有重大过失，但由于被审计单位所受到的损失跟普华永道没有直接关系，因此，普华永道在本案中不应该承担赔偿责任。

普华永道在为自己无责任辩解时坚持认为，在对 G 外高桥的审计时，双方所签订的《审计业务约定书》中，已经规定了相应的免责条款，由此它不应该负担这一损失的赔偿责任。在进行审计业务之前双方签订的《审计业务约定书》是一份经济合同，是受《合同法》约束的。依照《合同法》规定，基于合同自由原则，对双方当事人自愿订立的免责条款，法律原则上不加干涉。本案例中普华永道可以在《审计业务约定书》中增加免责条款，维护注册会计师的正当权益。但根据我国的《合同法》条文来理解，合同中如约定无需对因故意或者重大过失造成对方财产损失承担责任，这样的免责条款是无效的。因此，本案例中普华永道由于未严格遵循执业准则的要求负有重大过失，不能利用免责条款来免责。

（4）如何界定管理层舞弊和职员舞弊？本案例是属于管理层舞弊还是职员舞弊？从现在披露的案件事实看，该案应定性为职员舞弊。从审计角度上，舞弊一般分为管理层舞弊及职员舞弊：管理层舞弊一般指财务报表舞弊，操纵财务报表一般不会导致企业资产的直接损失，受损主要是企业外部人士，如投资者及债权人；而职员舞弊典型表现就是贪污（包括回扣）、挪用及盗窃，会直接导致企业的资产损失。G 外高桥 2 亿元资金损失案，根据公司公开信息披露认定是挪用，而不是委托理财，所以是职员舞弊。

（5）注册会计师如何应对法律诉讼？本案例中，普华永道聘请熟悉注册会计师法律责任的律师克里斯·哈福德（Chris Harford）代表普华永道回复。注册会计师在执业过程中不论是遇到重大法律问题或发生法律诉讼，都应当聘请熟悉相关法律和有经验的律师参与，并认真考虑律师的建议。

普华永道在《审计业务约定书》中约定了免责条款，无可厚非，严格签订审计业务约定书的态度是值得肯定的，这样才能在发生法律诉讼时将一切口舌争辩降到最低程度。

尚需完善的措施还有其他方面，如严格遵循注册会计师执业道德和专业标准的要求；深入了解被审单位的业务，审慎选择被审单位；建立、健全会计师事务所质量控制制度；购买责任保险或提取风险基金等。

四、教学组织方式

（一）问题清单、提问顺序

1. 财务报表审计的目标是什么？如何区分管理层对财务报表的责任与注册

会计师对财务报表的责任？

  2. 普华永道是否存在过失？属于普通过失还是重大过失？

  3. 普华永道应承担何种责任？普华永道能依据免责条款免责吗？

  4. 普华永道是否应该赔偿被审计单位全部损失？

  5. 本案例属于管理层舞弊还是职员舞弊？两者有何区别？

  6. 注册会计师和会计师事务所应对法律诉讼的措施有哪些？

（二）课时分配

1. 课后自行阅读材料：约 2 小时；

2. 小组讨论并提交分析报告提纲：约 2 小时；

3. 课堂小组代表发言并进一步讨论：约 1 小时；

4. 课堂讨论总结：约 0.5 小时。

（三）讨论方式

本案例可采用：小组式案例讨论；正方反方分组式讨论；角色扮演式讨论。

（四）课堂讨论总结

归纳发言者的主要观点；重申其重点和亮点；提醒大家对问题的焦点、有争议问题进行进一步思考；建议学生对案例素材进行扩展研究和深入分析，提出自己的独到见解，写出研究论文。

案例 2

从海联讯公司欺诈上市分析
注册会计师如何防控 IPO 审计风险

刘　静　吴昊洋　宋瑚琏

IPO 审计即首次公开募股（initial public offerings）并上市审计，作为企业 IPO 流程的首要程序，以会计师事务所出具三年及一期审计报告为完成标志。高质量的 IPO 审计不仅能达到企业期望、完成信息披露，更可以满足相关部门监管要求。然而，现实情况不容乐观，低效的 IPO 审计时有发生，欺诈上市屡禁不止，如 2009 年有中小板造假第一案云南绿大地，2013 年又现创业板欺诈第一案万福生科，2014 年 5 月 30 日，深圳海联讯公司董事长增持 20 万股，成为中国资本市场由大股东承担上市造假成本首例。多家会计师事务所因 IPO 公司业绩变脸而受到证监会和财政部的处罚，为海联讯提供 IPO 审计服务的深圳鹏城会计师事务所也因此被证监会撤销证券服务业务许可。欺诈上市不仅扰乱市场秩序、影响资源配置，执行审计业务的注册会计师和会计师事务所也因此受到牵连，遭受到毁灭性的打击。人们不禁要问，IPO 审计为何存在如此高的审计风险？应该如何识别与防范这一风险呢？

一、背景简介

（一）控制和防范 IPO 审计风险具有现实意义

作为中国证券市场里的新兴市场，创业板自 2009 年成立至 2013 年末已有 4 年的时间，其间共有 355 家公司上市。然而，在这短短的几年时间里，上市之后业绩瞬间变脸的公司层出不穷，IPO 造假频频发生。随着证监会《关于进一步推进新股发行体制改革的意见》的出台，新一轮的 IPO 上市在 2014 年 1 月拉开序幕，IPO 审计作为 IPO 上市重要的一环，也将面临严峻的挑战。创业板企业大多是高科技行业，具有新的技术、新的盈利模式、新的营销渠道和新的市场等特点，普遍体现出高风险和高成长性，这对于实施 IPO 审计的注册会计师来说是巨大的挑战，也意味着更高的审计风险。在这样一个大背景下，2012 年，鹏城会计师事务所因涉嫌海联讯 IPO 上市财务造假，被证监会撤销证券服务业务许可，给注册会计师行业敲响了警钟。防范和控制日益增加的 IPO 审计风险是注册会计师和会计师事务所必须面对的重大现实问题。

（二）新审计准则的出台

新修订的《中国注册会计师执业准则》在 2010 年 11 月初由财政部发布，自 2012 年 1 月 1 日起全面施行。新审计准则在项目上，基本实现了与国际准则的一一对应，在内容上则充分采用国际审计准则的基本原则和核心程序。新准则更加全面体现风险导向审计，强调以风险的识别、评估和应对为主线，同时增强了识别和应对舞弊风险的有效性，强调与治理层的有效沟通。但是，新出台的执业准则并未对 IPO 审计的依据、对象、范围和方法等进行明确说明，且无论国际审计学术界还是国内审计实务界，有关 IPO 审计的相关理论和实务研究成果都不是很丰富，那么，IPO 审计风险问题研究就更显得必要和重要。海联讯欺诈上市事件分析可以成为讨论注册会计师识别和防范 IPO 审计风险的典型案例，它的剖析将为今后 IPO 审计提供思路与方向。

二、案例概况

（一）海联讯公司与深圳鹏程会计师事务所简介

海联讯公司（以下简称海联讯）是一家从事电力信息化系统集成业务的国家高新技术企业。该公司面向电力企业，以提供综合性整体解决方案的形式，从事电力企业信息化建设业务，并提供相关的技术及咨询服务。该公司提供的产品和服务可广泛应用于电力行业产业链发电、输电、变电、配电、用电和调度等各个环节，全面提升用户信息化水平，为客户创造价值。

海联讯成立于 2000 年 1 月，总部位于深圳，拥有两家全资子公司和北京技术研发中心。公司客户集中在电力行业，主要客户为国家电网和南方电网两大电网公司及其下属省级公司。公司于 2011 年 11 月 23 日成功上市，公司建立了覆盖全国多个城市的销售、服务网络，业务覆盖行业咨询、业务梳理、应用集成、专业软件、配套网络主机、传输通信、硬件集成及服务，凭借专注电力领域及在行业中的良好服务表现，公司已跻身为中国电力行业最有竞争力的综合解决方案供应商之一。

担任海联讯 IPO 审计工作的审计机构是鹏城会计师事务所。深圳市鹏城会计师事务所（以下简称鹏城所）成立于 1992 年，是一家具有证券、期货审计资格的大型会计师事务所。截至 2013 年，事务所拥有从业人员 500 余人，其中注册会计师 200 多人，具有证券、期货相关业务资格的注册会计师 50 余人，高级会计师、高级工程师、高级经济师 30 人，资产评估专业人员、工程技术人员 60 人，是一个以注册会计师为核心主体，拥有多方面专业人才的大型社会中介机构。鹏城所除具有一般会计师事务所的审计验证资格外，还具有执行证券、期货相关审计业务资格、金融相关审计业务资格、会计鉴定、中央及地方国有企业审计查证资格、外债审计资格、资产评估资格、土地房屋评估资格、建筑工程造价咨询资格。鹏城所总部设在深圳，并在北京、上海、广州、济南、沈阳、香港等地设有分所。2011 年，鹏城所在中国会计师事务所百家排名中，位居第 34 位；在深圳市注册会计师事务所综合排名中，位居第 1 位。而在 2012 年后，鹏城所因涉嫌绿大地、海联讯上市公司财务造假，证监会决定撤销其证券服务业务许可。该所 2012 年被国富浩华会计师事务所合并，2013 年国富浩华又被瑞华会计师事务所合并。

（二）海联讯通过 IPO 审计，欺诈上市与自曝家丑

海联讯于 2011 年在创业板成功上市，但不久之后便出现财务方面的严重问题。2013 年 3 月 21 日，海联讯公司因涉嫌违反证券法律法规被中国证券监督管理委员会立案调查。2013 年 3 月 22 日，海联讯公告公司收到中国证监会立案调查通知书后，关于该公司涉嫌 IPO（首次公开募股）欺诈的不利消息开始在市场上传播开来（首次公开招股是指一家企业第一次将它的股份向公众出售。一般来说，一旦首次公开上市完成后，这家公司就可以申请到证券交易所或报价系统挂牌交易）。2013 年 4 月 25 日，天健会计师事务所因为海联讯 2009 ~ 2010 年存在从非客户方转入大额资金冲减账面应收账款并于下一会计期间转出资金，转回应收账款等情况而出具了保留意见的审计报告。2013 年 4 月 27 日，海联讯公司发布《关于对以前年度重大会计差错更正及追溯调整的公告》，自曝在营业收入确认、成本估算、年终奖金计提以及冲减应收账款方面存在问题。公告中指出，2011 年海联讯虚增净利润 2 278.88 万元，虚增部分为实际数的 57.05%。同日，天健会计师事务所发布《关于深圳海联讯科技股份有限公司重要前期差错更正的说明》，指出该公司 2010 年和 2011 年度存在重大会计差错。更正后的数据显示，

海联讯 2010 年和 2011 年虚假冲减应收账款、调增应收账款及其他应付款分别超过 1.1 亿元和 1.3 亿元。

（三）海联讯欺诈上市的造假分析

海联讯的财务造假，策划精心、伪装严密、涉及范围广，除内部管理人员和财务人员配合，外部还有客户、会计师事务所和保荐机构的"密切协助"，使整个过程流畅完备。

1. 助跑八年，三度尝试，艰难上市。

（1）为上市，助跑八年。2011 年底上市的海联讯，早在 2003 年就已经做好了海外上市的准备，然而突如其来的 SARS 使其上市脚步无奈停止。蛰伏 6 年后，海联讯转而冲刺国内 A 股市场。但 2009 年海联讯招股说明书显示，其核心技术实现的软件开发与销售收入占比不足 10%。由此，发审委认为海联讯的核心竞争力不够突出，不符合《首次公开发行股票并在创业板上市管理暂行办法》第 14 条规定（发行人应当具有持续盈利能力），导致申请于 2009 年 12 月 22 日上会被否。海联讯此次申请创业板 IPO 时的保荐机构是华泰联合证券，但没有成功。报告期内，海联讯公司核心技术收入占营业收入的比例如表 1－2 所示。

表 1－2　　　　　海联讯核心技术收入占营业收入的比例

收入来源	项　　目		2009 年 1~9 月	2008 年度	2007 年度	2006 年度
核心技术	专业应用系统	金额（万元）	2 710.96	3 173.01	2 810	2 277.88
		占业务收入比例（%）	16.52	14.86	15.24	21.43
	企业一体化信息平台	金额（万元）	6 096.44	7 558.42	6 285.23	3 081.43
		占业务收入比例（%）	37.16	35.41	34.09	28.98
	占业务收入比例合计（%）		53.68	50.27	49.33	50.41

资料来源：海联讯 2009 年招股说明书。

（2）接"二"连"三"，力排诸"疑"，终上市。有了两次的无疾而终，第三次为了避免重蹈覆辙，2011 年 7 月 18 日在海联讯公司新的招股说明书中，所有关于公司核心技术收入占营业收入的具体比例数据消失不见。取而代之的是主营业务对应的核心技术分类（表 1－3），而对于核心技术对应的财务数据，也只剩下一行简单的表格（表 1－4），分别统计 3 年报告期内公司核心技术产生的总收入占营业收入的比例。并且，在 2011 年的招股说明书中，2009 年核心技术实现业务收入占公司全部营业收入的比例显示为 100%（表 1－4）。然而，2009 年招股说明书显示（表 1－2），公司核心技术 2009 年 1~9 月实现的业务收入占公司全部营业收入的比例为 53.68%，这意味着 2009 年前 9 个月中有超过 46% 的收入为非核心技术贡献。如出一辙的是 2008 年度核心技术收入占营业收入的比例在前后两份招股说明书中也是截然不同，分别为 50.27% 和 100%（表 1 - 2 和表 1 - 4）。

表 1 - 3 海联讯核心技术分类

主营业务	核心技术
系统生成	信息传输与语言通信技术
	工业以太网交换机嵌入软件 Flex - Ring 环网技术
	实时嵌入式系统软件定时器管理技术
	信息安全技术
	主机与存储技术
软件开发与销售	内容管理平台
	鹦鹉螺开发框架
	工作流平台
	应用集成技术
	融合通信技术
技术与资源服务	咨询服务框架
	咨询方法论

资料来源：海联讯 2011 年招股说明书。

表 1 - 4 海联讯核心技术产生收入占比 单位：%

项 目	2011 年 1～6 月	2010 年	2009 年	2008 年
核心技术产出的收入占营业	100	100	100	100

资料来源：海联讯 2011 年招股说明书。

尽管存在诸多质疑，保荐人平安证券和鹏城会计师事务所（出具深鹏所审字［2011］0151 号标准无保留意见的审计报告）一起"护驾"，海联讯结束长达八年长跑，IPO 最终成功"着陆"。2011 年 11 月 23 日，海联讯在创业板上市，发行普通股 1 700 万股，发行价格 23 元，发行期满募集资金 3.5 亿元，超过计划募集资金 2.19 亿元。

然而更让人意想不到的是，海联讯上市后不久，业绩迅速"变脸"，2013 年 4 月 27 日，海联讯委托天健事务所出具审计报告（天健审［2013］3 - 219 号），对 2011 年及其以前年度重要前期差错进行更正调整。

2. 一朝为获 IPO，三年虚增近半亿元。根据海联讯的 2011 年招股说明书，2008 年、2009 年、2010 年和 2011 年，其净利润分别为 2 698.54 万元、3 554.53 万元、4 846.28 万元和 6 273.23 万元。对于外包业务占比重大的日常经营，海联讯作为委托方本应按权责发生制要求及时借记营业成本，贷记应付账款确认外包成本。而事实却是海联讯在多确认合同收入的同时延期确认外包成本，使得泡沫利润出现。据天健事务所出具的差错更正（天健审［2013］3 - 219 号），通过上述方法海联讯在 2009 年及以前年度累计虚增利润高达 1 300 万元。对于年终奖金等成本费用项目，海联讯也跨期确认，加之营业成本影响，使得 2010 年合计虚增利润 1 181.81 万元，2011 年合计虚增利润 2 278.88 万元。

2009 ~ 2011 年，连续虚增高达 4 760.69 万元的利润绝非仅是海联讯自称的"记错账"，更是有预谋、有计划的系统性会计造假。

3. 应收账款出"黑洞"。2009 ~ 2012 年，海联讯一直存在从非客户方转入大额资金冲减账面应收账款并于下期期初转出资金、转回应收账款的情况。2010 年，虚假冲减应收账款及其他应付款 1.13 亿元；2011 年，虚假冲减应收账款及其他应付款 1.33 亿元。而对于短短两年累计的 2.46 亿元巨额应收账款，海联讯并未列出对方客户名称。

海联讯同时利用应收账款长期挂账虚增资产规模，2010 年，海联讯公司向两家单位提供服务实现销售收入对应的应收账款为 1 200 万元；2011 年，海联讯公司向六家单位提供服务实现销售收入对应的应收账款为 1 900 万元；这 3 100 万元截至 2012 年底均未曾有回款记录。

最为讽刺的是，在海联讯上市当年，平安证券和鹏程会计师事务所双双认为，"海联讯主要客户的货款回收较为及时，应收账款回收风险较小；发行人应收账款变动主要是受到部分客户的付款程序变化的影响，增长的原因真实、合理。"

4. 资金循环显蹊跷。与异常猛增、虚假的应收账款相对应，财务蹊跷的痕迹在其他财务指标中同样得到印证。

（1）现金流量净额异减。2008 ~ 2010 年三个会计年度，海联讯经营活动产生的现金流量净额分别为 3 018.50 万元、2 651.67 万元、7 214.81 万元。但是，2011 年度，海联讯的经营活动产生的现金净流量出现了明显的异常，当年现金流量净额为 -2 098.69 万元，也就是说，辛苦经营一年，公司最后账上得到的现金竟然是个负值。

（2）应收账款余额和净额激增。2008 年底，海联讯应收账款余额仅为 7 144 万元，到 2009 年底迅速增长到 1.07 亿元，2010 年底为 1.03 亿元，2011 年末为 1.23 亿元。2009 年末应收账款余额较 2008 年末增长 51.16%，2010 年末应收账款余额较 2008 年末增长 43.98%，2011 年末应收账款余额较 2008 年末增长 72.17%。

同时，海联讯 2008 年末、2009 年末、2010 年末的应收账款净额分别为 6 425.18 万元、9 986.61 万元、9 614.79 万元，占当期流动资产的比例分别高达 44.46%、46.18%、36.34%；到 2011 年末，应收账款净额达 11 547.92 万元，扣掉虚增额，2011 年 12 月 31 日，海联讯应收账款净资产仅为 313.68 万元。

（3）营业收入增长"不尽如人意"。相对于畸高的应收账款增长，营业收入的增长却不尽人意。2009 年末营业收入为 2.57 亿元，较 2008 年的 2.13 亿元仅增长 20.28%；2010 年确认收入 3.03 亿元，增长率为 17.83%；2011 年营业收入为 3.55 亿元，增长率仅为 17.45%。

（4）自有资金"体内循环"。海联讯 2012 年审计报告中保留意见事项段显示，其 2009～2012 年度存在从非客户方转入大额资金冲减账面应收账款，并在下一个会计期初转出资金，转回应收账款现象。而海联讯公司拒绝向会计师提供非客户方有关信息，声称"电力行业客户较为强势，故未能按照审计机构要求配合应收账款的审计工作"，最终导致会计师因审计范围受限，发表保留意见。

但 2012 年底，一份"神秘质押公告"显示股东邢文飚、孔飙将其持有的总计 2 100 万股限售股质押给深圳担保集团，用于规模 4 000 万～6 000 万元个人融资担保。2008 年海联讯增资时，深圳担保集团曾注资成为其法人股东，随后转让。但之后有 9 笔深圳担保集团对海联讯的贷款担保，涉及金额 8 000 余万元。双方如此密切的关系，所谓的"非客户方"即孔飙和邢文飚两位股东，"神秘质押公告"揭示海联讯在利用自有资金进行"体内循环"。

三、IPO 审计风险的发现与识别及鹏城会计师事务所审计失败教训

我国现处于资本市场发展期，行业监管有限和制度不完善使得急于上市企业 IPO 造假时有发生。系统舞弊造假看似难以识别，但只要虚假则必有迹可循。

1. 加强对被审计单位及其环境的充分了解，识别 IPO 舞弊动机。通常来说，花费巨额上市成本进行 IPO 项目的企业，都对上市成功拥有强烈的渴望，而为此对注册会计师施压也是很常见的现象。对海联讯来说，早在 2003 年就开始计划实施上市，2009 年 IPO 失败，2011 再次努力上市，对成功的渴望更加强烈。因此，舞弊的动机是存在的。同时，海联讯作为从事电力信息化系统集成业务的国家高新技术企业，主要面向电力企业提供服务，高新技术行业的特殊性加之电力知识的缺乏使得注册会计师易受蒙蔽。

2. 需要对往来款项充分关注，发现收入舞弊。往来款项与企业经营息息相关，而复式记账下科目的勾稽关系使货币资金项目与收入项目相互对应。因此，财务造假伪造利润的另一面是往来款项的异常，审计师可通过往来款项的"窗口"突破收入舞弊。在对海联讯应收账款的审计中，截至 2012 年底，海联讯存在高达 3 100 万元的长期挂账应收账款，而海联讯无法提供对方信息，鹏城所更没有严格执行函证程序，反而在报告中认为"主要客户货款回收较为及时，应收账款回收风险较小，增长原因真实合理"，最终导致 IPO 审计失败。此外，海联讯利用自有资金，频繁地以非客户方名义进行"体内循环"，虚假冲减应收账款 2.46 亿元，然后下期转出以虚增资产规模。鹏城事务所审计师却未能在确保对账单余额准确的基础上，考虑历史交易的真实性，未能对一定时期内同一账户总金额一致的资金频繁流动保持应有的警惕性。

3. 对企业上市前后的财务指标谨慎分析，识别舞弊端倪。识别和防范风险时，审计人员应全面实施分析性程序，分析不同数据间的关系，评价财务信息，以发现舞弊端倪，尤其应关注企业上市前后的相关财务指标对比。

在本案例中，海联讯先是跨期确认外包成本虚构应收账款，再从非客户方利用"其他应付款"进行大额冲减。错综复杂的会计记录游戏，不过是希望将虚

增部分最终消化，这一系列动作必然导致应收账款的异常波动，如 2008 年底，海联讯应收账款余额仅为 7 144 万元，到 2009 年底迅速增长到 1.07 亿元，而 2010 年、2011 年分别为 1.03 亿元、1.23 亿元，三年应收账款余额较 2008 年末分别增长 51.16%、43.98%、72.17%。而上述往来账项的大幅异常波动却并未引起审计人员的应有重视。在应收账款大幅增加的情况下，海联讯 2009 年、2010 年和 2011 年的营业收入增长率仅为 20.28%、17.83% 和 17.45%。对于这种应收账款与营业收入的极度不匹配也未引起审计人员的高度警惕。

4. 重视非财务信息收集与考量，发现公司舞弊迹象。非财务信息对于识别财务舞弊也有重要作用。审计师往往可以通过以下方面发现公司舞弊的迹象：公司治理结构完善程度、内部控制有效水平、董事和高管更换情况、遭受监管机构谴责处罚情况、诉讼和担保情况、财务主管和外部审计是否频繁变更等。2013 年 8 月财政部发布了《我国上市公司 2012 年实施企业内部控制规范体系情况分析报告》，该报告显示，在 2 244 家上市公司中，有 8 家上市公司披露存在内部控制重大缺陷，海联讯便是其中之一。更进一步来看，有 3 家上市公司的内部控制评价结论为无效，它们分别为：海联讯、万福生科和北大荒。2012 年，共有 1 532 家上市公司披露了内部控制审计报告，占沪、深交易所 2 492 家上市公司的比例为 61.48%。其中，内部控制审计结论为否定意见的有 4 家，海联讯又"榜上有名"。海联讯曾在内部控制报告中被出具否定意见，且多次被认定为内控评价无效。这一信息表明，海联讯管理当局的诚信度极低，注册会计师未来的审计风险极高。在获知海联讯公司内部控制不作为的情况下，继续坚持对海联讯进行 IPO 审计也是鹏城所审计失败的重要原因。

四、IPO 审计风险防控及海联讯审计案的启示

海联讯急于上市，以会计差错外衣自认造假的风波，为我们留下 IPO 审计风险防控启示。

1. 会计师事务所应完善业务承接、实施、事后检查。对于 IPO 审计业务的承接，首先，事务所应了解客户基本情况和要求，考虑客户诚信以及承接风险，正确分析自身能力审慎选择客户。特殊行业应考虑专家意见，万勿为获得高额 IPO 审计费而草率承接，引火上身。其次，构建高效的项目团队是 IPO 审计成败的关键，应安排经验丰富、具有较高职业道德素质和专业胜任能力的人员进入审计小组。

IPO 审计的实施阶段，应按照既定审计计划严格执行测试程序以控制风险。一般而言，急于上市的公司为达到标准会进行"反向包装"，因此审计人员应关注公司上市前三年的主要财务指标，以同行业对比分析作为切入点。同时应注重分析程序的运用，提高获取的审计证据质量。当证据变多时，有必要对重大错报风险进行再评估，修正审计计划。

IPO 审计项目结束后，内部独立复核人员应合理对审计结果监督、复核，做到持续检查。事务所也应对以往的 IPO 审计业务进行定期或不定期自查，将事后

检查复核纳入事务所 IPO 审计质量控制体系中。

2. 拟上市公司要优化治理层，规范审计聘任制度。公司完善的治理结构应是股权所有者、董事会和经理人员之间权责利分配与制衡的制度安排，但我国经常出现董事长与总经理由一人担任的"一股独大"现象，这使得拟上市公司管理层由被审计人变成 IPO 审计委托人，成为决定事务所聘任、收费的"衣食父母"。同时 IPO 审计中的投资者、管理层、审计方的三角稳定结构简化为管理层和审计方二者的失衡关系，双方巨大的潜在利益导致拟上市公司对高质量审计需求淡漠，而事务所迁就公司，同管理层共谋欺诈上市，审计结果变成了委托人意志的体现。基于此，我们不妨借鉴西方的财务报告保险制度（financial statement insurance，FSI），引入外部独立的第三方决定审计聘任权。在该制度下，拟上市公司向保险公司投保财务报告险，保险公司聘请事务所对投保的拟上市公司进行审计，对造假给投资者造成的损失，由保险公司向投资者进行赔偿。保险公司的介入，消除了注册会计师与管理层因利益关联导致的合谋，源头上保证了注册会计师的独立性。FSI 借鉴可以成为我国防范 IPO 审计失败的一种可行方案。

3. 行业协会从重处罚，加大 IPO 欺诈成本。按规定，行业协会对事务所参与上市公司财务造假将给予处罚，但现实中造假事项一经败露，参与造假的事务所被吊销资格，但合伙人却带原有业务纷纷"转投"他所，真实的后果只是员工换个名片、事务所换个品牌继续经营，甚至有些负主要责任的注册会计师连 CPA 执业证书都没有被吊销。如深圳鹏城事务所受多起 IPO 审计失败牵连而投至原国富浩华名下、因"万福生科"遭受史上最严罚单的中磊所多数员工投奔大信和利安达会计师事务所。可见与舞弊带来的高收益相比，IPO 审计违规法律风险和成本微乎其微，不能起到震慑作用。

因此，加大违规风险成本、提高舞弊成本是提高 IPO 审计质量的根本保证。一方面，要加大虚假信息披露经济惩罚力度和刑事责任完善，建立处罚成本大于造假收益的法律环境；另一方面，要严厉追究事务所和审计人员责任，尤其是合伙人的连带责任，杜绝通过转投他所逃避处罚。不仅对签字会计师处罚，还要对同项目组成员做不良信誉记录，加强内部员工间的制约，由此才能真正提高我国 IPO 审计质量。

五、海联讯公司案的进展

2014 年 7 月 18 日，海联讯和投资者保护基金有限责任公司在网站发布了《深圳海联讯科技股份有限公司股东章锋、孔飙、邢文飚、杨德广关于设立海联讯虚假陈述事件投资者利益补偿专项基金的公告》和《中国证券投资者保护基金有限责任公司关于海联讯虚假陈述事件投资者利益补偿专项基金的管理人公告》两个公告，称海联讯的四名股东出资 2 亿元设立"海联讯虚假陈述事件投资者利益补偿专项基金"。海联讯的这一举动在 A 股市场尚属首次，证监会新闻发言人张晓军在其后例行会上也对此表示支持，张晓军同时表示，海联讯涉嫌违法违规行为的调查还在进行之中，证监会会按照其违法违规行为对其进行相应的处罚。

六、讨论题目

1. 何为 IPO 审计？IPO 审计与传统审计相比有哪些特点？
2. 何为审计风险？结合案例，说明 IPO 审计风险形成的原因有哪些？
3. 与传统审计相比，IPO 审计风险评估程序有何不同？
4. 结合案例，指出注册会计师应如何发现与识别 IPO 舞弊风险？
5. 结合案例，思考注册会计师未来应如何防范欺诈上市？

案例使用说明

一、本案例要解决的关键问题

本案例要实现的教学目标，在于引导学生进一步关注 IPO 审计的高风险性，正确运用风险评估和风险应对程序，实现对 IPO 舞弊风险的识别和防范。根据本案例资料，一方面，学生可以进一步思考与传统审计风险相比，IPO 审计风险的特殊性；另一方面，学生可以重点掌握 IPO 审计风险评估的内容和风险评估程序，分析 IPO 审计风险的成因，帮助识别与防范 IPO 舞弊风险，为今后 IPO 审计工作提供思路与方向。

二、案例讨论的准备工作

为了有效实现本案例目标，学生应具备下列相关知识背景。

1. 理论背景。本案例需要学生准备的知识点主要包括：创业板企业的特点，IPO 审计风险的特殊性，IPO 审计风险的成因，审计师进行风险评估的作用、内容和程序，识别与防范 IPO 舞弊风险的措施。

2. 行业背景。海联讯公司成立于 2000 年 1 月，是一家从事电力信息化系统集成业务的国家高新技术企业。早在 2003 年海联讯就已经做好了海外上市的准备，然而突如其来的 SARS 使其上市脚步无奈停止。蛰伏 6 年后，海联讯转而冲刺国内 A 股市场，但是，由于核心技术营业收入不满足上市要求，导致其 2009 年申请上会被否。到了 2011 年，海联讯公司终于在创业板成功上市，但不久之后便出现财务方面的严重问题。担任海联讯 IPO 审计工作的审计机构是鹏城会计师事务所。2011 年，鹏城所在中国会计师事务所百家排名中，位居第 34 位，在深圳市注册会计师事务所综合排名中，位居第 1 位。而在 2012 年后，鹏城所因涉嫌绿大地、海联讯公司上市财务造假，证监会决定撤销其证券服务业务许可。

该所 2012 年被国富浩华会计师事务所合并，2013 年国富浩华又被瑞华会计师事务所合并。作为会计师事务所，在审计过程中需要重视审计风险评估，尤其对于 IPO 审计，因为与传统审计相比，IPO 审计具有更高的风险性。审计师实施有效的风险评估程序，有助于有效的识别与防范 IPO 舞弊风险。

3. 制度背景。《中国注册会计师执业准则》关于审计风险的界定，《中国注册会计师审计准则第 1211 号——了解被审计单位及其环境并评估重大错报风险》和《中国注册会计师审计准则第 1231 号——针对评估的重大错报风险实施的程序》中关于风险评估程序和风险应对措施的相关规定，《注册会计师执业道德准则》的相关要求，中国证监会《会计监管风险提示第 4 号——首次公开发行股票公司审计》关于 IPO 审计业务监管风险的提示。

三、案例分析要点

1. 需要学生识别的关键问题。本案例需要学生识别的知识点主要包括：创业板企业的特点，IPO 审计风险的特殊性，IPO 审计风险的成因，审计师进行风险评估的作用、内容和程序，识别与防范 IPO 舞弊风险的措施。

2. 解决问题可供选择的方案及评价。

（1）创业板企业的特点。在创业板上市的公司多从事高科技业务，这些公司具有较高的成长性，同时也伴随着高风险。这些公司往往成立时间较短，规模不大，短期各项财务指标表现不好。由于其主营业务的约束，公司的主要资金都用在研发等方面，用在传统性的固定资产投资方面的资金比重较低。这会导致公司利润的较大波动，而一旦公司的模式受到市场认可，其利润将呈几何级数增长；如果技术发生变革，或者市场需求发生变化，也有可能很快倒闭。此外，由于企业的发起人较少，盈利时间较短，公司的管理模式基本都不成熟，缺乏有效的管理制度以及内部控制制度，影响企业的健康发展。总之，创业板企业具有高成长性，但同时面临着高风险，具有很多不确定性。

（2）IPO 审计风险的特殊性。创业板市场 IPO 审计不仅面临着主板市场 IPO 审计所面临的诸如独立性风险、被审计公司财务风险、经营风险等情况，还面临着自身特殊的审计风险。

由于创业板上市公司本身具有自主创新能力强、经营规模小、经营风险大的特点，从而引发了以下特殊审计风险。第一，持续经营风险。在 2009 年中国证监会发布的《首次公开发行股票并在创业板上市管理暂行办法》中要求，上市企业应当主要经营一种业务。这导致创业板上市公司不能多元化经营，形成产品单一、销售渠道单一的局面，使得企业经营可控性大大降低，加之上市的企业一般处于企业自身成长期，经营风险相对其他时期更大。一旦遇到产品销售不景气的情况时，其持续经营能力就将受到威胁。第二，内部控制风险。由于创业板上市公司不仅多数属于高新技术行业而且正处于成长期，企业内部控制制度有待完善，不完善的内部控制制度下提供的会计信息其可靠性是需要审计人员慎重考虑的。第三，舞弊风险。从近年来国内外审计失败的案例来看，管理层舞弊是主要原因之一。随着 2012 年深交所关于创业板退市制度的出台，创业板上市公司面临更大的上市前后业绩压力，上市公司为能顺利上市并从资本市场上融资获利，更有提供虚假财务报表的动机与可能。第四，无形资产认定估值风险。因为《首次公开发行股票并在创业板上市管理暂行办法》并未对创业板上市公司的无形资产比例做出限制，加之创业板上市公司多数属于高新技术行业，其企业资产总额中无形资产所占比例较大，所以注册会计师在 IPO 审计时，对无形资产项目的认定以及估值的评判在某种程度上增大了审计风险。第五，会计政策及估计风险。由于创业板上市公司多为中小型创新企业，企业经营规模小，管理人员素质相比主板上市公司要低，其会计政策及估计风险更大。第六，关联方交易风险。相对于较为完善的主板市场，处于成长阶段的创业板市场更难以发现被上市公司蓄意隐藏的关联方交易，注册会计师在 IPO 审计时亦更难以察觉，这无疑增加了创业板市场 IPO 审计的审计风险。

（3）IPO 审计风险的成因。

①从 IPO 审计业务本身来看。

首先，IPO 审计过程是非常复杂的。由于 IPO 本身就是一个非常复杂的过程，在这个过程中，参与者绝不仅仅是注册会计师，保荐人、律师还有评估师等等都会参与到这个过程中来。一个公司成功的 IPO 需要各个中介机构的通力配合，但这也给注册会计师的工作带来了一定的难度，增加了审计风险产生的可能。

其次，IPO 审计的复杂性导致了 IPO 审计的工作量非常大，注册会计师们的工作强度很高。但审计工作是一项对细节和严谨度有很高要求的工作，一时的麻痹大意或是一时的想当然就可能造成审计的失误，所以在如此庞大和繁复的工作面前，能始终做到非常认真而谨慎显然很不容易。

再其次，IPO 审计的周期较长，这一定程度上也增加了 IPO 审计的风险。根据《证券法》及中国证监会的相关规定，在 IPO 的整个过程中，注册会计师需要对公司近三年的财务会计报告出具审计报告，而通常的年报审计只有一年的财务数据，所以 IPO 审计的审计周期较长，业务多，审计难度大。

最后，IPO 审计的审计对象比较复杂、风险高。IPO 审计对象可能是国企，也可能是外资或者是民营企业。各企业的会计基础不同，账务核算也不尽相同，增加了注册会计师审计的复杂度和难度，一定程度上也增加了 IPO 审计的风险。

②从会计师事务所的角度来看。由于 IPO 审计的复杂性，承接一个 IPO 审计项目，会计师事务所投入的审计成本也很高，而且耗时很久，注册会计师方面也很希望被审计公司能够成功上市。而被审计单位对于上市成功的强烈要求，也给了注册会计师很大的压力。所以在某些情况下，注册会计师的独立性会受到影响，使得审计风险增加。

同时，会计师事务所 IPO 审计失败所承担的风险是很偶然的。通常情况下，审计风险只有被审计单位上市一段时间之后，由于被投资者的关注或是媒体的发现，而后证监会的介入检查才会发生，所以就造成了会计师事务所对于审计风险的关注度和重视程度不足。

③从被审计单位的角度来看。被审计单位有舞弊的动机，这也会导致审计风险的产生。通常情况下，企业的上市成本是非常大的，不仅需要信息披露更加透明化，接受媒体、社会公众等的监督，在上市过程中还要支付巨额的中介费用。但是很多企业还是不遗余力地想要成功上市，最根本的原因就在于上市之后可以募集大量的资金，企业股东的财富会迅速、大幅度增长。所以，在IPO审计中，能看到被审计单位对成功上市的渴求是非常强烈的，而财务指标是否满足证监会相关文件的要求就变得举足轻重。当财务指标不能很好地满足条件时，被审计单位就产生了舞弊的动机，也就带来了IPO审计的风险。被审计单位常用的舞弊手法有高估收入、虚增资产、少计成本费用、关联交易舞弊、隐藏重要信息等。

④从外部环境来看。

首先，ERP的逐渐普及也一定程度上加大了IPO审计的风险。由于ERP系统的使用，使得许多的账务处理都是通过计算机完成，而且会自动生成相关的报表，很多会计信息也是以无纸化的形式存在的。注册会计师在审计的时候，可以方便地利用计算机中的数据，但是使用ERP系统进行舞弊的手法也更加隐蔽，更不易被发现。如果审计团队中没有很专业的计算机领域的人员配合，那么审计风险的增加就很难避免了。

其次，市场并没有高审计质量的需求。在IPO审计中，企业往往只在乎财务报表的各项财务指标能不能达到上市的要求，并不在意审计的质量，甚至会要求注册会计师进行一定的粉饰。

最后，我国的审计市场大部分被"国际四大"会计师事务所占据。根据中国注册会计师协会发布的《2012年会计师事务所综合评价前百家信息》，2012年会计师事务所综合评价前4名依次为普华永道、德勤、安永和毕马威。排名在前100名的事务所的营业收入总额为279亿元，整个审计行业营业收入440亿元，而"国际四大"设立在中国机构的总收入占前百家总收入的1/3多，占全行业总收入的近1/4。而我国境内的会计师事务所虽然正在逐渐地缩小与"国际四大"在华机构的差距，但本土所的规模小、数量多以及集中度低的特点，使得我国的审计市场竞争非常激烈。有些事务所在追求生存和发展的过程中，就可能采用低价进行竞争，就可能会对审计风险的判断产生影响。中国注册会计师协会在2012年进行了以治理低价竞争为重点之一的执业质量检查，中国注册会计师协会表示"如果价格低到离奇，低到行业正常平均成本甚至离平均成本差得很远，我们不得不怀疑它的质量会发生问题"。

（4）审计师进行风险评估的作用、内容和程序。风险评估是以了解被审计单位及其环境为内容，以识别和评估财务会计报表重大错报为目的，在设计和实施进一步审计行为之前开展的审计程序。根据审计准则的规定，风险评估是必须实施的程序，它对于注册会计师合理运用职业判断、有效实施审计程序、实现审计目标有着重要作用。风险评估的内容和程序在审计准则中有详细介绍。

（5）识别与防范 IPO 舞弊风险的措施。

①会计师事务所层面。

第一，关注审计项目的重要风险点。一是针对持续经营风险。在关注持续经营风险的前提下，注册会计师在审计的过程中应当更加关注基于持续经营假设来编制财务报表的适当性。同时，注册会计师还应当关注被审计单位的盈利是否均来源于其主营业务，是否存在重大经营异常而影响其持续经营能力的迹象。二是针对税收风险。注册会计师在审计的过程中应关注被审计单位是否存在为了减少纳税，向关联方转移利润、账外账、虚增费用和将资本化的支出费用化等情况。三是针对关联方交易风险。会计师在审计过程中应要求企业提供所有关联方名单及其交易的清单，审查关联方信息的披露是否完整，关联方交易是否遵从公平、公正、公开原则，尽可能降低审计风险。四是针对舞弊风险。注册会计师在评估重大错报风险时，应尤其关注被审计单位所处的外部环境以及企业内部管理层所面临的压力，是否存在提供虚假报表的可能性。五是针对战略经营风险。注册会计师在审计的过程中，应该重点关注这些企业的战略目标和经营策略。考察企业的战略是否符合该企业的自身特点以及该行业的发展情况。六是针对会计政策及估计风险。在了解被审计单位对会计政策的选择和运用的过程中，注册会计师应识别被审计单位会计政策及估计是否存在严重缺陷，应考虑企业对重大的和不经常发生的交易的会计处理方法是否适当；会计政策的变更是否是法律、行政法规或者适用的会计准则和相关会计制度要求的变更；被审计单位是否按照适用的会计准则和相关会计制度的规定恰当地进行了列报，并披露了重要事项。七是针对独立性风险。关注被审计单位的独立性要求，考察被审计单位在资产、人员上是否符合独立性的要求。注册会计师在 IPO 审计过程中，需要关注被审计单位的机构人员设置是否合理及资产是否具有独立性，以降低隐藏的审计风险。

第二，关注会计师事务所的风险防范能力。一是提升注册会计师的风险防范能力。注册会计师应定期参加培训项目，学习最新的准则及法律法规政策。创业板上市企业大多数是高新科技企业，注册会计师对其专业领域的把握很难全面到位，在审计工作的过程中可以考虑聘请外部专家。审计人员也应加强风险意识，在审计工作中不应为降低工作成本而随意变更审计程序，在符合审计准则的要求上提高对财务报表中舞弊或其他错误的警惕性。二是完善会计师事务所的内控系统。事务所应完善自身的企业文化，创造相互尊重、相互监督的良好企业氛围，建立充满激励机制的业绩评价体系，在审计过程中的每一步骤都有明确的流程规范，将对审计风险的控制渗透到每一个审计阶段当中。并且，要保证审计方法的科学可行，使得审计证据在数量及质量上都达到充分、适当，审计人员也能通过科学的审计方法把握程序与质量的平衡。

②企业和监管机构层面。

企业方面，企业自身治理制度要完善。创业板的上市企业基本上都处于成长期，自身的治理结构及股权结构往往都不尽完善。首先，在企业的股权结构方面，应不断优化股权结构，保证中小投资者的利益，限制大股东的权利。通过对企业内部章程的修改限制大股东的投票权，降低大股东的绝对优势，同时可以扩大机构投资者的比例，使大、中小投资者的势力得到制衡，更好地为企业经营决策出谋献计。其次，也可以鼓励内部员工持股，增强员工的凝聚力，将员工的前途与公司的发展紧密地联系起来。再其次，完善企业的内部审计制度，使得注册会计师在审计过程中能够利用内部审计的成果，这就要求企业的内部审计做到可靠可信。最后，创业板企业可以借鉴纳斯达克市场做法，建立审计委员会，由大多数独立董事组成并与高级管理层平行，从而加强内部审计的独立性，减少因代理而产生的信息不对称问题。

市场监管方面，一是法律法规需不断完善。创业板市场的法律法规自 2009 年 5 月 1 日实施以来，不断完善至今，首次将退市规则纳入其中，但仍存在不少漏洞。企业造假丑闻频现，上市企业业绩的大"变脸"都体现了制度的缺失，而制度的完善对审计风险的控制也具有重要意义。二是证监会监管需强化。证监会应根据创业板实施以来的具体情况以及出现的问题制定更为详细的细则，严格规范企业上市的资质及审核要求，同时加大对创业板上市企业的披露力度以及披露的及时性，充分让投资者意识到企业的相关风险，提升透明度。三是中国注册会计师协会要完善审计质量检查制度。如借鉴美国的同业复核制度，所有上市公司的审计业务由不负责该审计业务的其他合伙人进行复核后才可出具审计报告，由一家会计师事务所对另一家会计师事务所的质量控制体系以及会计审计业务进行评估，由此提高审计质量，减少审计失误，降低审计风险，保护投资者的利益。四是借助外部市场机制。银行等金融机构是目前大多数企业的外部融资渠道，将银行等金融机构纳入公司的治理结构当中，可以对企业经理人起到激励监督的作用，更好地制衡企业实际经营者的权利，并促使经理人能够做出更加符合企业成长轨迹的战略决策，避免管理层懈怠的行为。当然，与此同时也要把握好各方独立性的问题，避免舞弊等现象的发生。

3. 推荐解决问题的方案。

（1）何谓 IPO 审计？IPO 审计与传统审计相比有哪些特点？首次公开募股（initial public offerings，IPO）是指企业通过证券交易所首次公开向投资者发行股票，以期募集用于企业发展资金的过程。IPO 是公司实现多渠道融资的一种手段。与此同时，需要具有证券从业资格的会计师事务所对拟上市公司出具最近三年及一期的审计报告，即 IPO 审计。由于 IPO 财务包装甚至是财务造假具有极强的专业性和隐蔽性，很难被一般投资者所察觉，一旦不明真相的投资者买入这些股票，将遭受巨大损失。因此，IPO 审计中注册会计师应凭借专业知识，对公司财务状况进行"翻箱底"式的审计，使公司的任何造假行为都逃不过他们的"法眼"。

IPO 审计具有工作量大、内容复杂、客户目标明确、涉及与多个中介机构合作的特点。

第一，工作量大、内容复杂。拟上市企业从公司改制到最后完成上市，一般需要 3 年左右的时间。按照有关规定，会计数据有效期为半年，因此注册会计师往往需要数次加期审计，与一般审计相比，IPO 审计周期长、工作量大。在 IPO

审计中需要提交三年及一期财务报表、业务重组等审计报告，而在财务报表审计过程中涉及的问题多，包括合规性问题、会计估计问题、会计政策问题、历史沿革问题、遗留问题以及税收问题等。

第二，客户目标明确。IPO 审计与一般年审的区别在于前者是一个巨大的系统工程，需要经过改制设立审计、配合辅导验收、上市申报审计的相关报告制作，而客户的核心目标是通过审核、成功上市。IPO 项目实际上不存在非标准意见的审计报告，因为一旦涉及非标准意见审计报告，就意味着该项目谈判失败。即使失败客户也愿意付出成本进行调整，这种情况下对注册会计师处理问题的能力要求很高，不能仅仅对客户说"不行"，还要说"怎样能行"。

第三，涉及与多个中介机构合作。IPO 审计是一个复杂的立体工程，注册会计师需要与证券公司（券商、保荐机构）、律师事务所、资产评估事务所、精算机构、咨询公司等其他中介机构密切配合。例如 2010 年江苏玉龙钢管股份有限公司 IPO 申请被否决的原因之一是：公司招股说明书披露，报告期内存在开具没有真实交易背景的银行承兑汇票，难以判断是否能够规范运作。在此案例中注册会计师利用律师的法律意见作为参考，即在与其他中介机构合作的过程中时间节奏一致，结果互相利用，协同工作。

（2）何谓审计风险？结合案例，说明 IPO 审计风险形成的原因有哪些？审计风险是指财务报表存在重大错报而注册会计师发表不恰当审计意见的可能性。与一般审计业务相比，IPO 审计的委托关系复杂；审计过程需要保荐人、会计师、精算师、评估师、律师等中介机构的多重参与；审计的周期长，从被审计单位公司改制到最终完成上市，会计师往往需要多次加期审计；需要审计的财务报表是为期三年的，工作量繁重；审计结果关注度高。同时，企业一旦上市成功，就可以募集到丰厚的资金，为了达到老百姓所谓的圈钱目的，申请 IPO 的企业可能会利用各种不合法手段以求上市成功。这种功利目的就增加了财务报表的重大错报风险，加大了审计难度。

IPO 审计风险成因，结合海联讯公司欺诈上市分析如下。

第一，被审计单位方面原因。

①公司信用缺失，诚信意识薄弱。信息披露的真实、准确、完整、及时是上市公司的基本法定义务，而显然现在有很多企业并没有认真履行这个义务。由前述资料获知海联讯 2009～2011 年间，虚构应收账款、部分销售收入涉嫌造假、涉嫌违法违规。其通过这些"卑鄙"的手段来获得上市的资格，金额之大足显其诚信意识之薄弱。意识驱动着人的行为，薄弱的诚信意识正潜移默化地影响着企业的一举一动，小至少计一元两元、"缺张发票少笔账"，大则滋生如海联讯公司这般的重大造假事件。

②利润操纵。海联讯公司成立后不久就一直有 IPO 的冲动。但是其本身的条件其实与在创业板上市首次公开发行股票的条件相差甚远。为了迎合上市条件，而进行利润操纵。

2011 年上市前海联讯公司情况与创业板首次公开发行股票并上市的部分条

件对比分析如下。上市要求的财务指标条件（满足二者之一即可）：两年连续盈利，两年内净利润累计不少于1 000万元，且持续增长；最近一年盈利，且净利润不少于500万元，最近一年营业收入不少于500万元，且最近两年营业收入增长率均不低于30%。现在我们通过对包装前的财务数据进行分析，海联讯企业真实的净利润、营业收入增长率均不符合上市条件，所以海联讯就在利润上大做手脚。上市要求的规模指标条件：最近1期期末净资产不少于2 000万元，并且发行后股本不少于3 000万股。然而2010年12月31日海联讯的净资产为313.68万元，离要求的2 000万元相差甚远，海联讯公司造假的动机强烈。上市要求主营业务（核心竞争力）指标条件：海联讯公司的核心竞争力早在2009年的第一次上会时就遭到了否定。2009年一共有199家企业申请IPO，而海联讯受限于"核心竞争力不够突出"，于2009年12月22日上会被否，海联讯未能登上IPO列车。而到了2011年，在海联讯的招股说明书中其核心竞争力竟然变成了100%。

综合以上财务指标、规模指标和核心竞争力指标，海联讯公司实力远未及上市要求，导致上市计划屡次失败，于是海联讯开始在虚增应收账款、营业收入和隐瞒部分费用成本上大做手脚，从而一起重大的财务造假案诞生了。

③内部控制存在缺陷。内部控制是为了保证财务报告的可靠性，保护资产的安全完整，保证会计信息资料的正确可靠，经营活动的经济性、效率性和效果性以及保证企业遵守适用的法律法规的要求而在单位内部采取的自我调整、约束、规划和控制的一系列方法与措施的总称。

海联讯的内部控制遭到了多方否定。2013年8月，财政部披露了《我国上市公司2012年实施企业内部控制规范体系情况分析报告》，该报告显示，在2 244家上市公司中，有8家上市公司披露存在内部控制重大缺陷，海联讯便是其中之一；更进一步来看，有3家上市公司的内部控制评价结论为无效，它们分别为海联讯、万福生科和北大荒。2012年，共有1 532家上市公司披露了内部控制审计报告，占沪、深交易所2 492家上市公司的比例为61.48%。其中，内部控制审计结论为否定意见的有4家，海联讯又"榜上有名"。

内部控制作为企业生产经营活动自我调控和自我约束的内在机制，处于企业中枢神经系统的重要位置。内部控制设计是否健全、执行是否有效，决定着企业经营的成败。如此重要的内部控制，海联讯公司竟多次被曝存在严重缺陷，这无疑为管理层凌驾于内部控制之上，进行财务造假提供了"便利"。

第二，会计师事务所方面原因。在海联讯IPO审计项目中，深圳鹏城会计师事务所对被审计单位风险评估工作做得不好。在分析企业基本情况之后，他们很可能并没有意识到如绿大地公司所存在的舞弊风险和动机，或者是虽意识到风险的存在，但并没有采取有效的风险管理措施，最终导致了审计失败。会计师事务所在审计中存在如下问题。

①缺乏对被审计单位及其环境的充分了解。通常来说，花费巨额上市成本进行IPO项目的企业，都对上市成功拥有强烈的渴望，而为此对注册会计师施压也

是很常见的现象。对海联讯来说，早在 2003 年就开始计划实施上市，2009 年 IPO 失败，2011 年再次努力上市的海联讯对成功的渴望更加强烈。因此，舞弊的动机是存在的。同时，海联讯公司作为从事电力信息化系统集成业务的国家高新技术企业，主要面向电力企业提供服务。高新技术行业的特殊性加之电力知识的缺乏使得注册会计师易受蒙蔽。

②缺乏对往来款项的充分关注。往来款项与企业经营息息相关，而复式记账下科目的勾稽关系使货币资金项目与收入项目相互对应。因此，财务造假伪造利润的另一面是往来款项的异常。审计师可通过往来款项的"窗口"突破收入舞弊。在对海联讯应收账款的审计中，截至 2012 年底，海联讯存在高达 3 100 万元的长期挂账应收账款，而海联讯无法提供对方信息，但鹏城所根本没有严格执行函证程序，反而在报告中认为"主要客户货款回收较为及时，应收账款回收风险较小，增长原因真实合理"，最终导致 IPO 审计失败。此外，海联讯利用自有资金，频繁地以非客户方名义进行"体内循环"，虚假冲减应收账款 2.46 亿元，然后下期转出以虚增资产规模。审计师却未能在确保对账单余额准确的基础上，考虑历史交易的真实性，未能对一定时期内同一账户总金额一致的资金频繁流动保持应有的警惕性。

③缺乏对财务指标的谨慎分析。识别和防范风险时，审计人员应全面实施分析性程序，通过分析不同数据间的关系来评价财务信息以发现舞弊端倪，尤其应关注企业上市前后的相关财务指标对比。

在本案例中，海联讯先是以跨期确认外包成本方式虚构应收账款，再从非客户方利用"其他应付款"进行大额冲减。错综复杂的会计记录游戏，不过是希望将虚增部分最终消化，这一系列动作必然导致应收账款的异常波动，如 2008 年底，海联讯公司的应收账款余额仅为 7 144 万元，到 2009 年底迅速增长到 1.07 亿元，而 2010 年、2011 年分别为 1.03 亿元、1.23 亿元，三年应收账款余额较 2008 年末分别增长 51.16%、43.98%、72.17%。如此这般往来账项的大幅异常波动却并未引起审计人员的应有重视。在应收账款大幅增加的情况下，海联讯 2009 年、2010 年和 2011 年的营业收入增长率仅为 20.28%、17.83% 和 17.45%。对于这种应收账款与营业收入的极度不匹配也未引起审计人员的高度警惕。

④缺乏对非财务讯息的重视。非财务讯息对于识别财务舞弊也有重要作用。审计师往往可以通过以下方面发现公司舞弊的迹象：公司治理结构完善程度、内部控制有效水平、董事和高管更换情况、遭受监管机构谴责处罚情况、诉讼和担保信息、财务主管和外部审计是否频繁变更等。2013 年 8 月，财政部披露了《我国上市公司 2012 年实施企业内部控制规范体系情况分析报告》。该报告显示，在 2 244 家上市公司中，有 8 家上市公司披露存在内部控制重大缺陷，海联讯便是其中之一。更进一步来看，有 3 家上市公司的内部控制评价结论为无效，也有海联讯。2012 年，共有 1 532 家上市公司披露了内部控制审计报告，其中，内部控制审计结论为否定意见的有 4 家，海联讯又"榜上有名"。海联讯公司曾在内部控制报告中被出具否定意见，且多次被认定为内部控制评价无效。这一信息表

明，海联讯公司管理当局的诚信度极低，注册会计师未来的审计风险极高。而在获知海联讯公司内部控制不作为的情况下，继续坚持对海联讯进行 IPO 审计也是鹏城所审计失败的重要原因。

第三，监管不足、相关法律法规不完善。

①我国现有的法律对违规者的处罚力度有限，执法力度不够。从我国目前对会计信息披露违规案件的查处情况看，主要以行政处罚为主，处罚力度的加大基本上体现在追究主要责任人的刑事责任上。我国对违规公司进行处罚的手段较为单一，其中，中国证监会的处罚以罚款为主，数额在 3 万 ~ 60 万元，而深圳、上海证券交易所则以公开谴责为主。与公司违规从证券市场上获得的巨额利益相比，证监会的罚款显得十分单薄，违规成本与违规收益极不相称，使得违规者在利益的驱动下铤而走险。而且在中国目前尚没有上市公司因造假、违规被退市的先例，这是导致上市公司和中介机构联手造假达到圈钱目的的重要原因。（以前不久发生的万福生科案为例，如此严重的案件处罚仅停留在警告、市场禁入、罚款等低成本层面，惩处力度明显过小。）

②有关法律法规的惩戒条款不明确，缺少可操作性。这导致中介机构违规违法后，往往呈现"重重举起，轻轻放下"，助长了一部分职业道德低下的机构和人员在利益驱使下冒险的气焰。

③监管部门的执法权力有限。从监管环境来看，因为我国证券发行实行的是核准制，所以证监会仅仅可以检查、审核上市公司披露的信息和资料，以及保荐机构和证券服务机构出具文件的真实性和完整性。监管机构的执法权力还有增强的空间。随着证券市场开放程度的提高以及高科技手段的运用，证券犯罪不但在数量上日益增多，而且变得更加复杂。监管机构对证券犯罪认定和处理的难度也日益增加。所以增强监管机构执法权力非常必要。

（3）与传统审计相比，IPO 审计风险评估程序有何不同？IPO 项目审计目的的特殊性决定了风险评估必须前移。对于 IPO 项目，实际上不存在非标准意见的审计报告。由于企业发行股票上报材料的特殊性，即使未在审计报告正文限定用途，经鉴证的三年及一期会计报告所要求的披露内容也与其他会计报告不同，所以不可能再用于其他目的。这使得一旦涉及非标准意见时，约定双方可能在审计目的与报告用途两者之间无法权衡一致，最终导致审计失败。也就是说，IPO 项目可接受的审计风险被限定在一个较小的范围内。因此，在业务承接阶段，注册会计师必须初步评估审计项目的总体风险是否低于自身可接受的审计风险，否则就应当放弃该项业务。

根据《中国注册会计师鉴证业务基本准则》应用指南的要求，在接受委托前，注册会计师应当初步了解业务环境。业务环境包括业务约定事项、鉴证对象特征、使用的标准、预期使用者的需求、责任方及其环境的相关特征，以及可能对鉴证业务产生重大影响的事项、交易、条件和惯例等其他事项。在初步了解业务环境后，注册会计师应当考虑承接该业务是否符合独立性和专业胜任能力等相关职业道德规范的要求。当然，判断一个 IPO 项目是否可以承接，仅了解业务环境显然是不够的。IPO 项目在启动之前，一般还应进行尽职调查，这实际上已经实施了部分风险评估程序。

注册会计师进行尽职调查的主要内容可以参考《保荐人尽职调查工作准则》（证监发行字〔2006〕15 号），调查内容大致可以分为发行人基本情况调查、业务与技术调查、同业竞争与关联交易调查、高管人员调查、组织结构与内部控制调查、财务与会计调查、业务发展目标调查、募集资金运用调查、风险因素及其他重要事项调查十个部分。注册会计师的尽职调查并不是监管机构的要求，因此上述内容可根据委托人的要求和企业的实际情况进行选择，要突出注册会计师的专长，同时在约定书中阐明调查范围。一般来说，财务与会计方面应是调查的重点内容。

在本案例中如果鹏城所能在接受 IPO 审计业务委托阶段就开展风险评估程序，做到尽职调查，那么就可以更好地防范或避免 IPO 舞弊了。

（4）结合案例，指出审计人员应如何发现与识别 IPO 舞弊风险？我国现处于资本市场发展期，行业监管有限和制度不完善使得急于上市企业的 IPO 造假时有发生。系统舞弊造假看似难以识别，但只要虚假则必有迹可循。

①充分了解被审计单位及其环境。会计师事务所在接受拟上市公司委托时应谨慎对待，尤其对于特殊行业，要对其行业环境充分了解以降低审计风险。一旦接受委托，则选派专业知识精湛、实战经验丰富的注册会计师进行审计，实施恰当程序、严格执行准则以保证 IPO 审计质量。如本例中的海联讯，电力行业的特殊性加之电力知识的缺乏使得注册会计师易受蒙蔽。又如农业类公司，产品通常种类繁多、存放分散、交易零散，如果前期没有充分了解被审计单位及其环境，则无法正确识别风险。必要时，还需邀请专家参与审计。

②关注往来款项。往来款项与企业经营息息相关，而复式记账下科目的勾稽关系使货币资金项目与收入项目相互对应。因此，通过财务造假伪造利润的另一面是往来款项的异常。审计师可通过往来款项的审查突破收入舞弊。

一是扩大询证范围。函证是审计师为获取影响报表或相关认定的信息，直接向第三方核对有关账项信息的过程，旨在从外部获取客观有效证据。实务中，受时间和费用限制，审计师往往从会计科目余额中简单取样，对往来款函证尤其是发生额函证关注不够，使得企业可通过技术手段，频繁虚构发生额，最后仅需将余额与客户保持一致，即可规避舞弊暴露。对于本例中的长期挂账应收账款，海联讯公司没有提供对方信息，鹏城所更没有严格执行函证程序，反而在报告中认为"主要客户货款回收较为及时，应收账款回收风险较小，增长原因真实合理"，最终导致 IPO 审计失败。因此，扩大询证范围并对历史交易进行函证，比单一的确定余额真实存在和审查舞弊企业虚构的原始凭证更加有效。

二是由银行对账单进行延伸审计。与询证函相同，作为外部证据的银行对账单也具有客观的证明力。虽然银行对账单能详细提供一定期间内企业经营资金周转往来情况，但无法提供交易客户名称等具体信息，这依然让舞弊企业有机可乘。例如海联讯利用自有资金，频繁地以非客户方名义进行"体内循环"虚假冲减应收账款达2.46亿元，然后下期转出以虚增资产规模。审计师在确保对账单余额准确的基础上，还要考虑历史交易的真实性。一方面要尽量掌握银行账户的实际控制人，以防"一手遮天"式的舞弊；另一方面对于一定时期内同一账户总金额一致的频繁资金流出流入应给予高度警惕。

③关注财务指标。识别和防范风险时，审计人员应全面实施分析性程序，通过分析不同数据间的关系来评价财务信息以发现舞弊端倪，尤其应关注企业上市前后的相关财务指标对比。

一是重视往来款异常波动。本案例中，海联讯先是以跨期确认外包成本方式虚构应收账款，再从非客户方利用"其他应付款"进行大额冲减。错综复杂的会计记录游戏，不过是希望将虚增部分最终消化，这一系列动作必然导致应收账款的异常波动，如2008年底，海联讯应收账款余额仅为7 144万元，到2009年底迅速增长到1.07亿元，而2010年、2011年分别为1.03亿元、1.23亿元，增长变化异常。因此审计人员应当对往来款项的大幅异常波动引起重视。

二是注重对比财务指标。首先，可以分析现金指标，在"现金为王"的企业经营中，现金流量表一致被认为比利润表更真实可靠。对造假企业来说，利用技术手段虚增利润和资产，不一定会有相应现金流入，因此现金指标可作为识别突破口；其次，对比同行业的盈利能力指标。财务舞弊公司出于虚构利润需要，财务报表通常会显示不同寻常的高盈利能力，并与同行业平均指标相差悬殊，例如万福生科造假案，其销售毛利率一直稳定在23%左右，遥遥领先同行业的金健米业10%。对于这种持续的畸高盈利指标，应当予以高度警惕；最后，也可以关注营业周转指标，虚构业绩的公司通常存在虚构往来款项和存货的现象，在连续造假时，公司应收账款的持续膨胀，会导致周转速度显著降低。

④关注非财务讯息。财务舞弊的识别除上述财务讯息方面，也应当包括非财务讯息。审计师往往可以通过以下方面发现公司舞弊的迹象：公司治理结构完善程度、董事和高管更换情况、遭受监管机构谴责处罚情况、诉讼和担保情况、财务主管和外部审计是否频繁变更等。海联讯公司曾在内部控制报告中被出具否定意见，且多次被认定为内部控制评价无效。这些重要讯息，都是企业可能存在舞弊的预警。

（5）结合案例，指出未来应如何防范欺诈上市？海联讯急于上市，以会计差错外衣自认造假的风波，为我们留下许多防范启示。

①会计师事务所应完善业务承接、实施、事后检查。对于IPO审计业务的承接，首先，会计师事务所应了解客户基本情况和要求，考虑客户诚信以及承接风险，正确分析自身能力审慎选择客户，特殊行业应考虑专家意见，切勿为获得高额IPO审计费而草率承接，引火上身。其次，构建高效的项目团队是IPO审计成败的关键，应安排经验丰富、具备较高职业道德素质和专业胜任能力的人员进入审计小组。

在IPO审计的实施阶段，应按照既定审计计划严格执行测试程序以控制风险。一般而言，急于上市的公司为达到标准会进行"反向包装"，因此审计人员应关注公司上市前三年的主要财务指标，以与同行业对比分析作为切入点。同时应注重分析程序的运用，提高获取的审计证据质量。当证据变多时，有必要对重大错报风险进行再评估，修正审计计划。

在 IPO 审计项目结束后，内部独立复核人员应对审计结果监督、复核，做到持续检查。会计师事务所也应对以往的 IPO 审计业务进行定期或不定期自查，将事后检查复核纳入会计师事务所 IPO 审计质量控制体系中。

②拟上市公司要优化治理层，规范审计聘任制度。公司完善的治理结构应是股权所有者、董事会和经理人员之间权利分配与制衡的制度安排，但我国经常出现董事长与总经理一人担任的"一股独大"现象，这使得拟上市公司管理层由被审计人变成 IPO 审计委托人，成为决定事务所聘任、收费的"衣食父母"。同时 IPO 审计中的投资者、管理层、审计方的三角稳定结构简化为管理层和审计方两者的失衡关系。双方巨大的潜在利益导致拟上市公司对高质量审计需求淡漠，而事务所迁就公司同管理层共谋欺诈上市，审计结果变成了委托人意志的体现。基于此，我们不妨借鉴西方的财务报告保险制度（financial statement insurance，FSI），引入外部独立的第三方决定审计聘任权。在该制度下，拟上市公司向保险公司投保财务报告险，保险公司聘请会计师事务所对投保的拟上市公司进行审计，对造假给投资者造成的损失，由保险公司向投资者进行赔偿。保险公司的介入，消除了注册会计师与管理层因利益关联进行合谋，源头上保证了注册会计师的独立性。FSI 借鉴可以成为我国防范 IPO 审计失败的一种可行方案。

③行业协会从重处罚，加大 IPO 欺诈成本。按规定，行业协会对事务所参与上市公司财务造假将给予处罚，但现实中造假事项一经败露，参与造假的事务所被吊销资格，但合伙人却带原有业务纷纷"转投"他所，真正的结果只是员工换个名片、事务所换个品牌继续经营，甚至有些负主要责任的注册会计师连 CPA 执业证书都没有被吊销。如深圳鹏城所受多起 IPO 审计失败牵连而投至原国富浩华名下、因"万福生科"遭受史上最严罚单的中磊所多数员工投奔大信和利安达事务所。可见，与舞弊带来的高收益相比，IPO 审计违规法律风险和成本微乎其微，不能起到震慑作用。

因此，加大违规风险成本、提高舞弊成本是提高 IPO 审计质量的根本保证。一方面，要加大虚假信息披露经济惩罚力度和刑事责任完善，建立处罚成本大于造假收益的法律环境；另一方面，要严厉追究事务所和审计人员责任，尤其是合伙人的连带责任，杜绝通过转投他所逃避处罚。不仅对签字会计师处罚，还要对同项目组成员做不良信誉记录，加强内部员工间的制约，才能真正提高我国 IPO 审计质量。

四、教学组织方式

（一）问题清单、提问顺序

1. 何谓创业板企业？创业板企业有何特点？

2. 海联讯欺诈上市的手法、途径有哪些？

3. 何谓 IPO 审计？IPO 审计与传统审计相比有哪些特点？

4. 什么是审计风险？海联讯存在哪些重大错报风险？

5. IPO 审计风险形成的原因有哪些？

6. 审计人员应如何发现与识别 IPO 舞弊风险？未来应如何防范欺诈上市？

（二）课时分配

1. 课后自行阅读材料：约 2 小时；

2. 小组讨论并提交分析报告提纲：约 3 小时；

3. 课堂小组代表发言并进一步讨论：约 1 小时；

4. 课堂讨论总结：约 0.5 小时。

（三）讨论方式

本案例可采用：小组式案例讨论；正方反方分组式讨论；角色扮演式讨论。

（四）课堂讨论总结

归纳发言者的主要观点；重申其讨论问题的重点和亮点；提醒大家对问题的焦点、有争议问题进行进一步思考；建议学生对案例素材进行扩展研究和深入分析，提出自己的独到见解。

案例 3

注册会计师的职责何在

——金亚科技审计失败案

刘　静　乔子恒　王美铃

近年来，我国财务造假案件层出不穷，会计师事务所的过失频现。比如审计绿大地的深圳市鹏城会计师事务所有限公司、承担万福生科公司年度财务报表审计的中磊会计师事务所有限责任公司、审计莲花味精的亚太（集团）会计师事务所有限公司。如今，立信事务所是国内数一数二的会计师事务所，也陷入这种问题。

2015 年 6 月 4 日，金亚科技因涉嫌违反证券法律法规被证监会立案调查，随即长期停牌。时隔两个多月之后，8 月 31 日，金亚科技发布公告称，通过财务自查，发现公司以前年度存在重大会计差错，并予以追溯调整。2016 年 1 月 18 日，金亚科技再次发布自查报告，同时也披露了整改措施。自查报告显示，金亚科技在货币资金、应收账款、工程预付款、营业收入、营业成本、营业利润、未分配利润等 9 项财务数据都存在"瑕疵"。有的甚至金额巨大，如自查发现，2014 年货币资金账目与实际不符的数据，调整后相差约 2.2 亿元，应调减其他非流动资产 3.1 亿元。这么明显的漏洞，立信会计师事务所竟然没发现，实在令人唏嘘！

金亚科技财务造假金额这么高，收入、成本、利润、货币资金等涉及金额巨大，作为专门的审计执业人员怎么会查不出来，至少应发现异样。然而立信会计师事务所作为中国注册会计师协会发布的 2015 年中国百强所第五名，国内本土事务所综合排名第二，却犯了如此不该犯的错误，实在是难辞其咎。财务造假事件的频现，地位颇高、过往信誉良好的立信会计师事务所也相继牵扯其中，说明是时候该解决会计师事务所失责问题了，审计问责势在必行。

本案例旨在通过分析金亚科技审计失败案的原因，从而深入探讨立信会计师事务所存在的过失问题。针对目前会计师事务所普遍存在的责任问题提出一定的对策和建议，希望可以提高会计师事务所的审计责任意识，严格监督上市公司财务舞弊。

一、背景简介

（一）金亚科技公司

金亚科技总部位于四川省成都市蜀西路 50 号，成立于 1999 年 11 月，注册资金 34 620.30 万元人民币。金亚科技经过十余年的发展，在国内数字多媒体领域取得了骄人的成绩，成为国家高新技术企业，并先后荣获"中国最具影响力创新成果 100 强""四川省大中型工业企业 500 强""广电行业十大创新品牌""中国数字电视产业十大自主品牌""四川省重点科技型成长企业""四川省软件企业""四川省技术中心及四川省质量 AAA 级认证企业""2010 年四川通信设备、计算机及其他电子设备制造业最大规模 30 强"，并连续 6 年荣获"四川省实施卓越绩效模式先进企业"称号等多项荣誉。经过多年服务数字电视行业的资源积累，金亚科技与产业链的上下游建立了广泛、深入的合作关系，与各运营服务商、高校科研院所和付费频道行业协会、互动媒体协会等建立了研发合作关系，在家庭智能终端、多屏互动增值业务开发、宽带接入与传输等领域开展了多个课题攻关。

2009 年金亚科技在深交所创业板成功上市（股票简称：金亚科技，代码 300028），是创业板开板首批 28 家上市公司之一。2012 年 7 月，金亚科技 100% 控股英国"哈佛国际"，正式完成了对英国 ATM 市场上市公司"哈佛国际"的重大资产收购，成为 A 股创业板海外收购的第一案。实施跨国并购，能够让金亚科技更方便地借鉴国外的先进技术，同时，依托"哈佛国际"的渠道和品牌优势，进一步拓展国际市场。为满足高速发展的需要，金亚科技实现了集团化管理，先后成立了成都金亚软件技术有限公司、成都金亚智能技术有限公司、深圳金亚科技有限公司、金亚科技（香港）有限公司、成都金亚云媒互联网科技有限公司 5 个全资子公司，收购了深圳市瑞森思科技有限公司，参股北京鸣鹤鸣和文化传媒有限公司、成都雪狐科技有限公司、北京麦秸创想科技有限责任公司。

（二）立信会计师事务所简介

立信会计师事务所（以下简称"立信所"）由中国会计泰斗潘序伦先生于 1927 年在上海创建，是中国建立最早和最有影响的会计师事务所之一。1986 年复办，2000 年成立上海立信长江会计师事务所有限公司，2007 年更名为立信会计师事务所有限公司。立信所依法独立承办注册会计师业务，具有证券期货相关业务从业资格。2010 年，立信所获得首批 H 股审计执业资格。2010 年 12 月改制成为国内第一家特殊普通合伙会计师事务所。经过八十余年的长足发展，立信所在业务规模、执业质量和社会形象方面都处于国内领先地位。2001 年起，立信所在全国会计师事务所签发国内上市公司审计报告数量排行榜上一直保持第一。

经中国注册会计师协会全国前百家会计师事务所综合评价排名统计：2002～2006 年度连续五年立信所排名均列第五位（前四家均为"国际四大"），2007～2011 年立信所排名第六位。2012 年立信实现业务收入 17.74 亿元，在 2012～2013 年中国注册会计师协会公布的全国百家会计师事务所综合评价中排名第五位。

2000 年立信所加入国际网络，提前实现了专业服务与国际接轨，并扎实培养了一批国际化人才。2009 年立信所加入全球第五大国际会计网络——BDO 国际，通过与境外成员所的交流，锻炼、巩固和发展了立信所跨境业务的经验与优势。

2000～2013 年，经由中华人民共和国财政部批准，立信所又相继在北京、深圳等地设立了 29 家分所，立信所在打造本土最具核心竞争优势的专业服务机构的同时，逐步完善和实现战略布局，为顺应国际资本市场一体化发展趋势，立信人正以诚信和专业铸就着民族品牌。

立信所现有从业人员 8 200 余名，其中执业注册会计师 2 000 余名。总部设在上海，有七个专业委员会，设置审计业务部、国际业务部、银行业务部及审计风险管理部、信息技术部、教育培训部、管理咨询部、税务部、资产评估部、工程造价咨询部、信息鉴证部、公司清算部、市场与品牌推广部、会计政策研究中心、产学研基地等与业务相关的部门。现有客户遍布全国各地，其中上市公司 300 余家，IPO 公司 300 余家，外商投资企业 2 000 余家，并为大型央企、国有集团、银行、证券公司、期货经纪公司、保险公司、信托公司、基金公司等提供审计及相关业务。立信会计师事务所的分公司有立信会计师事务所管理有限公司（以下简称立信管理公司），立信会计师事务所（原上海立信长江会计师事务所），北京分所（由北京立信会计师事务所和北京天华中兴会计师事务所合并而成），深圳分所（原北京立信会计师事务所深圳分所），广东立信羊城会计师事务所（原广东羊城会计师事务所），立信会计师事务所福建分所（特殊普通合

伙，原福建闽都会计师事务所，2006 年 5 月加入），南京立信永华会计师事务所
（原南京永华会计师事务所，2006 年 5 月加入）以及武汉立信会计师事务所
（2011 年成立）。

二、金亚科技审计失败案概况

（一）东窗事发

2015 年 6 月 4 日、5 日，金亚科技及其实际控制人周旭辉收到中国证监会的
《调查通知书》，因公司及实际控制人涉嫌违反证券法律法规，证监会决定对公
司及周旭辉进行立案调查，随后长期停牌。作为创业板开板首批 28 家上市公司，
上市已经 6 年多的金亚科技在被证监会立案调查后，于 2015 年 8 月 31 日发布了
一项公告，其以前年度的造假数据内容让人触目惊心。

公告显示，合并资产负债表项目中，经过金亚科技 2014 年及以前年度历
年累计虚增净利润金额高达 31 433.13 万元，而该公司自 2009 年上市以来历年
财务报告所披露的 2009 ~ 2014 年 6 年间，归属于母公司的净利润之和仅为
5 944.85 万元，虚增利润金额相当于其上市 6 年来所披露的净利润之和的 5.3
倍；进一步分析表明，虚增股东权益调减后，如果剔除该公司历次股权融资获得
的资金，该公司将处于严重资不抵债状态。金亚科技招股说明书显示，其上市前
三年（2006 ~ 2008 年）利润之和为 907.41 万元，上市前 3 年与上市后 6 年
（2006 ~ 2014 年）这 9 年间其历年财务报告披露的净利润之和累计为 13 854.26
万元，考虑到其虚增的净利润高达 29 502.02 万元，这意味着公司前后 9 年之间
累计亏损 1.5 亿元。

更荒谬的是，本次调整后，金亚科技的账面净资产更正为 31 328.28 万元，
2009 年 10 月金亚科技 IPO 募集资金净额为 39 186 万元，这意味着，如果该公司
没有上市融资的话，其净资产是负的，而且是 - 7 857.72 万元。

事实上，早在 IPO 上市之前，金亚科技就曾饱受造假质疑。2009 年 10 月，
金亚科技上市前夕，就有相关财务分析师质疑金亚科技财务问题，指出金亚科技
招股说明书中所披露的 2006 ~ 2009 年上半年财务报告数据疑点丛生。

（二）拙劣造假手段却成功掩人耳目

1. 涉嫌欺诈上市。在上市前的 2006 ~ 2009 年间，金亚科技营业收入由
10 099.35 万元增长至 17 738.40 万元，上市前三年营业收入总体上表现出稳定
增长的趋势；然而，从销售收入结构来看，其软件业务的营业收入却呈现出大起
大落、大幅波动的特征。

2007 年金亚科技软件业务营业收入 6 032.86 万元，同比增长 288.6%，2008
年软件业务营业收入微增至 6 195.39 万元，2009 年软件业务营业收入大幅下滑
至 3 298.07 万元，降幅达 46.8%。具体情况如表 1 - 5 所示。

表1-5　　　　　　　　　上市前营业收入结构变化情况

项　　目	2009 年	2008 年	2007 年	2006 年
硬件业务（万元）	14 440.33	91 436.37	8 843.35	8 546.71
软件业务（万元）	3 298.07	6 195.39	6 032.86	1 552.64
营业收入合计（万元）	17 738.40	15 631.75	14 876.21	10 099.35
营业收入增长率（%）	13.5	5.1	47.3	
硬件收入增长率（%）	53.0	6.7	3.5	
软件收入增长率（%）	-46.8	2.7	288.6	
软件收入占比（%）	18.59	39.63	40.55	15.37

资料来源：巨潮资讯网。

　　根据招股说明书，金亚科技的主营业务为数字电视软硬件产品研发、生产及销售，以及向中小数字电视运营商提供端到端整体解决方案。因此，该公司软件业务和硬件业务是相辅相成的关系，两者的销售收入应该呈现出同步变化的趋势。然而，上市前三年及一期的软硬件业务营业收入却呈现出相背离的走势：2007 年金亚科技软件业务营业收入同比增长 288.6%，但硬件业务营业收入同比仅增长了 3.5%；2009 年金亚科技软件业务营业收入同比下降 46.8%，但硬件业务营业收入却同比大幅增长了 53%。一家为中小数字电视运营商提供软硬件整体解决方案的企业，为何其软件与硬件营业收入却呈现出如此相背离的走势？而且软件业务营业收入呈现出大起大落、大幅波动的特征。金亚科技上市以来历年财务报告显示，2010~2014 年软件业务营业收入分别为 3 095 万元、3 152 万元、1 992 万元、120 万元和 3 436 万元，再也没有达到其上市前 2007 年、2008 年时6 000 多万元的营业收入水平。在 2009 年 IPO 募集了近 4 亿元资金，在募集资金项目相继实施完成后，其上市后软件业务收入却不升反降，远低于其上市前 2007 年、2008 年时的水平。具体情况如表 1-6 所示。

表1-6　　　　　　　　2010 年以来历年软件业务收入情况

分产品	2010 年	2011 年	2012 年	2013 年	2014 年
软件（万元）	3 095	3 152	1 992	120	3 436
营业收入（万元）	21 229	21 554	47 650	59 358	52 790
软件占比（%）	14.58	14.63	4.18	0.20	6.51

资料来源：巨潮资讯网。

　　软件开发是一个高度依赖人力资源的业务，招股说明书显示，截至 2009 年 6 月底，金亚科技员工总数为 140 人，其中，技术人员为 43 人（应该包括生产技术人员），软件开发人员不超过 40 人。2007 年、2008 年金亚科技支付给职工以及为职工支付的现金仅为 721.96 万元和 778.00 万元，人均约 5 万元，其软件开发人员的年工资性支出约 200 万元。金亚科技以如此低的人力资本支出，在 2007 年、2008 年却实现高达 6 000 多万元的软件业务销售收入，无不令人生疑。

上述分析表明，金亚科技上市前三年软件业务销售收入大幅波动、大起大落，软件业务与硬件业务销售收入呈现明显相背离的走势，且与软件开发人员、员工薪资支出不匹配。上市前 2007 年、2008 年软件业务营业收入异常偏高，不能排除其虚增软件业务销售收入的可能性。应收账款与长期应收款大幅攀升，有虚增资产之嫌。金亚科技与销售收入相关的应收款项包括长期应收款和应收账款，其中，分期收款销售业务形成的应收款项在长期应收款科目下核算，其他业务的销售形成的应收款项在应收账款科目下核算。

招股说明书及相关资料显示，2006～2009 年间，金亚科技应收款项增幅远高于营业收入增幅，应收款项占营业收入之比持续上升。金亚科技应收款项余额由 2006 年末的 4 129 万元上升至 2009 年末的 20 851 万元，增幅高达 405.03%，同期营业收入仅增长了 86.72%；应收款项占当年营业收入的比例由 2006 年的 40.63% 大幅上升至 2009 年的 109.89%。具体情况如表 1-7 所示。

表 1-7　　　　金亚科技历年应收款项占当年营业收入比例一览

项　　目	2009 年	2008 年	2007 年	2006 年
应收款项合计（万元）	20 851	9 636	6 992	4 129
其中：应收账款余额（万元）	11 281	7 424	4 192	4 129
长期应收款余额（万元）	9 571	2 212	2 800	——
营业收入合计（万元）	18 975	15 744	14 926	10 162
应收款项占营业收入比例（%）	109.89	61.20	46.94	40.63

考虑到金亚科技自 2007 年创新盈利模式，采用分期收款方式销售产品导致长期应收款大幅上升的因素，将这一因素剔除后，应收款项占营业收入比例仍呈大幅上升之势。分析显示，剔除分期收款业务后的应收账款余额占普通销售收入的比例也呈大幅上升之势，应收账款余额由 2006 年末的 4 129 万元大幅攀升至 2009 年末的 11 281 万元，增幅高达 173.23%，同期普通销售收入仅增长了 17.99%，应收账款余额增幅远高于同期普通销售收入的增幅，应收账款占普通销售收入的比例则由 2006 年的 40.63% 大幅上升至 2009 年的 94.08%。具体情况如表 1-8 所示。

表 1-8　　　　金亚科技历年应收账款余额占当年普通营业收入比例一览

项　　目	2009 年	2008 年	2007 年	2006 年
应收账款余额（万元）	11 281	7 424	4 192	4 129
普通销售收入（万元）	11 990	15 744	12 533	10 162
应收账款占普通销售收入比例（%）	94.08	47.15	33.44	40.63

注："普通销售收入"指营业收入剔除分期收款业务收入后的销售收入。
资料来源：巨潮资讯网。

上述分析表明，2006～2009 年间，金亚科技与销售相关的应收款项的增幅远高于同期营业收入的增幅，剔除分期收款业务后的应收账款余额增速也远高于普通销售收入的增幅，应收款项呈明显异常增长态势，不能排除其虚增资产之嫌。

综合上述分析，金亚科技上市前分期收款业务营业收入（硬件业务）、软件业务营业收入疑点丛生，应收款项呈异常增长态势，不能排除其上市前虚增收入、虚增资产，并由此虚增利润、欺诈上市的可能性。然而立信会计师事务所在金亚科技上市之前就一直为其进行审计工作，立信事务所居然没有进行相关披露，负责审计的注册会计师必然存在着失责。

2. 空中楼阁般的预付账款。对比金亚科技披露的2014年原始年度报告和以前年度重大会计差错更正与追溯调整的公告中的数据可以发现，金亚科技针对其他非流动资产的调整金额是非常巨大的，竟然高达3.1亿元。从金亚科技原始年度报告的财务报告附注部分针对其他流动资产的信息披露来看，这3.1亿元对应的事项应当是"下属子公司金亚智能与四川宏山建设工程有限公司签订金额为77 500万元工程建造合同，根据合同约定，需提前预付40%的工程款项，金亚智能预付四川宏山工程款金额为人民币31 000万元。"正是针对这笔预付工程款的调整，直接导致了金亚科技调整现金流量表中的"购建固定资产、无形资产和其他长期资产支付的现金"科目发生额，从原始年度报告的34 698.21万元调整到3 698.21万元，调减3.1亿元。从该数据的大幅变动可以判断出，金亚科技当初所谓的"预付四川宏山工程款"很可能是根本不存在的。

其实，对于这种虚构预付账款的行为，早在前几年轰动一时的万福生科财务造假案中就已经采用过，当时万福生科的造假手段便是虚增预付账款。在万福生科实施虚增收入28 681万元的2011年，其预付账款科目余额从2010年末的2 172.72万元猛增到2011年末的11 937.88万元，增幅高达4倍以上，与该公司同期的经营规模变动明显不相称。如今，金亚科技所实施的财务造假行为与当年的万福生科实施的手段几乎可以说是同出一脉，将虚增收入、虚增利润所导致的资产窟窿，通过虚构预付账款向外转出，以达到财务报表的平衡。

相比万福生科的偷偷摸摸，金亚科技的本次虚构预付账款要明目张胆的多，因为金亚科技将金额高达3.1亿元的虚构预付账款全部归结到"四川宏山建设工程有限公司"这一家供应商身上，然而根据《全国企业信用信息公示系统》查询到的情况，该公司在2015年1月5日就已经被泸州市工商行政管理局吊销了营业执照。

由于金亚科技2014年年度报告的结账日为2014年12月31日，再除去元旦放假时间，作为主审的立信会计师事务所在向金亚科技的主要往来款对象发送询证函的时间必然会在1月5日之后。也就是说，立信会计师事务所应该拥有充足的时间和必要的过程，针对与金亚科技存在金额高达3.1亿元的"四川宏山建设工程有限公司"基本情况进行核实。但事实上，这家早在2015年1月5日便被吊销营业执照、经营存在明显异常的公司，却顺利地成为金亚科技的主要预付款对象，且涉及金额将近金亚科技全部账面净资产的一半，这明显是立信会计师事务所在审计过程中的重大过失，严重失责。

3. 不合理的采购数据。根据金亚科技披露的以前年度重大会计差错更正与追溯调整的公告，该公司针对 2014 年度的营业成本调整金额为 1 628.63 万元，同时针对现金流量表中"购买商品、接受劳务支付的现金"科目的调整金额为 4 564.04 万元，明显超过了营业成本的调整金额；同时，该公司并未针对存货项目进行科目余额的调整。

这些会计科目金额调整信息指向，相比主营业务规模的虚增幅度，金亚科技在采购项目上存在的虚构程度更加严重。然而事实上，这一点在金亚科技披露的 2014 年年度报告中就已经存在一定的线索可查了。

根据该公司原始年度报告披露的信息，当年与排名前五位的供应商采购金额高达 9 060.81 万元，占全部采购总额的比重为 17.95%，由此可以推算出金亚科技 2014 年采购总额高达 50 478.05 万元。在正常的会计核算逻辑下，金亚科技所采购的这些大量商品，要么形成最终的产成品并被销售出去，同时结转为营业成本，要么针对尚未实现对外销售的部分，形成存货。然而从金亚科技 2014 年的主营业务成本来看，结转金额仅为 42 234.9 万元，这明显要比金亚科技的总采购规模要少。再考虑到金亚科技的主营业务成本中还必然包含人力成本等非采购类成本，则该公司的主营业务成本中属于物料消耗的金额只会变得更低。

那么，既然成本结转中消耗的金额明显低于采购金额，这差异部分就应当导致金亚科技的存货出现明显增加，至少要增加近亿元才对。但事实上，从该公司的存货科目余额变动情况来看，2013 年末为 10 917.57 万元，2014 年末则为 7 642.16 万元，不仅没有出现任何增加，相反还出现了 3 000 万元以上的减少。本应当出现很大金额增加的存货，实际上却出现反向减少现象，这样诡异的财务数据本身就指向金亚科技的采购数据披露不实，也即虚增采购总额。

更何况，这还不是金亚科技采购项目中存在的唯一疑点，该公司 2014 年的总采购规模为 50 478.05 万元，而当年现金流量表中的"购买商品、接受劳务支付的现金"科目发生金额却仅为 42 140.5 万元，相比采购总额少了 8 000 万元以上。那么这本应当导致金亚科技应付款项余额出现大约 8 000 万元的增加才对，但事实上，该公司 2014 年末的应付账款科目余额却仅有 8 640.11 万元，同比 2013 年末的 13 067.94 万元，不仅没有任何增加，反倒下降了 4 000 余万元。

也就是说，金亚科技在 2014 年年度报告中披露的总采购量中，存在上亿元的金额，既没有实际支付采购款，也没有形成应付的经营性债务，那么这些采购很明显不符合正常财务逻辑。然而奇怪的是，在种种不合理的现象均指向金亚科技采购信息存在很大问题的情况下，身为审计机构的立信会计师事务所竟然依旧未能对此引起足够的重视，忽略未查，全部认同。

4. 虚构的货币资金。根据金亚科技披露的以前年度重大会计差错更正与追溯调整的公告，针对货币资金余额的调整，也是金亚科技此次财务造假被揭露后进行调账的主要项目，在原始 2014 年年度报告中，该公司期末货币资金余额高达 34 523.39 万元，而调整后仅为 12 428.85 万元，调减金额高达 22 094.54 万元。回顾金亚科技原始 2014 年年度报告中披露的货币资金构成，这其中也是存有很大疑点的。

在金亚科技虚假披露的 2014 年末 34 523.39 万元货币资金余额当中，其中包含了两笔受限制的货币资金，是该公司"收到成都国通信息产业有限公司往来款，以本公司为申请人，以成都国通信息产业有限公司为受益人向招行成都分行开具的金额分别为 4 000 万元和 3 500 万元的信用证两份"。同国通信息公司都处于成都市的金亚科技，与国通信息公司之间采用信用证这种通常在国际贸易中才会采用的方式进行资金结算的行为是有违经营常理的，本身就应当引起足够重视，毕竟这里面有可能存在金亚科技与国通信息公司联手套取信用证保证金，进而实施虚增货币资金的财务造假行为。然而作为连续为金亚科技提供 9 年审计服务的立信会计师事务所再一次对这种反常行为没有职业怀疑，无视其存在，默认合理。

更何况，国通信息公司的自然人股东曾兵，是金亚科技的第三大股东，2014年末的持股比例高达 3.21%，持股市值近亿元，而根据金亚科技披露的 2015 年三季报，此人已经从主要股东名单中消失了。考虑到金亚科技股票自 6 月 4 日之后便处于停牌状态，这意味着曾兵在当年上半年金亚科技财务造假暴露之前、股价快速上涨过程中，大幅减持了金亚科技股份，成为金亚科技财务造假的实际受益人。这样突变的公司基本情况，加之公司股东与金亚科技之间的持股关系，本应当引起审计机构的足够重视。但事实上，立信会计师事务所却忽视了这一关键往来公司背后存在的重大疑点，客观上"支持"了金亚科技的财务数据造假。

5. 不合理的软件增值税退税金额。

（1）软件销售有"猫腻儿"。根据金亚科技披露的以前年度重大会计差错更正与追溯调整的公告，仅可以看出金亚科技在虚增销售收入方面全部是由母公司来完成的，但并未详细披露销售收入项目是具体到哪一类业务。通过此前年度金亚科技披露的财务数据信息，可以大致推断出这虚增出来的销售收入，很可能来自金亚科技的"软件销售"类业务。

金亚科技销售自行开发生产的软件产品，按 17% 税率征收增值税后，对其增值税实际税负超过 3% 的部分实行即征即退政策。同时，软件销售增值税退税也是金亚科技能够享受到的唯一一项退税政策。从金亚科技 2014 年披露的软件销售业务数据来看，在实现 3 435.51 万元销售收入的同时，该公司能够收到的软件销售退税金额，正常来说应当大致相当于该公司软件销售收入的 14%。

（2）退税不合理。但事实上，金亚科技在 2014 年收到的软件增值税退税款只有 205.65 万元，仅相当于该公司当年软件销售收入金额的 5.99%，远远低于 14% 的合理水平。也就是说，金亚科技在 2014 年的软件增值税退税金额与该公司的软件销售业务规模之间，存在着明显的违背税务逻辑的问题。

这也是本应当引起审计机构足够重视的地方，如果不是税务局克扣了金亚科技的软件增值税退税款，就必然指向金亚科技所披露的软件销售收入存在很大疑点，构成了该公司虚增软件销售收入的重要线索。但是很可惜，就是这样的关键线索，照样还是被立信会计师事务所忽略，实在令人无从判断这样的失职是出于审计执业能力，还是审计执业操守出了问题？审计的合理保证业务职责何在？

（3）显而易见却视而不见。综上所述，我们发现，金亚科技造假手段并不高明，但是立信会计师事务所竟然没有发现问题，完全没有履行注册会计师对委托单位财务报表审计应尽的职责。其实，立信会计师事务所也不是第一次针对存在财务造假的上市公司出具"无保留意见"审计报告。

同样是2015年，神开股份全资子公司上海神开石油设备有限公司的2010年、2011年、2012年财务会计报告存在虚假记载，其中虚增2010年利润总额1 191.2万元，虚减2011年、2012年利润总额5.5万元、1 185.6万元，分别占当年披露利润总额的13.16%、0.06%、18.79%。而2010～2012年，当时担任神开股份公司的年度财务报表审计的恰恰正是立信会计师事务所，其对神开股份公司的三年财务数据均出具了无保留意见的审计报告；早在2009年福建立信闽都会计师事务所因为天津松江公司已经被处罚；2010年3月南京立信永华会计师事务所的诸旭敏、孙晓爽、张爱国因为金荔科技公司被处罚，立信会计师事务所不应该进行反思吗？

然而，青鸟华光（股票代码600076，现为康欣新材）2012年度财务造假，其年度财务报表审计意见正是由立信会计师事务所出具了标准无保留意见；大智慧公司2013年度财务造假，其审计机构立信会计师事务所出具的也是标准无保留意见，显而易见立信会计师事务所并未做出深刻的反省。

同样值得关注的是，根据金亚科技披露的历年财务报告，管理费用项目下包含的"中介费用"金额非常高，2011～2014年分别为498.16万元、1 961.3万元、739.36万元和421.86万元。由于在此期间金亚科技并不存在资产收购、增发再融资事项，仅在2013年曾经发行了1.5亿元公司债，金亚科技并不存在与其他中介机构更多的交际，而担任该公司历年主审的立信会计师事务所自然就是金亚科技面对的最主要、也是业务最频繁的中介机构。进而，金亚科技所支付的中介费用中，绝大部分都应当支付为立信会计师事务所的审计费用。但这样的审计费用标准，对于一家年营业额很少能够超过5亿元、"调账后"的净资产不过3亿元的上市公司而言，每年数百万元的审计费用标准，相比目前的审计市场而言显然是严重偏高的。对比一下，如与金亚科技同批挂牌创业板的华星创业公司，该公司2014年末的净资产金额则高达7.4亿元，当年营业额则高达10.59亿元，无论是业务体量还是公司规模，都明显超过了金亚科技。但是华星创业支付给其主审机构天健会计师事务所的中介费用却仅为253.35万元，仅相当于金亚科技支付中介费用的60%。如此高标准的审计服务费，加之立信会计师事务所对如此显而易见的财务舞弊置若罔闻，不禁令人对金亚科技和立信会计师事务所之间的关系浮想联翩。

三、细数立信会计师事务所及其注册会计师的数次失职

虽然近些年来我国证监会不断加大监察力度，对财务舞弊的处罚力度也是逐步增强，但依然是扬汤止沸，会计师事务所失职仍然时有发生。这里仅聚焦立信

会计师事务所及其分所存在的数次审计失败，其中有对南京中北股份有限公司、华通天香集团股份有限公司、大智慧股份有限公司及金亚科技股份有限公司的审计，这几次审计失败都已经被证监会处罚。那么我们不妨分析一下这四次处罚有何共同点。具体情况如表1-9所示。

表1-9　　　　　　　　　　立信事务所四次审计失职情况描述

公司	华通天香集团股份有限公司	南京中北股份有限公司	大智慧股份有限公司	金亚科技股份有限公司
审计单位	立信会计师事务所福建分所	立信会计师事务所永华所	立信会计师事务所	立信会计师事务所深圳分所
财务造假手段	提前确认股权转让产生的投资收益达到虚增利润，未按规定披露对外担保事项	银行借款披露虚假、应付票据披露虚假、关联方占用纰漏虚假	提前确认有承诺政策的收入，虚增销售收入，延后确认成本费用，虚构业务合同	虚构预付工程款，编写虚假采购数据，虚构货币资金，篡改软件增值税退税金额
审计失败原因	没有遵从谨慎性原则，在有关确认投资收益的条件不完全具备的情况下未对该事项的会计处理进行调整；未能具备良好的职业胜任能力，转让北京金伟凯医学生物技术有限公司股权所获投资收益时，在股权转让未经股东大会审议通过的情况下，未对该事项的会计处理进行调整；未能保持独立性和合理的职业谨慎，在未经证监会批准且证据不充分的情况下调整多项会计事项	没有遵从谨慎性原则，未按规定执行函证控制程序；执行银行函证过程中，询证函的内容由南京中北财务人员代为填写，并向银行进行确认。未按规定审计短期借款科目，未能具备良好的职业胜任能力，未追加实施恰当的审计程序，导致忽略了南京中北部分短期借款未入账的情况。没有保持应有的职业怀疑态度，未按规定审计货币资金科目。未按规定审计内部往来科目	没有遵从谨慎性原则，未对销售与收款业务中已关注到的异常事项执行必要的审计程序；未能具备良好的职业胜任能力，未对临近资产负债表日非标准价格销售情况执行有效的审计程序；没有保持应有的职业怀疑态度，未对抽样获取的异常电子银行回单实施进一步审计程序；未对大智慧全资子公司股权收购购买日的确定执行充分适当的审计程序	没有遵从谨慎性原则，未有效地函证往来款项；没有保持应有的职业怀疑态度，未发现存货科目余额异常；重视采购信息存在的很大问题；未执行有效的分析程序来对突变的公司基本情况以及关联方公司股东与金亚科技之间往来款起到足够重视；未发现软件增值税退税金额的不合理；没有实施有效的风险评估程序，以至于未发现其公司在IPO之前就可能存在的问题
事务所被处罚时间	2009年12月14日	2010年3月19日	2016年07月20日	截至2016年9月9日尚未有相关公告
对会计师事务所的处罚	对闽都所给予警告，并处以10万元罚款，对邱秋星处以3万元罚款，对谢炜春给予警告	对永华所给予警告、没收违法所得17.50万元，并处以20万元的罚款；对诸旭敏、张爱国分别处以8万元的罚款；对孙晓爽处以4万元的罚款	责令立信所改正违法行为，没收业务收入70万元，并处以210万元罚款，对姜维杰、葛勤给予警告，并分别处以10万元罚款	截至2016年9月9日尚未有相关公告
本事务所负责该公司审计时间	超过5年	超过5年	超过5年	超过5年

通过上诉四起案件的总结，我们不难发现他们的共同之处，审计程序执行中存在严重的缺陷，这无疑就是一种失职。这四起审计失败案中注册会计师都应承担没有发现错误与舞弊的责任、没有关注违法行为的责任、没有监督充分披露的责任。

审计准则要求，注册会计师在执业时，应保持应有的关注，对审计对象应实行风险评估程序，特别是对某些具体审计内容，关键程序不能省略。立信会计师事务所的审计失败案中均存在注册会计师没有遵从谨慎性原则，没有有效实施风险评估程序，未能保持独立性和合理的职业谨慎，未能具备良好的职业胜任能力，以及没有保持应有的职业怀疑态度的问题，而且立信会计师事务所或者其分所均对上述企业进行了超过五年的审计工作，和被审计单位的"熟悉或亲密程度"会影响审计独立性。

四、强化会计师事务所和注册会计师职责的建议

对于一个审计项目，签字的注册会计师往往只是在按会计师事务所质量控制制度做事。而会计师事务所作为一个整体，是制定审计质量控制和监督注册会计师责任履行最大的责任主体，直接关乎审计项目质量和注册会计师审计的成败，所以，强化和提高注册会计师审计履责水平，就需从会计师事务所管理入手。

（一）增强注册会计师责任与道德意识

1. 加强注册会计师风险责任意识和执业诚信教育。要强化审计责任意识和进行责任管理，通过制度约束和教育宣传，使整个注册会计师行业充分认识到审计责任的重要性。在注册会计师进入本行业、岗前培训及后续教育中，要不断突出审计责任意识，加大对注册会计师诚信教育的内容，尤其是要开展审计责任案例教育，要经常组织执业人员学习有关涉及注册会计师责任并给执业机构和执业人员造成重大经济、名誉损失的案例，让注册会计师自觉地淡化利益意识，强化风险意识，增加责任感，减少风险损失，使注册会计师树立良好的职业道德观。要加强会计师事务所的职业道德建设，在会计师事务所中开展创诚信品牌所活动，大力弘扬襟怀坦荡、诚恳待人、奉公守法、不谋私利、爱岗敬业、无私奉献的职业道德。

2. 强化会计师事务所内部管理和提升注册会计师职责能力。会计师事务所的内部管理制度是否完善、有效，是约束注册会计师责任履行的重要因素。一个制度完善、管理规范的会计师事务所，其执业人员在工作中也会表现的责任心强、严格遵守审计准则，出现过失和舞弊的可能性就越小。严格对注册会计师执业资格进行核准与管理，拟订详细可操作的注册会计师执业标准、规则，并时时监督、检查实施情况；全面进行审计责任履行情况考核与业务质量评价，及时进

行激励与奖惩。严格执行行业自律管理规范，对失责的注册会计师和违反相关法律法规行业管理规范的执业人员予以严厉惩戒。

（二）大型会计师事务所必须加强对分所的质量管理

立信会计师事务所在中国注册会计师协会发布的 2015 年会计师事务所综合评价百强榜中名列第 5 位，综合业务收入超过 29 亿元（排名第 4 位）不可谓不大。但就是这样一家有名气的大型会计师事务所，2015 年仅在资本市场就接连爆出 3 起比较重大的审计失败案，除了金亚科技，还有康华农业和神开股份公司。纵观立信会计师事务所近些年审计失败可以发现多数是在分所发生的，如金亚科技审计由立信深圳分所负责，康华农业的审计由立信广西分所负责，华通天香集团股份有限公司是由立信福建分所负责，南京中北股份有限公司审计是立信南京永华所负责。又如万福生科审计案，也是由于中磊会计师事务所的上海分所执业不严导致中磊会计师事务所被取消从事证券期货业务资格。由此可见，通过合并变大的事务所的分所最容易出现审计失责问题。因为一些会计师事务所的合并做大，只是形式的合并，平时各吹各的号，只是在拉业务、出审计报告时用同一个名号，审计质量自然良莠不齐，大型会计师事务所疏于严格管理；还有些会计师事务所虽然是合并后实质为统一管理，总部会计师事务所要求执行统一的质量标准，但由于项目太多、分布地域广、整合时间短等原因，各分所之间执业质量存在很大差异。因此，建议总所在制定统一管理标准的基础上，强化审计责任和审计质量管理，实施以下四点措施：首先，打破各所界限混合组队，即在组建审计项目组时选用风险责任意识高、业务能力强的项目经理，并由其在全所范围内抽调力量，这样可以促进成员相互学习并在项目组内形成竞争机制。其次，建立质量巡视员制度，总所安排高水平的质量监控人员到各审计现场交叉巡视，发现问题立即整改。再其次，各分所的审计底稿交叉审核，如上海分所审核广州分所，广州分所审核湖南分所等，并连带问责。这样做，一方面可以促进相互学习，另一方面更能提升审计质量、强化审计责任。最后，建立合伙人交换任职制度，不同分所的合伙人定期或不定期地交换任职，促进会计师事务所整体业务质量和执业水平提升。

（三）提高审计失职违规成本

我国对会计造假和审计失职违规的处罚力度不够，多局限于行政处罚，如警告、撤销等措施，很少涉及民事责任；同时原来的会计师事务所和责任人的违规成本有规定的"上限"，所以对会计造假企业和会计师事务所没有过大的威慑力，舞弊收益高，被查处成本低，结果是审计失败频发。会计师事务所和责任人完全可以通过改头换面，重新进行执业，为祸至深。值得庆幸的是 2015 年 4 月《证券法》修订草案已经提请十二届全国人大常委会一审。在新的《证券法》里，从两方面入手提高违法成本：（1）对严重违规的上市公司大幅度提高处罚金额并让其退市。现行《证券法》第 193 条对于虚假陈述类证券违法行为的处罚为 30 万元以上、60 万元以下，这点处罚数额对于上市公司动辄募集的数亿元资金来说只是沧海一粟，基本起不到威慑作用。自 2009 年 10 月创业板推出 6 年多来，违规公司上百家，但没有一家退市。只进不出的市场肯定是不健康的。鉴于"僵尸"公司越来越多，证监会于 2014 年 10 月发布了《关于改革完善并严格实施上市公司退市制度的若干意见》，被称为"史上最严厉的退市制度"。文件规定："实施重大违法公司强制退市制度。"对欺诈发行公司、重大信息披露违法公司实施暂停上市制度，并明确要求对上述因欺诈发行、重大信息披露违法暂停上市的公司在限期内仍未达到整改要求的实施终止上市制度。建议将该意见写进《证券法》并严格执行。如果金亚科技退市，必将对促进资本市场的发展起到巨大作用。（2）对违规的会计师事务所加重处罚力度。截至 2014 年底，全国具有证券期货业务资格的会计师事务所只有 40 家，证券期货业务资格可谓是大型会计师事务所的核心竞争力之一，对于严重失职的会计师事务所坚决取消其从事证券期货业务资格。所以要加大经济赔偿，提高赔偿标准，细化赔偿流程；更要加大对失职注册会计师的行政处罚，造成重大不良影响的注册会计师终身不得再考取注册会计师资格等等。因此，完善监管，加大违规失信的处罚势在必行，这样才能有效地遏制财务造假违法、审计失责的脚步。

（四）提高审计人员专业胜任能力

要充分发挥审计人员的专业优势，不仅要把财务方面存在的问题审计出来，还应注重揭示、总结财务管理中存在的问题或取得的经验。必须重视审计专业知识的更新与提高，加强对审计技术与方法的研究，不断提高审计人员专业胜任能力。培养审计执业人员强烈的责任感和事业心，排除一切干扰，依法独立地行使审计监督权，客观公正，实事求是，还原经济业务的本来面目。

必须树立强烈的程序意识，注册会计师要严格按照审计准则执业。审计程序是既定的，注册会计师不遵循审计准则行为就是过失。审计问题没有大小之分，只是存在的性质不同。所以，不能主观臆断，简单从事。既要充分挖掘审计线索，又要不放掉任何蛛丝马迹，对发现的一切线索都要做到纵向审计到底，横向审计到边，把问题查深查透。

强化岗位培训和后续教育。合理安排必要的条件对审计人员进行岗位培训和后续教育，鼓励审计人员通过多种途径的学习，逐步改变单一知识结构，提高审计人员综合能力。会计师事务所要积极鼓励审计执业人员参加专业能力考试，进行相关专业知识和技能的更新学习，提高业务技术水平和知识储备，以便更好地应对审计过程中的各种情况，杜绝因为在审计过程中未能具备良好的专业胜任能力而导致审计失败案的发生。

（五）改进审计收费制度

为了避免企业管理层与会计师事务所之间的供养关系，提高会计师事务所执业独立性，必然需要隔断企业管理层与会计师事务所之间的经济输送带，制定相关制度，建立企业监管层与事务所的常态联系，使审计收费摆脱管理层的影响，审计独立性自然提高。可以通过第三方介入改变现行审计收费模式，针对审计委托人和被审计人合二为一的现象，应该设立一个独立的第三方机构，比如设立"审计委托中介"，该机构必须是与双方单位均无直接或间接经济关系的非营利性质监管机构以保证其公正性，并由政府或行业监管的权威部门组织和管理，或由行业主管部门或注册会计师协会组织和管理。加入这一中介机构后，在审计费用的支付流程中就加入了独立第三方的监管环节，有利于解决我国现行畸形的审计委托代理模式。在行业主管部门和注册会计师协会的监管下，可以由审计中介组织被审计单位审计业务的招投标，改变审计付款方式，监督审计质量。首先，审计费用在审计工作开始前由被审计单位交由"审计委托中介"这一第三方保管，这样就可以改变审计者与被审计者"直接见面"的委托关系，切断两者之间的经济利益谈判关系，防止审计合谋，建立起"企业（委托方）—审计委托中介—会计师事务所"的审计委托关系，改变审计付款方式，最大限度地切断被审计单位与会计师事务所之间的直接利益联系。其次，由"审计委托中介"负责聘用会计师事务所对被审计单位进行审计，在这种新型的审计关系框架下构建了一个审计收费与审计质量相关性较高的审计收费模式。当审计业务完成后，再由该审计委托中介对会计师事务所的执业质量进行鉴定考核，例如在年度会计报表审计结束后，审计委托中介可以随机抽取一部分审计业务检查审计质量的好坏，并由行业主管部门或注册会计师协会对审计质量进行鉴定，之后再决定是否将已预付的审计费用支付给会计师事务所，对抽查到的严重失实的审计报告，可以拒绝支付费用。这种新的审计收费模式可以避免会计师事务所为了生存和发展而不得不屈从于客户的利益需求，极大地增强了注册会计师执业的独立性，有利于保证审计质量。

五、讨论题目

金亚科技深陷财务造假风波，使其成为新三板首家退市的股票，作为金亚科技受托审计单位的立信会计师事务所也再次深陷审计失败案，立信会计师事务所作为国内名列前茅的资深事务所却屡屡出现问题，这不得不引人深思。本案例的侧重点在于，分析金亚科技造假的手段，进而剖析立信会计师事务所审计失败的原因并提出相关对策。请学生们重点思考以下问题：

1. 注册会计师财务报表审计的责任是什么？
2. 结合案例，分析立信会计师事务所过失有哪些？
3. 结合案例，分析注册会计师如何识别重大错报风险？
4. 如何查出财务舞弊？会计师事务所应该怎样避免审计失败？
5. 会计师事务所独立性的影响因素有什么？怎样提高其独立性？

案例使用说明

一、教学目标和用途

本案例一方面分析立信会计师事务所对金亚科技财务造假案的审计失败，并对立信会计师事务所其他审计失败案例进行对比来提出相关解决对策，可以使学生进一步了解注册会计师审计的职责和高风险性，揭示上市公司常见的造假手段以及为何审计失败屡屡发生。另一方面通过给予一定的针对审计失败的防范手段，使学生们进一步了解如何避免审计失败进而严格要求自己在未来的执业道路上不出问题。本案例要实现的主要教学目标在于：第一，了解金亚科技以及其他立信会计师事务所负责的上市公司常见的财务造假手法；第二，掌握会计师事务所在上市公司年报审计中应该起到的作用，严格审计，规避审计失败；第三，帮助学生总结审计失败的教训，为今后的审计之路提供方向和思考。

二、涉及知识点

本案例包含的主要知识点有：审计失败、注册会计师职业道德、审计风险、注册会计师的职责和法律责任。

1. 知识点说明。

（1）审计失败是指审计人员未能发现财政、财务收支及财务报表中的虚假不实，未能在企事业单位经营活动中通过系统、规范审计方法评价和改善组织的风险管理、组织经营而出具或披露了审计意见，由此引起审计争议，导致审计形象的失败。

审计失败的本质涵盖以下三方面内容。

①未能正确遵循审计准则。审计失败的结果是错误的审计意见，而这一结果是因为审计人员未能正确遵循审计准则的具体要求而造成的。这就与审计风险划清了界限：如果审计人员正确地遵守了审计准则，但仍然提出了错误的审计意见，这种情况就属于审计风险的范畴。可见，审计失败与审计风险的重要界限在于审计人员是否在审计过程中正确遵守了审计准则。

②与被审计单位是否发生了经营失败无关。审计失败的产生并不取决于被审计单位是否发生了经营失败。被审计单位管理当局是经营失败的第一责任人，当被审计单位经营出现失败时，审计人员的执业行为是否遵守审计准则和职业规范是判断审计失败的唯一标准。因此，被审计单位发生经营失败时，审计失败可能发生，也可能不发生。

③审计人员执业行为的瑕疵。理论上讲，审计失败还包括：被审计单位的会计报表实际是合法公允的，但由于审计人员执业行为的瑕疵导致其发表了否认会

计报表公允性的审计意见。但在实践中由于被审计单位对于不利事件的敏感性，这种情况较容易被觉察并得以及时纠正。

（2）注册会计师职业道德。为了规范注册会计师职业行为，强化道德意识，提高注册会计师职业道德水准，注册会计师职业道德守则要求应当遵循的基本原则是诚信、独立、客观、专业胜任能力和应有的关注、保密、职业行为。注册会计师行业的一个显著标志是对社会、对公众利益承担责任，既然是一个肩负重大社会责任的行业，就应当以维护社会公众利益为根本目标。

①诚信、独立、客观。鉴证业务是指为被鉴证对象在所有重大方面遵循了既定的适当标准提供高度或适度保证的业务。注册会计师在执行鉴证业务时，应当恪守诚信、独立、客观的原则，这是注册会计师职业道德中的三个重要概念，也是对注册会计师职业道德的最基本要求。

诚信、独立是注册会计师执行鉴证业务的灵魂，因为注册会计师要以自身的信誉向社会公众表明，被审计单位的财务报表是真实与公允的。独立性是指注册会计师执行审计或其他鉴证业务时，应当在形式上和实质上独立于委托单位和其他组织。实质上的独立，是指注册会计师在发表意见时其专业判断不受影响，公正执业，保持客观和专业怀疑；形式上的独立，是指会计师事务所或鉴证小组避免出现重大的情形，使得拥有充分相关信息的理性第三方推断其公正性、客观性或专业怀疑时受到损害。

客观是指注册会计师对有关事项的调查、判断和意见表述，应当基于客观的立场，应当力求公平，以客观事实为依据，实事求是，不掺杂个人的主观愿望，也不为委托单位或第三者的意见所左右；不得因成见或偏见、利益冲突和他人影响而损害其客观性。在分析、处理问题时，不能以个人的好恶或成见、偏见行事。要求注册会计师在执业中必须一切从实际出发，注重调查研究。在确定哪些情况和业务尤其需要遵循客观性的职业道德规范时，应当充分考虑以下因素：

a. 注册会计师可能被施加压力，这些压力可能损害其客观性。

b. 列举和描述在制定准则以识别实质上或形式上可能影响注册会计师客观性的关系时，应体现合理性。

c. 应避免那些导致偏见或受到他人影响，从而损害客观性的关系。

d. 注册会计师有义务确保参与专业服务的人员遵守客观性原则。

e. 注册会计师既不得接受，也不得提供可被合理认为对其职业判断或对其业务交往对象产生重大不当影响的礼品或款待，尽量避免使自己专业声誉受损。

②专业胜任能力和应有关注。注册会计师应当具有专业知识、技能或经验，能够承接其胜任的工作。"专业胜任能力"既要求注册会计师具有专业知识、技能和经验，又要求其经济、有效地完成客户委托的业务。注册会计师如果不能保持和提高专业胜任能力，就难以完成客户委托的业务。事实上，如果注册会计师缺乏足够的知识、技能和经验提供专业服务，就构成了一种欺诈。当然，注册会计师依法取得了执业证书，就表明其在该领域具备了一定的知识。一个合格的注册会计师，不仅要充分认识自己的能力，对自己充满信心，更重要的是，必须清

醒地认识到自己在专业胜任能力方面的不足，不承接自己不能胜任的业务。

注册会计师在提供专业服务时，应保持应有的职业关注、专业胜任能力和勤勉，并且随着业务、法规和技术的不断发展，应使自己的专业知识和技能保持在一定水平之上，以确保客户能够享受到高水平的专业服务。应有关注要求注册会计师在执业过程中保持职业谨慎，以质疑的思维方式评价所获取证据的有效性，并对产生怀疑的证据保持警觉。

③保密。注册会计师能否与客户维持正常的关系，有赖于双方能否自愿而又充分地进行沟通和交流，不掩盖任何重要的事实和情况。只有这样，注册会计师才能有效地完成工作。如果注册会计师受到客户的严重限制，不能充分了解情况，则将无法发表审计意见。同时，注册会计师与客户的沟通，必须建立在为客户信息保密的基础上。因此，注册会计师在签订业务约定书时，应当书面承诺对在执行业务过程中获知的客户信息保密。

④职业行为。注册会计师的行为应符合本职业的良好声誉，不得有任何损害职业形象的行为。这一义务要求注册会计师履行对社会公众、客户和同行的责任。

注册会计师应当遵守职业道德准则，履行相应的社会责任，维护社会公众利益。注册会计师行业的一个显著标志是对社会公众承担责任，以维护社会公众利益为根本目标。

（3）审计风险是指会计报表存在重大错误或漏报，而注册会计师审计后发表不恰当审计意见的可能性。对审计风险的理解实际上包括两个方面的含义：一是注册会计师认为公允的会计报表，但实际上却是错误的，即已经证实会计报表实际上并未按照会计准则的要求公允反映被审计单位的财务状况、经营成果和财务状况变动情况，或被审计单位、审查范围中显示的特征表明其中存在着重要错误而未被注册会计师察觉的可能性。二是注册会计师认为错误的会计报表，但实际上是公允的。由于审计所处的环境日益复杂，所面临的任务日趋艰巨，受制成本效益原则，故审计过程中存在审计风险。

（4）注册会计师法律责任是指注册会计师在承办业务的过程中，未能履行合同条款，或者未能保持应有的职业谨慎，或出于故意未按专业标准出具合格报告，致使审计报告使用者遭受损失，依照有关法律法规，注册会计师或会计师事务所应承担的法律责任。

按照应该承担责任的内容不同，注册会计师的法律责任可分为行政责任、民事责任和刑事责任，三种责任可以单处，也可以并罚。

①注册会计师实施过错归责原则，包括无过错责任原则和过错责任原则。过错责任原则是指行为人仅在有过错的情况下承担民事责任，没有过错就不承担民事责任。在过错责任原则下，无过错即无责任，即使造成了事实上的侵权行为，只要当事人没有过错就不必承担民事责任。过错责任原则有两种形式，一种是一般的过错责任原则，另一种是过错推定原则。两者的主要区别在于举证责任的不同：在一般的过错责任原则下，举证责任在原告一方，奉行"谁主张谁举证"

的原则；在过错推定原则下，举证责任倒置给被告，若被告不能证明自己没有过错，则被法律推定其有过错。

②过错推定原则适用于注册会计师民事责任的理由。

a. 有利于维护注册会计师的生存空间。从我国《民法通则》的规定和现代侵权法的发展趋势来看，无过错责任仅存在于环境污染、高危作业、产品责任等少数几个领域之中，而且背后通常有着强大的责任保险来做支撑，即透过保险制度将责任分散到大众之中。尽管注册会计师责任保险和执业风险基金在我国已经出现，但其发展时间较短、制度又未完善，如果贸然对注册会计师适用无过错责任，势必将会导致该行业成为"高危行业"，大量的业界人才纷纷逃离，造成行业萎缩，而留下来的少量注册会计师出于竞争减少和审计风险的考虑，自然会大幅提高审计费用，这样将变相增加上市公司乃至整个社会的成本负担，因此无过错责任不可取。

b. 对审计制度体现出真正的尊重。那种认为审计实际上提供了一种"保证"或者"保险"的观点，实际上是对审计的本质缺乏了解。注册会计师的责任是遵照审计准则对财务报表进行审计，一般来说注册会计师在执业过程中保持了应有的职业谨慎，实施了必要的审计程序，能够发现审计报表中的不实陈述，但只能是合理地保证报表在所有重大方面的合法性、公允性。如果上市公司管理层故障隐瞒以及企业环境的不确定性，注册会计师的审计仍然不足以提供绝对的保证，让注册会计师承担无过错责任有失公允。

c. 尊重和维护了广大投资者的利益。尽管注册会计师对于委托人来讲处于信息弱势，但相对于证券市场上广大的投资者，注册会计师作为财务信息的直接审计者仍处于主导或者优势地位。如果采取一般过错的归责原则，则必须证明注册会计师存在过错，而采用过错推定原则，让注册会计师来承担已履行举证责任是比较合理的，这也是国际上的通行做法。

2. 理论背景。本案例需要学生准备的知识点主要包括：创业板企业的特点，注册会计师对上市公司进行审计的风险性，上市公司财务舞弊的常见方法，注册会计师审计工作的流程，识别和防范被审计单位舞弊风险的措施。

3. 行业背景。

（1）金亚科技股份有限公司。成都金亚科技股份有限公司成立于2000年，现注册资金1.1亿元，占地50余亩。拥有研发大楼、行政大楼、生产基地等20 000余平方米的公司本部坐落于成都市蜀汉路50号，是中国最具影响力创新成果100强、广电行业十大创新品牌、中国数字电视产业十大自主品牌、国家高新技术企业、四川省质量AA级认证企业。

2016年1月27日晚间金亚科技公告称，如公司受到中国证监会行政处罚，并被认定构成重大违法行为，公司将出现暂停上市风险。

（2）立信会计师事务所。立信会计师事务所由中国会计泰斗潘序伦博士于1927年在上海创建，是中国最早建立和最有影响的会计师事务所之一。于1986年复办。2000年6月由朱建弟、李德渊、周琪等人发起设立立信会计师事务所有限公司（原名上海立信长江会计师事务所有限公司），注册资本人民币 500 万元。经国家批准，依法独立承办注册会计师业务，具有从事证券期货相关业务的资格。根据美国萨班斯·奥克斯法案之规定，非美国审计机构如需对美国上市公司的海外子公司进行审计，需要在 PCAOB（Public Company Accounting Oversight Board）进行注册，立信会计师事务所已于 2004 年 8 月获得该资格。

4. 制度背景。《中华人民共和国证券法》《中国注册会计师审计准则第 1231 号—针对评估的重大错报风险实施的程序》《中国注册会计师执业准则》关于审计风险的界定，《中国注册会计师审计准则第 1211 号——了解被审计单位及其环境并评估重大错报风险》和《注册会计师执业道德准则》的相关要求。

三、案例要点分析

1. 需要识别的关键问题。本案例需要学生识别的关键问题是创业板公司的特点，注册会计师对上市公司进行审计的风险性，上市公司财务舞弊的常见方法和立信会计事务所的过失有哪些。

2. 解决问题可供选择的方案及评价。

（1）创业板市场及其公司的特点。创业板市场又称二板市场（Second-board Market）即第二股票交易市场，是地位次于主板市场（Main-Board Market）的二板证券市场，以纳斯达克证券交易所（NASDAQ）市场为代表，在中国特指深圳创业板，上市门槛低于主板与中小板，监管制度、信息披露、交易者条件、投资风险等方面和主板市场也有较大区别。创业板市场设立目的主要是扶持中小企业，尤其是高成长性、创新性企业，为风险投资建立正常的退出机制，为自主创新国家战略提供融资平台，为多层次的资本市场体系建设添砖加瓦。

创业板是专为暂时无法在主板上市的创业型企业、中小企业、高科技产业企业和需要进行融资和发展的企业提供融资途径和成长空间的证券交易市场，是对主板市场的重要补充，在资本市场有着重要的位置。创业板与主板市场相比，上市要求往往更加宽松，主要体现在成立时间、资本规模、中长期业绩等的要求上。正是因为新兴的二板市场上市企业大多趋向于创业型企业，所以才称为创业板。创业板市场最大的特点就是低门槛进入，严要求运作，有助于有潜力的中小企业获得融资机会。创业板是一个门槛低、风险大、监管严格的股票市场，也是一个孵化科技型、成长型企业的摇篮。在创业板市场上市的公司大多从事高科技业务，具有较高的成长性，但往往成立时间较短，规模较小，业绩也不突出，但有很大的成长空间。

（2）注册会计师对上市公司进行审计的风险性。我国的证券市场目前尚处于初级阶段，上市公司的许多行为还不够规范，有些上市公司为了达到某种目的，会进行一些"非常操作"，而这些"非常操作"又往往给注册会计师带来很大的风险。因此，注册会计师应当充分运用专业判断技能，对审计风险进行恰当地评估和谨慎地防范。从我国目前情况看，上市公司在以下状况或业务中，注册会计师可能面临较大风险。

首先，在业务经营方面，上市公司的经济业务越复杂，注册会计师的审计风险相对就越大。有时注册会计师虽然能搜集到很多有力的审计证据，但仍难以证明其经济业务的实质。在如下情形下，注册会计师往往需冒很大的审计风险：一是关联方交易。没有识别关联方交易是导致审计失败的常见例子。有的上市公司通过关联方交易将巨额亏损转移到不需审计的关联企业，从而隐瞒其真实的财务状况；有的上市公司则与其关联企业杜撰一些复杂交易，单从会计方法上看，其利润的确认过程完全合法，但它却永远不会实现。例如已受处罚的琼民源公司，其5.4亿元的非常收益和6.57亿元的新增资本公积金就是通过关联交易取得的。由于关联交易的复杂性及内部控制、审计测试的固有限制，注册会计师并不能保证发现关联方及其交易的所有错报、漏报。因此，注册会计师对此类交易的合法性、公允性应予以特别关注。二是非常交易。不少上市公司为了"扭亏为盈"或达到规定的配股条件，常常采用非常交易，如出让土地、设备、股权等，年末发生非常销售业务、收取政府补贴等，从而获取非常收益。对于这些非常交易的合法性、有效性、公允性，注册会计师应当给予应有的关注，否则，就可能遗留巨大的风险隐患。三是非货币性交易。有许多上市公司的交易业务是非货币性的，如转让土地、股权等巨额资产，没有现金流入，只是借记"应收账款"，同时确认转入利润；还有一些公司通过非法渠道将资金拆借出去，或者将资金投入子公司，这些资金或资本实际上已难以收回，也没有现金流入，却仍在确认利息收入或投资收益。如果注册会计师发现公司的主要收入是非货币性的，其正常的生产经营能力和获利能力就应当受到怀疑。四是跨地区交易和涉外交易。许多上市公司的业务是跨地区甚至是跨国经营的。有的国家或地区可以以一元钱注册一个公司却进行数亿元的业务而没有法律限制；有的合同本身就是假的；多数上市公司在全国各地有子公司或分销点，致使审计范围受到限制，如何鉴定财务状况和经营成果？如何验证销售收入的实现与否？就成了严重困扰注册会计师实施审计程序的大问题。况且，有的公司没有充分认识到注册会计师审计的重要性，不愿支付必要的审计费，更不要说去分销点或国外查账的差旅费了。在审计范围受到如此限制的情况下，审计风险便在所难免。五是主营业务严重亏损。与上述几种情况相关联的是，一些上市公司的主营业务不突出，甚至是亏损；已亏损上市公司的许多扭亏，也是通过非常交易、非货币交易、关联交易等手段而不是通过主营业务来实现的，如果出现这种情况，注册会计师均应予以特别关注。

其次，在资产重组方面。近年来，上市公司的资产重组行为越来越多，有剥离、有收购、有两者混合等形式。不论采取何种形式，都有可能产生很多问题，如股权变更的标志是什么？如何确定重组购买日？重组相关公司的优质资产、不良资产的计价标准是否一致？资产置换、注入优质资产、剥离不良资产、剥离非经营性资产的会计处理是否合法、合规和公允？被并购方的债权、债务是否真实？是否存在或有负债或损失？重组中是否存在操纵利润、虚盈潜亏的问题？对关联单位、关联交易的界定是否准确？对关联交易的计价和会计处理是否正确，等等。这些问题的存在，大大增加了注册会计师的执业难度和风险，应多予以质疑。

再其次，复杂的控股关系可能存在风险。有的公司为了达到一定目的，会通过各种办法安排和改变股权结构，自己控制自己，致使从表面上看，有些交易是两个独立（法）人之间的交易，而实际上是关联交易。如有的公司的"儿子""孙子"又倒过来成了自己的"爸爸"。由于我国目前还没有披露终极所有者的规定，许多注册会计师也很少关心，往往看不出来公司安排的圈套。因此，注册会计师要特别关注由于控股关系而引起的关联交易，以避免可能存在的巨大风险。

最后，会计变更和会计师变更可能存在问题。会计应当遵循一贯性原则，但并不是说绝对不能变更会计方法和会计估计，只要有根据，会计变更是允许的。但是有时候上市公司也会利用会计变更来操纵利润，如果上市公司的会计变更明显不合理，而注册会计师又不表示不同意见，注册会计师应当承担相应责任。还有上市公司时常变更会计师事务所和注册会计师，应当引起后任注册会计师的注意。上市公司变更注册会计师，如果原因合理，倒还可以，但如果公司屡次变更会计师事务所及其注册会计师，如山东的公司不找山东的会计师事务所，今年找北京的会计师事务所、明年找上海的会计师事务所，这种情况下，被审计单位无正当理由变更会计师事务所及其注册会计师，则极可能是前任会计师事务所及其注册会计师与被审计单位之间，在某些重大问题处理方面存在分歧，此时注册会计师就应特别当心。如琼民源在四年的时间内就更换了三个会计师事务所。

（3）上市公司财务舞弊的常见方法。

①虚增收入，粉饰报表。我国企业普遍采用的收入确认时点为开具销售发票时，而有些企业为了在当期增加利润，确认收入时实际上并不满足收入确认条件。这种寅吃卯粮的舞弊手法严重影响会计信息的客观性和公允性，容易误导会计报表使用者对企业财务状况、经营成果和现金流量的判断，属于欺骗投资者的舞弊行为。伪造收入一般是在企业年底完不成目标利润时的常用手法。上市公司通过与其他企业签订购销合同，伪造出库单和运输凭证，然后根据权责发生制原则确认收入，但实际上既不发货也不收款。

②隐瞒费用，虚增利润。我国企业会计准则规定，为长期资产的购建而发生的利息费用，可以予以资本化，计入资产的成本；投入使用后，应直接计入当期损益。不少企业就利用资本化终止时间的弹性来进行报表粉饰。

③利用关联交易舞弊。与其控股母公司或控股子公司发生关联交易的上市公司每年都占到大多数，可以看出关联交易给企业进行财务舞弊提供了很好的机会，通过关联交易进行会计利润操纵已经成为近年来上市公司财务舞弊的主要手法。

④掩饰交易或事实。对于上市公司而言，一般不会掩饰收入，因为上市公司做假的目的大都是为了虚增利润，进而提升股价。掩饰交易或事实的常见做假手法有隐瞒诉讼事项；未披露年度或中期报告；不公开对外担保等。

⑤挪用客户资金、保证金。我国《期货交易管理暂行条例》第三十六条规定"期货交易所向会员收取的保证金，属于会员所有；期货交易所除用于会员的交易结算外，严禁挪作他用"。但是挪用客户结算资金、保证金的事件屡屡发生。中科证券公司在成立前已经存在挪用客户交易结算资金的违法行为，在成立时通过临时拆借资金将挪用的客户交易结算资金填平。

⑥私设"小金库"。实际业务中有的企业为牟取暴利，逃避税务工商部门的管理，将超出企业经营范围的业务反映在"其他应收款"账户，并以此作为企业"小金库"的资金来源；有的企业将期间费用直接转入"其他应收款"。

⑦利用企业重组舞弊。新会计准则将原先因债权人让步而导致债务人豁免，或者少偿还的负债计入资本公积的做法，改为将债务重组收益计入营业外收入。因此，一些上市公司的控股股东很可能会在公司出现亏损的情况下，通过债务重组确认重组收益来达到操纵利润的目的。除了债务重组，企业重组的其他形式也是近年来上市公司财务舞弊的常用手法，如通过收购盈利公司的股权或优良资产将其实现的利润纳入上市公司或者将持有的其他公司的股权赶在年度决算前高价出售以调节自身年报利润。

（4）注册会计师如何识别审计风险？审计人员仅仅依据几组数据或数据的对比进行分析是远远不够的，要识别潜在的风险，审计人员要对被审计单位进行广泛的了解，主要包括以下四个方面。

①了解被审计单位的组织结构及所在行业的特点。公司有时通过设立一个易于隐瞒舞弊的组织机构来粉饰财务会计报表。当组织机构存在下列情况时，容易产生潜在的审计风险：组织机构过于复杂、企业规模相对较小、董事会缺乏外部董事、不存在内部审计部门、由少数人控制关联方交易、境外分支机构的设立或子公司的设立无明显的经营动机。同时审计人员应了解公司所处的行业，包括所处行业是否面临激烈竞争、是否在走下坡路、公司的经营业绩是否与同行业其他公司的经营业绩不一致。

②把握被审计单位的管理当局和董事会情况。会计报表是否存在审计风险与企业的管理层有很大的关系，管理层代表公司的利益，往往最容易操纵会计报表。要了解管理当局和董事会人员的背景，其成员是否频繁更换，成员构成是否发生了重大变化，是否有犯罪记录；同时，审计人员也应了解促使管理当局和董事舞弊的真正动机，管理人员的业绩是否根据公司的业绩而定，管理当局是否处于某种压力之下，是否存在逃税的动机；了解管理当局对公司决策的影响也相当重要，因为当只有少数人能够对决策施加影响时，更容易发生舞弊，而在管理相对民主的公司里，发生舞弊的机会较小。

③了解被审计单位与其他机构之间的关系。审计人员应当了解被审计公司与外部机构的关系，以确定存在审计风险的可能性。应当重点关注公司与金融机构、关联方、投资者、外部审计师、律师的关系，可能影响企业盈利能力和财务状况的事件包括：国家对某一行业价格的限制、经营期内公司实施重组或收购、会计期内发生成本计算方法的变化等。

④关注可能影响被审计单位财务报表的重要事件。审计人员只有在获得了上述相关信息，对被审计企业有了比较全面的认识之后，才能对比较得出的数据或情形做出判断，哪些数据和情形是合乎逻辑并符合公司的实际情况，哪些数据和情形是异常的，哪些与企业现有的正常经营生产活动相矛盾。对于异常的数据或情形，审计人员应询问被审单位的管理人员，为什么发生了较大的波动，对于管理人员的回答，审计人员要根据获得的企业相关知识和有关证据进行合理的判断和评估，识别那些真正存在潜在审计风险的区域或项目，决定哪些项目属于重点审计的范围，集中可利用的审计资源，减少审计风险。

（5）立信会计事务所的审计过失。没有遵从谨慎性原则，未有效地函证往来款项，没有保持应有的职业怀疑态度，未发现存货项目科目余额异常，未对采购信息存在的重大问题引起重视，未执行有效的分析程序来对突变的公司基本情况以及关联方公司股东与金亚科技之间往来款足够重视，未发现软件增值税退税金额的不合理，没有实施有效的风险评估程序，以至于未发现其公司在 IPO 之前就可能存在的问题。

（6）什么是注册会计师法律责任。注册会计师因违约、过失或欺诈给被审计单位或其他利害关系人造成损失的，按照有关法律和规定，注册会计师须承担相应的法律责任。注册会计师的法律责任包括行政责任，民事责任和刑事责任。行政责任是指注册会计师违反了法律、法规的有关规定，政府主管部门将依法对其进行行政处罚，包括对会计师事务所给予警告、没收违法所得、罚款、暂停执业、撤销等，以及对注册会计师给予警告、暂停执业、吊销注册会计师证书和宣布为市场禁入者等。民事责任是指会计师事务所给他人造成经济损失的，应予以赔偿。民事责任又包括对委托人的责任和对第三者的责任。刑事责任是指注册会计师犯有刑律禁止的行为（如欺诈），将会受到刑事追究（如判处一定期限的徒刑）。

3. 推荐解决方案。分析会计师事务所独立性的影响因素有什么？解决对策是什么？

影响注册会计师审计独立性的因素分析。

①独立审计的自愿性需求不足。在我国，审计服务的最大需求者是政府部门，而不是政府以外的各种利益相关者。但是，政府部门对财务报表鉴证质量的关注程度要低于其他利益相关者，因为其他利益相关者需要依据经审计的财务报表作出决策，风险和收益由自己承担；政府部门对审计质量的关注是间接的和派生的，是建立在其他利益相关者对审计质量关注的基础之上，关注审计质量缺乏内在动力，而只是将审计视为"过关"的一道程序性工作。因此，以政府部门作为主要需求者的审计市场缺乏对审计质量的高度关注。而对于具体的审计机构来说，会计师事务所对被审计单位具有经济上的依赖性，被审计人是审计师的衣食父母，注册会计师如果坚持正义，保持其公正的态度，抵御客户的压力而出具客观的审计意见，注册会计师很可能会因为客户改聘他人或更换会计师事务所，从而使其会计师事务所蒙受经济上的损失。因此，会计师事务所为了获得生存空

间，甚至不惜通过向某些业务单位支付介绍费、回扣等手段来取得业务，这就很难保证审计的独立性。

②公司治理结构缺陷。在直接审计委托模式下，包括企业所有者、注册会计师和经营者三方。企业所有者是委托人，注册会计师是审计人，经营者是被审计人，三者身份明确，形成相互制衡的审计关系。作为审计人的注册会计师独立于作为委托人的所有者和作为被审计人的经营者，从而保证了注册会计师的独立性。

随着股份制的高度发展，公司股权越来越分散，审计采取直接委托模式已经不现实，间接审计委托模式成为股份制发展到一定阶段的必然产物。在我国现有股权结构中，大股东"一股独大"但却"虚设"，财产所有者无论是大股东还是中小股东都处于缺位状态而无法做现实的审计委托人。上市公司的真正控制权大多由集团公司高层掌握，并成了真正的审计代理委托人，审计业务合同经常在管理当局和审计师之间签订，股东通过代理权投票或干脆放弃投票权，将雇佣、聘任注册会计师以及支付审计师薪酬的决策权交给了管理当局。这一现实使得审计委托人与被审计人审计委托关系扭曲为注册会计师接受经营管理者的委托对经营者进行审计。审计代理委托人可以通过选聘和审计付费来对注册会计师施压，使得注册会计师的独立性遭到破坏。

③非审计业务的开展。允许会计师事务所为被审计企业提供代理纳税申报、管理咨询等非审计服务，使得会计师事务所过度地介入被审计企业的业务活动，必然会将两者的利益更紧密地捆绑在一起，从而影响到审计的独立性。而且，非审计服务的质量，一般要用客户的经营成果来衡量，会计师事务所在出具审计报告时，往往会自觉或不自觉地站在客户一边。安然事件之前，安达信为安然公司提供服务的年收入为 5 200 万美元，其中审计服务收入为 2 500 万美元，管理咨询及其他服务费用为 2 700 万美元，非审计业务的收入超过审计业务的收入。更有甚者安然公司有不少高级职员是原安达信的雇员，甚至连首席财务主管、首席会计主管和发展部副总经理也是从安达信聘用的。安然与安达信的"完美结合"使他们俨然成为经济利益共同体。巨大的商业利益使会计师事务所与被审计单位渐行渐近。这样，审计独立性就更难保证了。

④审计市场竞争的激烈。在审计市场中，本应由审计师之间的竞争演变为会计师事务所之间的竞争。由于审计市场总量有限，划分不均衡，故导致市场竞争激烈。注册会计师行业的确是一个竞争激烈的行业，会计师事务所能否竞争到较多的客户，关系到其生存和发展。当前，我国审计市场存在众多规模较小、技术力量薄弱、质量控制及自律机制不健全的会计师事务所。截至 2017 年底，全国共有 8 000 余家会计师事务所，其中只有 40 家具有证券、期货审计资格。这些中小会计师事务所往往违反市场规则，支付佣金，杀价竞争，低价揽客。有的甚至为了获取不当经济利益置客户的信用度不顾，冒险承揽业务。据在深圳、河南、北京开展的一份相关的问卷调查可知，在被调查的审计人员中约有 72% 的人员能完成绝大部分审计程序，只有 19% 的审计人员能一丝不苟地完成所有的审计

程序。特别是某些客户从满足自身不正当利益出发，常常选择诚信度不高的会计师事务所为其服务或对原提供服务的会计师事务所以种种理由进行变更威胁，发生"劣币驱逐良币"的现象。市场的无序竞争导致了在注册会计师界形成了一种怪圈：规范执业寻死—被上市公司解聘，不规范执业找死—被吊销执业资格。

（1）强化审计独立性的五点对策建议。

①增加对独立审计的自愿性需求。加速股份制企业改革，实施国有股减持，完善公司治理，可以增加对独立审计的自愿性需求，规范委托人、管理层和审计师的委托关系，形成有效竞争的审计市场。加速股份全流通改革，将有助于降低国有股与法人股在企业中的绝对控制地位，形成股权制衡的公司股权结构，这将提高股东对独立审计的代理需求。实行国有股减持、投资主体多元化和建立有效的公司治理结构是国有企业改革的必由之路，而充分透明的财务信息披露制度和可靠的财务信息是实现投资主体多元化、建立有效公司治理结构的基础。在股权多元化的基础上，建立有效公司治理结构将有利于推动独立审计的代理需求，客观上要求注册会计师提供高质量的审计鉴证服务，这有助于从需求方面推动注册会计师保持其独立性，提高审计质量。

②重塑审计委托模式。为了保证注册会计师的独立性，发挥注册会计师的鉴证职能，必须重塑注册会计师委托模式。有关专家学者讨论，先后出现了证监会或交易所委托模式，即由上市公司付费给证监会或交易所，由证监会或交易所来委托注册会计师审计上市公司的模式；保险公司委托模式，即由企业向保险公司购买报表保险，由保险公司委托注册会计师审计企业的模式；审计委员会委托的模式，即随着外部独立董事的增加，主要由外部独立董事组成的审计委员会委托注册会计师审计的模式。上述模式均在不同程度上让注册会计师与被审计企业的经济利益关系隔离，对于保证注册会计师的独立性有良好作用。

在国外，审计委员会模式发展较快。1978 年，美国证券交易委员会要求所有上市公司必须在其招股说明书中说明，董事会是否有常设审计委员会。作为对美国证券交易委员会的积极反映，同年美国证券交易机构相继对上市公司设立审计委员会进行规范。在英国，与上市公司相关的组织也为审计委员会制度的推广进行不懈的努力，较有影响的当属公司治理制度财务委员会，该组织于 1992 年发布了卡德伯瑞报告。报告建议所有上市公司皆应设置审计委员会，伦敦证券交易所基本上采纳了卡德伯瑞报告的建议。在加拿大，上市公司设置审计委员会已成为一种法律规定。我国在建立审计委员会时，应注意考虑审计委员会人员的组成，避免审计委员会流于形式。委员会成员应有较长的聘用期，聘期内不得无故解聘；委员会成员应获得充分的授权负责主持有关外部审计的事务，包括独立评价会计师事务所及注册会计师的能力和服务质量，向股东大会推荐会计师事务所等事宜。

③整合会计师事务所。对会计师事务所进行整合，发展大型会计师事务所，以提高其抵御外部环境压力的能力，增强审计独立性的实力。大型的会计师事务所具有更强的担保能力，即更有能力抵制客户不允许披露欺诈行为的压力；大型

会计师事务所有更多的客户，能够在内部建立健全的人才培训机制和质量控制系统，有利于保证审计质量；大型会计师事务所还有利于保证审计业务的连续性，从而有利于通过更好地评估和控制客户的审计风险来提高审计质量，增加会计师事务所的利润。这样，就避免了规模过小的会计师事务所因后续审计的不确定性易出现的短期化行为及对审计质量的损害问题（不愿意投入必要的审计人力和财力），有利于增强审计工作的独立性。

④加强行业监管，完善相关法规。要加强行业监管，完善执业规范体系，培养一支高素质的注册会计师队伍。应着力构建包括与政府部门联手监管，重大业务事项备报，上下联动开展行业互查，公众举报和新闻媒体曝光相结合的监管体系，从而规范审计市场竞争。与此同时，也要完善相关法规。完善相关法规可从两方面着手：一方面，修改完善现有法律中有关会计法律责任和审计责任的内容，使相关法规易于操作。针对我国现状，应尽快对会计的审计质量作出明确的规定，对会计违规行为的界定提出量化标准，建立诉讼制度，使会计因其违规行为将面临巨额索赔，提高其造假成本。另一方面，加强独立审计法制化建设，改善独立审计的执业环境。当然这也包括独立审计本身的法制化与规范化。依法治国，将有利于提高审计的独立性，保证公平竞争和审计质量。因《注册会计师法》《注册会计师审计准则》等有关独立审计的法律法规本身与《公司法》《税法》《刑法》等各种法律法规不衔接，所以应尽快完善执业规范。同时，应尽量消除各级主管部门和地方政府进行企业包装上市的动机，培养"高独立性"审计服务的社会需求。

⑤时机成熟时考虑审计与咨询服务分开。鉴于公众认为注册会计师同时为客户提供审计和咨询服务，不可避免地会存在利益冲突，因此，注册会计师在为客户提供审计服务时，不能同时为客户提供内部控制设计、代理记账、代理纳税或其他影响独立性的服务。当管理咨询收入超过会计师事务所收入的一半以上，应考虑审计与咨询机构分立。

除了以上措施外，会计师事务所还应定期向注册会计师协会提交有关独立性的承诺，以合理保证其符合形式独立和实质独立的要求；加大对违规会计师事务所和注册会计师的惩处力度，提高其违反审计独立性的成本；加强注册会计师行业的职业道德建设等。

（2）注册会计师如何识别审计风险？

从经营环境风险识别。

①行业背景。首先，企业所处市场竞争激烈，为权益性筹资或申请贷款、表现盈利能力和偿债能力的需要，企业经常利用会计手段虚增资产、调节业绩，或者直接隐瞒负债、虚构业绩。其次，企业的财务指标同行业平均水平的差异过大，若无其他特别原因，则预示企业存在财务舞弊的可能。最后，新兴行业或高科技企业产品价值主要来源于研发而非生产过程，有的企业为扩张或避险的需要，经常利用会计政策，隐瞒真实财务状况和经营成果，留下隐性准备，或是利用评估等手段，夸大资产价值，以期在转让过程中尽量收回投资成本。

②公司治理与管理当局。一方面，管理当局向政府部门、投资者、债权人等做出不切实际的承诺。为达到预期经营目标和不突破限定的费用指标约束，经常出现人为调整会计信息、粉饰财务报表的行为。管理当局报酬与企业经营成果挂钩，管理当局为自身利益需要，经常出现粉饰业绩的行为。另一方面，企业关键管理人员频繁变更也说明企业管理出现了较大问题，常使关键岗位上设定的内部控制紊乱或失效，容易出现舞弊现象。

③企业员工。当企业员工对单位、管理层不满时，有可能折射出该单位存在管理层违法舞弊问题，知情人举报的出现可能证明这些问题的存在。加上员工提升或其他奖赏与其自身预期不一致，则可能通过舞弊的方式寻求补偿。

从财务指标风险识别。

①销售收现率和营业现金比率偏小或持续下滑。销售收现率偏小或下滑，说明资金回笼情况不佳，大量资金积压，更严重的是存在大量坏账，增加企业经营风险。

②销售毛利率重大变动。销售毛利率发生重大变动，若无相应原材料市场和产品市场出现重大波动的因素，应考虑企业存在利用销售舞弊的可能。

③应收账款周转率偏小或持续下滑。应收账款周转率和存货周转率的下降，在一定程度上说明企业面临的生存压力加大，如可能是产品积压，可能是为应付激烈竞争而改变信用政策来扩大销售，但也可能是企业虚增资产，故应引起关注。

④固定资产扩张率重大变动。固定资产扩张率和折旧率指数重大变动的分析，还应结合固定资产结构分析以及企业经营策略分析进行，关注企业资产质量指标。在有些情况下，企业资产流动性的恶化可能迅速演变成财务危机。

从内部控制风险识别。

主要包括：管理当局凌驾于内部控制之上，内部控制设计不合理或执行无效；会计、内审人员或信息技术人员变动频繁，或不具备胜任能力；员工岗位职责和对职责的内部稽核分离不充分，缺乏关键内控岗位的轮岗制度；缺乏定期或不定期进行资产盘点；交易授权系统不完善，交易缺乏适当和及时的原始凭证，对自动生成的会计记录的访问控制不完善。

（3）结合案例分析，怎样发现如此严重的财务舞弊？

①警惕两种可能存在公司账务造假的迹象。一般情况下，利用测试毛利率的方法就能初步识别上市公司是否有造假嫌疑，若毛利率水平远超过同业水平，同时与往年相比毛利率的变动幅度也较大，这个时候就应该怀疑是否存在账务造假的情况。在公司正常发展的情况下，公司毛利率应该始终维持在较稳定的水平上，一旦存在虚构的收入，由于成本与之前是相同的，那毛利率势必会突然增幅巨大，形成怪象。

理论上讲，因为不同行业所承接的公司业务有很大差异，所以不同行业中公司里发生的预收账款金额也会不尽相同。不过若将同行业公司做横向比较的话还是有可比性的，如果同行业公司中有某个公司在不具备特殊优势的情况下预收账款金额显著高于其他公司，就需要警惕了。

②从公司预付账款管理的内控制度发现问题。加强签订合同时预付账款的管理以避免预付账款造成的企业资金流出，应该从签订合同开始就严格把关，在签订合同前，该合同应经过相关部门的合同会签程序，小额预付款填制预付款申请单，列明预付款的去处和付款原因，附合同作为附件。大额预付款时，除需填制申请单外还必须有业务责任人签字确认；若申请付款时还未签订合同的则一律不得付款。制度不严，就会给舞弊带来机会，注册会计师可以从被审计单位预付账款管理内控制度完善与有效程度中发现问题。

③加强对预付账款业务的多方位排查审计。公司业务原则上应不主动采取预付账款方式进行结算，特殊情况需支付预付账款的，在签订合同时必须要求对方公司附上预付款发票，同时仔细审查对方公司的资质、信誉、偿债能力等情况，预付账款支付审核上也需要由各部门责任人的会签制度。注册会计师务必关注预付账款业务有无严格的审批。之后，对预付账款的账龄及金额进行分析，针对长期或大额的预付账款项目应采取函证的方式，验证其真实性。查明预付账款长期挂账的原因，同时抽查应付账款明细账，审核有无同时在两个账户中挂账的情形。计算预付账款与主营业务成本的比率，与以前各期末比较，分析异常变动的原因。

（4）立信会计事务所在金亚科技审计中的过失有哪些？金亚科技 2014 年年报的结账日为 2014 年 12 月 31 日，再除去元旦放假时间，作为主审的立信会计师事务所在向金亚科技的主要往来款对象发送询证函的时间必然会在 1 月 5 日之后。也就是说，立信会计师事务所应该拥有充足的时间和必要的过程，针对与金亚科技存在金额高达 3.1 亿元的"四川宏山建设工程有限公司"基本情况进行核实。但事实上，这家在较早时候便被吊销营业执照、经营存在明显异常的公司，却顺利地成为金亚科技的主要预付款对象，且涉及金额将近金亚科技全部账面净资产的一半，这明显是立信会计师事务所在审计过程中的严重失职。

金亚科技在 2014 年年报披露的总采购量中，存在上亿元的金额既没有实际支付采购款，也没有形成应付的经营性债务，那么这些采购很明显不符合正常财务逻辑。然而奇怪的是，在种种不合理的现象均指向金亚科技采购信息存在很大问题的情况下，竟然依旧未能引起身为审计机构的立信会计师事务所的足够重视。

金亚科技在 2014 年收到的软件增值税退税款只有 205.65 万元，仅相当于该公司当年软件销售收入金额的 5.99%，远远低于 14% 的合理水平。也就是说，金亚科技至少在 2014 年的软件增值税退税金额，与该公司的软件销售业务规模之间，存在着明显的违背税务逻辑的问题。

这也是本应当引起审计机构足够重视的地方，如果不是税务局克扣了金亚科技的软件增值税退税款，就必然指向金亚科技所披露的软件销售收入存在很大疑点，构成了该公司虚增软件销售收入的重要线索。但是很可惜，就是这样的关键线索，照样还是被立信会计师事务所忽略，实在令人无从判断这样的失职是出于审计执业能力，还是审计执业操守出了问题？

关联方往来款本应当引起审计机构的足够重视。但事实上，立信会计师事务所再次忽视了这一关键往来公司背后存在的疑点，客观上纵容了金亚科技的财务数据造假。

（5）如何增强注册会计师的法律责任意识？因为注册会计师的法律责任意识和会计师事务所以及我国相关法律法规息息相关。所以要想增强注册会计师的法律意识就需要从这三方面着手。

①修订和完善我国现有的法律法规。

首先，要完善《注册会计师法》的相关规定。《注册会计师法》于 1994 年出台，至今已有 16 年的历史，早已不能适用当代日益变化的市场经济。故应在新修订的法律中更加明确监管责任，并且与其他部门法如《公司法》《证券法》《民法通则》《刑法》相协调，形成一个完善有效的规制体系。

其次，通过出台《财政部门实施注册会计师行业监管准则》《财政监督法》等相关法律，明确其相关部门的监管内容、监管机构与人员、监管责任等。同时完善民事赔偿运转机制，加大惩罚力度。例如民事赔偿优先于行政处罚，加大赔偿额度，取消民事诉讼条件的限制，通过一系列措施，民事赔偿机制的威慑作用才能真正得到发挥。

最后，改进相关诉讼制度。我们可以考虑采取英美法系集团诉讼模式，即由一个或数个代表人，为了集团成员全体利益，代表全体集团成员提起的诉讼。法院对集团所作的判决，对全体成员都具有约束力。集团诉讼在诉讼程序的每个阶段、每个组成部分都有其特殊性，而不仅仅是一种当事人制度，这种制度具有对群体性纠纷予以救济的功能，成为一种现代诉讼形式。同时，为了保证诉讼的公正性，针对注册会计师行业的专业性特点，我们可以考虑成立专门的专业鉴定委员会对注册会计师出具的资料进行鉴定，用以作为案件审理中的重要证据。

②注册会计师和会计师事务所应采取的措施。

首先，注册会计师应该保持审计的独立性。基于一定利益的考量，许多会计师或事务所出现未能保持独立性的情形。所以，不论是注册会计师还是会计师事务所，均应恪守《审计准则》，坚决摆脱各种关系困扰，重新塑立注册会计师行业的社会形象。

其次，适时调整注册会计师的职业规范，使之与现实状况相符。职业规范是注册会计师从事审计业务时须遵守的一种职业道德准则。其相关体系包括质量控制准则、独立审计准则、职业道德准则和职业后续教育准则。它们应当相互协调配合、相互联系、相互辅助，共同发挥应有作用。与此同时还应根据客观环境的变化适时修改相关规则，用以满足审计实务中出现的一些新状况。

再其次，加大注册会计师违法成本。加大经济赔偿，具体赔偿标准，细化赔偿流程；更要加大对注册会计师的行政处罚，造成重大不良影响的注册会计师终身不得再考取注册会计师资格等等。对于注册会计师的民事责任实行"过错推定原则"，若是出现审计失败，注册会计师必须自证清白。

最后，设立注册会计师和会计师事务所诚信档案。通过建立注册会计师和会计师事务所诚信档案，采用诚信评价体系，用统一规范的形式归档、公告，并向各有关部门定期公告，并将屡次违规和严重违规的被监督对象驱出审计市场，并且决不允许其重操旧业，对于故意违法且后果严重的注册会计师和会计师事务所推行终生禁入制度。

四、教学组织方式

解决问题可供选择的方案

（一）问题清单以及提问顺序

1. 影响会计师事务所独立性因素有哪些？
2. 注册会计师如何识别审计风险？
3. 结合案例分析，如何发现重大的财务舞弊？
4. 归纳立信会计师事务所审计过失有哪些？应该如何从会计师事务所的角度避免审计失败？
5. 金亚科技公司该不该退市？

（二）课时分配

课后自行阅读材料：约3小时；
小组讨论并提交分析提纲：约3小时；
课堂小组代表发言：约2小时；
课堂讨论总结：约0.5小时。

（三）讨论方式

本案例可以采用小组讨论。

（四）课堂讨论总结

课堂讨论总结的关键是：归纳发言者的主要观点；重申其重点以及闪光点；提醒学生们对重点难点进行进一步的分析，建议大家进行深究。

案例专题二　审计委托与审计费用问题

案例4

W 会计师事务所年报审计策略

——以 LZY 公司为例

刘　　静　　张　　洋　　闫佳惠

一、引言

随着中国经济的不断快速发展，经济业务类型的不断更新，我国审计业务面临的问题越来越复杂，不但会计人员水平参差不齐会造成财务信息的错报，而且一些单位造假手段也越来越"高明"，这更使审计难度加大。会计师事务所在承接业务后需要进行准备工作，随之也需要更加系统、完整的审计计划和审计策略。科学地制定审计策略，有效地执行审计程序是会计师事务所必须认真对待的问题，更是新时期审计面临的重大挑战。据实际调查，由于会计师事务所之间竞争十分激烈，时间成本的压缩往往使会计师事务所忽视科学审计策略的制定。然而，磨刀不误砍柴工，一份科学、全面的审计策略不仅可以提高审计质量，还可以使整个项目团队高效完成任务。

二、案例背景

1. LZY 公司简介。LZY 公司是中国烟草总公司的全资子公司，成立于2004年2月，是国有大型企业。公司主营雪茄烟、卷烟的生产销售，烟叶、复烤烟叶、滤嘴棒、卷烟纸、烟用丝束、烟草专用机械的购进并且进行本省销售；其中主要生产卷烟，烤烟型产品占总产量的96%左右，为不同消费群体提供了丰富多样的个性化选择，较好地适应了日益多元化、个性化、品质化的社会需求。此外还有烟草相关物资、烟机零配件的交易及销售服务。公司下四个直属非法人卷烟生产厂，同时拥有从事多元化生产经营的两个全资子公司。

2. W 会计师事务简介。W 会计师事务所是我国本土八大会计师事务所之一，2014 年 11 月 W 会计师事务所受国家烟草专卖局委托，对 LZY 公司按照《企业会计准则》《工业企业会计制度》和《商品流通企业会计制度》编制的财务报表，包括 2014 年 12 月 31 日合并及母公司资产负债表、2014 年度合并及母公司利润表、2014 年度合并及母公司现金流量表、2014 年度合并及母公司股东权益变动表以及财务报表附注进行审计。

三、案例概况

（一）W 会计师事务所受托责任

W 会计师事务所的责任是在执行审计工作的基础上对 LZY 财务报表发表审计意见，并给 LZY 公司提供管理建议书。根据中国注册会计师审计准则的规定执行审计工作是会计师事务所的职业责任。注册会计师要按照审计准则的要求，遵守职业道德守则，计划和执行审计工作以对财务报表是否不存在重大错报获取合理保证。表 2-1 是 W 会计师事务所审计时间计划。

表 2-1 　　　　　　　　　　W 会计师事务所时间计划

内容	时间
风险评估及计划审计工作	2015-1-16~2015-1-18
控制测试	2015-1-19~2015-1-22
现场审计	2015-1-16~2015-2-15
出具报告草稿	2015-3-10
出具正式报告	国家局会审后

（二）LZY 公司风险的识别与评估

1. 了解 LZY 公司基本情况。

（1）主营业务。单位主要业务有承担卷烟、雪茄烟生产销售；卷烟纸、滤嘴棒、烟用丝束购进，联营加工所需烟草专卖品供应；烟草专用机械购进，烟叶、烟丝、复烤烟叶购进。一般经营项目：烟草物资、烟机零配件销售。

（2）员工情况。本公司实行聘用合同制，按照《劳动法》等国家有关法律法规，在平等自愿、协商一致的基础上与全体员工签订了聘用合同。员工根据聘用合同承担义务和享受权利。全体员工参加了社会保险，社会保险由基本养老、基本医疗、失业、工伤、生育、补充医疗、补充养老保险、公积金险种组成。薪酬主要是由岗位工资、绩效工资、允许发放的补贴三部分构成。公司薪酬水平执行工效挂钩、与经营业绩挂钩。

（3）设备情况。生产车间由制丝车间、成型车间、卷包车间以及动力车间组成，其中：制丝车间主要由喂料机、切丝机、储丝柜等构成；成型车间主要有滤棒成型机、滤嘴成型机构成；卷包车间主要设备由卷接机组、包装机组构成。制丝车间现有8 000KG/H、6 000KG/H、2 000KG/H叶丝线、3 000KG/H梗丝线、1 000KG/H白肋烟线、800KG/H膨胀丝线、200KG/H薄片丝线等7条生产线。卷包车间现有卷接、包装机组生产线32台，卷接设备助理机型为7 000支的PROTOS70（ZJ17）卷接机组24台，国产ZJ112卷接机组6台，另还有1台PROTOS-8卷接机组和世界最先进的PROTOS-M5卷接机组1台。包装机组主要有：GDX1（国产型号ZB25）包装机组10台、GDX2（国产型号ZB45）包装机组7台、ZB47包装机组6台、FOCKE350S包装机组8台、GDX6包装机组1台。年生产能力为120万箱。公司主要生产设备金额合计53亿元。

（4）公司治理模式：被审计单位内部治理模式共有四种。

第一，高层决策型。作为中国烟草总公司的下属子公司，LZY公司不设立股东大会。董事会和监事会是企业的决策机构，是企业最高权力机构。其下主要的管理部门有预算管理委员会、投融资管理委员会及人力资源管理委员会。预算管理委员会负责根据国家烟草专卖局的年初预算下达业绩指标，核定公司本级和下属卷烟厂的相关指标，进行财务预算、资本预算、经营预算；投融资管理委员会负责非烟草制品的投资项目和重大融资项目，主要负责探讨投资、融资项目可行性；薪酬管理委员会负责按照所在省份的薪酬要求，设定薪酬结构、薪酬水平以及社保、住房公积金、企业年金的缴存基数申报，同时监察薪酬管理系统的实用性并及时总结反馈。

第二，高级管理层型。公司设立董事会、监事会和经理层，内部控制实行总经理负责制和财务总监负责制，其目的是为了加强经营管理效率。总裁作为最高负责人，需要督促和指导高级管理人员检查自身经营管理行为是否达到职责要求。高级管理人员向下属管理人员分配具体实施方法和措施。作为具有内部控制最高责任的财务总监，其职责包括：财务信息分析与报告、投资管理、融资渠道选择、参与制定重大财务战略计划等。

第三，设内部控制机构型。在LZY公司高层领导的管理下，拥有很多种业务管理中心分别处理内部控制具体事务。如成本费用处、资金结算处、财务管理处、税费管理处、会计核算处和资产管理处，各负其责。

第四，各下属单位制定内部控制制度。二级成员单位主要负责预算编制及汇报给工业本级，有效执行上级资金预算批复、执行、考核与各项财务指标变动分析等。企业建立了相关《资金管理办法》《国有资产管理办法》《会计核算办法》等内部控制制度，并在实际工作中得到执行。

2. 熟悉烟草行业特点。

（1）专卖管理：国家对烟草、烟机设备、生产卷烟材料等物资的各个生产经营环节均实行专卖管理，即由国家烟草专卖局直接控制、垄断经营，烟叶的采购由中国烟叶公司负责统一采购，然后出售给各省份工业公司，进口材料及设备由中国烟草国际有限公司统一谈判采购，工业公司生产卷烟、雪茄等产品销售给商业公司，实行上一级烟草专卖局（公司）和当地所在地政府双重领导，以上一级烟草专卖局（公司）为主的管理体制。

（2）计划管理：在全国推行市场经济的环境下，烟叶的采购量和生产量仍由国家烟草专卖局严格控制、计划管理。

（三）审计策略制定与实施分析

1. 审计策略制定的影响因素。

（1）被审计单位法律环境及监管环境。烟草行业主要受《中华人民共和国烟草专卖法》及其实施条例和与税收相关的法律法规的制约，相关法律法规的变动会对公司的经营产生一定影响，2014 年度的经营活动主要涉及增值税、消费税、城建税、教育费附加、印花税等，政府目前出台的有关政策对企业产生的影响并不大，公司无外汇管制、贸易限制等情况。《中华人民共和国环境保护法》要求生产、排污的企业向政府交纳排污费用以及建设相应的排污设施。由此，按照相关法律法规对税收及排污费进行测算。

（2）被审计单位经营活动的其他外部因素方面。根据市场情况看，公司的竞争对手主要是从事卷烟生产的烟草行业；公司的经营资金主要为自有资金，同时也有金融部门的借款，营运资金来源基本能够支付营运支出。日常经营及会计核算主要采用人民币，无外币业务，汇率变动对公司无重大影响，但需检查银行账户信息及借款情况，并在报告中予以披露。

（3）经营活动对审计策略制定的影响。被审计单位 2014 年销售卷烟 2 883 042.40 万箱，销售客户的前八位明细如表 2－2 所示。审计过程中应注意在国家烟草专卖局对账系统中与相应单位核对关联交易情况。

表 2－2　　　　　　　　　被审计单位前八大客户

序号	客户名称
1	湖南中烟工业有限责任公司
2	江苏中烟工业有限责任公司
3	山东潍坊烟草有限公司
4	山东临沂烟草有限公司
5	山东青岛烟草有限公司
6	山东济南烟草有限公司
7	山东菏泽烟草有限公司

（4）会计政策的选择和运用。LZY 公司按照企业会计制度、行业会计制度的规定制定了统一的会计政策，公司日常会计核算不涉及重大非经常交易以及具

有争议的会计核算问题，部分会计科目执行新准则。重要会计政策如下。

收入确认方法：公司以产品或商品已经发出，价款已经收讫或者已经取得收取价款的权利，作为销售收入实现；

成本费用归集和分配方法：按照行业统一要求即"品种法"和"逐步分项结转"进行成本费用核算；

坏账准备：按应收账款和其他应收款期末余额的 0.5% 计提；

长期股权投资：LZY 公司能够对被投资单位实施控制的长期股权投资和不具有共同控制或重大影响，并且在活跃市场中没有报价、公允价值不能可靠计量的长期股权投资，采用成本法核算；LZY 公司对被投资单位具有共同控制或重大影响的长期股权投资，采用权益法核算。对投资单位均不控股，但属烟草行业共同控股的企业，要按实际控制原则，一般由最大股东合并报表，其他股东按权益法核算，此项政策属烟草行业的特殊规定。

所得税：公司采用应付税款法核算所得税，根据有关税法规定将本年度的税前会计利润作相应调整后的应纳税所得额作为计算当期所得税费用的基数。

（5）被审计单位的目标、战略以及相关经营风险。2014 年被审计单位生产经营总体目标任务是生产内销卷烟 279.4 万箱，销售内销卷烟 283 万箱。实现销售额 350 亿元，力争 360 亿元。全系统实现卷烟销售收入 335 亿元，确保 8.5% 以上增幅；利税 238 亿元，确保 10% 以上增幅；贡献财政收入 200 亿元；作为国家垄断企业，持续经营上不存在风险，但是新员工可能对内部控制的不同认识和关注点可能导致操作风险，且信息系统的变化会加大信息系统审计风险。

（6）人力资源政策与实务。公司根据自身特点制定了以下人力资源方面政策：《劳动纪律及员工奖惩管理暂行规定》《劳动关系协调办法》《用工分配制度改革实施方案》《员工招聘管理暂行规定》《劳动用工管理暂行规定》《劳动合同管理暂行规定》《工作时间和考勤管理暂行规定》等。

2. 资产项目审计策略及其实施。

（1）货币资金审计。已向被审计单位本期所有银行发函，包括零余额账户和本期销户的银行，到目前为止，已全部回函，回函相符；抽查大额银行存款收支的原始凭证，检查烟叶结算资金专户执行情况，企业采购付款与销售收款全部通过专门账户核算，符合国家烟草专卖局要求。抽查大额银行存款收支的原始凭证，检查原始凭证是否齐全；获取被审计单位贷款信用报告，将信用报告中查询到的贷款资料与账面记录进行核对；对所有短期借款进行函证；检查借款合同；此部分审计程序的执行对货币资金、短期借款、利息支出的存在进行确认，未见异常。

（2）在建工程审计。①盘点情况：2014 年 12 月 31 日，被审计单位组织了全厂范围内的实物资产清查，审计人员于 2015 年 2 月 1～15 日对各分厂的在建工程进行抽盘，抽盘比例 70% 以上，未发现差异。②审阅公司资本支出预算、公司相关会议决议等资料，检查本年度增加的在建工程原始凭证是否完整，如立项申请、工程借款合同、施工合同、发票、工程物资请购申请、付款单据、建设合同、运单、验收报告等，检查已完工程项目的竣工决算报告、验收交接单等相关凭证以及其他转出数的原始凭证，在建工程实地检查。

（3）固定资产审计。盘点情况：2014 年 12 月 31 日，被审计单位组织了全厂范围内的实物资产清查，审计人员于 2015 年 2 月 1～15 日对各分厂的固定资产进行抽盘，抽盘比例 70% 以上，实地检查重要固定资产。由于本次是首次接受委托，故扩大检查范围，检查固定资产的所有权，结果发现企业的固定资产产权不完整，由于工商信息变更，很多权证还是变更信息前的名称，此部分作为管理建议提出，并形成报告。

折旧测算情况：采用直线法对折旧进行测算。计划审计工作是一个持续的、不断修正的过程，贯穿于整个审计业务的始终。未预料事项、工作条件的限制或在实施审计程序中获取的审计证据不能充分认定时，注册会计师应当在审计过程中对总体审计策略计划和实施作出必要的更新和修改。若 LZY 公司固定资产折旧测算无法按照原定计划使用直线法，做出修改如表 2－3 所示。

表 2－3　　　　　　　　　固定资产折旧审计策略修改

更新或修改项目	更新或修改原因	更新或修改后的策略（程序）
采用直线法对固定资产折旧进行测算	企业固定资产主要为烟草加工机械设备，由于企业使用的 SAP 软件，对于在原有固定资产项目上增加原值的情况，此项固定资产的入账时间系统默认为初始形成资产时间，采用直线法测算折旧差异较大。	首先统一计算公式，按照直线法测量企业计提折旧是否正确，对于差异较大的部分，抽查 10%，按照固定资产系统中列示的增加原值时点及剩余使用年限，逐一计算其折旧额是否正确，如经测算与系统计算差异较小，默认系统计算公式正确，固定资产累计折旧金额予以确认。

固定资产增加与减少情况检查：审阅了公司资本支出预算、公司相关会议决议等，并检查了本年度增加与减少的固定资产的原始凭证。在检查增加固定资产时，发现被审计单位有一批固定资产转出做账不及时，建议补提折旧 268 万元，已与被审计单位沟通，被审计单位同意调整，除此之外，未发现重大异常。

（4）应收账款审计。复核应收账款借方累计发生额与主营业务收入是否配比，计算应收账款周转率，应收账款周转天数等指标，并与被审计单位以前年度指标对比分析；函证主要应收账款的债务人；对于长期未收回的项目应查明原因，并与管理层讨论其回收性；检查销售合同与购货合同；检查国家局烟草关联交易、关联往来对账，并分析差异原因是否合理。建议补提的坏账计算表如表 2－4 所示。

表 2－4　　　　　　　　　补提坏账计算表

A 卷烟厂（万元）	B 卷烟厂（万元）	C 卷烟厂（万元）	D 卷烟厂（万元）	合计（万元）	坏账比例（%）	补提坏账金额（万元）
484.12	297.09	105.61	59.92	946.75	0.05	47.3

检查发现企业存在部分长期应收账款挂账项目,在工商信息系统中查询长期挂账的公司为存续状态,由于烟草行业会计准则中是按照应收账款余额的5%统一计提坏账,此部分也无确切证据表明其可收回性,建议全额计提坏账。因此,此部分作为管理建议向企业提出,建议核实长期挂账原因并及时清理往来款项中长期挂账项目。

3. 采购付款审计策略及其实施。

采购付款审计的关键控制点如表2-5所示。

表2-5　　　　　　　　　　　　采购付款关键控制点调查

序号	主要业务	控制目标	关键控制点	被审计单位制度设计的控制活动
1	制定采购计划	编制、审批通过并下发执行采购计划;计划变更需要审批	管理层必须核准所有采购计划及变更	1. 年度烟叶调拨计划网上衔接提报前,技术中心、雪茄烟制造中心分别制订年度烟叶需求计划(烟叶年度,每年7月至次年6月),传递至物资采购中心;结合国家烟草专卖局下达的年度烟叶调入计划,物资采购中心、技术中心、雪茄烟制造中心在"国家烟草专卖局烟叶计划管理系统"中与供方进行计划衔接、提报,国家局确认后,物资采购中心编制年度烟叶采购计划,经物资采购中心、技术中心、雪茄烟制造中心、企管部主要负责人会签,报公司分管领导批准后执行。 2. 年度烟叶调拨前,计划信息处依据年度烟叶采购计划,组织技术中心、雪茄烟制造中心根据卷烟产品设计要求和烟叶库存制订年度烟叶采购分析等级计划,经物资采购中心、技术中心、雪茄烟制造中心主要负责人会签后执行。
2	供应商选择与评定	保证供应商的选择符合公司采购程序并经批准	建立供方名录,定期评价供应商,评价结果经审批	1. 供方选择:国产烟叶供方在中国烟草总公司规定的有烟叶交易资本的公司中选择;进口烟叶供方为中国烟草总公司指定的中国烟叶公司。 2. 供方评定: (1) 新供方:物资采购中心烟叶业务处(以下简称业务处)采用向供方索取资料、信息或现场评定的方法进行评定,填写《烟叶新供方评定意见表》,并传递至物资采购中心烟叶计划信息处(以下简称计划信息处),计划信息处组织技术中心或雪茄烟制造中心进行评定,技术中心或雪茄烟制造中心填写《烟叶新供方评定意见表》,物资采购中心主要负责人审核后,经公司分管领导批准后实施。 (2) 长期供方(交易1年以上):年度烟叶集中交易前,业务处每年例行评定一次,填写《烟叶供方例行评定意见表》,并传递至计划信息处,经物资采购中心分管责任人批准;合格的长期供方列入《2014年度合格烟叶供方名录》,物资采购中心主要负责人审核后,经公司分管领导批准后实施。

序号	主要业务	控制目标	关键控制点	被审计单位制度设计的控制活动
3	采购价格的确定	采购价格得到严格控制	价格确定获得有效授权	烟叶价格执行国家烟草专卖局及各省局的调拨价格
4	签署购销协议	签订采购合同以保证购销双方的合法权益	合同必须经管理层审批后方可签署	1. 网上协议：计划信息处通过"中国烟草交易中心电子交易系统"与供方签订年度烟叶购销协议、电子交易专用合同（一车一合同、准运证，用于运输烟叶）。 2. 书面合同：业务主管处拟订合同文本，填写《物资采购中心烟叶合同审核单》并传递至计划信息处、物资采购中心烟叶加工处（简称加工处）进行内部审核，经物资采购中心主要负责人签字后编制合同审核单，经法改部、财务部、审计部、分管领导审核审批后，盖章执行。
5	记录应付账款和存货	所有采购物品入库前均得到验收并及时、足额入库	烟叶入库前均经验收、称重	1. 确认收货：采购员组织备货与预检，预检合格后通知检验人员检验，填写烟叶质量检验单，采购员对检验合格的烟叶进行调运，并通知监打员或仓库管理人员组织接货；接货后监磅员与过磅员填写烟叶过磅单；验收单与过磅单及时传递至物资采购中心，物资采购中心根据收货情况、烟叶购销协议在 ERP 中创建采购订单，并完成烟叶收货，ERP 自动生成会计凭证，账务处理如下。 借：原料——烟叶（标准价格）材料差异（借或贷）（采购订单和标准价格之差） 　　贷：货物接收/发票接收——相应烟叶（订单价格） 对于该凭证财务不打印装订存档，而是在该订单取得发票结算时将相应的验收单、过磅单附在结算凭证后。 2. 发票校验物资采购中心收到烟叶采购发票后，在 ERP 系统中进行发票校验，生成会计凭证并打印烟叶结算单，账务处理如下。 借：货物接收/发票接收——相应烟叶（订单价格）　材料差异（借或贷）（采购订单和发票价格之差） 　　应交税费——应交增值税——进项税 　　贷：应付账款——供应商
6		采购物品记录于适当期间	月末对货到票未到的货物实施暂估处理	未收到发票且未做发票校验的业务月末自动转入"应付账款暂估"，账务处理如下。 借：货物接收/发票接收——相应烟叶 　　贷：应付账款——暂估 次月初系统自动冲回，账务处理如下。 借：应付账款——暂估 　　贷：货物接收/发票接收——相应烟叶

续表

序号	主要业务	控制目标	关键控制点	被审计单位制度设计的控制活动
7	付款	所有的付款均得到管理层批准	付款计划在资金平衡会上进行审核	每月月末物资采购中心根据《中国烟草总公司关于印发"两烟"交易资金结算管理规定的通知》（中烟办〔2014〕185号）、烟叶供求情况等编制烟叶付款计划，并传递至公司财务部；财务部每月初组织召开资金平衡会，相关部门领导参加，审批各部门的预算，并将批准后的付款预算以调度令的形式下发，物资采购中心根据调度令的批复金额实施付款；付款前，物资采购中心填写付款申请单，由相应人员签字审批后交给出纳付款。
8		所有付款都已得到记录，并记录于恰当期间	定期将日记账中的付款记录与银行对账单进行核对	省工业公司资金管理中心对本部和四家卷烟厂（以下简称成员单位）实行收支两条线管理，每天各成员单位收入户资金自动上划至资金管理中心总账户，资金结算员通过资金结算平台下拨成员单位预算内资金需求。 每天早上资金结算人员将前一天总账户网银流水与总账户账面会计记录进行核对，发现差异及时查找原因并调整；每月末资金管理人员负责将本部基本户、烟叶结算专户及其他银行账户日记账与银行对账单核对，编制银行存款余额调节表，将银行存款余额调节表和有关对账单提交给财务部资金监督人员复核签字或盖章。

4. 负债科目审计策略及其实施。

（1）应交税费审计。应交税费/所得税/营业税金及附加项目审计：在审计过程中索取了本年税务部门对其出具的检查报告，并取得了各月纳税申报表，测算各项税费，通过执行上述程序，未发现差异，余额、发生额可以确认，LZY企业税收政策情况如表2-6所示。

表2-6　　　　　　　　　**LZY企业税收政策情况表**

税种	计税（费）基础	税（费）率
增值税	增值额	17.00%
营业税	租金收入、餐费收入等	5.00%
城市维护建设税	实际缴纳的增值税、营业税、消费税的税额之和	7.00%
消费税	卷烟销售收入及卷烟销量	1. 卷烟：每标准条调拨价大于等于70元，56%；小于70元，36%；定额0.003元/支； 2. 雪茄烟：36%
企业所得税	应纳税所得额	25.00%
个人所得税	个人取得的应纳税所得额	7级超额累进税率
土地使用税	实际占用土地面积	2014年7月1日起执行的：市区土地6~24元/平方米，县（市）土地4~10元/平方米，建制镇和工矿区土地4~6元/平方米

续表

税种	计税（费）基础	税（费）率
房产税	房产原值、租金收入	12.00%、1.20%
教育费附加	实际缴纳的增值税、营业税、消费税的税额之和	3.00%
地方教育费附加	实际缴纳的增值税、营业税、消费税的税额之和	2.00%
水利建设基金	实际缴纳的增值税、营业税、消费税的税额之和	1.00%
残疾人就业保障金	应纳保障金 =（用人单位上年年末实际在职职工人数 × 应安排比例数 − 用人单位上年年末在职残疾职工人数）× 上年度本地职工年平均工资额	

（2）应付职工薪酬审计。取得了国家局有关工资总额批复及与工资政策相关的文件，并对工资的计提和发放进行了测试，未发现重大异常。取得了所在省住房公积金管理中心的文件，表明住房公积金缴费基数不得超过社评工资的300%，对企业住房公积金缴费基数进行检查，符合文件标准。

5. 其他方面实质性审计程序的执行。

（1）费用测算分析。对本期与上期波动进行分析，将实际金额与预算金额进行比较分析，检查原始凭证，进行截止性测试，未发现跨期现象；根据借款合同利率测算利息支出；以上检查未见不合规现象，LZY 企业费用对比情况如表 2－7 所示。

表 2－7　　　　　　　　　　　　LZY 企业费用对比

科目名称	本期发生额（万元）	上期发生额（万元）	变动金额（万元）	变动率（%）
销售费用	76 545.06	66 964.50	9 580.55	13
管理费用	184 161.99	181 910.88	2 251.11	1
财务费用	2 404.78	2 767.41	−362.62	−15

其中财务费用减少的主要原因是利息收入增加，本期大额存单的期限较长，利率较高所至。除此之外我们还对费用明细项的变动进行了合理性分析。

（2）投资合规检查与审计。企业内控手册对于投资的程序为：提出投资方案 － 投资方案审批 － 制定投资计划 － 实施投资计划 － 投资处置，公司制定投资方案的分级审批原则。单项投资 100 万 ~ 500 万元（含）的多元化生产经营性项目和单项投资 50 万 ~ 500 万元（含）的多元化非生产经营性项目，由省工业公司董事会审批；烟草制品生产企业总投资在 8 000 万元以上不涉及产能的固定资产投资项目、其他企业总投资在 5 000 万元以上的固定资产投资项目，总投资在 1 000 万元以上的新建、改扩建、迁建、购置经营业务用房项目，总投资在 3 000 万元以上的信息化投资项目，总投资在 500 万元以上的多元化投资项目，总投资在 3 000 万元以上的烟草主业企业间股权投资项目，经中国烟草总公司审批。我们对企业的投资是否符合内控手册规定进行了穿行测试。结果未见重大异常。

（3）成本对比审查与分析。对当年度及以前年度原材料成本占生产成本百分比的变动进行分析，根据标准单耗指标，将原材料收、发、存情况与投入产出结合比较，以分析本期原材料领用、消耗、结存的合理性，按品种分析库存商品各月单位成本的变动趋势，对代保管存货及委托加工物资进行监盘与函证，进行计价测试、截止性测试；结果未见重大异常。

（4）计算机系统审计。被审计烟草企业使用的财务核算软件是 ERP 系统，该信息系统的运用状况直接决定了财务信息的质量。ERP 系统为信息服务公司根据企业需求量身定做，此部分为实质性审计程序无法确认的项目，此部分我们请来参与系统研发及公司结转设置的财务人员进行系统测试，并对其进行了解、评估和测试。

四、案例启示

W 会计师事务所通过对 LZY 企业行业状况、经营环境、各项法律法规、企业内控制度、会计政策等一系列的了解后制定了上述审计策略，并在实际工作中得以充分执行，通过科学、有效的审计策略制定和实施，高效地完成了年度审计项目，国家烟草专卖局会审顺利通过。这也启示我们审计策略的制定是审计准则的规范要求，在年报审计中有着重要作用；在做审计计划时，无论总体审计策略还是具体审计计划，务必充分了解被审计单位，随时调整审计计划，才能制定和实施可行的审计计划，保证审计质量。特别注意以下五个重要方面。

1. 通过深入了解企业及同行业的情况来制定审计计划。审计人员有时在审计过程中对被审计企业及其所在领域不能深入地了解，导致审计人员无法发现企业存在某些重大舞弊行为。我们可以通过同行业对比发现许多潜在问题，比如原材料的消耗量与产量的关系、同行业毛利率情况、各地区间产销量对比等。了解企业以及同行业情况的内容是极其必要的，不管是上市公司、国有企业都有专门的信息汇总网站，在内部网站查阅最近几年的财务会计报告，通过财务会计报告的披露了解企业会计政策、经营状况等。与上任注册会计师沟通，了解是否存在以前年度在管理建议中提出的问题至今尚未解决，掌握主要财务情况及其对外披露的重大决策等信息。还可以了解企业的组织结构图，各部门职责及企业章程、营业执照中主要经营范围、采购、建造、销售及各项费用的合同协议，董事会等重要会议记录、纪要。对企业内部控制进行了解，了解方式包括查看内控手册、访谈并对制度进行穿行测试。另外，审计人员一定要充分了解被审计单位所在行业是否存在绩效考核指标，以及同行业是否发生过重大舞弊行为。

2. 充分评估被审计单位舞弊、错报、漏报的成因并完善审计计划。舞弊、错报、漏报的产生一般是由三个因素组成的：动机或压力、机会、态度，其中动机或压力是舞弊的重要因素，而会计人员整体素质是错报漏报的一个主要成因。

因而，注册会计师应当深入了解企业及其所在行业情况并通过交流判断财务工作者专业素养，通过访谈与数据分析企业的具体情况，寻找与识别企业是否存在舞弊、错报的蛛丝马迹。

3. 保持职业谨慎，实施审计计划。在审计计划及策略实施的过程中，注册会计师要始终保持谨慎的态度，在审计责任约束下，要使自己的工作具有价值，保持职业谨慎性，对财务报告使用者负责。要有审计人员的职业敏感性，根据专业的判断，充分关注可能存在重大违法行为的事项。

4. 多渠道获得线索并广泛执行分析性复核程序以落实审计计划。审计人员可以通过媒体、网络、集团内网相关报告等多种信息来源获取信息，并进一步分析情况以判断错报、漏报及舞弊发生的可能性，跟进审计程序，如企业实际经济业务活动中的情况与工作人员的访谈有出入的异常现象；产销量、费用、毛利率等数据近两期对比，比例突变中的异常现象，如这个案例中国家烟草专卖局委托审计时强调的检查侧重点等。

5. 充分开展辅助审计工作，高效完成审计工作。在审计工作中要善于开展能够使我们事半功倍的辅助审计工作，例如本次审计中借鉴了税务师事务所的税审报告、所得税汇算清缴报告等专业人士的工作成果。另外，要注意数据的处理技巧，在大型企业引入 ERP 的情况下，可以通过计算机审计对被审计单位的业务流程、业务数据进行跟踪分析，要增加对计算机系统数据的录入、取得进行数据源追踪，对取得的财务数据利用 Excel 等软件进行分析。越来越多的会计师事务所也与各软件开发商合作开发审计软件，审计软件可以生成审计所需要的基础数据表，同时利用 Excel 软件中的各项功能，例如透视表、分类删选等对有关业务数据进行比率分析和分析性复核，确定审计计划关注的重点，高质量完成审计工作。

五、讨论题目

1. 审计计划或审计策略的内涵是什么，有何作用？
2. 审计策略分为哪几种类别？影响审计策略制定的因素有哪些？
3. 在 W 会计师事务所进行审计策略制定中是如何体现影响因素的？
4. W 会计师事务所审计策略设计时应重点关注什么？
5. 对 W 会计师事务所施行审计策略进行有效性分析。

案例使用说明

一、本案例要解决的关键问题

本案例旨在培养学生根据审计策略相关准则指南，在审计理论指导下，分析 W 会计师事务所年报审计策略，帮助学生对 LZY 企业审计策略制定过程中出现的问题进行分析，并结合国有非上市企业审计面临的问题，有针对性地提出我国国有企业审计策略制定的建议，拓宽分析审计策略的视野和思路，形成解决问题的方案，并期望通过个案，研究规律性经验和培养审计策略前瞻性思维，为我国审计策略体系的完善提供理论支撑和人才储备。

二、案例讨论准备工作

（一）理论背景

本案例需要学生准备的知识点主要包括：审计策略；审计标准与审计准则；审计目标与审计责任；审计计划与审计模式；审计报告与风险评估。

（二）行业背景

目前国内在审计策略制定及审计程序执行等方面的研究与国外相比存在很大差异。国外在审计领域的研究起步较早，所以经验相对丰富，而国内本土八大会计师事务所在近些年发展势头迅猛，这也得益于四大会计师事务所的影响。在注册会计师审计形式方面，国外的审计更侧重于内部控制，国内的审计则更侧重于实质性程序执行。国际会计师事务所在行业数据的收集方面更加系统完善，而目前国内会计师事务所尚未建立起完善的行业数据分析库，数据系统相对简陋。在"互联网＋"的大环境下，我国将逐渐完善行业数据库，使审计人员在工作中可以参考利用。我国仍需要完善审计定价体制，控制行业内不良竞争，避免影响审计质量，防止忽略必要的审计计划的制定与执行情况。

（三）制度背景

《中华人民共和国审计法》《审计法实施条例》《中国注册会计师审计准则》《企业会计准则》《工业企业会计制度》《商品流通企业会计制度》。

此外，烟草行业主要受《中华人民共和国烟草专卖法》及其实施条例以及与税收相关的法律法规的制约。《中华人民共和国环境保护法》要求生产、排污的企业向政府交纳排污费用以及建设相应的排污设施，按照相关法律法规对税收及排污费进行测算，被审计单位也受到该法制约。

三、案例分析要点

（一）需要学生识别的关键问题

本案例需要学生识别的关键问题包括：审计策略制订体系，明晰其内涵、作用及类别；明确影响审计策略制定的因素，在案例中是如何体现的；在进行审计策略制定时需重点关注问题研究；并对案例中审计策略制订进行有效性分析。

（二）解决问题的可供选择方案及其评价

1. 审计策略的内涵是什么，有何作用？审计策略的内涵即基于识别风险理论上的审计思路规划，是对审计路线的制定，是对会计师事务所从审计的时间、空间、方向上表现出的受托责任的风险把控机制。具有如下作用。

首先，审计策略在制定过程中要做很多准备工作，包括了解被审计单位的工商经营信息等，可以使我们对被审计单位的业务范围有所了解，并且可以利用大数据在互联网中查找相关行业信息，确定审计相关行业业务特征、相关会计制度、特殊的行业报告要求等，为进一步的审计工作奠定基础。其次，出具审计报告应目的明确，从承接审计项目开始，规划好整个项目的时间安排，包括与前任审计师沟通的时间、与管理层或治理层沟通的日期、报告使用者使用报告的日期。最后，在确定审计项目工作方向时，要考虑影响审计业务错报、漏报、舞弊的影响因素，以此标准初步识别、衡量可能存在较高重大错报风险的领域，通过取得企业未审报表、会计信息使用者意图等初步识别此次审计重要的检查部分和账户余额的存在性、完整性；通过查阅企业的内部控制手册，可以初步识别内控的控制点，识别是否需要针对各个循环内部控制的有效性获取审计证据；确定适当的重要性水平。审计策略可以使审计项目在现场阶段的工作目的性更明确，提高审计效率和审计质量。

2. 审计策略分为哪几种类别？

（1）总体审计策略。总体审计策略的制定主要包括五个方面：第一，确定审计范围，了解被审计单位的会计政策和审计准则，制定审计策略需考虑的其他事项等；第二，根据审计准则确定重要性水平；第三，清楚报告目标、时间安排及所需并与管理层沟通；第四，确定项目组织与管理，确立项目小组成员，均衡考虑个人能力以安排各成员项目角色与分工情况；第五，完成与前任会计师交接工作，取得外界税审报告、专项审计报告等相关人士工作的成果。

（2）初步审计策略。初步审计策略是指注册会计师在审计计划阶段，在对被审计单位只是初步了解时需要确定的审计范围和重点，是审计策略制定和实施的基本思路和组成方式。也是判断一些实质性审计程序是否执行、对联营公司和子公司是执行审计程序还是审阅程序、是否需要提前进入企业进行预审等情况的策略制定标准。

3. 影响审计策略制定的因素有什么？

（1）确定被审计单位的经营范围、行业特征，包括行业内使用的会计准则和相关会计制度。

（2）了解企业各项业绩指标。其中包括企业的征信状况，是否缺乏诚信或者管理层是否需要绩效指标考核的压力，这些都会增加企业粉饰财务报表的风险，这些风险与财务报表的真实性是息息相关的，因此我们在制定审计策略之前需要了解企业各项业绩指标。

（3）了解被审计单位经营活动中的供应商以及客户情况、关联方情况，有必要的情况下可以对供应商以及客户进行访谈，了解企业的结算方式是否符合会计准则要求，并关注关联方交易与往来实质是否存在风险。

（4）全面了解被审计单位税收政策，包括地方性税种的税收文件规定。

（5）了解同行业业务趋势，有利于采用对比分析法对同行业收入、毛利率进行走势分析。

4．审计策略制定影响因素在 W 会计师事务所审计策略的制定中是如何体现的？

（1）被审计单位的行业状况。被审计单位属于烟草行业，该行业主要生产、销售卷烟，属于垄断行业，被审计单位处于行业发展的成熟阶段，最重要的竞争者为国内其他卷烟工业企业，他们在省内有一定市场份额。行业竞争情况基本属于地区垄断型行业，供应商群体比较稳定，持续经营不存在风险，关联方交易与往来存在风险。

（2）被审计单位法律环境及监管环境。烟草行业主要受《中华人民共和国烟草专卖法》及其实施条例以及与税收相关的法律法规的制约，以及《中华人民共和国环境保护法》要求生产、排污的企业向政府交纳排污费用以及建设相应的排污设施。按照相关法律法规对税收及排污费进行测算。相关法律法规的变动会对公司的经营产生一定影响。

（3）被审计单位经营活动的其他外部因素方面。根据市场情况看，公司的竞争对手主要是从事卷烟生产的烟草行业；公司的经营资金主要为自有资金，同时也有金融部门的借款，营运资金来源基本能够支付营运支出。日常经营及会计核算主要采用人民币，无外币业务，汇率变动对公司无重大影响，但需检查银行账户信息及借款情况，并在报告中予以披露。

（4）经营活动对审计策略制定的影响。被审计单位 2014 年销售卷烟 2 883 042.40 万箱，找出前八大客户，审计过程中应注意在国家烟草专卖局对账系统中与相应单位核对关联交易情况。

（5）会计政策的选择和运用。LZY 公司按照企业会计制度、行业会计制度的规定制定了统一的会计政策，公司日常会计核算不涉及重大非经常交易以及具有争议的会计核算问题，部分会计科目执行新准则。关注重要会计政策，包括收入确认方法、成本费用归集和分配方法、坏账准备、长期股权投资以及所得税等政策规定。

（6）被审计单位的目标、战略以及相关经营风险。2014 年被审计单位生产经营总体目标任务是：生产内销卷烟279.4 万箱，销售内销卷烟283 万箱。实现销售额350 亿元，力争360 亿元。全系统实现卷烟销售收入335 亿元，确保8.5％以上增幅；利税238 亿元，确保10％以上增幅；贡献财政收入200 亿元；作为国家垄断企业，持续经营上不存在风险，但是新员工对内部控制的不同认识和关注点将导致操作风险，且信息系统的变化会加大信息系统审计风险。

（7）被审计单位财务业绩的衡量和评价。

①关键业绩指标。该公司股东为中国烟草总公司，国家局根据《烟草系统省级公司领导薪酬管理暂行办法》将考核得分换算为考核系数，计算绩效薪酬。省级工业公司主要考核经济效益、品牌发展等方面的工作推进情况，考核得分权重设定为55％：45％。经济效益指标包括税利总额、国有资本保值增值率、增收节支目标任务；品牌发展指标包括重点品牌产销量、品牌结构、品牌规格、合作生

产、卷烟降焦。具体考核指标参见《国家烟草专卖局关于印发省级公司年度工作业绩考核办法和2014年度省级公司工作业绩考核细则的通知》。

②业务趋势。管理层通过财务指标衡量和评价被审计单位财务业绩，主要涉及的财务指标包括收入、利润，近两年收入平均上升，业绩比较平稳，不会产生较大偏差。

（8）人力资源政策与实务。公司根据自身特点制定了以下人力资源方面的政策：《劳动纪律及员工奖惩管理暂行规定》《劳动关系协调办法》《用工分配制度改革实施方案》《员工招聘管理暂行规定》《劳动用工管理暂行规定》《劳动合同管理暂行规定》《工作时间和考勤管理暂行规定》等。

5. W会计师事务所审计策略设计时应重点关注什么？由于控制有助于防止或发现并纠正认定层次的重大错报，在评估重大错报风险时，注册会计师应当将所了解的控制与特定认定相联系。评估重大错报发生的可能性因素有很多，不仅包括对可能的风险的评估，还应当注意风险控制的抵消以及遏制。有效的控制能起到积极影响，减少错报发生的概率；而控制不当或缺乏控制，错报的可能性就会大大增加，甚至有可能成为现实。例如，由于被审计烟草企业缺乏必要的审批和稽核，相关内部控制存在缺陷，会出现未经国家局审批擅自实施的项目；资产采购环节的控制存在缺陷，如采购的授权与审批权限不能有效地相互制约，将加大违规采购的风险，包括收取供应商回扣的情况，这会使企业利益流失，财务状况不真实完整；固定资产管理权限不清，资产购置、使用和报废的授权与审批权限的设计不合理或执行无效，资产安全存在隐患。国有企业住房公积金和企业年金缴存基数、比例过高问题提示我们要重点关注烟草行业住房公积金缴存情况是否超出政策规定。由于烟草行业工业企业全部是关联方交易，此部分极易出现虚增收入、关联方资金占用等问题，因此对关联方往来要重点关注。

（1）工程投资合规性。首先要关注工程的招标是否合规，是否满足招标法律法规的要求；其次要对账面的在建工程检查工程立项审批情况，检查是否有未经国家局批准擅自实施的项目和超出投资规模的建设。对于工程项目管理状况，则侧重检查工程进度，安排对工程现场的勘察及对现场管理人员的访谈，检查工程是否有阶段性工程进度报告，已经转为固定资产的项目工程手续是否齐全。

（2）物资采购和宣传促销方面。

①关联方采购。物资采购（包括机器设备和信息化采购）主要是通过中国烟叶公司和中国烟草国际有限公司采购烟叶和进口机器设备，要对历年采购价格进行比价测试，确保关联方交易的真实性。

②外部采购方式和价格的合规性。检查外部采购招标、谈判、询价等采购方式是否符合企业内控手册中采购与付款循环要求，选取关键控制点，对企业的业务流程取得能够证明控制点有效执行的文件及审批。计划抽查采购总额的20%的采购合同，检查采购合同的制定是否合规，现实业务中是否严格按照合同进行账务处理和结算，过程管理和监督职责是否严格到位。

③宣传促销项目的检查。烟草行业与其他零售业不同，国家全面禁止烟草广

告及相关的促销赞助活动，因此注册会计师需侧重检查宣传促销项目是否符合《广告法》与相关烟草广告相关条例的规定；关注企业宣传促销费开支去向，是否存在委托第三方开展宣传促销项目；宣传促销的合同是怎样签订的，行业内传媒公司费用开支情况各年度是否均衡；虽然在零售终端的商业公司能够以发放促销品的形式进行广告宣传，但是要对促销品的价值进行检查，还要核对货币资金中银行存款的付款单位与宣传费上发票开具单位是否一致，判定业务真实性，必要时可以对交易进行函证。

（3）职工薪酬方面。侧重检查职工收入总额是否全部在工资核定内开支，是否存在工资核定外列个人收入补贴的现象。企业是否违反国家局规定发放职工薪酬，是否违规为职工购买了商业保险，是否超标准为职工缴纳住房公积金和企业年金，是否为职工发放了住房补贴，以及职工个人所得税的计算和缴纳是否正确等。

（4）多元化投资管理方面。

①投资项目审批管理情况。由于近几年国家禁烟政策的出台，工商企业均有发展多元化投资的趋势，但国家局对投资要求严格，此处要重点检查未经国家局批准擅自对外投资情况，对于企业的征信报告中提到为多元化企业提供担保和借款的情况要予以披露。

②关联企业交易情况。检查无偿占用主业资金、资产，资产权属不清、权证不符情况。

③职工入股清理情况。过去几年，国有企业资金周转常采取员工集资的方式，支付员工高额利息情况比较频繁，因此国家烟草专卖局发布了《国家烟草专卖局关于清理在关联企业参股入股问题的通知》（国烟监〔2004〕207号），另外严谨职工入股与主业直接相关的业务，如运输、修理等行业，此部分需对相关企业工商信息进行查询。

（5）工商企业之间交易不规范方面。

①烟叶基地和科研经费方面。检查工业企业是否通过各种方式变相向商业企业提供资金，将烟叶基地建设资金以科研经费的方式通过第三方账户（收取资金管理费、咨询费等方式）进行套现，变相由企业自行支配开支，形成"小金库"的情况。

②零售终端建设方面。工业企业借商业企业之手宣传本公司产品，将宣传费转嫁到产品的折扣、赠送礼品等促销手段中。

③账外资产方面。检查是否存在工商企业之间互助庆典赠品，从而导致资产未入实物台账管理。

（6）其他方面。

①固定资产管理。固定资产管理不到位，固定资产入账不及时，或存在未入账的固定资产致使被审计烟草企业存在账外资产。同时，由于没有建立有效的固定资产盘点制度，或盘点制度执行不力，导致固定资产账实不符，资产损益不能得到及时处理时，需要对固定资产的增加原始凭证进行检查，实务进行盘点，确认固定资产入账及时性、完整性。检查未严格按照规定程序处置资产，检查闲置

资产、不良资产及资产账实不符的情况；避免国有资产流失；检查土地、房屋权证，一方面可以看出企业是否有抵押贷款，另一方面可以检查出企业是否存在关联方互占资产等权属不清情况。

②费用管理。检查运输费发票是否真实，与发票上的运营商是否签订运输合同，运输公司是怎样选择的，对营销中心要彻底清查，业务接待、广告、宣传费用的合同签订是否是一次性付款，如一次性付款承接的业务是跨年业务，应按年度权责发生制确认费用。

③税收管理。进入审计现场工作前，了解该省份税收政策，检查是否存在跨期确认收入问题，工业企业是否存在年末提前给商业企业发货，而未确认收入的情况。烟草企业每年有税利考核，会聘请税务师事务所做专项审计，我们可以参考税务师事务所的报告，包括关注福利费列支及纳税调整情况。

④"小金库"问题。检查以各项费用为名义套取资金，或者将资产处置、出租收入、罚款收入等隐匿并在账外设立"小金库"问题；例如每年烟叶质量好坏直接影响烟沫多少，出售的残渣自然难以判定，此部分要通过历年对比以及工人访谈了解实际情况，检查逻辑关系是否相符，还要重点关注主业向关联企业转移资产、资金形成账外资金或账外资产等问题，一定要落实有转出必定对应转入，不可片面看待问题

6. 对 W 事务所施行审计策略进行有效性分析。通过对会计师事务所行业调查以及所参与的许多审计项目情况进行分析，发现目前会计师事务所确实存在为了压缩审计成本而忽略审计策略制定的情况，即对审计项目的前期准备不充分便进入被审计单位执行实质性程序。一份有效的审计策略无论对会计师事务所、被审计单位还是审计人员来讲都是十分必要的。

首先，从会计师事务所的角度，通过对被审计单位进行风险评估制定审计策略，不仅可以使审计工作更加有针对性，还可以在审计过程中有侧重点，而不是盲从地执行审计程序，此次烟草审计工作根据国家烟草专卖局的审计指引进行，项目组很快可以确定工程投资、薪酬制度、关联往来等审计项目重点，使审计结果更加符合报告使用者意图和需要；同时审计策略的制定并不是在浪费时间，执行一份有效的审计策略会使现场工作效率大大提高，使项目组工作更加紧凑、连贯、一气呵成，而不是现场做完一项工作再思考接下来应该做什么，工作分散、不能把企业状况相互联系，导致企业各程序执行一盘散沙，不仅降低了审计的工作效率，浪费时间成本，还降低了企业审计结果的可信赖程度。

其次，从被审计单位的角度，对被审计单位的充分了解可以增加企业人员与审计人员的配合程度，使审计人员与被审计单位沟通更加顺畅，一份有效的审计策略可以让被审计单位准备的审计资料更加充分，比如通过审计人员进场前有效的沟通，可以让被审计单位准备会计凭证、银行对账单、企业纳税申报表等，审计人员获取审计证据充分、完整。同时减少被审计单位会计人员在审计进场后的工作强度，避免多项工作同时需要完成和准备所造成审计进度的推迟。

最后，众所周知会计师事务所工作强度较大，有效的审计策略可以缓解现场

审计人员工作的盲从，使工作有效性更高，把审计人员从杂乱无章、无头绪的审计工作中解救出来，降低审计人员工作强度、提高工作效率。有效的审计策略的制定可以提高审计人员的职业素养，在企业面前树立专业、谨慎的职业形象。

四、教学组织方式

（一）问题清单及提问顺序、资料发放顺序

1. 审计策略的内涵是什么，有何作用？
2. 审计策略分为哪几种类别？
3. 影响审计策略制定的因素有什么？在 W 会计师事务所进行审计策略制定中是如何体现的？
4. W 会计师事务所审计策略设计时应重点关注什么？
5. 对 W 会计师事务所施行审计策略进行有效性分析。

（二）课时分配

1. 课后自行阅读资料：约 3 小时；
2. 小组讨论并提交分析报告提纲：约 2 小时；
3. 课堂小组代表发言、进一步讨论：约 2 小时；
4. 课堂讨论总结：约 0.5 小时。

（三）讨论方式

本案例可采用小组形式进行讨论。

（四）课堂讨论总结

课堂讨论的关键是：归纳发言者的主要观点，重申其重点及亮点，提醒大家对焦点问题或有争议观点进行进一步思考，建议大家对案例素材进行扩充研究并进行深入的分析。

案例 5

RH 会计师事务所审计收费问题研究

刘 静 刘雨蒙 闫佳惠

一、引言

对会计师事务所审计收费问题的研究开始于一些西方国家。在 1970 年末至

1980年初，美国发布相关解释公告开始对审计费用的披露进行要求。从此，审计收费相关信息的披露问题受到西方某些地区和国家的重视。在2001年末，中国证监会发布《公开发行证券的公司信息披露规范问答第6号——支付给事务所报酬及其披露》，要求接受审计服务的企业必须在相关报告中披露支付给事务所的薪酬。至此，CPA审计收费问题受到中外各国的普遍重视。

二、案例背景

（一）RH会计师事务所发展概况

RH会计师事务所（特殊普通合伙）（以下简称"RH事务所"）是一家专业化、规模化的大型事务所，具有二十多年发展历史；是本土事务所中首批具有审计A+H股公司资格、首批实现改制的机构。其先后经历了两次重组，第一次是在2008年初，中瑞华恒信和岳华重组成为中瑞岳华，第二次是2013年4月中瑞岳华事务所和国富浩华事务所联合成立RH事务所。

RH会计师事务所总所在中国北京，在我国多个省市都有其设立的分所，还在新加坡设置了分所，为的是能够为国际经济市场中的中国企业提供更便捷的专业服务。RH会计师事务所有着雄厚的执业能力，现有9 000多名员工，2 600名注册会计师，330多名合伙人，20多名全国会计领军人才。近些年，RH事务所为包括国电、国旅在内的40多家央企以及海信等340多家上市公司，鞍钢股份等多家A+H股、A+S股公司提供专业的审计服务，具有丰富的执业经验。

RH会计师事务所一直致力于建设集团化、规模化和民族化品牌，现已取得丰硕成果。从中国注册会计师协会（以下简称"中注协"）发布的2013年~2016年《事务所综合评价前百家信息》可以看到，RH事务所连续四年成为"新四大"，如表2-8所示。

表2-8　　　　　　　　　RH会计师事务所百家信息排名情况

年份	2012	2013	2014	2015	2016
排名	6	3	3	4	2

资料来源：中注协官网。

（二）审计收费的含义及其意义

1. 审计收费的含义。审计收费，也称审计定价，指审计服务的接受方（被审计单位）在审计服务的供给方（会计师事务所或者审计师）为其提供审计服务之后，支付给审计服务的供给方（事务所或者CPA）在执行工作时所耗费成本相应金额的报酬。在我国市场经济环境下，会计师事务所承接审计业务，为上市公司提供专业服务，在提供专业服务的过程中，为保证审计质量，除了要运用专业知识和技能外，还需要丰富的实践经验，并遵守相关法律准则，保持独立性，所以，审计人员有权获得必要的报酬。审计收费由审计过程中的固有成本、不可避免的审计风险以及会计师事务所的正常收入三部分构成。其中，第一部分"固有成本"主要是指会计师执行一系列必要的审计程序和提供最终结果的报告说明所耗费的费用，除此之外，还包括相关审计人员的薪酬和执行审计任务过程中必要的费用以及开销等。第二部分"不可避免的审计风险"是指事务所在提供专业服务时，由于发表了不恰当审计意见的报告、审计失败而引起的损失或对名誉的影响等隐形风险。第三部分"事务所的正常收入"是指事务所作为一个以盈利为目的的组织，为维持其自身正常运行而收取的必要费用。

2. 审计收费的意义。审计师审计不同于政府审计和内部审计，其作为一个以盈利为目的的职业，必然要把审计收费的多少作为执业的参考标准，也就是说审计收费的高低会影响着注册会计师执行审计程序的严谨性以及审计成本，最终影响着审计质量。一方面，会计师事务所若想提供令客户满意的服务就必须有相匹配的执业能力、义务培训以及完备的管理等条件，这些条件会在无形中增加成本，但是在激烈的市场竞争中，增加成本会使事务所失去价格优势。另一方面，偏低的收费在使得事务所具备价格优势时，又难以保证其工作质量，故而审计收费对事务所的审计质量以及是否具有竞争优势至关重要。

三、案例概况

（一）审计师李芳从业简介

2013 年，李芳从某著名高校审计专业硕士毕业后，进入了 RH 会计师事务所工作，主要从事上市公司年报审计及专项审计工作，并全科考取了注册会计师资格。到 2017 年，李芳已经能在审计工作独当一面，随着审计工作数量及审计经验的增加，李芳开始注意到 RH 事务所的审计收费标准存在问题，开始对该问题进行思考分析，以期能够找到解决之策。

（二）RH 会计师事务所审计收费情况

1. RH 会计师事务所审计收费依据。李芳查到 RH 事务所目前执行的收费政策是我国统一的收费规定，但是由于该规定只是原则规定，所以 RH 会计师事务所在定价时实际采用的是政府定价模式，即按照本地区财政等相关部门的规定来确定审计收费的具体金额。在实际执业过程中，RH 会计师事务所主要采用计件制和计时制定价方法，同时也存在依据被审计单位资产规模等标准来确定审计收费的情况，故 RH 会计师事务所没有统一的标准和制度。

2. RH 会计师事务所审计收费近况。作为国内最大的事务所，随着 RH 事务所发展步伐的加快，其审计收费金额也在逐年增加。李芳统计了 RH 事务所在 2013 年由中瑞岳华和国富浩华联合成立至 2016 年的审计收费情况，如表 2 - 9 所示。

表 2 - 9 　　　　　　　　　　RH 事务所近四年收费金额统计

年份	审计收费金额（万元）	所占比例（%）	其他收费金额（万元）	所占比例（%）
2013	243 709.08	85.28	42 057.35	14.72
2014	277 592.64	88.76	35 162.94	11.24
2015	306 202.57	91.00	30 267.84	9.00
2016	403 014.91	94.18	24 908.09	5.82

李芳从表 2 - 9 中发现审计收费金额在 RH 事务所的全部收费中占有相当大的比重，是 RH 事务所的主要收费来源。并且随着 RH 事务所的发展壮大，其审计收费金额也逐年增加，2014 ~ 2016 年涨幅分别为 13.90%、10.31% 和 31.62%，涨幅均在 10% 以上，2016 年涨幅甚至达到了 30% 以上，可见，RH 事务所发展步伐非常迅速。

（三）RH 会计师事务所审计收费问题剖析

李芳结合自己实际工作经验，总结出了 RH 会计师事务所在审计收费中存在的四方面问题。

1. 收费偏低，审计质量难以保证。在 RH 事务所收费问题上，收费偏低是最直观的问题，这一问题同时也是我国事务所普遍存在的问题。李芳发现会计师事务所想要生存发展就需要依靠大客户来支撑其收入，这种情况会变相加剧事务所之间的竞争，迫使事务所以降低收费的手段来应对这种情况。此外，国外事务所进军我国审计市场亦使得国内审计行业内的竞争程度日益严重。2013 年，中注协曾在北京就事务所低价竞争问题与 RH 事务所相关负责人进行会谈，会谈中提到审计收费较低的业务会存在较大的风险。此外，李芳和 RH 事务所的负责人进行沟通，负责人也表示，RH 事务所通过降低审计收费来扩大客户群，占领市场份额的行为使得 RH 事务所审计人员流失严重，损害了 RH 事务所自身的发展。

据中注协发布的 2015 年年报审计相关数据来看，2015 年度，事务所审计平均费用为 1 488 600.00 元，较 2014 年度的 1 383 500.00 元上升 7.60%。而作为国内综合排名第一大所的 RH 会计师事务所在 2015 年为 375 家上市公司提供了审计服务，平均费用为 1 001 700.00 元，远低于平均收费水平。

为了更清晰直观地反映该问题，李芳将 RH 事务所的审计收费同普华永道中天（以下缩写为"PWC"）、德勤华永（以下缩写为"DTT"）、毕马威华振（以下缩写为"KPMG"）以及安永华明（以下缩写为"EY"）国际四大事务所（以下简称为"国际'四大'"）进行比较。虽说 RH 事务所已经连续四年跻身我国事务所百家排名前四强，但是其与国际"四大"还是存在本质差别，国际"四大"不仅是审计收费远远高于 RH 事务所，而且其对大型商业银行专业服务的垄断更是严重制约着 RH 事务所的发展壮大。为了直观反映该差别，李芳将 RH 事务所相关审计收费数据与国际"四大"进行比较。中注协公布的 2015 年相关情况统计数据如表 2 - 10 所示。

表 2 - 10　　　　2015 年国际"四大"与 RH 事务所审计费用对比数据

事务所简称	审计上市公司数量（个）	审计费用总计（万元）	平均每家上市公司审计费用（万元）
PWC	64	67 240.00	1 050.625
DTT	44	21 986.12	499.68
KPMG	22	34 548.62	1 570.39
EY	43	42 935.27	998.49
RH	375	37 563.91	100.17

资料来源：中注协官网。

通过表 2 - 10 可以清晰地看到，RH 会计师事务所对每家被审计单位收取的审计费用仅仅是国际"四大"审计费用的几分之一甚至是几十分之一。虽然 RH 会计师事务所承接的审计工作较多，业务量是国际"四大"的十几倍，但是在收费方面却存在巨大的差距。从总体上看，RH 会计师事务所在 2015 年平均每家上市公司的审计费用较 2014 年的 68.77 万元提高了 45.66%，但是 RH 会计师事务所的审计费用大多是在 100 万元以内，只有极个别上市公司的审计费用在千万元以上，呈现出"数量多质量差"的现状，而国际"四大"的审计费用基本都在百万元以上甚至上千万元。由此可见，PWC、DTT、KPMG 以及 EY 收取的审计费用要明显高于 RH 会计师事务所，占有绝对优势。此外，在统计数据的过程中，李芳还发现 RH 事务所承接的被审计单位也无法与国际"四大"相提并论。可见，RH 事务所存在收费偏低的问题，仅仅是排名跻身前列还是不够的，RH 事务所还要注重服务水平本质的提高。

2. 缺少统一的审计收费标准，审计收费混乱。原则上来说，RH 事务所应根据相关政府部门制定的《中华人民共和国价格法》和《中介服务收费管理办法》中相关规定收费，由于该规定并不是十分具体，因此，在实际收费时，RH 会计师事务所只能采用政府定价模式，依据不同省份的财政及物价部门针对本省的具体规定来计算审计收费。但是，因为各省份收费标准差异、地区经济差异、RH 会计师事务所各分所执业能力的差异以及审计员素质差异的存在，在异地审计的情况下，就会很容易引起收费上的混乱。此外，再加上我国现行计时制和计件制收费标准，也使得 RH 事务所在收费时存在按被审计单位资产或者收入情况来计算审计收费的情况。

在实际执业的过程中，李芳归纳出 RH 事务所确定审计收费的一般程序为：①事务所了解上市公司的规模、经营管理状况、财务状况等相关信息。②根据了解的具体情况，判断审计工作的复杂程度、所需的审计人员数量以及完成审计工作所需工作时长。③综合考虑上述因素后，暂估出审计收费金额。④与被审计单位进行协商。⑤最终确定审计收费金额，如图2-1所示。

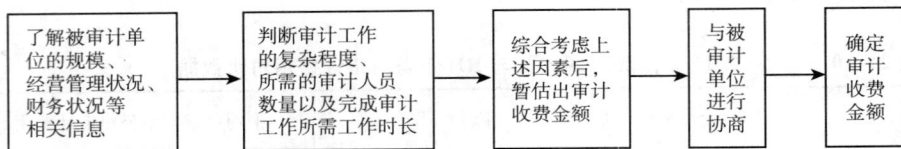

图2-1　RH事务所确定审计收费流程

中注协发布的2015年被审计单位改聘审计机构信息，昆明机床就因为未能同KPMG事务所就2015年收费问题达成统一意见而解聘KPMG事务所改聘RH事务所。而在2011年山东威达甚至宣布解聘合作期长达八年的RH事务所，改聘信永中和事务所。因缺乏统一的标准而造成混乱的审计收费是除会计师事务所提供审计服务年限较长或聘期届满的原因之外的另一造成上市公司更换审计单位的重要原因。

3. 审计收费忽高忽低，会计师事务所业绩难以保证。事务所接受委托来核查公司的财务信息，作为事务所一方希望通过较高的收费来保证执业质量和营业利润，而作为上市公司一方则希望支付较少的费用并享受高质量的专业服务。因此，还常常存在上市公司与RH事务所进行讨价还价的情况，这使得RH事务所还存在收费忽高忽低的问题。如美年健康产业控股股份有限公司2013～2015年审计费用分别为480 000.00元、400 000.00元、3 060 000.00元。但在这三年的美年健康公司年度报告全文中并没有写明收费的具体依据，报告中的收费标准均显示为"按相关规定进行收费"。而这一情况并不是个别现象，2015年连续聘请RH会计师事务所的红阳能源、麦趣尔、探路者、博晖创新、金一文化、远兴能源以及同洲电子均存在这一现象，如表2-11所示。

表2-11　　　　　　　　RH事务所收取的审计费用情况举例

上市公司	2015年审计费用（万元）	2014年审计费用（万元）	变化幅度（%）
美年健康	306	40	765.00
红阳能源	120	30	400.00
麦趣尔	90	30	300.00
探路者	125	45	277.78
博晖创新	91	35	260.00
金一文化	190	75	253.33
远兴能源	150	60	250.00
同洲电子	140	70	200.00

资料来源：上市公司2014、2015年年报。

从表2-11可以看到，这几家被审计单位的审计费用存在巨大的变化，其中变化最大的是美年健康，变化幅度竟达 765%。这种高低变化不定的收入无疑是 RH 事务所业绩难以保证的重要因素，李芳认为应引起高度重视。

4. 收费信息披露不规范，市场监督难以实施。目前，证监会颁布《信息披露规范问答第 6 号——支付事务所报酬及其披露》，要求事务所在出具的审计报告中对审计收费信息进行披露，但 RH 事务所对相关信息的披露依旧十分笼统。从已披露的年报审计情况来看，2015 年 RH 事务所为 375 家公司提供了年审服务，审计费用金额较大的上市公司是大唐发电、中国远洋、中国重工、国电电力以及南方传媒等，但是在这些公司年报中均没有披露支付审计费用的标准等相关信息；对于在 2015 年改聘 RH 会计师事务所审计且审计收费金额变化较大的绿地控股、必康股份、太阳能、长城动漫以及康欣新材等上市公司年报中，均没有披露事务所的变更情况等信息；在绝大部分披露的年报中，均没有 2015 年度和 2014 年度审计收费的比较信息。这充分地表明 RH 会计师事务所的审计收费信息披露不充分不规范，收费透明度低，缺少相关的收费信息披露规定。

（四）针对 RH 事务所收费问题讨论会

李芳经过思考与分析整理出了目前 RH 会计师事务所在收费问题中存在的问题，并和所内注册会计师讨论起了解决方法，大家各抒己见，讨论会进展得非常顺利。

注册会计师张胜说道，"我认为目前应该着眼于扩大规模，提高执业能力，毕竟提升事务所的核心竞争力才能解决根本问题，在市场竞争中立于不败之地，被审计单位在实际选择事务所的时候还是看重国际'四大'的，所以，我们事务所要努力成为名声和规模以及实力兼具的事务所。我国过多中小规模事务所的存在使得鉴证服务处于供大于求的现状，这会使规模较小的事务所处于劣势，缺乏价格优势，在与委托企业议价时处于下风。所以，在现有规模的基础上，我们所可以吞并其他小的事务所来继续扩大自身的规模，同时还要加强与其他大规模、知名事务所的合作，强强联合。在合作的过程中，借鉴其他所的发展经验，提高本所的业务能力，提高市场占有率。"

李芳赞同道，"没错，在这个过程中，我们可以获得原事务所的客户资源和人力资源，这样既可以拓宽我们的业务范围又能保证有能力来完成审计任务，我们所在完成体制改革后，取得了显著成果，这一点是值得肯定的，但是，规模的扩大并不意味着能力的提升。在朝着大规模发展的同时，我们确实应注重执业能力的提升。"

"开发潜在客户群对我们来说也很重要，可以扩大我们现有的客户资源，还有助于其多元化经营目标的实现，拓宽经营范围。为长远发展，必须提供更加全面的专业服务。如在现有稳定审计业务的基础上，大力发展财务会计业务，为被审计单位提供代理记账和核算服务，为被审计单位制定具体的核算程序等服务，大力发展管理会计、税务代理以及管理咨询等业务，为被审计单位提供全面的专业咨询服务等。"注册会计师刘云提出了自己的建议。

张胜若有所思地道，"我们可以通过建立详细的客户档案的方式来加强对新老客户群的管理。客户档案要包括客户简单的发展情况等基本资料，还要包括其所处行业、财务状况以及信誉度等指标，掌握了这些信息可以为审计收费部门在与被审计单位协商确定审计收费时提供参考数据。"

事务所合伙人王丽说道，"张胜的建议非常好，他提到的建立客户档案的方式非常具有可操作性，由此，如果进一步完善，成立审计收费部门，全面管控审计收费问题的话，效果会事半功倍。全面管控收费计算、费用收取等一系列问题。收费部门的成立不仅可以将收费与审计人员执业相分离，还可以避免因审计收费而影响审计服务质量的问题，还可以将各问题细致化、规范化，保证其合理性，收费和执业分离，不仅可以避免因为责任重叠而出现效率不高的问题，还切断了注册会计师与被审计单位之间的经济联系，这种做法使审计人员与被审计单位双方均可以保持独立性。"

李芳认真记录下了大家的建议与措施，并在大家的讨论与构思中对 RH 会计师事务所的发展更有信心，也抱有更大的期许。

四、讨论题目

1. 有哪些因素影响审计收费？
2. RH 会计师事务所的审计收费流程是怎样的？有哪些标准？
3. 审计收费的定价方法有哪些？
4. RH 会计师事务所审计收费存在哪些问题？
5. 如何解决 RH 会计师事务所审计收费存在的问题？

案例使用说明

一、本案例要解决的关键问题

本案例旨在引导学生分析 RH 会计师事务所审计收费问题研究案例，在审计理论指导下，熟悉并了解会计师事务所收费问题，进一步思考目前事务所收费存在的收费偏低、收费混乱等问题，并引导学生针对实务中遇到的收费问题进行专业判断并提出合理化建议及措施。在此过程中，学生不仅要深刻理解会计师事务所收费标准及方法，还要通过案例的学习，提升对实际收费中遇到的新问题进行分析的能力。并期望通过个案研究的规律性推广，为我国会计师事务所收费模式的完善提供理论支撑和人才储备。

二、案例讨论准备工作

为了有效实现本案例的教学目标，学生应在案例讨论前通过预发材料了解下列相关知识背景。

（一）理论背景

本案例需要学生准备的知识点主要包括：审计收费标准及方法、审计目标与审计责任、审计计划与审计模式、审计标准与审计准则、审计报告及风险评估等。

（二）行业背景

最近几年以来，我国综合国力的不断提高和世界地位的飞速攀升，经济发展和政治体制改革进程加快，注册会计师（以下缩写为"CPA"）审计逐步发展起来。但是，在审计行业走向成熟的过程中，行业内的竞争日益激烈，同时也遭遇到各种各样的问题，如审计收费偏低、缺少统一的审计收费标准等问题。因此要想保证 CPA 审计能够实现其价值，保障市场资源配置发挥其功能，就必须要解决这些收费问题。

CPA 审计是一个"高危"行业，CPA 除了要运用自己的专业知识和实践经历来完成审计任务，还要全面考虑审计的项目成本、费用以及各种风险等问题。当提供审计服务的收入大于其成本时，只有做到充分弥补审计人员的审计成本，审计人员才能够确保在正常的工作程序流程内完成审计工作。否则在获得低廉的审计费用的情况下，其执业质量难以观察，审计人员很可能通过降低审计质量、减少审计程序来减少审计成本，最终损害其独立性，因此，审计收费问题亟待解决。

（三）制度背景

《中华人民共和国审计法》《审计法实施条例》《中国注册会计师职业道德规范指导意见》《中国注册会计师审计准则》《公开发行证券的公司信息披露规范问答第 6 号——支付给事务所报酬及其披露》。

三、案例分析要点

（一）需要学生识别的关键问题

本案例需要学生识别的关键问题包括：审计收费流程及标准、审计收费模式现存问题以及完善审计收费模式的方法。

（二）解决问题的可供选择方案及其评价

1. 审计收费的概念。审计收费，亦称审计定价，指审计服务的接受方（被审计单位）在审计服务的供给方（会计师事务所或者审计师）为其提供审计服务之后，支付给审计服务的供给方（事务所或者CPA）在执行工作时所耗费成本相应金额的报酬。通常情况下，审计收费由审计过程中的固有成本、不可避免的审计风险以及会计师事务所的正常收入三部分构成。其中，第一部分"固有成本"主要是指会计师执行一系列必要的审计程序和提供最终结果的报告说明所耗费的费用，除此之外，还包括相关审计人员的薪酬和执行审计任务过程中必要的费用以及开销等。第二部分"不可避免的审计风险"是指事务所在提供专业服务时，由于发表了不恰当审计意见的报告、审计失败而引起的损失或对名誉的影响等隐形风险。第三部分"事务所的正常收入"是指事务所作为一个以盈利为目的的组织，为维持其自身正常运行而收取的必要费用。

2. 有哪些因素影响审计收费？在经济学中一个基本原理是市场上的供需数量决定商品的价格。在CPA审计项目的过程中，其提供的服务就是商品，因此必然符合上述原理。而会计师事务所自然就是供方，被审计单位是需方，但根据委托代理理论可知，实际使用该商品的人是被审计单位的股东以及债权人。这就会导致公司管理层不会在主观上对审计质量产生高要求，最终影响审计收费。因此，从被审计单位和事务所两个角度来谈论影响审计收费的因素。

①被审计单位角度。作为审计服务的需求方，被审计单位的规模、内部控制情况、业务复杂度、审计风险和被审计单位的财务状况会对审计费用产生影响。

第一，被审计单位的规模。上市公司的规模被国内外学者们证实是众多变量中对收费影响最大的因素。规模越大，经营范围越广，涉足领域越多，在审计时CPA为了保证服务质量，就需要取得更多证据，扩大测试范围，耗费的时间和精力增大，造成审计费用提高。

第二，被审计单位的内部控制情况。在执行审计工作时，被审计单位的内部控制情况会影响CPA的工作量和审计的复杂性。在可容忍错报一定时，控制风险与固有风险同检查风险呈反比。这时就需要做更多实质性测试和较少符合性测试，而执行实质性测试的成本要远大于符合性测试的成本，因此，对于内部控制较强的被审计单位来说，费用较低。

第三，业务复杂度。上市公司业务复杂度既包括经营业务的复杂度，又包括其对外公布财务报表的复杂度。对于业务复杂的公司，其记录的经济事项越多，报表内容越复杂，潜在风险越大，注册会计师耗费的人力物力越多，收费越高。此外，被审计单位纳入合并报表范围的子公司越多，被审计单位通过关联方交易或者内部往来等手段粉饰财务报表的可能性就越大，CPA就需要耗费更多精力来判定各往来交易，最终增加任务复杂性，审计收费随之相应增加。

第四，审计风险。审计风险由固有风险、控制风险和检查风险组成。审计人员在执行审计任务时，审计风险是不可避免的，其可能是未发现上市公司财务报告中的某个错报或者发表了不恰当审计意见。因而，审计风险是事务所与上市公司协商收费问题时需要考虑的主要因素。当审计风险较高时，审计师会修改审计程序的性质、范围以及时间来增加审计投入以应对可能存在的风险，此外CPA

还会采取收取风险溢价的方式来弥补潜在的损失。

第五，被审计单位的财务状况。现有国内外学者研究成果均表明上市公司财务状况对审计收费有重要影响。财务状况是被审计单位经营情况的最直观反应。当财务状况不乐观时，为了保证审计报告的公允，发现可能存在的财务舞弊，降低错报风险，审计人员就需较多审计证据，就会增加审计测试的范围，因而会增加审计成本，审计费用增加。此外，财务状况不乐观的被审计单位提供虚假财务信息、粉饰财务报表的可能性也越大，这些行为都会导致审计收费的增加。这或许就是造成国内 ST 类被审计单位的审计费用明显偏高的一个重要原因。

②会计师事务所角度。作为审计服务的供应方，其提供的服务是审计收费的重要依据，因此考虑会计师事务所方面的因素，主要是事务所的规模、是否为连续审计、审计人员的级别、业务的性质以及审计时间等。

第一，会计师事务所的规模。通常事务所规模越大，提供的服务范围越广，相关审计人员的执业经历越丰富，其声誉以及执业质量越高，所以，在审计的过程中注册会计师会耗费更多的时间和精力来保证审计质量，规避相关风险，因此，享受了高质量专业服务的被审计单位必然要支付较高的费用。

第二，是否连续审计。通常来说，初次审计时注册会计师需要花费一定时间来了解公司的必要情况，而对于连续审计，CPA 已经对公司情况较为了解，可以适当减少非必要的程序。因此，初次审计需要适当增加审计费用。

第三，审计人员的级别。审计人员是事务所的主要资源，而支付给他们的薪酬则是事务所的主要成本。在执行审计工作时，审计小组内审计人员的级别越高，要求的报酬越高，随之而来的是审计成本增加，审计费用增加。当然，审计人员的级别越高，审计质量也越高。

第四，业务的性质。不同类型的业务对应着不同的要求，最终所出具的报告被信息使用者所信任的程度也是不同的。要求越高，出具的报告越复杂，费用越高。

第五，审计时间。每一公历年度结束后，是审计市场需求最为旺盛的时期，事务所也迎来最繁忙的时期。在这一时间段内，注册会计师的工作量往往达到全年最大值，为了保质保量高效地完成审计工作，注册会计师需要延长工作时间，审计费用因此增加。此外，在某些特殊情况下，会计师事务所会接到管理层的临时委托，在较短时间内出具相应报告，这无疑都会增大注册会计师的工作强度，审计费用自然增加。

除了上述五点因素外，还应该考虑事务所因所在地地域差异而带来的运营成本不同。地域不同，经济发展程度不同，事务所面对的基本运营成本亦存在差距。

3. 审计收费的定价方法有哪些？我国目前没有统一的审计收费定价标准，但《中国注册会计师审计准则》明确规定："CPA 提供的专业服务是有偿服务，被审计单位支付给事务所的报酬应以审计人员提供专业服务的性质，审计工作量的多少以及参与审计工作人员的执业能力的高低为主要参考指标，来支付合理的审计费用。"同时《中国注册会计师职业道德规范指导意见》《收费与佣金》章节也指出："支付给事务所的报酬应当客观反映出公司接受的审计服务的价值：审计服务所需的专业知识和必要技能、所需审计人员的专业水平和实践经验、各审计人员提供服务所花费时间、提供审计服务承担的责任。""在会计师事务所提供的审计服务存在合理规划，受到监督的背景下，审计收费应当以每位审计师合理的费用率为基础计算。"

在理论上，审计收费主要有以下四种定价方法。

①成本导向定价方法。以预计成本为基础，按照一定百分比进行加成来计算产品或劳务价格的方法。通常情况下，在实际的工作中，审计成本由产品费用、审计人员的服务费用和预期损失费用构成。其中，产品费用是指执行必要审计程序，出具审计报告所需要的费用；注册会计师的专业服务费用是为了维持会计师事务所的必要收入水平而收取的费用；预期损失费用是指诉讼损失以及恢复名誉的潜在成本等。总的来说，成本导向定价方法比较符合成本效益原则的要求。

成本导向定价方法的优点有：大大简化审计定价的程序，不确定性较小；明确审计定价的最低标准，使得事务所与上市公司在协商审计收费时做到心中有数；对于协商双方而言均比较公平，有利于达成统一意见。

②预计损失导向定价方法。按照预计损失确定审计收费，即确定审计收费时，事务所可以保证在审计任务完成以后，审计收入会与其支出持平。这种定价方法对于事务所来说是比较保险的做法。此外，按照该定价方法确定的审计费用会高于其他方法。

通常情况下，预计损失费用与事务所的规模大小、知名度以及上市公司的经营风险、财务风险等有关。因此，大公司的预期诉讼损失以及恢复名誉的潜在成本就远高于小公司，审计费用较高。

③需求导向定价方法。在审计行业中，事务所的市场地位不同，会影响其在审计质量、审计收费、审计服务、事务所信誉等各方面的市场定位。在这种定价方法下，会计师事务所可以根据审计市场的变化以及自身的发展情况随时改变自己的定价标准，具有普适性。

由于需求导向定价方法要求事务所根据各种属性的重要性程序，将审计专业服务的质量和数量分别评分来计算所提供产品的价值，所以在制定审计收费时，事务所要准确地把握自身的市场地位。

④结果导向定价方法。按照传统的定义，审计的职能被描述为对会计报表或信息发表审计意见。而按照经济学的观点，审计人员被视为信息风险的减少者和保险人。结果导向定价方法由此而形成。

该定价方法将审计结果与收费直接相连，虽然对提高工作质量有直接的激励作用，但却存在以下缺点：没有考虑市场变化情况、业务复杂度以及审计风险；审计结果容易受到收费影响，进而影响审计人员的独立性。此外，由于结果导向定价法下必须等到审计任务完成后才能够确定收费金额，因此，容易引起一些不必要的事后纠纷。

目前，国内事务所在实际执业过程中，计算收费金额的方法主要有两个：一是计件制，即以被审计单位规模乘上合理系数来计算审计收费金额；二是计时制，该方法计算出来的审计费用由每位专业审计人员适当的费用率和执行审计工作所花费的时间两个要素决定，每位专业审计人员适当的费用率原则上应反映出审计人员的级别和执业能力，而执行审计工作所花费的时间则是在工作过程中计量所得。

4. RH 会计师事务所审计收费存在哪些问题？

第一，收费偏低，审计质量难以保证。根据成本收益理论，RH 会计师事务所作为营利组织，审计收费又是其主营业务收入，当审计成本增加时，其必然会通过提高审计收费来保证其利润。同样的，只有高收费才能保证 RH 会计师事务所有足够的物力、财力以及人力去完成审计工作，进而保证审计工作的质量。所以，面对相对"廉价"的报酬，RH 事务所只能以减少部分测试程序为代价来降低工作成本，以保证 RH 事务所的必要利润，这种做法会严重影响 CPA 提供的专业服务的质量，严重的还会损害行业健康发展。

第二，缺少统一的审计收费标准，审计收费混乱。针对审计收费不存在统一标准这一问题，上海立信会计学院曹中教授曾说过："造成被审计单位频繁解聘事务所现象的因素有很多，有的是公司正常发展的需要，有的是审计标准、审计费用的差异而使得被审计单位变更事务所。而审计机构、审计人员以及审计标准的差异，则可能会对被审计单位的业绩产生重大影响。"

第三，审计收费忽高忽低，会计师事务所业绩难以保证。

第四，收费信息披露不规范，市场监督难以实施。这为事务所做出以非法手段获取审计业务、被审计单位股票或者其他利益等有损职业道德的做法提供了便利。

5. 如何解决 RH 会计师事务所审计收费存在的问题？①扩大规模，提高执业能力，提升 RH 会计师事务所的核心竞争力；②拓宽业务范围，扩大客户群；③注重注册会计师自身职业能力的提高；④成立审计收费部门，全面管控审计收费问题；⑤强化审计收费信息披露制度，完善自我约束。

四、教学组织方式

（一）问题清单及提问顺序

1. 有哪些因素影响审计收费？
2. RH 会计师事务所的审计收费流程是怎样的？有哪些标准？
3. 审计收费的定价方法有哪些？
4. RH 会计师事务所审计收费存在哪些问题？
5. 如何解决 RH 会计师事务所审计收费存在的问题？

（二）课时分配

1. 课后自行阅读资料：约 3 小时；
2. 小组讨论并提交分析报告提纲：约 3 小时；
3. 课堂小组代表发言、进一步讨论：约 3 小时；
4. 课堂讨论总结：约 0.5 小时。

（三）讨论方式

本案例可采用小组形式进行讨论。

（四）课堂讨论总结

课堂讨论的关键是：归纳发言者的主要观点，重申其重点及亮点，提醒大家对焦点问题或有争议观点进行进一步思考，建议大家对案例素材进行扩充研究及深入地分析。

案例专题三　重大错报风险评估与应对问题

案例 6

IPO 审计风险识别与防范

——欣泰电气欺诈上市案

王继红　李　淼　万亚纬

2016 年 7 月 7 日，欣泰电气收到中国证监会《行政处罚决定书》（［2016］84 号）及《市场禁入决定书》（［2016］5 号），公司因触及《深圳证券交易所创业板股票上市规则（2014 年修订）》第 13 条规定的欺诈发行或者重大信息披露违法情形，存在暂停上市风险。① 随后，中国证监会对欣泰电气欺诈发行正式做出行政处罚，启动强制退市程序，包括不得重新上市，冻结或限制发行人减持，承销商兴业证券先行赔付等措施。欣泰电气也成为第一家因欺诈发行而被强制退市的创业板公司。事件的起源是 2011～2014 年，连续四年，六期财务报告，每期虚构收回应收账款从 7 000 多万元到近 2 亿元不等，却通过了兴华会计师事务所 IPO 审计。2013 年 12 月～2014 年 12 月，欣泰电气在上市后继续通过外部借款或者伪造银行单据的方式，在年末、半年末等会计期末冲减应收款项，大部分在下一会计期初冲回，导致其披露的相关年度和半年度报告财务数据存在虚假记载。此外，欣泰电气实际控制人温德乙以员工名义从公司借款供其个人使用，截至 2014 年 12 月 31 日，占用欣泰电气 6 388 万元。欣泰电气在《2014 年年度报告》中未披露该关联交易事项，导致《2014 年年度报告》存在重大遗漏。2015 年 7 月 14 日，中国证监会正式立案调查。2016 年 7 月 8 日，证监会对欣泰电气以及相关人员处以罚款 1 900 余万元，公司董事长温德乙、刘明胜被处以终身证券市场禁入处罚，终身不得从事证券业务或担任上市公司董事、监事、高级管理人员职务。另外，欣泰电气承销商兴业证券及相关责任人也被罚没近 5 800

---

① 丹东欣泰电气股份有限公司《关于公司涉嫌犯罪被中国证监会移送公安机关的公告》。

万元，相关会计师事务所、律师事务所、评估公司也被立案调查。注册会计师应如何识别与防范 IPO 审计风险？

一、背景简介

IPO 是指某股份有限公司或有限责任公司首次向社会公众公开招股的发行方式。IPO 审计，就是公司上市审计，是公司上市所必需的。高质量的 IPO 审计不仅能够使企业的信息完全披露，而且可以满足有关部门的监管要求，促进资本市场的发展。但近年来，资本市场日益混乱，IPO 企业欺诈上市的案例愈演愈烈，使得会计师事务所和注册会计师的执业能力遭到严重质疑。

（一）创业板市场 IPO 利益驱动

企业上市后，可能给其带来较大的股价波动，对于企业募集资金、树立良好企业形象都奠定了基础，对于企业的长远发展和提高市场竞争力也有一定的积极作用。此外大部分上市企业的年度审计报告，均由一家会计师事务所独立包揽，连续三年及一期财务报表审计使得其审计成本较高、时间长、程序烦琐，而即便发行上市公司审计失败，会计师事务所对审计费用照收不误。且证监会对于违反职业道德和法律法规的注册会计师，处罚力度不够大，使得其付出较小的代价，就能够取得较大的收益。这些都为日后风险矛盾的积累埋下伏笔。

（二）证监会对 IPO 欺诈的处罚采取高压态势

证监会作为 IPO 发行监管权行使主体兼政府型监督管理机构，在证券市场中发挥着至关重要的作用。由于早期证监会权力结构不协调，运行机制不独立、不透明，审核程序复杂，审核成本较高，使得其在监管和执法力度上存在诸多弊病。因此，有些企业经营状况和经营业绩不容乐观，但为谋求更大的经济利益，不管其自身是否满足规定的上市条件都热衷于上市筹资，甚至采用违法手段，达到欺诈上市的目的。如 2009 年中小板造假第一例——云南绿大地财务造假；2013 年创业板造假第一例——万福生科。在这短短的几年时间里，上市之后业绩瞬间变脸的公司层出不穷，欺诈案例比比皆是，这种行为不但影响了市场资源的有效配置，而且严重地侵害了投资者的利益，扰乱了市场的经济秩序。

为了更好地维护市场经济秩序的良好发展和实现市场资源的有效配置，证监会加大了对 IPO 审计的监督和执法力度。2014 年 10 月 17 日，证监会正式发布《关于改革完善并严格实施上市公司退市制度的若干意见》，表示退市制度不再是摆设。2015 年 4 月 20 日第十二届全国人大代表大会常务委员会第十四次会议对《证券法》修订草案进行首次审议。修订草案共 16 章 338 条，其中新增 122 条、修改 185 条、删除 22 条，主要有五方面内容，明确推进股票发行注册制改革、健全多层次的资本市场、完善投资者保护制度、推动证券行业的创新发展、加强事中事后监管。此次修订明确股票注册制程序、放宽公开发行股票的门槛；

《证券法》修订草案突出信息披露在新股发行中的重要性，加大了对发行人信息公开力度的要求，加强社会监督；根据《证券法》修订草案，如果发行人在招股说明书中"隐瞒重要事实或者编造重大虚假内容"，尚未发行证券的，处以100万元以上1 000万元以下的罚款，而现行处罚最高标准只有60万元；已经发行证券的，处以非法所募资金金额10%以下的罚款，现行最高标准为5%。2009年，绿大地公司财务造假案公司最终被判处罚金1 040万元，公司原董事长何学葵被判10年；2013年，证监会对万福生科公司董事长龚永福罚款30万元，万福生科公司罚款30万元，董事长和CFO终身市场禁入；2016年7月8日，证监会对欣泰电气以及相关人员处以罚款1 900余万元，公司董事长温德乙、刘明胜被处以终身证券市场禁入处罚，欣泰电气承销商兴业证券及相关责任人也被罚没近5 800万元，相关会计师事务所、律师事务所、评估公司也被立案调查，开出了针对欺诈发行的史上最严罚单。

二、案例概况

（一）欣泰电气公司及兴华会计师事务所简介

1. 欣泰电气公司简介。丹东欣泰电气股份有限公司是辽宁欣泰股份有限公司的控股子公司，公司位于丹东鸭绿江畔，坐落在辽宁欣泰股份有限公司的电力电子科技产业园区内。公司成立于1999年3月23日，注册资本为1.72亿元人民币，于2014年1月27日在创业板上市，发行数量2 144.5万股，发行价格16.31元，主承销商为兴业证券，目前停牌价格为14.55元。公司经营范围：制造、加工、销售：电抗器，电力电容器及成套装置，组合式变电站，干式变压器，油浸式变压器，特种变压器，高低压电器，整流设备，高低压配电柜，消弧线圈，电气部件，硅钢片，电磁线，矿用电器产品，变压器配件、变压器附件；电器设备安装；经营货物及技术进出口；对朝边境小额贸易经营权。

公司系2007年7月25日，由原丹东整流器有限公司整体变更设立的股份有限公司。丹东整流器有限公司成立于1999年3月23日，其前身是丹东市民政局所属的丹东整流器厂。2007年7月12日，丹东整流器有限公司股东会审议通过，以经北京兴华会计师事务所有限责任公司审计的2007年6月30日净资产71 976 196.22元按1∶0.972543753的比例折股，原丹东整流器有限公司的股东作为新设股份有限公司的发起人股东，持股比例不变，股份公司股本总额7 000万元。2007年7月25日，股份公司取得了丹东市工商行政管理局核发的《企业法人营业执照》。

2016年7月7日，丹东欣泰电气股份有限公司收到中国证券监督管理委员会《行政处罚决定书》，中国证监会对欣泰电气及相关当事人作出了行政处罚及市场禁入决定。自2016年7月12日起欣泰电气股票复牌交易的三十个交易日期间，欣泰电气证券简称将调整为"＊欣泰"。

2. 兴华会计师事务所简介。北京兴华会计师事务所（以下简称兴华所）是中国前 20 强会计师事务所。自 1992 年成立以来，在股票发行与上市、企业重组、公司改制、审计及财务咨询等专业服务方面都有影响力，已有上市公司客户近 30 家。北京兴华 2005 年业务收入为 5 148 万元，2007 年业务收入为 10 597 万元，全国行业排名 19 位，北京市行业排名 12 位。北京兴华总部设在北京，该所现有十位合伙人，员工 500 余名。注册会计师 290 余名。经财政部门批准相继在贵阳、广州、武汉、西安设立分所。

2016 年 7 月 29 日，证监会对欣泰电气案涉及的审计机构北京兴华会计师事务所（以下简称"兴华"）做出行政处罚。证监会表示，兴华所作为审计机构，在对欣泰电气首次公开发行股票并在创业板上市期间财务报表及欣泰电气 2013 年、2014 年两年财务报表审计时，未按照《中国注册会计师审计准则》《中国注册会计师鉴证业务基本准则》要求执业，未勤勉尽责，出具的相关财务报表审计报告存在虚假记载。兴华所行为违反了《证券法》相关规定。因此，证监会决定对兴华所责令改正，没收业务收入 322.44 万元，并处以 967.32 万元罚款。

（二）欣泰电气财务造假案过程

1. 欣泰电气造假案发始末。

（1）财务造假的后果。2016 年 6 月 1 日，欣泰电气公告称，涉嫌欺诈发行及信息披露违法违规案已由中国证监会调查完毕。2016 年 5 月 31 日，欣泰电气收到了证监会《行政处罚和市场禁入事先告知书》，查明其在申请首次公开发行并上市申请文件中的相关财务数据存在虚假记载。6 月 8 日，欣泰电气发布公告称，根据《深圳证券交易所创业板股票上市规则（2014 年修订）》的规定，预计待公司收到中国证监会的《行政处罚决定书》及《市场禁入决定书》并对外公告后，公司股票将于公告次一交易日继续停牌一天，随后复牌，交易三十个交易日。深圳证券交易所将自公司股票复牌三十个交易日期限届满后的次一交易日对公司股票实施停牌，并在停牌后十五个交易日内作出是否暂停公司股票上市的决定。

在经过为期近一年的调查后，欣泰电气违规上市的路径也渐渐明晰。欣泰电气从 2011 年 11 月开始其 IPO 申请，长达数年的造假之旅便就此开始。截至 2011 年 12 月 30 日，虚构收回应收账款逾 1 亿元，少计提坏账准备 659 万元；虚增经营活动产生的现金流净额约 1 亿元；截至 2012 年 12 月 31 日和 2013 年 6 月 30 日，均虚构收回应收账款、少计提坏账，虚增经营活动产生的现金流净额。经过不断地造假冲关，欣泰电气终于在 2012 年 7 月 3 日通过创业板发审会审核，并于 2014 年 1 月 3 日拿到批文，1 月 27 日登陆创业板，发行价格为 16.31 元，募资金额为 2.2 亿元，发行费用为 3 734.91 万元。而在上市后，其造假行为仍然在持续。欣泰电气在《2014 年半年度报告》《2014 年年度报告》《2013 年年度报告》中，继续虚构收回应收账款，少计提坏账准备，虚增货币资金，且在《2014 年年度报告》中还存在重大遗漏。该公司实际控制人温德乙以员工名义从公司借款 6 388 万元，未被披露。

（2）作案动机——IPO利益驱动造假。公司董事长温德乙出生于农村，高中未毕业即在家务农，1979年认识一个知青，跟他学修理变压器，从此和与变压器相关的行业结下缘分。1992年，他到丹东创业，1988年买下转制后的丹东变压器厂。这些年，温德乙一直是个有理想有抱负的企业家，想携欣泰电气通过上市，迅速登上中国电力变压器和磁控电抗器行业"王"之位。然而，虽然欣泰电气在磁控电抗器方面具有领先的技术优势，但其能否快速占领市场，将面临众多挑战。除平高电气、三变科技等龙头企业的"阻击"外，还要直面国电南自、国电南瑞等依托国家电网强势崛起的新生势力的竞争，欣泰电气的竞争压力不可谓不大。

面对激烈竞争，为了让欣泰电气获得尽可能大的竞争优势，温德乙想到了突围上市这条捷径。在他眼里，这条路虽然有风险有难度，若一旦成功实现上市，便基本上可以奠定欣泰电气不可挑战的龙头地位了。于是，在2009年9月，欣泰电气首次提交IPO申报材料，但于2011年3月因"所并购资产持续盈利能力不足"等原因被否。面对国内外市场的不景气，温德乙决定豪赌一把，如果自己守法合规，不能上市，欣泰电气随时有"翻船"可能。而如果通过造假包装，最终上了市，融到了企业急需的资金，企业的前途，自然会一片光明。2011年6月，欣泰电气更换保荐机构为兴业证券，准备再度冲关。然而，由于欣泰电气迫于经营压力，放宽了对客户把关，回款难度大的客户增多，现金流一度成为负数。2011年底的模拟财务报表甚至发现，公司存在"经营性现金流为负""应收账款余额较大"等问题，而这些对IPO至关重要。此刻，欣泰电气总会计师刘明胜认为这样的财务数据很难符合上市条件，于是向温德乙建议虚构收回应收款项。从此走上了财务造假的"不归路"。

事实上，一些企业为了上市，不择手段做假，早已是圈内公开的秘密了，但是这种行为，在一定程度上，严重透支了企业未来的发展潜力。一切尽在温德乙掌控之下后，2012年7月3日，欣泰电气顺利通过创业板发审会审核。最终，欣泰电气以载有虚假数据的招股说明书于2014年3月堂而皇之地登陆A股，募集资金2亿多元。这让温德乙喜出望外。

2. 欣泰电气造假手段。

（1）左手倒右手，个人借款成公司回款。"欣泰电气—供应商—客户—欣泰电气"，经过这么一倒，自己的钱没少一分，却让应收账款大大降低，这让欣泰电气的财务报表好看了不少。除了公司自有资金外，温德乙本人向第三方公司和朋友进行了大量借款，甚至不经过客户的账户就实现了资金的兜兜转。一种手法是温德乙向他人借款，出纳人员在银行柜台同时办理现金提取和现金交款，但在填写现金交款单时，在付款人一栏直接填写客户公司名称，算作客户支付给欣泰电气的应收账款。报告期过后，出纳再去银行办理现金提取和现金交款，钱又从欣泰电气还给了借款人。另一种手法是温德乙向外部第三方公司借款，通过银行汇票来走账。简单地说，就是由温德乙借款的第三方公司开具银行汇票，经过客户盖章背书给欣泰电气，算作收回的应收账款。待到报告期过后，再由欣泰电气开具银行汇票，通过客户盖章背书，转给第三方公司。由此，资金实现了原路转回。

为了隐蔽，欣泰电气尽量把造假部分分散到不同的客户，每单的金额不同，且有零有整，真假混合。2012年6月，温德乙向丹东一家企业借款9 000万元，后由该公司分数十笔给欣泰电气的51家客户开具银行汇票，再转给欣泰电气。欣泰电气的账上就收回了9 000万元应收账款。过了报告期之后，到当年7月份，欣泰电气开具银行汇票给51家客户，再转回给借款企业，资金由此实现闭环。

（2）银行单据也能"自制"。造假需要成本，温德乙的每一笔借款都要支付利息。通过汇票倒账的成本压力越来越大，温德乙也很难及时借到钱。从2013年开始，公司开始自制银行进账单和付款单。公司的账单"制作"流程似乎十分简单，先在电脑上制作银行单据的格式，填入相应的客户名称、金额等信息，直接打印出来就可以了。随后，这些"自制"账单会交给出纳带到银行盖章。因为公司业务较多，出现遗漏单据情况也多，公司和银行关系好，银行一般会配合盖章。只要保证收款和付款不在同一个会计期内就可以增加现金流，改善相关指标了。实际上这部分没有真实的现金在流动。

事实上，欣泰电气在制作假单据时颇费"心思"。所涉及客户都与公司有业务往来，假里有真，真里有假，对冲金额有大有小，最小的也就几万元，有些假数据甚至精细到小数点后面几位，看起来很像真的。说一句谎话可能需要再说一万句谎来圆。做了假账单后，还必须要有相应的银行流水单。相关财务人员会根据财务账单的记录，在电脑上重新制作一份虚假的银行流水单，再让出纳去银行盖章。

在2013年之后的四份财务报告中，"自制"银行单据的做法频频出现。金额较大的是2013年1月至6月，欣泰电气直接通过伪造银行进账单的方式虚构收回应收账款近1.29亿元。尽管心有不甘，但面对监管部门的调查事实，温德乙全然承认，也接受了认定欺诈发行的结果，公司只能走破产这条路的事实。

一个值得警醒的问题是，此案中的董事、监事人员并未能起到应有的作用。在调查中，有的人对公司会议只是例行参加，具体内容并不关心，只负责签字。

（3）少计材料成本以虚增利润。根据招股书，该公司2010年硅钢片的采购平均单价为14 905.8元每吨，采购量为6 310.00吨，金额为9 405.56万元。而来自中国联合钢铁网的数据显示，2010年硅钢片的最高价超过21 000元每吨，最低价也高于17 000元每吨，并且前6月的价钱都超过19 000元每吨。即使是按照每吨19 000元来算，欣泰电气的硅钢片采购价每吨比市场价低出4 000多元，欣泰电气2010年硅钢片的采购金额至少应为12 000万元左右，比其招股书中的数据增加了2 500多万元，这也意味着欣泰电气2010年的净利润将至少减少2 500万元。招股说明书显示欣泰电气2010年净利润为5 903万元，欣泰电气涉嫌虚增利润约为其报表显示净利润的40%以上。

（4）税收优惠对利润的贡献不小。2012年6月，欣泰电气发布首发招股说明书（申报稿），谋求创业板上市，并将于7月3日二次上会。2011年，欣泰电气曾闯关创业板，被证监会以盈利能力差为由否决。招股书中显示，欣泰电气净利润中的五分之一为税收优惠所贡献，存在业绩"虚旺"的情况。招股书称，该公司为福利企业和高新技术企业，依据相关政策文件享受福利企业增值税、企业所得税、房产税、土地使用税等税收优惠，同时按15%的税率缴纳企业所得税。报告期内，公司所享受税收优惠占历年净利润的比例分别为25.49%、22.85%和24.26%，2009～2011年的税收优惠合计为1 071.33万元、1 348.79万元、1 360.18万元。就2010年而言，欣泰电气若剔除涉嫌虚增的利润和税收优惠，其利润或为1 971.2万元，盈利能力显然并不强。如果欣泰电气未来不再享受相关的税收优惠和政府补助政策，那么对公司业绩也势必会造成不小的影响。

三、会计师事务所失职

欣泰电气的造假后果十分严重，但造假手段并不算"高明"，是很容易被注册会计师发现的，所以欣泰电气审计失败案，兴华会计师事务所负有很重要的责任。

由于欣泰电气的虚假账务，证监会专门部署了欣泰电气IPO审计机构北京兴华、欣泰电气IPO保荐机构兴业证券、法律服务机构北京市东易律师事务所的立案调查。随后，欣泰电气IPO资产评估机构辽宁元正资产评估有限公司也出现在证监会专门对审计、评估机构启动立案调查的名单上。

兴华会计师事务所在对欣泰电气首次公开发行股票并在创业板上市期间财务报表及欣泰电气2013年、2014年两年财务报表审计时，未按照《中国注册会计师审计准则》《中国注册会计师鉴证业务基本准则》要求，缺乏对基本业务的应有关注，未勤勉尽责，具体表现如下。

（一）在将收入识别为重大错报风险的情况下，对与其相关的应收账款明细账中存在的大量大额异常红字冲销情况未予关注

兴华所对欣泰电气IPO期间财务报表进行审计时，各会计期间均将收入评估为"可能存在较高重大错报风险的领域"，并在审计工作总结中将"收入及利润上涨风险"认定为"评估的特别风险"；2011年年报审计时将"应收账款"科目认定为重大账户；2012年年报和2013年半年报审计时将"应收账款存在"识别为"重要的交易、账户余额和披露及相关认定"。一般涉及应收及预付账款核算的虚假手法主要表现在两个方面：一是企业利用应收及预付款账户调节企业产品成本和当期损益；二是企业有关业务人员利用应收及预付款结算方式及其某些难以控制的薄弱环节，挪用公款谋取私利。

经查，欣泰电气通过外部借款、使用自有资金或伪造银行单据的方式在各会计期末冲减应收账款，虚构应收账款的收回，大部分在下一会计期期初以应收账款贷方红字冲销和银行存款借方红字冲销的形式予以冲回。2011年，应收账款

科目发生 54 笔红字冲销，金额共计 14 331 万元；2012 年，应收账款科目发生 138 笔红字冲销，金额共计 28 495 万元，发生于 1～2 月的有 41 笔，金额共计 10 449 万元，其中即包括欣泰电气恢复前一会计期期末虚构收回的应收账款 10 156 万元；2013 年上半年，应收账款科目发生 85 笔红字冲销，金额共计 10 559 万元，发生于 1～2 月的有 74 笔，金额共计 10 004 万元，其中即包括欣泰电气恢复前一会计期期末虚构收回的应收账款 9 110 万元。注册会计师在对应收账款进行替代测试时，抽查 2013 年 1 月份 433 号、358 号凭证，红字冲销金额分别为 1 452 万元、1 647 万元，均涉及虚构应收账款收回。兴华所对欣泰电气 2013 年财务报表进行审计时，将收入评估为"可能存在较高重大错报风险的领域"，并在审计工作总结中将"收入确认"认定为"存在舞弊风险的因素"。对于上述大量大额异常红字冲销情况，兴华所未保持职业怀疑并予以关注，继而未设计和实施相应的审计程序以获取充分的审计证据。

（二）未对应付账款明细账中存在的大量大额异常红字冲销予以关注

应付账款是企业因购买商品、接受劳务而形成的债务，是评价企业短期偿债能力时必须考虑的一个重要因素，与应付票据共同构成了企业主要商业信用形式，成为其重要资金来源渠道之一。欣泰电气应付账款科目借方红字冲销的情况为：2013 年，应付账款科目发生 203 笔红字冲销，金额共计 22 576 万元，其中包括部分欣泰电气虚构增加的应付账款共 4 310 万元。注册会计师在对应付账款进行审计时，抽查 2013 年 6 月份 667 号红字冲销的凭证，红字冲销金额为 52.5 万元，涉及虚构增加应付账款。

对于上述大量大额异常红字冲销情况，兴华所未保持职业怀疑并予以关注，继而未设计和实施相应的审计程序以获取充分、适当的审计证据。兴华所的上述行为违反了《中国注册会计师鉴证业务基本准则》第二十八条，《中国注册会计师审计准则第 1141 号——财务报表审计中与舞弊相关的责任》第六条、第九条、第二十六条，《中国注册会计师审计准则第 1301 号——审计证据》第十条的规定。

（三）应收账款询证未回函，未实施替代程序，未获取充分适当的审计证据

审计准则规定当实施函证程序时，注册会计师应当对询证函保持控制。但是，在日常审计实务中，一些注册会计师往往为了图省事，或不知道究竟应该如何控制，将实施函证的程序交给被审计单位的财务人员实施，放弃了对询证函保持控制，这使得询证函回函的可靠性受到严重影响，由此潜伏了严重的审计风险。兴华所在对欣泰电气 2013 年财务报表进行审计时，共向 24 家客户发出询证函，在其中 22 家客户未回函的情况下，仅对其中 8 家进行了替代测试，剩余 14 家未做替代测试，这 14 家客户中有 7 家系欣泰电气虚构收回应收账款的客户，共计虚减应收账款 4 303 万元；在对 8 家客户进行替代测试时，兴华所未按照其

审计工作底稿程序表的要求，将销售回款金额与银行对账单核对，其中 3 家客户系欣泰电气虚构收回应收账款的客户，共计虚减应收账款 928 万元。

（四）未对银行账户的异常情况予以关注

银行存款流动性强、业务发生频繁，相对容易滋生错误舞弊。部分单位往往通过银行存款的收支活动隐藏违法乱纪行为。"未达账项"是银行存款项目中常见问题之一，而银行对账单则是审计中一个不可忽视的部分，通过对银行对账单的核查，可以从中揭开资金流动的朦胧面纱。

1. 确认银行对账单的真实性。核查是否有银行公章和会计负责人的签章，或直接到银行进行函证。辨别银行对账单的真伪是开展审计的前提保证。

2. 确认银行存款余额的真实性。将银行存款日记账余额与对账单余额核对，两者不一致时核查银行存款余额调节表。重点关注对未达账项的审查核实，关注是否存在白条抵库、挪用公款、私设小金库等违法行为。

3. 审查银行账户的管理使用情况，是否存在出借银行账户行为。通过审查银行对账单上有无时间相近、数额相同的"一收一支"或时间相近、累加数额相同的"一收多支""多收一支""多收多支"的现象，追查资金的"来龙去脉"，确定单位是否存在出借银行账户、隐瞒收入的问题。

4. 审查收支活动入账完整性。银行存款每笔资金的流入流出，在银行对账单上都有记录。将银行日记账与对账单逐笔核对，若两者完全一致，可说明银行账户基本真实。若对账单有发生额而银行存款日记账没有记录，则应关注对方账号，追查该笔资金的去向，看是否存在"小金库"；若银行日记账有记录而对账单没有，则该对日记账的真实性报以怀疑态度，此时该追查银行日记账资金的真实去向。或在银行日记账中进行虚假支出，将银行存款对账单多于银行日记账的账款资金以支票取出，套取银行存款，形成账外"小金库"。

5. 关注收支业务入账的及时性，保证资金安全。审查银行对账单上的收支时间与记账凭证后所附现金支票、转账支票存根上的时间是否一致。若两者时间间隔较长，应引起重视、追查"空窗"期间资金的去向。看是否存在挪用公款、出借单位资金等问题。或利用"时差"，以达到隐瞒或推迟确认收入、资产，隐瞒费用、负债的目的。

6. 关注收支业务入账的准确性。审查银行对账单上收支票号与记账凭证后所附支票存根上票号、账号是否一致。若不一致，应函证收款单位追查资金的真实去向，核查是否存在账外资金、多头开设银行账户等问题。

兴华所对欣泰电气货币资金进行审计时，未对丹东市商业银行账户发出询证函也未在审计工作底稿中说明原因，对该账户 2013 年 1～12 月累计借方发生额为 -1 444 万元、期末借方余额为 -56 万元的异常情况未予以关注，未实施进一步的审计程序，未能发现该账户 2013 年 1 月存在大量减少银行存款同时冲回应收账款的记录。

四、IPO 审计风险识别与防范

（一）对于审计主体

1. 会计师事务所质量控制和风险管理。会计师事务所内部质量控制关系到出具业务报告的质量、为客户服务的水准，说到底关系到事务所的生存和发展。会计师事务所的风险管理与其质量控制密切相关。兴华会计师事务所对欣泰电气会计凭证中存在的大量大额异常红字冲销情况未能保持职业怀疑并予以关注，继而未设计和实施相应的审计程序以获取充分的审计证据。从欣泰电气造假案来看，兴华事务所遭到证监会的严厉处罚与会计师事务所员工的职业道德密切相关。随着我国企业发展的需要，会计师事务所业务竞争也随之激烈，作为中介服务的专业组织，事务所本身的发展在社会地位中日显突出，发挥着重要的经济鉴证职能，同时自身也面临着经营业务的各类风险，务必强化事务所的质量控制和风险控制。

2. 会计师事务所的 IPO 审计策略。

（1）从源头上控制审计风险。审计师在对 IPO 进行审计的过程中，必须深入细致地调查发行企业上市目的，全面掌握企业所处行业的实际情形，并对可能发生问题的领域进行重点关注。审计师尤其要注意企业在整个行业中所处的位置，如企业报告期内的业务收入、利润排名、市场份额及增长状况、面临的市场竞争环境。首先，要看看半年报的摘要，重点的内容摘要里都有说明，如各种财务指标、收入、利润、毛利率等；其次，要考查财务指标的变化，最重要的指标是销售收入，一方面纵向结合历年变化趋势，判断增长是越来越快还是开始放慢，另一方面横向与行业的平均数据进行比较，是快于还是慢于行业平均速度，并关注背后的原因。如果发行人存在欺诈上市嫌疑或者审计师无法对重大审计风险进行评估时，应坚决拒绝委托办理。

在欣泰电气的案例中，欣泰电气于 2010 年 4 月收购了控股股东辽宁欣泰相关资产后，该项业务收入却大幅下降，同期也出现了经营亏损，进而对欣泰电气持续盈利能力构成重大不利影响。时隔一年之后，公司再度冲击 IPO，募投项目投入更具自主技术优势的电抗器项目，没过多久，就被指存在技术升级、市场开拓、国家电网公司认证、同行竞争等多方压力，且业绩释放预期不甚明朗，其主承销商给出的询价区间 13.95～16.61 元/股相对较为保守，约在 20～24 倍的市盈率处于行业低水平。在这种情况下，审计师须保持高度的职业怀疑态度。

（2）强化对拟上市公司财务报表的审核。财务信息披露和非财务信息披露相互印证。审计师应根据上市企业的运营状况，重点关注申报期内不同财务报表的关联性以及相互印证性。具体包括：招股说明书中的财务数据是否与实际一致。欣泰电气 2010 年硅钢片的采购平均单价为 14 905.8 元/吨，采购量为 6 310.00吨，金额为 9 405.56 万元，而来自中国联合钢铁网的数据显示，2010 年硅钢片的最高价超过 21 000 元/吨，最低价也高于 17 000 元/吨，人为的虚减成本，虚增利润；主营产品产量大幅增加的同时，其主要原材料的消耗必然呈现同比的增长，但欣泰电气的主要原材料耗用的数量却出现同比大幅减少的情况，这显然违背了正常的生产和财务逻辑。欣泰电气为达到上市的目的，涉嫌严重财务造假，不惜虚增利润，其招股说明书财务数据与实际情况严重不符。

核查发行人申报期内的盈利增长。若发行人在申报期内盈利增长超出正常水平，审计师必须对其进行审查，并给出审查建议。主要包括对诸如毛利率、存货周转率、产能利用率、产销率等衡量盈利能力的重要财务指标以及非财务指标开展多角度分析研究。报告期内，欣泰电气业绩表现平平，主营业务收益却逐年减少，负债率呈逐年上升趋势，不得不让人猜想欣泰电气此次募资的真实目的或许并非扩充产能，而是为自身"补血"。审计师要极力查询其合理的性质，快速识别发行人是否存在对利润的操控。

对发行人前五名客户情况进行核查，获得客户在工商局登记的信息，并按照轻重有序的原则，采用实地调查和电话采访的手段对主要客户进行审查，同时将获取的信息登记入簿。兴华所在对欣泰电气 2013 年半年报应收账款进行审计时，共向 46 家客户发出询证函，在未收到任何回函的情况下，仅对其中 13 家客户进行了替代测试，剩余 33 家客户未做替代测试。33 家客户中有 19 家系欣泰电气虚构收回应收账款的客户，共计虚减应收账款 5 704 万元。

（二）对于审计客体。

1. 审计内部控制健全有效程度。被审计公司的内部出现控制薄弱的一面，可能是由于治理方面存在问题而导致的，另外，即使内部控制是相对完善的，但是管理层仍然凌驾于内部控制之上，内部控制没有实际权力，还是会产生重大错报风险。为了真正地减少被审计公司的审计风险，关注审计客体的股权结构是否合理化；内部治理机制是否到位。关注审计客体关联性及影响程度，在 IPO 审计的同时，综合考虑上市公司的产业链，不仅考虑被审计单位自身的创新能力，更要深入了解其核心技术的竞争优势所具有的外部依赖性。

2. 判断审计委员会执行能力。由相对独立的董事组成的审计委员会在一些 IPO 公司和上市公司已经成立了，关注其独立董事是否失去独立性，独立董事的权利是否被架空，能否参与上市公司的财务审计工作、关联交易、内部控制等重大事项出具的独立意见；还要特别关注独立董事在审计委员会中对外部审计的聘用权利、付费权利的行使情况，分析审计委员会执行能力，以便判断和应对审计风险。

3. 关注被审计单位优化管理和增强发展的意识。IPO 可以帮助公司明确经营的方向，这是增加利益的一个很重要的部分。所以，对于 IPO 存在的问题，我们更应该去注意公司有无增加企业的收入，吸引更多的投资者。发展很迅速的上市企业，都是在不断地解决存在的问题，让自己快速的发展，重点挖掘在重要领域的优势等。要想真的看到企业的状况，必须清楚被审计单位有无增强发展目标，其优化管理的权力和利益是否相分离。

（三）审计外部环境。

1. 理顺审计的委托关系。必须尽快改变会计师事务所与上市公司的聘任机制，将事务所的聘任权交到独立的第三方手中。第一，在证监会设立一个 IPO 公司审计部，拟上市公司都向这个部门交纳一定标准的审计费用，由该审计部及其各地分支机构负责聘请会计师事务所对公司进行 IPO 审计，会计师事务所通过招标方式去审计，会计师事务所对该审计部负责，并从该机构获取劳务报酬。第二，上市公司不直接聘请会计师事务所对财务报表进行审计，而是向保险公司投保财务报表保险，再由保险公司聘请会计师事务所对投保的上市公司进行审计，保证审计独立性。

2. 行业协会从重处罚拟上市公司 IPO 欺诈成本。加大查处违规风险、提高舞弊成本是提高 IPO 审计质量的基本保证。要严厉追究事务所和审计人员责任，尤其是合伙人的连带责任，杜绝通过转投他所逃避处罚。不仅对签字会计师实施处罚，还要对同项目组成员做不良信用记录，加强内部员工间的制约，只有这样才能真正提高我国 IPO 审计质量。如果不大幅提高违规成本，今后还会出现"欣泰电气第二、第三"。处罚金额与违法获利金额的巨大反差导致企业造假事件轮番上演。但是从欣泰电气成为目前 A 股历史上因欺诈发行被强制退市第一股来看，该案的调查效率之高、处罚标准之严，足以折射出监管部门对欺诈上市等重大违法行为的"雷霆之火"：上市公司一旦触发欺诈上市或重大信披违法的退市标准，都将被坚决清理出 A 股市场，监管机构对于违规上市公司和中介机构的处罚要大大加强，积极追究不法者的刑事责任，同时鼓励做空机构等方面对上市公司及会计师事务所等中介机构主动发起问询，由投资者发起巨额民事赔偿诉讼。监管效力增强、处罚力度加大到"杀一儆百"的效果。

五、讨论题目

1. IPO 审计与传统审计相比有哪些特点？
2. 如何进行 IPO 审计风险评估？
3. 审计风险与 IPO 审计失败的关系？
4. 结合案例，探讨会计师事务应该建立的质量控制和程序有哪些？
5. 结合案例，探讨会计师事务所的 IPO 审计策略主要有哪些？
6. 结合案例，探讨 IPO 审计聘任制度的缺陷及其对策？

案例使用说明

一、本案例要解决的关键问题

本案例旨在引导学生进一步关注 IPO 审计风险，加强对 IPO 舞弊审计风险的识别与防范。一方面，学生可以在掌握审计风险理论的基础上，进一步思考 IPO 审计风险的特殊性；另一方面，引导学生进一步分析 IPO 审计风险的形成原因，以及我国会计师事务所进行 IPO 审计时对审计风险的识别与防范，为今后 IPO 审计的发展提供指导性的建议。

二、案例讨论的准备工作

1. 理论背景。本案例需要学生准备的知识点主要包括：IPO 审计的特殊性，审计风险的含义，审计风险与审计失败的关系，IPO 审计风险评估，审计师进行风险评估的作用、内容和程序，识别与防范 IPO 舞弊风险的措施。

2. 行业背景。丹东欣泰电气股份有限公司是辽宁欣泰股份有限公司的控股子公司，公司位于丹东鸭绿江畔，坐落在辽宁欣泰股份有限公司的电力电子科技产业园区内。公司是专业从事节能型输变电设备及无功补偿装置等电网性能优化与设备制造，为电网输、配、用电系统提供安全、高效、节能、环保的用电设备和技术解决方案的电力综合服务供应商。公司系 2007 年 7 月 25 日，由原丹东整流器有限公司整体变更设立为股份有限公司。丹东整流器有限公司成立于 1999 年 3 月 23 日，其前身是丹东市民政局所属的丹东整流器厂。2007 年 7 月 12 日，丹东整流器有限公司股东会审议通过，以经北京兴华会计师事务所有限责任公司审计的 2007 年 6 月 30 日净资产 71 976 196. 22 元按 1∶0. 972543753 的比例折股，原丹东整流器有限公司的股东作为新设股份有限公司的发起人股东，持股比例不变，股份公司股本总额 7 000 万元。2007 年 7 月 25 日，股份公司取得了丹东市工商行政管理局核发的《企业法人营业执照》。2011 年开始，该行业的国内外市场并不景气。

3. 制度背景。《中国注册会计师执业准则》关于审计风险的界定，《中国注册会计师审计准则第 211 号——了解被审计单位及其环境并评估重大错报风险》和《中国注册会计师审计准则第 1231 号——针对评估重大错报风险实施的程序》关于风险评估程序和风险应对措施的相关规定，《注册会计师职业道德准则》的相关要求，中国证监会《会计监管风险提示第 4 号——首次公开发行股票公司审计》关于 IPO 审计业务监管风险的提示。

三、案例分析要点

（一）需要学生识别的关键问题

本案例需要学生识别的主要知识点包括：IPO 审计的特殊性，审计风险的含义，审计风险与审计失败的关系，IPO 审计风险评估，审计师进行风险评估的作用、内容和程序，识别与防范 IPO 舞弊风险的措施。

（二）解决问题的可供选择方案及其评价

1. IPO 审计与传统审计相比有哪些特点？IPO 审计具有工作量大、内容复杂，客户目标明确和涉及与多个中介机构合作特点。

第一，工作量大、内容复杂。拟上市企业从公司改制到最后完成上市，一般需要 3 年左右的时间。按照有关规定，会计数据有效期为半年，因此注册会计师往往需要数次加期审计，与一般审计相比，IPO 审计周期长、工作量大。在 IPO 审计中需要提交三年及一期财务报表审计报告、业务重组等审计报告，而在财务报表审计过程中涉及的问题多，包括合规性问题、会计估计问题、会计政策问题、历史沿革问题、遗留问题以及税收问题等。

第二，客户目标明确。IPO 审计与一般年审的区别在于前者是一个巨大的系统工程，需要经过改制设立审计、配合辅导验收。上市申报审计的相关报告制作，而客户的核心目标是通过审核、成功上市。IPO 项目实际上不存在非标准意见的审计报告，因为一旦涉及非标准意见审计报告，就意味着该项目谈判失败。即使失败客户也愿意付出成本进行调整，这种情况下对注册会计师处理问题的能力要求很高，不能仅仅对客户说"不行"，还要说"怎样能行"。

第三，涉及与多个中介机构合作。IPO 审计是一个复杂的立体工程，注册会计师需要与证券公司（券商、保荐机构）、律师事务所、资产评估事务所、精算机构、咨询公司等其他中介机构密切配合。例如 2010 年江苏玉龙钢管股份有限公司 IPO 申请被否决的原因之一是：公司招股说明书披露，报告期内存在开具没有真实交易背景的银行承兑汇票，难以判断是否能够规范运作。

2. 如何进行 IPO 审计风险评估？

（1）IPO 项目审计目的的特殊性决定了风险评估必须前移。对于 IPO 项目，实际上不存在非标准意见的审计报告。由于企业发行股票上报材料的特殊性，即使未在审计报告正文限定用途，经鉴证的三年及一期会计报告所要求的披露内容也与其他会计报告不同，所以不可能再用于其他目的。这使得一旦涉及非标准意见时，约定双方可能在审计目的与报告用途两者之间无法权衡一致，最终导致审计失败。根据《中国注册会计师鉴证业务基本准则》应用指南的要求，在接受委托前，注册会计师应当初步了解业务环境。在初步了解业务环境后，注册会计师应当考虑承接该业务是否符合独立性和专业胜任能力等相关职业道德规范的要求。当然，判断一个 IPO 项目是否可以承接，仅了解业务环境显然是不够的。IPO 项目在启动之前，一般还应进行尽职调查，这实际上已经实施了部分风险评估程序。

（2）风险评估应体现出环境及风险的变化，不可简单照搬上期底稿。上市公司年报审计的风险评估只涉及本年的情况，而 IPO 审计涉及的会计期间跨度至少是三年，企业每年面对的外部环境和内部环境都有所变化。因此项目组形成风险评估底稿时应关注申报期外部环境和内部环境的具体变化，不可简单照搬上年工作底稿。同一年度的各个阶段如有典型反转，也应在底稿中详细说明。

（3）风险评估应注重行业分析。宏观环境基本面的情况以及政府政策从公开媒体上较为容易获取，而行业信息可能需要通过购买专业机构发布的分析报告才能得到较为详尽的描述。项目组为降低审计成本常常忽略该部分的变化分析。其实除了购买行业协会的分析报告和行业统计数据之外，项目组还可以从其他渠道获得行业资料。注意行业的生产营销特点对被审计单位的影响。比如，食品饮料行业的营销特点是巨额广告费的投入，与其他行业相比占比较大。从重要账户来讲，销售费用是重点审计领域，注册会计师应针对风险评估的结果，确定拟实施的进一步审计程序的性质、时间和范围。同属一行业，产品结构不同，客户分类不同，有时个体差异也较大。

（4）注册会计师在风险评估阶段要恰当地运用分析程序。项目组在未审报表分析时采用的方法一般有典型趋势分析法、比率分析法、合理性测试法和回归分析法。首次承接业务的项目组在分析未审报表时，一般只做上期和本期比较，也就是趋势分析法，连续审计后才对申报期做三年及一期的趋势分析。我们建议，首次承接业务的项目组也应适当拉长比较区间，同样进行若干期趋势比较。同时，项目组应注意比较基准的问题。有的项目组将被审计单位的财务指标在与同行业已上市公司进行比较时，使用的是样本企业上市以后的数据。同一家企业上市前后的财务指标和数据都有可能波动较大，何况不同企业在经营范围、资产规模、营销渠道等各个方面根本无法完全复制，其数据的可比性就大打折扣了。

（5）重要性水平的计算和使用要适应准则的变化。2010年，中国注册会计师协会修订了38项具体审计准则，其中对《中国注册会计师审计准则第1221号——重要性》做出了比较大的修改。实践中发现，仍然有项目组将合并报表层次的重要性水平在各分、子公司按照资产总额进行分配，将单表的重要性水平按照科目余额占资产负债比例进行分配的情况。修订后的审计准则将重要性分为财务报表整体的重要性和实际执行的重要性两个概念。财务报表整体的重要性水平＝基准×经验百分比。因为风险评估贯穿于审计过程始终，所以项目组应关注风险评估结果的不断修正对重要性水平的影响。重要性水平修订后可能会导致审计程序的性质、时间及范围的变化。

3. 审计风险与IPO审计失败的关系？中国注册会计师《审计准则第1101号——财务报表审计的目标和一般原则》：审计风险是指财务报表存在重大错报而注册会计师发表不恰当审计意见的可能性。造成审计失败和所面临IPO审计风险的关系，可以归结为以下三个方面。

首先，注册会计师的素质难以完全胜任IPO审计的需要。对取得证券从业资格的会计师事务所来说，都是把IPO审计业务作为重点业务来对待和处理的，从而会抽调最精干的注册会计师来从事IPO审计业务。而现实的情况是，现有的注册会计师能够胜任传统的账表审计任务，但对于涉及传统审计任务之外的审计工作，则缺乏相应的经验，并且在遇到问题时，分析问题和解决问题的能力相对不足，难以胜任IPO审计的要求。此外，受会计师事务所的定位和目标限制，注册会计师难以真正做到独立、客观、公正，甚至有注册会计师唯利是图，帮助客户作弊，弄虚作假。

其次，审计方法滞后，难以满足IPO审计风险控制的要求。现代企业的规模越来越大，生产经营的范围越来越广，审计人员不会、也不可能对企业的所有生产、经营环节进行全面审计，因此会计师事务所为了提高审计效率，在审计过程中广泛采用了抽样技术和方法。而恰恰是在抽样环节最容易导致IPO审计风险：企业的实际情况千差万别，而所抽取的样本基本是基于会计师事务所的经验，由此就会导致所抽取的样本并不能代表审计总体的实际情况，从而审计结果大大偏离了被审计对象的实际情况，得出错误的审计结论，由此导致审计失败。

最后，未能建立健全审计质量控制制度。审计质量控制是会计师事务所管理活动的重要组成部分，是会计师事务所内部控制的核心。但是在实务中，我国的会计师事务所还处于发展阶段，相当一部分会计师事务所没有按照法律、法规的规定建立和完善质量控制制度，甚至有很多事务所只是让质量控制制度停留在纸面上，其质量控制措施仍然停留在审计工作底稿的审核层面，在实际执行质量控制的过程中流于形式，而无实质性的内容，没有充分发挥审计质量控制中最重要的三级复核应有的作用。

4. 结合案例，探讨会计师事务所应该建立的质量控制和程序有哪些？根据注册会计师执业准则《会计师事务所质量控制准则第5101号——业务质量控制》，会计师事务所应当建立并保持质量控制制度。质量控制制度包括针对下列要素而制定的政策和程序：对会计师事务所业务质量承担的领导责任；相关职业道德要求；客户关系和具体业务的接受与保持；人力资源；业务执行；监控。

《会计师事务所质量控制准则第5101号——业务质量控制》第四章第三十五条（2）规定，识别和评价对独立性产生不利影响的情形，并采取适当的行动消除这些不利影响；或通过采取防范措施将其降至可接受的水平；或如果认为适当，在法律法规允许的情况下解除业务约定。

业务质量控制准则第四十条规定，会计师事务所应当制定有关客户关系和具体业务接受与保持的政策和程序，以考虑客户的诚信。客户的诚信问题虽不是导致财务报表产生重大错报的必然条件，但绝大多数的审计问题都来源于不诚信的客户。会计师事务所接受一个错误的客户带来的损失，可能远远超过源于这个客户的收费，陷于诉讼和声誉下降带来的无形损失，更是难以估量和无法弥补的，因此，即使在承接阶段选择了错误的客户，那么之后解除业务约定也是明智的选择。

5. 结合案例，探讨会计师事务所的IPO审计策略。关注审计项目的重要风险点如下。

（1）针对持续经营风险。在关注持续经营风险的前提下，注册会计师在审计的过程中应当更加关注其基于持续性经营假设来编制财务报表的适当性。同时，注册会计师还应当关注被审计单位的盈利是否来源于其主营业务，是否存在重大经营异常，影响其持续经营能力。欣泰电气截至 2011 年 12 月 30 日，虚构收回应收账款逾 1 亿元，少计提坏账准备 659 万元；虚增经营活动产生的现金流净额约 1 亿元，数额巨大，但是会计师事务所并未对此做出回应。

（2）针对税收风险。注册会计师在审计的过程中应该关注被审计单位是否存在为了减少纳税，向关联方转移利润、账外账、虚增费用和将资本化的支出费用化等情况。

（3）针对关联方交易风险。会计师在审计过程中应该要求企业提供所有关联方名单及其交易的清单，审查对关联方信息的披露是否完整、关联方交易是否通过公平、公正、公开的原则，尽可能降低审计风险。"欣泰电气—供应商—客户—欣泰电气"，经过这么一倒，自己的钱没少一分，却让应收账款大大降低，这让欣泰电气的财务报表好看了不少。除了公司自有资金外，温德乙本人向第三方公司和朋友进行了大量借款，甚至不经过客户的账户就实现了资金的兜兜转转。

（4）针对舞弊风险。注册会计师在评估重大错报风险时，应该尤为关注被审计单位所处的外部环境以及企业内部管理层所面临的压力，是否存在提供虚假报表的可能性。2011 年 3 月，欣泰电气首次 IPO 闯关折戟。温德乙也认识到了，欣泰电气之所以被否决，盈利能力差是根本原因。对温德乙来说，想要在上市方面成功突围，必须迈过盈利能力差这道坎儿。然而，作为制造业的欣泰电气，面对激烈的竞争和市场的下行压力，想快速提高盈利能力，谈何容易。但是要尽快上市，就必须尽快"制造"出漂亮的数据曲线。这一切造假背后都有公司管理层所受的压力和外币环境的诱导。

（5）针对战略经营风险。注册会计师在审计的过程中，应当重点关注这些企业的战略目标和经营策略。考察企业的战略是否符合该企业的自身特点以及该行业的发展情况。

（6）针对会计政策及估计风险。在了解被审计单位对会计政策的选择和运用的过程中，不经常发生的交易的会计处理方法是否适当；会计政策的变更是否是法律、行政法规或者适用的会计准则和相关的会计制度要求的变更；被审计单位是否按照适用的会计准则和相关的会计制度的规定适当详尽地进行列报，并披露重要事项。

（7）针对独立性风险。关注被审计单位的独立性要求考察被审计单位在资产、人员上是否符合独立性的要求，注册会计师在 IPO 审计过程中，需要关注被审计单位的机构人员设置是否合理，资产是否具有独立性，以降低隐藏的审计风险。

6. 结合案例，探讨 IPO 审计聘任制度的缺陷及其对策？拟上市公司要优化治理层，规范审计聘任制度。公司完善的治理结构应是股权所有者、董事会和经理人员之间权利分配与制衡的制度安排，但我国经常出现董事长与总经理一人担任的"一股独大"现象，这使得拟上市公司管理层由被审计人变成 IPO 审计委托人，成为决定事务所聘任、收费的"衣食父母"。同时，IPO 审计中的投资者、管理层、审计方的三角稳定结构简化为管理层和审计方两者的失衡关系。双方巨大的潜在利益导致拟上市公司对高质量审计需求淡漠，而事务所迁就公司同管理层共谋欺诈上市，审计结果变成了委托人意志的体现。一个值得警醒的问题是，此案中的董事、监事人员并未能起到应有的作用。在调查中，有的甚至表示"对公司会议只是例行参加，具体内容并不关心，只负责签字。"基于此，我们不妨借鉴西方的财务报告保险制度（financial statement insurance，FSI），引入外部独立的第三方决定审计聘任权。该制度下，拟上市公司向保险公司投保财务报告险，保险公司聘请事务所对投保的拟上市公司进行审计，对造假给投资者造成的损失，有保险公司向投资者进行赔偿，保险公司的介入，消除了注册会计师与管理层因利益关联导致的合谋，源头上保证了注册会计师的独立性，FSI 借鉴可以成为我国防范 IPO 审计失败的一种可行方案。

四、教学组织方式

（一）问题清单

1. IPO 审计与传统审计相比有哪些特点？
2. 如何进行 IPO 审计风险评估？
3. 审计风险的含义及其审计失败的关系？
4. 结合案例，探讨会计师事务应该建立的质量控制和程序有哪些？
5. 探讨会计师事务所的 IPO 审计策略主要有哪些？
6. 探讨 IPO 审计聘任制度的缺陷及其对策？
7. 证监会、审计监督、投资者等各方如何防范欺诈企业上市？

（二）课时分配

课后自行阅读资料：约 3 小时；
小组讨论并提交分析报告提纲：约 3 小时；
课堂小组代表发言、进一步讨论：约 3 小时；
课堂讨论总结：约 0.5 小时。

（三）讨论方式

小组式进行讨论。

（四）课堂讨论总结

归纳发言者的主要观点；重申其重点及亮点；提醒大家对焦点问题或有争议观点进行进一步思考；建议大家对案例素材进行扩展研究和深入分析。

案例 7

CPA 信任危机

——大智慧财务欺诈，立信会计师为何无觉察？

刘　静　闫佳惠

至 2016 年 9 月 9 日，全国共有 454 名投资者起诉大智慧公司，其中部分案件起诉了立信会计师事务所，索赔总额可能突破 5 亿元。事件的起源是 2015 年 4 月 24 日证监会在"2015 证监法网专项执法"行动中集中力量专项打击市场反应强烈的典型重大违法违规行为，大智慧公司涉嫌信息披露违法违规。4 月 30 日大智慧收到证监会的《调查通知书》，因涉嫌财务造假，违反证券法律法规被中国证券监督委员会立案调查。经证监会调查，大智慧公司 2013 年虚增利润 1.2 亿元，对此立信会计师事务所出具了标准无保留意见的审计报告。立信会计师事务所作为国内最早建立及最有影响力的会计师事务所之一，并没有做到"立之本，信为先"。2016 年 7 月 20 日，立信会计师事务所受到证监会的处罚，被没收收入 70 万元并处以 210 万元的罚款，对相关注册会计师给予警告，并分别处以 10 万元罚款。本案例侧重分析立信会计师事务所对大智慧公司审计失信的成因及解决对策。

一、背景简介

注册会计师是公众利益的守夜人，进行财务报表的审计人员若缺乏专业胜任能力，甚至丢失公正独立性，上市公司就会打擦边球，违法违规行为就会绵绵不绝，证券市场健康运作的基石也就不复存在。然而，从普华永道对 G 外高桥审计失败到创业板造假第一股万福生科 IPO 审计案的中磊会计师事务所的审计失败，使注册会计师行业声誉受损，更使投资者和被审计公司蒙受巨额损失，再至立信会计师事务所对大智慧审计失信案，上市公司造假层出不穷，审计失败屡见不鲜，无不影响资本市场的稳定性。注册会计师未能识别出财务舞弊事实究竟归根于是能力不足还是未能勤勉尽责，不禁引人深思。

（一）CPA 信任危机再次引发思考

注册会计师审计对会计信息质量监督起着举足轻重的作用，会计师事务所作为 CPA 审计的主体对经济秩序的维护显而易见。然而，注册会计师的职业道德缺失已导致大量的审计失败，上市公司财务舞弊行为日益猖獗，会计师事务所承担着不可推卸的责任。注册会计师在出现错误时，若简单将问题原因归结为"某些固有局限"所致，或是被审计公司管理层的造假责任等，会使社会公众对审计行业产生不信任感，对整个行业的发展极为不利。影响 CPA 信任力的因素主要有以下三个因素。

1. 职业道德缺失。注册会计师不是仅从程序上、形式上遵循审计准则，而应在恰当地运用专业判断的基础上，对审计准则进行实质遵循，在提供专业服务时，保持应有的职业关注，以勤勉尽责的态度执行审计业务。保持职业怀疑态度，运用专业知识、技能和经验，获取和客观评价审计证据。

2. 职业操守不够。注册会计师如果缺乏应有的职业操守，很可能成为问题公司粉饰其经营业绩的"挡箭牌"，给事务所带来麻烦。知情而不据实发表意见和预警信息，不仅是失职，还有渎职嫌疑，这既损害了投资者的利益，也损害了事务所和国家的长远利益。

3. 专业胜任能力不足。审计工作要求的知识结构、技能类型及实务经验都较为复杂，注册会计师是否具备较强的业务能力和较高水平的职业判断能力，是识别财务舞弊、发表恰当审计意见的基础。

（二）CPA 会计师事务所频频受到处罚，行业信任危机加剧

1. CPA、会计师事务所受到财政部处罚。2014 年各地财政部门开展会计信息质量检查，其中检查会计师事务所 1 358 户，对 91 家会计师事务所、159 名注册会计师予以行政处罚。部分会计师事务所内部管理较为薄弱，质量控制存在缺陷，执行审计准则不到位，执业质量有待进一步提高。主要表现为：部分会计师事务所风险导向审计流于形式，未履行必要的审计程序，审计证据获取不充分，审计报告披露不全面，个别会计师事务所甚至出具虚假审计验资报告；部分会计师事务所管理薄弱，存在自身质量控制不规范、未按规定计提职业风险基金等问题；少数会计师事务所存在恶性竞争、审计收费偏低、未按规定进行业务报备等问题。针对检查发现的问题，各地财政部门依法做出了处理与处罚，共对 91 家会计师事务所予以警告、没收违法所得、罚款、暂停执业、撤销等行政处罚，其中对厦门呈祥源联合会计师事务所、泉州丰泽泉信联会计师事务所给予撤销的行政处罚。同时，对 159 名注册会计师予以行政处罚，其中对 107 名注册会计师予以警告、45 名注册会计师予以暂停执业、7 名注册会计师予以吊销注册会计师证书的行政处罚。

2. CPA、会计师事务所受到证监会处罚。2012～2016 年受到证监会处罚的会计师事务所共 15 家，其中因上市公司审计失败共 9 家，因 IPO 审计失败共 6 家，没收收入共计 1 390.15 万元，共处以罚款 2 323.03 万元，其中深圳市鹏城会计师事务所有限公司、亚太（集团）会计师事务所有限公司被给予警告处分，深圳市鹏城会计师事务所有限公司、中磊会计师事务所有限责任公司被撤销证券服务许可，利安达会计师事务所（特殊普通合伙）被暂停承接新的证券业务。给予警告处分的注册会计师共 35 人，对注册会计师共处以罚款 247 万元。

二、立信所对大智慧公司的审计失信案

1. 民无信不立——立信会计师事务所简介。立信会计师事务所（特殊普通合伙），1927 年在上海创建，是中国最早建立和最有影响的会计师事务所之一，立信所创建之初就秉承着必须取信于社会的宗旨，所名就来自论语中"民无信不立"之意，将诚信作为办理各项会计事业的训条。立信所相继在北京、深圳等地设立了 29 家分所，现有从业人员 8 200 余名，其中执业注册会计师 1 939 余名。总部设在上海，有七个专业委员会以及审计业务部、国际业务部、银行业务部、审计风险管理部、信息技术部、教育培训部、管理咨询部、税务部、资产评估部、工程造价咨询部、信息鉴证部、公司清算部、市场与品牌推广部、会计政策研究中心、产学研基地等与业务相关的部门。现有客户遍布全国各地，其中上市公司 300 余家，IPO 公司 300 余家，外商投资企业 2 000 余家，并为大型央企、国有集团、银行、证券公司、期货经纪公司、保险公司、信托公司、基金公司等提供审计及相关业务。立信会计师事务所 2016 年业务收入 350 168.60 万元，综合实力百强排名第四，保持着行业中顶尖的地位。

2. 山雨欲来风满楼——CPA 对大智慧公司审计失信案始末。上海大智慧股份有限公司（简称大智慧，股票代码 601519），公司前身上海大智慧网络技术有限公司成立于 2000 年 12 月，2009 年 12 月整体变更为股份有限公司，公司的注册资本为 139 000 万元，是从事资本市场投资咨询及相关服务业务的全国性投资管理咨询公司。大智慧于 2011 年登陆 A 股市场，当年顺利实现盈利，但上市第二年，业绩大幅度下滑，当年年报显示，公司实现归属上市公司股东的净利润为 −2.66 亿元，营业收入下降 17.64%，归属于上市股东净利润下降 352.10%。按照规定，最近两个会计年度经审计的净利润连续为负值或者被追溯重述后连续为负值，将对股票实施退市风险警示，股票代码被标识" ＊ST"，为了避免"披星戴帽"，大智慧在 2013 年铤而走险，玩起了虚增利润的险招。然而，当年对大智慧进行年报审计的立信会计师事务所未发现舞弊问题，出具了标准无保留意见的审计报告。

直到 2015 年 4 月 24 日证监会"2015 证监法网专项执法"行动，集中力量专项打击市场反应强烈的典型重大违法违规行为。大智慧收到证监会的《调查通知书》，因其信息披露涉嫌违反法律规定及涉嫌 2013 年财务造假，证监会决定对其进行立案调查。2016 年 7 月 20 日大智慧收到中国证监会行政处罚决定书。

作为进行 2013 年大智慧年报审计机构的立信会计师事务所自然受到公众的质疑，为何 CPA 审计失败，没有识别出大智慧财务造假，证监会对立信会计师事务所大智慧审计案展开了调查，发现立信会计师在审计过程中未能勤勉尽责，执行必要的审计程序，获取充分的审计证据，主要包括：（1）未对销售与收款业务中已关注到的异常事项执行必要的审计程序；（2）未对临近资产负债表日非标准价格销售情况执行有效的审计程序；（3）未对抽样获取的异常电子银行回单实施进一步审计程序；（4）未对跨期计发 2013 年年终奖的情况根据重

要性与权责发生制的原则予以调整；（5）未对大智慧全资子公司股权收购日的确定执行充分适当的审计程序。

立信所违反了审计准则，依据证券法，证监会责令立信所改正违法行为，没收收入 70 万元，并处以 210 万元罚款。对立信所姜维杰、葛勤两名注册会计师给予警告处分，并分别处以 10 万元罚款。

3. 黑云压城城欲摧——CPA 严重失信引诉讼。注册会计师审计对社会公众负责，是维护资本市场质量的重要环节。然而在对大智慧进行审计的过程中，立信会计师事务所未能获取适当的审计证据，执行必要的审计程序，出具了标准无保留意见的审计报告，由此造成投资者的巨额损失，具体见图 3 - 1，为此立信所被投资者告上了法庭。CPA 审计不再令人信任，行业发展令人担忧。

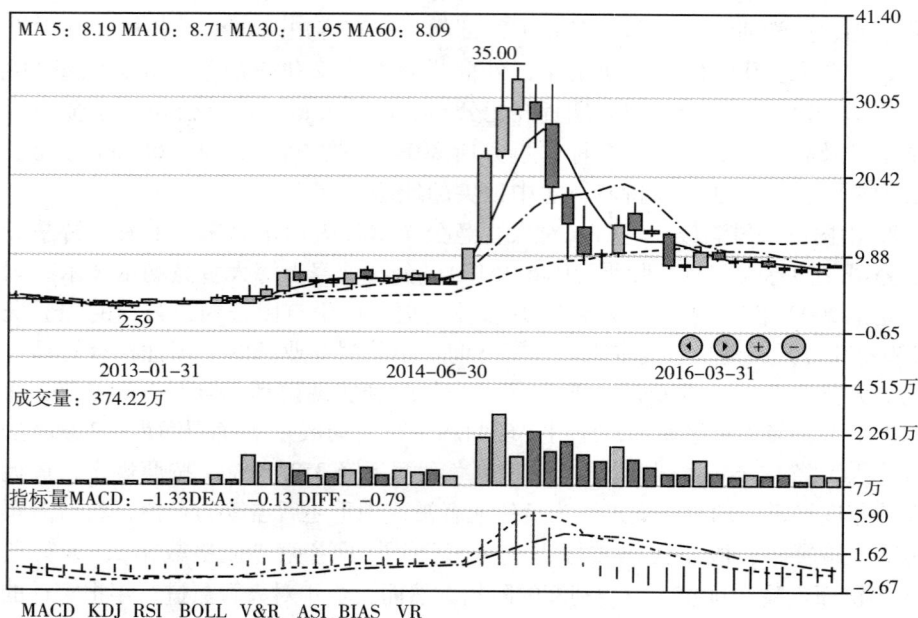

图 3 - 1　大智慧月度 K 线图

2014 年 7 月，大智慧停牌筹划重组，在 2015 年 1 月复牌后股价从 5.98 元直接突破 20 元，2015 年 1 月 23 日大智慧复牌后，股价连续 12 个涨停，到 2015 年 4 月 30 日，大智慧股价短短三个多月翻五倍，达到 35 元。然而，证监会的调查通告，使大智慧股价连续大跌，大智慧于 5 月 4 日起连续两日遭遇"一字形"跌停。

大智慧的虚假财务信息引发股价的大幅波动，使得投资者遭受巨额的损失，上海、浙江等地的多家律师事务所，开始了索赔投资者的征集。据公告，凡是在 2014 年 3 月 1 日到 2015 年 4 月 30 日之间买入大智慧股票，且在 2015 年 5 月 1 日之后卖出或继续持有股票且被造成损失的投资者，均可向大智慧及立信会计师事务所发起索赔，要求大智慧赔偿其虚假陈述违法行为给投资者造成的投资差额等损失。全国各地陆续有投资者以证券虚假陈述为由，向上海一中院起诉大智慧索赔。截至 2016 年 9 月 9 日，全国共有 454 位投资者起诉大智慧，107 名原告起诉了立信会计师事务所。

立信所引发诉讼，成为被告，就是原本作为财务舞弊的最后一道防线，却在为大智慧开展 2013 年年报审计业务中未能勤勉尽责，执行必要的审计程序，事务所有着不可推卸的责任，立信所需要承担连带赔偿责任，目前还在诉讼中，但律师预测，在两年诉讼时效内，索赔人数可能超过千人，索赔总额可能会突破 5 亿元。立信所失信，加剧了 CPA 审计中的信任危机。缺乏信任度会使得注册会计师所提供的审计报告缺乏公信度，进而导致审计价值无法得到有效实现。

三、究其根本——CPA 失信原因分析

1. 专业胜任能力不足？大智慧公司 2013 年财务舞弊的手段主要包括：以"全额退款"的销售方式提前确认收入；以"打新股"等为名进行营销伪造收入；延后确认年终奖少计提当期成本费用；提前将子公司纳入合并范围等。立信所却对大智慧公司出具了标准无保留意见的审计报告，大智慧虚增收入的手段在目前已披露的上市公司舞弊案中极为常见，注册会计师是有能力对这些舞弊手段进行识别的，但立信所作为大智慧 2014 年及 2015 年年报审计单位并未发现异常，继续发表无保留审计意见，立信所在 2016 年综合排名挤进前四，作为国内会计师事务所其综合实力可以与国际四大会计师事务所比肩，怎么会没有能力发现大智慧并不复杂的舞弊手段呢？许多资质尚且不如立信所的事务所都曾在审计报告中披露过这些财务造假手段，可见立信所失信的原因并不是专业胜任能力不足。

2. 职业操守不够？

（1）注册会计师未严格遵循准则要求。立信所未根据审计重要性原则审计大智慧跨期计提和发放年终奖，默认其调整。大智慧将 2013 年年终奖 3 124 万元（含个人所得税）于 2014 年 1 月发放并计入 2014 年的成本费用，将 2012 年年终奖 629 万元（含个人所得税）于 2013 年 1 月发放并计入 2013 年的成本费用。大智慧将 2013 年 12 月 31 日已存在且金额基本确定的年终奖义务计入 2014 年的成本费用，违背权责发生制会计原则，无法真实公允地反映公司 2013 年的经营状况及成果，致使大智慧 2013 年少计成本费用 2 495 万元。

立信所的审计工作底稿未描述或记录针对审计报告报出日前已发放的 2013 年年终奖执行的审计程序，以及其未被计入 2013 年成本费用的合理性解释。审计工作底稿"应付职工薪酬"程序表中第 8 项应执行的审计程序记录：检查应付职工薪酬的期后付款情况，并关注在资产负债表日至财务报表批准报出日之间，是否有确凿证据表明需要调整资产负债表日原确认的应付职工薪酬。但对应的审计工作底稿明细表中未记录此程序的执行情况，若注册会计师严格按照审计准则要求执行该程序，此问题并非发现不了。

（2）注册会计师未执行充分的审计程序。立信所未对大智慧全资子公司股权收购购买日的确定执行充分适当的审计程序。大智慧信息科技在 2013 年 9 月

底开始着手以 7 000 万元收购民泰（天津）贵金属经营有限公司（以下简称天津民泰）70% 股权事宜，9 月 29 日天津民泰新老股东、大智慧信息科技、杨某萍、张某永签订《关于买卖民泰（天津）贵金属经营有限公司 70% 注册资本的协议》（以下简称《买卖协议》）；10 月 8 日大智慧对外公告《买卖协议》；10 月 15 日大智慧信息科技支付第一笔收购款 4 000 万元，占转让总价的 57.14%，10 月 31 日支付尾款 3 000 万元；11 月 4 日天津民泰新老股东办理了股权转让手续，天津民泰召开新股东会议，通过新的章程并任命新的管理层；11 月 4 日天津民泰到天津市滨海新区工商行政管理局申请办理股权变更登记手续；11 月 15 日天津民泰取得变更后的《企业法人营业执照》。在该事项中，大智慧信息科技将 2013 年 10 月 1 日作为购买日，将天津民泰财务报表纳入大智慧信息科技合并范围。根据《〈企业会计准则第 20 号——企业合并〉应用指南》第二条的规定，大智慧信息科技在 2013 年 11 月 4 日之前并未控制天津民泰，根据大智慧提供的《情况说明》，购买日由 2013 年 10 月 1 日调整为 11 月 1 日，合并财务报表利润总额即将减少 825 万元，商誉将减少 433 万元。

立信所审计工作底稿"长期股权投资——成本法××子公司审核表（初始计量）"明细表编制不完整，确认购买日的审计表格未填列，无法确定其具体执行了何种审计程序以确定购买日。审计工作底稿后附的审计证据中，未见会计师所称据以认定购买日的支持性文件。注册会计师未根据具体情况设计和实施恰当的审计程序，以获取充分、适当的审计证据，注册会计师未能调查识别出偏差或错报的性质和原因，也未能评价其对审计的其他方面可能产生的影响。

3. 职业道德缺失?

（1）注册会计师未保持应有的职业关注。大智慧具有明显的舞弊动机，未避免股票代码被标识"＊ST"，在 2013 年虚增利润 1.2 亿元，如表 3-1 所示，营业收入达到 89 426.22 万元，同比增长 90.21%。归属于上市股东净利润 104.37%。前有南纺股份为逃过退市厄运 2006～2010 年连续 5 年虚构利润，莲花味精 2007～2008 年虚增利润避免连续两年亏损而被给予退市风险警示，可见，上市公司为了避免"披星戴帽"而进行财务舞弊已经不是首次出现，注册会计师若对大智慧财务数据大起大落保持应有的职业关注，舞弊端倪并非识别不出。

表 3-1　　大智慧 2012～2015 年营业收入及归属于上市股东净利润增长率

年份	营业收入 （万元）	同比增长 （%）	归属于上市股东净利润 （万元）	同比增长 （%）	每股收益 （万元）
2011	57 082.93	0.66	10 599.66	34.04	0.155
2012	47 013.84	-17.64	-26 699.88	-352.10	-0.192
2013	89 426.22	90.21	1 166.14	104.37	-0.108
2014	82 045.15	8.25	10 692.41	816.91	0.054
2015	65 134.11	-20.61	-45 601.66	-526.49	-0.067

（2）注册会计师未保持应有的职业怀疑。大智慧将参与集中打新股、或购买大智慧承诺高收益的理财产品的收款直接以软件产品销售款为名虚增 2013 年收入 287 万元，未真实反映业务情况。事实上客户向大智慧支付的款项并非购买软件款，也未实际使用过大智慧提供的软件产品。2013 年购买软件的部分客户向大智慧汇款时备注摘要内容均与购买软件性质完全不符，如"打新股资金""保证金""投资理财""助公司避免 ST"等。

对临近资产负债表日以非标准价格销售的情况，立信所的底稿中并未发现"获取产品价格目录，可见抽查售价是否符合价格政策"的程序执行记录，没有执行有效的审计程序，致使未能识别虚增收入的情况。

根据立信所审计工作底稿中复印留存的部分软件产品销售收款的电子银行回单，其中摘要栏中的"打新股资金""理财投资资金"等备注存在明显异常。对此，审计人员以发现的错报金额低于重要性水平为由，未进一步扩大审计样本量，以确认抽样总体不存在重大错报。事实上，只要注册会计师保持应有的职业怀疑，扩大银行回单的抽样范围，2013 年 12 月存在异常摘要的银行进账单笔数48 笔，合计金额 873 万元，明显高于底稿中抽样所涉及回单数量与对应金额。

（3）注册会计师未勤勉尽责。2013 年 12 月，大智慧针对售价在 3.8 万元以上的软件产品制定了包含"若在 2014 年 3 月 31 日前不满意，可全额退款"条款的营销政策，2013 年 12 月全月，大智慧所有营销区域的销售人员在营销中，均向客户承诺"可全额退款"。在无法预计客户退款可能性的情况下，大智慧仍将所有销售认定为满足收入确认条件，并按收入确认方法确认为当期销售收入，致使大智慧 2013 年 12 月提前确认收入 8 745 万元。

注册会计师在审计工作底稿中记录，大智慧 2013 年 12 月确认收入占全年的比重达 37.74%（以母公司口径计算），并对在 2014 年 1 月 1 日至 2 月 26 日财务报表批准报出日间发生销售退回的 2 242 万元收入进行了审计调整，调减了 2013 年收入。

针对临近资产负债表日的软件产品销售收入大增，期后退货显著增加的情况，立信所在审计过程中未对退货原因进行详细了解，审计工作底稿显示，在常规审计程序的基础上，当事人实施的追加审计程序仅查验一项；注册会计师仅执行了查验公司合同，抽样检查并获取软件开通权限单、销售收款单、退款协议、原始销售凭证等常规审计程序；取得的相关管理层说明是 2015 年 11 月 30 日签署，不能证明会计师实施了该项审计程序以获取充分的审计证据。由于收入和期后退款均存在大幅增加的异常情况，注册会计师即使取得公司管理层说明，但以内部审计证据就认可管理层提出的退款理由，显然不足以应对可能存在的舞弊风险。

4. 分析得出结论。综上所述，立信所对大智慧的审计失信的原因并非是专业胜任能力不够、能力不足。只要注册会计师保持应有的职业怀疑态度和应有的职业关注，恰当运用专业判断，勤勉尽责，认真遵循审计准则，进行实质性测试，大智慧公司出现的问题是可以被发现的，立信所的失信究其根本是由注册会计职业道德及职业操守缺失而导致的。

从 CPA 审计产生起，会计师事务所就作为独立客观公正诚信的第三方机构对被审计单位进行监督与评价。随着经济的发展，会计师事务所作为资本市场维护者也不断发展壮大，注册会计师的专业能力、审计经验已经不再是桎梏 CPA 审计发展的镣铐，作为重要监管手段的注册会计师审计若不能识别舞弊甚至协助上市公司造假，那么证券市场健康运作的基石也就不复存在。注册会计师的能力可以培养，职业操守可以提升，关键之处在于注册会计师自身是否能遵循职业准则，是否能够勤勉尽责地将已有的能力及经验运用在审计工作中，且注册会计师是否能保持其独立性才是亟须解决的问题。

四、讨论题目

1. CPA 审计信任危机的防范与应对有哪些具体措施？
2. 结合案例，探讨影响会计师事务所质量控制的因素包括哪些？
3. 分析注册会计师在各个审计工作环节面临的审计风险有哪些？
4. 探讨立信会计师事务所的注册会计师是否应该受到处罚？
5. 会计师事务所应如何保证质量控制措施得到有效执行？
6. 销售循环审计的目标及审计风险有哪些？

案例使用说明

一、本案例要解决的关键问题

本案例旨在培养学生进一步关注 CPA 审计中因注册会计师缺乏职业道德与操守而引发的审计失败。根据本案例资料，一方面，学生可以重点分析注册会计师审计频繁出现失败的原因；另一方面，在 CPA 出现信任危机的情况下，进一步了解对于加强注册会计师勤勉尽责可采取的措施。帮助学生拓宽对 CPA 审计质量控制建设的研究思路和领域。

二、案例讨论准备工作

为了有效实现本案例的教学目标，学生应在案例讨论前通过预发材料了解下列相关知识背景：

（一）理论背景

本案例需要学生准备的知识点主要包括：注册会计师职业道德规范、会计师事务所质量控制准则、审计标准与审计准则、审计目标与审计责任、审计计划与审计模式、审计风险和审计失败的关系。

（二）行业背景

立信会计师事务所是中国最早建立和最有影响的会计师事务所之一，相继在北京、深圳等地设立了 29 家分所，立信所现有从业人员 8 200 余名，其中执业注册会计师 2 000 余名。总部设在上海。现有客户遍布全国各地，其中上市公司300 余家，IPO 公司 300 余家，外商投资企业 2 000 余家，并为大型央企、国有集团、银行、证券公司、期货经纪公司、保险公司、信托公司、基金公司等提供审计及相关业务。

（三）制度背景

《中华人民共和国审计法》《审计法实施条例》《中国注册会计师审计准则第1301 号——审计证据》《中国注册会计师审计准则第 1314 号——审计抽样和其他选取测试项目的方法》《中国注册会计师审计准则第 1131 号——审计工作底稿》《中国注册会计师审计准则第 1251 号——评价审计过程中识别出的错报》《会计师事务所质量控制准则第 5101 号——业务质量控制》。

三、案例分析要点

（一）需要学生识别的关键问题

本案例需要学生识别的关键问题包括：探讨 CPA 审计信任危机如何进行应对与防御；提出强化注册会计师职业道德的具体措施；分析会计师事务所质量控制的要点，探讨会计师事务所如何保证质量控制和程序得到有效执行；分析注册会计师在各个阶段工作面临的审计风险，审计风险的构成要素及其关系。

（二）解决问题的可供选择方案及其评价

1. CPA 审计信任危机的防范与应对。在注册会计师行业出现各种执业失败事件，造成公众对注册会计师的信任提出质疑，注册会计师也因此陷入信任危机。如何制止注册会计师的失信行为，对其进行防范与应对，已成为当前经济健康发展的必然要求。CPA 审计信任危机的防范与应对方法可从以下七方面考虑：（1）提高注册会计师的专业胜任能力；（2）强化注册会计师的职业道德；（3）加强会计师事务所的质量控制；（4）完善注册会计师行业协会监管；（5）加强国家对 CPA 行业监管力度；（6）加大对违规会计师事务所及个人的处罚力度；（7）抵制行业内不正当竞争。

2. 强化注册会计师职业道德的具体措施。强化注册会计师职业道德的具体措施可以从以下四个层面考虑：加强道德宣传，重视注册会计师的职业道德教育；健全法规制度，改善注册会计师的执业环境；事务所收费制度创新改革；建立以注册会计师"个人信用制度"为基础的规范会计服务市场信用体系。

3. 会计师事务所质量控制的要点。根据注册会计师执业准则《会计师事务所质量控制准则第5101号——业务质量控制》，会计师事务所应当建立并保持质量控制制度。会计师事务所应当根据质量控制准则并结合自身情况，如管理模式、自身规模、分所数量、设立分所的动因、对人员和分所的授权、人员的经验和知识、业务的性质和复杂程度及成本效益等，制定合适的质量控制制度，包括质量控制政策和程序，以合理实现质量控制的目标，保证会计师事务所及其人员遵守法律法规的要求，注册会计师应该加强审计程序的执行，各地注册会计师协会应该严格规范会计师事务所的审计程序，对于审计过程中的每一个程序和工作步骤都应该严格执行。

4. 注册会计师在各个阶段工作中面临的审计风险。注册会计师审计的风险贯穿于整个审计过程之中，从起初的业务委托到最后出具审计报告，都需要注册会计师加强审计风险意识。可以分为如下阶段：第一，业务承接阶段，在这一阶段，主要存在着签约风险，要求注册会计师深入了解被审计单位及其环境；第二，审计执行阶段，要求注册会计师严格按照审计程序，对容易引起风险的关键领域实施严格的监控；第三，审计报告阶段，客观描述被审计单位情况，考虑出具何种类型审计报告。

5. 审计风险的构成要素及其关系。根据《中国注册会计师审计准则第1101号——财务报表审计的目标和一般原则》第十七条对"审计风险"的定义：审计风险是指财务报表存在重大错报而注册会计师发表不恰当审计意见的可能性。审计风险的构成由被审计单位重大错报风险和审计的检查风险组成。评估被审计单位的固有风险和控制风险是关键，注册会计师应将工作重点放在实质性测试上，以便将检查风险控制在可接受的水平内，进而降低审计风险。

6. 销售循环审计目标及审计风险。销售循环审计的目标在于审查营业收入发生的真实性及披露的准确性与完整性。销售循环审计风险指企业的营业收入有错报、漏报、虚报、假报等情况存在，而审计人员未审出，导致发表错误的审计意见，造成审计失败。要识别销售循环审计风险就必须了解销售收入舞弊的形式、表现及风险迹象。一般来说销售收入审计风险形式有：提前或推后确认收入；未按照规定正确使用完工百分比法确认收入；具有重大不确定性时确认收入；签订虚假合同操纵营业收入等等。

（三）推荐解决问题的方案

1. CPA审计信任危机的防范与应对。

（1）提高注册会计师的审计能力。在面对上市公司财务舞弊屡禁不止，舞弊手段纷繁复杂的情况，提升会计师事务所的专业判断及综合素质尤为重要，使注册会计师在审计准则的框架下运用专业知识和经验做出正确地识别与判断。一方面，会计师事务所在招聘审计人员时，严格把住审计人员质量关，不具备条件者不能聘用。另一方面，应注意对现有注册会计师不断地进行后续教育，在事务所内部定期进行专业技能培训。在相关规定政策不断完善的情况下，审计对象和内容也经常处于变化之中，注册会计师协会也应定期组织学习，让每个注册会计师都有机会学习新的知识，不断提高自身的业务能力。

（2）强化注册会计师的职业道德。注册会计师应当遵守相关职业道德规范，恪守独立、客观、公正的原则，保持专业胜任能力和应有的关注，对其所提供的服务承担勤勉尽责的义务，运用专业知识、技能和经验获取并客观评价审计证据，保持职业怀疑态度。

（3）加强会计师事务所的质量控制。会计师事务所及注册会计师应当遵守会计师事务所质量控制准则。会计师事务所应当根据质量控制准则并结合具体情况，制定合适的质量控制制度，包括质量控制政策和程序，以合理实现质量控制的目标，保证会计师事务所及其人员遵守法律法规、中国注册会计师职业道德规范以及中国注册会计师审计准则、中国注册会计师审阅准则、中国注册会计师其他鉴证业务准则和中国注册会计师相关服务准则的规定，保证会计师事务所和其项目负责人根据具体情况出具恰当的报告。

（4）完善注册会计师行业协会监管。对协会的组织结构进行改革，进一步强化决策机构对协会工作的监督和指导，进一步扩大执业人员在理事会中的比重。如协会会员代表大会和理事会换届选举可以改为每年举行一次，这便于协会理事会、常务理事会及时作出重大决策，强化其对行业的监管力度，并对违法违规者及时作出惩处决定。要积极发挥其专职业务监管部门的作用，进一步建立和健全各项业务监管制度，如会计师事务所业务质量评价制度、业务报备制度、证券期货审计业务监管制度、上市公司年报审计质量检查制度等等。

（5）加强国家对 CPA 行业监管力度。政府对注册会计师的监管部门众多，主要包括财政、审计、工商、税务以及证券监管等。这些部门之间职责存在着相互交叉，由于职责不明确，致使某些部门过分使用行政权力对注册会计师进行监管，而有的部门却不闻不问，加剧了市场竞争的无序、混乱，直接或间接地削弱了对 CPA 行业的监管力度，使审计失信失败行为时有发生。

（6）加大对违规会计师事务所及个人的处罚力度。

①加大对会计师事务所处罚力度。A 股市场对违法违规会计师事务所及其注册会计师的处罚力度还较轻，应加大对违法违规会计师事务所的处罚力度，加大事务所的失信成本。

②加大对注册会计师个人处罚力度。强化注册会计师的民事赔偿责任，加大道德丧失的成本，对个人的行政罚款和刑罚处罚是极有必要的。因此，抑制虚假审计报告的有效方法是增加审计失败成本。在明确注册会计师职业道德评价标准的同时确定虚假审计报告的处罚措施，并且使赔偿额远远超过其从中获利的数额，或远远超过其给受托方带来实际损害的数额，进而遏制其不道德行为的双重功能。

如表 3-2 所示，与中国香港及美国的处罚情况相比，A 股市场处罚严厉程度还有一定的差距。香港特区政府建议将调查及裁决违规个案的权力由公会转移至财汇局，相关处罚除了公开谴责违规人士、从核数师名册中除名外，还将罚款最高定额由 50 万元大幅增至 1 000 万元，或以不当行为所获利的 3 倍金额。此举被誉为追上国际主流。美国国会出台了《2002 年公众公司会计改革和投资者保护法案》（萨班斯法案），加大对会计师造假处罚力度。其中规定成立 PCAOB，其有权调查、处罚和制裁会计师事务所和个人。PCAOB 处罚和制裁的形式包括：临时或永久吊销注册；对于故意、明知故犯、不计后果的行为或者屡犯的过失行为，可对自然人处以 75 万美元以下的罚款，对机构处以 1 500 万美元以下的罚款等，而 A 股会计师事务所在 IPO 项目一般收费一两百万美元，即使违规后按"业务收入五倍"顶格处罚，对单位罚款也在 1 000 万美元以下，在对违规会计师个人的罚款方面，最多罚款十万美元，可以说构成的威慑力极小。除了高额罚款，法案规定执行证券发行的会计师事务所的审计和复核工作底稿至少应保存 5 年，否则将予以罚款或判处入狱 20 年或予以并罚。而对证券欺诈的犯罪最高可判处入狱 25 年。

表 3-2　　　　　　　中国、中国香港和美国处罚情况对比表

地区	罚款	行政处罚	法规
中国	对违规证券服务机构处以业务收入一倍以上五倍以下的罚款；对违规人员处以三万元以上十万元以下的罚款	训诫、通报批评、公开谴责（中注协）；暂停或撤销证券服务业务许可，对直接负责的主管人员和其他直接责任人员给予警告，撤销证券从业资格（证券法）；提供虚假证明文件，则对会计及审计人员处以"三年以下、五年以下、五年以上十年以下"三个档次的有期徒刑（刑法）	《中国注册会计师协会会员执业违规行为惩戒办法》《证券法》《刑法》
中国香港	1 000 万元，或以不当行为所获利的 3 倍金额	公开谴责违规人士、从核数师名册中除名，处以刑事裁决	《证券及期货条例》
美国	可对自然人处以 75 万美元以下的罚款，对机构处以 1 500 万美元以下的罚款	临时或永久吊销注册；审计和复核工作底稿至少应保存 5 年，否则将予以罚款或判处入狱 20 年或予以并罚。而对证券欺诈的犯罪最高可判处入狱 25 年	《萨班斯法案》

（7）自觉抵制行业内不正当竞争。上市公司经营风险的加剧，使得审计行业面临的风险不言而喻，各事务所为了生存，不考虑专业胜任能力，不考虑审计风险程度，甚至为了获得审计费用恶性竞争，帮助被审计单位出具虚假审计报告。会计师事务所应当自觉抵制行业内不正当竞争，积极应对行业环境和市场经济变化，对内部管理进行调整，完善内部质量控制。监管部门应从审计人员配备或行业评价等方面，考虑事务所的行业准入制度、优劣评价标准及收费水平。真正做到奖优罚劣，优胜劣汰，将失去诚信原则的会计师事务所淘汰出局，逐步形成行业特色，分工明确，有序竞争的市场局面。

2. 强化注册会计师职业道德的具体措施。

①加强道德宣传，重视注册会计师的职业道德教育。注册会计师的职业道德是指注册会计师职业品德、职业纪律、专业胜任能力及职业责任等的总称。但在

实际执行过程中由于外在环境还存在许多不规范之处，要加大宣传力度，更要注重职业道德修养的培训。

②健全法规制度，改善注册会计师的执业环境。健全法规制度，依法从审是注册会计师业务开展的前提，强化注册会计师的民事赔偿责任，加大道德丧失的成本。加快《注册会计师法》《审计准则》等有关独立审计的法律法规本身与《公司法》《税法》《刑法》等各种法律法规的衔接，应尽快完善执业规范。

③事务所收费制度创新改革。收费问题成了影响注册会计师实质上独立的核心问题。注册会计师行业一方面要履行社会鉴证和经济监督职责，另一方面又必须同其服务对象进行合作，寻求一定的经济效益。在我国，虽然一些政府部门为会计师事务所制定了最低收费标准，但很少考虑业务的复杂程度、审计风险等因素，可见创新付薪的方式也是注册会计师职业道德建设的途径之一，我们可以参考现在网上电子商务中的一种信用中介模式——支付宝。在支付薪酬时，提前将费用交由一个机构保管，在工作完毕之后经鉴定合格之后将薪水支付。该机构还可以对委托方进行监督，改善原支付方式可能引起的道德风险。

④建立以注册会计师"个人信用制度"为基础的规范的会计服务市场信用体系。如果注册会计师的职业道德可以形成商誉，那么商誉构成无形资产的价值，且将带来超额收益。通过在行业内建立诚信档案库，对每一个会计师事务所和注册会计师个人执业经历进行跟踪记录与信用评级，实行信用等级管理和动态管理，并以立法的形式对信用档案的记录与移交、管理与评级、披露与使用及评级机构与被评级单位的责任和权益应做出明确规定，且根据评级确定审计收费标准差异，建立注册会计师行业信用制度，以制度约束 CPA 的失信行为。

3. 结合本案例，分析各个审计工作环节存在哪些风险？

（1）签订审计约定书环节的风险。签订审计约定书，是委托人与被委托机构之间明确权利义务关系的法律过程，约定书一旦确定，就对双方均具有约束力。作为审计方，必须按约定的内容、要求按时出具审计报告，否则就构成违约。一般情况下，除老客户外，会计师事务所对被审计单位内部财务制度和内控系统是否健全和有效并不了解，而这些方面的状况又恰恰是审计机构和注册会计师能否得出客观、真实审计结论，发表客观、真实审计意见的基础。然而，随着会计师事务所竞争的日益加剧，只要有经济来源，会计师事务所就把审计风险抛之脑后，按委托方的要求草率地订下约定书。结果有的在接触对方的审计资料后，才发现工作量非常大，为了赶进度，不按规章的要求进行审计，有的被审计单位财务记录和原始凭证虽根本没有可信度，但为了提供审计报告而凭经验和逻辑进行推理。这样的审计报告通常会存在审计风险。因此，可以说签订约定书环节是产生审计风险的源头。

（2）审计抽样的风险。立信所在电子回单存在异常情况下，以发现的错报金额低于重要性水平为由，未进一步扩大审计样本量，以确认抽样总体不存在重大错报，审计底稿中也没有任何记录表明立信所已对该异常事项执行了任何风险识别和应对的程序。事实上，如果立信所扩大银行回单的抽样范围，2013 年 12

月存在异常摘要的银行进账单笔数将为 48 笔，合计金额 873 万元，明显高于底稿中抽样所涉及回单数量与对应金额。

（3）审计取证环节的风险。审计证据是形成和支持审计意见的基础。错误、失真的审计证据必然得出错误的审计结论，不全面、不充足的审计证据必然会得出片面、不可靠的审计结论。然而，审计人员在取证和选用证据上，都存在着许多不确定因素，主要表现在审计证据的数量和质量两个方面：在数量上，审计证据究竟有多少才能最充分地证明其最终审计结论的可靠性，并且在收集整理和选取了一定数量的审计证据后是否有遗漏，遗漏了多少重要证据；在质量上，对重要性的认识方面，不同的审计人员有不同的认识，因而依据它选取证据的证明力也不同。立信所在收入和期后退货均存在大幅增加的异常情况下，以管理层声明书这样的内部证据就认可管理层提出的退款理由，显然不足以应对可能存在的舞弊风险。

（4）审计报告环节的风险。审计报告是审计的成果，也是追究审计责任和承担审计风险的具体依据。撰写审计报告本身不但存在风险，而且是防范风险的重要环节。立信所注册会计师签发的审计意见与大智慧的事实不符，出具了标准无保留意见的审计报告，从而使审计报告使用者的决策行为受到影响。大智慧的虚假财务信息，使得股民遭受重大损失，截至 2016 年 9 月 9 日，全国共有 454 位投资者起诉大智慧，其中部分案件还起诉了立信会计师事务所、张长虹等责任人，索赔总金额突破 1 亿元。

4. 结合案例，探讨立信会计师事务所的审计师是否应该受到处罚？从大智慧的造假财务表现来看，2003 年膨胀的销售额和激增的利润，只要注册会计师保持职业谨慎态度，不可能完全发现不了，对销售与收款环节没有执行有效的分析程序，从审计准则执行有效性的角度来评价，立信会计师应该受到处罚。

5. 探讨会计师事务所应该如何保证质量控制政策和程序得到有效执行？为了使会计师事务所的分所管理得到进一步的规范和加强，使事务所的内部治理更加合理和优化，在总结我国目前现有的会计师事务所分所管理经验不足的基础上，财政部出台了《会计师事务所分所管理暂行办法》，该暂行办法中规定会计师事务所应当从人员、财务、业务、信息管理、技术标准等方面做好质量控制工作。审计质量控制体系的构建应当包括以下五个方面：组织结构设置、职业原则和理念、业务管理控制体系、支持体系、监督体系。其中，业务管理控制体系是审计质量控制体系的核心内容，其他体系的构建都是为了更好地提升业务质量服务，组织结构设置是前提，执业原则和理念是基础，支持体系做支撑，监督体系是保障。组织结构设置应当考虑组织形式的选择以及事务所的组织管理模式。执业原则和理念是提升业务质量的基础，包括统一职业标准、明确执业人员的职责分工、营造合适的企业文化氛围、强调职业道德理念。业务管理控制是整个审计质量控制体系的核心，在总分所管理模式下，业务管理控制主要包括建立业务分级分类管理机制。监督体系要体现实施审计业务时的全过程控制，即承接业务前的事前控制，执行业务时的事中控制，完成审计业务后的事后控制。

四、教学组织方式

（一）问题清单及提问顺序

1. CPA 审计信任危机的防范与应对有哪些具体措施？
2. 结合案例，探讨影响会计师事务所质量控制的要素包括哪些？
3. 结合案例，注册会计师在各个审计工作环节面临的审计风险有哪些？
4. 结合案例，探讨立信会计师事务所的审计师是否应该受到处罚，理由是什么？
5. 探讨会计师事务所如何保证质量控制和程序得到有效执行？如何强化注册会计师的职业道德？

（二）课时分配

1. 课后自行阅读资料：约 3 小时；
2. 小组讨论并提交分析报告提纲：约 3 小时；
3. 课堂小组代表发言、进一步讨论：约 2 小时；
4. 课堂讨论总结：约 0.5 小时。

（三）讨论方式

本案例可采用小组形式进行讨论。

（四）课堂讨论总结

归纳发言者的主要观点，重申其重点及亮点，提醒大家对焦点问题或有争议观点进行进一步思考，建议大家对案例素材进行扩充研究及深入地分析。

案例 8

农业银行北京分行风险失控问题研究

——基于内部审计视角

刘 静 孙静雯 闫佳惠

一、引言

中国农业银行早在 1985 年就初步建立了内部审计机构，随着时代的进步和科学技术的飞速发展，农业银行对内审机构进行了多次不同力度的改革来增强其独立性，如今建立了直接归属于董事会领导的内审管理系统。可惜的是，这几年却接二连三地爆出关于农业银行的丑闻，例如公众所知晓的农业银行总行副行长杨琨案、北京分行票据案等重大案件，都无情地揭示出农业银行的内部审计架构还存在着需要进一步完善的地方，需要我们积极探索并进行改正。

二、案例背景

1. 农业银行北京分行简介。中国农业银行（Agricultural bank of China，ABC），最初在 1951 年成立的是农业合作银行，于 1984 年恢复建行，相继经历了国家专业银行、国有独资商业银行和国有控股商业银行三个发展阶段，在 2009 年 1 月，中国农业银行改制成为股份有限公司。2010 年 7 月，在上海证券交易所和香港联合交易所分别挂牌上市，成功跨越为公众持股银行。现在，在全国各个省市县都开设有自己的分行，范围广业务量大，是国有四大行之一。

中国农业银行北京分行是中国农业银行股份有限公司 2009 年在北京成立的分支机构。2009 年 1 月 15 日，农业银行北京分行成为中国农业银行股份有限公司在京分支机构，截至 2016 年末，北京地区设有营业机构 408 家，拥有员工 9 659 人；总资产 7 392 亿元；大口径存款 7 145 亿元；各项贷款 3 093 亿元；实现中间业务收入 26.8 亿元，同比增加 6.23 亿元；实现拨备前利润 107.1 亿元、拨备后利润 102.6 亿元，实现增幅分别为 45.97% 和 38.96%。

2. 行业背景。党的十八届三中全会的胜利召开对我国的金融改革起到了很大的促进作用，让市场更大力度地参与金融利率的调整。与互联网技术更紧密结合的复杂多变局面，既给商业银行提供了进一步的发展空间，也随之带来了严峻的风险挑战。在美国爆发金融危机后，各个国家都加强了对其银行业的风险监管，我国也不例外地对银行业加大监督管理力度。近年来，商业银行的内部管理人员及员工做出违反法律规定、擅自挪用公家财产行为造成银行蒙受巨大损失的事件层出不穷，更为加强银行企业风险管控敲响了警钟。

三、案例概况

（一）可圈可点的内控体系

中国农业银行恢复设立后，审计署于 1985 年颁布的《关于内部审计工作的若干规定》中明确提出"要求各国有企业单位必须成立内部审计部门，提高对财务信息的监督和管理，"由此，中国农业银行把曾经隶属于会计部门的业务检查职能进行分离，成立稽查部门。虽然稽查部门的检查手段和现在相比较为简单，但也算建立起了内审部门的雏形，1997 年为了满足中国农业银行向商业银行的转轨成功，农业银行颁布了《关于稳步推进稽核架构改革的通知》，把县（市）级支行的稽核监督职能进行逐步上收，在公司内实行下审一级的工作制

度，把每一级的内部审计范围进行了扩张，所审计的业务数量增多，内部审计的
"客观性""独立性"和"有效性"得到了农业银行的重视，但是由于各种复杂
条件的限制，内部审计提高的效果不显著。2002年底，农业银行进一步明确了
关于"健全内控机制、完善法人治理结构，逐步建立对一级法人负责、垂直管理
的内审工作体系"的目标和实施计划。

为了增强内部审计和完善内部控制体系，农业银行于2004建立了一级法人领
导下的总分行两级审计和两级派驻制。2009年农业银行股份制改革完成，撤销了所
有分支机构的审计部门，在全国各地组建了10个审计分局，在总行组建了审计总
局。这10个审计分局要对审计总局负责，和被审计单位之间没有联系，审计总局
直接隶属于董事会，审计工作接受监事会的指导和审计委员会的监督、检查和评
价，其架构如图3-2所示，这样在一定程度上使审计更加客观、独立及权威。

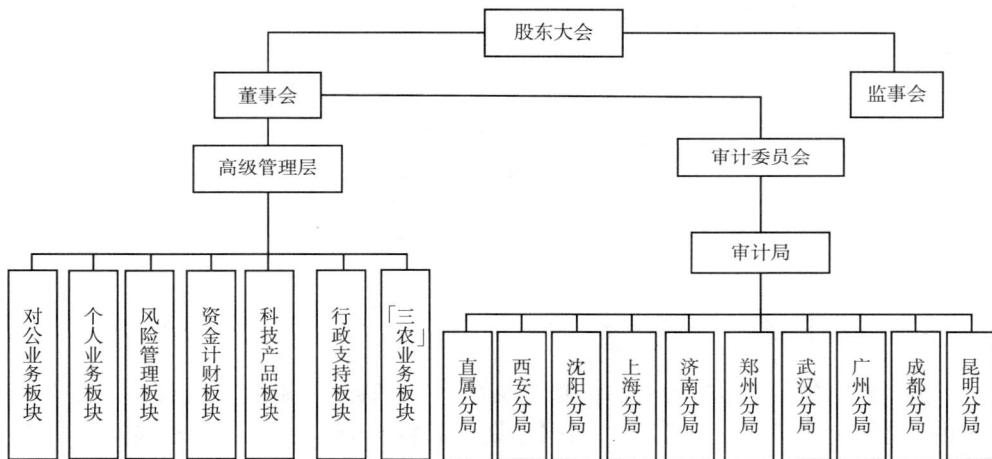

图3-2 农业银行内部审计领导架构图

农业银行内部审计构建了顺应市场的组织架构，构建了"三会一层"的运
营体制，广泛应用信息技术，为内部审计的质量提升创造了条件，在一定程度上
使审计更加客观、独立及权威。日益完善的考核体系，为审计增值评价积累了经
验。众所周知，内部审计在农行发展过程中卓有成效，但在实践中仍然出现许多
不容忽视的问题。

（二）祸起萧墙，38亿元遭套取

2016年1月，农业银行北京分行2名职工被公安机关立案调查，被发现涉嫌
用非法手段套取38亿元的票据回购资金，且未建台账，其中的大部分钱款非法
进入股市，但是因为股市动荡下跌，巨额资金赔在股市无法取出，这就造成资金
大缺口不能兑付。经调查，这2名工作人员都较为年轻，一名为工作经验丰富的
投行票据业务部32岁赵姓员工，有很强背景；另一位是新入职员工。据农行内
部人员透露，中国农业银行北京分行的职员大多背景复杂，员工中有许多是高层

领导亲属。

此次案件经过是农业银行北京分行与一家某银行进行银行承兑汇票转贴现业务，如果没满回购期的话，银票应该一直在北京分行的保险柜中存放，任何人都没有动用的权力，但是现实情况却是原本应存放在银行保险柜的银票被某重庆票据中介非法提取，并与另外一家银行进行了回购贴现交易，这些本应回到农行账面的资金却在最后非法进入股市，没有归还到农业银行北京分行的账面上，而农业银行北京分行保险柜中保管的那些票据却被偷偷地换成了报纸，不禁让人大惊失色，案件流程如图3-3所示。

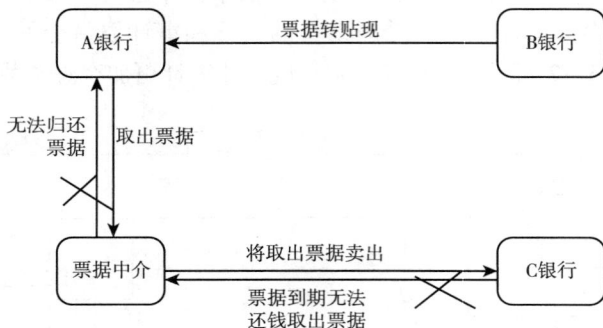

图3-3　案件流程解析图

（三）内外勾结，串通作案

这个案件存在典型的内外勾结操作风险，票据提前在银行中被取走，说明是被银行内部人员违反规定卖出，票据到期但是没有划款，说明钱和票据没有同步，出现划账空窗的情形，到期未履行回购业务，造成了银行的坏账。按照相关规定，票据封包入库应由农业银行北京分行进行严格保管，在票据出库的环节时会有多道程序严格把关，而且经办方没有资格负责保管，这说明犯罪成本高。按照正规流程，票据的回购业务会由多个部门的多道程序进行审核把关，比如财务部门、柜台部门、信贷部门及内审部门，所以这个风险事件不只是由2人作案，而是揭示了多个部门集体渎职并串通作案的事实，由于此案涉及金额巨大，公安部和银监会已将该案件上报国务院。

农业银行北京分行风险失控案例揭示了多个部门工作人员联合作案的内外勾结操作风险，这就对商业银行的内部审计工作敲响了警钟，我们要加强商业银行的内部审计来增强风险控制能力。

（四）农业银行北京分行风险失控分析

1. 对操作风险的认识不足。操作风险存在于企业组织架构的各个分支机构，涉及每位员工及每项工作流程，因此，每位员工都应绷紧风险把控这根弦，踏踏实实遵章守纪，切实将岗位分内的风险消灭在萌芽之中，才能保证整个企业的正常运行。目前买入返售业务在银行里面相对其他业务来说属于小众业务，在分行中配备的专门从事此项任务的工作人员数量很少，比如农行在该分行专门处理这项业务的也只不过三到四人，这就对操作风险的发生提供了空间，该分行对此的重视程度相对较低。

2. 没有内部审计，风险控制流程存在缺陷。

（1）风险控制流程不完善和流程执行不严。虽然农行将内部风险管控放到了相当高的地位，但在优先发展的战略面前，仍存在优先发展高于风险管控的情况。

（2）基层营业机构风险控制能力薄弱。中国农业银行基层机构众多，风险管控机制无法在各个基层切实执行，则使基层银行成为案件多发之地。由于基层组织与领导层信息沟通滞后的影响，导致监督不力及管控松散等问题，在一定意义上将内部风险控制流于形式，停留在口头阶段。基层工作繁重，人员培育经费高昂及相关配备设施的欠缺使得风险管控愈发困难。令人遗憾的是，农行基层内部审计建设一直没有完善起来，风险管控意识严重滞后。

3. 风险管控文化尚未形成。

（1）农业银行广大基层员工没有深入理解风险管控文化。银行没有设定相关具体的制度规章和行为规范，员工没有被正确引导和主动去了解学习，没有真正地意识到如何在各个小事及细节处防范风险的重要性，有许多员工认为只要把目前手头上的工作做好应付过去检查就可以了，并没有考虑到一些行为潜在的危险，认为风险问题是其他部门的工作范畴，不关自己的工作就不去学不去做。

（2）农业银行没有将风险制度管理提升为公司的文化管理。众所周知，在当今社会中新兴业务不断拓展，紧随其后制定相应的措施进行应对，先进的风险管理文化可以让政策制度更贴近于现实工作的实际需要。没有一个好的风险管理文化，再好的风险管理政策、程序也只是停留在纸面上无法真正得到贯彻落实。

四、案例启示

农业银行不仅要吸取其他国家的先进成果，还要从自身实际情况出发，完善有关农业银行北京分行的内部审计以加强风险控制工作。

（一）优化内部审计体系，严控风险控制纰漏

优化内部审计体系，落实《商业银行内部控制指引》《中国农业银行内部审计准则》，从农行的审计总局到审计分局，再到基层行内审部门都要把银行的风险管控作为重点工作，促进商业银行健康持续发展。

1. 加强宣传教育，提高对风险控制重要性的认识。良好的内控文化建设，可以提高管理层及员工对内控重要性的认知，宣传诚信及风险管控理念，提高每

位员工实现目标的积极性，尤其是把银行的风险管控作为内部审计的重点工作。强化内部控制，通过学习和教育，来提升所有员工的内控意识和制度落实成效；在日常工作中定期向员工进行内控教育培训，不断督促员工树立内控意识和内控理念，加强对内控文化建设的宣传，在农行中真正形成内控文化。

2. 完善内控系统，提高风险控制机制的运作效率。构建独立权威的内部审计体系，主要职责之一是风险管控。内部审计部门要经常对业务情况、运营情况进行随机督查，掌握银行经营情况和内控系统的执行情况。内部审计既可以看作内控系统的一部分，又可以督促内控有效运行。

农业银行内部审计直接隶属于银行党委、董事会，应加强其工作独立性，审计的地位和作用也应不断加强。审计工作要坚持做到以风险为导向，对全行的经营管理、制度政策的执行力度和完成任务情况全面实时监督，对于管理中暴露的问题和风险点进行及时分析，与具体单位部门共同商榷，查找问题源头，实时协调处理，不断完善内部控制，以有效化解风险。同时，审计部门还要对单位部门的执行情况进行跟踪后续审计，而不只是应付检查就不管不顾了，提高风险控制是一项持久不可间断的工作，要严格督促其整改执行彻底。更重要的是，内部审计的结果对做出正确决策有重大的影响意义，是以后工作制度规范更进一步改进和提高风险管控能力的标杆和风向标，因此要加大力度开展好各部门的审计工作。

（二）增强内部审计人员工作素质，提高风险控制业务水平

为了提高内审人员综合素质，农业银行推行了许多培训，但未能从根本上提升审计人员整体素质，对此我们应该从采取以下措施。

1. 提高内部审计人员的职业道德素质和业务能力。在内部审计人员忠于恪守职业道德问题上，坚持原则是处理好国家、集体和个人关系的首要条件，面对工作中的问题，无论大小，内部审计人员都应该按规章制度办事，在处理违纪违规问题时，内部审计人员更应该对人对事公平对待，做出客观公正的审计判断。面对出现的问题，内部审计人员应参照规章制度进行公平真实的评判。在工作中应廉洁奉公，不能公私不分，内部审计人员应严格遵守审计工作规章制度，对涉及被审计单位机密的内容，做到保守秘密，不向外宣扬。审计过程中的资料，要按规定进行处理，审计完成后，安排专人专柜保管或销毁。在审计工作中，对于发现不报或上报虚假信息的人员给予行政处罚，对工作失误导致重大经济损失的人员追究法律责任，都要进行严肃处理。

由于商业银行内部审计涉及面非常广，涉及的业务也越来越复杂，内审人员需要具备的知识与技能要求也越来越高。不仅要具备财务金融方面的专业知识，还要熟知互联网及数学知识，特别是如今互联网日益发达，内部审计人员除了要做到熟悉本银行的业务，更要具备综合的协调能力、文字表达和口头表达能力，才能不会落后。

2. 做好内审人员的后续教育和培训工作。商业银行的业务愈加丰富，内审

工作在商业银行中的重要性越发凸显，对审计人员的素质和工作要求越来越高，所以要更加关注对内部审计人员的培训工作。

在经济、技术变革迅速的时代，农业银行也在快速发展，业务变得复杂多样，内部审计的培训工作需要顺应银行业务的发展，将审计重点工作及审计技术方法作为培训重点，提高工作人员的风险控制意识，增强培训力度，加强培训深度，将在实际工作中发生的真实案件整理归纳，把涉及的问题对工作人员进行讲解，通过现实案例分析发现和总结存在的问题并引导思考如何避免发生同样的问题和错误，灵活运用实践，启发和增强内审人员发现审计问题的能力。

3. 建立健全科学的内审人员奖惩及责任管理制度。建立健全健康、持续的奖惩机制，可以增强农业银行审计人员的主人翁意识。第一，建立健全健康、持续的奖惩机制，能增强内部审计人员的主观能动性和积极性，在物质和精神方面共同督促内部审计人员积极工作，加强银行内部企业文化建设，进一步增强内审人员的诚实守信和爱岗敬业精神。第二，应该增强内审人员的风险、责任管控意识，促使内审人员廉洁自律，勇于承担责任。

（三）改进内部审计模式，实施风险导向内部审计

1. 更新理念，转变内部审计模式。农业银行需创新审计观念，将风险审计作为重中之重，提高风险控制能力，树立风险导向型的内部审计理念。风险导向审计将风险评估结果作为起点，将管控及消除风险作为方向来执行审计方案，编写审计报告等工作都把风险管控作为中心，依据风险的级别确定审计方法及频率，选择审计资源，注重审计风险的评析，并将结论及时有效地送呈至高层，严格控制薄弱环节。风险管控观念需彻底贯彻于整个审计工作过程，我国商业银行内部审计的发展方向是建立风险导向型审计，内部审计部门的工作方针和具体内容需依据风险产生概率来确定，并分析审计风险及审计的工作效率，提高审计的能效，充分提高对审计资源的利用率，提高投入与产出比。

2. 准确定位，拓展内部审计职能。我国商业银行的内部审计工作正由简单的督促角色升级为监督、评估、鉴定相配合的工作，但仍未启动咨询服务作用。内审部门在常规审计正常进行的同时，要将预防风险和增强内部风险管控作为目标，并深度拓展审计职能广度，从事后监督升级为全程监督，增强咨询服务质量，把服务对象范围扩大到银行各个部门、层级，服务内容要覆盖审计业务的各个领域，灵活多变地运用各种服务方法。

（四）创新内部审计方式方法，提高风险控制质量

互联网已经深入地影响我们的生活、工作，任何行业都需要提高互联网使用水平，农业银行内部审计工作也是如此，内部审计人员要跟上时代步伐，加强计算机技术更新，创新内部审计工作的方式和方法，利用好信息技术，提高工作效率。

1. 创建互联信息平台，普及计算机审计。第一，把数据导入互联网平台，通过计算机高效运转，加速信息同步传输，实现全行核心任务的汇总处理。第二，普及电脑辅助审计。通过电脑对商业银行的各种数据进行高准确度核查，创建内部审计资料库，建立正规、格式一致的报告，进行持续监督。第三，利用电脑实时监控潜在风险，大多数银行业务都存在相关关系，可以有针对性地建立相关计算公式实施动态监测，对潜在风险进行实时监控。这样可以在更大程度上减少其他因素对信息传递的干扰，积极确保审计人员的信息快速准确地向外传递，实现全行数据的集中与统一。

2. 创新审计方法，大力推进非现场审计。非现场审计着重于事前制定严格的行为规范，事中实时监测和监督，将审计的工作重心从事后转移到事前和事中，这样才能适应新的发展形势，提高风险控制能力。第一，通过非现场审计，农业银行的平台可以对产品业务及相关部门进行动态追踪，实时把控运营数据，实时监控潜在风险，及时发现运营过程中的不正常之处，将其扼杀在摇篮里；第二，加大对相关银行业务软件开发的关注度，积极探索更先进的审计分析模型，用客观的理论和数据理性分析，检验主观审计结论，将信息收集、汇总及处置实现自动运行，使非现场审计能够全方面监控潜在风险，对现场审计提出建设性意见，提高工作效率，使现场审计能够把更多精力放在重点问题方面；第三，非现场审计可以减少差旅支出，降低审计成本。

五、讨论题目

1. 内部审计在风险控制体系中起到什么作用？
2. 风险控制对商业银行有什么现实意义？
3. 农业银行北京分行风险失控案中，内部审计存在哪些问题？
4. 通过农业银行个案的分析，对其他商业银行内审和风险控制有哪些启示？

案例使用说明

一、本案例要解决的关键问题

本案例旨在培养学生将风险管控与审计实务相互交叉渗透，在风险导向审计理论指导下，从内部审计视角分析农业银行北京分行风险失控问题的案例，帮助学生明确内部审计在农业银行内部控制和风险管控系统中的职责和作用，建议中国农业银行建立风险导向内部审计机制，引导学生分析内部审计业务转型、工作重点转型到风险管控、咨询服务等方面，思考增强内部审计人员工作素质，创新内部审计方式方法，提高风险控制业务水平，以便拓宽农行银行内部审计的视野和思路。

二、案例讨论准备工作

（一）理论背景

本案例需要学生准备的知识点主要包括：内部审计；审计标准与审计准则；审计目标与审计责任；审计计划与审计模式；审计报告及风险评估。

（二）行业背景

随着时代步伐的进步与加快，商业银行所要处理的业务范围和内容也不断扩张和丰富，这就对商业银行的内部审计提出了更高的要求，它的主要职能变为检验和评估所制定颁布的管理制度的科学性和可行性，公司内部控制系统的严谨周密性，在日常工作中及时发现经营管理中所暴露出的薄弱环节和漏洞，及时高效地提醒经营管理者采取恰当的手段进行改进，切实起到敲响警钟的作用。因此，通过对商业银行内部审计的研究，研究加强风险控制，对于改善商业银行经营管理有着十分重要的意义。

党的十八届三中全会的胜利召开对我国的金融改革起到了很大的促进作用，让市场更大力度地参与金融利率的调整与互联网技术更紧密结合的复杂多变的局面，既给商业银行提供了进一步的发展空间，也随之带来了严峻的风险挑战。爆发金融危机后，各个国家都加强了对其银行业的风险监管，我国也不例外地对银行业加大监督管理力度，关于如何更好地控制银行业风险等话题也在各界引起了热议。近年来，商业银行的内部管理人员及员工做出违反法律规定、擅自挪用公家财产行为造成银行蒙受巨大损失的事件层出不穷，更为我们对此类问题的讨论研究敲响了警钟。内部审计对商业银行提高经营效益，提高商业银行的核心竞争力，完善内部控制和提高防范风险能力具有举足轻重的影响。

（三）制度背景

《中华人民共和国审计法》《审计法实施条例》《中国注册会计师审计准则》《商业银行内部控制指引》《银行业金融机构内部审计指引》《农业银行股份有限公司内部审计章程》。

三、案例分析要点

（一）需要学生识别的关键问题

本案例需要学生识别的关键问题包括：明晰内部审计在风险控制体系中起到的作用、风险控制对商业银行的意义以及商业银行的内部审计及风险控制体系的建立及完善。

（二）解决问题的可供选择方案及其评价

1. 内部审计在风险控制体系中起到什么作用？内部审计在加强企业风险控制中发挥着重大的作用，它站在相对客观的角度对企业的风险管理工作做出独立性较强的研究与分析，在一定程度上保证了风险管理工作的顺利进行，并且将企业的风险控制工作重点放在事前控制，提前预防，规范公司内部的管理制度，尽量避免和减少风险会带来的损失。除此之外，内部审计能够做到随时为企业管理者和各级员工提供规避风险的信息咨询和指导，使得制定更加健全的规章制度，进一步贴合于企业的经营目标和要求，努力做到将企业经营目标最大化。

正如国际内部审计师协会主席伍顿·安德森博士所提出的"内部审计在企业风险管理体系中既可以充当评估风险大小的帮助者，又是企业风险控制体系的评价者，它对于企业的风险控制发挥着重大的保障和维护作用。"因此，我们要对内部审计的理论与研究方法进行仔细地推敲和摸索，从而加强企业的风险控制能力。

2. 风险控制对商业银行有什么现实意义？风险控制在商业银行的整个经营过程中是一直存在的，商业银行将风险控制作为发展的重心。

①风险控制是商业银行长期运营的基石。我国商业银行是通过存款再放款，将其利差作为收入，银行担任信用纽带，收到的借款必须按期归还，但放款有可能收不回，如此会发生借款按期归还但贷款无法收回的风险。现代金融理论中提道：银行就是一部风险机器，既可以带来收益，也可以带来风险。

②风险控制能够提高商业银行竞争力。商业银行作为管理货币的特殊行业，主要目标就是盈利，经营货币是一个漫长的过程，随着我国加入世贸组织，我国银行业的竞争不只发生在国内，还发生在国与国之间，根据国际情况以及我国国情进行风险控制，可以有效提高我国银行的竞争力，促进经济发展。

③风险控制可以优化资本配置。风险与效益不是处于对立面的，合理的控制能在很大程度上提高企业效益，风险控制可以优化资本配置，商业银行可以根据经济发展现状把贷款发放给优质企业、前景优质企业，如此可以减少银行坏账，也可以促进我国企业发展，从而使我国经济实现良性循环。

风险的概念是产生损失的概率，风险一般是由风险因素、风险事故和损失的可能性组成，是实际情况与预期偏离而产生损失的概率，商业银行风险是指商业银行在从事经营活动中，由于一些突发变化，而遭遇财产受损的概率。

3. 农业银行北京分行风险失控案中，内部审计存在哪些问题？

（1）内部审计缺乏独立性，风险控制架构还需优化。目前，农业银行内部审计架构是总行集中管理的垂直模式，由董事会直接负责，这在一定程度上确保了内部审计的独立性和有效性，但也存在一定的弊端就是不能做到实时监督。内部审计的负责人不确定，在现实工作中仍被经理层管控，使得内部审计不能很好地独立进行。审计委员会的权力微弱，在很多种情况下不能充分发挥作用，但是进行内部审计工作的大多工作人员不是组织内部员工，所看到的审计报告与实际情况有所差池或被他人篡改，使内部审计问题无法被重视，缺乏相应的独立性。

（2）内部审计人员配备不足。农业银行北京分行内部审计在人力资源方面表现出两个突出问题：一是目前农业银行业务多，金融产品复杂，内部审计人员数量不足，且无法与日益复杂的审计任务相配比；二是内部审计人员的综合素质稍低，无法达到内部审计工作的要求。

①内部审计人员数量不足。《银行业金融机构内部审计指引》要求，内部审计人员的数量应达到银行全部员工的1%，目前据调查数据显示，农业银行内部审计员工数量约为2 000人，全体员工数量约为440 000人，内审人员约占全行员工的0.45%，不满足审计指引的要求。充足的内部审计人员数量是正常开展内部审计工作的关键。风险导向型审计是农业银行现在推崇的也是未来发展方向，因此，工作内容的转变带来了工作量及工作要求的提高，但内部审计人员的数量并没有跟上改革的步伐，繁重的工作任务压力使内部审计人员身心俱疲，使得部分审计人员只能仓促完成工作任务，但不能保证工作质量。

②内部审计人员综合素质没有达到要求。农业银行内部审计人员大多来源于以前的总行驻一级分行特派办、一级分行审计处和一级分行驻二级分行特派办，年龄偏大，所掌握的知识和工作技能都是比较落后和保守的，不适合现在的经济发展形式，而且现在社会上对于金融行业所要求的知识技能复杂丰富，很难在短时间内完全掌握，致使电子化审计和内部审计人员综合素质不高。虽然现在农业银行认识到了这个问题并想办法改善现状，但是目前内审人员仍存在以下现象：一是业务素质偏低。现代社会中事物更新速度加快，农业银行业务更加复杂和多样，审计人员只掌握以前的财务知识是远远不够的，更要具备较强的综合分析能力且掌握电子化操作、非现场审计等先进审计方法。二是思想观念落后。内部审计人员长期从事固定工作，流动性小，不接触现代经济社会中出现的新问题、新形势，不学习分析新理念新方法，严重禁锢了内部审计人员的思想观念，使其跟不上现在所需要掌握的服务意识和风险意识的步伐。三是有些审计人员在审计检查中走过场，为了省事和个人利益帮助被审计单位掩盖违法违规行为。

③缺乏合理的奖惩机制。在现实生活中农业银行尚没有建立激励约束制度，这在一定程度上挫伤了员工的工作积极性。除此之外，农业银行针对内审人员的责任追究机制不完善，部分审计人员在工作中追求个人私利、丧失风险意识和责任心。最重要的是，农业银行对内部审计员工实行相对固定的工资制度，缺乏必要的物质激励，这也是造成工作积极性比较低的原因。

（3）时效性不强。审计监督既可以确保会计信息公允无误也可以保障银行健康持续发展。在当今经济形势下，资金来源、业务运营、资金运行问题变得更加多元、复杂，因此，事前、事中、事后的审计监督作用变得尤为重要，而不是仅仅局限在事后审计监督上。事后审计存在诸多不足，比如对资金运行阶段的风险无法及时做到监督预警，对存在的问题无法及时进行客观真实评判，并及时做出指导建议，使得问题发现时已经造成严重后果，覆水难收。

（4）审计技术落后影响审计评价，非现场审计手段脱离农行发展。目前农行的规模宏大，机构遍布全国各地，数据复杂且更新变化速度越来越快，传统的审计方法已经无法跟上内部审计的发展。

首先，在上市后农业银行十分重视对风险的管控工作，加大工作人员对风险的分析和治理，但现实工作中仍存在风险管理架构不合理、管理技术落后、信息系统不先进的缺失，这为全面的识别、计量、有效评估和控制风险埋下隐患。其次，控制流程与标准化管理存在差距。农业银行的审计流程优化不到位，只注重结果，不关注中间流程所暴露的问题，为以后的审计工作改进留下隐患。最后，电子化水平不高。熟悉操作计算机非现场审计在线系统的人员较少，对非现场审计方法的探索不够，也缺少相应的软件开发人员开发适应农业银行内部审计新业务发展需求的计算机审计软件，这就使得农业银行的非现场审计的计算机水平还依旧处于初始发展阶段。审计技术的落后已经严重制约了内部审计工作的开展。

（5）风险点识别不足。《农业银行内部审计章程》中规定农业银行要以风险为导向开展内部审计工作，这是未来内部审计的发展方向，但是以风险为导向仍然只停留在文件上。我们在农业银行的内部审计工作中可以普遍看到：一是部分审计项目没有突出风险导向理念，对高风险领域进行重点审计，低风险领域少审计或不审计，农业银行审计项目没有体现风险和资源的配比原则；二是没有将风险导向理念体现在审计方法的应用上。农业银行的大部分内审人员主要通过检查财务信息等传统审计手法来确定审计风险点和可接受的风险程度，不具备分析被审计单位风险点的能力，也不会应用现代风险评估模型。

（6）成果共享平台尚未建立，内部审计成果运用成效低。每个单位都是存在各种各样的问题的，俗话说得好：失败是成功之母，我们要好好利用已经犯过的错误，从里面吸取教训，争取做到不在相同的错误上跌倒两次，这就是建立审计成果共享平台的重要意义。通过它我们可以让审计分局之间进行互相学习，学习其他单位的先进思想和工作思路，将其他单位的优秀成果运用到自己的工作中去，对其他单位所犯过的错误吸取教训，查找到其中的原因进行避免，更有利于管理层与基层之间加强实时的信息沟通，消除信息流通不及时和不对称现象。目前，农业银行尚未建立这种平台。

4. 通过农业银行个案的分析，对其他商业银行内审和风险控制有哪些启示？通过对农业银行北京分行重大风险事件的层层分析和原因的深度剖析，我们可以从中获得重要的启示和相关思考，这对其他商业银行也是一个宝贵的财富，我们应该更加正确看待，从中吸取深刻的教训，更好地完善商业银行内部审计和风险管理工作，建立更健康和更完善的控制体系，创造更加良性的金融市场。

（1）确立全面风险管理理念。商业银行风险控制的核心思想是全面风险管理理念，建立全面风险管理的理念，要将其相同性、全面性、主分统一和权威性理念分别进行完善，并在公司内部上上下下培养良好的风险管理文化，并要做到将其深入内化，让每个员工都了解和懂得规避的方法，这样才能做到风险管理不只是说说而已的口号。另外，银行需要制定管理制度，将其与职工的绩效进行挂钩。只有所有员工都把风险控制作为平时工作中的重点，银行才会在风险控制中得到满意结果。

培育良好的风险控制文化，不仅要吸取国际先进银行的经验，还要结合我国商业银行的实际情况，编制风险控制手册，定期组织员工开展银行风险知识学习，在银行内部形成一种优良的风险控制氛围。

（2）建立有效的风险管理体系。商业银行的风险管理在很大程度上决定着银行的收益，所以风险管理的作用就变得越发凸显，因此，要把风险管理目标纳入企业经营目标中。随着我国金融市场竞争的不断加剧，商业银行的服务、产品变得多种多样，应在原来风险控制业务的过程中，优化风险管理的所有过程，使其与业务同步发展，塑造科学的风险管理模型，引进全面风险管理理念，从而有效地提高风险控制管理水平。

（3）培育互联网金融风险控制的相关人才。在当前中国智慧城市的发展如火如荼，互联网金融发展突飞猛进，日常支付、交易工具变得越发高效、便利，对于银行业来说，是风险与机遇并存的，积极培育互联网金融风险控制的相关人才，是获得市场领先与突破的重要法宝，可以和一些相关财经院校合作，增设与商业银行风险管理相关的课程，通过提供奖学金等方式招收特定人才，建立自己的人才库，补充新鲜血液。同时，针对在职人员，要加强培育互联网金融风险控制的操作水平，加强对新形势新方法的培训，来提高应对互联网金融中各种风险的水平，更好地为银行的风险管控工作提供更强大的人才保障。

四、教学组织方式

（一）问题清单及提问顺序、资料发放顺序

1. 内部审计在风险控制体系中起到什么作用？
2. 风险控制有什么重要的现实意义？对商业银行又有什么意义？
3. 农业银行北京分行风险失控案中，内部审计存在哪些问题？
4. 通过农业银行个案分析，对其他商业银行内审和风险控制有哪些启示？

（二）课时分配

1. 课后自行阅读资料：约3小时；
2. 小组讨论并提交分析报告提纲：约1小时；
3. 课堂小组代表发言、进一步讨论：约1小时；
4. 课堂讨论总结：约0.5小时。

（三）讨论方式

本案例可采用小组形式进行讨论。

（四）课堂讨论总结

归纳发言者的主要观点，重申其重点及亮点，提醒大家进一步思考。

案例 9

"龙菲" 疑云

——龙菲公司合并后的审计风险评估与应对

刘　静　闫佳惠

一、引言

作为一项以控制权为标的的交易，并购在追求协同效应、追求市场势力、降低风险、获取目标公司优势资产等方面发挥着重要的作用。尽管并购对企业的发展有着非同寻常的意义，但其带来的风险也值得我们注意。因此，在风险导向战略系统审计模式下对并购给企业带来的风险进行识别和应对至关重要，龙菲公司与高佳公司合并后，委托注册会计师进行审计风险识别、评估与应对，那么我们站在注册会计师角度该如何设计适合龙菲公司的审计流程呢？

二、"佳菲之赌"——案例背景资料

龙菲公司地处西北，是医疗器械生产、销售企业，生产自主研发产品 C 及 D，是医生使用高佳公司产品治疗疾病的常用器材。高佳公司地处东南，是医药生产、销售企业。主要生产两类产品：一类是治疗糖尿病，控制血糖的药物，有甲、乙二种；另一类产品用于治疗神经系统多发硬化症，为丙产品。高佳公司与龙菲公司均为非上市公司。2014 年，高佳公司通过非同一控制下合并收购了龙菲公司 100% 的股权，收购合同中高佳公司与龙菲公司原控制人约定了经营业绩对赌条约，约定 2015 年龙菲公司的主营业务收入必须达到 1.8 亿元，否则龙菲公司用自有现金赔偿给高佳公司，合并时高佳公司在合并报表中确认商誉 5 亿元。

2015 年 2 月，龙菲公司开始对原有生产线进行大规模技术改造，直至 2015 年 6 月底完成技术改造，于同年 7 月份实现销售。2015 年利润表列报主营业务收入 1.71 亿元，期末资产负债表列报应收账款余额为 1.58 亿元，期后龙菲公司原控制人实际支付赔偿款 1 000 万元。

我们根据风险导向审计的要求，对 2015 年龙菲公司的审计风险进行识别与评估，提出合理的应对措施，设计适合龙菲公司的审计流程。

三、风险初探——龙菲公司重大错报风险的识别与评估

对龙菲公司进行风险识别与评估的目的是能够通过了解龙菲公司及其环境，

识别和评估财务会计报表重大错报，更好地设计和实施进一步审计程序，将审计风险降至可接受的低水平以及评价所获取的审计证据的充分性和适当性。对龙菲公司的风险识别与评估流程如下。

（一）江湖风云——外部因素

1. 医疗器械行业状况。

（1）医疗器械行业的市场供求与竞争。①市场需求。经济发展加速带动医疗服务需求全面升级，在国家政策的导向和国内医疗卫生机构装备的更新换代需求下，健康服务需求整体增加，医疗服务市场逐渐开放，医疗器械市场需求逐步增加，医疗器械将拥有巨大的国内消费市场。②市场容量。随着人民生活水平的不断提高，医疗器械的选用会越来越先进，其产品结构会不断调整，功能更加多样化，市场容量会不断扩大。③价格竞争。医疗器械行业产品技术含量高，利润高，因而是各科技大国，国际大型公司相互竞争的制高点，进入门槛较高，行业整体毛利率较低、子行业也会不断有技术含量较高的产品出现，并从中孕育出一些具有较强盈利能力的竞争企业。因此医疗器械行业总体趋势是高投入、高收益，价格竞争激烈。④行业上下游关系。龙菲公司的主要直接下游企业均为卫生行业、社会工作行业，下游行业需求量直接影响公司销售业绩。上游行业多为化工企业，数量较多，受限制较少，主要受制于下游行业。

（2）医疗器械行业生产经营的季节性和周期性。医疗器械行业产品的需求不受季节影响，因而龙菲公司的经营和销售不需要考虑季节变动所产生的影响。医疗器械需求为刚性需求，所以该行业持续增长性好，受经济周期波动影响较小。

（3）产品技术的变化。中国医疗器械产品加大研发与投入，进行技术革新，以求从中低端产品向高附加值的高端产品转化，对医疗器械制造工艺、新材料应用、研发水平、营销网络势必产生巨大影响。

（4）医疗行业的关键指标和统计数据。我们对 2011～2015 年中国医疗器械行业市场规模及医疗器械行业销售总额进行了统计，具体情况如图 3－4 及图 3－5 所示。

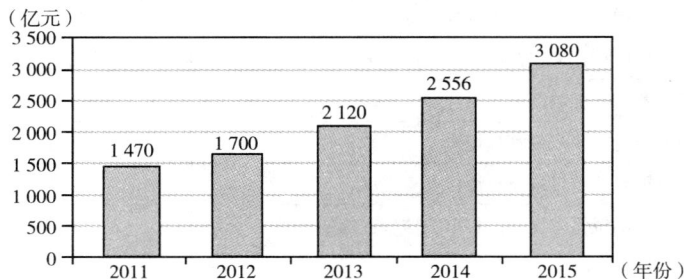

图 3－4　2011～2015 年中国医疗器械行业市场规模

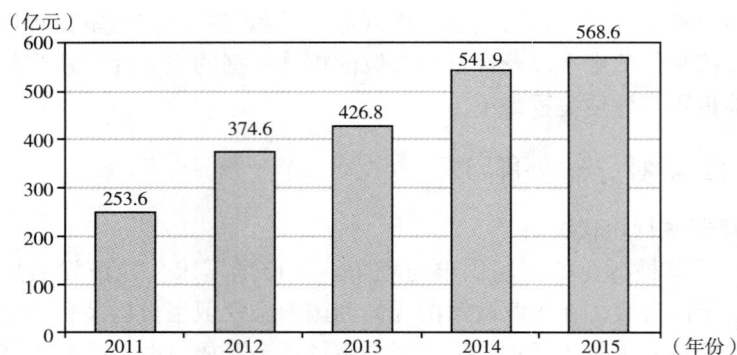

（亿元）

图 3-5　2011~2015 年全国医疗器械类销售总额

2015 年中国医疗器械行业市场规模为 3080 亿元，较去年增加 20.5%。2015 年全国医疗器械类销售总额为 568.58 亿元，较去年增加 4.93%。

2. 医疗器械行业的法律环境及监管环境。

（1）适用的会计准则、会计制度和行业特定惯例。龙菲公司适用《企业会计准则——基本准则》，该准则由财政部于 2006 年 2 月 15 日颁布，自 2007 年 1 月 1 日起施行，2014 年 7 月 23 日进行了修订，属于财政部部门规章。龙菲公司适用《企业会计制度》，该制度由财政部于 2008 年 12 月 28 日颁布，属于财政部部门规范性文件。暂无行业特定惯例。

（2）对经营活动产生重大影响的法律法规。医疗器械的监管面临历时最长、经验最多、法规最严的强化推进，中国医疗器械行业，伴随着法规的密集出台，具体情况如表 3-3 所示，将会带来医疗器械企业的不断学习与消化，最终一步步落实。这对散乱的医疗器械生产、经营者而言，一切都将步入正轨，以往通过关系或特殊手段而非核心科研技术立足的医疗器械企业，今后的发展将愈发艰难。

表 3-3　　　　　　　　　　2015 年已发布的部分重要法规及规章

主要法律法规	颁布机关	日期
医疗器械使用质量监督管理办法	总局器械监管司	10-21
医疗器械经营质量管理规范现场检查指导原则	总局①	10-15
关于个体工商户从事医疗器械经营活动有关问题的复函	总局	9-02
关于改革药品医疗器械审批制度的意见	国务院	8-18
医疗器械经营企业分类分级监督管理规定	总局	8-17
医疗器械经营环节重点监管目录及现场检查重点内容	总局	8-17
进一步加强药品医疗器械保健食品广告审查监管工作的通知	总局	7-31
药品医疗器械飞行检查办法	总局	6-29

① 总局指国家食品药品监督管理总局。

3. 其他外部因素。

（1）宏观经济的景气度。2015年医药行业政策密集落地，医保控费力度趋严，分级诊疗制度等一度陆续出台，引导行业向更高效、更合理的方向发展，推动了医药行业的改革进程。医药行业进入艰难转型期，行业整体增速明显下降。

（2）通货膨胀水平及币值变动。2015年，人民币币值基本稳定，受通货膨胀水平影响较小。

4. 拟实施风险评估程序。

（1）向龙菲公司销售总监询问其主要产品、行业发展状况等信息。

（2）查阅券商编写的关于龙菲公司及医疗器械行业的研究报告。

（3）将龙菲公司的关键业绩指标与同行业中规模相近的企业进行比较。

（二）龙菲内务——内部因素

1. 所有权结构。龙菲公司控股母公司为高佳公司，由高佳公司100%控股，属于自然人控股。

2. 经营活动。

①主营业务性质。龙菲公司作为医疗器械生产、销售企业，经营活动单一，主要是生产产品进行销售以赚取利润。

②主要产品及描述。龙菲公司生产自行研发的C、D两种产品，龙菲公司产品是医生使用母公司高佳公司产品治疗疾病的常用器材。母公司高佳公司主要有两大类产品：一类是治疗糖尿病，控制血糖的药物，有甲、乙二种；另一类产品用于治疗神经系统多发硬化症，为丙产品。

③与生产产品相关的市场信息。龙菲器械通过经销商销往医院，采用先收款后发货方式销售。在产品保修期间可以免费提供修理服务，退货期内可以退货，非产品自身质量缺陷不接受退货。2015年年末资产负债表日后发生退货合计3 200万元。龙菲公司在采购与销售业务中未采用商业票据进行结算，全部通过银行存款结算。

④地区与行业分布。存在跨地区的业务，合并前，龙菲公司2012～2014年销售客户前五名主要集中在华北一带。合并后，销售客户前五名分布情况如图3-6所示。

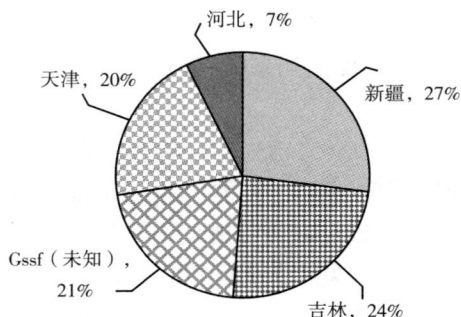

图3-6　2015年前五大客户所在地区分布

⑤关键客户。龙菲公司被合并前，主要客户有陕西 B 药业有限公司、陕西 D 公司、山西 A 药业有限公司、山东 E 药业有限公司、河北 F 医疗器械公司。被合并后，主要客户变更为新疆 W 医疗器械公司、吉林 X 贸易公司、Gssf 医疗器械公司、天津 P 医疗器械贸易公司、河北 F 医疗器械公司。

⑥研究与开发。2015 年 2 月开始对原生产线进行了大规模的技术改造，直至 2015 年 6 月底完成技术改造，开始生产 C、D 产品。

3. 审计人员拟实施风险评估程序。

（1）向董事长等高管人员询问龙菲公司治理结构、组织结构、近期主要投资与筹资情况。

（2）向销售人员询问相关市场信息，如主要竞争者、定价政策、营销策略等。

（3）查阅龙菲公司组织结构图、治理结构图、公司章程，主要销售、采购、投资、债务合同等。

（4）实地察看龙菲公司主要生产经营场所。

（三）府规具化——政策选择与应用

1. 重要项目的会计政策——收入的确认。

（1）基本原则：龙菲公司对收入的确认应符合会计准则中对收入确认的五个原则。

（2）保修问题：龙菲公司销售合同中规定，在产品质量保证期内，如出现产品质量问题，龙菲公司提供免费维修或更换；如属买方使用不当不能正常使用，龙菲公司也应及时提供维修服务，但不承担人员的差旅费和材料成本费用。龙菲公司应根据会计准则的要求，对保修期之内可能发生的维修费根据收入和成本配比的原则，在销售产品的当期预提预计负债，原则上不能直接计入费用，除非无法合理预计可能发生的费用或发生的费用金额不重要。龙菲公司可以根据历史经验估计一个比例进行预计维修费。因此很有可能存在估计不准或将其作为调节利润的工具，关注历史数据，即以以往年度预提费用的准确性判断龙菲公司估计的合理性。

（3）退货问题：龙菲的销售合同中明确规定，除产品本身质量缺陷以外的问题不接受退货。龙菲销售的商品如果附有销售退回条件，则应当在销售商品退货期满时确认收入。

龙菲采用先收款后发货的形式销售，即发出商品的时候有关的经济利益已基本上流入企业。根据 2015 年资产负债表日后的退货款可以确定退货比率，保修期内按照收入和成本匹配的原则将估计的退货金额计入预计负债，不影响收入的确认，当保修期满按照实际发生的维修情况确认费用，多计的预计负债冲回；退货期内，不确定退货比率，与销售有关的主要风险未转移，故不能确认收入。

综上所述，龙菲公司销售商品应在收到货款发出货物后，且退货期满时确认收入。

2. 重大和异常交易的会计处理方法——商誉的减值。高佳公司于2014年通过非同一控制下的企业合并，收购了龙菲公司的100%股权，高佳公司编制的合并财务报表列报了本项非同一控制下企业合并所产生的商誉5亿元。根据《企业会计准则第8号——资产减值》，因企业合并形成的商誉，无论是否存在减值迹象，每年都应当进行减值测试。企业至少应当在年度终了进行一次商誉减值测试。而且商誉必须分摊到相关资产组或资产组组合后才能据以确定是否应当确认减值损失。

3. 审计人员拟实施风险评估程序。

（1）向财务总监询问龙菲公司采用的主要会计政策、会计政策变更的情况、财务人员配备和构成情况等。

（2）查阅龙菲公司会计工作手册、操作指引等财务资料和内部报告。

（四）蓝图风雨——目标及战略

1. 龙菲公司的目标及战略。高佳公司在收购龙菲公司后，交由龙菲公司原控制人管理，收购合同中高佳公司与龙菲公司原控制人约定了经营业绩对赌条款。对赌条款约定，2015年龙菲公司的主营业务收入金额必须达到1.8亿元。龙菲公司2015年期望达到的目标为主营业务收入达到1.8亿元，根据2012～2014年龙菲公司的销售收入情况来看，实现目标的可能性极低。

2. 相关经营风险分析。医药行业竞争激烈，龙菲公司可能存在不具备足以应对行业变化的人力资源和业务专长的风险；龙菲公司在更新生产线后依然生产C、D两种产品，在风险方面与原来产品类似，未发现可能导致龙菲公司产品责任增加的风险；龙菲公司业务扩张一般，未发现可能导致龙菲公司对市场需求的估计不准确等风险；新颁布的会计法规对龙菲公司的影响不大，判断不会导致执行法规不当或不完善及会计处理成本增加等风险；未发现监管要求可能导致龙菲公司法律责任增加等风险；未发现可能导致龙菲公司由于无法满足融资条件而失去融资机会等风险。

3. 拟实施风险评估程序。

（1）向董事长等高级管理人员询问龙菲公司实施的或准备实施的目标和战略。

（2）查阅龙菲公司经营规划和其他文件：董事会纪要、管理例会内容。

（五）龙菲疑云——财务指标分析

1. 关键业绩指标。

①销售收入异常增加。2015年龙嘉销售收入实现1.71亿元，较2014年增长了1.15亿元，销售收入较2014年增长205.36%，如表3-4所示，收入指标异

常增加。

表 3 - 4 　　　　　　　　2012 ~ 2015 年龙菲公司销售收入增长率

项目	2012 年	2013 年	2014 年	2015 年
销售收入（万元）	8 287.34	12 676.65	5 600.00	17 100.00
销售收入增长率（%）	—	52.96	-55.82	205.36

②销售客户大幅变更。龙菲公司 2012 ~ 2014 年销售客户前五名主要集中在华北一带，如表 3 - 5 所示，其中陕西 B 药业有限公司、陕西 D 公司为龙菲公司贡献较为平稳的销售收入，山西 A 药业有限公司、北京 C 科技发展有限公司、山东 E 药业有限公司以及河北 F 医疗器械公司的销售收入有波动。总体来说 2012 ~ 2014 年前五大客户基本保持稳定不变，但是 2015 年销售客户前 5 名中有 4 家在 2012 ~ 2014 年都不曾挤进前五名，而且贡献的销售收入远远高于前 3 年销售金额。

龙菲公司 2012 ~ 2014 年主营业务是生产医疗器械，而前 5 名销售客户都为药业公司，在 2015 年被高佳集团收购后销售客户变为器械公司。

表 3 - 5 　　　　龙菲公司 2012 ~ 2015 年度销售客户前五名销售金额 　　　　单位：万元

客户名称	2012 年	2013 年	2014 年	2015 年
山西 A 药业有限公司	—	3 000.05	1 117.90	—
陕西 B 药业有限公司	1 119.00	3 625.00	800.00	—
北京 C 科技发展有限公司	—	—	1 365.00	—
陕西 D 公司	1 461.40	1 380.30	944.15	—
山东 E 药业有限公司	772.00	—	708.00	—
西安 G 医药有限责任公司	—	1 311.00	—	—
Jsyk 药业有限公司	1 234.30	—	—	—
天津 P 医疗器械贸易公司	—	—	—	2 932.02
新疆 W 医疗器械公司	—	—	—	3 895.50
吉林 X 贸易公司	—	—	—	3 484.50
Gssf 医疗器械公司	—	—	—	3 087.20

③与母公司销售情况对比分析。龙菲公司生产的产品是医生使用高佳公司产品治疗疾病的常用器材，说明龙菲公司的产品与高佳公司的产品相互配合，两种商品存在着某种消费依存关系，互为互补品。然而，如图 3 - 7 所示，2014 年作为母公司的高佳公司与龙菲公司销售额出现了相反的变动趋势。

④销售退回异常。龙菲销售合同中规定非质量问题不得退货，而 2015 年退

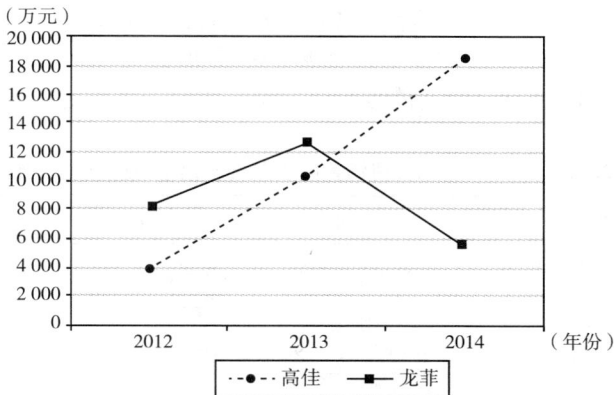

图 3 - 7　2012 ～ 2014 年高佳及龙菲公司销售额折线图

货高达 3 200 万元，销售退回的异常，说明可能存在虚构收入的风险，识别评估的重大错报风险领域，进行期后事项审计程序。

2. 应收账款异常。如表 3 - 6 所示，从龙菲公司 2012 ～ 2014 年前 5 名销售客户的应收账款所占销售金额比例可以推断出，2015 年龙菲几乎是以赊销方式出售商品给这 5 大客户的。然而，在龙菲公司销售合同中标明条款"甲方支付全部货款后，乙方同意交货。"故不收到全部货款的情况下，不确认收入，不应形成"应收账款"。

表 3 - 6　　　　　　　2015 年龙菲前五名客户期末应收账款所占销售金额比例

客户名称	销售金额（万元）	应收账款余额（万元）	应收账款所占比例（%）
新疆 W 医疗器械公司	3 895.50	3 919.60	100.62
吉林 X 贸易公司	3 484.50	3 573.53	102.56
Gssf 医疗器械公司	3 087.20	3 006.04	97.37
天津 P 医疗器械贸易公司	2 932.02	3 078.20	104.99
河北 F 医疗器械公司	1 019.53	1 362.85	133.67
合计	14 418.75	14 940.22	103.62

龙菲公司在采购与销售业务中未采用商业票据进行结算，全部通过银行存款结算。龙菲公司 2015 年销售收入巨额增长，而现销收入却很低，根据 2012 ～ 2015 年龙菲公司的现金流情况，可以发现存在大量的应收账款却有与之不匹配的极少现金流。2015 年实际收到的销售款项只占当年销售收入的 11.02%，说明销售收入存在舞弊风险。

3. 经营活动现金流异常。根据表 3 - 7 所示，龙菲公司 2013 年经营活动现金流量增长率远高于销售收入，2014 年两者变化趋同，2015 年出现销售收入与经营活动现金流严重不配比。龙菲公司在采购与销售业务中未采用商业票据进行结算，全部通过银行存款结算，然而2015年销售收入巨额增长，而现销收入却很低，存在大量的应收账款却有与之不匹配的极少的现金流。2015年实际收到的销售款项只占当年销售收入的11.02%，说明销售收入存在舞弊风险。

表3-7　　　　　2012~2015年龙菲公司销售收入与经营活动现金流增长率对比

	2012年		2013年		2014年		2015年	
	金额（万元）	增长率（%）	金额（万元）	增长率（%）	金额（万元）	增长率（%）	金额（万元）	增长率（%）
销售收入	8 287.34	—	12 676.65	52.96	5 600	-55.82	17 100	205.36
经营活动现金流	6 156.65	—	14 119.74	129.34	5 952.39	-57.84	1 885	-68.33

综上所述，龙菲公司销售客户对象变化大并且销售收入异常增加，再结合对赌条约要求实现1.8亿元营业收入的目标，我们认为销售收入的真实性可能存在舞弊风险，虚增收入，以达到减少对赌条约赔偿金额的目的。

4. 拟实施风险评估程序。

（1）查阅龙菲公司管理层和员工业绩考核与激励性报酬政策、分部信息与不同层次部门的业绩报告等。

（2）实施分析程序，将内部财务业绩指标与龙菲公司设定的目标值进行比较，与竞争对手的业绩进行比较，分析业绩趋势等。

（六）牵制之阵——内控制度

1. 识别内部控制的设计。龙菲公司销售合同中标明条款"甲方支付全部货款后，乙方同意交货。"故不收到全部货款的情况下，不确认收入，不应形成"应收账款"。然而2015年龙菲公司实现销售收入1.71亿元，销售客户前5名形成应收账款1.49亿元，应收账款所占比例高达87.13%。说明龙菲公司的销售与收款循环环节的内控制度存在无效或缺乏必要的控制等风险。

2. 评价内部控制设计的风险评估程序。

（1）询问龙菲公司的人员。

（2）观察特定控制的运用。

（3）检查文件和报告。

（4）穿行测试，追踪交易在财务报告信息系统中的处理过程。

（七）重大错报的风险评估汇总

根据以上六个方面对龙菲公司进行的风险识别，我们认为龙菲公司存在重大错报风险，并对报表项目及认定产生影响。将以上情况进行总结归纳，如表3-8所示。

表 3-8　　　　　　　　　　　　重大错报风险评估表

序号	存在重大错报风险的事项	可能存在重大错报风险的理由	报表项目及相关认定
1	对赌条款约定，2015 年龙菲公司的主营业务收入金额必须达到 1.8 亿元，如果主营业务收入金额未实现 1.8 亿元，则原控制人需要用自有现金赔偿给高佳公司	销售收入指标异常增加；存在舞弊动机及压力	营业收入的发生、准确性、截止和列报认定。应收账款的存在认定
2	龙菲公司收入确认条件不合理。支付全部货款后，方能交货，不收到全部货款的情况下，不确认收入	前 5 大销售客户应收账款所占比例基本高达 100%	应收账款的存在、计价与分摊。营业收入的发生、准确性、截止和列报认定。财务报表层次的重大错报风险
3	龙菲公司 2015 年销售收入远高于 2014 年，销售收入增长率较 2014 年增长 205.36%	可能多计收入或未记录于正确会计期间	营业收入的发生、准确性、截止列报认定
4	龙菲公司 2015 年确认销售退回 3 200 万元	销售合同中规定非质量问题不得退货	营业收入的发生、准确性、截止和列报认定
5	2015 年销售客户前 5 名中有 4 家在 2012~2014 年都不曾挤进前五名，而且贡献的销售收入远高于前 3 年销售额	销售客户巨幅变更且由药业公司变为器械公司	可能存在虚增收入的错报风险或存在关联方交易。应对营业收入的发生、准确性、截止进行认定

四、寻径追踪——龙菲公司重大错报风险的应对

（一）总体应对措施

针对龙菲公司财务报表层次的重大错报风险应当采取以下总体应对措施：

1. 强调对高额应收账款保持职业怀疑。根据龙菲公司的销售合同内容，采用先收款后发货的销售模式，因而确认营业收入时已经收到款项，不应存在大量应收账款。龙菲公司披露的应收账款余额与营业收入相当，应当提醒项目组人员注意销售与收款业务循环相关的内部控制的设计或运行缺陷。

2. 指派有医疗行业审计经验的审计人员。指派有医疗行业审计经验的审计人员，并利用专家资源进行审计工作。龙菲公司在参与合并之后进行了生产线的大规模改造、弃置资产处理利得或损失、新生产线的产能评估、产成品的质量、企业资产估值等需要专业人员进行评估。

3. 为销售与收款环节审计提供更多督导。2015 年龙菲公司披露的营业收入达到 1.7 亿元，而且是从 7 月份开始实现销售，这与 2012~2014 年的收入形成了鲜明的对比，应收账款余额与营业收入相当，重大错报风险较高。在执行与收入、应收账款有关的审计程序时要求高级别成员给予其他成员更多的指导和督

促，保证审计程序的正确性和顺利实施，使审计结论更具有可靠性。

4. 因现金流与收入不配比而突击盘点库存。在选择拟实施的进一步程序中融入更多的不可预见因素。根据其产能要与销售相匹配我们可以推出龙菲应当有能力生产足够的产品，因而需要对龙菲公司仓库中产品实施盘点。为了确保判断结果的可信度，盘点事宜要有不可预见性，可以采用突击审查和抽盘等方式，增强盘点结果的真实性和准确性。

5. 龙菲公司销售与收款循环存在设计或运行缺陷。财务报表层次的重大错报风险很有可能来自薄弱的控制环境。我们预期龙菲公司销售与收款循环存在设计或运行缺陷，因此应当对于拟实施的审计程序的性质、时间安排和范围做出修改，确定进一步审计程序的总体方案。

（二）对龙菲公司实施控制性测试

针对龙菲公司销售与收款业务循环，应当实施以下控制性测试。

1. 检查职责分离情况。观察龙菲有关人员的活动并与这些人员进行讨论，检查职责分离情况。例如看销售各环节是否由专门人员负责，看有无出纳人员负责应收账款等账务的情况，有无不相容职务人员相互勾结隐瞒款项收回的情况。

2. 核查授权审批制度。检查接受订单、发出商品、收取款项、会计记录等环节的各凭证的授权批准情况。例如看有无未经授权自行发货进而确认收入等情况。

3. 追查原始凭证。根据账簿记录，追查至各种原始凭证，看原始凭证是否预先编号，是否存在、完整，有无虚构交易入账等情况。

4. 关注复函情况。观察指定人员是否按月寄送对账单，并检查客户复函档案管理层的审阅记录，重点关注 2015 年前五大销售客户的复函情况，看有无虚构交易方、隐瞒关联方身份进行交易等情况。

5. 内部审计情况。检查各种凭证上的核查签字，关注与收入和收款有关记账凭证的复核签字情况，看有无虚构交易嫌疑。检查内部审计人员的报告，看其是否对内部控制执行情况实施审计。

（三）对龙菲公司实施实质性测试

通过风险识别与评估，在表 3－8 中我们判断出龙菲公司存在的重大错报风险，我们拟运用询问、观察、检查、监盘、函证、计算等审计程序类型对已识别评估的重大错报风险制定出应对龙菲公司执行的实质性审计程序。

1. 分析主营业务收入及其构成的变动是否异常。

（1）将本期主营业务收入与 2014 年度的主营业务收入进行比较，分析 C、D 产品的销售结构和价格变动是否异常，并分析异常变动的原因。龙菲于 2015 年 2～6 月实施技术改造，7 月份恢复生产，期内各月主营业务收入应当与生产经营活动相匹配。通过比较本期各月主营业务收入的波动情况，分析其变动趋势是否正常，是否符合龙菲的经营规律，查明异常现象和重大波动的原因。

（2）获取 C、D 产品价格目录，抽查售价是否符合价格政策，并注意销售给前 5 大销售客户的产品价格是否合理，有无以高价结算的方法虚增收入的现象，相互之间有无转移利润的现象。

（3）计算龙菲产品生产线技术改造后 C、D 产品的毛利率，与龙菲自身产品改造前、其他医疗器械公司的同类产品进行比较，检查是否存在波动以及波动是否合理，并查明原因。

2. 销售收入确认合理性分析。检查销售收入的确认是否符合相关会计准则和龙菲销售合同的规定，是否符合销售收入的确认条件，前后期是否一致。着重检查龙菲公司是否先收到所有账款再确认收入，有无虚构交易、虚构销售客户、虚增收入和应收账款的情况。检查 2015 年龙菲公司有无特殊的销售行为，如分期收款销售、售后租回、售后回购、以旧换新、出口销售等。

3. 销售凭证与发票核查。从财务报表日前后若干天的账簿记录查至记账凭证，检查发票存根与发票凭证，证实已入账主营业务收入是否在同一期间开具销售发票并发货，有无多计主营业务收入。抽取本期一定数量的发运凭证，审查出库日期、品名、数量等是否与发票、发货单、销售合同一致。

根据增值税发票申报表或普通发票，估算收入，与实际收入金额比较。抽取若干张在财务报表日前后开具的销售发票存根，追查至发运凭证和账簿记录。查明有无漏记主营业务收入的现象。

4. 审核销售退货真实性。对资产负债表日后发生的退货合计 3 200 万元，金额占销售收入检查手续是否符合规定，结合原始销售凭证检查其会计处理是否正确，进行期后事项审计程序。结合会计报表年末余额实施实质性测试程序。

5. 销售收入截止性测试。

（1）测试 2014 年度资产负债表日前后若干天有无金额大的发货单据，将应收账款和收入明细账、单据与发货单据进行核对，以确定是否存在延迟 2014 年收入至 2015 年的情况。

（2）复核 2014 年度资产负债表日前后销售和发货水平，核查业务活动水平是否异常，并考虑是否有必要追加截止程序。

（3）结合对本期资产负债表日应收账款的函证程序，检查有无未取得对方认可的大额销售，将进一步确认交易的真实性。

（4）取得资产负债表日后的 3 200 万元的销售退回记录，检查是否确由产品自身质量缺陷而形成退货，是否存在利用虚假退货记录虚增 2015 年收入的情况。

6. 对应收账款函证。对于本期前 5 大客户进行函证。编制应收账款函证汇总表，排除未达账项，找出龙菲记录和回函金额的差异，编制应收账款函证结果调节表。对于未回函的企业确认通信地址后再次发函，仍未收到回函则采取替代程序，即详细审阅应收账款明细账和银行存款日记账，并大规模地抽查有关会计凭证，对销售合同、销售订单、销售发票记账联及存根联、出库单、货运凭证和银行阶段凭证进行认真核对后，再询问龙菲公司有关会计人员证实有无异常情况。

7. 对大额应收账款进行凭证抽查。对大额应收账款进行凭证抽查，判断是否存在应收账款和销售收入虚计。根据对收入进行的两条路线测试，即从凭证至账簿和从账簿至凭证的查证，根据销售合同、出库单、运货单以及回函等情况，能够发现是否存在收入的发生、截止等认定以及应收账款的存在、准确性等各项认定是否正确，并要求进行正确的会计调整。结合银行对账单，查证是否有实际现金流，是否与营业收入以及应收账款相匹配，观察有无未经认可的销售。

8. 应收账款账龄分析。根据龙菲公司的账龄分析及坏账准备计提表，对账龄分析表中涉及的部分明细账进行抽查，判断是否存在账龄分类错误，重点关注是否有需要转销而未转销的应收账款以及坏账准备是否计提恰当等问题。

9. 商誉减值测试。根据《企业会计准则第 8 号——资产减值》，因企业合并形成的商誉，无论是否存在减值迹象，每年都应当进行减值测试。企业至少应当在年度终了进行一次商誉减值测试。而且商誉必须分摊到相关资产组或资产组组合后才能据以确定是否应当确认减值损失。

（1）评估要素分析。

①资产组的认定。龙菲公司于合并后按照高佳公司的要求于 2015 年 2 月对原有生产线进行大规模改造，耗时 5 个月。2015 年 6 月底完成改造，开始生产 C、D 产品。C、D 生产线产出的 C、D 产品虽然需要经销商销往医院，但是存在活跃的市场。龙菲公司主营业务明确且单一，主营业务产品由市场定价，符合资产组的相关要件，可以产生独立的现金流，因而两条生产线可以分别认定为一个资产组。

②评估基准日。评估基准日应为商誉减值测试日即年度财务报告日 2015 年 12 月 31 日。

③评估对象和范围。2015 年 2 ~ 6 月进行大规模改造，生产线成本、产能等发生变化，故需对其重新进行价值评估。且高佳公司的医药产品与龙菲公司的医疗器材相匹配，合并后内部交易可以节省费用，故对企业的价值评估又产生了影响。实施资产评估的对象界定为高佳集团公司（包含龙菲子公司）的全部主营业务经营性资产及负债所形成的权益，涉及的资产范围为委托方指定的高佳公司 2015 年 12 月 31 日经过审计的资产负债表所反映的全部主营业务经营性有形资产和可确认的无形资产和相关负债。要注意将非主营业务资产按照非主营业务经营性资产处理，从涉及的资产范围中剔除。非经营性资产指对主营业务收入没有直接"贡献"的资产。评估后确定高佳公司的全部经营性资产及负债所形成的权益在评估基准日的市场价值，为高佳集团进行商誉减值测试提供价值参考意见。

④价值类型。价值评估采用市场价值类型。市场价值指自愿买方和自愿卖方在各自理性行事且未受任何强迫压制的情况下，对在评估基准日进行正常公平交易中，某项资产应当进行交易的价值估计数额。

⑤评估方法。资产减值测试首先要估计资产可回收金额，将可回收金额与其账面价值比较，以确定商誉是否发生了减值。资产可回收金额按照公允价值减去处置费用后的净额与资产预计未来现金流量的现值两者之间较高者确定。对确定的经营性资产和负债形成的权益资产未来业绩产生的现金流量现值进行估算，得

出的结果减去账面价值后的余额如果大于公司确认的 5 亿元商誉，则可以认为公司不存在商誉减值，测试工作完成；若小于商誉，则需要测试资产组的资产公允价值扣除处置费用后的净额，在减去相关负债后，测试该余额扣除账面价值后剩余金额，以最终确定企业是否存在商誉减值。

（2）评估过程说明。

①评估方法简介。价值评估方法采用收益法，以确定资产预计未来现金流量的现值，该方法认为一项资产价值可以用该项资产未来预期产生的收益的现值来衡量，该方法将资产经营的收益用一个适当的折现率折为现值，收益法基本公式为：

$$P_0 = \sum_{i=1}^{n} \frac{DCF_i}{(1+R)^n} + \frac{P_n}{(1+R)^n}$$

其中，P_0 为期初投资的市场价值；DCF_i 为第 i 年年内的经营现金收益；P_n 为 n 年后投资的市场价值；R 为折现率。

公式可以解释为期初投资的市场价值等于续存持有期间经营现金收益的现值加上期末残值的现值。

②评估企业市场需求和竞争分析。高佳公司生产的甲、乙两种产品，存在刚性需求，市场逐步趋于饱和；其丙产品具有一定的稀缺性，仍有许多市场需求尚未满足，因而预期未来能为企业带来丰厚利润。龙菲公司 C、D 两种产品属于公司自研，具有核心竞争力，然而其产品不具有不可替代性，虽为医院使用高佳公司产品的常用器材，却并非唯一器材，市场前景不明朗。高佳公司和龙菲公司均为医疗生产企业，而医疗需求均为刚性需求，因而两家公司均不受经济周期波动影响。高佳公司和龙菲公司生产的药品和器械，是针对糖尿病、神经系统多发硬化症的专门药物和器械，这类病症发病不受季节影响，因而公司的经营和销售不受季节影响。

目前，我国共有医药企业 3 821 家，其中大型企业 432 家，涵盖药物生产，医疗器械等诸多方面，而且绝大部分企业医药品种基本相当，缺乏自身的特殊性。市场趋于饱和且竞争激烈。

③未来现金流预测。假设前提：高佳公司生产的医药与龙菲公司生产的医疗机械符合国家的产业政策，各种经营活动合法，在未来可预见期间内不会发生重大变化；可预见期间内市场和法律法规环境不会发生重大的不可预测的变化。

未来现金流预测首先是对未来年度收益的预测，包括对主营业务收入、主营业务成本、营业费用、管理费用、财务费用、补贴收入以及所得税的预测。其次，对无负债净现金流的预测，无负债净现金流 = 息前净利润 + 年固定资产折旧及长期资产摊销 - 年资本性支出 - 年营运资金增加额。

④折现率的确定。高佳公司与龙菲公司均为非上市公司，故基于收益法确定的折现率无法直接通过计算获得。采用同行业可比较公司作为参考对象，找出适合高佳公司价值评估的折现率。可比较企业的选取主要从经营业务、经营历史、

盈利状况等方面进行。折现率采用加权资金成本，即股权回报率和所得税调整后的债权回报率的加权平均值。

股权回报率的公式：

$$R_c = R_f + \beta * ERP + R_s$$

其中，R_c 为股权回报率；R_f 为无风险回报率；β 为风险系数；ERP 为市场风险超额回报率；R_s 为公司特有风险溢价。

债券收益率是将市场公允短期和长期银行贷款利率结合起来的一个估计，采用评估基准日及 2015 年 12 月 31 日的有效一年期贷款利率作为债权收益率。

总资本加权平均回报率计算公式为：

$$WACC = R_c \frac{E}{D+E} + R_d \frac{D}{D+E}(1-T)$$

其中，$WACC$ 为加权平均总资本回报率；E 为股权价值；R_c 为期望股本回报率；D 为付息债权价值；R_d 为债券期望回报率；T 为企业所得税率。

⑤不可流通性折扣率的确定。高佳公司与龙菲公司均为非上市公司，其股权不可以像上市公司流通股一样在股票市场上公开交易，这种不可流通性对价值是有影响的。根据国内外研究表明，折扣率一般在 30% ~45% 之间。

经过上述的估值过程，如果得出预计现金流现值小于公司账面价值，则公司商誉是否减值尚不能确定，需要进一步确定资产组可变现净值扣除相关负债后的余额是否高于资产组账面价值。

⑥可变现净值的估算。估算资产组的可变现净值可以采取整体变现和拆整变现两种方式，取两者较高者作为资产组可变现净值。整体变现是对资产组采用收益法进行估价并减去相关变现税费后得出可变现净值；拆整变现是将资产组拆分分别进行估价再求和。最终将两种估价结果中较高者与原确认的 5 亿元商誉比较得出是否减值的结论。

五、鞘落剑出——总结

在风险导向审计的要求下对龙菲公司进行重大错报风险的识别与评估，判断出在销售与收款循环环节中存在重大错报风险，对营业收入的发生、准确性、截止和列报及应收账款的存在、计价与分摊产生影响，存在财务报表层次的重大错报风险；并对商誉减值情况进行系统的测评；识别出龙菲公司内控制度存在无效或缺乏必要的控制等风险。根据重大错报风险的识别与评估的结果，提出了总体应对措施及拟实施的审计程序。我们将对龙菲公司实施控制性测试及实质性测试。

对龙菲公司拟实施的审计计划是连续和动态过程，可以随着审计进程更新与分析收集到的信息来修改完善，但重大风险评估和应对贯穿整个审计流程的始终。

六、讨论题目

1. 风险导向战略系统的审计业务流程包括哪些内容？
2. 注册会计师如何识别审计风险？
3. 注册会计师进行风险评估包括哪些程序？
4. 哪些事项和情况的存在可能表明被审计单位存在重大错报风险？
5. 控制测试采取怎样的审计程序？龙菲公司销售与收款业务循环如何进行控制测试？
6. 龙菲公司从哪方面进行实质性测试？

案例使用说明

一、本案例要解决的关键性问题

本案例通过对龙菲公司的重大错报风险进行识别与评估，使学生进一步掌握风险导向战略系统审计的基本过程，熟悉风险识别和评估的作用、内容及组织，并掌握评估重大错报风险的基本程序。同时，通过对龙菲公司重大错报风险进行应对，使学生们进一步了解对评估的重大错报风险实施的审计程序，学习针对评估的报表层次重大错报风险采取的总体应对措施和针对认定层次重大错报风险的审计程序，掌握控制测试和实质性测试的基本理论与方法。本案例要实现的主要教学目标：第一，了解龙菲公司在风险导向战略系统审计模式中的审计风险影响因素；第二，掌握会计师事务所在风险导向审计业务中的审计流程；第三，帮助学生梳理风险评估与风险应对的内容，为开展审计实务工作打下基础。

二、案例讨论的准备工作

为了更好地实现案例目标，学生应该具备下列相关知识背景：

1. 理论背景。本案例需要学生准备的知识点主要包括：风险评估的内容，风险评估的程序，风险应对的内容，针对认定层次重大错报风险的应对措施以及审计程序，控制测试的相关内容，实质性测试的相关内容等。

2. 行业背景。

（1）龙菲公司。龙菲公司地处西北，是医疗器械生产、销售企业，生产自主研发产品 C 及 D，是医生使用高佳公司产品治疗疾病的常用器材。主要生产两类产品：一类产品是治疗糖尿病，控制血糖的药物，有甲、乙两种；另一类产品用于治疗神经系统多发硬化症，为丙产品。

2015 年 2 月龙菲公司开始对原生产线进行大规模技术改造，直至 2015 年 6

月底完成技术改造，于同年 7 月份实现销售。2015 年利润表列报主营业务收入 1.71 亿元，期末资产负债表列报应收账款余额为 1.58 亿元，期后龙菲公司原控制人实际支付赔偿款 1 000 万元。

（2）高佳公司。高佳公司地处东南，是医药生产、销售企业。2014 年，高佳公司通过非同一控制下合并收购了龙菲公司 100% 的股权，收购合同中高佳公司与龙菲公司原控制人约定了经营业绩对赌条约，约定 2015 年龙菲公司的主营业务收入必须达到 1.8 亿元，否则龙菲公司用自有现金赔偿给高佳公司，合并时高佳公司在合并报表中确认商誉 5 亿元。

3. 制度背景。《中国注册会计师审计准则第 1231 号——针对评估的重大错报风险实施的程序》《中国注册会计师执业准则》关于审计风险的界定，《中国注册会计师审计准则第 1211 号——了解被审计单位及其环境并评估重大错报风险》和《注册会计师执业道德准则》的相关要求。

三、案例分析要点

1. 需要识别的关键问题。本案例需要学生识别的主要知识点是掌握评估重大错报风险的基本程序及对评估的重大错报风险实施的审计程序，掌握控制测试和实质性测试的基本理论与方法。

2. 解决问题的可供选择方案及其评价。

（1）风险导向战略系统的审计业务流程包括哪些内容？风险导向战略系统审计进一步明确了审计工作以评估财务会计报表重大错报风险为新的起点和导向，将识别风险、评估风险、降低风险贯穿于整个审计项目中。具体业务流程如下。

①风险评估。风险评估，主要是了解被审计单位及其环境，包括了解内部控制。注册会计师应当了解被审计单位及其环境，以足够识别和评估报表层次与认定层次的重大错报风险，设计和实施进一步审计程序。

②控制测试。如果在评估认定层次重大错报风险时，预期内部控制的运行是有效的，注册会计师应当实施控制测试，就内部控制在相关期间或时点的运行有效性获取充分、适当的审计证据，以测试内部控制在防止、发现和纠正认定层次的重大错报方面的有效性。

③实质性测试。实质性测试是指注册会计师针对评估的重大错报风险实施的直接用于发现认定层次重大错报风险的审计程序。实质性测试程序包括对各类交易、账户余额、列报的细节测试以及实质性分析程序。

由此可见，注册会计师需要全程关注财务会计报表的重大错报风险，并将风险评估作为整个审计工作的先导、前提和基础。

（2）注册会计师如何识别审计风险？

首先，经营环境风险识别。

①行业背景。首先，企业所处市场竞争激烈，为权益性筹资或申请贷款、表

现盈利能力和偿债实力的需要，企业经常利用会计手段虚增资产、调节业绩，或者直接隐瞒负债、虚构业绩。其次，企业的财务指标同行业平均水平的差异过大，若无其他特别原因，则预示企业存在财务舞弊的可能。最后，新兴行业或高科技企业产品价值主要来源于研发而非生产过程，有的企业为扩张或避险的需要，经常利用会计政策，隐瞒真实财务状况和经营成果，留下隐性准备，或是利用评估等手段，夸大资产价值，以期在转让过程中尽量收回投资成本。

②公司治理与管理当局。一方面，管理当局向政府部门、投资者、债权人等做出不切实际的承诺。为达到预期经营目标和不突破限定的费用指标约束，经常出现人为调整会计信息、粉饰财务报表的行为。管理当局报酬与企业经营成果挂钩，管理当局为自身利益需要，经常出现粉饰业绩的行为。另一方面，企业关键管理人员频繁变更也说明企业管理出现较大问题，常使关键岗位上设定的内部控制紊乱或失效，容易出现舞弊现象。

③企业员工。当企业员工对单位、管理层不满时，有可能折射出该单位存在管理层违法舞弊问题，知情人举报的出现可能证明这些问题的存在。加上员工提升或其他奖赏与其自身预期不一致，则可能通过舞弊的方式寻求补偿。

其次，财务指标风险识别。

①销售收现率和营业现金比率偏小或持续下滑。销售收现率偏小或下滑，说明资金回笼情况不佳，大量资金积压，更严重的是存在大量坏账，增加企业经营风险。

②销售毛利率重大变动。销售毛利率发生重大变动，若无其相应原材料市场和产品市场出现重大波动的因素，应考虑企业存在利用销售舞弊的可能。

③应收账款周转率偏小或持续下滑。应收账款周转率和存货周转率的下降，在一定程度上说明企业面临的生存压力加大，如可能是产品积压，可能是为应对激烈竞争而改变信用政策来扩大销售，但也可能是企业虚增资产，应引起关注。

④固定资产扩张率重大变动。固定资产扩张率和折旧率指数重大变动的分析，还应结合固定资产结构分析以及企业经营策略分析进行，关注企业资产质量指标。在有些情况下，企业资产流动性的恶化可能迅速演变成财务危机。

最后，内部控制风险识别。

主要包括：管理当局凌驾于内部控制之上，内部控制设计不合理或执行无效；会计、内审人员或信息技术人员变动频繁，或不具备胜任能力；员工岗位职责和对职责的内部稽核分离不充分，缺乏关键内控岗位的轮岗制度；缺乏定期或不定期盘点资产；交易授权系统不完善，交易缺乏适当和及时的原始凭证，对自动生成的会计记录的访问控制不完善。

（3）注册会计师进行风险评估包括哪些程序？

一是询问被审计单位管理层和内部其他相关人员。询问被审计单位管理层和内部其他相关人员是注册会计师了解被审计单位及其环境的一个重要信息来源。主要内容包括：①管理层所关注的主要问题。②被审计单位最近的财务状况、经营成果和现金流量。③可能影响财务报告的交易和事项，或者目前发生的重大会计处理问题，如关联方交易、重大的并购事宜等。④被审计单位发生的其他重要变化等。注册会计师还可以向被审计单位的内部其他相关人员询问，主要内容包括询问治理层，有助于注册会计师理解财务会计报表编制的环境；询问内部审计人员，询问参与生成、处理或记录复杂或异常交易的员工；询问内部法律顾问；询问营销人员等掌握相关情况。

二是进行分析程序。分析性程序是指注册会计师通过研究不同财务数据之间以及财务数据与非财务数据之间的内在关系，对财务信息做出评价。它还包括调查识别出的与其他相关信息不一致或与预期数据严重偏离的波动和关系。在了解被审计单位及其环境的过程中，注册会计师实施分析程序有助于识别异常的交易或事项，以及对财务会计报表和审计产生影响的金额、比率、趋势。

三是进行观察和检查。观察和检查程序可以印证对管理层及其他相关人员询问的结果，并可提供被审计单位及其环境的信息。注册会计师应当实施下列观察和检查程序。①观察被审计单位的生产经营活动。②检查文件、记录和内部控制手册。③阅读由管理层和治理层编制的报告。④实地察看被审计单位的生产经营场所和设备。⑤追踪交易在财务报告信息系统中的处理过程（也称为"穿行测试"）。这是注册会计师了解被审计单位业务流程及其相关控制时经常使用的审计程序。

（4）评估重大错报风险包括哪些程序？

①在了解被审计单位及其环境（包括与风险相关的控制）的整个过程中，结合对财务报表中各类交易、账户余额和披露的考虑，识别风险。注册会计师应当运用各项风险评估程序，在了解被审计单位及其环境的整个过程中识别风险，并将识别的风险与各类交易、账户余额和列报联系起来。

②评估识别出的风险，并评价其是否更广泛地与财务报表整体相关，进而潜在地影响多项认定。

③结合对拟测试的相关控制的考虑，将识别出的风险与认定层次可能发生错报的领域相联系。例如，销售困难使产品的市价下降，导致年末存货成本高于可变现净值，计提跌价准备，存货计价可能发生错报。

④考虑发生错报的可能性（包括发生多项错报的可能性），以及潜在错报的重大程度是否足以导致重大错报。例如，考虑存货的账面余额是否重大，是否已经适当计提跌价准备等。在某些情况下，尽管识别的风险重大，但仍不至于导致财务会计报表发生重大错报。如期末报表中存货的余额较低，尽管识别的风险重大，但不至于导致存货的计价认定发生重大错报。若被审计单位内部控制比较完善、有效，财务会计报表发生重大错报的可能也会相应降低。

（5）哪些事项和情况的存在可能表明被审计单位存在重大错报风险？在经济不稳定的国家或地区开展业务；在高度波动的市场开展业务；在严厉、复杂的监管环境中开展业务；持续经营和资产流动性出现问题，包括重要客户流失；融资能力受到限制；行业环境发生变化；供应链发生变化；开发新产品、提供新服务或进入新的业务领域；开辟新的经营场所；发生重大收购、重组或其他非经常性事项；拟出售分支机构或业务分部；复杂的联营或合资；运用表外融资、特殊目的的实体以及其他复杂的融资协议；重大的关联方交易；缺乏具备胜任能力的会计人员；关键人员变动；内部控制薄弱；信息技术战略与经营战略不协调；信息技术环境发生变化；安装新的与财务报告有关的重大信息技术系统；经营活动或财务报告受到监管机构的调查；以往存在重大错报或本期期末出现重大会计调整；发生重大的非常规交易；按照管理层特定意图记录的交易；应用新颁布的会计准则或相关会计制度；会计计量过程复杂；交易或事项在计量时存在重大不确定性；存在未决诉讼和或有负债。

（6）控制测试采取怎样的审计程序？龙菲公司销售与收款业务循环如何进行控制测试？针对龙菲公司销售与收款业务循环，应当实施以下控制性测试：①检查职责分离情况，观察龙菲公司有关人员的活动并与这些人员进行讨论，检查职责分离情况。例如看销售各环节是否由专门人员负责，看出纳人员有无负责应收账款等账务的情况，有无不相容职务人员相互勾结隐瞒款项收回的情况。②核查授权审批制度，检查接受订单、发出商品、收取款项、会计记录等环节的各凭证的授权批准情况。例如看有无未经授权自行发货进而确认收入等情况。③追查原始凭证，根据账簿记录，追查至各种原始凭证，看原始凭证是否预先编号、是否存在且完整，有无虚构交易入账等情况。④关注复函情况，观察指定人员是否按月寄送对账单，并检查客户复函档案管理层的审阅记录，重点关注2015年前五大销售客户的复函情况，看有无虚构交易方、隐瞒关联方身份进行交易等情况。⑤内部审计情况，检查各种凭证上的核查签字，关注与收入和收款有关记账凭证的复核签字情况，看有无虚构交易嫌疑。检查内部审计人员的报告，看其是否对内部控制执行情况实施审计。

（7）龙菲公司从哪方面进行实质性测试？针对龙菲公司情况应从以下方面进行实质性测试：①分析主营业务收入及其构成的变动是否异常；②销售收入确认合理性分析；③销售凭证与发票核查；④审核销售退货真实性；⑤销售收入截止性测试；⑥对应收账款函证；⑦大额应收账款进行凭证抽查；⑧应收账款账龄分析；⑨对商誉进行减值测试。

四、教学组织方式

（一）问题清单以及提问顺序、资料发放顺序

本案例讨论的题目依次是：

1. 风险导向战略系统的审计业务流程包括哪些内容？
2. 注册会计师如何识别审计风险？
3. 注册会计师进行风险评估包括哪些程序？
4. 评估重大错报风险包括哪些程序？
5. 哪些事项和情况的存在可能表明被审计单位存在重大错报风险？

6. 龙菲公司销售与收款业务循环如何进行控制测试？

7. 实质性测试采取怎样的审计程序？龙菲公司从哪方面进行实质性测试？

（二）课时分配

1. 课后自行阅读材料：约 3 小时；
2. 小组讨论并提交分析提纲：约 1 小时；
3. 课堂小组代表发言：约 2 小时；
4. 课堂讨论总结：约 0.5 小时。

（三）讨论方式

本案例可以采用小组讨论。

（四）课堂讨论总结

课堂讨论总结的关键是：归纳发言者的主要观点；重申其重点以及闪光点；提醒学生们对重点难点进行进一步的分析，建议大家进行深究。

案例专题四　控制测试与实质性测试问题

案例 10

贤成矿业公司内部控制失效案

刘　静　常潇予　郭贝贝

本案例是关于众环海华会计师事务所因贤成矿业内部控制极其混乱、失效导致公司诉讼缠身，持续经营能力不佳而出具了无法表示意见类型的财务报表审计报告，更对其内部控制审计出具了否定意见报告。通过对贤成矿业自身基本情况进行描述分析，针对青海贤成矿业股份有限公司（以下简称贤成矿业）的内部控制混乱造成公司存在大量违规担保、虚增债务的现象进行识别，总结上市公司内部控制实施有效性的判别方法，并分析内部控制失效产生的经济后果，同时进一步探究内部控制在我国上市公司中实施的有效性建议。

一、背景简介

国外的上市公司强化公司内部控制治理是由于《萨班斯—奥克斯利法案》的颁布，该法案是内部控制治理和证券市场规范化的开端，内部控制的关注度逐渐提高，内部控制信息的披露也成为公司治理的重要环节。自 2006 年我国上海证券交易所和深圳证券交易所两大证券交易所颁布《内部控制指引》以来，政府部门也开始关注股票上市公司的内控治理情况，内部控制信息的披露也成为国内上市公司年报的重要组成部分，内部控制问题逐渐成为上市公司治理的重要环节。虽然我国在不断加大内部控制的实施力度，但如安阳钢铁公司掺假门、贤成矿业违规担保案、浩丰创源内控制度严重违规等事件的曝光，使人不得不思考内部控制的大力开展是否真的对于上市公司的公司治理起到良性的作用？公司外部的信息使用者通过哪些表现可以辨别上市公司是否存在内控失效，其内部控制的失效对公司产生了哪些不利影响，我国上市公司实施内部控制制度后是否能够产生预期的效果。

二、案例介绍

（一）公司简介

贤成集团有限公司成立于 1993 年，该公司是跨地域经营、产业多样化的民营股份制企业集团。由黄贤优等四位自然人股东共同出资设立，集团总部设立在广州，注册资本为人民币 2 亿元。贤成集团经营业务多样化，主体产业有纺织、能源、水泥、地产、铝业等，贤成集团的企业理念是"创造共赢空间"，经过十多年的奋力拼搏、艰苦创业，历尽曲折艰辛，贤成集团由小到大、由弱到强，踏平坎坷，终成大道，现已发展成为一家以能源、铝业、水泥、纺织、地产等产业为主体的经营规范化、管理现代化的大型综合性投资控股型企业集团。该集团的战略目标是进行国际化经营和创造社会与企业的最大效益，以资本运营为手段，以高科技和国际化为导向，逐步迈入现代化管理、效益化经营的良性发展轨道，截至 2008 年 5 月，集团总资产达人民币 35.3 亿元。贤成集团属下拥有二十多家控股或全资的成员企业，包括上市公司贤成矿业（SH600381），贤成矿业股份有限公司在上海证券交易所上市。贤成矿业经营业务涉及水电、水泥、矿产资源、天然气等的投资与开发。

（二）贤成矿业收到否定意见的内部审计报告

2013 年 3 月 11 日众环海华会计师事务所对青海贤成矿业出具了否定意见内部审计控制报告，部分内容如下。

内部控制审计报告

众环海华特审字（2013）第 0510 号

青海贤成矿业股份有限公司全体股东：

按照《企业内部控制指引》及中国注册会计师执业准则的相关要求，我们审计了青海贤成矿业股份有限公司（"贵公司"）2012 年 12 月 31 日的财务报告内部控制的有效性。

一、企业对内部控制的责任（略）

二、注册会计师的责任（略）

三、内部控制的固有局限性（略）

四、导致否定意见的事项

贵公司的财务报告内部控制存在如下重大缺陷：

1. 关联交易管理中缺少主动识别、获取及确认关联方信息的机制，也未明确关联方清单维护的频率；无法保证关联方及关联方交易被及时识别，并履行相关的审批和披露事宜，影响财务报表中关联方及关联方交易完整性和披露准确性，与之相关的财务报告内部控制设计失效。贵公司在 2012 年 12 月对上述存在重大缺陷的内部控制进行了整改，但整改后的控制尚未运行足够长的时间。

2. 在公司开展的内部核查工作中，公司发现，由于公司对下属子公司的控制和管理存在缺陷，公司下属煤炭子公司发生了未履行相关审议审批程序、私自开立银行账户进行融资和担保，且事后未向公司报备的现象，导致公司存在未纳入财务报表核算的银行账户……

五、财务报告内部控制审计意见

我们认为，由于存在上述重大缺陷及其对实现控制目标的影响，青海贤成矿业股份有限公司于 2012 年 12 月 31 日未能按照《企业内部控制基本规范》和相关规定在重大方面保持有效的财务报告内部控制。

注册会计师　张　金

中审众环海华会计师事务所（特殊普通合伙）　　　注册会计师　刘　伟

武汉市　　　　　　　　　　　　　　　　　　　2013 年 3 月 11 日

（三）贤成矿业内部控制失效的过程

贤成矿业内部存在股权被查封、冻结或拍卖以及大量金额的对外借款和担保金额的根本原因是其公司内部控制严重失效。表 4-1 展现了贤成矿业内部控制的失效过程。

表 4-1　　　　　　　　　　　贤成矿业内部控制的失效经过

2011 年 12 月	非公开发行 A 股，向创新矿业增资扩股，创新矿业成为贤成矿业的控股子公司
2012 年 4 月 25 日	广西梧州市万秀区人民法院冻结了创新矿业募集资金账户中约 2.41 亿元人民币
2012 年 5 月 15 日	实行大手笔的利润分配——每 10 股转送 7 股。贤成矿业在 2012 年的前 5 个月股价累计劲涨 54.25%
2012 年 6 月 26 日	收到中国证券监督管理委员会青海监管局《调查通知书》。青海证监局开始调查可能存在的违法行为
2012 年 6 月 28 日	发布公告，由于贤成矿业间接控股股东西宁市国新投资控股有限公司借款本金、利息逾期不还，并且，贤成矿业子公司创新矿业为其借款提供了担保，有关部门冻结了西宁市国新投资控股有限公司持有的公司 3.47 亿股及其子公司青海创新矿业开发有限公司 2.4 亿元募集资金
2012 年 8 月 24 日	广州市中级人民法院冻结创新矿业募集资金账户中约 1.85 亿元人民币
2012 年 8 月 31 日	贤成矿业在公告中公布了《诉讼情况一览表》，其涉及的担保和借款金额约为 10.57 亿元，诉讼请求约 14 亿元
2013 年 2 月 25 日	给予贤成矿业前董事长臧静涛、董事兼总经理李晓冬等公开谴责，臧静涛三年内不适合担任上市公司董事、监事和高级管理人员
2014 年 2 月 24 日	前董事长臧静涛被证监会勒令市场禁入

续表

2014 年 3 月 8 日	收到证监会《行政处罚决定书》的公告，证监会认定的公司违法事实共有八项，包括未披露数亿元的担保事项；未披露法院冻结的约 24 147 万元银行存款；未披露被非法关联交易等。公司被处以 60 万元罚款，相关责任人均被警告并罚款

资料来源：2012 年财务报告与证监会网站。

表 4-1 显示了贤成矿业内部控制失效案的整个经过。2012 年 5 月以来，青海贤成矿业相继披露了诉讼事项 25 起。诉讼已导致贤成矿业募集资金及所持有子公司股权被多家法院查封、冻结等情况发生。同时公司大股东西宁市国新投资控股有限公司（下称"西宁国新"）所持有的贤成矿业股权也发生了质押及被多家法院查封、冻结等情况。贤成矿业再次发公告称，西宁国新持有的公司 8 032.5 万股无限售流通股及 3.59 亿股限售流通股被冻结，期限为 24 个月。

资料显示，截至 2013 年 6 月末，西宁国新持有贤成矿业股票 5 亿股，占公司总股本的 31.26%。贤成矿业的间接控股股东为贤成集团，而贤成集团和西宁国新的实际控制人都为黄贤优，据传黄贤优已不知所踪。

2012 年 8 月 31 日，贤成矿业在公告中公布了《诉讼情况一览表》，据表中数据计算，贤成矿业涉及的借款或担保金额为 10.57 亿元，而诉讼请求则接近 14 亿元。贤成矿业董秘办人士则表示，这几十亿元债务系因大股东方面的原因牵涉进来。而贤成矿业实际控制人黄贤优的消失让公司的 3 位独立董事不得不现身说法。2012 年 11 月 14 日晚，贤成矿业独立董事易永健、王汉齐、裴永红通过发出《致青海贤成矿业股份有限公司全体股东书》，独立董事先撇清了上市公司以及董事与此事的关系："由于目前尚不清楚的原因，公司在很多情况下不能及时获得诉讼及查封的相关司法文书，导致不能按照相关要求及时进行信息披露。独立董事对这些事项的了解均是在公开披露前一天，独立董事根据某些迹象认为其知情权受到了侵害。"独立董事表示，公司通过对公章使用登记、合同审批记录、各类会议记录进行核查，并未发现公司就上述融资事项审议、出具或签署过任何担保文件、《担保合同》或《借款合同》；通过对银行账目的核查，也未发现有关的资金往来记录。公司判断贤成集团、西宁国新所开展的相关融资活动中存在涉嫌私刻公章等严重违法犯罪行为，且此行为是引致贤成矿业涉及一系列诉讼产生或有担保、募集资金及所持有的子公司股权被冻结的根本原因。贤成矿业于 2011 年 12 月通过非公开发行 A 股募集资金的方式向创新矿业增资，将创新矿业变为控股子公司。但不到半年，这些募集的资金就出现了问题，2012 年 4 月 25 日，创新矿业募集资金账户中超 2.41 亿元人民币被广西梧州市万秀区人民法院冻结；2012 年 8 月 24 日，创新矿业募集资金账户中超 1.85 亿元人民币被广州市中级人民法院冻结；2012 年 8 月 24 日，农业发展银行格尔木支行以保护其自身信贷资金安全为由强行划转其对创新矿业的贷款本息超 3 亿元人民币。

但公司的独立董事在《致青海贤成矿业股份有限公司全体股东书》表示，

根据公司提供的信息，公司经过比对，认为导致前述法院查封事项发生的有关借款、担保合同中使用的创新矿业公章系伪造。2012年10月16日，独立董事提出，对创新矿业已使用募集资金的情况以及项目建设情况会同创新矿业开展一次详尽的自查，但由于创新矿业管理层不配合，审计范围受限，审计工作不能展开。值得注意的是，根据公司保荐机构西南证券股份有限公司提供的资料，西南证券保荐代表人在持续督导期间，多次联系创新矿业募投项目的主要工程承包方三门峡化工机械有限公司及格尔木海麒机械工程有限公司，要求其说明收到创新矿业支付合同款项的时间、金额及创新矿业是否依照合同约定的付款条款及时预付工程款，是否存在延迟或提前付款的情形；要求其详细说明工程款的实际使用情况。但是，西南证券一直未收到前述承包商的回复。由上表可以看到，贤成矿业于2011年12月通过非公开发行A股募集资金的方式向创新矿业增资，将创新矿业变为控股子公司。但不到半年，这些募集的资金就都出现了问题。

2013年2月25日，贤成矿业前董事长臧静涛、董事兼总经理李晓冬等被公开谴责，臧静涛三年内不适合担任上市公司董事、监事和高级管理人员。2014年3月8日贤成矿业收到证监会《行政处罚决定书》的公告，证监会认定的公司违法事实共有八项，包括未披露数亿元的担保事项；未披露法院冻结的约24 147万元银行存款；未披露被非法关联交易等。公司被处以60万元罚款，相关责任人均被警告并罚款。众环海华会计师事务所对青海贤成矿业股份有限公司（以下简称贤成矿业）出具了否定意见的内部审计报告，表明贤臣矿业内部控制失效。

（四）贤成矿业内控失效带来的影响

1. 股东获利能力下降。企业自2010～2012年每股收益及每股息税前利润呈下降趋势，企业整体经营效益下降，股东可从中获取利润的能力下降。正是因为公司内部控制的混乱，公司的内部治理情况影响着公司的经营绩效，导致了贤成矿业盈利能力的降低。公司内控存在缺陷时，高管从内控混乱的环境中获得利益的同时却损害了广大中小股东利益。具体情况见图4-1与图4-2。

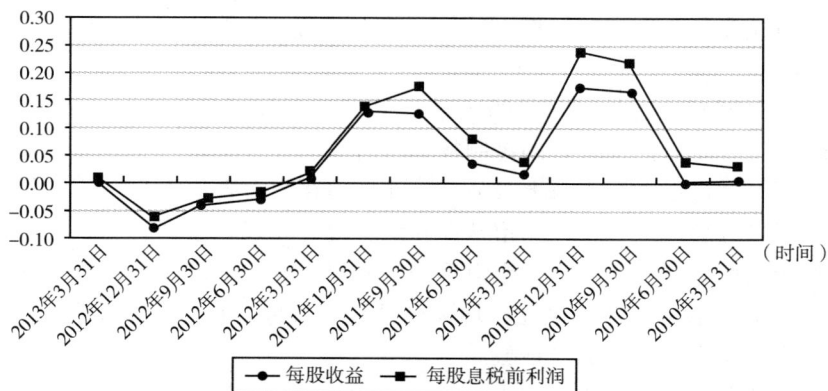

图4-1 股东获利能力分析图

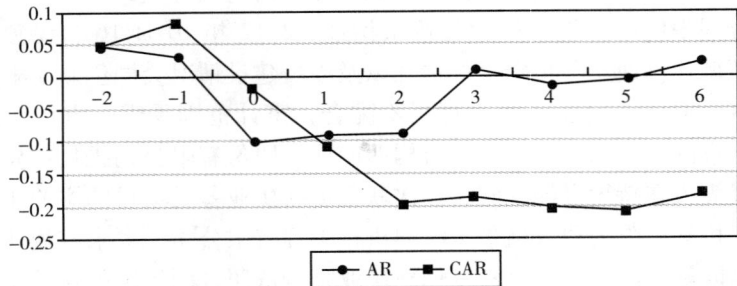

图4-2 超额收益率与超额累计收益率图

资料来源：巨潮资讯网及自己整理。

2. 市场消极反应。2012年6月26日，贤成矿业的巨额资金及股权被司法冻结，贤成矿业同时发布了《青海贤成矿业股份有限公司关于控股股东所持我公司股权司法冻结及质押的公告》及《青海贤成矿业股份有限公司关于青海创新矿业发展有限公司部分募集资金被冻结的公告》，贤成矿业承认集团内部存在违规担保现象。2012年6月28日，证监会和青海监管局联合对贤成矿业违反证券法的行为展开调查。选取违规担保、虚增债务事件被曝光的2012年6月26日为事件窗口日，取｛-2，6｝研究其超额累计收益率的变化。由图4-2可知，当事件被曝光后，市场反应明显。从事件曝光日开始，其CAR值显著下降，并在之后的几天中持续为负值，回升较缓慢。说明广大投资者在得知贤成矿业的违规担保、虚增债务事项后，认为自己的利益受到侵害，于是市场产生了消极的反应。

投资者判断企业的业绩及未来的发展潜力时会依据企业内部控制实施的有效性。企业混乱的内部控制及严重违规的现象会打击投资者的信心，造成市场的消极反应，对公司的股价产生不良的影响，从而影响公司的筹资能力。

（五）贤成矿业内控失效的分析

对于贤成矿业内部出现的违规担保、募集资金使用违规等内部控制失效的过程，本案例主要从内部控制的控制环境、风险评估以及内部监督三个方面逐一进行分析。

1. "八处开花，九处裂缝"的内部环境。内部环境是企业建立与实施有效内部控制的重要基础。而企业的控制权和所有权分离现象是影响贤成矿业为内控的重要因素。贤成矿业为青海上市公司，注册地在青海省西宁市，法定代表人为臧静涛，但其办公地址却在广州市珠江新城华厦路8号合景国际金融广场32层，去年经过定向增发实施重大资产重组后，主要资产变成了煤矿，而这些煤矿在贵州，2011年营业收入2.379亿元，均来自贵州。因此，形成了注册地与办公地长期分离、资产又在第三地的怪现象。

贤成矿业股权结构是所有权为13.49%；控制权为24.8%。为了进一步证明贤成矿业的所有权和控制权出现严重的分离现象。选取国内内部控制较好的武钢股份和青岛海尔两家企业作为对比，武钢股份作为和贤成矿业相关的制造业具有代表性，青岛海尔作为产权控制关系较好的现代企业也具有较好的代表性，参见表 4-2。

表 4-2　　　　　　　　所有权与控制权分离率计算表

企业	所有权（a）（%）	控制权（b）（%）	分离率（a/b）
贤成矿业	13.49	24.80	0.54
武钢股份	66.05	66.05	1.00
青岛海尔	32	19.97	1.60

资料来源：东方财富网。

当股东拥有的所有权越大的时候，大股东会减少对企业和小股东的利益侵占。当企业所有权与控制权越分离的时候，大股东的利益侵占也会越少。由上表的数据可知，贤成矿业与武钢股份和青岛海尔的对比表明，其分离率远低于其余两个企业，当企业的所有权与控制权分离度过高时，大股东进行利益侵占或进行违规操作的可能性越大，此时容易出现内部控制缺陷。

贤成矿业仅在 2010 年及 2011 年披露了内部控制自我评价报告，且均没有经会计师事务所的审计；2012 年未披露内部控制自我评价报告。贤成矿业没有按照规定对内控信息进行披露，说明公司不愿对相关信息进行真实披露，可推断公司可能存在内部控制缺陷，公司内部缺乏相关部门对这一环节进行控制。

2. "收效甚微"的风险评估测试。正是由于贤成矿业缺乏有效的风险评估测试，不仅导致公司受控股股东影响，还发生内部个别高管人员涉嫌开展经济违法犯罪活动而造成的一系列诉讼事项影响。公司已于 2012 年 7 月针对相关事项开展了内部核查工作，并获得了部分的资料，同时也针对上述事项中存在的涉嫌违法行为，提出了对部分涉案合同与协议中所使用的公章、签名进行司法鉴定的申请，经司法鉴定确认为假冒。该公司风险评估失效造成了较高的财务风险。

（1）财务困境重重。Z 指数是指将企业的变现能力、运营能力、资产结构、偿还能力、盈利能力等不同财务指标通过加权后组成一个多变量的综合性指标。$Z = ax_1 + bx_2 + cx_3 + dx_4 + ex_5$，公司面临的财务风险与 Z 指数大小成反比。当 Z 值越小时，可判断此时公司面临较大的财务风险，当 Z 值越大时，可判断此时公司面临较小的财务风险。因此，运用 Z—Score 模型评价企业的财务风险，选用 Z 指数做 2010~2012 年的数据分析表。具体情况如表 4-3、表 4-4 与表 4-5 所示。

表 4-3　　　　　　2010 年贤成矿业股份公司 Z 指数计算表　　　　　单位：元

项目	数量与计算方式	计算结果
资产总额	822 476 064.72	
流动资产	64 064 922.6	

续表

项目	数量与计算方式	计算结果
流动负债	558 576 716.36	
营运资金	－464 778.538（流动资产－流动负债）	
a×1	1.2×（营运资金/资产总额）	－0.72149717
盈余公积	15 988 712	
未分配利润	－480 767 249.96	
留存收益	－464 778 538（盈余公积＋未分配利润）	
b×2	1.4×（留存收益/资产总额）	0.79113543
息税前利润	73 489 299	
c×3	3.3×（息税前利润/资产总额）	0.2948592644
负债总额	938 576 716.36	
c×4	0.6×（总市值/负债总额）	1.715740734
销售收入	61 371 358.31	
d×5	0.99×（销售收入/资产总额）	0.07387162
Z 值	1.2×1＋1.4×2＋3.3×3＋0.6×4＋0.99×5	0.571839028

资料来源：贤成矿业股份公司 2010 年度报告。

表 4－4　　　　　　　　　2011 年贤成矿业股份公司 Z 指数计算表　　　　　　单位：元

项目	数量与计算方式	计算结果
资产总额	3 936 019 404.61	
流动资产	1 969 684 724.25	
流动负债	851 707 467.25	
营运资金	1 117 977 257.32	
a×1	1.2×（营运资金/资产总额）	0.340845044
盈余公积	23 989 599	
未分配利润	－319 645 701.01	
留存收益	－295 656 102	
b×2	1.4×（留存收益/资产总额）	－0.105161713
息税前利润	132 250 656	
c×3	3.3×（息税前利润/资产总额）	0.110880338
负债总额	1 618 007 467.25	
c×4	0.6×（总市值/负债总额）	1.991669436
销售收入	238 803 643.94	
d×5	0.99×（销售收入/资产总额）	0.60064645
Z 值	1.2×1＋1.4×2＋3.3×3＋0.6×4＋0.99×5	2.39829775

资料来源：贤成矿业股份公司 2011 年度报告。

表 4 - 5　　　　　　　　**2012 年贤成矿业股份公司 Z 指数计算表**　　　　　单位：元

项目	数量与计算方式	计算结果
资产总额	4 051 657 494	
流动资产	1 940 241 684	
流动负债	1 449 913 411	
营运资金	490 328 272.2	
$a \times 1$	1.2 ×（营运资金/资产总额）	0.145223017
盈余公积	23 989 599	
未分配利润	- 452 876 517	
留存收益	- 428 886 918	
$b \times 2$	1.4 ×（留存收益/资产总额）	- 0.148196556
息税前利润	4 051 657 494	
$c \times 3$	1 940 241 684	- 0.071124147
负债总额	1 449 913 411	
$c \times 4$	- 87 324 449	
销售收入	3.3 ×（息税前利润/资产总额）	2.140197464
$d \times 5$	6 775 806 000	
Z 值	1 899 583 411	0.12565672

资料来源：贤成矿业股份公司 2012 年度报告。

上市公司通用的 Z 值范围是：Z > 3 时，企业的财务状况良好，一般认为不会出现破产；1.8 < Z < 3 时，企业存在一定的财务风险，有破产的可能性；Z < 1.8 时，说明企业的财务风险非常大，面临破产。由表 4 - 3 计算可发现，2010 年公司的财务风险很大，Z 值只有 0.57，其财务风险非常大，面临破产的危险。虽然 2011 年公司财务状况有所好转，Z 值有所上升，但并没有到达安全范围内，企业依旧存在破产的可能性。由此可以看出，公司的财务状况不佳，面临较大财务风险，并且此时的贤成矿业正在被特别处理，在如此的财务现状下，公司为了提高利润，谋取利益，很有可能出现更大的内部控制失效，公司有动机做出违规的事项。

（2）三年盈利低均值。具体情况如表 4 - 6 所示。

表 4 - 6　　　　　　　　**2010 ~ 2012 年贤成矿业盈利情况**

指标	2010 年	行业均值	2011 年	行业均值	2012 年	行业均值
净资产收益率 ROE （%）	—	—	27.02	19.4414	- 7.15	12.9951
总资产净利率 ROA （%）	9.1879	9.8025	3.8438	10.0996	- 4.2384	6.9629

资料来源：东方财富网。

贤成矿业的净资产收益率在 2011 年远高于行业的平均值，但 2012 年出现严重下滑，为负值，并低于行业平均值。说明企业整体的盈利能力在下降，而较低的盈利能力一方面使上市公司面临较大的业绩压力，另一方面还会影响企业的实际筹资能力，会使股民因为其较差的发展潜力而放弃对于公司股票的投资。作为 ST 的贤成矿业，很有可能为了扭转盈利能力不佳的局面而出现违规操作。

企业的 ROA 指标也连续三年下降，2012 年降为 -4.2384，低于行业平均值。这也是造成 ROE 下降的主要原因。企业的营收能力及资产运营能力出现问题，下降的财务状况使得公司有动机违反内部控制规定。企业面临财务困境、出现财务危机是企业存在内部控制失效的信号。企业可能会为了改善盈利能力，调节财务报表，扭亏保壳而违反规定，做出违反内控规定的事情。

（3）"江河日下"的营运能力。总资产周转率反映了企业资产的运营效率以及资金的使用效率，贤成矿业以及炭行业领先企业兖州煤业的总资产周转率对比数值如表 4-7 所示。

表 4-7　　　　　　　　　　　　贤成矿业与兖州煤业运营情况比较

总资产周转率		
会计年度	贤成矿业	兖州煤业
2013 年 9 月 30 日	0.001659	0.348421
2012 年 12 月 31 日	0.128763	0.543993
2011 年 12 月 31 日	0.088583	0.572625
2010 年 12 月 31 日	0.104911	0.515904

资料来源：东方财富网。

由表 4-7 可知，贤成矿业的总资产周转率显著低于兖州煤业，整体资金的使用效率水平较低，故可看出企业的管理水平及销售水平较低，资金链易出现问题，当企业内部资金出现严重问题时，很容易发生舞弊现象。因此，相对较低的总资产周转率意味着内部控制可能存在缺陷，是质疑公司内部控制有效性的标志之一。

（4）贤成矿业资产健康状况的"红色预警"。贤成矿业的资产负债率 2009 年和 2010 年非常高，超过了 100%，之后两年该指标下降，因为资产的增长率超过了负债的增长率，而到 2013 年该指标达到了 120%，原因是 2013 年负债大幅增长，出现了资不抵债的现象。高的财务杠杆意味着高的风险，在公司的投资活动及日常经营活动中面临着较大的财务风险，这会对投资者的投资意图产生影响，投资者可能由此判断该公司的财务状况较差，继而放弃对该公司投资，这表明违背合法合规底线是极其不安全的经营。贤成矿业资产负债率如图 4-3 所示。

（5）"忽高忽低"的营业外支出。具体情况见表 4-8。

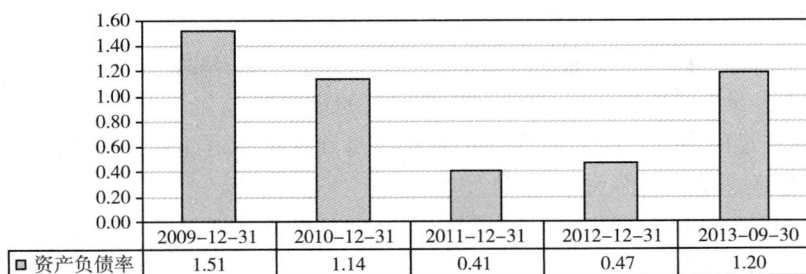

图 4 - 3 贤成矿业的资产负债率

资料来源：巨潮资讯网。

表 4 - 8 贤成矿业 2010 ~ 2012 年营业外支出指标

年份	2010		2011		2012	
指标名称	本期数据（元）	变动百分比（%）	本期数据（元）	变动百分比（%）	本期数据（元）	变动百分比（%）
营业外支出	557 335.55	0.6144	384 028.02	- 0.31	3 404 891.38	7.8662

资料来源：东方财富网。

如表 4 - 8 所示贤成矿业的营业外支出变动幅度较大，近几年一直出现增减变化极度不稳定的情况。营业外支出的相关项目反映了经营不合法或不合规，如公司 2012 年报显示滞纳金、罚款支出有 2 676 199.38 元，占营业外支出的绝大部分，说明企业出现了经营管理不善的情况，并支出相当大的费用。企业 2010 ~ 2012 年三年中营业外支出的变化较大，极不稳定，反映出企业可能通过营业外支出而调节报表数字。此项举动也可以反映出企业可能已经出现内控不严的现象，值得进一步探究。

（6）贤成矿业发展潜力的"风向标"。2012 年，贤成矿业改变了经营业务的结构，增加了水泥行业、化工行业的业务，其中水泥行业营业成本的庞大是贤成矿业 2012 年营业成本大幅增长的根本原因，导致营业收入的增长不能够弥补营业成本的增长，使得营业收入增长率、利润总额增长率及净利润增长率都处于下降状态。具体情况如表 4 - 9 所示。

表 4 - 9 2010 ~ 2012 年贤成矿业发展能力指标 单位：%

会计年度	净利润增长率	利润总额增长率	营业收入增长率	每股经营活动产生的现金流量净额增长率
2012 年 12 月 31 日	- 2.850932	- 2.442222	1.153487	- 2.650003
2011 年 12 月 31 日	0.701540	1.089053	2.891125	0.137228
2010 年 12 月 31 日	0.067920	0.032352	0.157282	0.825093

资料来源：东方财富网。

贤成矿业每股经营活动产生的现金流量净额增长率已连续三年下降，这说明生产经营活动产生的每股现金流量的能力降低，年末的现金分红能力越来越低，2012年已达到负值。综上可看出，贤成矿业的成长性较差，其业务结构不合理，企业没有充足的资金，控股股东为了获取自身利益很有可能做出违规的事情。

3. 内部监督"漏洞百出"。

（1）披露的重大未决诉讼案件涉案金额。在贤成矿业2012年披露的重大未决诉讼案件中涉案金额都达到几千万人民币，其中涉案金额较大的有以上五例案件，最高的已达到人民币将近7亿元，与此同时存在着大量涉及金额较大的诉讼案件，可见该公司内部控制的混乱，违规担保现象严重，公司可能会面临较大的债务风险以及大量的诉讼费用，这将会给公司带来巨大的损失。具体情况如表4－10所示。

表4－10　　　　　　　　　　公司重大未决诉讼案件

2012年7月4日，原告周亚因借款、担保合同纠纷诉贤成矿业、西宁国新及黄贤优承担连带清偿责任，诉讼标的金额：13 856.6667万元
2012年8月15日，原告黄少龙因借款、担保合同纠纷诉贤成集团及西宁国新、贤成矿业、钟文波、黄贤优承担连带清偿责任，诉讼标的金额：11 187.3332万元
2012年8月28日，原告广东科汇发展有限公司因借款、担保合同纠纷诉油坑建材及贤成集团、黄贤优、钟文波、贤成矿业、创新矿业、西宁国新、联维亚承担连带清偿责任，诉讼标的金额：12 141万元
2012年4月19日，原告韩雪松因借款、担保合同纠纷诉贤成集团、西宁国新、创新矿业及贤成矿业、黄贤优、钟文波承担连带清偿责任，诉讼标的金额：24 147万元
原告池智良因借款、担保合同纠纷诉黄贤优、贤成集团、西宁国新承担连带清偿责任，诉讼标的金额：68 042.3377万元

资料来源：巨潮资讯网。

（2）上市公司管理层受到的处罚及整改情况。贤成矿业公司内部的董事、监事、总经理、财务总监参与了相关违规事件并受到处罚，在贤成矿业2012年年报中披露了5件违规及处罚事件，涉及众多公司高管。其高管自身行为出现违规，可见公司的内部控制制度存在缺陷，未起到对公司内部人员的监管作用，且内部高管更倾向于自身的利益，而不顾及公司的利益。

（3）已公告的违规事项。具体情况如表4－11所示。

表4－11　　　　　　　　　　已公告违规事项列示

公告日期	公告发布机构	处理单位	违规类型	违规年度	是否为上市公司	处罚方式
2013年2月26日	上市公司	青海证监局	虚假记载（误导性陈述）推迟披露	2011～2013	N	
2013年2月25日	上海交易所	上海交易所	推迟披露重大遗漏	2012	Y	谴责

续表

公告日期	公告发布机构	处理单位	违规类型	违规年度	是否为上市公司	处罚方式
2009年12月14日	中国证监会	中国证监会	推迟披露重大遗漏	2002、2003	Y	警告、罚款
2007年2月15日	上海交易所	上海交易所	推迟披露	2006	Y	谴责

资料来源：巨潮资讯网。

近几年，贤成矿业存在多例已披露的违规事项，其中涉及担保纠纷、企业经营不善造成的重大影响、募集资金冻结等事项的延迟披露，证监会、上海证券交易所等相关机构已经对贤成矿业做出谴责和处罚。这些相关信息为广大投资者与投资机构提供了其内控不严的信号，传递出公司内部控制存在严重缺陷的信息。

贤成矿业聘请众环海华会计师事务所有限公司对公司2012年的年报进行审计，该事务所出具了无法表示意见类型的财务报表审计报告，主要由于公司持续经营存在重大不确定性，无法判断对外借款、担保金额，审计范围是否受到重大限制，由此可见公司内部治理情况不佳，无法有效获取公司有关财务数据、经营信息，公司信息的缺失及不详说明了公司内部监管不善、存在制度缺陷，无法保证良好的经营环境。

三、贤成矿业内部控制问题的深度剖析

1. 治理层结构呈现"半面妆"。董事会设立独立董事的目的就是为了在公司治理环节中，独立董事可以以公司无关联关系的第三方对公司的经营治理活动进行监督。我国上市公司设立的独立董事存在两个问题：其一是独立董事大多并没有达到规定的数目要求，其二是独立董事形同虚设，没有发挥其实质性作用。

在贤成矿业的案例中，从其发布的2012年年度报告中可知，目前贤成矿业的董事会成员有15位，而独立董事的数量仅有3位。独立董事并没有发挥实质性作用。2012年11月15日，独立董事对于2012年贤成矿业爆出的违规担保等事件发表了独立董事意见：都是在公司信息公开披露的前一天，公司的独立董事才对公司未及时披露的信息有具体的了解，根据某些迹象，独立董事认为其知情权受到了侵害；独立董事提出了要对创新矿业已使用募集资金的情况以及项目建设情况进行自我检查，公司并没有开展审计工作，并口头回复称审计范围受限。此后并无下文，对于独立董事的意见公司并不能做出有效地反馈；独立董事根据已掌握的信息对于公司出现违规担保、募集资金使用违规、存在大股东占用上市公司资金等现象做出了判断及说明，但并没有对公司的经营现状造成实质性的影响；独立董事对于公司内部控制的现状作出质疑，并提出了下一步的措施，但并没有形成实质性的影响。贤成矿业在2013年做出了更换公司独立董事的决定，是否因为2012年的独立董事对于公司的经营状况做出了消极的反应，真实情况不得而知。

从以上分析可判断出，目前贤成股份公司的独立董事制度并不完善，独立董事即使对公司的经营治理状况进行监督并提出了相关意见和改进措施，也并不能够有效实施，公司的控制权还是掌握在大股东手中。独立董事的存在仅仅是表面现象，无法真正对公司的内部控制起到实质性的影响。

2. "祸起萧墙"——缺乏有效的监管处罚机制。由案例分析中可知，贤成矿业近几年有4次违规现象被披露，其中2013年2月26日的虚假记载违规现象最终并没有做出违规的处理。其余三次的违规也并没有做出大力度的惩罚。不利的监管环境也使得上市公司可以钻法律的空子，即使违规也并不会有严厉的惩罚，因此，大股东会更关注自身利益，公司并不会因为违规造成重大损失。

与此同时，2012年贤成矿业曝光许多重大未决诉讼事项、违规担保事件，并且仅仅是新闻媒体的曝光，上交所及证监会并没有对其存在的疑问进行大力调查，披露贤成矿业的违规行为，并依法进行处罚。可见我国的内部控制的外部监管环境并不利于公司的内控治理，其反应滞后，且并没有有效的措施对上市公司的治理进行制约。

3. 信息披露没有做到"倾吐至诚"。虽然到今天为止，大部分上市公司每年都会披露内部控制自我评价报告，但其内容千篇一律，所有的公司都仅仅对于相关规范进行罗列，并不能够真实反映出公司真正的实施状况。而且并不是所有法规规定的应该披露内部控制自我评价报告的公司都披露了自评报告，也不是所有的披露报告的公司都聘请会计师事务所出具合规的审计报告。相关机构也并没有做出强制性的要求并对违规情况做出惩罚。这就为上市公司提供机会选择性披露甚至不披露，并掩饰披露的信息，因为即使不按规定披露信息也不会有实质性的影响。

4. 防范内控失效的"锦囊妙计"。确立贤成矿业的内控目标。对于贤成矿业来说当前的内控目标应该是先妥善处理当前内控机制中存在的问题，之后提升内控机制的实效性。

确立法人治理核心。主要是要完善各方的沟通机制，明确不同利益方的权限与责任。因为是上市公司，所以必须在治理的过程中将最大化股东作为重点工作。

三层协同管理。处理好董事会、监事会和经理层之间的关系，保证三层能协同管理，提高会计报告的真实性和实效性。

强化风险管理意识，贤成矿业应该强化风险管理意识，从而提升公司应对风险的能力，保证经营活动的安全可控。

四、启示与建议

随着内部控制政策法规和相关政策法规的出台，上市公司内部控制制度虽然在一定程度上有了很大的改善和提高，但是仍然存在一定的问题。针对贤成矿业内部控制失效的情况，对上市公司提出了以下四点建议。

（一）加强上市公司的内部控制环境建设

贤成矿业不仅应从外部监督管理方面约束企业的内部控制，还要从内部环境方面完善企业内部控制体系。对于公司内部出现的违规担保、募集资金使用违规、大股东占用上市公司资金等的现象，不仅要加大处罚力度，还要对公司的董事会和相关负责人进行各种形式的重大处罚。这样不但能防止公司大股东侵害中小股东利益，而且能遏制公司管理层的违规操作行为。公司治理结构作为内部控制环境的重要组成部分，在很大程度上影响着企业的健康运行和企业目标的实现。贤成矿业应加强完善独立董事制度，保证董事之间的独立性，在公司进行每一项关联交易的事前、事中、事后进行控制，严格授权审批、交易进行、信息披露的控制。

公司内部治理结构的好坏决定了内部控制的质量，内部控制的质量又决定了内部控制信息披露的水平。因此，必须完善公司治理结构，建立董事会、股东大会、监事会等权力机构的制衡机制，使得董事会真正维护各个股东的利益，监事会能够起到监督促进的作用，使公司治理真正发挥作用，促进内部控制改善。另外，贤成矿业应当构建专门的风险管理部门，从而有利于企业规避在法律、政治、经济以及文化环境中所存在的不利因素，从而可以及时识别潜在的风险，分析风险，并最终规避风险。

（二）提升上市公司风险评估和风险控制能力

1. 提升法律风险评估与控制能力。在贤成矿业所面临的诉讼危机中，披露的重大未诉讼案件涉案金额较大，最高达到人民币 7 亿元，以及公司管理层受到处罚及整改等种种问题，说明贤成矿业面临重大的法律风险，因此，在加强上市公司内部控制的同时，应当注重相关交易的风险评估与防范。在进行每一项交易之前，应当判断该项交易是否符合法律规定。加强审计委员会、内部审计部门、独立董事的风险管理。贤成矿业面临重大法律风险，可以通过会计师事务所、专业咨询公司等机构对某些专业问题进行评估，有效地防范应对相关风险。比如，通过会计师事务所可以对企业的财务、税务方面的问题进行审查，判断企业潜在的财务风险和税务风险；通过专利事务所可以对企业的知识产权方面的问题进行审查，判断企业潜在的知识产权方面的风险。贤成矿业完全可以根据自身规模的大小、业务的性质来选择机构对企业法律风险评估进行有效评估和防范。对于大中型企业来说，将上述机构综合利用可能效果更佳。

2. 提升财务风险评估与控制能力。贤成矿业内部违规担保、募集资金使用违规、存在大股东占用上市公司资金等的现象导致其财务核算失真，财务报告披露控制出现相应的财务风险，为公司的生产经营带来不便。因此应当对公司的财务风险进行有效评估，可设立专门的风险评估部门进行，只有良好的评价公司的财务风险，才能对所产生的财务风险进行准确的防范。

建立健全上市公司内部控制制度。内控制度是现代企业对经济活动进行管理时所采用的一种手段，它是通过全方位建立过程控制体系、描述关键控制点和以流程形式直观表达生产经营业务过程而形成的管理规范。一个企业的内控制度应该遵循事前、事中、事后控制相结合的原则，事前定目标、定制度、定操作程序，事中严格遵循制度、程序的要求，事后进行跟踪、考核，并反馈结果、意见，以改进财务控制，对财务风险进行有效防范。

（三）严格审批程序，加强授权批准控制

完善授权审批与审议程序。上市公司的内部授权审批不规范，要加强上市公司的授权与审批制度，由相关的独立人员负责，并且上交的材料要全面，避免只上交对公司有利的资料的现象，只有这样才能全面掌握公司的情况，并做出最准确的判断。从内部审计的定义可知，内部审计是一项独立、客观的咨询活动。其目的在于改善企业的运作和增加企业的价值。通过一种系统条理的方法去评价和改善企业内部治理、控制风险管理的有效性，帮助企业实现其目标。内部审计本身就是对内部控制起协助和监督的作用，可以使内部控制设计更加合理，执行更加有效，进而不断提高内部控制信息披露的水平。矿业上市公司应该按照自身内部控制结构，设立一个独立于管理当局，可以直接向董事会或是监事会报告的内部审计机构，及时向董事会或监事会就有关事项进行汇报和建议，独立客观的评价内部控制制度的设立与执行，逐步健全内部控制制度，优化资源配置，完善企业相关内部控制。

（四）完善企业的内部信息沟通机制

贤成矿业之所以会出现违规担保、募集资金使用违规、存在大股东占用上市公司资金等一系列问题，其中一点原因就是缺乏应有的交易信息与沟通，如果公司在出具担保协议之前，相关人员能够有效地和董事会进行沟通，及时进行董事会审议，并且及时进行信息披露就会减少违规违法及诉讼案件。

上市公司应当构建相对完整的信息管理体系，从而促使公司内部的全体工作人员可以获得在执行、管理以及控制企业经营管理过程中所要求的信息，并有利于及时实现这些信息的交汇，有利于企业管理者及时向全体员工发布有关各方面执行各自控制职责的明确信息。建立了良好的信息沟通机制，从而就可以避免许多问题的出现，这是完善上市公司内部控制的一个重要方面。

加强企业内部审计监督的职能，一方面，上市公司应当构建具有独立性和权威性较强的内部审计部门。另一方面，应当对内部审计机构工作人员的职责进行明确。随着现代企业制度的构建以及企业经营管理水平的提升，应提高内部审计人员的素质，保持并加强内部审计委员会的独立性，充分发挥内部审计的作用，及时发现问题。应当注意，现代审计人员不仅仅要具备应有的专业胜任能力，还应当具备较高的综合素质，更应注重对职业道德素质的培养，从而更好地发挥内部审计部门监督职能，对公司内部控制活动的事前、事中、事后充分检查、督促，使内控失效问题少发生。

五、讨论题目

1. 影响贤成矿业发展的行业因素有些？
2. 上市公司如何完善信息披露制度以及如何提高内部控制的有效性？
3. 运用相关理论，分析贤成矿业内部控制有效性不足的原因？
4. 贤成矿业内部控制失效，对于上市公司治理有何启示？
5. 上市公司应采取哪些措施应对内部控制失效产生的财务和法律风险？
6. 上市公司完善信息披露制度与提高内部控制有效性的关系？

案例使用说明

一、本案例要解决的关键问题

　　本案例要解决的关键问题是引导学生以公司治理理论和内部控制理论为依据，分析贤成矿业内部控制失效的案例，同时帮助学生针对贤成矿业内部控制存在失效引起的一系列反应进行追溯，探究上市公司内部控制失效的原因何在，从而对上市公司公司治理起到相应的借鉴作用。本案例为学生理解控制测试、上市公司内控信息披露影响以及完善内部控制作用具有一定的启示效果。

二、案例讨论准备工作

　　为了有效实现本案例的教学目标，学生应在案例讨论前通过预发材料了解下列相关知识背景。
　　1. 理论背景：公司治理理论、内部控制理论。
　　2. 知识背景：信息披露制度、Z—Score 模型、财务风险、法律风险。
　　3. 行业背景：案例内容发生前后中国矿业发展状况及矿业企业上市情况、矿业上级公司治理结构。
　　4. 制度背景：国外的上市公司开始进行公司内部控制治理是由于《萨班斯—奥克斯利法案》的颁布，该法案是内部控制治理和证券市场规范化的开端，内部控制的关注度逐渐提高，内部控制信息的披露也成为公司治理的重要环节。自 2006 年我国上海证券交易所和深圳证券交易所两大证券交易所颁布《内控指引》以来，政府部门也开始关注股票上市公司的公司治理情况，特别是暴露出的内部控制缺陷，内部控制信息的披露也成为国内上市公司每年年报的重要组成部分，内部控制问题逐渐成为股票上市公司公司治理的重要环节。

三、案例分析要点

（一）需要学生识别的关键问题

本案例需要学生识别的关键问题包括：影响贤成矿业发展的行业因素有哪些；上市公司如何完善信息披露制度以及如何提高内部控制有效性；运用相关理论，分析贤成矿业内部控制有效性不足的原因；贤成矿业内部控制失效，对于上市公司治理有何启示；上市公司应该采取哪些措施应对内部控制失效产生的财务和法律风险。

（二）解决问题可供选择的方案

1. 影响贤成矿业发展的行业因素有些？

（1）目前中国的能源资源产地分布广泛，赋存不集中，就不能强调在一个省区里搞配套，要按照全国一盘棋的原则进行统筹规划，矿业发展不同程度受到阻碍。

（2）首先，矿业要进行矿产勘查，找到矿紧接着就要开发，两者紧密关联，自然衔接，理应成为统一的产业；其次，现在国家的产业分类把采矿业放在第二产业里，矿业的一些特有规律被忽略，往往成为工业的附属车间，弊端很多，制约了矿业的健康发展。因此理顺矿业产业定位，使它回归供需过剩的格局不会改变，产能建设严重超前，进口规模持续增加，目前供需关系已由此前阶段性、结构性、区域性过剩逐步转变为绝对性过剩，而且这种绝对性过剩将会长期延续。第一产业是深化矿业改革，推进矿业发展的重要任务。

（3）供需过剩的格局不会改变，产能建设严重超前，进口规模持续增加，目前供需关系已由此前阶段性、结构性、区域性过剩逐步转变为绝对性过剩，而且这种绝对性过剩将会长期延续。

2. 上市公司的信息披露存在哪些缺陷？

（1）市场监管权责不明，力度不强，执法不严。上市公司体系不健全；证券交易所存在地方化问题；有些甚至是根本性的制度缺陷，这些缺陷制约了我国上市公司的发展，造成上市公司信息披露的不规范，致使内幕交易、操纵市场、欺诈客户等行为经常发生，助长了上市公司风险的生成和扩散，客观上为国家对上市公司信息披露监管设置了种种障碍。

（2）各级监管部门职能层次不清晰，职责权限缺乏严格的规定，有权无责，监管者随意性大，规范性差，没有一套严密有效的措施来确保其履行职能，容易形成暗箱操作，产生腐败。

（3）执法不力，首先是执法的深度和广度不够，执法依据的法律法规牵强，处罚决定主要是靠行政手段，简单的法规引用，缺乏深度的理论分析，判词说服力不强；其次是执法方式不当，往往是上市公司到了"四面楚歌"无法收拾时，有关部门才徐徐出面干预，不能做到事先预察，把违规行为消灭在萌芽状态，而且每次查处都以"压市"和"救市"而告终，对上市公司的违规行为用"集中严打"的方法极不科学。

3. 上市公司如何完善信息披露制度以及如何提高内部控制的有效性？

（1）改进内部控制信息披露的相关规定。

①要求所有上市公司董事会在年度报告中披露内部控制的有关信息，同时要求监事会和独立董事或由独立董事组成的审计委员会对内部控制进行评价并发表意见。

②证监会应当对内部控制信息披露的具体内容和格式做出详细规定。内部控制报告应表明：董事会和管理当局对内部控制的责任；声明企业的内部控制有效（或除上述缺陷以外内部控制有效），不会发生对公司财务报告的可靠性或对公司资产的安全性、完整性有重大不利影响的情况。

③建立上市公司会计信息质量控制机制。上市公司会计信息质量控制机制由上市公司内部控制、注册会计师控制和证券监管部门控制三个要素组成，通过它们正常执行自己的职能及各职能间的相互制约，保证会计信息质量。内部控制由上市公司内部各相关部门组成，通过公司内部会计部门、审计部门、各经营部门、股东大会、董事会、监事会的职能活动来完成。

（2）加快改革，提高认识，按证券市场的规律办事。证券市场是市场经济中较高形式的市场形态，上市公司是现代企业中最高层次的企业形式，因此，一定要从寻找证券市场发展的一般规律出发，加强市场经济体制的改革和完善，加强现代企业制度的建设，提高认识，转变观念，清除计划经济体制遗留在人们思想上的影响，摒弃惯用的行政管理办法，改变管理方式，按证券市场和现代企业特有的规律办事，建立起真正规范化的市场经济体制、现代企业制度和利益驱动机制。

（3）制定科学、配套的会计规范体系。会计规范体系是上市公司会计行为和会计信息的规范和准绳，只有先规范了上市公司的会计行为，生成客观公允的信息后，才谈得上信息如何披露。因此，建立并严格执行一整套科学的会计规范体系，是实行会计信息披露制度前必须做好的事。

（4）加大监管和处罚力度。加大监管和处罚力度的关键在于综合运用法律、行政、舆论等各种力量提高失信成本。因为只有当失信成本高到足以令失信者痛时，才能有效地遏制失信行为的发生。

4. 分析贤成矿业内部控制有效性不足的原因？

（1）合法合规是内部控制的最低目标，也就是底线。贤成矿业没有达到合法合规要求。企业的营业外支出变动幅度较大，近几年一直出现增减变化极度不稳定的情况。

（2）贤成矿业的资产负债率2009年和2010年非常高，超过了100%，之后两年该指标下降，因为资产的增长率超过了负债的增长率，而到2013年该指标达到了1.2，原因是2013年负债大幅增长，达到了1.2，出现了资不抵债的现象。高的财务杠杆意味着高的风险，公司的投资活动及日常经营活动面临着较大的财务风险。

（3）贤成矿业被曝出2009～2012年，有多项违规事项未披露，在贤成矿业2012年的年报中有39项诉讼仲裁等媒体质疑事项在披露后没有后续进展，而2011年年报中披露的重大诉讼仲裁事项只有2项。该公司遭遇的如此反常的未决诉讼事项可直接反映出公司的内部控制存在严重的缺陷，内部监管不力使得公司面临较大的财务风险以及信誉风险。

（4）贤成矿业每股经营活动产生的现金流量净额增长率已连续三年下降，这说明生产经营活动产生的每股现金流量的能力降低，年末的现金分红能力越来越低，2012年已达到负值。

5. 贤成矿业内部控制失效，对于上市公司治理有何启示？

（1）一是改进"三权"制衡的体系，明确股东大会和董事会以及监事会的权力；二是切实保障两权分离。我国法律应该严格限制董事会与经理层的重合，并且应将重合的比例限制在一定的比例之内，同时也应该加强董事会的建设；三是加强董事会在内部控制体系中的作用。

（2）强化风险管理是现代企业内部控制的一个重要内容，对于上市公司而言，由于所有权与经营权分离、股权集中度较高，其风险管理也就显得更为重要。首先，上市公司的所有员工都必须树立风险意识，只有意识到了风险，才会主动加强内部控制，采取措施控制风险。其次，上市公司在经营过程中应加强风险管理，建立健全风险预测、风险评估、风险控制和风险约束机制，并且在技术上制定风险回避、风险转移和风险分散等管理策略，以有效防范和控制风险。

（3）政府部门应积极以制度形式建立健全强制实行内部控制信息披露的准则和指南，规范上市公司内部控制信息披露的内容和格式，明确谁为内部控制信息负责和出台相应的处罚措施。

（4）企业内部也应建立完整的内部控制制度体系和清晰的业务流程，合理地对公司各个职能部门和人员进行责任分工、控制和考核，对每一个部门的责任和利益明确界定，防止权力重叠，也避免出现权力真空。通过汇编内部管理制度、业务流程图、权限指引等，促进企业各层级员工明确机构设置和职责分工，正确行使职权。开设信息反馈渠道，确保员工在工作中遇到的问题可以及时报告并得到解决。

6. 上市公司应采取哪些措施应对内部控制失效产生的财务和法律风险？

（1）法人治理与内部控制有效结合，完善监督与激励机制。在逐渐成熟的市场机制中，在所有权与经营权相分离的前提下，内部控制必须在得到企业管理层高度重视的前提才能得以展开和实施，企业应将公司治理与内部控制有效对接，在公司治理结构的框架内解决公司管理监督控制、监督和激励问题；在内部控制的框架下解决与总经理以下的业务执行部门和岗位的控制和激励有关方面的问题；有计划、有步骤地降低国有资本在上市公司中的持股比例。

（2）完善企业的控制环境，加强信息沟通制度建设。为了建设优良的控制环境，需要倡导积极向上的企业文化，文化控制对企业内部控制有积极作用，提升企业管理者的操守和价值观，对于企业内部控制效率的效果影响深远，直接影响下级员工的道德行为、思维方式和品行，如果管理层不约束自己，很容易导致决策失败，对企业的打击通常是指明的，因此，管理层的操守及价值观是构成控制环境的基本要素。

（3）建立风险评估机制，进行全面的风险管理。风险管理是指企业未达到目标而确认和分析相关风险，在此基础上对风险进行管理的过程。内部控制的重点是防范风险、避免和减少差错以及舞弊违法乱纪等行为的发生，企业必须建立、健全风险评估机制。以了解自身所面临的各种不同风险，评估重要环节可能存在的风险，并明确规定相关法律责任。

四、教学组织方式

（一）问题清单及提问顺序

1. 影响贤成矿业发展的行业因素有些？
2. 上市公司如何完善信息披露制度以及如何提高内部控制的有效性？
3. 运用相关理论，分析贤成矿业内部控制有效性不足的原因？
4. 贤成矿业内部控制失效，对于上市公司治理有何启示？
5. 上市公司应采取哪些措施应对内部控制失效产生的财务和法律风险？
6. 上市公司完善信息披露制度与提高内部控制有效性的关系？

（二）课时分配

1. 课后自行阅读材料：约3小时；
2. 小组讨论并提交分析提纲：约3小时；
3. 课堂小组代表发言：约2小时；
4. 课堂讨论总结：约0.5小时。

（三）讨论方式

本案例可以采用小组讨论。

（四）课堂讨论总结

课堂讨论总结的关键是：根据小组发言与讨论情况，进行归纳总结，教师就学生的讨论情况进行点评，就如何运用理论知识去解决实际问题提出建议并引导学生对焦点问题或有争议观点进行进一步思考；建议大家对案例素材进行扩展研究和深入分析。

案例 11

从大智慧公司造假风波看金融软件
服务业营业收入审计

唐　华　傅云龙　王大林

2016年3月8日晚间，上海大智慧股份有限公司（股票代码601519，以下简称大智慧）发布公告，在收到证监会《行政处罚及市场禁入事先告知书》后，历时一年多的时间内试图85亿元并购湘财证券已宣告失败。因经证监会查明，大智慧有涉嫌违法事实多项，包括：2013年涉嫌提前确认有承诺政策的收入8 744.69万元；2013年以"打新"为名营销，涉嫌虚增营业收入287.25万元；涉嫌利用与广告公司的框架协议虚增2013年收入93.34万元。紧接着证监会有要求大智慧"结合2015年度的业绩情况以及受到的行政处罚情况，核实公司是否符合有关主体收购金融业资产需连续两年盈利的资质要求，并充分予以风险提示。"对此，大智慧回应称，预计公司2015年度经营业绩将出现亏损，实现净利润约为−4.6亿～−4.3亿元。2013～2015年大智慧的收入与净利润波动反复异常，但这并没有引起审计机构的重视，一再疏忽，值得关注，令人深思！

一、背景简介

网络金融服务行业是借助于中国互联网和证券市场共同发展起来的一种新型的信息服务领域。按照信息发布主体的类别来分，可以把互联网上的信息传播主体的类型分为垂直财经门户网站、综合门户财经频道、金融数据服务商和手机移动终端。随着中国近7亿的网民数量增长。中国居民信息接收途径经历了极大的变革，电视、报纸、广播等传统的信息接收途径已经被极大地压缩，网络的覆盖和普及单向式的快速发展，网络金融信息的发展已经是不可阻挡的趋势。互联网金融行业的快速发展具有一定的必然性，它的产生和发展更好地促进了金融信息的传播。

大智慧是主营金融信息服务的企业，以交易终端为平台提供数据资讯和交易服务。由于主营的行情信息服务业务技术门槛不高，本质上是相对容易进入的数据加工业，再加上同质化严重的特点，应用体验感觉不到本质差异，纯粹的行情信息服务导致大智慧的市场行情发展早已触及天花板。大智慧的信息服务产品先是运用"免费经济学"提供平台，通过后续的附加值产品进行收费，先让一部分人成为自己忠实的用户，形成操作习惯，再通过提供具有附加值的服务来收取数据费和信息费，由于大智慧具有较强的品牌优势和知名度，不但在散户投资者中被应用广泛，而且渗透到证券公司的营业部中，获得了较大的市场份额，盈利模式得到很好回报。

（一）金融软件服务行业的特点

1. 证券市场的信息爆炸。信息爆炸是互联网诞生之后并且发展到一定阶段的产物，信息爆炸表现在包括新闻信息、娱乐信息、广告信息和科技信息铺天盖地，使得信息接收者每时每刻都主动或者被动的接收着各种信息，信息处理能力严重超载。这样导致的结果是，要从浩如烟海的讯息中获得和提炼出自己需要的信息成为一大难题。特别是在投资领域，过多的讯息中还夹杂着各种人为的虚假信息，投资者在面临各种不完全信息，可信度不高的信息，故意散布的虚假信息的时候，信息收集和处理的成本急剧上升，很可能面对一堆信息但是无所适从，无从下手，这种信息爆炸的结果反而使得真正具有价值的信息被埋没。

2. 低水平同质化问题。例如在中国 A 股市场上市的主要金融信息服务行业公司同花顺、大智慧和东方财富。三家上市公司同为金融信息服务行业的公司，不但主营都是为中国的股票投资者提供信息，而且三者的经营模式均较为雷同，这与互联网金融信息服务在中国的发展还处在较为初级的阶段有很大的关系，虽然免费的交易软件在国内早已有所发展，但是仍存在创新不足或者说缺乏危机感的问题。

（二）金融软件服务行业的潜在风险

证券基金类市场受政策波动比较大，竞争趋于激烈。行业领先企业的软件产品具有一定的性能技术优势，但是客户在强调产品可靠性、安全性和数据处理能力之外，对系统的开放性以及供应商的服务有了更多的要求。市场内价格松动的迹象变得明显。

核心竞争力欠缺。国内金融信息平台转载的信息较为单一，主要的信息均来自交易所、专业研究机构和报纸杂志，经营的同质性使得各个网站和终端的区分度不大，这也是导致各个网站和金融终端处于低水平竞争的主要原因。相反具有核心竞争力的彭博资讯用 30 年的时间超越了百年企业汤森路透（2008 年合并），其核心竞争力就在于对于终端的销售战略，企业的一切经营方针都是以卖出终端为方向。在各种传统金融信息途径还在互相竞争之时，彭博资讯前瞻性地看到了一条光明的出路，运用终端来提高客户的黏性，形成源源不断的收入。

战略发展方向的把握和评估需要更加慎重和务实。作为国内资本市场上互联网公司收购券商的先例，大智慧全资并购湘财证券的消息一经传出就备受各方瞩目，但时隔一年半之后，这桩曾经被热炒的"联姻"最终夭折。梦醒时刻，大智慧的"互联网券商"大计也以破碎终结。结果是鉴于重大资产重组相关的股东大会决议因逾期已经失效，本次重大资产重组面临的障碍基本无法消除，公司需要根据市场变化及时调整或制订新的经营策略，不但对公司声誉造成了严重影响，而且损害了投资者的切身利益。

二、案例概况

（一）大智慧公司及立信会计师事务所简介

上海大智慧股份有限公司于 2000 年 12 月 14 日成立，是一家面向国内和国际资本市场，从事资本市场投资咨询及相关服务业务的全国性投资管理咨询公司。公司是经中国证监会批准，具备证券投资咨询执业资格的专业公司（资格证书编号：上海大智慧股份有限公司 [证书号：Z0062]）。经营范围包括计算机软件服务，第二类增值电信业务中的信息服务业务（不含固定网电话信息服务），互联网证券期货讯息类视听节目，计算机系统服务，数据处理，计算机、软件及辅助设备的零售，网络测试、网络运行维护，房地产咨询（不得从事经纪），自有房屋租赁，会议服务、创意服务、动漫设计，设计、制作各类广告，利用自有媒体发布广告，网络科技（不得从事科技中介），投资咨询，企业策划设计，电视节目制作、发行等。

立信会计师事务所由中国会计泰斗潘序伦博士于 1927 年在上海创建，是中国最早建立和最有影响的会计师事务所之一，于 1986 年复办。2000 年 6 月由朱建弟、李德渊、周琪、戴定毅、郑帼琼、王德霞、钱志昂、施国梁、孟荣芳等人发起设立立信会计师事务所有限公司（原名上海立信长江会计师事务所有限公司），注册资本人民币 500 万元。经国家批准，依法独立承办注册会计师业务，具有从事证券期货相关业务的资格。根据美国萨班斯—奥克斯法案之规定，非美国审计机构如需对美国上市公司之海外子公司进行审计，需要在 PCAOB（Public Company Accounting Oversight Board）进行注册，立信事务所已于 2004 年 8 月获得该资格。

立信会计师事务所现有从业人员 7 000 余名，其中执业注册会计师超过1 500 人。总部设在上海，设有七个专业委员会，以及审计业务部、国际业务部、银行业务部等与业务相关的部门。现有客户遍布全国各地，其中上市公司近 300家，IPO 公司 300 余家，外商投资企业 2 000 余家，并为大型央企国有集团、银行、证券公司、期货经纪公司、保险公司、信托公司、基金、大型央企及国有集团公司与民营企业提供审计及相关业务。立信会计师事务所已连续 5 年给大智慧公司提供审计服务。

（二）立信会计师事务所审计大智慧公司案始末

1. 手段拙劣，竟能瞒天过海？

（1）提前确认收入。2013 年 12 月，大智慧针对售价在 3.8 万元以上的软件产品（3.8 万元策略投资终端、9.8 万元投资家机构版、19.8 万元投资家 VIP版、58 万元投资家至尊投顾版）制定了包含"若在 2014 年 3 月 31 日前不满意，可全额退款"条款的营销政策。2013 年 12 月 3 日至 11 日，此营销政策在大智慧官方网站上进行过公开宣传；后虽在大智慧管理层要求下将"可全额退款"的条款从网站删除，但2013年12月全月，大智慧所有营销区域的销售人员在营销中，均向客户承诺"可全额退款"。在无法预计客户退款可能性的情况下，大智慧仍将所有销售认定为满足收入确认条件，并按收入确认方法确认为当期营业收入。由此导致大智慧2013年12月提前确认收入87 446 901.48元，涉及的合同金额138 443 830.90元。

（2）利用客户打新资金虚增营业收入。30位愿意接受现场询问的大智慧客户中的12位在笔录中称：2013年12月，应大智慧电话营销人员要约，参与大智慧集中打新股或购买大智慧承诺高收益的理财产品。经查，大智慧将上述收款直接以软件产品销售款为名虚增2013年收入2 872 486.68元，未真实反映上述业务情况。该12名大智慧客户在笔录中称：其向大智慧支付的款项并非购买软件款，也未实际使用过大智慧提供的软件产品，2013年购买软件的部分客户向大智慧汇款时备注摘要内容均与购买软件性质完全不符，如"打新股资金""保证金""投资理财""助公司避免ST"等。同时，大智慧2013年确认的收入2 872 486.68元，后续已应客户的要求全部退款。

（3）通过框架协议虚增营业收入。2013年12月24日，大智慧与北京阳光恒美广告有限公司（以下简称阳光恒美）签订《阳光恒美—大智慧合作合同》（以下简称《合作合同》），合同金额400万元。2013年12月31日，大智慧根据该合同和开出的300万元发票确认了2 830 188.60元的营业收入。审计机构将大智慧确认的收入按照服务时间2013年9月1日至2014年12月31日分摊后，调减了1 886 792.37元到递延收入。

根据阳光恒美员工询问笔录，阳光恒美为广告代理公司，《合作合同》仅为框架合同，需要有客户实际的广告投放需求才能执行，且会根据客户的具体需求再与大智慧另行签订合同。2013年9～12月，阳光恒美并未代理客户向大智慧实际投放广告。根据2014年2月13日郭仁莉与大智慧员工宋某的邮件，郭仁莉让宋某编制了虚假的广告资源消耗排期表，由宋某给阳光恒美配合盖章确认。该排期表显示，2013年9～12月，阳光恒美已消耗大智慧广告资源300万元。

综上，大智慧确认的上述审计调整后的收入943 396.23元为虚假收入。

（4）相关项目未履行完成，即提前确认收入。2013年11月，大智慧子公司上海大智慧信息科技有限公司（以下简称大智慧信息科技）与天津渤海商品交易所股份有限公司（以下简称渤商所）签订合同，成为渤商所会员，一次性缴纳管理软件使用费2 000万元；同月，大智慧与渤商所签订合同，大智慧向渤商所提供相关产品及服务，向渤商所收取2 000万元。2013年12月9日，大智慧信息科技汇款2 000万元给渤商所，次日渤商所即将该2 000万元转给大智慧，大智慧收到扣税后记入主营业务收入。

其实，大智慧与渤商所项目合作协议的内容与实际执行状况如下：一是大智慧为渤商所设计企业宣传片、培训视频，实际企业宣传片于2014年4月完成，培训视频没有制作；二是大智慧为渤商所打造《渤商所现货投资》栏目，实际大智慧2013年未完成协议约定的五个工作日的试播；三是大智慧为渤商所提供不超过3条指数的研究、编制、发布、维护工作，实际大智慧在2013年未履行合同约定的义务；四是大智慧向渤商所提供3套DTS大智慧策略交易平台产品和225套大智慧金融终端产品，实际直至2014年3月12日大智慧才将产品的账户名和密码发送给渤商所。2014年2月，在合同尚未履行完成的情况下，大智慧请渤商所配合提供项目合作验收确认书，并将验收日期倒签为2013年12月31日。大智慧与渤商所的项目合作合同实际未履行或未在2013年履行完成，由此虚增2013年收入15 677 377.40元。大智慧主要采取上面四种手段虚构营业收入，其2012年、2013年的部分财务数据见表4－12。

表4－12　　　　　　　　　　大智慧公司2012年、2013年部分财务数据　　　　　　　　　单位：元

时间	2012年末	2013年1~9月	2013年末
营业收入	470 138 437.47	541 068 924.84	894 262 281.52
净利润	－ 265 723 351.32	－ 195 172 686.90	24 193 672.79
归属于母公司所有者的净利润	－ 266 998 829.34	－ 215 331 792.43	11 661 405.57
少数股东损益	1 275 478.02	—	12 532 267.22

资料来源：巨潮资讯网。

　　根据以上大智慧公司的主要财务数据，截至2013年第三季度，净利润仍为负数，第四季度公司共计虚增了过亿元营业收入，彼时公司报表显示2013年度的营业收入为8.9亿元，净利润为1 166.14万元，如果将未计入的2 495.43万元成本费用计入，公司2013年的净利润应该是亏损的。这也意味着，凭借虚假的财务数字，大智慧逃过了因连续两年亏损被披星戴帽的命运。

　　2. 关键要害，岂能掉以轻心？

　　（1）未对销售与收款业务中已关注到的异常事项执行必要的审计程序。2013年12月，大智慧将不满足收入确认条件的软件产品销售确认为当期销售收入，导致2013年提前确认收入87 446 901.48元。会计师在审计工作底稿中记录，大智慧2013年12月确认收入占全年的比重达37.74%（审计调整前，以母公司口径计算），并对在2014年1月1日至2月26日财务报表批准报出日间发生销售退回的22 422 913.77元收入进行了审计调整，调减了2013年收入。针对临近资产负债表日的软件产品营业收入大增，期后退货显著增加的情况，立信所在审计过程中未对退货原因进行详细了解。会计师仅执行了查验公司合同，抽样检查并获取软件开通权限单、销售收款单、退款协议、原始销售凭证等常规审计程序。没有根据公司销售相关的财务风险状况，采取更有针对性的审计程序，以获取充分的审计证据以支持审计结论。在面对客户数量较多，无法函证的情况下，也没有采取更有效的替代程序以获取充分适当的审计证据。

　　（2）未对临近资产负债表日非标准价格销售情况执行有效的审计程序。2013年12月，大智慧对部分客户以非标准价格销售软件产品，以"打新股""理财"

为名进行营销，虚增2013年营业收入2 872 486. 68元。注册会计师姜某称审计时关注到非标准价格销售的情况，并获取了销售部门的审批单，但是，相关过程没有在审计工作底稿中予以记录；并且，审计工作底稿程序表中"获取产品价格目录，抽查售价是否符合价格政策"的程序未见执行记录。

（3）未对抽样获取的异常电子银行回单实施进一步审计程序。2013年12月，大智慧电话营销人员对客户称可以参与打新股、理财、投资等以弥补前期亏损。部分客户应邀向大智慧汇款，其中有客户在汇款时注明"打新股"等。大智慧收到款项后计入2013年产品营业收入，后续又应客户的要求全部退款。立信会计师事务所审计工作底稿中复印留存了部分软件产品销售收款的电子银行回单，其中摘要栏中的"打新股资金""理财投资资金"等备注存在明显异常。对此，注册会计师没有保持合理的职业怀疑态度，以发现的错报金额低于重要性水平为由，未进一步扩大审计样本量，确认抽样总体不存在重大错报，审计底稿中也没有任何记录表明立信所已对该异常事项执行了任何风险识别和应对的程序。经查，如果立信所扩大银行回单的抽样范围，2013年12月存在异常摘要的银行进账单笔数为48笔，合计金额873万元，明显高于底稿中抽样所涉及回单数量与对应金额。

3. 事实据在，能否逃过一劫？根据证监会对立信会计师事务所作出的不当审计判定，立信所相关负责人姜维杰、葛勤在听证与申辩材料中提出应当免予处罚，理由如下：

（1）针对临近资产负债表日销售大增，注册会计师在执行了常规审计程序的基础上，实施了追加的审计程序，均未发现大智慧存在"2014年3月31日前可全额退款"的销售政策。会计师对电话录音实施了询问程序，项目组以普通客户名义电话询问大智慧销售人员的审计程序也可实现与抽样察听电话营销录音同样的审计目标。针对个人用户无法函证时采取的替代审计程序，采取了相比函证程序更有针对性的审计程序：抽取了销售发票、对应的银行进账单以及服务开通的系统记录，逐一核对记载的客户姓名、金额、销售内容、时间是否一致。对2013年12月大智慧营业收入按照软件产品类型进行了分层测试，测试结果未发现重大异常情况。

针对期后退货显著增加，当事人设计并实施了有针对性的审计程序以获取相关证据。了解期后退货原因。退货增加主要是由于2014年1～2月证券市场低迷，以及部分用户参考大智慧推出的金牌投资顾问模拟盘导致投资出现严重亏损，在监管部门立即处理投诉的要求下，对该部分客户进行了退货处理。实施期后退货的实质性测试。根据大智慧退款流程，检查了退货协议、退款申请审批单、付款原始凭证、红字冲销发票、客服部门退货清单等。客户与大智慧根据《退货协议》就退款事宜协商一致，且部分用户是扣除一定使用费后退还，并非"2014年3月31日可全额退款"的情形。同时，注册会计师将2014年1月至审计报告日的2 242万元营业收入进行了审计调减处理。

（2）立信所对大智慧销售业务流程进行了解，并根据了解的业务流程设计和实施了内部控制测试，未发现重大不一致，但提交给调查人员的资料仅包含实质性底稿，未包含相关的内部控制底稿。立信所人员解释称执行了有针对性的审计程序，如抽取销售发票、对应的银行进账单以及服务开通的系统记录，逐一核对记载的客户姓名、金额、销售内容、时间是否一致。查验结果未发现重大异常。

而证监会则认为当事人立信会计师事务所姜维杰、葛勤的申辩理由不能成立。

第一，针对 2013 年大智慧软件产品临近资产负债表日销售大增，期后退货显著增加的情况。审计工作底稿显示，在常规审计程序的基础上，当事人实施的追加审计程序仅查验一项，并未实施过以普通客户名义询问大智慧工作人员的审计程序。会计师执行电话察听程序的前提是已对期后退款事项产生的原因有足够的了解和认识。如了解期后退货原因的审计程序在审计工作底稿中未明确记录，且相关的管理层说明系 2015 年 11 月 30 日签署，不能证明会计师实施了该项审计程序以获取充分的审计证据。由于收入和期后退款均存在大幅增加的异常情况，会计师即使取得公司管理层说明，但以内部审计证据就认可管理层提出的退款理由，显然不足以应对可能存在的舞弊风险。《退款协议》为统一制式合同，无法获悉退款的真实原因，且大量退款发生在软件销售合同约定的 5 个工作日之后，对此异常情况，会计师未执行进一步审计程序。当事人申辩其通过询问大智慧管理层，了解到退款原因系投资顾问业务导致客户亏损从而引发客户过度维权所致，但审计工作底稿中并没有相关记录。故根据大智慧的销售特点，在对个人客户函证效果较差、内部证据可靠性较低的情况下，当事人执行电话察听将是其获取直接审计证据最有效的程序之一。综上，针对临近资产负债表日的销售大增、期后大量退回的现象，立信所没有取得充分、适当的审计证据。立信所对期后大量销售退回做出的审计调整，未在审计工作底稿中记录调整的理由以及对是否存在其他潜在退款的考虑，亦未针对期后大额退款的情况重新评估资产负债表日收入确认的合理性。

第二，未提供其他客观证据证明其在听证环节所提交的内部控制测试底稿的真实性，且与我会调查时立信所签字注册会计师姜维杰出具的保证其所提供审计工作底稿完整性的承诺书不符，故不予采纳。

第三，注册会计师在发现摘要异常的情况下，未对该异常事项的性质进行判断并在审计工作底稿中进行记录，不符合《中国注册会计师审计准则 1251 号——评价审计过程中识别出的错报》第七条"如果出现下列情况之一，注册会计师应当确定是否需要修改总体审计策略和具体审计计划：（一）识别出的错报的性质以及错报发生的环境表明可能存在其他错报，并且可能存在的其他错报与审计过程中累计的错报合计起来可能是重大的"的规定，同时也不符合《中国注册会计师审计准则 1314 号——审计抽样》第二十一条"注册会计师应当调查识别出所有偏差或错报的性质和原因，并评价其对审计程序的目的和审计的其他方面可能产生的影响"的规定。

三、案例结果

2016 年 7 月 26 日，大智慧收到证监会《行政处罚决定书》。处罚决定书显示，大智慧披露的 2013 年年报中，公司通过承诺"可全额退款"的销售方式提前确认收入，以"打新股"等为名进行营销、延后确认年终奖少计成本费用等方式，共计虚增利润 1.2 亿元。大智慧披露的 2013 年利润总额为 4 292 万元。

2016 年 8 月 1 日，大智慧向北京市第一中级人民法院递交了行政诉讼材料，请求法院撤销证监会对其作出的行政处罚决定书。法院受理了大智慧的起诉，并决定立案审理。此时距离证监会向大智慧下达行政处罚决定书仅一周的时间。8 月 13 日，大智慧发布公告，称收到第三份《应诉通知书》，至此，其已经遭到 354 名投资者诉讼，索赔逾 7 500 万元，而且还有部分投资者在提起诉讼的路上。在正式收到证监会的《行政处罚决定书》后仅一个星期，上海大智慧股份有限公司就决定起诉证监会。大智慧的起诉或许是受另一家上市公司风神股份的影响，这家被证监会认定虚增利润、信息披露违规的上市公司，因不服证监会的处罚决定，把证监会送上被告席，并且在一审中胜诉，迫使证监会在"研究判决书"后上诉。

近年来，以个人身份起诉证监会的不在少数，例如光大乌龙指案中的杨剑波、原科龙电器董事长顾雏军等。根据中国裁判文书网显示，中国证券监督委员会及其下辖机构作为被告的案例约 40 起，除一些知名人士外，很多案件都不为大众所知，这些案件已经出了判决书的，证监会大多都是胜诉方。

大智慧加入起诉证监会的行列，将"挑战者"从个人扩大到证监会监管的上市公司。律师认为，如果证监会行政处罚被法院撤销，是否影响投资者诉讼要看撤销的具体原因。

四、参考资料

本案例应关注的重点是注册会计师们如何对软件服务业收入进行审计，与此相关的参考资料除了前面案例正文中提供的背景资料以外，还包括有关企业审计准则、有关公司法等法规以及相关行业资料。本案例的资料局限性主要表现在：大智慧生产的产品专业性较强，对其的鉴定准确度不高。

如果需要进行大智慧造假事件的扩展研究，可供参考的其他有关资料目录如下。

1. 大智慧：2013 年半年度报告与 2013 年半年度报告摘要。
2. 大智慧：2013 年第三季度业绩预告。
3. 大智慧：2013 年第四次临时股东大会的法律意见书。
4. 大智慧：2012 年度内部控制评价报告。
5. 大智慧：2012 年度社会责任报告。

6. 大智慧：2012 年年度股东大会的法律意见书。

7. 大智慧：2012 年度独立董事述职报告。

8. 大智慧：2012 年度利润分配及公积金转增股本实施公告。

9. 大智慧：独立董事关于聘请内部控制审计机构的独立意见。

五、讨论题目

自证监会下达处罚决定书之后，尽管公司发布了一系列的公告用以证明自己不存在财务造假行为，但此案例仍存在许多地方值得人们深思。本案例的侧重点在于：结合立信会计师事务所对于大智慧销售收入的审计程序，重点思考如下问题：

1. 结合案例中软件服务业的特点，分析注册会计师在审计这类公司的销售收入时应注意哪些可能的审计风险？

2. 注册会计师在风险评估的过程中是否保持了应有的职业谨慎？

3. 本案例中大智慧对销售收入的提前确认是否正确？注册会计师采取的措施是否恰当？

4. 在审计过程中，注册会计师的函证程序存在那些不当之处？

5. 结合软件服务业的特点，案例中的函证程序可以有哪些替代程序？

6. 大智慧的上诉能否达到预期的效果，结合所学知识谈谈你的看法？

案例使用说明

一、本案例要解决的关键问题

本案例要实现的教学目标在于引导学生进一步关注与软件服务业营业收入审计的相关问题：销售与收款循环中的风险识别与评估、注册会计师在实施函证程序过程中如何进行控制、营业收入的确定，深入了解如何审计软件服务业营业收入。根据本案例资料，一方面，学生可以进一步思考在实务中如何管理营业收入这个科目；另一方面，深刻了解到营业收入审计中应当关注的问题以及应当如何恰当地实施必要的审计程序，才不至于酿成重大造假事件。

二、案例讨论的准备工作

为了有效实现本案例目标，学生应该具备下列相关知识背景。

1. 理论背景。企业销售与收款循环的内容和方法；销售收入的确认；软件服务业的风险评估理论与方法；注册会计师在审计过程中利用函证工作的基本问题。

2. 行业背景。上海大智慧股份有限公司于 2000 年 12 月 14 日成立，是一家面向国内和国际资本市场，从事资本市场投资咨询及相关服务业务的全国性投资管理咨询公司。公司是经中国证监会批准，具备证券投资咨询执业资格的专业公司（资格证书编号：上海大智慧股份有限公司［证书号：Z0062]）。经营范围包括计算机软件服务，第二类增值电信业务中的信息服务业务（不含固定网电话信息服务），互联网证券期货讯息类视听节目，计算机系统服务，数据处理，计算机、软件及辅助设备的零售，网络测试、网络运行维护，房地产咨询（不得从事经纪），自有房屋租赁，会议服务、创意服务、动漫设计，设计、制作各类广告，利用自有媒体发布广告，网络科技（不得从事科技中介），投资咨询，企业策划设计，电视节目制作、发行等。为其审计的立信会计师事务所由中国会计泰斗潘序伦博士于 1927 年在上海创建，是中国最早建立和最有影响的会计师事务所之一，于 1986 年复办。2000 年 6 月由朱建弟、李德渊、周琪、戴定毅、郑帼琼、王德霞、钱志昂、施国梁、孟荣芳等人发起设立立信会计师事务所有限公司（原名上海立信长江会计师事务所有限公司），注册资本人民币 500 万元。经国家批准，依法独立承办注册会计师业务，具有从事证券期货相关业务的资格。根据美国萨班斯—奥克斯法案之规定，非美国审计机构如需对美国上市公司之海外子公司进行审计，需要在 PCAOB（public company accounting oversight board）进行注册，立信已于 2004 年 8 月获得该资格。

立信现有从业人员 7 000 余名，其中执业注册会计师超过 1500 人。总部设在上海，设有七个专业委员会以及审计业务部、国际业务部、银行业务部等与业务相关的部门。现有客户遍布全国各地，其中上市公司近 300 家，IPO 公司 300 余家，外商投资企业 2 000 余家，并为大型央企国有集团、银行、证券公司、期货经纪公司、保险公司、信托公司、基金、大型央企及国有集团公司与民营企业提供审计及相关业务。立信已连续 5 年给大智慧提供审计服务。

3. 制度背景。企业会计准则关于销售收入确认的相关规定；《中国注册会计师审计准则第 1312 号——函证》应用指南。

三、案例分析要点

（一）需要学生识别的关键问题

本案例需要学生识别的主要知识点包括：如何识别销售与收款循环中存在的审计风险；注册会计师在实施函证程序过程中如何进行控制；营业收入的确认。

1. 关于销售与收款循环中的风险识别与评估。了解被审计单位及其环境是审计必要程序，特别是为注册会计师在重要关键环节作出的职业判断提供重要的基础。注册会计师应当从下列方面了解被审计单位及其环境：相关行业状况、法律环境和监管环境及其他外部因素；被审计单位的性质；被审计单位对会计政策的选择和运用；被审计单位的目标、战略以及导致重大错报风险的相关经营风险；对被审计单位财务的衡量和评价；被审计单位的内部控制。这六个方面相互影响，被审计单位的行业状况、法律环境与监管环境以及其他外部因素可能影响到被审计单位的目标、战略以及相关经营风险，而被审计单位的性质、目标、战略以及相关经营风险可能影响到被审计单位及其环境的各个方面，在对因素进行了解和评估时，应当考虑各个因素之间的相互关系。注册会计师在对上述六个方面实施风险评估程序的性质、时间安排和范围取决于审计业务的具体情况，如被审计单位的规模和复杂程度以及注册会计师的相关审计经验，包括以前对被审计单位提供审计和相关服务的经验以及对类似行业、类似企业的审计经验。此外，识别被审计单位及其环境在上述各方面与以前期间相比发生的重大变化，对于充分了解被审计单位及其环境、识别和评估重大错报风险尤为重要。

2. 注册会计师在实施函证程序过程中如何进行控制。审计人员在执行业务时，函证的内容包括两部分：应当函证的事项和其他通常函证的事项；应当函证的事项指在执行审计业务过程中，除报表项目不重要或函证可能无效的情况下，均必须执行函证的事项；其他通常函证的事项指根据项目现场负责人的判断，可以有选择地执行函证的事项，但该选择应与审计策略相关且必须经过相关负责人批准。采用抽样方式选择函证样本时，样本应当足以代表总体，下列项目为应当选择为样本的项目：金额较大的项目；账龄较长的项目；交易频繁但期末余额较小的项目；重大关联方交易；重大或异常的交易；可能存在争议以及产生重大错误或舞弊的交易。审计现场负责人在助理人员选择函证样本前应予以指导，在选择函证样本后应复核其选择样本的充分性和适当性。

在实施函证时，应当对被询证者的选择、询证函的设计、发出以及收回保持控制。审计人员在执行业务时应当采取以下措施对函证进行控制：审计人员应根据特定审计目标选用或设计询证函；审计人员应考虑重大错报风险评估水平、函证样本、函证信息的性质、以往函证的效果等因素，选择采用积极的函证方式或是消极的函证方式；将被询证者的名称、地址与被审计单位有关记录核对；将询证函中列示的账户余额或其他信息与被审计单位有关资料核对；询证函经被审计单位盖章后，由审计人员直接发出；在询证函中指明直接向接受审计业务委托的会计师事务所回函；将发出询证函的情况记录于工作底稿；收到的回函形成工作底稿，并汇总统计函证结果。如果被询证者以传真、电子邮件等方式回函，审计人员应当直接接收，并要求被询证者寄回询证函原件。

采用积极的函证方式，审计人员未能收到回函时，应当考虑与被询证者联系，考虑对重要的账户余额或其他信息是否进行再次函证，如果未能得到被询证者的回应，审计人员应当实施替代审计程序获取充分、适当的审计证据。如果有迹象表明回函不可靠，审计人员应当实施适当的审计程序予以证实或消除疑虑。审计人员应当考虑不符事项的原因、频率、性质和金额，以判断是否构成错报及其对财务报表可能产生的影响，并将结果记录于工作底稿。如果不符事项构成错报，应当重新考虑所实施审计程序的性质、时间和范围。如果实施函证和替代审计程序都不能获取财务报表有关认定的充分、适当的审计证据，审计人员应当追加实施审计程序。现场负责人应对函证决策、函证内容、函证样本的选择、函证时点的选择、被审计单位管理当局要求不予函证的处理、函证过程的控制、回函结果的评价保持控制，对助理人员的函证工作予以充分的指导。

3. 营业收入的确定问题。《企业会计准则和 14 号——收入》规定，销售商品收入同时满足下列条件的，才能予以确认：企业已将商品所有权上的主要风险和报酬转移给购货方；企业既没有保留通常与所有权相联系的继续管理权，也没有对已售出的商品实施有效控制；收入的金额能够可靠地计量；相关的经济利益很可能流入企业；相关的已发生或将发生的成本能够可靠地计量。在附有销售退回条件的商品销售方式下，如果企业能够按照以往的经验对退货的可能性作出合理估计，应在发出商品时，将估计不会发生退货的部分确认收入，估计可能发生退货的部分，不确认收入；如果企业不能合理地确定退货的可能性，则在售出商品的退货期满时确认收入。

《企业会计准则第 29 号——资产负债表日后事项》规定销售退回指企业售出的商品由于质量、品种不符合要求等原因而发生的退货属于资产负债表日后事项的。企业已经确认销售商品收入的售出商品发生销售退回的，应当在发生时冲减当期销售商品收入。

（二）解决问题的可供选择方案及其评价

1. 如何进行金融软件服务行业营业收入的风险评估？注册会计师应当从下列方面了解被审计单位及其环境：相关行业状况、法律环境和监管环境及其他外部因素；被审计单位的性质；被审计单位对会计政策的选择和运用；被审计单位的目标、战略以及导致重大错报风险的相关经营风险；对被审计单位财务的衡量和评价；被审计单位的内部控制。

大智慧是主营金融信息服务的企业，以交易终端为平台提供数据资讯和交易服务。由于主营的行情信息服务业务技术门槛不高，本质上是相对容易进入的数据加工业，再加上同质化严重的特点，应用体验感觉不到本质差异，纯粹的行情信息服务导致大智慧的市场行情发展早已触及天花板。例如在中国 A 股市场上市的主要金融信息服务行业公司同花顺、大智慧和东方财富，三家上市公司均存在创新不足的问题，核心竞争力欠缺。国内金融信息平台转载的信息较为单一，主要的信息均来自交易所、专业研究机构和报纸杂志，经营的同质性使得各个网站和终端的区分度不大，这也是导致各个网站和金融终端处于低水平竞争的主要原因。同时，证券基金类市场受政策波动比较大，竞争趋于激烈。因此，对被审计单位销售收入进行审计时，需要防范财务稳定性或盈利能力受到不利经济环境、行业状况或被审计单位运营情况的威胁，比如竞争激烈或市场饱和，且伴随着利润率的下降、难以应对技术变革、产品过时、利率调整等因素的急剧变化导致客户需求大幅下降，所在行业或总体经济环境中经营失败的情况增多等引起管理层铤而走险，增大虚增收入的风险。

（1）评估收入确认的风险。收入确认固有风险较高。收入是利润来源，涉及财务状况和经营成果，是高风险领域。虚增或隐瞒收入是常见的舞弊方式。收入确认舞弊占财务舞弊的比例很大。收入确认可能需要判断，复杂性较高；期末收入交易和收款交易的截止容易出现错误；收款未及时入账或记入不正确的账户；应收账款坏账准备的计提可能不准确。

假定收入确认存在舞弊。在识别和评估与收入确认相关的重大错报风险时，应基于收入确认存在舞弊风险的假定，评价哪些类型的收入、收入交易或认定导致舞弊风险。如认为该假定不适用于具体情况，从而未将收入确认作为由于舞弊导致的重大错报风险领域，应当在审计工作底稿中记录得出该结论的理由。

具体考虑舞弊如何发生。如果管理层难以实现利润目标，可能有高估收入的动机；如提前确认收入或记录虚假收入，收入发生认定存在舞弊风险的可能性较大，完整性认定通常不存在舞弊风险，如预期难以达到下一年度销售目标，而已经超额实现了本年度销售目标，就可能将本期收入推迟至下一年度确认。

案例中根据大智慧公司的主要财务数据，截至 2013 年第三季度，净利润仍为负数，第四季度公司共计虚增了过亿元营业收入，彼时公司报表显示 2013 年度的营业收入为 8.9 亿元，净利润为 1 166.14 万元，如果将未计入的 2 495.43 万元成本费用计入，公司 2013 年的净利润应该是亏损的。这也意味着，凭借虚假的财务数字，大智慧逃过了因连续两年亏损被"披星戴帽"的命运，注册会计师并没有对销售收入的确认保持应有的职业怀疑。

（2）营业收入确认时点的界定。《企业会计准则第 14 号——收入》规定，销售商品收入同时满足下列条件的，才能予以确认：企业已将商品所有权上的主要风险和报酬转移给购货方；企业既没有保留通常与所有权相联系的继续管理权，也没有对已售出的商品实施有效控制；收入的金额能够可靠地计量；相关的经济利益很可能流入企业；相关的已发生或将发生的成本能够可靠地计量。有且仅当一个条件不满足时，销售收入便不能确认。在附有销售退回条件的商品销售方式下，如果企业能够按照以往的经验对退货的可能性作出合理估计，应在发出商品时，将估计不会发生退货的部分确认收入，估计可能发生退货的部分不确认收入；如果企业不能合理地确定退货的可能性，则在售出商品的退货期满时确认收入。

2013 年 12 月，大智慧针对售价在 3.8 万元以上的软件产品（3.8 万元策略投资终端、9.8 万元投资家机构版、19.8 万元投资家 VIP 版、58 万元投资家至尊投顾版）制定了包含"若在 2014 年 3 月 31 日前不满意，可全额退款"条款的营销政策。2013 年 12 月 3～11 日，此营销政策在大智慧官方网站上进行过公开宣传；后虽在大智慧管理层要求下将"可全额退款"的条款从网站删除，但 2013 年 12 月全月，大智慧所有营销区域的销售人员在营销中，均向客户承诺"可全额退款"。在无法预计客户退款可能性的情况下，大智慧仍将所有销售认定为满足收入确认条件，并按收入确认方法确认为当期销售收入。由此导致大智慧 2013 年 12 月提前确认收入 87 446 901.48 元，涉及的合同金额为 138 443 830.90 元。大智慧 2013 年对收入的确认明显不符合相关会计准则的规定。

2. 实施函证程序的必要控制。在实施函证时，应当对被询证者的选择、询证函的设计、发出以及收回保持控制。审计人员在执行业务时应当采取以下措施对函证进行控制：审计人员应根据特定审计目标选用或设计询证函；审计人员应考虑重大错报风险评估水平、函证样本、函证信息的性质、以往函证的效果等因素，选择采用积极的函证方式或是消极的函证方式；将被询证者的名称、地址与被审计单位有关记录核对；将询证函中列示的账户余额或其他信息与被审计单位有关资料核对；询证函经被审计单位盖章后，由审计人员直接发出；在询证函中指明直接向接受审计业务委托的会计师事务所回函；将发出询证函的情况记录于工作底稿；收到的回函形成工作底稿，并汇总统计函证结果。如果被询证者以传真、电子邮件等方式回函，审计人员应当直接接收，并要求被询证者寄回询证函原件。在本案例中，针对临近资产负债表日的软件产品销售收入大增，期后退货显著增加的情况，立信所在审计过程中未对退货原因进行详细了解。会计师仅执行了查验公司合同，抽样检查并获取软件开通权限单、销售收款单、退款协议、原始销售凭证等常规审计程序。没有根据与公司销售相关的财务风险状况，采取更有针对性的审计程序，以获取充分的审计证据支持审计结论。在面对客户数量较多，无法函证的情况下，也没有采取更有效的替代程序以获取充分适当的审计证据。

3. 有哪些函证程序的替代程序？除了函证程序之外营业收入的实质性程序还包括以下14种：获取或编制主营业务收入明细表；检查主营业务收入的确认，必要时实施实质性分析程序；获取产品价格目录；抽查并评价价格是否合理；审查发运凭证是否与发票、合同、记账凭证一致；审查记账凭证是否与发票、发运凭证、合同一致；检查出口销售；实施截止测试；检查销货退回；确定主营业务收入的列报；检查特殊销售；检查折扣与折让；调查关联方销售；调查集团内部销售。

大智慧是主营金融信息服务的企业，以交易终端为平台提供数据资讯和交易服务。在服务的过程当中会形成交易记录等电子凭证，可以选择以上程序实施实质性分析程序。鉴于在无法预计客户退款可能性的情况下，大智慧仍将所有销售认定为满足收入确认条件，并按收入确认方法确认为当期营业收入。对此，注册会计师还可以采取实施截止测试和检查销货退回等措施。

四、教学组织方式

（一）问题清单及提问顺序、资料发放顺序

自证监会下达处罚决定书之后，尽管公司发布了一系列的公告用以证明自己不存在财务造假的行为，但此案例仍存在许多地方值得人们深思。本案例的侧重点在于：结合立信会计师事务所对于大智慧营业收入的审计程序，重点思考如下问题：

1. 结合案例中软件服务业的特点，分析注册会计师在审计这类公司的营业

收入时应注意哪些可能的审计风险？

2. 注册会计师在风险评估的过程中是否保持了应有的职业谨慎？

3. 本案例中大智慧对营业收入的提前确认是否正确？注册会计师采取的措施是否恰当？

4. 在审计过程中，注册会计师的函证程序存在那些不当之处？

5. 结合软件服务业的特点，案例中的函证程序可以有哪些替代程序？

6. 大智慧的上诉能否达到预期的效果，结合所学知识谈谈你的看法？

本案例的参考资料及其索引，在讲授有关知识点之后一次性布置给学生。

（二）课时分配

1. 课后自行阅读资料：约 3 小时；

2. 小组讨论并提交分析报告提纲：约 3 小时；

3. 课堂小组代表发言、进一步讨论：约 3 小时；

4. 课堂讨论总结：约 0.5 小时。

（三）讨论方式

本案例可以采用小组式进行讨论，课堂讨论总结。

课堂讨论总结的关键是：归纳发言者的主要观点；重申其重点及亮点；提醒大家对焦点问题或有争议观点进行进一步思考；建议大家对案例素材进行扩展研究和深入分析。

案例 12

亚太会计师事务所"走马观花"存货审计记

——中毅达公司存货监盘案

刘 静 盛 娟

2017 年 9 月 12 日，上海证券交易所（以下简称"上交所"）再次就存货监盘失当问题向亚太会计师事务所发函问询，要求亚太会计师事务所说明苗木存货监盘程序以及是否存在失当情形。早在 2017 年 6 月 21 日，上交所就发函亚太所，称收到实名举报，怀疑亚太会计师事务所对厦门中毅达环境艺术工程有限公司苗木存货执行的监盘程序明显失当，至少 5 亿~6 亿元的苗木资产虚增额未被查出。而三个月之后，上交所为何再次就此事发函询问？突如其来的实名举报，究竟是空穴来风，还是证据确凿？作为审计机构的亚太会计师事务所又是如何审计的？是厦门中毅达的存货监盘"太难"，还是亚太会计师事务所只是"走马观花"审计？

一、案例背景

1. 园林业发展潜力大。经济高速发展的同时也对生态环境造成一定程度的破坏。然而良好的生态环境是人类生存之本，地球必须得到善待。近年来，我国对于建设绿色中国、创建"集约、智能、绿色、低碳"生活更加重视，国家"十三五"规划也明确指出要加大环境综合治理，加强生态保护修复。国家鼓励社会资本采用 PPP 模式参与城市基础建设，园林、市政基础设施建设、生态修复及环保产业等建设市场发展前景良好。越来越多的园林企业应运而生，行业审计需求将大大增加。

2. 财务造假频繁出现。近年来上市公司财务造假频频爆出，尤其是农业类公司因行业的特殊性其财务造假更加猖狂，万福生科、绿大地等企业使用的造假手段虽不高明却能"蒙蔽"审计机构的眼睛。虽然这些现象也引起了证监会等监管机构的重视，惩处力度也日益加大，然而利益的驱使仍然阻碍着监察的步伐。特殊行业的审计风险增加，导致审计失败屡见不鲜。

3. 规章制度不够完善。为增强市场经济活动的规范性和有序性，监管机构制定的规章约束日益严格的同时也注重对行业进行指导。《中国注册会计师审计准则》及其问题解答第三号——存货监盘、《中注协约谈事务所——提示农业类上市公司年报审计风险》、北京注册会计师协会专家委员会《专家提示［2014］第 1 号——生物资产监盘中对专家工作的利用》等对农业类上市公司的审计风险、存货监盘等做出了指导。然而，仅仅有零散的几个提示性文件是远远不够的，要想加强特殊存货审计的效果，还需要更全面、更系统、更具有可操作性的实务指导。

二、案例主角介绍

（一）厦门中毅达环境艺术工程有限公司

1. 公司简介。厦门中毅达环境艺术工程有限公司（股票代码 A 股：600610 B 股：900906，以下简称"厦门中毅达"）成立于 1998 年，于 2014 年 7 月 14 日注入上市公司，成为上海中毅达股份有限公司旗下的全资子公司。公司发展历程如表 4－13 所示。

表 4－13　　　厦门中毅达环境艺术工程有限公司发展历程

时间	事　件
1998 年	● 成立厦门中毅达环境艺术工程有限公司 ● 建设福建龙海百岁玑珸山中毅达苗圃第 2 场
2000 年	● 建设厦门阳光海岸苗圃

续表

时间	事　件
2001 年	• 建设福建龙海港尾城外村苗圃
2002 年	• 建设福建龙海白水中毅达苗圃第 8、第 9 场
2003～2007 年	• 公司规模日益壮大 • 建设福建中毅达苗圃 30 个场
2008 年	• 公司获得国家城市园林绿化二级资质 • 发展的步伐从福建迈向了广东，投资新建广东中山古镇中毅达苗圃第 28 场
2009 年	• 参加 2009 年中国（中山）南方绿化苗木博览会，获得最展位银奖 • 投资建设广东中山古镇中毅达苗圃第 29 场
2010 年	• 投资建设广东中山古镇中毅达苗圃第 31 场
2011 年	• 投资建设福建漳浦友爱中毅达苗圃第 20 场
2012 年	• 公司现有省内外苗木种植基地及大卖场 6 000 多亩，共建设中毅达苗圃 39 个 • 投资建设广东中山古神公路中毅达苗圃第 37 场、38 场、39 场
2013 年	• 公司获得国家城市园林绿化一级资质
2014 年	• 母公司上海中毅达股份有限公司进行股权分置改革成功，公司正式成为上海中毅达股份有限公司全资子公司
2015 年	• 母公司上海中毅达顺利申请摘帽，A 股股票简称由 "＊ST 中毅" 变更为 "中毅达"。（上海中毅达于 2014 年 4 月 2 日被＊ST）
2016 年	• 截至年末，公司所属的位于广东和福建两省共 30 个苗圃场

资料来源：厦门中毅达环境艺术工程有限公司官方网站。

2. 经营概况。厦门中毅达是一家集园林设计、园林工程施工、苗木生产经营、市政工程、生态农业和环境修复于一体的园林企业，拥有国家城市园林绿化一级资质。公司现有苗木生产基地分布在福建和广东，主要种植乔木类、棕榈类植物 100 余种，总种植面积达 3 000 多亩。苗木主要以自产自销为主，通过自产和外购的方式为厦门中毅达绿化工程提供苗木资源，为绿化工程提供保障，是厦门中毅达最主要的生物存货资产。

（二）亚太（集团）会计师事务所

1. 发展历程。亚太（集团）会计师事务所（以下简称"亚太所"）前身是河南会计师事务所，成立于 1984 年。1994 年更名为亚太会计师事务所；1998 年取得了执行证券、期货相关业务资格；2001 年 11 月，经财政部财协字［1998］22 号文批准，在跨地区吸收了深圳亚太会计师事务所、河南亚太会计师事务所等中介机构的基础上，组建了亚太集团会计师事务所；2009 年 10 月，亚太集团把注册地和总部迁往北京市；2013 年 11 月，亚太（集团）会计师事务所有限公司整体更名为亚太（集团）会计师事务所（特殊普通合伙）。2016 年，亚太所在中国注册会计师协会发布的会计师事务所综合评价百强中位居 26 名。

2. 业务范围。亚太所的业务领域涵盖审计、资产评估、内部控制体系建设、税务咨询、工程咨询、司法鉴定等，服务对象涉及商业、金融、能源、化工、钢铁、机电、电子等多个行业，业务分布于北京、上海、重庆等二十多个省市。目前承接的审计服务包含财务报告审计、IPO 审计、专项审计服务、重组专项审计等。

3. 制度管理。事务所制定了《审计执业操作规范》《员工职业道德规范》《业务质量管理与控制制度（试行）》《员工职业后续教育制度》等多项管理制度。亚太所提倡全员树立质量意识、风险意识和法律意识；强化职业道德教育，坚持诚实守信、勤勉尽责、独立、客观、公正；建立全面质量控制制度；严守三级复核制度；加强职业后续教育等。

4. 业务承接。亚太所 2014～2016 年一直担任上海中毅达的年度报告审计机构，对 2014 年和 2015 年的年度报告均出具了标准无保留意见的审计报告；2016 年年报出具了带强调事项段的无保留意见。强调事项内容为 2016 年 11 月 15 日，上海中毅达因涉嫌信息披露违法违规而被中国证券监督委员会立案调查，截至财务报表批准日，尚无相关结论性意见。2016 年亚太所为上海中毅达 2016 年度财务审计暨内部控制审计机构，审计费用为 80 万元，其中财务审计费用 60 万元，内部控制审计费用 20 万元。

三、案例概况

（一）飞来问询

2017 年 6 月 21 日，上海证券交易所（以下简称"上交所"）向上海中毅达发出《关于对上海中毅达股份有限公司有关举报事项的问询函》，表示收到关于上海中毅达虚增净资产的实名举报。举报人称，审计机构亚太会计师事务所在出具 2016 年度审计报告后，仍在补全相关存货盘点表等资料，对不符合审计流程形成的存货数量确认明显失当。上海中毅达全资子公司厦门中毅达至少虚增了苗木资产 5 亿～6 亿元，真实的苗木资产额约为 2 亿～3 亿元。

鉴于举报事项影响的重大性，上交所要求亚太所以及厦门中毅达就苗木存货监盘等事项做出回复。一是要求厦门中毅达回复苗木存货的盘点情况，说明是否存在举报所述的虚增存货情况；二是要求亚太所详细说明相关存货监盘情况；三是要求亚太所回复存货监盘失当是否属实。

（二）疑问回复

1. 厦门中毅达关于苗木存货盘点的回复。厦门中毅达委托漳州市龙江林业调查设计有限公司（以下简称"林调公司"）对厦门中毅达所属的苗木资产进行盘点。盘点时间是 2016 年 12 月 31 日～2017 年 1 月 16 日，盘点对象为厦门中毅达所属的位于广东和福建两省的 30 个苗圃场。

（1）盘点具体过程。

第一阶段，收集资料、准备工具和组织人员。组织 9 个专业技术人员成立 3 个调查小组，同时进行必要的技术培训，统一技术标准。

第二阶段，对广东省、福建省苗圃场同时开展外业调查。2016 年 12 月 31 日至 2017 年 1 月 12 日，由第 1 调查小组负责清查广东苗木场，第二、第三调查小组负责清查福建苗木场。对苗木场内的苗木采用林业调查专用的围径尺、测高仪、GPS 卫星定位仪和皮尺等对苗木的米径（或地径）、树高、冠幅、株行距等调查因子进行了调查记录，对在主杆 1.0 米以下分叉的苗木进行分叉统计，同时对病虫害严重和病死株做剔除处理，逐场分片分批进行调查记录并统计数据。

第三阶段，苗木资产调查数据汇总。2017 年 1 月 13 日，综合内业统计分析 3 个林业调查组的数据，整理林业调查外业数据并汇总。

第四阶段，核查。2017 年 1 月 14 日至 2017 年 1 月 16 日，各个调查小组按照时间节点盘点统计完数据后，由项目负责人对 3 个调查小组的盘点资料进行抽检核对，抽检数量为各苗圃场总量的 10%，经核查，调查数据精度达到 95% 以上。

（2）盘点结论及报告。位于福建、广东地区的 30 个苗圃场的森林资源均为绿化苗木，苗木总数为 324 362 株（其中福建苗木场 273 503 株，广东苗木场 50 859 株）。2017 年 1 月 18 日，林调公司出具了《漳林查报字［2017］年 01 号苗木资产清查报告书》（以下简称"《苗木资产清查报告书》"）。因此，厦门中毅达不存在任何虚增存货的情况。

2. 亚太会计师事务所关于苗木存货监盘的回复。

（1）亚太会计师事务所对苗木存货监盘计划的编制。在制定审计计划时我所经过分析，厦门中毅达 2016 年 12 月 31 日存货余额占公司资产总额的 96.76%，其中生物资产占资产总额的 93.21%，由于生物资产的特殊性以及其对财务报表产生的重大影响，审计计划中我所将厦门中毅达的生物资产列为重点审计对象，结合《中国注册会计师审计准则》及其问题解答第三号——存货监盘、《中注协约谈事务所——提示农业类上市公司年报审计风险》和《北京注册会计师协会专家委员会专家提示［2014］第 1 号——生物资产监盘中对专家工作的利用》并制定了监盘、询价、对专家工作的利用等相应的应对策略，并于 2017 年 2 月 19 日编制了监盘计划，计划安排三位审计人员于 2 月 20 日至 2 月 22 日对公司存货进行监盘，结合以前年度的盘点情况和林调公司的《苗木资产清查报告书》，抽取 6 个林场的苗木再按品种随机进行抽盘，抽盘后和《苗木资产清查报告书》以及苗木库存表进行核对。

（2）亚太会计师事务所对苗木存货数量监盘程序的实施。由于生物资产的特性，需要专业的人员进行清查，厦门中毅达聘请了漳州市龙江林业调查设计有限公司对其生物资产进行了林调并出具了《苗木资产清查报告书》，清查结果显示厦门中毅达的苗木总数为 324 362 株（共分 30 个苗圃场）。

亚太会计师事务所对厦门中毅达是连续审计，2014 年度、2015 年度均对苗木资产进行了抽盘且未发现异常。同时公司的生物资产近三年基本未发生变动，本次结合以前年度抽盘的苗圃场、《苗木资产清查报告书》及公司提供的苗木库存表，于2017年2月20日至22日分3个监盘小组对龙海区域、马口区域6个苗圃场的苗木情况按品种随机进行了抽盘，抽盘结果与《苗木资产清查报告书》、苗木库存表一致。抽盘分组情况如表4－14所示。

表4－14　　　　亚太会计师事务所编制的苗木存货抽盘分组表

序号	苗圃场名称	苗圃区域	抽盘日期	审计人员	备注
1	2 场——白水玳瑁山苗圃	龙海	2017－2－20 2017－2－22	吕璐璐	抽盘小组组员
2	8 场——龙海白水大丘内苗圃	龙海	2017－2－20 2017－2－21 上午	田悦	抽盘小组组员
3	14 场——龙海白水洪田苗圃	龙海	2017－2－21 下午 2017－2－22	田悦	抽盘小组组员
4	20 场——长桥友爱乔木苗圃	马口	2017－2－22	黄亚星	抽盘小组组长
5	25 场——漳州加东花卉苗圃	马口	2017－2－20	黄亚星	抽盘小组组长
6	26 场——漳浦马口乔木基地	马口	2017－2－21	黄亚星	抽盘小组组长

审计人员在公司财务人员及管理员的陪同下，结合《苗木资产清查报告书》对部分的苗木进行抽盘核查，并将盘查结果记录在存货盘点表上，抽盘的方式为苗木分场地和种植区域随机查看方式。经审计人员的抽盘审查，被抽查样本不存在重大差异，所盘点实物均真实合规，并与《苗木资产清查报告书》及公司提供的库存表列示数相一致。

经审计小组监盘人员的抽查盘点核对，公司苗圃管理良好，人员、制度、场地完善规范。未发现重大差异；未发现证据表明存货不存在或不属公司拥有；未发现公司账实不符现象。盘点情况汇总表如表4－15所示。

表4－15　　　　亚太会计师事务所编制的苗木存货盘点情况汇总表

序号	苗圃场名称	苗圃区域	期末数量（棵）	抽盘数量（棵）	抽盘比例（%）
1	2 场——柏树玳瑁山苗圃	龙海	23 766.00	5 544.00	23.33
2	8 场——龙海白水大丘内苗圃	龙海	15 635.00	3 071.00	19.64
3	14 场——龙海白水洪田苗圃	龙海	39 941.00	2 271.00	5.69
4	20 场——长桥友爱乔木苗圃	马口	5 549.00	2 271.00	40.93
5	25 场——漳州加董花卉苗圃	马口	5 163.00	1 118.00	21.65
6	26 场——漳浦马口乔木基地	马口	2 990.00	1 150.00	38.46
	总计		93 044.00	15 425.00	16.58

（3）对厦门中毅达苗木存货价值的判断。上海中毅达股份有限公司委托上

海众华资产评估有限公司对厦门中毅达的苗木资产进行了以资产减值测试为目的的评估并出具了众华评报［2017］第058号《厦门中毅达环境艺术工程有限公司部分存货资产减值测试评估报告》，该报告显示截至2016年12月31日，厦门中毅达苗木资产的评估价值为98 648.77万元。

亚太会计师事所在审计过程中，与资产评估师进行了沟通并结合评估报告对存货的减值测试进行认定。审计项目组成员黄亚星、吕璐璐于2017年3月上旬单独执行了现场询价以及网上询价程序，其中黄亚星以网上询价为主。现场询价选取了资产价值较大，苗木数量较多的凤凰木、霸王棕、中东海枣、单杆香樟、腊肠树、红千层、蓝花楹7个品种按苗木规格进行了询价，项目组成员黄亚星将询价结果与资产评估报告评估明细表中列示的评估价进行核对，基本无出入。最后亚太会计师事务所通过审计调整对厦门中毅达的生物资产计提了831 000.00元存货跌价准备。

通过上述审计以及对相关支出的审计，亚太会计师事务所未发现厦门中毅达的生物资产存在异常情况，截至2016年12月31日，其账面价值为985 905 121.26元。

3. 亚太会计师事务所对存货监盘失当的回复。厦门中毅达人员和林调单位于2016年12月31日至2017年1月12日一起对公司的苗木资产进行了盘点，双方盘点结果一致，厦门中毅达据此编制了苗木库存表。在审计报告出具前，公司提供了林调公司出具的《苗木资产清查报告书》和加盖公章的苗木库存表（未有全部参盘人员签字），我所要求公司根据苗木库存表提供一份盘点表并补全参盘人员的签字，截至本回复签署日，亚太会计师事所要求公司补充盘点表。因公司后续组织召开股东会及组织年报问询函回复等事项，且苗圃场分布区域较广，尚未完全补充完毕。同时，因上交所2017年5月8日年报事后问询函的回复问题，审计项目组也重返被审计单位进行了再次核查，同时根据年报问询函中与往来款项有关的问询事项的需要，要求厦门中毅达财务人员提供科目余额表、明细账及与往来款期后收回及结转的银行单据及其他资料。但不是举报人所述"在出具审计报告后，仍在补全相关存货盘点表等资料"的情况。亚太会计师事务所认为，在审计报告出具时，已经取得了《苗木资产清查报告书》和加盖公章的苗木库存表，且亚太会计师事务所已经按审计计划执行了审计程序，不影响对厦门中毅达生物资产的认定，举报人武断判定亚太会计师事务所存在"不符合审计流程形成的存货数量确认明显失当的情况"，与事实严重不符。

（三）惊人报道

2017年9月8日，《国际金融报》①独家发布名为"中毅达连续两年财务造假：项目还没完工，'钱'已到账"的报道，表示《国际金融报》记者经历长期调查证实，厦门中毅达连续造了两年假，连其会计师事务所也不否认。对于厦门中毅达苗木存货虚增事件的虚实，记者也深入调查。

---

① 由《人民日报》社主管、人民日报社华东分社主办，提供综合财经新闻和金融市场资讯。

厦门中毅达的一位苗圃负责人向《国际金融报》记者指出，公司的真实苗木资产大约为 2 亿~3 亿元，远远不到中毅达披露的 9.86 亿元，苗木实际净资产仅为虚增后数额的 20%~30%。中毅达将苗木的日常养护费用皆算作苗木成本，作为资产增值，以增加生物资产账面价值。一名广东苗圃的负责人向《国际金融报》记者展示了其内部的真实盘点表。记者据此与中毅达 6 月 27 日发布的苗木库存表进行对比，发现出入甚多。苗圃负责人介绍，上海中毅达并未按照正规流程，由各地苗圃负责人盘点后制作汇总表。而是将林调公司闭门造车，参照去年数量制作出的盘点清单，寄往苗圃，要求负责人在"参与盘点人"处签字，表示这份资料需要提供给审计。更令人震惊的是，针对中毅达 6 月 27 日发布的厦门中毅达部分存货资产减值测试评估报告中的存货评估汇总表，报告中署名的制表人却向《国际金融报》记者表示，自己 4 月便已离开公司，完全不知道这份汇总表是怎么做出来的。

（四）再次问询

2017 年 9 月 11 日，上交所发布《关于对上海中毅达股份有限公司有关媒体报道事项的问询函》，再次向上海中毅达问询，针对苗木存货监盘，上交所要求亚太会计师事务所结合厦门中毅达业务模式和相关生物资产近年数量和价格变动情况，详细说明存货相关审计程序是否完整审慎，披露的存货数量和金额是否能真实反映厦门中毅达资产状况。

2017 年 9 月 13 日，上海中毅达发布《关于上海证券交易所对公司有关媒体报道事项问询函的回复公告》，然而亚太所回复的内容只是重复年报和前一次问询回复的内容，在记者深入调查所得到的证据面前显得苍白无力。亚太所踩了不能碰的地雷，也必将伤痕累累。

四、案例分析

亚太所作为全国百强事务所，业务领域宽，服务对象广，却在这一次对厦门中毅达的审计上"栽了跟头"。厦门中毅达的苗木监盘固然"难"，但是亚太所"走马观花"式的审计必然逃不了干系。我们从亚太所对于苗木存货资产监盘的回复中可见一斑，具体理由如下。

第一，监盘审计人员太少，时间太短。从厦门中毅达所属的 30 个苗圃中抽取位于龙海、马口共 6 个场地，亚太所派出 3 名审计人员在 2017 年 2 月 20 日~2017 年 2 月 22 日共 3 天之内就完成了抽盘工作，共抽点 15 425 棵树木，确定了苗木的米径（或地径）、树高、冠幅、株行距等数据，完成了主杆 1.0 米以下分叉的苗木的分叉统计，并对病虫害严重和病死株做剔除处理，最终确认抽点苗木符合绿化苗木标准。如此大的工作量在 3 天之内就能迅速完成，不得不令人生疑。

第二，缺乏应有的职业怀疑，审计不审慎。亚太所在存货监盘中应当独立聘请林调专家及评估专家，协助其完成盘点工作以获取公司苗木资产的数量及价值的审计证据。然而亚太所直接选择厦门中毅达聘请的林调公司并从厦门中毅达手中获取苗木资产报告，没有保持应有的职业怀疑和谨慎，没有考虑被审计单位与该林调公司联合舞弊的情况，也没有考虑被审计单位伪造资料的可能性。

第三，审计费用与审计成本"低配置"。亚太所收取的上海中毅达2016年度财务审计费用为60万元，收费并不昂贵。而亚太所在整个存货监盘过程中，基本上都是直接利用被审计单位已有的内部资料或外部资料作为审计证据，没有独立进行调查和利用专家工作，审计过程十分"便宜"。最后再出具一份"漂亮"的审计报告，一场"低配置"审计就大功告成。

第四，事务所质量控制没有落实，只是一纸空文。亚太所的官方网站上对于事务所质量控制的表述清清楚楚，然而在实际执行审计工作时，这些制度早已被抛到九霄云外，成了一纸空文。

上交所的再次问询是否是"最后通牒"还不得而知，但显而易见的是亚太会计师事务所的这一趟走马观花之旅将要面临的必定不是鲜花与掌声。如此漫不经心的执业，又怎能迎来康庄大道？

五、讨论题目

1. 存货监盘的目的是什么？注册会计师在存货监盘中的责任有哪些？
2. 什么是生物资产？厦门中毅达的生物资产有哪些？
3. 生物资产监盘有哪些难点？归纳特殊类别存货的盘点方法，举例说明。
4. 存货监盘的时间和范围如何确定？本案例中亚太所在存货监盘时间和范围的选择是否存在不当之处？
5. 存货监盘中应如何利用专家工作？本案例中亚太所在利用专家工作时是否存在不当之处？
6. 总结陈述本案例中亚太所对于厦门中毅达的存货监盘工作是否勤勉尽责？

案例使用说明

一、本案例要解决的关键问题

本案例旨在引导学生进一步关注财务报表审计中的存货监盘程序，注册会计师应当如何针对特定存货展开审计程序以及注册会计师应负有的执行责任。根据本案例资料，一方面，学生可以通过思考园林企业的存货监盘程序，进而去了解更多行业特殊存货的监盘，提高对特殊存货审计的风险意识；另一方面，学生可以针对注册会计师存货监盘的现状，进一步去思考如何执行存货审计准则，为完善准则体系、提高准则可操作性提供启示。

二、案例讨论的准备工作

为了有效实现本案例目标，学生应具备下列相关知识背景。

（一）理论背景

本案例需要学生识别的知识点主要包括存货盘点，审计监盘，审计责任等。

（二）行业背景

经济高速发展的同时也对生态环境造成了一定程度的破坏。然而良好的生态环境是人类生存之本，地球必须得到善待。近年来，我国对于建设绿色中国、创建"集约、智能、绿色、低碳"生活越来越重视，国家"十三五"规划也明确指出要加大对环境的综合治理，加强生态保护修复。国家鼓励社会资本采用 PPP 模式参与城市基础建设，园林、市政基础设施建设、生态修复及环保产业等建设市场发展前景良好。越来越多的园林企业会应运而生，行业审计需求也将大大增加。

近年来上市公司财务造假频频爆出，尤其是农业类公司因行业的特殊性其财务做假更加猖狂，万福生科、绿大地等企业使用的造假手段虽不高明却能蒙蔽审计机构的眼睛。虽然这些现象也引起了证监会等监管机构的重视，惩处力度也日益加大，然而利益的驱使仍然阻碍着监察的步伐。特殊行业的审计风险增加，导致审计失败屡见不鲜。

（三）制度背景

《会计法》《企业会计准则》和相关的会计法规关于企业信息披露的规定，《中国注册会计师审计准则第 1311 号——存货监盘》以及《注册会计师法》和《中国注册会计师执业准则》对注册会计师执业能力、道德准则的相关要求。《中注协约谈事务所——提示农业类上市公司年报审计风险》、北京注册会计师协会专家委员会《专家提示 [2014] 第 1 号——生物资产监盘中对专家工作的利用》等指导性文件。

三、案例分析要点

（一）需要学生识别的关键问题

本案例需要学生识别的知识点主要包括识别不同行业的存货监盘的程序及要求以及注册会计师对此的责任。

1. 关于存货监盘。存货监盘是审计人员现场监督被审计单位各种实物资产及现金、有价证券等的盘点，并进行适当的抽查。存货监盘程序是审计人员在参加被审计企业的存货盘点过程中所实施的抽查盘点和观察工作。实施存货实物监盘的目的是为了确定被审计企业存货计量和存货记录程序的运作是否有效。

（1）存货监盘设计。监盘时间。监盘的时间以会计期末以前为优。如果企业有条件进行期中盘点，注册会计师应在盘点时加以监督，同时对盘存日和期末间的永续记录加以测试。如果企业的盘点在会计期末以后的时间进行，那么就必须编制从盘点日到期末的存货余额调节表，但尽量使盘点的时间靠近会计期末。

监盘样本量。监盘的样本量往往不能用项目的数量来确定，因为测试的重点是观察被审计单位的程序而不是选取具体的测试项目。在监盘中考虑样本量的一种较容易的方法是按耗时多少而不是按盘点存货项目的多少来表示。决定测试存货所耗时间多少的最重要因素是有关实地盘点、永续记录的可靠性、存货的总金额及种类、重要存货位置和数量、以前年度发现误差的性质和程度及内部控制等。在有些情况下，存货十分重要，需要数十名注册会计师进行存货监盘；而在另外一些情况下，一个人就可以在短时间内完成监盘工作。

项目选取。对具体监盘项目的选取是十分重要的。对重要项目和典型存货项目有代表性的样本应仔细监盘，对可能过时或损坏的项目要仔细查询，并与管理人员认真讨论为何有些重要项目不在盘点之列。

盘点人员。盘点是整个企业的一件大事，各级领导、有关人员包括供应、存储、财务、生产等部门的有关人员都应参与。

（2）存货监盘程序。参与存货实地盘点前的规划。注册会计师应该同企业制定盘点计划，这样一方面可以使企业更加了解审计对存货盘点的要求；另一方面也有利于注册会计师掌握企业存货管理的情况和企业对存货盘点的初步安排。注册会计师应特别关注以下内容：为了保证存货数量的准确，盘点时，企业各库房、各车间的存货必须停止流动，并分类摆放；编制连续编号的盘点标签或填写盘点清单，有条件的还应绘制存货摆放示意图，规划盘点路线；召开盘点预备会议，将盘点计划或指令贯彻到每一位参与人员。

调查企业存货盘点组织与准备工作。若认为企业的盘点准备工作达不到事前规划的要求，注册会计师可以拒绝实地观察存货盘点，并要求企业另定时间，重新准备。

实地观察与抽点。盘点开始前，注册会计师应亲临现场，密切注意企业的盘点现场及盘点人员的操作程序和盘点过程。观察盘点现场的存货是否摆放有序并停止流动，观察盘点人员的盘点程序是否符合盘点计划和指令的基本要求，计量点数是否正确，有无重计或漏计的错误，盘点标签或盘点清单是否按要求填制。如果发现问题，注册会计师应及时指出，并督促企业纠正。

企业盘点人员盘点后，注册会计师应根据观察的情况，在盘点标签尚未取下之前进行复盘抽点。抽点的样本一般不得低于存货总量的10%。抽点如发现差异，除应督促企业更正外，还应扩大抽点范围，如发现差错过大，则应要求企业重新盘点。抽点结束后，应将全部盘点标签或盘点清单按编号顺序归总，并据以登记盘点表。归总时，注册会计师应注意盘点标签或盘点清单编号的连续性，以免有缺号、重号现象。所有的盘点标签、盘点清单均应由企业参与盘点的人员和监盘注册会计师签名，并复印两份，企业与审计组织各留一份。同时，注册会计师还应向企业索取存货盘点前的最后一张验收报告单、最后一张货运文件，以便审计时作截止测试之用。

在观察盘点和抽点过程中，注册会计师还应检查有无代人保存和来料加工的存货，有无未作账务处理而置于别处的存货，这些存货是否正确列示于存货盘点表中。同时，注册会计师还应注意观察存货的残次冷背情况，确定其对损益的影响。对于企业存放或寄销在外的存货，也应纳入盘点的范围。

撰写盘点备忘录，编制审计工作底稿。盘点工作结束后，注册会计师应根据企业存货的盘点情况撰写盘点备忘录，将盘点程序、盘点中的重大问题及处理过程、盘点结果等予以记载，并连同企业的盘点计划或指令、盘点表及取得的其他资料一起整理成审计工作底稿。

2. 关于利用专家工作。在确定监盘程序的性质、时间安排和范围时，注册会计师应当考虑：与专家工作相关的事项的性质；与专家工作相关的事项中存在的重大错报风险；专家的工作在审计中的重要程度；注册会计师对专家以前所做工作的了解以及与之接触的经验；专家是否需要遵守会计师事务所的质量控制政策和程序。

注册会计师应当评价专家是否具有实现注册会计师目的所必需的专业胜任能力、专业素质和客观性。首先，评价专家的专业胜任能力，需要从两个方面入手，一是专家所在机构的资质，二是专家团队工作人员的能力。对于实施盘点估值的专家团队，还应该评价盘点估值机构项目组每个成员的专业胜任能力。可以对成员的级别、工作年限、工作经历、所取得的资格证书等，实施询问、检查等审计程序。其次，要评价专家的专业素质，专家项目组成员如果不具备一定的专业素质，可能会影响盘点估值的可靠性。对专业素质的了解，可以通过询问专家以了解专家工作经验，查阅专家出具的同类或类似盘点估值报告等。最后，还要评价评估机构是否能够遵照科学、客观和公正、公平、公开的原则。

注册会计师应当与专家就下列事项达成一致意见，并根据需要形成书面协议：专家工作的性质、范围和目标；注册会计师和专家各自的角色和责任；注册会计师和专家之间沟通的性质、时间安排和范围，包括专家提供报告的形式；对专家遵守保密规定的要求。

注册会计师对专家工作的恰当性评价，包括三个方面：专家的工作结果或结论的相关性和合理性，以及与其他审计证据的一致性；如果专家的工作涉及使用重要的假设和方法，则需关注这些假设和方法在具体情况下的相关性和合理性；如果专家的工作涉及使用重要的原始数据，则需关注这些原始数据的相关性、完整性和准确性。

如果注册会计师确定专家的工作不足以实现注册会计师的目标，注册会计师应当采取下列措施之一：就专家拟执行的进一步工作的性质和范围，与专家达成一致意见；根据具体情况，实施必要的追加审计程序。

3. 关于生物资产。《企业会计准则第 5 号——生物资产》中记述：生物资产，是指有生命的动物和植物。生物资产分为消耗性生物资产、生产性生物资产和公益性生物资产。消耗性生物资产，是指为出售而持有的、或在将来收获为农产品的生物资产，包括生长中的大田作物、蔬菜、用材林以及存栏待售的牲畜等。生产性生物资产，是指为产出农产品、提供劳务或出租等目的而持有的生物资产，包括经济林、薪炭林、产畜和役畜等。公益性生物资产，是指以防护、环境保护为主要目的的生物资产，包括防风固沙林、水土保持林和水源涵养林等。企业厦门中毅达属于园林企业，苗木存货是其最重要的生物存货资产。

根据北京注册会计师协会专家委员会专家提示［2014］第1号——生物资产监盘中对专家工作的利用，对于农业企业而言，生物资产通常是其资产的重要组成部分，对生物资产进行正确的确认和计量，是如实反映企业的财务状况和经营成果的保障。由于生物资产所固有的特性，其盘点过程比一般制造业企业更为复杂，技术上存在一定难度，对与存货和营业成本的真实性、准确性以及价值的认定等相关重大错报风险的影响也更大。例如，养殖在水中的鱼、珍珠和海参，种植在园林中的苗木，储存在仓库里的羊绒，有的数量不容易清点，有的价值难以确定。因此，在监盘过程中注册会计师往往需要利用专家的工作。由于生物资产的特殊性，以及对报表可能产生的影响，一般应将存货确定为认定层次的重大错报风险，并对存货监盘予以特殊考虑。

4. 关于存货监盘的特殊情况及应对。

（1）由于存货的性质或位置而无法实施监盘程序。①存货的特殊性质可能导致CPA无法实施存货监盘，这样的情况包括：存货涉及保密问题，如产品在生产过程中需要利用特殊配方或制造工艺；存货系危害性物质，如辐射性化学品或气体。②存货的特殊位置，如在途存货。

对于上述情况，应当考虑能否实施替代审计程序，获取有关期末存货数量和状况的充分、适当的审计证据。CPA实施的替代审计程序主要包括：检查进货交易凭证或生产记录以及其他相关资料；检查资产负债表日后发生的销货交易凭证；向顾客或供应商函证。具体来说：对于①，通常需要依赖内部控制。CPA应当复核采购、生产和销售记录，以获取充分、适当的审计证据，在通常情况下，还可以向能够接触到相关存货项目的第三方人员询证。此外，CPA还可以实施其他替代审计程序。例如，对于危害性物质，如果被审计单位对其生产、使用和处置存有正式报告，CPA可通过追查至有关报告的方式确定此类危害性物质是否存在。对于②，如果此类项目仅占存货的一小部分，通常可以通过审查相关凭证加以查验。对于存放在公共仓库中的存货，可通过函证方式查验。

（2）因不可预见的因素导致无法在预定日期实施存货监盘或接受委托时被审计单位的期末存货盘点已经完成。①不可预见的因素：注册会计师无法亲临现场，即由于不可抗力导致其无法到达存货存放地实施存货监盘；气候因素，即由于恶劣的天气导致注册会计师无法实施存货监盘程序，或由于恶劣的天气无法观察存货。②接受委托时被审计单位的期末存货盘点已经完成。

对于上述情况，注册会计师应当评估与存货相关的内部控制的有效性，对存货进行适当检查或提请被审计单位另择日期重新盘点；同时测试在该期间发生的存货交易，以获取有关期末存货数量和状况的充分、适当的审计证据。具体来说，对于①，如果被审计单位存在良好的内部控制，注册会计师可以考虑改变存货监盘日期，并对预定盘点日与改变后的存货监盘日之间发生的交易进行测试。对于无法亲临现场的情况，注册会计师可考虑委托其他适当人员实施存货监盘。对于②，注册会计师应当评估与存货相关的内部控制的有效性，并根据评估结果对存货进行适当检查或提请被审计单位另择日期重新盘点，同时测试检查日或重新盘点日与资产负债表日之间发生的存货交易。

（3）委托其他单位保管或已作质押的存货。注册会计师应当向保管人或债权人函证。如果此类存货的金额占流动资产或总资产的比例较大，注册会计师还应当考虑实施存货监盘或利用其他注册会计师的工作。

（4）首次接受委托的情况。注册会计师应当实施下列一项或多项审计程序，以获取有关本期期初存货余额的充分、适当的审计证据：①查阅前任注册会计师工作底稿。②复核上期存货盘点记录及文件。③检查上期存货交易记录。④运用毛利百分比法等进行分析。

（二）解决问题可供选择的方案

1. 什么是存货监盘？存货监盘的目的是什么？存货监盘是审计人员现场监督被审计单位各种实物资产及现金、有价证券等的盘点，并进行适当的抽查。存货监盘程序是审计人员在参加被审计企业的存货盘点过程中所实施的抽查盘点和观察工作。

存货监盘的主要目标包括获取被审计单位资产负债表日有关存货数量和状况以及有关管理层存货盘点程序可靠性的审计证据，检查存货的数量是否真实完整，是否归属被审计单位，存货有无毁损、陈旧、过时、残次和短缺等状况。

2. 注册会计师在存货监盘中的责任是什么？定期盘点存货、合理确定存货的数量和状况是被审计单位管理层的责任。实施存货监盘，获取有关存货存在和状况的充分、适当的审计证据，是注册会计师的责任。除存货的存在和状况外，注册会计师还可能在存货监盘中获取有关存货所有权的部分审计证据。例如，如果注册会计师在监盘中注意到某些存货已经被法院查封，那么就需要考虑被审计单位对这些存货的所有权是否受到了限制。但如《〈中国注册会计师审计准则第1311 号——对存货、诉讼和索赔、分部信息等特定项目获取审计证据的具体考虑〉应用指南》第6 段所述，存货监盘本身并不足以供注册会计师确定存货的所有权，注册会计师可能需要执行其他实质性审计程序以应对所有权认定的相关风险。在实务中，注册会计师需要恰当区分被审计单位对存货盘点的责任和注册会计师对存货监盘的责任，在执行存货监盘过程中不应协助被审计单位的存货盘点工作。

3. 什么是生物资产？厦门中毅达的生物资产有哪些？生物资产，是指有生命的动物和植物。生物资产分为消耗性生物资产、生产性生物资产和公益性生物资产。消耗性生物资产，是指为出售而持有的或在将来收获为农产品的生物资产，包括生长中的大田作物、蔬菜、用材林以及存栏待售的牲畜等。公益性生物资产，是指以防护、环境保护为主要目的的生物资产，包括防风固沙林、水土保持林和水源涵养林等。生物资产同时满足下列条件的，予以确认：①因过去的交易或者事项而拥有或者控制该生物资产；②与该生物资产有关的经济利益或服务潜能很可能流入企业；③生物资产的成本能够可靠地计量。

厦门中毅达存货包括原材料、消耗性生物资产、工程施工、产成品、在产品和周转材料等。其中"消耗性生物资产"为苗木资产。消耗性生物资产与生产性生物资产的区别在于，生产性生物资产具有能够在生产经营中长期、反复使用，从而不断产出农产品或者是长期役用的特征。厦门中毅达的苗圃基地种植的苗木主要用于工程项目的使用和销售，符合为出售而持有和不能够在生产经营中长期、反复使用的特征，故全部划分为消耗性生物资产。

4. 生物资产的监盘有哪些难点？由于生物资产所固有的特性，其盘点过程比一般制造业企业更为复杂，技术上存在一定难度，对与存货和营业成本的真实性、准确性以及价值的认定等相关的重大错报风险的影响也更大。例如，养殖在水中的鱼、珍珠和海参，种植在园林中的苗木，储存在仓库里的羊绒，有的数量不容易清点，有的价值难以确定。

5. 有哪些特殊存货的盘点方法？举例说明。主要和常用的三种特殊存货的监盘方法①：

（1）渔业水产养殖的盘点方法。在盘点鱼时，应多关注它们的生活习性和生长特征，以便在盘点时，不致对其造成伤害。通常采用的盘点方法有：方法一，拉网式盘点，即在每年鱼种生长能力最强的时期通过拉网翻池的方法，将商品鱼由渔网驱赶到养殖水域一端，再由人工用小捕捞网把商品鱼由密集水域向另一侧无鱼水域翻池，同时记录已翻池的商品鱼鱼种及数量。方法二，我们在实际工作中所遇到的渔业水产养殖企业通常能够具备相对完善的生产内控制度，可以根据企业生产部门的生产作业记录结合抽样盘点的方法对其进行盘点。生产内控制度健全的企业必须建立完备的生产作业记录，具体包括鱼产卵数量记录、鱼苗投放数量记录和每日出鱼死鱼数量记录。审计过程中可以通过查阅生产作业记录来计算商品鱼存栏量，通过抽样盘点的方式确认商品鱼的存栏量。公式为本月存栏量＝上月存栏量＋本月投放数量－本月出鱼死鱼数量。抽样盘点应根据鱼种的生活习性选择标准面积水域存量盘点的方法进行抽样。操作时应注意下网后停留一段时间，待目标水域恢复水产分布后收网；将存网商品鱼数量进行详细清点，以此数据作为估算整体水域商品鱼存栏量的标准基数。方法三，对于养殖中特殊的鱼卵、鱼苗、幼鱼，通常根据其所处的养殖环境不同，采用定量计量的方法选取一定量的养殖样本，根据样本量水体中的鱼卵、鱼苗、幼鱼数量来估算整体养殖容器中的总存活量。

---

① 节选自孙建东、展炜《三种特殊存货的盘点技巧》。

（2）金属材料的盘点方法。在冶金行业与大型机械加工行业的审计过程中，我们经常遇到金属材料的盘点。这部分存货由于体积大、质量大、数量大等特点，不便于全面盘点，即使采用抽样的盘点方法也由于体积和质量的原因给盘点带来不便。在实际工作中，我们一般分材质采用比重法进行抽样盘点。这种办法通过量方、计尺等方法确定金属材料的体积，然后再通过标准密度指数测算出金属材料的质量。计算方法如下：质量＝体积×密度。

（3）药品的盘点方法。我们在审计制药企业时，由于企业所属行业与其产品特殊性的限制，会对制药企业的原料和产成品的账面价值认定有一定的影响。通常制药企业存货品种繁多，会计核算以商品箱件数为单位进行核算，盘点难度较大。那么制药企业的存货如何盘点呢？在实际工作中我们对制药企业的存货通常通过内部控制调查与抽样盘点相结合的方法，确定企业的存货账面价值的真实性。根据我们的工作经验，制药企业由于产品的特殊性，其生产工艺较为复杂，自动化程度普遍较高；由于自动化程度较高，企业生产环节内控制度相对完善，在产品灌装包装过程中基本可以控制在允许误差范围内。制药企业的生产、包装车间由于卫生环境要求极高，通常情况下不允许盘点。我们可以通过考核企业内控制度和分析企业内部控制执行情况的方法来判断企业在包装环节是否存在瑕疵，是否存在可能影响公允反映存货价值的因素。在内部控制调查的基础上，我们可以在成品库中随机抽取某一品种的药品进行抽样盘点，结合账面存货数量进行核对。在进行制药企业存货抽样盘点和随机检查时，产品包装质量一般能够保证，但应提高警惕的是所有产品的生产日期，关注已过期及将要到期的产品。如属到期或过期的产品，一般已失去价值，属应报废产品。

6. 亚太所在存货监盘时间和范围的选择是否存在不当之处？监盘的时间以会计期末以前为优。如果企业有条件进行期中盘点，注册会计师应在盘点时加以监督，同时对盘存日和期末间的永续记录加以测试。如果企业的盘点在会计期末以后的时间进行，那么就必须编制从盘点日到期末的存货余额调节表，但尽量使盘点的时间靠近会计期末。如果接受委托时被审计单位的期末存货盘点已经完成，注册会计师应当评估与存货相关的内部控制的有效性，并根据评估结果对存货进行适当检查或提请被审计单位另择日期重新盘点，同时测试检查日或重新盘点日与资产负债表日之间发生的存货交易。

存货监盘范围的大小取决于存货的内容、性质以及与存货相关的内部控制的完善程度和重大错报风险的评估结果。注册会计师应当根据对被审计单位存货盘点和对被审计单位内部控制的评价结果确定检查存货的范围。在实施观察程序后，如果认为被审计单位内部控制设计有效且得到有效实施，存货盘点组织良好，可以相应缩小实施检查程序的范围。

根据中毅达的回复，厦门中毅达人员和林调单位于 2016 年 12 月 31 日至 2017 年 1 月 12 日一起对公司的苗木资产进行了盘点，亚太所经与公司协商，本次抽盘时间定为 2017 年 2 月 20 日至 2 月 22 日。林调公司的盘点工作与亚太所的监盘工作时间并未交叉，也即审计人员并未在盘点现场实施观察工作。亚太所表示其对厦门中毅达是连续审计，2014 年、2015 年均对苗木资产进行了抽盘且未发现异常。同时公司的生物资产近三年基本未发生变动，本次结合以前年度抽盘的苗圃场，并从厦门中毅达取得林调公司《苗木资产清查报告书》及厦门中毅达编制的苗木库存表，于 2017 年 2 月 20 日至 22 日分 3 个监盘小组对龙海区域、马口区域 6 个苗圃场的苗木情况按品种随机进行了抽盘，抽盘结果与《苗木资产清查报告书》、苗木库存表一致。综上可知，亚太所直接将自己的抽盘结果与被审计单位聘请的林调公司出具的苗木清查报告核对一致，据此确定存货数量正确性，未执行其他审计程序，没有保持应有的谨慎和职业怀疑，可信度不高。因而，存货监盘时间的选择不当。没有执行其他程序以证实认定层次风险处于低水平，因而监盘范围选择的恰当性也值得商榷。

7. 亚太所在利用专家工作时是否存在不当之处？亚太所在存货监盘中应当独立聘请林调专家及评估专家，协助其完成盘点工作以获取公司苗木资产数量及价值的审计证据。然而亚太所直接选择厦门中毅达聘请的林调公司并从厦门中毅达手中获取苗木资产报告，没有保持应有的职业怀疑和谨慎，没有考虑被审计单位与该林调公司联合舞弊的情况，也没有考虑被审计单位伪造资料的可能性。

四、教学组织方式

（一）问题清单、提问顺序及资料发放顺序

本案例讨论题目顺序如下。

1. 存货监盘的目的是什么？注册会计师在存货监盘中的责任有哪些？
2. 什么是生物资产？厦门中毅达的生物资产有哪些？
3. 生物资产监盘有哪些难点？归纳特殊类别存货的盘点方法，举例说明。
4. 存货监盘的时间和范围如何确定？本案例中亚太所在存货监盘时间和范围的选择是否存在不当之处？
5. 存货监盘中应如何利用专家工作？本案例中亚太所在利用专家工作时是否存在不当之处？
6. 总结陈述本案例中亚太所对于厦门中毅达的存货监盘工作是否勤勉尽责？

本案例的参考资料及索引，在讲授有关知识点后一次性发放给学生。

（二）课时分配

1. 课后自行阅读材料：约 2 小时；
2. 小组讨论并提交分析报告提纲：约 3 小时；
3. 课堂小组代表发言并进一步讨论：约 3 小时；
4. 课堂讨论总结：约 0.5 小时。

（三）讨论方式

本案例可采用：小组式案例讨论；角色扮演式讨论。

（四）课堂讨论总结

课堂讨论总结的主要内容包括：归纳发言者的主要观点；重申其重点和亮点；提醒大家对问题的焦点、有争议问题进行进一步思考；建议学生对案例素材进行扩展研究和深入分析，提出自己独到见解，写出研究论文。

案例 13

IPO 之路上的暗战

——瑞华所再次失败于收入与存货审计

刘　静　王一飞

由于 IPO 能为企业拓宽融资渠道，让企业价值实现巨大增值，使股东价值成倍增长，为数众多的企业抵挡不住这样巨大的诱惑而在 IPO 之路上不惜血本。其中有许多企业为了能够将 IPO 的利益攫取到手，在自身条件难以满足上市需求的情况下，企图瞒天过海，用虚假的手段来伪造自己的业绩。而在这些弄虚作假妄图 IPO 成功的企业面前，有一只巨大的"拦路虎"，那就是为企业 IPO 执行审计的会计师事务所。一方是玩弄手段，对 IPO 利益垂涎三尺的企业，另一方是在IPO 道路上设卡检查，力图识破企业虚假外衣的会计师事务所，两方人马在这IPO 之路上各显神通，你来我往，展开了一场造假与反造假的"暗战"。而在一场瑞华会计师事务所与振隆特产的较量中，瑞华却败下阵来。那么瑞华到底是如何在这场不见刀光的"暗战"中"一败涂地"的呢?

一、背景介绍

（一）IPO 重启，会计师事务所面临挑战

2012 年，由于股市暴跌，市场低迷的言论甚嚣尘上，证监会暂停了对企业IPO 的审核，致使许多企业被拦在了离 IPO 只有一步之遥的地方，只能望"市"兴叹。2013 年 11 月，证监会发布了《关于进一步推进新股发行体制改革的意见》，提出要"贯彻党的十八届三中全会决定中关于'推进股票发行注册制改革'的要求，必须进一步推进新股发行体制改革，厘清和理顺新股发行过程中政府与市场的关系，加快实现监管转型，提高信息披露质量，强化市场约束，促进市场参与各方归位尽责，为实行股票发行注册制奠定良好基础。"这让许多对IPO 跃跃欲试的企业又重新燃起了希望。果不其然，仅仅 5 个月后，2014 年 4月，IPO 的大门再一次打开，众多试图上市的企业又一次站到了 IPO 的"战场

上"。虽然改革推行后，对企业 IPO 的审核更加严格，企业上市的门槛提高，但却挡不住一些企业铤而走险的步伐。在 IPO 重启之后，众多企业对 IPO 的"热忱"为会计师事务所带来了大量的业务而这大量的业务以及新体制改革下审核要求的提高，也对会计师事务所的业务能力和审计质量提出了挑战。

（二）农业股造假频发

由于国家对农业行业的税收优惠政策造成的造假成本低，农业产品难以盘点，故近年来农业股造假的案件层出不穷，远的像银广夏、蓝田股份，近的像万福生科、康华农业、绿大地等，都倒在了造假的道路上。农业股领域内频繁的造假事件，本应当对会计师事务所敲响警钟，提醒注册会计师在对农业企业进行审计时要严格遵守规范，降低审计风险，防范舞弊造假事件的发生。然而，众多的审计失败先例却好像并没有对会计师事务所起到应有的警示作用，仍然不断有会计师事务所在与农业企业的"斗法"中败下阵来。

二、案例概况

（一）公司简介

1. 振隆特产公司。辽宁振隆特产股份有限公司（以下简称"振隆特产"）为中外合资企业，前身系 2000 年 10 月 17 日依法设立的阜新振隆土特产有限公司，2011 年 9 月完成股份制改造并更名为辽宁振隆特产股份有限公司。振隆特产是世界果仁协会会员，以及中国食品土畜进出口商会会员。公司下辖一个香港全资子公司、四个分公司，现有员工 500 多人。

振隆特产的主营业务为籽仁系列产品及其他干果、坚果类产品的加工与销售，产品包括南瓜子仁、松子仁、葵花子仁等子仁类产品；开心果等坚果类产品；南瓜子、南瓜面等南瓜子系列综合利用产品以及豆类、杂粮等其他产品。公司产品以出口为主，在国际市场享有很高的声誉，产品远销德国、荷兰、美国、加拿大、澳大利亚、韩国、中国台湾等二十几个国家和地区，其中荷兰、德国、美国为公司产品主要出口国。

振隆特产是"农业产业化国家重点龙头企业""全国经济林产业化龙头企业""国家扶贫龙头企业""全国农产品加工业出口示范企业""全国粮食加工产业化龙头企业""2010 年度中国食品工业出口百强企业""2010～2011 年度和 2012～2013 年度全国食品工业优秀龙头食品企业""2011 年度中国食品安全年会食品安全示范单位""辽宁省质量协会会员单位"。

2. 瑞华会计师事务所。瑞华会计师事务所（特殊普通合伙）是由原中瑞岳华和原国富浩华在平等协商基础上于 2013 年 4 月联合成立的一家专业化、规模化、国际化的大型会计师事务所，是我国第一批被授予 A + H 股企业审计资格、第一批完成特殊普通合伙转制的民族品牌专业服务机构。

　　瑞华所总部设在中国北京，执业网络遍及全国，拥有雄厚的专业技术力量，事务所现有从业人员 9 000 多名、注册会计师 2 600 名、合伙人 320 名、全国会计领军人才 23 名，多人担任财政部、证监会、国资委、中国注册会计师协会等机构的专家委员。2016 年瑞华会计师事务所实现年度业务收入 42.8 亿元，成功超过德勤华永，成为国内排名第二的会计师事务所，同时也是我国最大的会计师事务所。

　　瑞华所自 2012 年以来，一直担任振隆特产的 IPO 审计机构，并对振隆特产这三年的财务报表出具了标准无保留意见的审计报告。2013 ~ 2015 年，振隆特产欲在深交所 IPO 上市，并陆续 4 次向证监会报送招股说明书。瑞华所在振隆特产的招股说明书中对振隆特产财务报表的真实性做出了承诺。然而，现实却对瑞华的承诺当头浇了一盆冷水。那么，瑞华与振隆特产的这场"暗中的较量"，真的是振隆特产技高一筹吗？

（二）事件经过

　　2015 年，证监会展开 IPO 专项财务检查，采用抽签的方式对拟开展 IPO 的企业进行财务检查。2015 年 3 月，抽签工作结束，在参与抽签的 40 家企业中，辽宁振隆特产和四川帝王洁具"不幸中奖"。在对振隆特产的调查中，证监会调查小组发现其 2012 ~ 2014 年的财务报表中存在大量虚假信息，而负责振隆特产财务报表审计的瑞华所却并未发现这些虚假信息，并出具了标准无保留意见的审计报告。证监会根据调查结果，判定瑞华所在审计中未勤勉尽责，对其下达行政处罚决定。瑞华所在收到决定后表示不服，提出申辩，认为未审查出虚假事项的原因是振隆特产造假手段隐蔽，虽然其审计中存在过错，但达不到未勤勉尽责。那么，瑞华所到底是否如证监会所说，在审计中未勤勉尽责呢？

　　1. 振隆特产欲盖弥彰。证监会调查小组在对振隆特产的检查中，发现振隆特产存在存货大量盘亏等异常情况。令人意想不到的是，振隆特产竟然在此时撤回了 IPO 申请，并撤回了招股说明书。这种此地无银三百两的做法，不但没有让调查小组停止调查，反而暴露出振隆特产的心虚和背后更大的问题。2015 年 7 月，证监会对振隆特产信息披露违法违规案正式立案调查。振隆特产起初并不配合调查，拒不提供真实的财务数据，并且采用向存货喷洒有毒的用磷化铝做了除虫防护的手段，阻挠调查小组对其存货的盘点。但是调查小组克服重重困难，最终攻破振隆特产的"防线"，查明了事实，将这一场 IPO 之路上的"暗战"呈现在了大家的眼前。

　　2. 振隆特产的"连环三剑"。

　　（1）虚构合同，虚增收入。振隆特产作为我国农业行业的龙头企业，其主要产品以出口为主，产品远销德国、荷兰、美国、加拿大、澳大利亚、韩国、中国台湾等二十几个国家和地区，其中荷兰、德国、美国为其产品的主要出口国。2012 ~ 2014 年，振隆特产的出口收入分别占各年主营业务收入的 73.25%、84.4%、85.27%。振隆特产利用其主要客户位于海外不同国家和地区这一因素，针对向海外客户核实合同真实性难度大、成本高这一审计难点，抱着注册会计师在审查合同时警惕性不足，容易疏漏合同要素的侥幸心理，大量伪造格式大致相同的销售合同，以达到其虚增收入的目的。2012～2014年，振隆特产通过伪造合同的方式，共虚增收入8 268.51万元，其中，仅2014年振隆特产就通过伪造合同虚增收入5 792.91万元，占到当年账面利润总额的67.33%。振隆特产在虚增收入的同时，虚增应收账款，并通过第三方公司回款或用其他外销客户回款进行冲抵的方式调节应收账款的账龄，用这种方式来欺瞒审计人员。

（2）虚增存货，调低成本。振隆特产作为一家农业企业，其主营产品南瓜子、葵花子等的原材料大部分是从吉林、黑龙江等地的农户手中收购来的，向产地农户采购额占比89%以上。在向农户直接收购时，大量使用现金交易，注册会计师在审计中难以找供应商核实采购情况。振隆特产利用这一采购环节中制度上的漏洞，人为调低原材料收购价格，增加原材料的入库数量。并且，振隆特产在原材料的管理中，存在管理不善导致存货霉烂变质等问题，而振隆特产却未对霉烂变质的存货进行账务处理，反而抱定了农产品存货数量大、品种杂、难盘点的想法与注册会计师玩起了"花样"，将存货密集堆放，不给审计人员留下查看的空间，并且将存货垛"空心"处理，利用这种隐蔽的手段给审计人员制造麻烦，坐实其存货的"真实"数量。除此以外，振隆特产还通过调节其产品出成率，降低其产品成本。

2012～2014年，振隆特产通过这三种手法累计虚增利润7 616.18万元，虚增存货数量3 254.13吨，金额7 631.24万元。其中，2012年少结转销售成本1 962.43万元，虚增利润1 962.43万元，占当年利润总额的34.13%，虚增存货数量568.57吨，金额1 962.43万元；2013年少结转销售成本2 863.19万元，虚增利润2 863.19万元，占当年利润总额的53.66%，虚增存货数量1 328.96吨，金额2 979.23万元；2014年少结转销售成本2 790.56万元，虚增利润2 790.56万元，占当年利润总额的99.76%，虚增存货数量1 356.6吨，金额2 689.58万元。

（3）虚假披露主营业务模式。振隆特产的主要产品为南瓜子仁和松子仁，两者的销售收入占比达到了75%以上。振隆特产在其招股说明书中披露，这两种主要产品均经过复杂的流程，才从"籽"加工为"仁"。例如，其南瓜子的加工就经过了12道工序，加工流程图如图4-4所示。

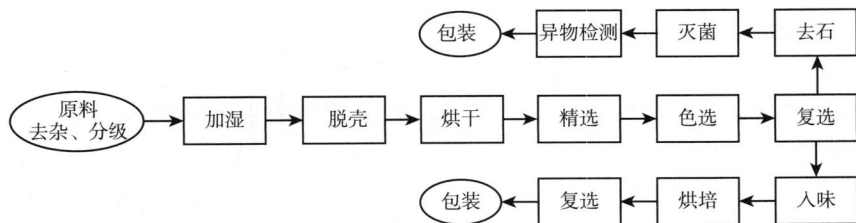

图4-4　南瓜籽仁加工工艺流程图

然而，这看似复杂的加工工艺流程同样成为振隆特产虚增收入的"工艺流程"。振隆特产的绝大部分南瓜子仁和松子仁并不是通过加工收购的南瓜子和松子而生产出来的，而是在收购时就直接收购进南瓜子仁和松子仁，只经过了简单的加工。然而，振隆特产却在披露中表示其收购的原料全都是"子"，经过复杂的工艺流程方才生产出了"仁"。振隆特产另一产品开心果（销售收入占比5%以上），更是连简单的加工都没有，大部分开心果在收购后未经加工就直接出售了。就这样，振隆特产通过伪造工艺流程、采购原材料种类等重要内容的方式，更进一步提升了"业绩"。

3. 瑞华所的"拙劣应对"。面对振隆特产的造假"三连击"，瑞华所这个历经审计"江湖风云"，有着丰富"战斗经验"的国内第一大所，却像是个打从一开始就没把对手放在眼里的高手一样，在"比试"中失误连连，最终败下阵来。

（1）对境外销售合同异常未保持应有的职业怀疑。振隆特产在伪造境外销售合同时，合同格式基本雷同，然而，振隆特产的客户却遍布全球各地，其排名前五的主要销售客户位于欧洲和北美洲的不同国家。在与不同国家的不同企业签订销售合同时，应该有各自不同的格式，但是这众多的相同格式的境外销售合同并未引起瑞华所的足够重视，特别是合同中还缺少一些对外合同的必备要素，如：对货物质量的约定（如纯度、含水率、破损率等）；包装标准；付款条件（如见票即付）；需要提交的文件（如发票、提单、各种检疫检验证明文件等，缺少这些必备要素，交易将无法进行）。不仅如此，瑞华所在审计过程中本发现振隆特产在2012年前后使用的外销合同格式不一样，但未保持应有的职业怀疑，特别是在2013年及2014年营业收入存在舞弊导致重大错报风险的情况下，对上述异常情况未予以充分关注。振隆特产伪造合同这一手段可以说并不高明，尤其是其伪造的合同缺少必备要素，根本不能达成交易。瑞华所在发现异常的情况下，却没有对这些异常保持应有的职业怀疑态度，瑞华所在这一"回合"中的落败，与其说是败给了对方的手段，不如说是倒在了自己"掉以轻心"的态度上。

（2）未对函证保持控制。瑞华所在对振隆特产2012～2014年财务报表进行审计时，对大部分销售客户（包括大部分境外销售客户）期末应收账款余额及当期销售金额进行了函证。本应由审计人员全程控制的询证函，瑞华所却交由振隆特产工作人员发出。瑞华所的这一行为，无疑是为振隆特产送上了一份"大礼"，振隆特产利用这一函证过程中的漏洞，将虚假的回函寄回了瑞华所，为其虚增的收入提供了"证据"。实施函证程序是所有审计人员应当掌握的审计证据的重要来源，对询证函全程保持控制也应当是所有审计人员应牢记心间的准则，然而瑞华所却在如此重要的函证程序中犯下如此低级的错误，这无异于"自废一臂"，其审计失败的结果也就成了必然。

（3）未按审计准则对存货实施相应的风险应对措施。回顾历来农业企业造假的案例，不难发现其造假手段其中之一就是利用农产品盘点困难的特点来虚增存货。瑞华所作为富有审计经验的大所，对于这一特点也是心知肚明，因此，在对振隆特产 2013 年和 2014 年财务报表进行审计时，将存货评估为存在舞弊风险，将存货和营业成本评估为存在重大错报风险，并将存货评估为存在特别风险。然而，瑞华所虽然风险评估中格外重视存货存在的舞弊风险，但在后来的风险应对措施中，却并没有认真施行额外的审计程序。注册会计师在监盘过程中，在振隆特产的存货密集堆放，各垛物品间没预留可查看空间的情况下，只对顶层、侧面以及外围的存货进行抽样检查，未对垛中心存货进行检查。诚然，振隆特产在监盘程序中故意给审计人员制造了麻烦，但是未执行高质量的存货监盘程序则是瑞华所不可推卸的责任。此外，如果说振隆特产在存货监盘中有故意制造麻烦，妨碍监盘程序的责任的话，那么，瑞华所未实际核对库房进销存账与财务账的行为，就只能说完全是其自身的责任了。

（4）未按审计准则实施有效的抽盘程序。瑞华所在对存货审计时，在底稿中记录其 2012～2014 年的抽盘比例分别为 54.36%、67.85% 及 88.56%，然而实际执行的抽盘比例真的有这么高吗？瑞华所在实际监盘时，仅从每一垛存货中抽出部分存货进行称重或查看质量，进而认为整垛存货是经过抽盘的，殊不知振隆特产库房中密集堆放的存货中，有很大一部分是中空的。并且，振隆特产有一部分存货是存放于天津代工厂的，并不在振隆特产自有的库房内，这部分存货并未纳入盘点范围。2012～2014 年，振隆特产虚增的以及存放于天津代工厂的存货金额，分别占各年末存货金额的比例为 24.84%、30.97% 及 41.49%。由此可见，瑞华所的抽盘比例并没有其审计工作底稿中记录的那么高。

（三）申辩与回应

1. 瑞华所的申辩。瑞华所认为，证监会相关调查人员只是考虑了振隆特产存在虚增利润、虚增存货这一客观结果，进而倒推确定被告人的审计工作必然存在"未勤勉尽责"的情形，因此做出行政处罚。并非被告人的审计违法行为导致审计报告出现错误，而是由于振隆特产的恶意造假所致。瑞华所承认在审计工作存在某些瑕疵，但并未出现严重过错，也没有达到"未勤勉尽责"的程度，这种情形下再对其施以严厉的行政处罚并无必要。

2. 证监会的回应。本案中瑞华所未对函证保持控制、未按审计准则及其设计的舞弊风险应对措施、未按总体审计策略执行存货相关审计程序，尤其在振隆特产存在舞弊导致的重大错报风险的情况下，未保持应有的职业怀疑和职业谨慎。上述行为均属严重违反审计准则的行为，构成"未勤勉尽责"。根据瑞华所违法行为的事实、性质、情节及社会危害程度所作出的处罚并无不当。

（四）案例结果

2016 年 9 月，证监会依法对振隆特产财务造假、虚假报送行为做出行政处罚，振隆特产被处以 60 万元"顶格"罚款，董事长黄跃等人分别被采取 8～10 年市场禁入措施。

2017 年 3 月，证监会对瑞华所发出处罚决定书，因瑞华所在振隆特产 IPO 项目审计过程中未勤勉尽责，其所出具的审计报告存在虚假记载，责令其改正违法行为，没收业务收入 130 万元，并处以 260 万元罚款。同时，对该案中的两名签字注册会计师侯立勋、肖捷给予警告，并分别处以 10 万元罚款。

三、讨论题目

1. 什么是职业怀疑态度？瑞华会计师事务所是否保持了审计的职业怀疑态度？

2. 注册会计师职业道德的基本原则有哪些？财务报表审计中注册会计师审计的责任是什么？

3. 如何评价注册会计师勤勉尽责？

4. 瑞华所最终因未能勤勉尽责而受到证监会的处罚，那么其未勤勉尽责体现在哪些方面？

5. 结合案例，谈一谈可能妨碍注册会计师保持职业怀疑态度的情形有哪些？

6. 探讨提高注册会计师勤勉尽责的措施及如何才能真正提高我国注册会计师的财务报表审计质量？

案例使用说明

一、本案例要解决的关键问题

本案例旨在引导学生进一步关注注册会计师在审计过程中应有的职业道德。根据本案例资料，一方面，学生可以对审计职业道德产生直观的认识，理解性地掌握审计职业道德的内容；另一方面，学生可以通过案例掌握审计职业道德在审计过程中的基础性作用，思考在审计过程中保持职业道德的方式方法，进一步思考审计职业道德对审计工作的关键作用，培养审计思维，树立职业道德意识。

二、案例讨论的准备工作

为了有效实现本案例目标，学生应具备下列相关知识背景。

（一）理论背景

本案例需要学生识别的知识点主要包括：职业怀疑态度的含义，勤勉尽责的含义，审计职业道德的基本内容等。

（二）行业背景

振隆特产作为我国农业产业的龙头企业，自 2012 年以来一直谋求 IPO 上市，却一直未能成功。2015 年，振隆特产再次申请 IPO 时，被证监会查出存在严重造假行为。而对振隆特产进行 IPO 审计的瑞华会计师事务所，却连续三年为其出具标准无保留意见的审计报告。作为会计师事务所，在审计过程中未能发现振隆特产的虚假记录，暴露出其在审计过程中存在的种种问题。这些问题并非是由于瑞华所胜任能力不足所导致的，而是由于其未能恪守勤勉尽责的审计职业道德所导致。

（三）制度背景

《中国注册会计师职业道德基本准则》《中国注册会计师鉴证业务基本准则》第二十八条、《中国注册会计师审计准则第 1312 号——函证》第十四条、《中国注册会计师审计准则第 1231 号——针对评估的重大错报风险实施的程序》第五条、《中国注册会计师审计准则第 1311 号——存货监盘》第四条。

三、案例分析要点

（一）需要学生识别的关键问题

本案例需要学生识别的知识点主要包括职业怀疑态度的含义及应用，审计职业道德的基本内容及作用。

（二）解决问题可供选择的方案及评价

1. 职业怀疑态度。职业怀疑态度是指注册会计师以质疑的思维方式评价所获取审计证据的有效性，并对相互矛盾的审计证据，以及对文件记录或管理层和治理层提供的信息的可靠性产生怀疑的审计证据保持警觉。

2. 职业怀疑态度的作用。职业怀疑是注册会计师综合素质中不可或缺的一部分，是保证审计质量的关键要素。保持职业怀疑有助于注册会计师恰当运用职业判断，提高审计程序设计及执行的有效性，降低审计风险。在审计过程中，保持职业怀疑的作用包括：

（1）在识别和评估重大错报风险时，保持职业怀疑有助于注册会计师设计恰当的风险评估程序，有针对性地了解被审计单位及其环境；有助于使注册会计师对引起疑虑的情形保持警觉，充分考虑错报发生的可能性和重大程度，有效识别和评估财务报表层次和认定层次的重大错报风险。

（2）在设计和实施进一步审计程序应对重大错报风险时，保持职业怀疑有助于注册会计师针对评估出的重大错报风险，恰当设计进一步审计程序的性质、时间安排和范围，降低选取不适当的审计程序的可能性；有助于注册会计师对已获取的审计证据表明可能存在未识别的重大错报风险的情形保持警觉，并作出进一步调查。

（3）在评价审计证据时，保持职业怀疑有助于注册会计师评价是否已获取充分、适当的审计证据以及是否还需执行更多的工作；有助于注册会计师审慎评价审计证据，纠正仅获取最容易获取的审计证据、忽视存在相互矛盾的审计证据的偏向。

（4）保持职业怀疑对于注册会计师发现舞弊、防止审计失败至关重要。舞弊可能是精心策划、蓄意实施并予以隐瞒的，只有保持充分的职业怀疑，注册会计师才能对舞弊风险因素保持警觉，进而有效地评估舞弊导致的重大错报风险。保持职业怀疑，有助于使注册会计师认识到存在由于舞弊导致的重大错报的可能性，不会受到以前对管理层、治理层正直和诚信形成的判断的影响；使注册会计师对获取的信息和审计证据是否表明可能存在由于舞弊导致的重大错报风险始终保持警惕；使注册会计师在认为文件可能是伪造的或文件中的某些条款可能已被篡改时，作出进一步调查。

3. 妨碍职业怀疑态度的情形。审计准则要求注册会计师在审计过程中保持职业怀疑，然而某些情形可能导致注册会计师在获取、评价和解释信息时过度盲目相信客户或倾向于迎合客户的偏好，而不是考虑财务报表使用者的需求。审计实务中，保持职业怀疑，不仅受到个人的职业道德、知识水平和执业经验的影响，还受到所在会计师事务所的文化、机制以及所在项目组的影响。除此之外，可能阻碍注册会计师保持职业怀疑的情形还包括如下三种。

（1）审计环境中的某些情况可能会引发动机和压力，使注册会计师产生偏见，从而阻碍注册会计师恰当保持职业怀疑。例如，建立或保持长期审计业务关系，避免与管理层产生重大冲突，在被审计单位发布财务报表期限之前出具审计报告，应被审计单位的要求出具无保留意见的审计报告，达到被审计单位的满意度，降低审计成本，或搭售其他服务等。

（2）随着审计业务关系的延续，注册会计师可能对管理层产生不恰当的过度信任。导致其轻易认可被审计单位作出的不恰当会计处理。在某些情况下，注册会计师可能会迫于压力，避免与管理层产生分歧或对管理层造成不良后果，而未能保持恰当的职业怀疑。

（3）其他情况也可能阻碍注册会计师恰当保持职业怀疑。例如，审计的时间安排和工作量要求可能对项目合伙人和其他项目组成员造成压力，促使他们过快完成审计业务，导致他们仅获取容易取得的审计证据而非相关、可靠的审计证据，获取并不充分的审计证据，或过分倚重能够证实财务报表认定的证据而没有充分考虑反面证据。

4. 审计职业道德的定义和基本内容。审计师职业道德是指从事审计工作的人员在履行其职责的过程中应该遵循的职业道德原则与规范的总和，是在长期审计工作过程中逐步形成的应当普遍遵守的行为规范。它对审计师在职业活动中的行为做出规定，也是审计部门对社会所负的道德责任和道德义务。

审计职业道德的基本内容包括严格依法、正直坦诚、客观公正、勤勉尽责、保守秘密。

严格依法就是审计人员应当严格依照法定的审计职责、权限和程序进行审计监督，规范审计行为。

正直坦诚就是审计人员应当坚持原则，不屈从于外部压力；不歪曲事实，不隐瞒审计发现的问题；廉洁自律，不利用职权谋取私利；维护国家利益和公共利益。

客观公正就是审计人员应当保持客观公正的立场和态度，以适当、充分的审计证据支持审计结论，实事求是地做出审计评价和处理审计发现的问题。

勤勉尽责就是审计人员应当爱岗敬业，勤勉高效，严谨细致，认真履行审计职责，保证审计工作质量。

保守秘密就是审计人员应当保守其在执行审计业务中知悉的国家秘密、商业秘密；对于执行审计业务取得的资料、形成的审计记录和掌握的相关情况，未经批准不得对外提供和披露，不得用于与审计工作无关的目的。

5. 审计职业道德的作用。审计职业道德是审计工作质量的重要保障。审计人员的执业能力和主观能动作用的程度直接影响着审计工作质量的高低。只有拥有良好的职业道德信念和职业道德习惯，才能减少审计过程中存在的风险，为审计工作的质量提供重要保障。

审计职业道德有助于维护和提高审计行业信誉，促进审计行业健康发展。一个行业的信誉，也就是它们的形象、信用和声誉，是指企业及其产品与服务在社会公众中的信任程度，提高行业的信誉主要靠产品的质量和服务质量。要维护和提高审计行业的信誉就必须提高审计工作的质量。而审计从业人员较高的职业道德水平是审计工作质量的有效保证。审计职业道德是向公众表明的审计人员的专业品质，制定审计职业道德规范有利于取得外界理解与支持，增加外界对审计职业的信赖与支持。

审计职业道德可以补充审计法规所缺，完善审计规范体系。审计规范包括审计法规和审计职业道德两类。审计法规能够限定审计人员必须做什么和不能做什么，却不能说明审计人员应该以怎样的精神状态和风貌去工作。审计人员的精神状态和风貌只能由审计职业道德提出。有些不宜纳入审计法规，但又有必要做出规定的事项，可以通过职业道德规范来加以约束。如申明审计纪律、职业品德、专业胜任能力要求等。审计法规是对审计人员的最低要求，审计职业道德则是对审计人员升华了的要求。

（三）推荐解决问题的方案

1. 什么是职业怀疑态度？瑞华所是否保持了职业怀疑态度、勤勉尽责？职业怀疑态度是指注册会计师以质疑的思维方式评价所获取审计证据的有效性，并对相互矛盾的审计证据，以及对文件记录或管理层和治理层提供的信息的可靠性产生怀疑的审计证据保持警觉。

瑞华所不但在对境外销售合同审计的过程中没有保持应有的职业怀疑态度，而且在进行函证时，将询证函交由振隆特产的工作人员发出，对被审单位工作人员过于信任，同样没有保持应有的职业怀疑。另外，在对振隆特产的存货项目进行审计的过程中，在已经评估出存货项目存在重大风险的情况下，面对存货密集堆放的情况，没有考虑到存货堆放中的弄虚作假问题，没有执行相应的程序，同样没有保持应有的职业怀疑。

勤勉尽责就是审计人员应当爱岗敬业，勤勉高效，严谨细致，认真履行审计职责，保证审计工作质量。

2. 瑞华所最终因未能勤勉尽责而受到证监会的处罚，那么其未勤勉尽责体现在哪些方面？瑞华所未勤勉尽责表现在以下四个方面：第一，瑞华所在发现振隆特产境外销售合同异常的情况下，没有保持应有的职业怀疑态度，没有执行必要的审计程序；第二，瑞华所在实施函证过程中未对询证函保持控制，将询证函交由振隆特产的工作人员寄发，违反了审计准则对函证程序的要求，并且没有保持职业怀疑态度；第三，瑞华所在发现存货存在重大风险的情况下，未执行相应的风险控制措施，违反了审计准则的要求；第四，瑞华所在对振隆特产的存货进行抽盘时，未按照其设定的抽盘比例，执行规定的审计程序，未对振隆特产的存货情况保持必要的职业怀疑，违反了审计准则的要求。

3. 请结合案例，谈谈可能妨碍注册会计师保持职业怀疑态度的情形有哪些？审计实务中，保持职业怀疑，不但受到个人的职业道德、知识水平和执业经验的影响，而且还受到所在会计师事务所的文化、机制以及所在项目组的影响。除此之外，可能阻碍注册会计师保持职业怀疑的情形还包括：

①审计环境中的某些情况可能会引发动机和压力，使注册会计师产生偏见，从而阻碍注册会计师恰当保持职业怀疑。

②随着审计业务关系的延续，注册会计师可能对管理层产生不恰当的信任，导致其轻易认可被审计单位作出的不恰当会计处理。

③其他情况也可能阻碍注册会计师恰当保持职业怀疑。

审计职业道德的基本内容包括严格依法、正直坦诚、客观公正、勤勉尽责、保守秘密。

4. 除了勤勉尽责，审计职业道德还有哪方面的要求？瑞华所是否在本案中遵守了这些要求？审计职业道德的基本内容包括严格依法、正直坦诚、客观公正、勤勉尽责、保守秘密。

严格依法就是审计人员应当严格依照法定的审计职责、权限和程序进行审计监督，规范审计行为。

正直坦诚就是审计人员应当坚持原则，不屈从于外部压力；不歪曲事实，不隐瞒审计发现的问题；廉洁自律，不利用职权谋取私利；维护国家利益和公共利益。

客观公正就是审计人员应当保持客观公正的立场和态度，以适当、充分的审计证据支持审计结论，实事求是地做出审计评价和处理审计中发现的问题。

勤勉尽责就是审计人员应当爱岗敬业，勤勉高效，严谨细致，认真履行审计职责，保证审计工作质量。

保守秘密就是审计人员应当保守其在执行审计业务中知悉的国家秘密、商业秘密；对于执行审计业务取得的资料、形成的审计记录和掌握的相关情况，未经批准不得对外提供和披露，不得用于与审计工作无关的目的。

瑞华所在执行函证以及对存货进行审计的过程中，没有遵循审计准则的要求，没有执行规定的审计程序，没有尽到自身的审计责任，违反了严格依法的原则。在审计过程中，瑞华所对于振隆特产存在的可疑现象，在没有获取充足的审计证据，以及通过函证和抽盘得到的审计证据可靠性不足的情况下，就出具了标准无保留意见的审计报告，违反了客观公正的原则。

四、教学组织方式

（一）问题清单、提问顺序及资料发放顺序

1. 瑞华会计师事务所是否保持了审计职业怀疑态度？

2. 注册会计师职业道德的基本原则有哪些？财务报表审计中注册会计师审计的责任是什么？

3. 如何评价注册会计师勤勉尽责？

4. 瑞华所最终因未能勤勉尽责而受到证监会的处罚，那么其未勤勉尽责体现在哪些方面？

5. 结合案例，谈一谈可能妨碍注册会计师保持职业怀疑态度的情形有哪些？

6. 结合本案，探讨提高注册会计师勤勉尽责的措施和如何才能真正提高我国注册会计师的财务报表审计质量？

本案例的参考资料及索引，在讲授有关知识点后一次性发放给学生。

（二）课时分配

1. 课后自行阅读材料：约2小时；

2. 小组讨论并提交分析报告提纲：约1小时；

3. 课堂小组代表发言并进一步讨论：约2小时；

4. 课堂讨论总结：约0.5小时。

（三）讨论方式

本案例可采用：小组式案例讨论；正方反方分组式讨论；角色扮演式讨论。

（四）课堂讨论总结

归纳发言者的主要观点；重申其重点和亮点；提醒大家对问题的焦点、有争议问题进行进一步思考；建议学生对案例素材进行扩展研究和深入分析，提出自己独到见解。

案例专题五　关联方交易审计问题

案例 14

康瑞药业关联方交易舞弊案

韩道琴　蒙　娟

　　近年来，财务舞弊已经成为世界范围内的重大问题，财务舞弊不但损害了资本市场的信誉，而且也给世界经济发展带来了严重的负面影响，使广大投资者蒙受巨大的经济损失。财务舞弊的手段复杂多样，而关联方舞弊因其隐蔽性强、关系复杂且难以识破，成为上市公司虚增利润、粉饰业绩的常用手段，从而使得注册会计师的审计难度加大，审计风险增加，发生审计失败的可能性也不断增加，注册会计师公正诚信的形象受到社会公众的质疑，面临严重的信任危机。

一、引言

　　截至 2016 年 1 月 4 日，我国上市公司共 2800 余家，且上市公司发生关联交易的公司数量正在快速增加，每年有 90% 以上的公司发生关联交易。2012 年，关联交易发生次数为 60 762 次，涉及的金额达 351 061 亿元。2015 年，上市公司关联交易次数为 93 214 次，涉及的金额高达 532 837 亿元。由此可见，上市公司关联交易愈发频繁，且涉及金额总量也在快速上升。

　　作为与人类生命和健康息息相关的医药制造业，近几年频频曝出财务造假的丑闻。国外的默克制药恶性财务欺诈（Merck），葛兰素史克（GSK）财务造假令人触目惊心。国内医药制造行业也可谓是一波未平一波又起，曝出许多药品财务造假的丑闻。2011 年，紫鑫药业经营业绩爆升，使该家医药制造业上市公司被质疑虚构上下游客户，排名靠前的五大客户均为"影子公司"，且伪造人参等相关交易。最终，紫鑫药业因涉嫌关联交易违法违规行为，被证监会立案稽查。在 2012～2013 年两年间，上海医药被曝出财务造假丑闻，康美药业身陷"假账门"事件，香雪制药公司被媒体曝光涉嫌虚增业绩、造假上市等事件给整个经济社会带来巨大影响，给证券市场造成很大损失。

我国的一些上市公司被注册会计师审计出关联交易舞弊，还有一些上市公司虽获得了注册会计师出具的无保留意见审计报告，但被中国证监会因关联方交易舞弊受到处罚。上市公司关联交易舞弊时有发生，这个现象值得认真思考，如何发现相关异常，怎样审计关键环节。康瑞药业公司财务造假是医药制造行业中关联方交易舞弊较为典型案例之一，却被注册会计师出具无保留意见审计报告，又躲避了中国证监会的处罚，我们把关注焦点放在关联方交易舞弊环节上，获取教训，警示未来。

二、背景介绍

海南康瑞药业股份有限公司成立于2008年，前身为"海南中天康瑞制药有限公司"，现有员工453人，52%拥有大专以上学历，技术和研发人员占14%。康瑞药业主要从事儿童药的研发、生产和销售。经过近几年的专研和努力，目前公司生产经营6种剂型和11个儿童药品种，已全部涵盖了我国当前儿童用药中销量最大的解热镇痛类、感冒类、抗生素类、呼吸系统类、消食定惊类和营养类六大类的西药和中成药。除此以外，公司还拥有18个成人药品种。公司共有15个药品处于不同的开发阶段，正在申报的药品中有三类新药4个，五类新药5个，全部为儿童药产品。公司高瞻远瞩地将市场定位于我国庞大的第三终端儿童用药市场，公司根据第三终端市场的特点，经过多年的探索和总结，对产业链各环节的利益和职能重新进行了设计和配置，创新地推出了一套适合第三终端市场的营销模式，即专业化合作代理模式。通过该模式，迄今公司已建立起一支专业的第三终端儿童药营销队伍和营销网络。

从康瑞药业公开2013年财务报告中，显示广东同德药业在2011～2013年一直是其第一大客户，占公司总营业收入的比例分别为17.6%、5.7%、3.25%。而2014和2015年财务报表前五大客户的名称，从其公布的数字来看，公司在2014年对第一大客户的销售额为6700多万元，占其总销售收入的22%；在2015年虽有所下降但也占到10%以上，从前几年的情况看，广东同德药业在其销售客户中的地位仍非常重要。广东同德药业一直由康瑞药业的高管控制。2013年7月，出资人变更为廖娟民和朱炳强，两人各持股50%。经调查发现，两人实为康瑞药业高管，廖娟民为康瑞药业营销中心总裁办行政部经理，朱炳强为康瑞药业采购部经理。2013年8月，广东同德医药股权再次变更，出资人变为陈登隆（持股90%）和陈少忠（持股10%）。其中陈登隆的履历与康瑞药业董事长洪江游的履历雷同，而且广东医药商会的财务核算一直由康瑞药业营销中心负责；陈少忠也在康瑞药业营销中心任职。具体情况如表5-1所示。

表 5 - 1　　　　　　　广东同德药业 2013 年股权变更表

时间	出资人变更	所持股份	职务
2013 - 7	廖娟民	50%	康瑞药业营销中心总裁办行政部经理
	朱炳强	50%	康瑞药业采购部经理
2013 - 8	陈登隆	90%	履历与康瑞药业董事长洪江游履历雷同
	陈少忠	10%	康瑞药业营销中心任职

销售客户中排第二的海南中天原为康瑞药业控制人洪江游的配偶邹文生及其母亲丘珍莲控制。海南中天公司法人代表为陈海真，陈海真曾为康瑞药业的高管。海南中天的董事长为邹兴昌，此人在没有出资一分钱的情况下任职，直到 2007 年才由洪江游接替，而后一直在海南中天任职。海南中天医药对外宣传使用康瑞药业的商标，即使在康瑞药业 IPO 期间都未停止对其产品的宣传。海南中天以康瑞药业第二大客户的身份出现在其母公司财务报表上，分别占到其应收账款的 5.8% 和 6.94%。康瑞药业从 2012 年 IPO 闯关到 2015 年，3 年间更换了 3 家会计师事务所。康瑞药业在 2012 年 5 月做出了续聘深圳南方民和会计师事务所为其审计机构的决定，在 11 月份又做出了聘请中审国际为其审计机构的决定，一年内连换两家会计师事务所。对其上市的第一年 2013 年的财务报告进行审计并出具了标准无保留意见的审计报告。而涉嫌造假的 2014 年和 2015 年年度财务报告均是由中审亚太会计师所审计的，并且对 2014 年财务报告出具了带强调事项段的无保留意见的审计报告，对 2015 年财务报告出具了标准无保留意见。具体变动情况如表 5 - 2 所示。

表 5 - 2　　　　　　康瑞药业近几年会计师事务所变动情况

时间	会计师事务所	审计报告年度	审计意见类型	审计费用
2012 年 5 月	深圳南方民和	——	——	——
2012 年 11 月	中审国际	——	——	——
2013 年	中审国际	2013 年年报	标准无保留意见	87.43 万元
2014 年	中审亚太	2014 年年报	无保留意见加事项段	38.5 万元
2015 年	中审亚太	2015 年年报	标准无保留意见	42 万元

三、案例概述

（一）康瑞药业财务报告中的总体经营状况

海南康瑞药业股份有限公司于 2008 年由海南中天康瑞制药有限公司改制成立，是一家以医药为主营业务、集科研生产销售于一体的大型医药企业。公司于 2012 年在深圳证券交易所创业板上市。公司的经营范围包括生产销售胶囊剂、颗粒剂、粉针剂、冻干粉针剂、片剂等；生产加工康瑞牌橘红含片、康瑞牌春天胶囊；产品研究开发及技术服务。公司主要从事儿童药的研发生产和销售，其中天芝清是其主要产品，占其销售收入的81%以上。如表5-3所示其主要产品瑞芝清在同类产品的市场份额逐渐增加，从2010年的3.84%上升到2012年的9.15%，销售额达到2.78亿元，是2010年的3倍，在全国同类产品及儿童解热镇痛类产品中销量第一。

表5-3　　　　　　　　　康瑞药业2010～2012年经营状况

排序	品牌	2010年		2011年		2012年	
		销售额（亿元）	市场份额（%）	销售额（亿元）	市场份额（%）	销售额（亿元）	市场份额（%）
1	瑞芝清	0.91	3.84	1.58	5.9	2.78	9.15
2	美林	1.54	6.26	1.74	6.48	2.18	7.14
3	康泰林	0.69	2.91	0.83	3.08	0.95	3.11
4	百服宁	0.59	2.51	0.65	2.45	0.75	2.44
5	保婴丹	0.57	2.41	0.63	2.35	0.71	2.31

在2013年上半年，瑞芝清被披露在服用后具有不良反应。这之后不久，国家食品药品监督管理委员会明文下发《关于加强尼美舒利口服制剂使用管理的通知》，规定尼美舒利口服制剂禁止用于12岁以下儿童。康瑞药业2013～2015年的部分财务数据状况如表5-4所示。

表5-4　　　　　　　　　康瑞药业2013～2015年经营状况

项目	2013年	2014年	较2013年增长（%）	2015年	较2014年增长（%）
营业收入	15 722.59万元	15 337.09万元	-2.45	183 140.03万元	19.41
其中：瑞芝清	11 108.01万元	3 084.87万元	-72.23	4 965.14万元	61
占比（%）	70.65	20.11	50.54	27.11	7
税后经营净利润	6 180.29万元	-770.35万元	-112.46	-139.69万元	81.87
净利润	6 965.88万元	176.41万元	-97.46	1 130.23万元	540.68

（二）康瑞药业相关财务状况

应收账款情况见表5-5。

表 5 - 5　　　　　　　　康瑞药业 2013~2015 年各种应收项目　　　　　　　单位：万元

项目	2013 年 12 月 31 日	2014 年 12 月 31 日	较上年增长（%）	2015 年 12 月 31 日	较上年增长（%）
应收票据		339.99		267.18	-21.42
应收账款	2 357.26	5 547.72	135.35	2 340.3	-57.81
坏账损失	-2.65	62.33	245.75	75.35	20.89
应收账款总额	2 354.61	5 610.05	138.25	2 415.65	-56.94
其中：广东大翔	315.17	2 625.17	732.94	447.78	-82.94
占比（%）	13.38	46.79	33.41	18.54	-14.87
营业收入	15 722.59	15 337.09	-2.45	18 314.03	19.41
其中：广东同德	511.66	3 370.41	558.73	1 915.09	-43.18
占比（%）	3.25	21.97	18.72	10.47	-11.5

　　康瑞药业在 2014 年，应收票据为 339.99 万元，应收账款为 5547.72 万元。2015 年，应收账款为 2 340.3 万元，基本与 2013 年平齐，坏账损失提高了 21%。公司的第一大债务人广东大翔药业有限公司对于康瑞药业的应收账款，在 2014 年时较 2013 年上升了 7 倍多，占应收账款总额的 47%，在 2015 年回落到 2013 年的水平。公司的第一大销售客户在 2013 年年报显示为广东同德医药有限公司，其对康瑞药业的应收账款占应收账款总额的 3.25%。

　　康瑞药业 2013 ~ 2015 年存货情况见表 5 - 6。

表 5 - 6　　　　　　　　康瑞药业 2013~2015 年存货状况表　　　　　　　单位：万元

项目	2013 年 12 月 31 日	2014 年 12 月 31 日	较上年增长（%）	2015 年 12 月 31 日	较上年增长（%）
存货	1 553.45	2 674.665	72.17	2 754.18	2.97
跌价准备	1.915	12.265	539.57	7.68	-37.35
存货总额	1 555.365	1 186.93	72.75	2 761.86	2.78
原材料	625.095	1 087.935	74.04	615.835	-43.4
库存商品	537.195	1 085.075	102	1 357.3	25.08
占比（%）	0.748	0.812	6.42	0.716	-9.6
营业成本	5 066.77	9 407.935	85.68	10 511.72	11.73
营业收入	15 722.59	15 337.085	-2.45	18 314.025	19.41
毛利率（%）	67.77	38.66	-29.11	42.6	3.94
购买产品产生的现金流量	2 820.47	10 493.285	272	12 865.41	22.60
销售产品产生的现金流量	9 455.54	14 213.645	50.32	26 046.315	83.25

　　2014 年购买产品产生的现金流量增加近三倍，其存货增加 80%，2014 年的营业收入相较于 2013 年的收入有所下降，其营业成本提高了 80%，2015 年相较

于 2014 年营业收入提高幅度大于其成本提高幅度。2013 年的毛利率为 67.77%，到 2014 年下降到了 38.66%，2015 年有所上升，到了 42.6%。从表 5-6 中也可以看出，康瑞药业在其营业收入并没有大幅度变化的时候，其销售产品的现金流量大幅度增加。

（三）净资产利润率

康瑞药业用改进的杜邦分析体系分解净资产利润率的情况如表 5-7 所示。

表 5-7　　　　　　　　用改进的杜邦分析体系分解净资产利润率

相关财务数据	2013 年 12 月 31 日	2014 年 12 月 31 日	2015 年 12 月 31 日
经营营运资本（万元）	7 533.425	9 659.685	6 634.060
+净经营性长期资产（万元）	10 813.215	28 516.890	29 981.010
=净经营资产总计（万元）	18 346.635	38 176.575	36 615.070
金融负债（万元）	0.000	263.300	0.000
−金融资产（万元）	73 083.67	55 096.69	57 525.125
=净负债（万元）	−73 083.67	−54 833.39	−57 525.125
税后利息费用（万元）	−785.595	−946.785	−1 269.915
加：净利润（万元）	6 965.875	176.41	1 130.23
税后经营净利润（万元）	6 180.285	−770.345	−139.685
销售收入（万元）	15 722.59	15 337.085	18 314.025
股东权益（万元）	91 430.305	93 009.965	94 140.195
税后经营净利率（%）	39.31	−5.02	−0.76
净经营资产周转率（%）	85.70	40.17	50.02
税后实际利率（%）	1.07	1.73	2.21
息差（%）	32.61	−3.74	−2.59
×净财务杠杆（%）	−79.93	−58.95	−61.11
=财务杠杆利得（%）	−26.07	2.21	1.58
净资产收益率（%）	7.62	0.19	1.20

康瑞药业 2014 年和 2015 年的净资产收益率均低于 2013 年，2014 年其净资产收益率仅为 0.19%，比 2013 年低近 7.4%。2015 年比 2014 年较好，较 2013 年还是有很大差距。2014 年的经营资产收益率为负，比 2013 年低 44%，2015 年较 2014 年有所升高，但依然为负。经营资产收益率是衡量企业配置经营性资产以产生经营利润的能力。其主要有两个要素组成：一是税后经营净利润，从经营的角度衡量企业销售的盈利能力；二是净经营资产周转率，衡量企业使用经营资产形成销售收入的能力。

2013 年经营资产净利率与税后实际利率的差额即息差为 32.61%，2014 年和 2015 年的息差为负，说明企业的经营资产收益不足以支付其利息成本。公司近几年的净财务杠杆均为负说明经营性资产的效益低于债务工具的收益。财务杠杆利得是净负债对股东权益贡献比率的指标，2013 年为负说明康瑞药业的净负债并没有给股东权益带来贡献。2014 年和 2015 财务杠杆利得为正说明其净负债为股东带来了利益。

2014 年净经营资产收益率较 2013 年下降了 35%，杠杆贡献率上升了 28%，2014 年的净资产收益率下降了 7%。总体来说 2014 年和 2015 年相较于 2013 年，康瑞药业的盈利能力还是有所下降的，这主要也是由于 2014 年的瑞芝清事件对其盈利能力产生了影响。康瑞药业近几年的净利润来源多依靠其利息收入，而其销售产品所产生的利润即税后经营净利润为负，这也说明康瑞药业在瑞芝清事件后其主营业务的盈利能力严重受挫，不足以弥补其销售成本。

（四）关联方交易分析

1. 与广东同德的关联方交易情况如表 5 - 8 所示。

表 5 - 8　　　　康瑞药业 2011 ~ 2015 年对广东同德药业的销售额

项目	2011 年 12 月 31 日	2012 年 12 月 31 日	2013 年 12 月 31 日	2014 年 12 月 31 日	2015 年 12 月 31 日
营业收入（万元）	6 792. 31	10 938. 96	15 722. 59	15 337. 09	18 314. 03
广东同德（万元）	1 185. 44	6 223. 92	511. 66	3 370. 41	1 915. 09
占比（%）	17. 45	5. 70	3. 25	21. 98	10. 46

康瑞药业 2010 年的财务报告显示广东同德药业在 2011 ~ 2013 年一直是其第一大客户，占公司总营业收入的比例分别为 17.6%、5.7%、3.25%。2014 和 2015 年财务报表前五大客户的名称，从其公布的数字来看公司在 2014 年对第一大客户的销售额为 6 700 多万元，占其总销售收入的 22%，在 2015 年有所下降但仍占 10% 以上。康瑞药业在 2014 年以后披露前五大营业收入客户均以数字代替，从前几年的情况看，广东同德药业在其销售客户中的地位仍非常重要。

2. 与海南中天的关联方交易情况如表 5 - 9 所示。

表 5 - 9　　　　康瑞药业 2010 ~ 2015 年与海南中天的交易情况

项　　　目	2010 年 12 月 31 日	2014 年 12 月 31 日	2015 年 12 月 31 日
应收账款（万元）	4 797. 01	2 102. 84	1 193. 08
海南中天（万元）	492. 01	112. 14	82. 79
与康瑞药业关系	关联方关系	客户	客户
占比（%）	10. 26	5. 81	6. 94

从 2014 年和 2015 年对外公布的母公司财务报告中可以得出，海南中天以康瑞药业第二大客户的身份出现在其母公司财务报表上，分别占到其应收账款的 5.8% 和 6.94%。海南中天在 2014 年和 2015 年康瑞药业应收账款前五大客户中排名第三，如果不考虑全资子公司，其排名为第二。

四、讨论题目

1. 结合案例，找出案例中康瑞药业公司的关联方有哪些？判断出与康瑞药业公司相关的关联方交易？

2. 结合案例，从哪些数据可以看出康瑞药业公司可能存在关联方交易舞弊现象？

3. 请从注册会计师的角度出发，就案例给出的财务数据进行详细分析，找出康瑞药业公司是否存在关联方交易舞弊问题？

4. 详细分析净资产利润率变化给康瑞药业公司经营利润带来什么影响？

5. 分析导致康瑞药业公司关联方交易舞弊的主要原因？

6. 本案例有哪些问题值得进一步关注和思考？

案例使用说明

一、本案例要解决的关键问题

本案例要实现的教学目标在于：引导学生进一步关注如何辨析关联方及其关联方交易，并探讨如何识别公司利用关联方交易进行财务舞弊，学生还应重点关注关联方交易舞弊的审计问题。引导学生站在注册会计师角度进行审计，分别从会计师事务所整体层面及注册会计师具体业务层面进行分析，主要是关联方交易舞弊在审计时所面临的主要问题。通过本案例能够帮助学生将关联方交易审计问题运用到学习和工作中。

二、案例讨论的准备工作

为了有效实现本案例目标，学生应该具备下列相关知识背景。

（一）理论背景

对于界定公司关联交易，在理论、实务和各个国家和地区的法律规范中，有着不同的做法。施天涛认为："所谓'关联交易'，是指在关联方之间发生转移资源或义务的事项，而不论是否收取价款"。《德国股份法》第三章提到"关联人是指对一方经营决策具有控制或重大影响的人，关联人的外延由公司内部人（主要包括公司的控股股东、董事、经理等人员）及与内部人有利益关系的第三人两部分组成，关联人在关联交易中施加控制或重大影响是通过内部人实现的"。

《公司法》中指出关联关系，是指公司控股股东、实际控制人、董事、监事、高级管理人员与其直接或者间接控制的企业之间的关系，以及可能导致公司利益转移的其他关系。关联方交易舞弊是指管理当局利用关联方交易掩饰亏损、虚构利润，或利用特殊目的实体操纵利润，使得关联方交易非关联化，且未在报表及附注中按规定做适当、充分的披露，对报表使用者产生误导的舞弊。

（二）行业背景

我国成立上交所和深交所以来，上市公司财务舞弊案更是频频发生，从早期的琼民源、银广夏到后来的蓝田股份、东方电子等一些财务舞弊案件。近年来，我国医药生产一直处于持续、稳定、快速的发展阶段。由于经济发展和医疗体制改革促使需求不断释放，我国医药行业消费保持高速增长。但是，近些年万福生科、绿大地、康芝药业等一系列案件，更引起人们的强烈关注。这些案例的发生既给企业自身和投资者带来了巨大的损失，也使注册会计师行业遭受到了前所未有的信任危机。

（三）制度背景

企业会计准则和国际财务报告准则关于企业合并及其会计处理方法的现行规范：《中华人民共和国公司法》《企业会计准则第 36 号——关联方披露》等相关法规对企业关联方交易的相关规定。

三、案例分析要点

（一）需要学生掌握的关键问题

本案例需要学生识别的主要知识点包括：关联方的界定、关联方交易的界定，企业合并的会计处理方法。

1. 关联方交易。关联关系，是指公司控股股东、实际控制人、董事、监事、高级管理人员与其直接或者间接控制的企业之间的关系，以及可能导致公司利益转移的其他关系。但是，国家控股的企业之间不仅仅因为同受国家控股而具有关联关系。

关联方交易是一种独特的交易形式，具有两面性的特征，具体表现在：从制度经济学角度看，与遵循市场竞争原则的独立交易相比较，关联方之间进行交易的信息成本、监督成本和管理成本要少，交易成本可得到节约，故关联方交易可作为公司集团实现利润最大化的基本手段；从法律角度看，关联方交易的双方尽管在法律上是平等的，但在事实上却不平等，关联人在利己动机的诱导下，往往滥用对公司的控制权，使关联方交易违背了等价有偿的商业条款，导致不公平、不公正的关联方交易的发生，进而损害了公司及其他利益相关者的合法权益。

2. 关联方交易的会计处理。《公司法》第二百一十七条表明：关联关系，是指公司控股股东、实际控制人、董事、监事、高级管理人员与其直接或者间接控制的企业之间的关系，以及可能导致公司利益转移的其他关系。但是，国家控股的企业之间不仅仅因为同受国家控股而具有关联关系。

《企业会计准则第36号——关联方披露》第三条：一方控制，共同控制另一方或对另一方施加重大影响，以及两方或两方以上同受一方控制，共同控制或重大影响的，构成关联方。控制，是指有权决定一个企业的财务和经营政策，并能据以从该企业的经营活动中获取利益。共同控制，是指按照合同约定对某项经济活动所共有的控制，仅在与该项经济活动相关的重要财务和经营决策需要分享控制权的投资方一致同意时存在。重大影响，是指对一个企业的财务和经营政策有参与决策的权力，但并不能够控制或者与其他方一起共同控制这些政策的制定。第四条表明构成企业的关联方：该企业的母公司；该企业的子公司；与该企业受同一母公司控制的其他企业；对该企业实施共同控制的投资方；对该企业施加重大影响的投资方；该企业的合营企业；该企业的联营企业；该企业的主要投资者个人及与其关系密切的家庭成员。主要投资者个人，是指能够控制，共同控制一个企业或者对一个企业施加重大影响的个人投资者；该企业或其母公司的关键管理人员及与其关系密切的家庭成员。关键管理人员，是指有权力并负责计划，指挥和控制企业活动的人员。与主要投资者个人或关键管理人员关系密切的家庭成员，是指在处理与企业的交易时可能影响该个人或受该个人影响的家庭成员；该企业主要受投资者个人，关键管理人员或与其关系密切的家庭成员控制，共同控制或施加重大影响的其他企业。

（二）解决问题的可供选择方案及评价

1. 关于本次交易对公司会计数据和财务指标带来的影响分析及评价。查看康瑞药业 2013～2015 年的财务报表之后，可以发现其存在大量异常数字，接下来对其存在的异常财务数据进行分析。康瑞药业 2013～2015 年经营状况如图 5-1 所示。

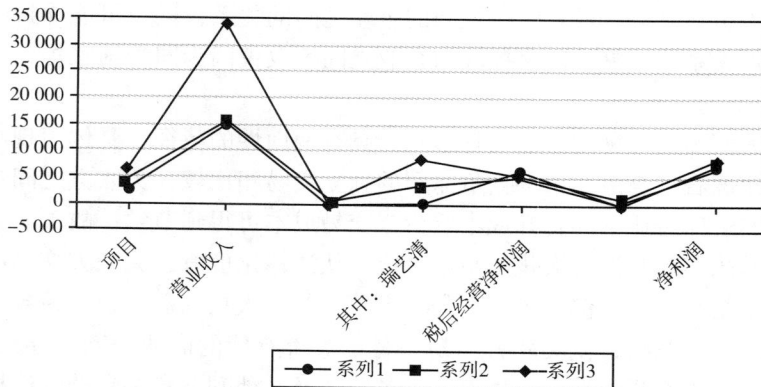

图 5-1　康瑞药业 2013～2015 年经营状况

结合表 5-4 和图 5-1 可以清晰地看出，康瑞药业尽管在 2014 年受到瑞芝清事件的影响，但其营业收入相较于 2013 年仅下降了 2.45%，并没有明显的下降，而到了 2015 年其销售收入不降反升，比 2014 年提高了 19.41%，且其销售额比 2013 年也多出了 2 500 多万元。但与此同时，作为康瑞药业主要产品的瑞芝清的营业收入却有明显的下降，其营业收入从 2013 年的 1.1 亿元下降到了 2014 年的 3 000 多万元，下降了 70%，2015 年其销售额有所回升但也不足 0.5 亿元；而且其占主营业务收入的比重也从 2013 年的 70% 下降到了 2014 年的 20%，2015 年占比虽有所上升但也仅有 27%。从其公布的财务报表来看，其营业收入并未下降，但其净利润虽也为正却有明显的下降，其净利润在 2013 年为 0.7 亿元，2014 年下降到了 177 万元，下降了近 40 倍，2015 年上升到 1 000 多万元。但是在观察其税后经营净利润后发现，其 2013 年的税后经营净利润为 1.23 亿元，而 2014 年和 2015 年的税后经营净利润均为负，也就是说其在 2014 年和 2015 年的净利润均来自投资收益。

（1）应收账款问题。从案例中表 5-5 中可以看出，康瑞药业在 2014 年，应收票据由 0 元增长到 300 多万元，应收账款也大幅度增加，较 2013 年上升 135%。而 2015 年，应收账款又有所回落，基本与 2013 年平齐，但是其坏账损失却远远高于 2013 年，甚至在应收账款下降的前提下，坏账损失却提高 21%，这明显不合理。而且公司的第一大债务人广东大翔药业有限公司对于应收账款，在 2014 年较 2013 年上升了 7 倍多，占应收账款总额的 47%，而在 2015 年又回落到 2013 年的水平。公司的第一大销售客户，在 2013 年年报显示为广东同德医药有限公司占应收账款总额的 3.25%，广东同德药业有限公司在 2014 年作为第一大客户营业收入较 2013 年上升了近 5.6 倍，占收入的 21%。2015 年有所回落，但占比仍近 10%。

（2）存货问题。从案例中表 5-6 中可以发现，2014 年购买产品产生的现金流量增加了近三倍，其存货增加仅 80%，2014 年的营业收入相较于 2013 年的收入有所下降，但是其营业成本却提高了 80%，2015 年相较于 2014 年营业收入提高幅度大于其成本提高幅度，但相较于 2013 年，成本还是提高了很多。2013 年的毛利率为 67.77%，到 2014 年下降到了 38.66%，2015 年有所上升，到了 42.6%。而且也可以看出，康瑞药业在其营业收入并没有大幅度变化的时候，其销售产品的现金流量在大幅度增加，随之变化的是其购买货物的现金流量，尤其是在 2014 年购买商品的现金流量与销售产品的现金流量相差仅 400 多万元，而 15 年相差近 1.5 亿元。

（3）净资产利润率的分析。从案例中表 5-7 中可以看出康瑞药业 2014 年和 2015 年的净资产收益率均低于 2013 年，尤其是 2014 年其净资产收益率仅为 0.19%，比 2013 年低近 7.4%，在这几年中是最差的。2015 年比 2014 年较好，但较 2013 年还是有很大差距。从对经营资产收益率的分解可以看到，2014 年的经营资产收益率为负，比 2013 年低 44%，2015 年较 2014 年有所升高，但是依然为负。经营资产收益率是衡量企业配置经营性资产以产生经营利润的能力。康瑞药业在 2014 年和 2015 年此指标为负，一方面说明康瑞药业配置经营性资产以产生经营利润的能力很低，并且已经出现了亏损，另一方面说明康瑞药业的经营性资产配置不合理。而经营资产收益率主要有两个要素组成：一是税后经营净利润，从经营的角度衡量企业销售的盈利能力，从表5-7可以看出2014年和2015年，康瑞药业销售的产品并没有给企业带来盈利；二是净经营资产周转率，衡量企业使用经营资产形成销售收入的能力，从表5-7可以看到，2014年和2015年企业使用经营资产形成销售的能力较2013年有所下降。

从表5-7看到经营资产净利率与税后实际利率的差额即息差在2013年为32.61%，也就是说康瑞药业利用债务融资为企业带来了经济效应。而2014年和2015年的息差为负，说明企业的经营资产收益不足以支付其利息成本。公司近几年的净财务杠杆均为负说明经营性资产的效益低于债务工具的收益，可能是由于康瑞药业近几年的主营业务效益不高或经营环境不好，将资金转移到金融市场上了。财务杠杆利得即杠杆贡献率是衡量净负债对股东权益贡献比率的指标。2013年为负说明康瑞药业的净负债并没有给股东权益带来贡献。而2014年和2015年财务杠杆利得为正说明其净负债为股东带来了利益。

从表5-7和前面分析可以看出，近几年康瑞药业的净资产收益率产生差异的主要原因是，经营资产的收益率变化幅度与财务杠杆利得变化幅度的差异造成的。2014年净经营资产收益率较2013年下降了35%，而杠杆贡献率仅上升了28%，因此，2014年的净资产收益率下降了7%。2015年较2014年有所上升主要是由于其净资产收益率的上升幅度（1.6%）大于其杠杆贡献率的下降幅度（0.7%）。总体来说2014年和2015年相较于2013年，康瑞药业的盈利能力还是有所下降的，这主要也是由于2014年的瑞芝清事件对其盈利能力产生了影响。康瑞药业近几年的净利润来源多依靠其利息收入，而其销售产品所产生的利润即税后经营净利润为负，这也说明康瑞药业在瑞芝清事件后其主营业务的盈利能力严重受挫，不足以弥补其销售成本。

2. 结合案例，请说明如何分析关联方交易舞弊。

（1）与广东同德的关联方交易。从案例中表5-8中可以看出广东同德药业在2011~2013年一直是其第一大客户，占公司总营业收入的比例分别为17.6%、5.7%、3.25%。而2014年和2015年财务报表前五大客户的名称，从其公布的数字来看，公司在2014年对第一大客户的销售额为6700多万元，占其总销售收入的22%，在2015年虽有所下降但也占到10%以上。从前几年的情况看，广东同德药业在其销售客户中的地位仍非常重要。

资料中显示，广东同德药业一直由康瑞药业的高管控制。广东同德药业是在2008年由黄宇翔和林汉通出资500万元设立的，2013年7月，其出资人变更为廖娟民和朱炳强，两人各持股50%。经调查发现，两人实为康瑞药业高管，廖敏娟为康瑞药业营销中心总裁办行政部经理，朱炳强为康瑞药业采购部经理。2013年8月，广东同德医药股权再次变更，出资人变为陈登隆（持股90%）和陈少忠（持股10%）。其中陈登隆的履历与康瑞药业董事长洪江游的履历雷同，而且广东医药商会的财务核算一直由康瑞药业营销中心负责；陈少忠也在康瑞药业营销中心任职。种种迹象表明康瑞药业与广东同德医药存在关联方关系，而且康瑞药业极有可能是广东同德医药的实际控股公司，广东同德医药虽经历几次股权变更但实际控制人并没有变化。而在康瑞药业公布的招股说明书和财务报告中，指出广东同德医药是其客户并不存在关联方关系。也就是说康瑞药业在 IPO 之前就开始隐瞒与同德医药的关联方关系，并通过隐瞒的关联方关系进行虚假销售，从而达到虚增收入的目的。

（2）与海南中天的关联方交易。从案例中表 5-9 中可以看出海南中天在 2013 年公司前五大销售客户中排第二，占其营业收入的比重为 10% 以上。海南中天原为康瑞药业控制人洪江游的配偶邹文生及其母亲丘珍莲控制，2013 年 9 月转让给无关联第三方，自此不再存在关联方关系。但从海南中天的工商资料显示，公司法人代表为陈海真，而陈海真曾为康瑞药业的高管。还有一个更为隐秘的信息，邹兴昌在没有出一分钱的情况下一直担任海南中天的董事长，直到 2003 年才由洪江游接替，而后一直在海南中天任职。而且海南中天医药对外宣传使用康瑞药业的商标，即使在康瑞药业 IPO 期间都未停止对其产品的宣传。从以上分析也看出，海南中天医药有限公司与康瑞药业一直存在关联方关系。

3. 结合案例，分析注册会计师未能识别关联方交易舞弊的原因。

从上面对康瑞药业的异常财务数据和关联方交易舞弊的分析来看，其舞弊手段有很多，如虚开增值税专用发票、虚构交易、隐瞒关联方交易等，在这里仅对注册会计师未能发现其关联方交易舞弊的原因进行重点分析。

（1）注册会计师的独立性可能受到了影响。康瑞药业近几年会计师事务所变动情况如表 5-10 所示。

表 5-10　　　　　　康瑞药业近几年会计师事务所变动情况

时间	会计师事务所	审计报告年度	审计意见类型	审计费用（万元）
2012 年 5 月	深圳南方民和	—	—	—
2012 年 11 月	中审国际	—	—	—
2013 年	中审国际	招股说明书 2013 年年报	标准无保留意见	87.43（IPO：52.43）
2014 年	中审亚太	2014 年年报	无保留意见加事项段	38.5
2015 年	中审亚太	2015 年年报	标准无保留意见	42

从康瑞药业公布的招股说明书和财务报告中，可以看到康瑞药业从 2012 年 IPO 闯关到 2012 年，三年间更换了三家会计师事务所，即深圳南方民和、中审国际和中审亚太。值得一提的是，康瑞药业在 2012 年 5 月做出了续聘深圳南方民和为其审计机构的决定，在 11 月份又做出了聘请中审国际为其审计机构的决定，一年内连换两家会计师事务所，这点值得思考，这也可能是因为康瑞药业为了上市而更换会计师事务所。如表 5-10 所示，中审国际对康瑞药业上市前三年即 2010~2013 年财务报告进行了审计并且出具了标准无保留意见的审计

报告，同时对其上市的第一年2010年的财务报告进行审计并出具了标准无保留意见的审计报告。而涉嫌造假的2011年和2012年年度财务报告均是由中审亚太审计的，并且对2011年财务报告出具了带强调事项段的无保留意见的审计报告，对2012年财务报告出具了标准无保留意见的审计报告。

从以上对康瑞药业这三年的财务报表分析来看，其财务报告并非没有漏洞。康瑞药业2014年受瑞芝清事件的影响，其主要产品瑞芝清的销售额大幅度下降，而且其主推产品度来林的销售业绩并不佳，在这种条件下，其营业收入并没有明显减少，而且在2015年还有小幅度上升，这本身就很值得思考；再加上，康瑞药业在2014年和2015年并未公布其前五名供应商的名称而仅以总比重披露，且也并未公布其营业收入前五名的客户而仅用数字代替，这就更让人费解。很明显，康瑞药业的财务报告存在虚构交易、虚增收入的情形。在这种情况下，中审亚太还出具了无保留意见的审计报告，这就不得不让人联想到这其中可能存在由于自身利益原因影响了注册会计师的独立性，而无法发表恰当的审计意见。这其中也不排除康瑞药业与会计师事务所联合造假的可能，这也从另一个侧面也反映了我国部分注册会计师的职业素养还有待提高。

（2）公司刻意隐瞒关联方关系，审计人员专业胜任能力不足。中审亚太对康瑞药业2014年和2015年年度财务报告出具了无保留意见的审计报告，而此时正是康瑞药业为了掩饰其收入下滑的事实而疯狂舞弊的阶段，尽管舞弊的责任应归咎于康瑞药业的管理层，但是如果中审亚太的审计人员能够恪尽职守、严格执行相应的审计程序的话，就不难发现康瑞药业存在财务舞弊的行为，这也说明相关审计人员缺乏一定的专业胜任能力。可以看出，康瑞药业在未上市之前就存在利用隐蔽的关联方交易进行财务舞弊的行为，但是中审国际、中审亚太包括对其做尽职调查的海通证券也并没有发现其与广东同德药业的关联方关系。这一方面是由于公司刻意隐瞒关联方关系；另一方面也由于审计人员的专业胜任能力不足。

（3）针对关联方交易舞弊的现象，提出相应的审计对策。造成这种现象的原因有很多，有来自企业自身的原因，有来自证券机构监管不完善、证券市场不规范的原因，当然也有国家对于关联方交易的界定不明确、缺乏相关监管制度的原因。除此之外，作为上市公司审计的主体，注册会计师和会计师事务所缺乏相应的专业胜任能力，未能恪尽职守也是其主要原因之一。由于关联方关系本就很复杂很难界定，如果被审计单位刻意隐瞒其关联方交易不予披露，审计人员只使用常规的审计程序和审计方法就很难发现被审计单位存在关联方交易舞弊的行为，这就大大增加了其审计失败的可能性，因此注册会计师对于未披露的关联方交易应实施一些专门的审计方法和程序来降低审计风险。

（4）对被审计单位可以隐瞒的关联方关系进行识别。如何识别被审计单位存在的关联方关系，这就需要注册会计师对被审计单位进行全面的了解并通过一定的审计程序来确定被审计单位是否存在未披露的关联方关系。

查阅以前年度的审计工作底稿，看其关联方的变动情况，如果以前确认的关联方在本期未发生变动，则仍视其为关联方。同时也应注意审核其所审计的会计期间是否有重大的投资和债务重组业务，判定其是否能够构成新的关联方关系。

查阅企业的主要投资者、关键管理人员以及与其存在密切关系的家庭成员所在其他企业的关系。在康瑞药业财务造假案例中可以看到海南中天在2010年是以其关联方的身份出现在招股说明书上，虽然也指出其已将所有股份转让给无关第三方，不再有关联方交易，但其在2014年又以康瑞药业的第三大客户的身份出现在康瑞药业的年度财务报告中。重点关注其重要客户和供应商，对其进行尽职调查。对于上市公司年报所披露的重大客户和供应商，注册会计师应当对其进行尽职调查，尤其对一些特别重要的客户和供应商，注册会计师应当到其所在地进行调查，从而确定其交易是否合规。关联方关系极为隐蔽，如果不对其进行尽职调查，仅采用常规的审计方法就有可能落入被审计单位所设计的"陷阱"里。对于康瑞药业财务舞弊而言，如果注册会计师对其所披露的前五大客户进行尽职调查，就会发现广东同德医药与其存在着千丝万缕的联系。广东同德医药的法人代表陈登隆的履历与康瑞药业董事长洪江游的履历颇为相似，而且所任职的广东省医药商会的财务核算一直由康瑞药业负责；广东同德医药的另一股东陈少忠亦在康瑞药业任职，而且广东同德医药的历次工商登记变更也是由康瑞药业的员工办理的。这也预示着康瑞药业未披露与之有重大交易的关联方，而且尤为引起注意的是康瑞药业在2014年和2015年并未披露重要客户和供应商的名称，这其中是否还存在未披露的关联方关系，以及与第一大应收账款的客户广东大翔药业的关系，都是值得注册会计师进一步关注的。

（5）对被审计单位非公允的关联方交易进行识别。上市公司在进行关联方交易舞弊时，既会利用未予披露的关联方进行关联方交易舞弊；也会利用已经公开的关联方进行非公允的关联方交易舞弊，如利用关联购销关系、托管经营、相互拆借资金等方式进行非公允的关联方交易以达到财务舞弊的目的。这就需要注册会计师针对不同关联方交易手段采取不同的审计对策，从而对被审计单位存在的非公允的关联方交易加以识别。

基于关联购销业务的审计对策。注册会计师在对关联购销业务进行审计时，应保持其职业怀疑态度，合理怀疑被审计单位是否存在有失公允的关联购销业务。这就需要注册会计师重点检查与该项交易有关的发票、合同等，同时也检查其定价政策，并将此价格与市场上同类产品的价格相比较，从而确定其价格是否为公允价格。除此之外，注册会计师也应该适当选择接近财务报告期末的关联购销业务进行截止性测试，以发现公司是否存在为虚增利润而将存货转移到关联方的情形。并且会计人员也应该查阅相关的购销协议来确定销售款项的收到情况，是否有应收关联方的账款长期未收到的情况。

关联方相互托管经营的审计对策。托管经营是上市公司将自己的不良资产托管给其关联方经营，从中收取高额的承包费。注册会计师在对这项关联方交易进行审计时，应查阅与托管经营有关的会议记录和合同，从而确定其会计处理的正确性，并进一步确定其托管费用是否合理，是否存在费用过高或过低的情况。另外还应该进一步调查此项资产的盈利性及关联方对此类资产的经营能力。

关联方之间互相拆借资金的审计对策。拆借资金主要是上市公司将其闲置的资金借给其关联方以此获得收益，这在关联方交易舞弊中也占有一定的比重。由于上市公司大都将闲置资金借给不纳入合并报表或者刻意隐瞒的关联方公司，并且也不在其财务报表中予以反映，因此对此项目进行审计的难度也比较大。注册会计师在对此类关联交易进行审计时，可以通过查看相关的会议记录并结合询问方式，确定是否存在拆借资金的行为。

4. 结合案例，探讨注册会计师应该如何有效识别关联方交易舞弊。通过对康瑞药业财务舞弊行为的分析发现，上市公司在面临巨大的经济压力时就会采取财务舞弊的措施以达到虚增利润、粉饰业绩的目的。由于目前对关联方交易的监督体制不完善、惩罚措施不到位等，导致了利用关联方交易进行舞弊成为上市公司进行财务舞弊的重要手段，并呈现出愈演愈烈的趋势，这也在一定程度上扰乱了证券市场的秩序，给广大中小投资人造成了损失，严重影响了投资人对股票市场的信心。目前，在审计界也面临着很多现实的困难，如审计委托关系不合理、不重视职业道德教育、缺乏专业胜任能力、缺乏专门的关联方交易审计程序等，除此之外还面临着对于审计从业人员的监管体系不完善、处罚不够等导致注册会计师风险意识下降的问题。以上这些现实的问题造成了注册会计师未能对上市公司的关联方交易舞弊行为尽到良好的审计和监督作用，致使上市公司有机可乘。

四、教学组织方式

（一）问题清单及提问顺序、资料发放顺序

1. 找出案例中康瑞药业公司的关联方有哪些，判断本案例中与康瑞药业公司相关的关联方交易。

2. 结合案例，从哪些数据可以看出康瑞药业公司可能存在关联方交易舞弊现象？

3. 请从注册会计师的角度出发，就案例给出的财务数据进行详细分析，找出康瑞药业公司是否存在关联方交易舞弊问题。

4. 详细分析净资产利润率的变化给康瑞药业公司的经营利润带来什么影响。

5. 结合案例，找出导致康瑞药业公司关联方交易舞弊的主要原因。

6. 本案例有哪些问题值得进一步关注和思考？

（二）课时分配

1. 课后自行阅读资料：约 2 小时；

2. 小组讨论并提交分析报告提纲：约 3 小时；

3. 课堂小组代表发言、进一步讨论：约 2 小时；

4. 课堂讨论总结：约 1 小时。

（三）讨论方式

本案例可以采用小组式进行讨论。

（四）课堂讨论总结

归纳发言者的主要观点；重申其重点及亮点；提醒大家对焦点问题或有争议观点进行进一步思考；建议大家对案例素材进行扩展研究和深入分析。

案例 15

嘉寓股份关联方交易审计失败案

刘　静　杨惠博

2017 年 4 月 28 日，经过立案调查、审理，北京嘉寓门窗幕墙股份有限公司（以下简称嘉寓股份）及相关当事人收到中国证券监督管理委员会《行政处罚决定书》（编号［2017］38 号）。揭露了嘉寓股份在首次公开招股说明书（报告期为 2007~2009 年）、2010 年 1~6 月、2010~2012 年度公告的定期报告中资金往来部分存在重大关联方交易舞弊，经统计，其虚假记载往来资金达 10.08 亿元。中国证监会依法对嘉寓股份的违法行为进行了处罚，特别是鉴于公司董事长田家玉（实际控制人）、财务总监胡满姣两人作为嘉寓股份违法行为直接负责的主管人员，证监会宣布对两人采取市场禁入措施。

那么，负责出具审计报告的会计师事务所是否尽到应履行的审计责任？嘉寓股份是如何在首次公开发行招股说明书、定期报告中，以及 2007~2012 年长达六年的财务报告中隐瞒了大量的关联方交易并进行舞弊的？本案例以嘉寓股份为例探讨关联方交易舞弊问题并分析注册会计师如何识别与防范关联方交易审计风险。

一、背景简介

关联方指的是一方控制，共同控制另一方或对另一方施加重大影响，以及两方或两方以上同受一控制，共同控制或重大影响的。任何独立的个体均不能构成关联方关系。关联方的主要特征可以概括为：建立控制；共同控制；施加重大影响。关联交易是关联方资源或义务转移的事项，不论是否收取价款。所以，关联方交易的特征主要表现在：一是交易的非公允性；二是难监管；三是关联方交易性质上是一种集团内部管理的交易形式。由此也表明关联方交易审计的难度随着交易量的上升而增加，没有上市的企业希望通过关联方交易舞弊虚增收入而获得IPO，已经上市的企业又希望通过关联方交易舞弊而获得盈利。之前就有影响颇大的康芝药业关联方交易审计风险失控案以及上海家化关联方交易审计失败案等，皆是通过关联方交易进行舞弊，而负责审计的事务所由于各种原因导致风险失控或审计失败。还有一些上市公司获得了注册会计师出具的无保留意见审计报告之后，被中国证监会因关联方交易舞弊处罚，这就使得关联方交易备受瞩目。而注册会计师和会计师事务所也常常因为审计程序有纰漏以及审计人员的职业胜任能力不足而受到相当大的牵连，导致审计质量大打折扣。

（一）上市公司关联方交易舞弊频发引起关注

近年来，我国上市公司通过关联方交易来进行舞弊虚增收入，从而达到不可告人目的的事件时有发生，从现阶段来看，在中国目前的上市公司中，相当大的一部分有着国企背景。这些上市公司里，一部分是国有企业通过改制而成，另一部分是剥离国有优良资产而成。国有成分上市后，虽与企业集团进行了剥离，但在产品的供销链上依然存在一些联系从而独立性较差。这种情况下，上市公司通过与企业集团进行关联交易可以减少不确定性，并且降低了交易的成本，提供一种有效率的交易。但是，正是因为关联交易脱离了独立市场，其交易的发生、定价的标准、结算的方式等具体内容很容易受到控制方的影响，使其更容易出现转移资金、操纵利润等舞弊行为。

（二）防范关联方交易舞弊是维护资市市场安全的基础

作为资本市场新兴的一种交易形式，关联方交易以其特殊的交易形式而被广泛使用。而这样就会出现许多问题，因此防范关联方交易舞弊就成为维护资本市场安全的基础。其意义在于：第一，可以防止国家税收流失，为了达到降低税负的目的，关联方可以通过制定转移价格在业务往来中改变收入和费用的配比，间接地将利润转移到经营不善的关联方中，使得整体的税负减少。因此对于加强关联方交易信息的披露可以使信息更加透明化；第二，证券市场进行监管的需要经过多年发展，我国证券在交易品种、交易手段、监管规则、证券市场容量等多方面取得了瞩目的成果。不过对于上市公司的监管还达不到所期待的标准。当前，上市公司随意操纵利润的情况相当严峻，投资者急切需要掌握投资对象的实际情况，因此防范关联方交易舞弊可以保证证券市场监管的需要；第三，市场经济不断发展，出现了受托责任制，经营者根据契约对所有者承担受托责任，他们应当积极履行自身的责任，努力提高经营业绩并将相关结果及时进行反馈。但事实上，很多管理者并未按照要求披露，并且利用职务之便操纵业绩，谋取私利。因此，防范关联方交易舞弊，首先能够使上市公司公布的信息更可靠，优化其公众形象，更重要的是可以有效避免经营管理人员通过关联交易来粉饰业绩。

（三）识别和严控关联方交易审计风险是提高 IPO 审计质量的关键

随着我国资本市场的发展，越来越多的企业将上市当作自己的目标以及筹集资金的重要渠道。企业要想成功上市，需要很多的环节，委托会计师事务所对其进行 IPO 审计就是其中关键的一环。很多企业为了达到成功上市的目的，不惜采用大量手段粉饰财务报表，使其呈现出漂亮的经营业绩，然而上市前的辉煌往往只是昙花一现，这些公司在上市后大变脸，业绩迅速下滑。

尽管上市公司总试图财务造假，作为资本市场"经济警察"的注册会计师凭借其专业的知识与丰富的经验也应该能够发现，然而注册会计师 IPO 的审计失败却从没有停止过。其中关联方交易审计作为 IPO 审计比较有难度的一环就显得尤为重要了，关联方交易审计以其独特的风险存在。嘉寓股份的关联方交易舞弊案例分析可以帮助注册会计师识别和严控关联方交易审计风险并为提高 IPO 审计质量提供思路。

二、嘉寓股份关联交易审计概况

（一）嘉寓股份简介及准备上市历程

1. 辉煌历史。嘉寓股份是在 1987 年成立的，和中国的建筑行业一同成长，并且已经发展成了国内外领先的建筑器材供应商，是集技术设计工程安装于一体的先进公司，其技术与能力已经达到国际水平，其综合能力也已经达到了国际标准水平，它也是国内各项建筑行业的领军企业。嘉寓积累了三十年的专业经验及新能源建筑节能和利用的深层次经验和技术。

北京嘉寓门窗幕墙股份有限公司（以下简称"嘉寓股份"或"公司"）及公司全资子公司山东嘉寓门窗幕墙有限公司（以下简称"山东嘉寓"）与公司控股股东嘉寓新新投资（集团）有限公司（以下简称"新新投资"）的全资子公司北京东方嘉禾建筑材料有限公司（以下简称"东方嘉禾"）分别签订《东方嘉禾建筑五金国际产业园一标段工程施工意向合同》和《东方嘉禾建筑五金国际产业园二标段工程施工意向合同》。交易双方分别为公司及公司全资子公司山东嘉寓和控股股东全资子公司东方嘉禾，根据《深圳证券交易所创业板股票上市规则》中关联方的认定标准，新新投资持有股份占公司总股本的 39.66%，因此新新投资的全资子公司东方嘉禾为公司关联方，其交易构成了关联交易。

2. 大力发展准备上市。嘉寓股份的前身是成立于 1987 年 1 月 5 日的北京市顺义区牛栏山新型轻体活动房厂。1989 年 8 月 17 日，更名为北京市顺义区牛栏山钢铝窗厂，注册资金增至 80 000.00 元。2009 年 1 月 5 日，北京市商务局出具了京商资字〔2009〕18 号《关于北京嘉寓门窗幕墙股份有限公司增资扩股的批复》，并且资本变更已由中准会计师事务所出具了中准验字〔2009〕第 1002 号验资报告，并于 2009 年 2 月 11 日完成工商变更注册登记手续。经中国证券监督管理委员会证监许可〔2010〕1107 号文核准，并经深圳证券交易所同意，本公司由主承销商平安证券有限责任公司通过深圳证券交易所系统于 2010 年 8 月 23 日采用网下向配售对象询价配售和网上向社会公众投资者定价发行相结合的方式，向社会公众公开发行了普通股（A股）股票28 000 000股，其中，无限售条件的流通股份A股28 000 000股，共募集资金净额为人民币677 699 000.50元，其中新增注册资本（股本）28 000 000.00元，其余649 699 000.50元计入资本公积，首次公开发行后注册资本变更为108 600 000.00元。而上市之后的嘉寓股份，却由于以前年度的会计披露出现了问题而被证监会调查。

3. 严重后果。2015年6月12日，嘉寓股份收到中国证券监督管理委员会《调查通知书》（稽查总队调查通字151818号）。因公司涉嫌信息披露违法违规，根据《中华人民共和国证券法》的有关规定，决定对公司立案调查。至此，开始了证监会对嘉寓股份的审查。随后在2016年12月30日又收到中国证券监督管理委员会《行政处罚和市场禁入事先告知书》的公告，最终在2017年4月28日收到了证监会一纸《行政处罚决定书》。

据公告称：由于嘉寓股份招股说明书中存在虚假记载和关联交易重大遗漏等问题，证监会决定对嘉寓股份罚款60万元，对时任27名董监高罚款122万元，并对前董事长及财务总监采取市场禁入。证监会公开信息显示，为了能够使财务数据中的利润更加漂亮，嘉寓股份在上市之初的招股说明书中就"动了手脚"，且花样颇多，涉及关联交易、跨期结转以及账外工资。2008～2012年，嘉寓股份连续通过与关联方（北京东方嘉禾建筑材料有限公司）的资金支付与回转而增加账面资金往来。经统计，其虚假记载往来资金共10.08亿元。

（二）承接审计的中准会计师事务所概况

中准会计师事务所原名中准会计师事务所有限公司，1996年3月由财政部批准设立，于2013年10月11日经北京市财政局批准转制为中准会计师事务所（特殊普通合伙），以下简称中准会计师事务所，注册资本为1 505万元人民币。

中准会计师事务所具有财政部及证监会批准的证券、期货相关业务审计资格；工程造价甲级资质、税务审计和咨询、司法鉴定资格及中国银行市场交易商协会会计师事务所会员、北京金融资产交易所（北金所）会员、中关村企业信用促进会会员、天津股权交易所会员、浙江股权交易中心会员、北京市信用企业。中准会计师事务所（特殊普通合伙）一直位居中注协全国百强会计师事务所内，2014年度在全国综合排名中位列第31位；在国务院国有资产监督管理委员会2014～2015年度审计招标入围名单中综合排名第22位。2014年度实现收入总额1.83亿元，2015年度实现收入总额2.32亿元，2016年度实现收入总额2.53亿元。

三、嘉寓股份关联方交易舞弊审计分析

嘉寓股份的关联方交易舞弊，所经历的时间之长，金额之大，除了有各个层次的股东及其关联方东方嘉禾的帮助，还依赖于会计师事务所的失职，才能使其关联方交易舞弊持续了那么久。

1. 为获IPO虚构上市资料。在2010年8月20日，嘉寓股份发出了首次公开

发行股票并在创业板上市招股说明书，经商务部批准，以北京嘉寓幕墙装饰工程（集团）有限公司截至 2007 年 5 月 31 日经审计的账面净资产出资，整体变更设立为股份有限公司。

同时，在报告中也显示，本次股票发行前，控股股东北京嘉寓新新资产管理有限公司持有本公司 4 337.90 万股股份，占总股本的比例为 53.82%。本公司董事长田家玉先生持有新新资产 90% 的股权，为本公司的实际控制人，也表示了由新新股份控制的公司东方嘉禾成为嘉寓股份的关联方公司。公司合并资产主要数据如表 5 - 11 所示，合并利润表数据如表 5 - 12 所示。

表 5 - 11　　　　　　　　　合并资产负债表主要数据　　　　　　　　单位：万元

项　　目	2010 年 6 月 30 日	2009 年 12 月 31 日	2008 年 12 月 31 日	2007 年 12 月 31 日
资产总计	99 598.83	85 204.09	72 545.51	49 484.89
负债合计	59 804.42	49 227.87	48 446.99	32 085.74
归属于母公司股东权益	39 794.41	35 976.22	23 923.20	17 271.94
股东权益	39 794.41	35 976.22	24 098.52	17 399.15

资料来源：嘉寓股份首次公开发行股票并在创业板上市招股说明书。

表 5 - 12　　　　　　　　　　合并利润表主要数据　　　　　　　　　单位：万元

项　　目	2010 年 1~6 月	2009 年度	2008 年度	2007 年度
营业收入	33 928.34	65 029.28	52 923.41	46 571.70
营业利润	4 387.73	8 249.92	6 249.70	6 282.50
利润总额	4 417.77	7 813.31	6 572.81	6 396.95
净利润	3 818.19	6 753.02	6 699.37	6 098.09
归属于母公司股东的净利润	3 818.19	753.02	6 651.26	6 114.31

资料来源：嘉寓股份首次公开发行股票并在创业板上市招股说明书。

以上是负责 IPO 审计的中准会计师事务所对嘉寓股份招股说明书内容中的利润表和现金流量表进行了审计而在首次公开发行股票并在创业板上市招股说明书中体现的合并报表的主要数据，且中准会计师事务所对公司三年及一期的财务报表出具了标准无保留意见的审计报告。

2. 蹊跷的关联方交易。在首次公开发行股票并在创业板上市招股说明书的关联交易部分内容显示：报告期内，公司经常性关联采购主要是从嘉禾建材采购五金件、密封胶、拉杆、玻璃垫片、真空玻璃等建筑门窗、幕墙零配件产品；经常性关联销售主要是公司代嘉禾建材采购的材料，历年的报告中显示嘉寓股份与东方嘉禾的关联方交易已在 2008 年 12 月 21 日全部清理完毕，而且在 2010 年以前并未发生相关的关联方交易。但在证监会调查完毕的报告中显示：嘉寓股份在 2008 年、2009 年、2010 年上半年分别与东方嘉禾在应收账款、预收账款、预付账款等项目有资金往来。关联方往来余额如表 5 - 13 所示。

表 5 - 13 　　　　　　　　　　　　关联方往来余额 　　　　　　　　　　　单位：万元

项目	单位	会计师事务所已审的上市数据				证监会披露数据			
		2010 年 6 月	2009 年 12 月	2008 年 12 月	2007 年 12 月	2010 年 6 月	2009 年 12 月	2008 年 12 月	2007 年 12 月
其他应收款	嘉禾建材	—	—	—	—	2 880.60	4 035.89	—	—
预付账款	嘉禾建材	—	—	—	240.60	—	5 479.41	1 175	240.60
应收账款	嘉禾建材	—	—	—	378.03	5 623.31	3 968.32	—	378.03

资料来源：嘉寓股份 2007 年 ~ 2010 年 6 月审计报告。

更为讽刺的是，注册会计师审计完后也认为，经核查，考虑到发行人对关联方其他应收款的形成过程，报告期内存在关联方占用发行人资金的情况。股份公司设立后发行人对关联方的其他应收款项进行了清理，截至 2008 年 12 月 31 日，已全部清理完毕，发行人对关联方的其他应收款期末余额为零。2009 年及 2010 年 1 ~ 6 月，发行人与关联方未再发生与正常生产经营无关的资金往来行为，发行人对关联方的其他应收款项目无发生额，不存在关联方占用发行人资金的情形。

3. 被发现后欲盖弥彰。即使嘉寓股份有各方说辞来辩解，但是 2015 年 6 月 12 日，嘉寓股份还是收到中国证券监督管理委员会《调查通知书》。因公司涉嫌会计信息披露违法违规，根据《中华人民共和国证券法》的有关规定，决定对公司立案调查。至此，开始了证监会与嘉寓股份长达两年的猫鼠游戏。而后嘉寓股份为了掩人耳目，发布了关于重要前期会计差错更正的公告。具体情况如表 5 - 14 所示。

表 5 - 14 　　　　　　　　　　　重要前期会计差错更正 　　　　　　　　　　单位：万元

项目	2015 年 12 月 31 日		
	更正前	更正金额	更正后
存货	194 395.75	- 294.51	194 101.24
应交税费	3 534.23	150.48	3 684.71
其他应付款	9 364.52	689.74	10 054.26
未分配利润	44 578.16	- 1 134.73	43 443.43
主营业务成本	175 867.78	- 127.89	175 739.89
利润总额	7 963.80	127.89	8 091.69
所得税费用	1 175.42	19.18	1 194.60
利润净额	6 788.39	108.70	6 897.09
年初未分配利润	39 911.51	- 1 243.43	38 668.08
未分配利润	44 578.16	- 1 134.73	43 443.43

资料来源：北京嘉寓门窗幕墙股份有限公司关于重要前期会计差错更正的公告。

公司称本次会计差错更正是必要、合理的，符合《企业会计准则 28 号——会计政策、会计估计变更和差错更正》及《公开发行证券的公司信息披露编报规则第 19 号——财务信息的更正及相关披露》的有关规定，追溯调整过程合法合规。而且负责审计的中准会计师事务所一如往常的为其审核并出具中准〔2017〕1252 号专项审核报告。那么不禁让人假想，前期的会计差错怎么会从中准会计师事务的眼皮子底下溜走。

同年，嘉寓股份又发布了股票存在被实施暂停上市风险的提示性公告，公告显示：本公司因涉嫌信息披露违法违规，目前正在被中国证监会立案调查。根据中国证监会《关于改革完善并严格实施上市公司退市制度的若干意见》和《深圳证券交易所创业板股票上市规则（2014 年修订)》的有关规定，如本公司存在或涉嫌存在欺诈发行或重大信息披露违法行为的情形，公司股票将被深圳证券交易所暂停上市，请广大投资者注意投资风险。

4. 关联交易资金循环金额巨大。据证监会披露，嘉寓股份在 2007～2010 年一直与关联方进行交易，而且数量十分巨大。2008 年度，嘉寓股份将收到关联方北京东方嘉禾建筑材料有限公司支付的资金 1 263 万元，记载为供应商供货或退款，冲抵预付账款 1 175 万元，未记账 88 万元；2009 年嘉寓股份虚假记载资金往来共计 35 483.62 万元，其中资金转回 24 447.73 万元，占当期总资产的 28.69%；资金支付 11 035.89 万元；2010 年度嘉寓股份虚假加载资金往来 31 333.76 万元，其中资金支付 14 576.22 万元，资金转回 16 757.54 万元。

而在嘉寓股份上市的当年，平安证券与中准会计师事务所均为嘉寓股份保驾护航，分别表示嘉寓股份无关联方交易。保荐机构认为：考虑到发行人对关联方其他应收款的形成过程，报告期内存在关联方占用发行人资金的情况；股份公司设立后发行人对关联方的其他应收款项进行了清理，截至 2008 年 12 月 31 日，已全部清理完毕，发行人对关联方的其他应收款期末余额为零；2009 年及 2010 年 1～6 月，发行人与关联方未再发生与正常生产经营无关的资金往来行为，发行人对关联方的其他应收款项目无发生额，不存在关联方占用发行人资金的情形。股份公司设立后，已建立了避免发行人资金被关联方占用的有效制度；发行人控股股东和实际控制人也就避免占用公司资金出具了承诺函。

事实上，如果股份公司确实建立起来避免发行人资金被关联方占用的有效制度并严格执行，那么发行人控股股东和实际控制人负责任的出具承诺函就能够有效防止和避免发行人资金被关联方占用。发行人建立较为完善的内部控制和法人治理制度，也能够有效防止公司资金被关联方拆借或占用，确保了公司的独立正常运营。

5. 案例结果。嘉寓股份将包含虚假财务数据的首次公开发行申请文件报送、披露并获得核准的行为，违反了《证券法》第十三条关于公开发行新股应当符合的条件中"最近三年财务会计文件无虚假记载"，第二十条第一款"发行人向国务院证券监督管理机构或者国务院授权部门报送的证券发行申请文件，必须真实、准确、完整"，以及第六十三条关于发行人依法披露的信息，构成《证券法》第一百八十九条所述和第一百九十三条所述发行人披露的信息有虚假记载、重大遗漏的行为。因为嘉寓股份骗取发行核准的行为距违法行为被发现已超过两年，根据《行政处罚法》第二十九条第一款，对嘉寓股份骗取发行核准行为不再给予行政处罚。但嘉寓股份首次公开发行申请文件存在虚假记载和重大遗漏的信息披露违法行为仍处于继续状态，依法应予追究。

四、关联方交易审计风险发现与识别

（一）识别和评估的总体要求

注册会计师应当按照相关审计准则的规定，识别和评估关联方关系及其交易导致的重大错报风险，并确定这些风险是否为特别风险。并且应当将识别超出被审计单位正常经营过程的重大关联方交易导致的风险确定为特别风险。

（二）考虑关联方施加支配性影响的情形

注册会计师应当在识别和评估由于舞弊导致的重大错报风险时考虑以下关联方施加的支配性影响的情形：第一，关联方否决管理层或治理层作出的重大经营决策；第二，重大交易需经关联方的最终批准；第三，对关联方提出的业务建议，管理层和治理层未曾或很少进行讨论；第四，对涉及关联方（或与关联方关系密切的家庭成员）的交易，极少进行独立复核和批准。

在出现以下风险因素情况下，存在具有支配性影响的关联方，可能表明存在由于舞弊导致的特别风险：第一，异常频繁变更高级管理人员或专业顾问，可能表明被审计单位为关联方谋取利益而从事不道德或虚假的交易；第二，利用中间机构从事难以判断是否具有正当商业理由的重大交易，可能表明关联方出于欺诈目的，通过控制这些中间机构从交易中获利；第三，有证据显示关联方过度干涉或关注会计政策的选择或重大会计估计的做出，可能表明存在虚假财务报告。

（三）严格控制关联方交易审计，防止关联方交易舞弊

1. 了解与关联方关系及其交易相关的控制。

（1）在连续审计的情况下，向管理层进行询问，可以为注册会计师提供将其在以前审计中形成的有关关联方的工作记录与管理层提供的信息进行比较的基础。

（2）如果被审计单位与另一实体受同一方控制，且这种关系对被审计单位具有重大经济影响，则管理层更可能注意到这种关系。此时，如果注册会计师重点询问与被审计单位从事重大交易或共享众多资源的另一实体是否为关联方，则询问可能更有效。

（3）对于集团审计业务，审计准则要求集团项目组向组成部分注册会计师提供集团管理层编制的关联方清单，以及集团项目组知悉的任何其他关联方。如果被审计单位是集团的一个组成部分，那么这些信息有助于注册会计师就关联方的名称和特征向管理层进行询问。

（4）在业务接受或保持过程中，注册会计师对管理层的询问也可以获取有关关联方名称和特征的某些信息。注册会计师应当询问管理层和被审计单位内部其他人员，实施其他适当的风险评估程序，以获取对相关控制的了解。如果这些控制无效或者不存在，注册会计师可能无法就关联方关系及其交易获取充分、适当的审计证据。在这种情况下，注册会计师需要考虑对审计工作（包括审计意见）的影响。

2. 在检查记录或文件时对关联方信息保持警觉。

（1）检查记录或文件，为确定是否存在管理层以前未识别或未向注册会计师披露的关联方关系或关联方交易，注册会计师应当对某些可能提供有关关联方关系及其交易信息的记录或文件进行检查。

（2）询问管理层，如果识别出被审计单位超出正常经营过程的重大交易，注册会计师应当向管理层询问这些交易的性质以及是否涉及关联方。

五、讨论题目

1. 结合案例归纳关联方交易审计风险及产生原因。
2. 注册会计师针对关联方交易重大错报风险如何采取应对措施？
3. 结合案例，分析注册会计师未能识别关联方交易舞弊的原因。
4. 关联方交易审计风险有哪些特点？
5. 如何进行关联方交易审计的风险评估与应对？
6. 注册会计师在 IPO 审计中如何识别关联方关系？

案例使用说明

一、本案例要解决的关键问题

本案例要实现的教学目标在于：引导学生进一步关注如何辨析关联方及其关联方交易，并探讨如何识别公司利用关联方交易进行财务舞弊，学生还应重点关注关联方交易舞弊的审计问题。引导学生站在注册会计师角度进行审计，分别从会计师事务所整体层面及注册会计师具体业务层面进行分析，主要是关联方交易舞弊在审计时所面临的主要问题。通过本案例能够帮助学生将关联方交易审计问题运用到学习和工作中。

二、案例讨论的准备工作

为了有效实现本案例目标，学生应该具备下列相关知识背景。

（一）理论背景

对于界定公司关联交易，在理论、实务和各个国家和地区的法律规范中，有着不同的做法。《公司法》中指出，关联关系是指公司控股股东、实际控制人、董事、监事、高级管理人员与其直接或者间接控制的企业之间的关系，以及可能导致公司利益转移的其他关系。关联方交易舞弊是指管理当局利用关联方交易掩饰亏损，虚构利润，或利用特殊目的的实体操纵利润，使得关联方交易非关联化，且未在报表及附注中按规定做适当、充分的披露，对报表使用者产生误导的舞弊。

（二）行业背景

近年来，我国上市公司通过关联方交易来进行舞弊并虚增收入，从而达到不可告人目的的事件常常发生，从现阶段来看，在中国目前的上市公司中，相当大的一部分有着国企背景。这些上市公司里，一部分是国有企业通过改制而成，另一部分是剥离国有优良资产而成。国有成分上市后，虽与企业集团进行了剥离，但在产品的供销链上依然存在一些联系从而独立性较差。这种情况下，上市公司通过与企业集团进行关联交易可以减少不确定性，并且降低了交易的成本，提供一种有效率的交易。但是，正是因为关联交易脱离了独立市场，其交易的发生、定价的标准、结算的方式等具体内容很容易受到控制方的影响，使其更容易出现转移资金、操纵利润等舞弊行为。之前就有康芝药业关联方交审计风险失控案例，以及上海家化关联方交易审计失败案例，皆是由于关联方交易进行舞弊，而负责审计的事务所由于各种原因进行了风险控制或是风险失控。还有一些上市公司获得了注册会计师出具的无保留意见审计报告之后，被中国证监会因关联方交易舞弊受到处罚，甚至有可能中国证监会对一些存在关联交易舞弊现象的上市公司未发现异常，这就使得关联方交易备受瞩目。

（三）制度背景

企业会计准则和国际财务报告准则关于企业合并及其会计处理方法的行为规范：《中华人民共和国公司法》《企业会计准则第 36 号——关联方披露》等相关法规对企业关联方交易的相关规定。

三、案例分析要点

（一）需要学生识别的关键问题

本案例需要学生识别的主要知识点包括：关联方的界定、关联方交易的界定、企业合并的会计处理方法。

1. 关联方交易。关联关系是指公司控股股东、实际控制人、董事、监事、高级管理人员与其直接或者间接控制的企业之间的关系，以及可能导致公司利益转移的其他关系。但是，国家控股的企业之间不仅仅因为同受国家控股而具有关联关系。

关联方交易是一种独特的交易形式，具有两面性的特征，具体表现在：从制度经济学角度看，与遵循市场竞争原则的独立交易相比较，关联方之间进行交易的信息成本、监督成本和管理成本要少，交易成本可得到节约，故关联方交易可作为公司集团实现利润最大化的基本手段；从法律角度看，关联方交易的双方尽管在法律上是平等的，但在事实上却不平等，关联人在利己动机的诱导下，往往滥用对公司的控制权，使关联方交易违背了等价有偿的商业条款，导致不公平、不公正的关联方交易的发生，进而损害了公司及其他利益相关者的合法权益。

2. 关联方交易的会计处理。《公司法》第二百一十七条表明：关联关系，是指公司控股股东、实际控制人、董事、监事、高级管理人员与其直接或者间接控制的企业之间的关系，以及可能导致公司利益转移的其他关系。但是，国家控股的企业之间不仅仅因为同受国家控股而具有关联关系。

《企业会计准则第36号——关联方披露》第三条：一方控制，共同控制另一方或对另一方施加重大影响，以及两方或两方以上同受一方控制，共同控制或重大影响的，构成关联方。控制，是指有权决定一个企业的财务和经营政策，并能据以从该企业的经营活动中获取利益。共同控制，是指按照合同约定对某项经济活动所共有的控制，仅在与该项经济活动相关的重要财务和经营决策需要分享控制权的投资方一致同意时存在。重大影响，是指对一个企业的财务和经营政策有参与决策的权力，但并不能够控制或者与其他方一起共同控制这些政策的制定。

《企业会计准则第36号——关联方披露》第四条表明构成企业的关联方：该企业的母公司；该企业的子公司；与该企业受同一母公司控制的其他企业；对该企业实施共同控制的投资方；对该企业施加重大影响的投资方；该企业的合营企业；该企业的联营企业；该企业的主要投资者个人及与其关系密切的家庭成员。主要投资者个人，是指能够控制、共同控制一个企业或者对一个企业施加重大影响的个人投资者；该企业或其母公司的关键管理人员及与其关系密切的家庭成员。关键管理人员，是指有权力并负责计划、指挥和控制企业活动的人员。与主要投资者个人或关键管理人员关系密切的家庭成员，是指在处理与企业的交易时可能影响该个人或受该个人影响的家庭成员；该企业主要受投资者个人，关键管理人员或与其关系密切的家庭成员控制、共同控制或施加重大影响的其他企业。

3. 关联方交易审计。关联方交易审计是对关联方交易的完整性、存在性与合法性进行的审查验证。正确判断关联方关系是正确审计关联方关系及其交易的关键。注册会计师在审计中判断关联方关系时，应当遵循实质重于形式的原则，充分认识关联方交易在表现形式上的多样性和隐蔽性，结合各项因素综合加以考虑。在不存在其他关联方关系的情况下，企业委托或受托资产管理，提供资金担保，承包租赁其他企业，也应当视为存在关联方关系。

在确定存在关联方关系后，还应当审视关联方交易是否符合会计的确认和计量标准。关联方交易是以资源和义务的转移，相关的风险和报酬也相应转移（而不论是否收取价款）为主要特征的，这也是关联方交易与一般资产交易行为的最大区别。如关联方之间研究与开发项目的转移可能不需要支付任何费用，但也应确认为关联方交易。

由于关联方关系的特殊性，关联方交易价格的确定较为复杂，价格的公允性会受到严重影响。我国对关联交易定价政策的规定方面略显不足，这为我国上市公司利用关联方交易进行转移定价提供了一定的空间。现阶段我国上市公司通常对关联交易的价格进行操作以进行税负转移，减少集团总体税负，操作利润，粉饰财务报表等。2009年3月，财政部会计信息质量检查公告（第14号）指出我国上市公司利用关联交易价差转移利润，操作利润，粉饰财务报表等问题尤为突出。注册会计师在审计关联方的定价政策时，应当结合企业的实际情况，充分了解定价背景，并获取充分、适当的审计证据，对关联交易的真实性、合法性、有效性予以适当关注，并适当地发表审计意见。尤其要关注关联方关系非关联化问题，对于明显缺乏商业理由的交易，实质与形式不符的交易，交易价格、条件、形式明显异常或显失公允的交易，应当考虑是否为虚构交易，是否实质上是关联方交易，或该交易背后有其他安排，并视其重要性程度考虑对审计意见的影响。

注册会计师在关联交易审计中，应始终保持职业怀疑态度，以质疑的思维方式评价所获取证据的有效性，并对相互矛盾的证据，以及引起对文件记录或被审计单位提供信息的可靠性产生怀疑的证据保持谨慎，以识别异常的关联交易，比如：购销价格反常，售后短期内又进行重新购回，低价售给无须经手的中间企业，贷款拖欠不还，贷款未取消又进行赊购等购销业务；资金拆借高于市场利率，借给不具有偿债能力的企业和逾期不还款等资金融通业务；劳务、咨询、管理费价格不合理，不存在或无法实现的咨询服务付费；反常的投资收益、租金和利息收入等。

虽然新的《企业会计准则——关联方关系及其交易的披露》对关联方定义及关联方关系涉及的范围有了更加明确的规定，对于关联方范围也做了调整，但现阶段我国上市公司对关联方关系及其交易的披露仍存在一些问题。主要表现在：避重就轻，披露形式重于实质；信息披露不及时。2009年以来，中国证券监督管理委员会公布的13号文件中有7项对上市公司违规操作的处罚，这7项中有4项涉及关联方违规披露或关联方及其交易披露的不完整。在识别关联方交易时，除了查阅股东会、董事会决议，审阅有关存款、借款询证函，检查是否存在担保关系等一般程序外，还应充分关注企业是否存在缺乏持续经营所必需的资金，是否过于依赖单一或较少的产品、客户或交易事项，是否发生重大诉讼，尤其是股东与管理当局之间的诉讼等容易导致关联方交易的事项。当企业发生无偿的、不易察觉的和难以识别的关联方交易时，很可能存在未予披露的关联方交易。

4. 关联方交易审计的流程。注册会计师为了获取与识别与关联方关系及其交易相关的重大错报风险的信息，第一步，实施风险评估程序与相关工作。首先，项目组应进行内部讨论，在讨论中应特别考虑由于关联方交易舞弊使得财务报表存在重大错报的可能性。其次，审计师应向管理层和其他内部人员询问被审计单位对关联方关系及其交易会计处理、披露、授权、批准等的相关控制。

第二步，注册会计师需要识别与评估与关联方关系及其交易相关的重大错报风险。对于关联方关系的识别，注册会计师首先要对管理层提供的关联交易信息进行复核并且针对信息的完整性实施进一步的审计程序。针对关联方交易的识别，注册会计师需要了解被审计单位与关联方交易授权和记录相关的控制活动的适当性，并对商业理由明显不合逻辑、处理方式异常、价格不公允的异常交易保持警惕。

第三步，特别值得注意的是，注册会计师应当将识别出的、超出被审计单位正常经营过程的重大关联方交易导致的风险确定为特别风险。如果在执行风险评估程序相关过程中识别出了舞弊因素，包括与能够对被审计单位或管理层施加支配性影响的关联方有关情形，审计师应该在评估重大错报风险时考虑这些信息。

第四步，对于注册会计师已经识别出的管理层前未识别出或未向注册会计师披露的关联方关系或重大关联方交易，注册会计师要采取相关的应对措施，比如对这些新识别出的交易实施恰当的实质性程序；考虑是否有必要重新评价管理层声明的可靠性。

第五步，在注册会计师对财务报表形成审计意见和出具审计报告时，注册会计师还应当评价：识别出的关联方关系及其交易是否已经按照适用的财务报告编制基础得到恰当的会计处理和披露；关联方关系及其交易是否导致财务报表未实现公允反映。

5. 关联方交易审计风险的特点。关联方交易审计的重大错报风险也可分为财务报表层次重大错报风险和认定层次重大错报风险。关联方交易由于交易主体实质上的不平等，具有控制或重大影响的一方可利用这种不平等进行非公允的关联方交易，增加财务报表层次的重大错报风险，而认定层次的重大错报风险又可细化为固有风险和控制风险。我国关联方交易定价制度还不完善，这会让关联方交易审计的固有风险增加。而企业内部控制又不能保证能发现关联方交易及其披露有重大错误，增加了关联方交易审计的控制风险。对于关联方交易审计的重大错报风险，审计师并不能左右这一风险的高低，只能对其进行有效评估。

关联方交易由于其特殊性会给审计带来特定的检查风险。首先，关联方交易审计的难度较高，上市公司常常会出于一些特殊的目的隐瞒关联方关系，审计人员难察觉。其次，上市公司对关联方的披露不遵循相关规定也给审计增加了难度。最后，审计人员的职业判断能力和道德素养也会影响审计工作的质量，增加审计的检查风险。对于关联方交易审计的检查风险，注册会计师可通过制定有效的审计程序、选择合适的审计人员等方法将检查风险控制在低水平。

从总体上看，当前我国上市公司财务报表中与关联方交易有关的错报大多是上市公司为了获取配股资格、粉饰财务报表、增加自身收益等故意为之，因此关联方交易审计的重大错报风险占据了审计风险的大部分。因此，注册会计师在审计过程中一定要将舞弊高发领域的关联方交易作为重点关注对象，通过执行风险评估程序和相关审计工作，识别并评估与关联方关系及其交易相关的重大错报风险。

（二）解决问题的可供选择方案及评价

1. 结合案例分析关联方交易审计风险及产生原因。审计准则将风险要素划分为重大错报风险和检查风险，审计风险水平＝可接受的检查风险水平×重大错报风险。重大错报风险是指财务报表在审计前存在重大错报的可能性，具体可分为财务报表层次重大错报风险和认定层次重大错报风险。财务报表层次的重大错报风险主要从行业与企业的整体层面进行认定；认定层次重大错报风险包括固有风险和控制风险。关联方交易审计的固有风险产生的原因主要如下：

（1）关联交易双方地位的不对等。在关联方交易的过程中，关联方交易双方的地位是不对等的，一方或者另一方可以对另一方实施控制或者重大影响。关联方之间，因为缺乏公正的竞争环境，客观上就存在着滥用以及不公平、不公正的风险。而作为嘉寓股份的关联方东方嘉禾，本身被嘉寓股份实际控制，且在交易的过程中完全处于被动。

（2）监管不到位。政府监管存在漏洞。企业根据相关法律制度等进行关联交易的披露，因此政府监管部门的执行力度会对信息披露的有效性产生直接影响。在我国，对上市公司关联交易的监管主要由财政部、证监会及证券交易所进行。财政部制定会计准则，其领导的注册会计师协会拟定相关审计准则；证监会制定信息披露规则，证券交易所制定股票上市规则。但由于我国证券市场交易的监管并不完善，没有一个统一的权威监管机构，且政府部门受到监管成本等因素的制约，人力和物力资源不足，对不公允关联交易的检查与处罚力度不够，因而无法起到震慑作用。正如嘉寓股份审计失败一案，仅仅靠对财报的理解根本不足以了解具体的关联方交易，而注册会计师仅凭现有的审计流程规范根本不足以去彻底地查实并了解嘉寓股份与东方嘉禾未披露的关联方交易。

（3）惩罚的力度弱。根据相关数据统计，证监会对信息披露违规中进行处罚的只是占了10%左右，并且证监会没有对违反披露规定的公司管理当局进行任何的刑事惩罚，如果造假的收益会大大高于成本，必然增加固有风险。关联方交易审计的控制风险产生的原因主要有公司的股权结构不合理、独立董事未发生应有的作用。另外内部控制流于形式，发挥不了其应有的作用来有效地遏制非公允的关联交易的发生，起不到监督与制约的作用，从而造成企业集团董事以及控股股东的关联方交易的相关内部控制系统变得十分脆弱，关联方交易审计的控制风险相应加大。

2. 注册会计师针对关联方交易重大错报风险如何采取应对措施？

（1）如果识别出可能表明存在管理层以前未识别出或未向注册会计师披露的关联方关系或交易的安排或信息，注册会计师应当确定相关情况是否能够证实关联方关系或关联方交易的存在。

（2）如果识别出管理层以前未识别出或未向注册会计师披露的关联方关系或重大关联方交易，注册会计师应当：①立即将相关信息向项目组其他成员通报。②在适用的财务报告编制基础对关联方做出规定的情况下，要求管理层识别与新识别出的关联方之间发生的所有交易，以便注册会计师作出进一步评价，并询问与关联方关系及其交易相关的控制为何未能识别或未披露该关联方关系或交易。③对新识别出的关联方或重大关联方交易实施恰当的实质性程序。注册会计师可能实施的实质性程序的例子包括：询问被审计单位与新识别出的关联方之间关系的性质，包括向对被审计单位及其业务非常了解的外部人士询问（如适用，并且法律法规或注册会计师职业道德守则未予禁止）；分析与新识别出的关联方进行交易的会计记录，可以采用计算机辅助审计技术进行分析；核实新识别出的关联方交易的条款和条件，评价是否已经按照适用的财务报告编制基础的规定对关联方交易进行恰当会计处理和披露。④重新考虑可能存在管理层以前未识别出或未向注册会计师披露的其他关联方或重大关联方交易的风险，如有必要，实施追加的审计程序。⑤如果管理层不披露关联方关系或交易看似是有意的，因而显示可能存在由于舞弊导致的重大错报风险，评价这一情况对审计的影响。注册会计师因此还可能考虑是否有必要重新评价管理层对询问的答复以及管理层声明的可靠性。

（3）识别出超出正常经营过程的重大关联方交易。对于识别出的超出正常经营过程的重大关联方交易，注册会计师应当：

①如果检查相关合同或协议，注册会计师应当评价：交易的商业理由（或缺乏商业理由）是否表明被审计单位从事交易的目的可能是为了对财务信息作出虚假报告或为了隐瞒侵占资产的行为；交易条款是否与管理层的解释一致；关联方交易是否已按照适用的财务报告编制基础得到恰当会计处理和披露。

②获取交易已经恰当授权和批准的审计证据。

（4）管理层在财务报表中做出认定。

①如果管理层在财务报表中做出认定，声明关联方交易是按照等同于公平交易中通行的条款执行的，注册会计师应当就该项认定获取充分、适当的审计证据。

②管理层用于支持这项认定的措施可能包括：将关联方交易条款与相同或类似的非关联方交易的条款进行比较；聘请外部专家确定交易的市场价格，并确认交易的条款和条件；将关联方交易条款与公开市场进行的类似交易的条款进行比较。

③注册会计师评价管理层如何支持这项认定，可能涉及下列一个或多个方

面：考虑管理层用于支持其认定的程序是否恰当；验证支持管理层认定的内部或外部数据来源，对这些数据进行测试，以判断其准确性、完整性和相关性；评价管理层认定所依据的重大假设的合理性。

如果无法获取充分、适当的审计证据，合理确信管理层对于关联方交易是公平交易的披露，注册会计师可以要求管理层撤销此披露。如果管理层不同意撤销，注册会计师应当考虑其对审计报告的影响。有些财务报告编制基础要求披露未按照等同于公平交易中通行的条款执行的关联方交易。

3. 结合案例，分析注册会计师未能识别关联方交易舞弊的原因。

（1）从上市公司角度——刻意隐瞒关联方交易与关联方交易的隐蔽性。对于存在关联关系的会计主体，需要在年报中予以公布，针对发生过的关联业务，需将交易的类型、性质、要素进行披露。实施中，很多上市公司对于关联企业的关系、主营业务等公布较为全面；对于采用该种定价的原因、该交易对公司的影响及其重要性等资料并没有完全公开；对于交易要素间的联系、交易中采用的价格等通常都不公布；对于交易披露的对象、内容、方法的选择上缺乏原则性。而嘉寓股份在每年的年报上披露的关于关联方交易的事项也是少之又少，加上关联方交易特殊的隐蔽性，导致其关联方交易的过程被隐瞒了下来。而注册会计师在审计的过程中，审计人员只使用常规的审计程序和审计方法就很难发现被审计单位存在关联方交易舞弊的行为，这就导致嘉寓股份的舞弊可以长期的逍遥法外。这也从侧面反映了审计人员执行程序有问题，且胜任能力不足。

（2）从会计师事务所——未执行充分的实质性程序，胜任能力不足。通过对案例正文的了解，我们知道作为审计的中准会计师事务所对嘉寓股份开出了连续三年的标准无保留意见审计报告，而在证监会对嘉寓股份立案调查之后，中准仍为嘉寓股份出具了审核报告，这就非常让人怀疑了。而在证监会的报告中显示，嘉寓股份2007～2010年之间关联方交易之频繁，数量之巨大，皆没有被中准会计师事务所察觉，而事后中准会计师事务所也没有被处罚，这就不禁让人想象审计人员是否按照严格的审计程序操作，所得到的审计结果是否公允。而连续几年的标准无保留意见审计报告也让人猜测事务所的职业判断是否还能够保持独立。

4. 关联方交易审计有哪些特点？

（1）风险存在的客观性。无论是自然界的物质运动，还是社会发展的规律，都是由事物内部因素决定的，它们是独立于人的意识之外的客观存在。人们也只能在有限的空间和时间内改变风险存在和发生的条件，降低其发生的频率和减少损失的程度，而不能、也不可能完全消灭风险。

（2）风险存在的普遍性。人类为了生存和发展，不得不和各种各样的风险作斗争。斗争的结果是某些风险得到控制和抑制，但同时又会产生新的风险。随着科学技术的发展，社会的进步，风险不是减少了，而是增加了，风险事故造成的损失也是越来越大。可以说，风险渗入到社会、个人生活的方方面面，真是无时不在、无处不有。

（3）某一具体风险发生的偶然性。风险虽然客观存在，但某一具体风险的发生时间和程序是随机而无法预测的，这就是偶然性。而且风险结果的发生往往突如其来，令人们不知所措，结果加剧了破坏性。具体说，风险的产生还具有时间上的突发性和后果上的灾难性两个特征。

（4）大量风险发生的必然性。个别风险的发生是偶然的，但对大量风险的观察却呈现出明显的规律性。大量风险发生的必然性和规律性，使人们利用概率论和数理统计方法计算风险的特征值成为可能。

（5）风险的多变性。风险受到各种因素的影响，其性质和破坏程度等呈现动态变化的特征，比如企业面临的市场风险就是一种处在不断变化过程之中的风险。当市场容量、消费者偏好、竞争结构、资金技术等环境要素发生变化时，风险的性质和程度也随之改变。风险是一定发生概率下以潜在危机形式存在的可能性，而不是已经存在的客观结果或既定事实。

5. 如何进行关联方交易审计的风险评估？

（1）项目组内部的讨论。项目组内部讨论的内容可包括（5个方面）：①关联方关系及其交易的性质和范围；②强调在整个审计过程中对关联方关系及其交易导致的潜在重大错报风险保持职业怀疑的重要性；③可能显示管理层以前未识别或未向注册会计师披露的关联方关系或关联方交易的情形或状况；④可能显示存在关联方关系或关联方交易的记录或文件；⑤管理层和治理层对关联方关系及其交易进行识别、恰当会计处理和披露的重视程度，以及管理层凌驾于相关控制之上的风险。

（2）询问管理层。询问管理层关联方关系及其交易的事项包括（3个方面）：①关联方的名称和特征，包括关联方自上期以来发生的变化；②被审计单位和关联方之间关系的性质；③被审计单位在本期是否与关联方发生交易，如发生还需明确交易的类型、定价政策和目的。

（3）了解与关联方关系及其交易相关的控制

①了解与关联方关系及其交易相关的控制的内容包括（3个方面）：第一，按照适用的财务报告编制基础，对关联方关系及其交易进行识别、会计处理和披露；第二，授权和批准重大关联方交易和安排；第三，授权和批准超出正常经营过程的重大交易和安排。

②可能知悉关联方关系及其交易以及相关控制的其他人员（5个方面）：第一，治理层成员；第二，负责生成、处理或记录超出正常经营过程的重大交易的人员，以及对其进行监督或监控的人员；第三，内部审计人员；第四，内部法律顾问；第五，负责道德事务的人员。

③可能表明不存在相关控制或控制存在缺陷的情形（5个方面）：第一，管理层对识别和披露关联方关系及其交易的重视程度较低；第二，缺乏治理层的适当监督；第三，由于披露关联方可能会泄露管理层认为敏感的某些信息（如关联方交易涉及管理层家庭成员），管理层有意忽视相关控制；第四，管理层未能充分了解适用的财务报告编制基础中对关联方的有关规定；第五，适用的财务报告

编制基础中没有对关联方披露做出规定。

6. 注册会计师在 IPO 审计中如何识别关联方关系？核查范围应更具全面性：一是以治理层和管理层提供的所有已知关联方为出发点进行核查，此种方式亦可被称之为"顺查"，即以《企业会计准则第 36 号——关联方披露》对于关联方的定义为基础，通过扩大核查范围的方式实现对关联方关系的识别和判断。注册会计师需要对法人、自然人及其投资的企业是否与发行人的客户、供应商存在关联关系或关联交易进行分析，特别应关注其是否存在人员兼职、相互投资、共同投资及其他利益关联，进而判断是否存在未披露的关联方及关联关系。从已知关联方为出发点进行核查，是甄别未披露关联方的基础方法，其所获取的关联方名单及相互关系对整体核查工作具有重要意义；二是以重要客户及供应商为出发点的核查，在对重要客户及供应商进行核查的过程中，应当着重强调重要性原则和风险导向原则，核查样本可参考交易金额及交易所占比例，进而选择符合重要性水平的客户及供应商。在获取重要客户及供应商的背景信息时，如股东情况、关键管理人员、业务规模和办公地址等信息，应通过对重要客户及供应商函证、电话或邮件、实地走访、资料核实、获取第三方证明材料等其他外部证据、询问直接参与交易的基层员工等方式，进一步判断其是否存在未披露关联方的可能。三是以重大或异常交易为出发点的核查，此类核查对象是针对注册会计师在审计过程中发现的、未包含于上述范围内且具有重大或异常特征的交易或事项的主体。注册会计师可通过职业判断并结合项目实际情况将其纳入核查范围，以识别其是否存在未披露的关联方关系。

四、教学组织方式

（一）问题清单、提问顺序及资料发放顺序

本案例讨论题目顺序如下。
1. 何谓关联方交易？关联方交易有何特点？
2. 嘉寓股份的关联方交易有哪些？
3. 何为关联方交易审计？关联方交易审计有什么特点？
4. 什么是审计风险？嘉寓股份存在哪些重大错报风险？
5. 关联方交易审计风险形成的原因有哪些？
6. 什么是风险评估？风险评估的内容和程序有哪些？
7. 审计人员应如何发现与识别关联方交易舞弊风险？
8. 未来应如何防范关联方交易舞弊？
本案例的参考资料及索引，在讲授有关知识点后一次性发放给学生。

（二）课时分配

1. 课后自行阅读材料：约 2 小时；

2. 小组讨论并提交分析报告提纲：约 3 小时；

3. 课堂小组代表发言并进一步讨论：约 4 小时；

4. 课堂讨论总结：约 0.5 小时。

（三）讨论方式

本案例可采用：小组式案例讨论；正方反方分组式讨论；角色扮演式讨论。

（四）课堂讨论总结

归纳发言者的主要观点；重申其讨论问题的重点和亮点；提醒大家对问题的焦点、有争议问题进行进一步思考；建议学生对案例素材进行扩展研究和深入分析。

案例专题六 完成审计工作与审计意见问题

案例 16

利安达会计师事务所审计能否在
九好集团重组失败中独善其身

刘　静　徐媛美

2017 年 3 月 10 日，证监会表示九好网络科技集团有限公司与鞍山重型矿山机器股份有限公司联手进行"忽悠式重组"，信息披露存在虚假记载和重大遗漏，拟对九好集团及鞍重股份主要负责人进行处罚。3 月 11 日，鞍重股份发布公告称，收到证监会关于杜晓芳、张勇等相关当事人的《行政处罚事先告知书》以及关于九好集团以及相关当事人的《行政处罚及市场禁入事先告知书》，成为2017 年重组被调查的第一家公司。

九好集团为了达到重组的目的采取以下措施弥补资金缺口：虚增收入、虚构银行存款并且形成借款体外循环资金，虚构了 37.1 亿元资产。但是在这过程中作为审计机构的利安达会计师事务所出具的《浙江九好办公服务集团有限公司2013—2015 年审计报告》却是无保留审计意见，九好集团进行"忽悠式重组"，造假舞弊，作为会计信息监督鉴证的利安达会计师事务所审计也是难逃其责。并购重组已然成为当前社会经济发展的一种重要形式，同时也伴随着很大的风险。审计机构如何识别鉴证并购重组企业财务信息的真实性和可靠性，评估其风险，为资本市场健康发展保驾护航值得思考和探讨。

一、背景简介

1. 并购重组风险莫测。重组并购是通过控制权转让、资产重组、合并、股份回购等方式来影响上市公司的股权控制结构、资产负债结构以及主营业务和利润的构成的运营活动。并购重组作为企业发展对外战略，是企业顺应市场经济发展规律整合企业社会资源的产物，对于企业发展起着重大的积极作用，但是也伴随着风险。企业并购重组可以利用上市的平台进行资源的整合，从而获得稀缺的资源、核心的技术、品牌的知名度甚至海外市场，并且朝着多元化方向发展；同时也有不确定性，资产实际业绩远达不到承诺或预期、并购动机不明确而产生的风险。2005 年 8 月 11 日，阿里巴巴并购了雅虎，为互联网企业提供新的发展方式；2011 年 8 月 16 日，谷歌收购全球老牌手机生产厂商摩托罗拉，取得技术专利，从而形成行业专利优势；2013 年 7 月 31 日，中信证券正式完成收购里昂证券，获得了国外的金融管理的先进经验、国外的客户渠道；2014 年 10 月，鸿利智汇以现金 1.7 亿元高价收购斯迈得 100% 股权，商誉减值计提致业绩预降四成；2014 年 12 月 15 日，由于油价下降导致未来盈利具有不确定性，金叶珠宝决定终止前期对美国油田开发公司的定增收购方案；2015 年 11 月 11 日，善为影业完成了发行股份并购千朗文化，大幅提升利润率，实现扭亏；2016 年 2 月，双成药业宣布终止收购奥鹏投资，最后导致双成药业内忧外困巨亏近 4 亿元；2016 年 10 月 21 日，科特新材重组沃科科技，不仅扭转亏损的财务业绩，也为公司注入新的产品线，打开了新的盈利增长点。

2. 重组失败牵涉审计。市场发展到现阶段，在利益最大化目标的驱动下，并购重组已经在公司战略中发挥着越来越重要的作用。在并购重组中，因财务舞弊而导致并购重组频频失败，并购重组双方和审计机构受到处罚不仅影响企业正常发展，还严重地影响了市场经济的健康发展，从而引起了社会的广泛关注。在 2015 年 11 月证监会向大智慧下发《行政处罚及市场禁入事先告知书》，同时处罚审计机构——立信会计师事务所在审计服务中存在违法行为，没收该项业务收入 70 万元，以及处以 210 万元罚款；2016 年 4 月 22 日证监会对康华农业、步森股份进行行政处罚，康华农业、步森股份在重大资产重组过程中，立信会计师事务所出具的审计报告存在虚假记载，证监会决定没收立信所业务收入 45 万元，并处以 45 万元罚款，包括上市公司步森股份、财务顾问爱建证券等均受到相应处罚；福建金森对收购连城兰花向证监会报送的《重大资产重组报告书（草案）》中存在虚假记载导致公司于 2016 年 6 月 6 日收到证监会下发的《行政处罚事先告知书》，利安达会计师事务所因而在 2012 年至 2014 年 9 月审计报告的签字导致其收到《中国证监会行政处罚决定书》。可见在并购重组中因为舞弊行为令并购重组失败的情况频频发生，令人担忧。作为审计机构在并购重组活动中需要重视风险控制，严把监督关，维护审计行业信誉，遏制虚假和"忽悠式并购重组"。

二、利安达会计师事务所简介

1. 相关资质。利安达会计师事务所（以下简称"利安达"）目前具有财政部和中国证监会批准的执行证券与期货相关业务审计资格、财政部和中国证监会批准的执行证券与期货相关业务评估资格、财政部和中国人民银行批准的从事金融审计相关业务资格、中国注册会计师协会和国务院国资委核准的承担大型及特大型国有企业审计资格、北京市司法局批准的司法鉴定资格及在美国 PCAOB 和加拿大 CPAB 注册，具有为在美国和加拿大等北美国家证券市场上市的公司提供专业服务的资格。2016 年，在《国际会计公报》国际会计网络中排名第 25 位。

2. 屡遭处罚。利安达近几年数次受罚。利安达 2012 年因在上市公司北亚实业审计业务中出现过违法违规行为而受罚；2014 年 2 月，在天丰节能公司进行 IPO 审计时未能尽其职责查出被审计单位虚构客户、虚增收入的行为，也没有控制对应收账款函证过程；2015 年 11 月，利安达在华锐风电公司年度报告审计项目中，未能发现执行收入循环审计程序存在的缺陷而被处罚；2016 年 2 月 5 日利安达会计师事务所在对上市公司赛迪传媒审计 2012 年度财务报表时未能勤勉负责，被证监会处罚；并且在 2016 年 3 月，证监会公布《关于暂停利安达会计师事务所（特殊普通合伙）承接新的证券业务并责令期限整改的公告》（财政部证监会公告 2016 年第 32 号）。自 2016 年 10 月 1 日起恢复承接新的证券业务。利安达在企业官网中的《关于利安达会计师事务所恢复承接新的证券业务的说明》中提道：利安达将以此为整改契机，持续不断地全面加强质量控制和总分所一体化管理，秉承"质量优先、勤勉尽责"的执业宗旨，在困难和逆境中不断提升全员执业质量水平，强化风险管控意识和能力，以更好地专业素质为客户提供更优质、高效的专业服务。

然而，在此次 2017 年 3 月，九好集团又被证监会查出为达到上市目的虚构财务信息，除了利安达的其他中介机构和重组双方都相继进行了处罚，那么作为负责此次审计工作的利安达能否独善其身？

三、重组双方简介

1. 追求"上市"的九好集团。2007 年，九好网络科技集团有限公司（以下简称"九好集团"）的成立首次出现"办公托管"这种经营模式，即根据客户的要求、依据企业的实际情况制定行政解决方案，九好集团在行业内率先实现了"后勤 + 互联网"的改革，实现与客户、供应商之间的多方共赢，是现代服务业的领军企业。中国九好集团已经在中国大部分地区完成了全国战略布局，设立了除杭州母公司以外的二十一家后勤服务子公司及为后勤服务提供金融支持的商业保理公司、金融服务公司。2013～2015 年的业绩在国内后勤行业外包业务中持续位居第一。2017 年，公司更名为九好网络科技集团有限公司。九好集团想借助于鞍重股份达到上市的目的。

2. 每况愈下的鞍重股份。鞍山重型矿山机器股份（以下简称"鞍重股份"）成立于 1994 年是中国最大的振动筛生产基地，振动筛行业龙头企业，在煤炭、冶金矿山、筑路等领域中占有明显的优势地位。其 2013～2015 年财务状况如表 6 – 1 所示。

表 6 - 1		鞍重股份 2013～2015 年财务状况		单位：亿元
项　　目	2015 年	2014 年	2013 年
资产总额	8.51	8.84	8.86
负债总额	0.903	1.25	1.69
营业收入	1.62	2.34	2.38
营业成本	0.913	1.22	1.16
营业利润	－ 0.0643	0.476	0.595
利润总额	0.562	0.548	0.687
归属母公司所有者净利润	0.623	0.468	0.586

资料来源：东方财富网（http：//www.eastmoney.com/）。

从表 6 - 1 中可以看出，鞍重股份的业绩自 2012 年上市之后持续下滑。2015 年鞍重股份财务报表显示，公司全年营业收入 1.62 亿元，较上年同期下降 31.07%，实现归属上市公司股东的净利润 623 万元，较上年同期下降 86.70%。想必业绩逐年不佳的鞍重股份选择接受重组以期待能扭转不尽如人意的局面。

四、昙花一现的重组梦

九好集团虚增收入、虚构银行存款并且形成借款体外循环资金，虚构了 37.1 亿元资产弥补资金缺口以达到重组目的。2017 年 3 月 11 日，九好集团收到证监会关于关于九好集团以及相关当事人的《行政处罚及市场禁入事先告知书》。

1. 虚增收入。在中国证券监督管理委员会《行政处罚决定书》的公告中表示，九好集团虚增的服务费收入是分别通过与供应商核实确认的虚增服务费收入金额、与客户核实确认的虚增服务费收入金额、经过浙江九好集团员工核实并且通过资金循环证据印证的虚增服务费收入金额，2013～2015 年涉嫌通过虚构业务、改变业务性质等多种方式虚增服务费收入共计 2.65 亿元，其中 2013 年虚增服务费收入 1 726.9 万元，2014 年虚增服务费收入 8 755.66 万元，2015 年虚增服务费收入 1.6 亿元。

表 6 - 2	九好集团近年虚增服务费收入情况		单位：元
年　　份	2013	2014	2015
与供应商核实确认的虚增服务费收入金额	10 354 349.06	55 694 997.98	125 474 931.6
与客户核实确认的虚增服务费收入金额	4 570 747.05	26 151 552.62	20 269 353.52
与九好集团员工核实并通过资金循环证据印证的虚增服务费收入金额	2 344 000	5 710 096.31	14 327 641
总计	17 269 096.11	87 556 646.91	160 071 925.68

资料来源：中国证券监督管理委员会《行政处罚决定书》的公告。

同时还虚增贸易收入 57.5 万元。杭州融康信息技术有限公司与九好集团之间存在资金循环。经向融康信息公司核实，双方的业务模式是融康信息向九好集团采购货物，2015 年融康信息向九好集团采购的货物未收货，支付的货款已退回。九好集团在财务处理上仍然确认融康信息 57.5 万元的销售收入及应收账款收回，虚增 2015 年销售收入 57.5 万元。

2. 虚构银行存款并且形成借款体外循环资金。九好集团虚构 3 亿元银行存款行为，在账面虚构 1.7 亿元其他应收款收回，虚构银行存款转入 4 700 万元，同时转出 1 亿元资金不入账，这样账面形成虚假资金 3.17 亿元。

九好集团还在上海银行账户虚构郭丛军 2015 年 3 月 26 日退回购房款 1 170 万元，虚假账面资金扩大至 329 402 412.00 元。2015 年 3 月 31 日，杭州好融实业有限公司（以下简称好融实业）向九好集团上海银行账户转入资金 1.6 亿元。九好集团在账面虚假记载收到上海九好等单位其他应收款 138 009 025.38 元；经过三次红字冲销后，虚假记载收到上海九好等单位其他应收款 130 597 588.00 元，少计收回 29 402 412.00 元。至此，九好集团在账面仍然存在 3 亿元虚假资金。具体情况如图 6 - 1 所示。

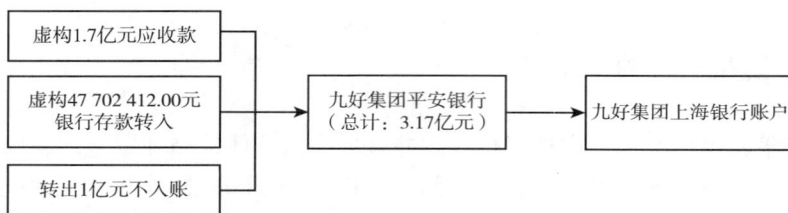

图 6 - 1　九好集团虚构 3 亿元银行存款示意图

九好集团为掩饰上述虚构的 3 亿元银行存款，不仅借款 3 亿元，还进行存单质押。其借款和质押行为未对外披露。九好集团从 2015 年 3 月开始通过外部借款购买理财产品或定期存单，于借款当日或次日通过将理财产品或定期存单为借款方关联公司质押担保，并通过承兑汇票贴现的方式将资金归还借款方，从而在账面形成并持续维持 3 亿元银行存款的假象。

3. 九好集团重组失败案时间点。从 2015 年 11 月 13 日到 2016 年 5 月 27 日仅仅半年的时间，九好集团期待的重大资产重组最终以收到《行政处罚及市场禁入事先告知书》落幕。九好集团与鞍重股份重组的案件的时间点见表 6 - 3。

表 6 - 3　　　　　　　　　　　九好集团重组失败案时间点

时　　间	事　　件
2015 年初	九好集团董事长郭丛军在公司 2014 年的工作报告中明确提出："2015 年，是九好集团发展的关键年，我们将继续以千亿平台为指引，以资本运作和上市为主导，努力实现 200 亿平台规模。"

续表

时　间	事　件
2015 年 11 月 13 日	鞍重股份发布重组方案，拟以上市公司持有的 22.9 亿元货币资金之外的全部资产和负债，与郭丛军、杜晓芳等 12 名交易对方合计持有的九好集团 100% 股权中的等值部分进行置换。
2015 年 11 月 26 日	鞍重股份复牌，在此之后连续收获十个涨停板，涨幅超过 200%。
2016 年 5 月 11 日	鞍重股份报送重组申请。
2016 年 5 月 19 日	九好集团和鞍重股份的重组申请受理。
2016 年 5 月 27 日至 5 月 28	证监会发出两封《调查通知书》，因九好、鞍重股份双方在交易中涉嫌违反法律法规，证监会决定对双方进行立案调查。
2017 年 3 月 10 日	证监会新闻发言人张晓军表示，九好与鞍山股份联手进行忽悠式重组以达到借壳上市的目的，信息披露存在虚假记载和重大遗漏，拟对九好集团及鞍重股份主要负责人顶格处罚。
2017 年 3 月 11 日	鞍重股份发布公告称，收到证监会关于杜晓芳、张勇等相关当事人的《行政处罚事先告知书》以及关于九好集团与相关当事人的《行政处罚及市场禁入事先告知书》。
2017 年 3 月 14 日	鞍重股份股价一度跌至 22.01 元的新低。

九好集团是一家从事"后勤托管平台"服务的大型企业集团，期待借助这次重组可以成功上市。利益驱使下，九好集团重组目的是将自己的资产用各种手段包装成"优质资产"，然而被证监会查出九好集团及鞍重股份的信息披露存在虚假记载和重大遗漏，美梦一朝幻灭。而业绩每况愈下的鞍重股份则是希望利用这次重组能成功转型，扭转经营亏损局面的期望也随之落空。此次事件中的审计机构利安达会计师事务所是否尽其责，是否有效地评估了重组中的风险？

五、审计机构能否独善其身

国家监管部门查明，九好集团 2013～2015 年涉嫌通过虚构业务、改变业务性质等多种方式虚增服务费收入共计 2.65 亿元，虚构银行存款 3 亿元。但是由利安达会计师事务所出具的《浙江九好办公服务集团有限公司 2013—2015 年审计报告》的审计意见为：九好集团财务报告在所有重大方面按照企业会计准则的规定编制，公允反映了九好集团 2015 年 12 月 31 日、2014 年 12 月 31 日、2013 年 12 月 31 日的合并及公司财务状况以及 2015 年度、2014 年度、2013 年度的合并及公司经营成果和现金流量。很显然此次事件利安达事务所未尽其责而导致审计失败，尽管目前证监会还未对利安达进行处罚。

1. 审计风险识别与评估不到位。在中国证券监督管理委员会《行政处罚决定书》的公告中显示：在与客户的服务费收入中金额的确认，充分依据九好集团公开披露的服务费结算模式和收入确认会计政策，确定了以下认定标准：供应商在九好集团的平台销售额剔除经客户确认的虚假平台交易后，剩余销售额未达到承诺销售额50%的，九好集团确认的对该供应商的进场费和推广费收入全部不能确认收入，虚增的托管服务费金额按照虚假基础交易金额和提成比例计算；供应商在九好集团的平台销售额剔除经客户确认的虚假平台交易后，剩余销售额超过承诺销售额50%的，九好集团对该供应商的虚增服务费金额仅为按照虚假基础交易金额和提成比例计算的托管服务费。

了解被审计单位及其环境为审计人员在许多重要环节做出职业判断提供了重要基础。在鞍重股份披露的交易报告书中有提到，九好集团首创了"后勤+互联网"的平台服务模式，服务收入主要来源于进场费、推广费和托管服务费。九好集团的业务模式是一家互联网平台业务，市场上无直接对标公司、成本极低利润极高、市场前景广阔的"优质企业"。而利安达会计师事务所没有对九好集团特殊的业务环境深入了解，尤其是经营活动，如九好集团的主营业务性质——没有采购、生产、销售这种实质性的业务流程，资金划转经过九好集团及关联账户、到外部平台公司账户、再到指定个人账户等，需要多个环节才能完成一次资金循环。利安达事务所完全了解九好集团的经营活动的特点以及流程，就不会轻易地被"蒙蔽"于被审计单位的舞弊手段中。还有，九好集团是后勤企业第一家，缺少相关行业数据比较，但是利安达事务所是可以深究九好集团的规章制度，如查看企业内部控制制度，查看内部审计人员对内控制度执行有效性的评估报告；验证企业的职责分离制度，分析其收入确认会计政策等，就能发现其收入的虚假及银行存款的体外循环等，不至于让九好集团连续三年虚增如此多的服务费收入。其实，了解被审计单位及其性质是一个连续和动态的收集、更新与分析信息的过程，贯穿于整个审计过程的始终，利安达事务所根本没有充分把握九好集团及其环境，审计风险识别与评估不到位。

2. 失效的细节审计程序。经证监会结合现场检查、向九好集团账面记载的供应商与客户走访核实：有125家供应商单位或个人均通过不同方式确认与九好集团无真实业务往来或者资金往来无真实业务背景；通过对84家供应商对应的46家客户进行实地走访核实，均确认自身与九好集团业务台账所显示供应商无业务往来，或双方之间的业务与九好集团无关；经向九好集团相关员工核实，九好集团存在帮助供应商套取资金并充当掮客的灰色业务模式，此类业务模式并不在九好集团的经营范围内，但九好集团通过和供应商签订虚假业务合同来确认服务费收入，九好集团与19家供应商之间的业务均属于此类性质。经查，九好集团收到这些供应商支付的服务费款项，均通过其控制使用的个人银行账户循环退回至供应商法定代表人或其指定银行账户。九好集团2013～2015年通过虚构业务、改变业务性质等多种方式虚增服务费收入共计264 897 668.7元。而利安达在审计报告中的审计意见为经营成果公允。

实质性测试是年报审计过程中必须实施的程序，其中的细节测试是对各类交易、账户余额、列报的具体细节进行测试，目的在于直接识别财务报表认定是否存在错报。如果利安达事务所能够查公司官网或进行实地走访那么是可以获知与九好集团业务往来较为频繁的供应商和客户的真实情况。在证监会调查过程中，九好集团提供的 1200 家供应商联系方式中，错号、空号的有 263 家，查无此人或长期无人接听的有 210 家。可见利安达在审计过程中漏洞百出，对与九好集团相关的供应商和客户进行实地走访、询问根本不充分，审计工作很大程度上是失效的。

3. 重大过失的函证程序。证监会查处九好集团经审计的财务报告披露的 2015 年 1 月 31 日合并资产负债表显示 3 亿元银行存款，由九好集团通过借款、虚构应收账款和银行存款、杭州好融实业资金转入等形成。九好集团在账面虚构 1.7 亿元其他应收款收回，虚构银行存款转入 4 700 万元，同时转出 1 亿元资金不入账，这样，账面形成虚假资金 3.17 亿元。为了掩盖在资金转出、转入时形成的资金窟窿，九好集团又特意找了转贷公司与其配合进行专业化的资金管理——借款购买理财产品或定期存单，并立即为借款方关联公司做质押担保。截至 2015 年 12 月 31 日上述 3 亿元银行存单处于质押状态，但九好集团在公开披露的《审计报告》附注及《重大资产重组报告书》均未披露上述 3 亿元借款及 3 亿元定期存单质押事项。

审计师想要掌握九好集团在银行的开户注销和贷款情况，以及隐藏的九好集团对借款关联方担保行为，可以通过调取企业信用报告和已开户清单，将调取的已开户清单和九好集团账面的银行账户进行双向核对，就可以发现以公司名义开户的情况；若企业账面没有账户，就可以推断存在销户，向被审计单位取得销户证明。

如果利安达实施了有效的银行函证程序并核查银行流水，就可以获知九好集团定期存款被质押的情况。通过对 2015 年九好集团披露的财务报表分析可以发现，九好集团 2015 年末企业总资产为 9.2 亿元，货币资金为 5.3 亿元，货币资金占总资产 57.54%。根据三大报表之间的勾稽关系可知，如果虚构营业收入，既会在利润表上体现，资产负债表上的科目如货币资金、应收账款、存货甚至是在建工程也会有异常变动。由于九好集团不存在存货、在建工程科目，因此利安达应该将审计重点放在货币资金、应收账款科目上，确定了审计的重点，利安达就需要考虑通过函证程序核实事实以降低风险。

对于已质押的定期存款，检查定期存款并与相应的质押合同核对，同时关注定期存款存单对应的质押借款有无入账。对于未质押的定期存款，检查开户证实书原件，确定该笔定期存款是否为被审计单位拥有或控制。在现实金融环境下，银行流水造假难度比较大，所以通过核查银行流水可以发现九好集团通过银行流水体外循环的方式虚增存款。然而，利安达也没有通过企业信用报告找出九好集团隐藏的关联方担保行为，放任九好集团资金流出不入账，资金流入对象与记录不一致，虚构了 3 亿元存款行为。九好集团虚增 3 亿元银行存款并质押，利安达竟然未察觉，说明审计机构的函证程序并没有起到作用。

九好集团造假重组暴露出利安达事务所审计责任、审计程序和方法方面的诸多问题，使利安达事务所再一次深陷"泥潭"。尽管并购重组审计相对较为复杂、九好集团的商业模式较新，但是利安达事务所在审计时并没有持有怀疑的态度，也没有充分地了解被审计单位及其环境，更没有完全实施必要的审计程序以获取充分、适当的审计证据，从而更好地控制并购重组的审计风险。

六、讨论问题

1. 九好集团为何如此积极地进行重组？对此注册会计师如何保持职业怀疑态度？

2. 并购重组审计的内容和重点是什么？并购重组审计的特点有哪些？

3. 如何审计银行存单质押情况？

4. 怎样识别和评估并购重组中的重大错报风险？

5. 归纳并购重组审计的方法，总结并购重组审计有效控制风险的策略和措施。

案例使用说明

一、本案例要解决的关键问题

本案例旨在从九好集团重组中分析并购重组审计的特征，让我们在九好集团舞弊案例中运用委托代理理论更加具体地了解并购重组审计，学习识别和评估并购重组中的风险，进一步思考审计机构如何能更有效地进行风险控制，也进一步加强学生的职业道德价值观，并根据案例思考证监会如何进行有效的监管。

二、案例讨论的准备工作

（一）理论背景

并购重组；并购重组审计的特征；审计风险及风险控制；委托代理理论。

（二）行业背景

并购重组作为企业发展对外战略，是企业顺应市场经济发展规律，整合企业社会资源的产物，对于企业发展起着重要的积极作用。企业并购重组交易是经济交易中风险最高的经济活动之一，并购企业虽然可通过并购重组为提高在市场中企业自身的竞争力，但是并购过程中同时也存在着不可估量的风险。在并购重组中，因财务舞弊而导致并购重组频频失败，严重地影响了市场经济的健康发展，从而引起了社会的广泛关注。审计机构未勤勉尽责有效控制风险的案例频频发生。随着企业重大财务造假丑闻与审计失败案例的出现，人们开始重视审计风险及其控制的研究，尤其是将研究的重点转向了并购重组审计等专项审计活动。基于并购交易越来越频繁及审计工作越来越重要的背景，针对识别的并购重组审计风险提出了相应的应对措施。

（三）制度背景

并购重组审计风险大多数来源于审计机构、审计人员不能勤勉尽责。在《上市公司收购管理办法》第五十八条和《上市公司收购管理办法》第八十一条中都有规定：为上市公司收购、重大资产重组出具资产评估报告、审计报告、法律意见书和财务顾问报告的证券服务机构或者证券公司及其专业人员，未依法履行职责的，中国证监会责令改正，采取监管谈话、出具警示函等监管措施。情节严重的，依照《证券法》第二百二十六条予以处罚。

《中国注册会计师审计准则第 1211 号——了解被审计单位及其环境并评估重大错报风险》规定注册会计师应当通过观察和检查、分析程序以及询问内部人员了解被审计单位及其环境，以充分识别和评估财务报表重大错报风险，设计和实施进一步审计程序。

三、案例分析要点

（一）需要学生识别的关键问题

本案例中需要学生主要关注的问题是：审计风险，并购重组审计，并购重组审计特征及审计机构对并购重组审计风险的控制。

1. 审计风险。审计风险是指会计报表存在重大错误或漏报，而注册会计师审计后发表不恰当审计意见的可能性。审计风险 = 重大错报风险 × 检查风险。

其中检查风险指的是注册会计师通过预定的审计程序未能发现被审计单位会计报表上存在的某项重大错报或漏报的可能性。检查风险是审计风险要素中唯一可以通过注册会计师进行控制和管理的风险要素。其特点是：它独立地存在于整个审计过程中；检查风险与注册会计师工作直接相关。审计程序的有效性与注册会计师的工作有关，它直接影响最终的审计风险。在实践中注册会计师就是通过收集充分的证据来降低检查风险，从而把总审计风险保持在可接受的水平上。检查风险水平和重要性水平决定了审计人员需要实施的实质性测试的性质、时间和范围以及所需收集证据的数量。

2. 识别和评估重大错报风险的程序。

（1）在了解被审计单位及其环境的整个过程中识别风险，并考虑各类交易、账户余额和列报。注册会计师应当运用各项风险评估程序，在了解被审计单位及其环境的整个过程中识别风险，并将识别的风险与各类交易、账户余额和列报相联系。

（2）将识别出的风险与认定层次可能发生错报的领域相联系。

（3）考虑识别的风险是否重大。风险是否重大是指风险造成后果的严重程度。如销售困难使产品的市场价格下降，除考虑产品市场价格下降因素外，注册会计师还应当考虑产品市场价格下降的幅度、该产品在被审计单位产品中的比重等，以确定识别的风险对财务报表的影响是否重大。

（4）考虑识别的风险导致财务报表发生重大错报的可能性。注册会计师还需要考虑上述识别的风险是否会导致财务报表发生重大错报。例如，考虑存货的账面余额是否重大，是否已适当计提存货跌价准备等。在某些情况下，尽管识别的风险重大，但仍不至于导致财务报表发生重大错报。

3. 并购重组审计常用程序。审计程序是指为完成审计工作所需详细步骤的审计程序，在审计底稿中证据的位置，是基于经济监督的需要而产生的。审计程序对审计人员而言，就好像地图对旅行者，没有审计程序，审计人员可能查核方向错误或没有使用最快最好的查核方法，以致浪费时间和成本。

（1）观察是指注册会计师查看相关人员正在从事的活动或执行的程序。例如，对客户执行的存货盘点或控制活动进行观察。观察提供的审计证据仅限于观察发生的时点，并且在相关人员已知被观察时，相关人员从事活动或执行程序可能与日常的做法不同，从而会影响注册会计师对真实情况的了解。因此，注册会计师有必要获取其他类型的佐证证据。

（2）询问是指注册会计师以书面或口头方式，向被审计单位内部或外部的知情人员获取财务信息和非财务信息，并对答复进行评价的过程。询问本身不足以发现认定层次存在的重大错报，也不足以测试内部控制运行的有效性，注册会计师还应当实施其他审计程序以获取充分、适当的审计证据。

（3）函证是指注册会计师为了获取影响财务报表或相关披露认定的项目的信息，通过直接来自第三方的对有关信息和现存状况的声明，获取和评价审计证据的过程。例如对应收账款余额或银行存款的函证。通过函证获取的证据可靠性较高，因此，函证是受到高度重视并经常被使用的一种重要程序。

（4）重新计算是指注册会计师以人工方式或使用计算机辅助审计技术，对记录或文件中数据计算的准确性进行核对。重新计算通常包括计算销售发票和存货的总金额，加总日记账和明细账，检查折旧费用和预付费用的计算，检查应纳税额的计算等。

（二）解决问题的可供选择方案及其评价

1. 九好集团为何如此积极地进行重组？对此如何进行审计风险评估？九好集团欲借重大资产重组达到"借壳"上市的目的。审计风险评估是要求注册会计师识别和评估重大错报风险、设计和实施进一步审计程序以应对评估的错报风险、根据审计结果出具恰当的审计报告。首先，利安达需要对九好集团及其环境掌握了解，尤其是因为九好集团经营方式比较特殊，在了解企业时尤其注重审计单位的性质，性质中要关注主营业务的性质还有其供应商和客户。其次，因为九好集团审计的目的是为了和鞍重股份进行重大事项重组，所以对被审计单位的目标和相关经营风险尤为关注。目标是企业经营的指针，风险可能是对被审计单位实现目标的能力产生不利影响的重要状况、事项、情况、作为所导致的风险，或由于制定不恰当的目标而导致的风险。

2. 如何审计银行存单质押情况？质押就是债务人或第三人将其动产或者权力移交债权人占有，将该动产作为债权的担保，当债务人不履行债务时，债权人有权依法就该动产出售收入优先受偿。存单质押贷款是指借款人以贷款银行签发的未到期的个人本外币定期储蓄存单（也有银行办理与本行签订有保证承诺协议的其他金融机构开具的存单抵押贷款）作为质押，从贷款银行取得一定金额贷款，并按期归还贷款本息的一种信用业务。

实施有效的银行函证程序并核查银行流水，就可以获知定期存款被质押的情况。对已质押的定期存款，检查定期存款并与相应的质押合同核对，同时关注定期存款存单对应的质押借款有无入账。对于未质押的定期存款，检查开户证实书原件，确定该笔定期存款是否为被审计单位拥有或控制。目前的金融环境下，银行流水造假难度比较大，所以通过核查银行流水可以发现九好集团通过银行流水体外循环的方式虚增存款。同时在本案例中利安达可以通过企业信用报告找出九好集团隐藏的关联方担保行为。

3. 根据本案例分析并购重组审计有什么特征。

（1）审计范围广泛。在审计机构对并购重组审计时除了对并购重组活动的合法性和合规性进行审计，还要对并购重组双方的资产状况、盈利能力以及并购重组方案等进行审计。因此，并购重组审计的内容、审计对象、审计人员需要了解的材料证据都要比一般的审计还要复杂、审计范围更广泛。例如在利安达审计九好集团三年财务信息时，对收入的审计不仅要审计与供应商之间的交易内容，还要对需方与供应商之间的交易进行审计，为明确审计并购重组方的真实资产、经营情况需要将审计范围扩大，将关联方情况完全掌握。不能只是形式上简单的审计表面的交易情况。审计人员要着重对重组并购方近几年的经营状况、未来资产价值、公司的财务状况经营成果进行审计，以便决策层作出正确判断。同时作为审计机构，在跟进并购重组活动时不仅要做前期的审计工作，还要追踪并购重组方案是否顺利进行；在活动后期查看方案实施的效果。

（2）审计关系复杂。并购重组审计相比一般的审计，其中的利益关系更加复杂，不仅仅是审计人员、经营者和管理层三者之间的关系，还涉及并购重组双方中的股东以及社会公众。相关利益影响着并购重组双方，为了自身利益的最大化，威胁审计机构的独立性。从博弈论的角度来说，在审计人员、并购重组双方三个关系都会两两形成某种意义上的利益博弈。其博弈两方之间利益分配是在活动中审计的目标。以防利益增加和可能影响另一方或两方的利益减少。因为三方的并购重组审计的动机不同，为了实现自身利益最大化，审计人员在审计工作中其独立性必然会受到影响。并购重组审计的审计关系具有其自身的特殊性，相比一般审计更为复杂。

（3）审计目标特殊。由于审计关系复杂从而利益关系也比较复杂，导致审计目标相比一般的审计具有特殊性。并购重组活动本身是高风险、高报酬的活动，所以对于审计机构来说降低风险是最占主导的目标。在并购重组活动中并购重组方聘请审计机构也是为了能够在活动中尽可能降低成本的同时让并购重组顺利进行，并购重组活动的成功也同样是审计机构的目标。所以审计机构和并购重组方在某种程度上目标也是一致的。但是对于成功的定义，对于并购重组方定义活动的成功是，并购重组活动能顺利完成同时在完成后能得到一定的利益，让企业的价值有所提升。所以审计机构的目标不仅仅是让活动顺利完成，也要在审计中关注在并购重组中企业的长远发展、利益流入，给管理层判断并购重组活动后企业的价值提供相关建议。

4. 如何识别和评估并购重组中的重大错报风险？

（1）充分了解被审计单位及其环境以评估重大错报风险。审计机构应当从被审计单位的相关行业状况、法律环境和监管环境及其他外部因素；被审计单位的性质；被审计单位对会计政策的选择和运用；被审计单位的目标、战略以及可能导致重大错报风险的相关经营风险；对被审计单位财务业绩的衡量和评价；对被审计单位的内部控制进行了解。审计机构对上述内容实施的风险评估程序的性质、时间安排和范围取决于审计业务的具体情况，如被审计单位的规模和复杂程度，以及审计人员的相关审计经验，包括以前对被审计单位提供审计和相关服务的经验以及对类似行业、类似企业的审计经验。此外，识别被审计单位及其环境在上述各方面与以前期间相比发生的重大变化，对于充分了解被审计单位及其环境、识别和评估重大错报风险尤为重要。

（2）识别和评价财务报表层次以及各类交易。在财务报表重大错报风险的评估过程中，审计人员应当识别的重大错报风险是与特定的某类交易、账户余额和披露的认定相关，还是与财务报表整体广泛相关，进而影响多项认定。如果是后者，则属于财务报表层次的重大错报风险。

注册会计师应当针对评估的财务报表层次重大错报风险确定下列总体应对策略：第一，向项目组强调保持职业怀疑的必要性；第二，指派更有经验或者具有特殊技能的审计人员，或利用专家的工作；第三，提供更多监督；第四，在选择拟实施的进一步审计程序时融入更多的不可预见因素；第五，对拟实施审计程序的性质、时间安排或范围做出总体修改。

（3）关注难以审查的账户或交易。首先，非常规交易、关联方交易以及由这些交易形成的账户存在舞弊的可能性较大，管理当局可能利用这些交易实现调节利润、虚增资产等目的，这是需要特别考虑的重大风险。所以在审查这些账户或交易时，注册会计师需要具有较高的经验判断和技术水平。其次，是重要交易或事项的复杂程度。重要交易或事项需要利用专家工作结果来证明其复杂程度时，存在重大错报风险的可能性较大。如果缺乏有效的内部控制，那么资产容易遭受损失或被挪用，重大错报风险通常较大。在正常的会计处理过程中容易被漏记的交易和事项，可能存在重大错报风险。最后，是账户余额异常变化，账户余额的异常变化预示着存在错误和舞弊的可能性，这种变化有两种情况：一种是单个账户余额异常变化，二是相关账户余额出现异常变化。

5. 并购重组中审计机构如何有效地控制风险？

（1）保证审计机构工作独立性。由于当前市场发展使得分工进一步细化，委托人—并购重组公司因为专业知识、技能和精力不能行使所有的权利，而代理人—审计机构是由专业化分工产生的，他们有专业技能和精力更好地行使被委托人的权利。看似分工和谐，但是目标的不一致导致双方利益冲突，严重地影响了审计机构工作的独立性。只有保证独立性才能让审计机构在并购重组活动中做到审计工作公正客观，从而预防并控制审计风险。

作为置入资产审计机构的利安达会计师事务所在九好集团资产重组活动中，不知与重组方是否有涉及利益关系。如果有则无疑会加大并购审计的审计风险。保持独立性和职业怀疑，加强审计过程监督审计的独立性是影响审计实施效果的重要因素，也是审计风险产生的重要因素。并购事项所涉及的利益较广，不仅有并购双方，还有双方的主管部门、股东、投资方等，在这种多方博弈的事项上，审计机构和审计人员承担较大的压力，也削弱了审计人员的独立性，审计风险较大。审计人员要以现代风险管理为导向进行审计，在每一个阶段都保持足够的审计职业怀疑，设计适当的审计方法，充分了解相关的信息，及时对可能存在的风险保持足够的重视，审慎对企业双方涉及的风险进行评估，做好风险测试和审计程序选择，对审计的技术进行完善，加强对审计全过程的内部管理。

（2）提升审计人员专业执业能力。企业并购重组的过程就仿佛是三方博弈过程，在博弈中审计机构承担着相对较大的压力。各方为了自身利益最大化，会用某些方式来影响审计机构的审计工作。就如九好集团为了与鞍重股份重组，达到最终上市的目标，虚增企业的资产和收入，为了掩盖虚构的3亿元存款请专业机构对资金进行体外循环，让利安达没有审查出虚构的资金。在这种情况下，需要审计人员运用专业手段全面地掌握一切可疑的问题。在审计工作中提高审计人员的专业水平，也是加强审计独立性的一种保障。

审计人员在审计之前需要深入了解被审计单位的经营情况、财务状况与经营成果、财务报告编报环境、相关的内部控制及执行情况、重要的会议和有关文件等。不断创新审计方法，提高审计技术水平，就如九好集团的虚构收入、资产等财务数据的舞弊行为随着业务的扩大不断增加，逃避监管的违规作假手段和方式也不断变化。学习与时俱进的审计理念和技术，不断增强获取信息的能力，将审计风险控制在合理的范围内。在审计方法上要随着会计数据无纸化和网络化的普及，由对会计资料的详细检查转变为以内部控制评价为基础的科学抽样方法，由传统的手工方法转变为与计算机文件处理特点相适应的数据文件测试方法，通过审计方法的创新和审计技术的提高，多渠道杜绝在并购重组中因审计资源不足所产生的审计风险。

（3）避免重大错报风险。现在的审计工作追求高效率，将审计的重点放在了审计项目的高风险领域，甚至一些审计人员放弃执行一些不重要的审计程序，这种做法很可能会忽视重大错报风险的重要线索，导致很多错报检查不出来。并购重组审计业务属于专项审计业务，审计人员需要深入调查和评价被审计单位在会计政策的选择和运用层面的合理性，而这也是容易产生重大错报风险之处。审计人员需要对并购重组方的性质全面而准确地了解，对于审计过程中判断关联交易、重大非常规交易，以及合并财务报表完全的掌握，从而避免重大错报风险。如果利安达在对九好集团进行银行存款审计时，实施有效的银行函证程序并核查银行流水。实施有效的银行函证可以获知九好集团定期存款被质押的情况。对已质押的定期存款，检查定期存款并与相应的质押合同核对，同时关注定期存款存单对应的质押借款有无入账。对于未质押的定期存款，检查开户证实书原件，确认该笔定期存款是否为被审计单位拥有或控制。目前的金融环境下，银行流水造假难度大，通过核查银行流水可以发现九好集团通过银行流水体外循环的方式虚增存款。

由于九好集团特殊的商业模式，审计人员应该从企业合同、财务资料入手，找到频繁、大额、异常的交易，再通过走访、函证等外部调查取证核实九好集团和供应商、客户交易的真实性。总之，审计人员要抓住每一个重大错报风险的重要证据，避免重大错报的风险。

四、教学组织方式

（一）市案例讨论题目

1. 九好集团为何如此积极地进行重组？对此注册会计师如何保持职业怀疑态度？

2. 并购重组审计的内容和重点是什么？并购重组审计的特点有哪些？

3. 怎样识别和评估并购重组中的重大错报风险？归纳并购重组审计的方法。

4. 如何审计银行存单质押情况？

5. 总结并购重组审计有效控制风险的策略和措施。

（二）讨论方式

本案例可以采用小组式进行讨论。

（三）课堂讨论总结

课堂讨论总结的关键：归纳发言者的主要观点；重申其重点及亮点；提醒大家对焦点问题或有争议观点进行进一步思考；建议大家对案例素材进行扩展研究和深入分析，可以做案例研究论文。

案例 17

我国农业上市公司财务欺诈频发原因探析

——以振隆特产与龙宝参茸案为例

刘 静 闫佳惠

一、引言

纵观证券市场,从 2001 年 1 月 1 日到 2016 年 6 月 30 日上市公司所发布的关于处罚整改公告一共 13 977 条,其中农业类企业发布 481 条,占比 3.44%。截止到 2016 年 6 月整个证券市场上市公司总数为 2 887 家,而农业类企业仅有 46 家,占比 1.59%。由此可见,农业上市公司的违规现象要高于其他行业。2016 年 9 月 7 日,证监会发布了在辽宁振隆特产股份公司 IPO 造假案例中券商信达证券、签字律师中银律师事务所的处罚决定书,紧接着 10 月 21 日又对龙宝参茸立案查询。为何农业企业会成为财务欺诈的重灾区?我们对两起案例进行剖析以期发现农业企业欺诈的特点、原因并提出审计对策。

二、案例背景资料

(一)公司简介

振隆特产与龙宝参茸都是有一定规模的股份有限公司,具体情况如表 6-4 所示。为了实现规模发展,需要上市,振隆特产意图在原有国外市场的基础上进一步扩张国内外市场,优化产业布局。而龙宝参茸还有着当地政府的技术与政策支持。那么,两家同是农业类股份有限公司的造假是如何被发现的呢?

表 6-4 振隆特产与龙宝参茸概况

项目 ＼ 公司	辽宁振隆特产股份有限公司 (简称振隆特产)	龙宝参茸股份有限公司 (简称龙宝参茸)
成立时间地点	2000 年阜新市	2002 年本溪满族自治县
股份制改造	2011 年 9 月 13 日整体变更为股份有限公司	2011 年 9 月公司改制为股份有限公司
上市目的	扩张市场,优化生产布局	政府扶持
行业地位	中国籽仁加工行业的领军企业	农业产业化国家重点龙头企业

续表

公司 项目	辽宁振隆特产股份有限公司 （简称振隆特产）	龙宝参茸股份有限公司 （简称龙宝参茸）
主要业务	收购，加工，销售农副产品、土特山品、清真食品、干果、食用植物油及其他烘焙食品	农副产品、中药材生产加工与销售，主要从事人参、西洋参、冬虫夏草等滋补保健品类中药材饮片的加工与销售，以及野山参的种植
公司类型	民营企业	民营企业
审计师	瑞华会计师事务所（特殊普通合伙）	天健会计师事务所（特殊普通合伙）

（二）行业简介

农业企业是在一定地点集合劳力、土地、设备、资本和技术等生产要素从事经营活动，为社会提供动植物产品和相关服务，并在利润动机和承担风险条件下，实行独立经营、独立核算、自负盈亏的经济单位性质。农业企业主要分为传统企业、饲料企业、种子企业、养殖企业。劳动时间与生产时间不一致，生产周期长，季节性和地域性强，受气候等自然环境影响较大，产品的价格易波动。

三、案例概况

（一）振隆、龙宝"带病"申报东窗事发

2014年4月23日，中国证监会发行监管部下发《关于组织对首发企业信息披露质量进行抽查的通知》（以下简称《通知》），对申请首次公开发行股票的企业，将在上发审会前对发行人信息披露质量进行抽查，以推动各方进一步归位尽责，共同促进首发信息披露质量的提高。2015年3月13日，中国证券业协会组织完成了对首发企业信息披露质量抽查的抽签工作，参与抽签企业共40家。辽宁振隆特产股份有限公司作为被抽查到的企业，将由中国证监会将按照《通知》的要求，对其信息披露质量及中介机构执业质量进行检查。随后，证监会在底稿中发现，振隆特产IPO首发上市存在虚假披露财务信息的情况。

2016年10月21日，根据IPO欺诈发行及信息披露违法违规专项执法行动的总体工作部署，在对日常监管部门与自律监管部门常规审核、监管检查及其他渠道发现的违法违规线索初步核查分析基础上，证监会稽查部门决定对5家IPO申报企业正式启动立案调查的行政执法程序，IPO申报企业龙宝参茸上榜，其涉嫌在招股说明书中虚假陈述，包括隐瞒重大担保事项、不实披露公司治理及内控情况等。这是证监会部署IPO欺诈发行及信息披露违法违规专项执法行动以来，进入正式立案程序的首批案件。

（二）财务舞弊的农业公司特点

1. 农业企业股权结构大多一股独大，公司治理存在缺陷。农业企业股权结构大多一股独大，赋予了大股东超强的控制力。振隆特产也不例外，股权结构如图6-2所示，天岳投资的持股人黄跃和王彩霞是夫妻关系，副总丘根是黄跃的表兄弟，而振隆行有限公司的持股人黄丽琴与黄跃是姐弟关系。龙宝参茸也是如此，股权结构被一张家族"关系网"包裹得严严实实，如图6-3所示。该公司实际控制人、董事长为孙孝贤，总经理、董事孙孝光及采购部经理孙孝恩皆系孙孝贤之弟，原副总经理、董事孙立国系孙孝贤之侄，董事、副总经理兼董秘孙立夫及副总经理、董事孙劲夫皆系孙孝贤之子。由此，围绕着董事长孙孝贤，其兄弟子侄牢牢掌控着龙宝参茸，构成公司治理上的明显缺陷。在被审计单位内控失效的情况下，管理层或大股东为某种目的而进行舞弊的可能性就越高。

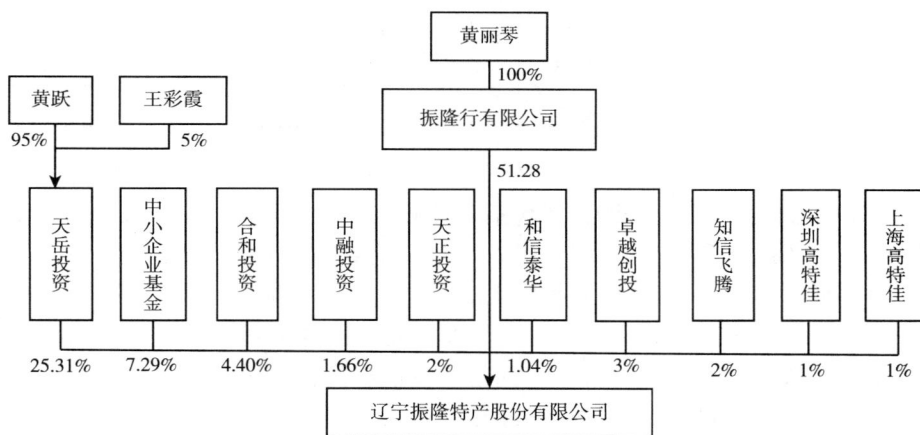

图6-2　振隆特产发行人股权结构

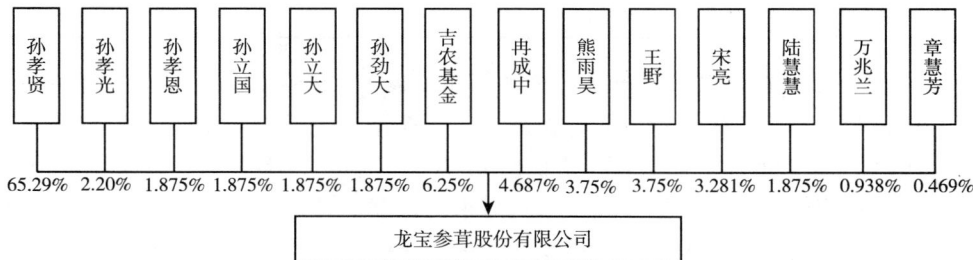

图6-3　龙宝参茸发行人股权结构

2. 农业企业上下游核查困难，收入真实性难以确定。农业企业供应商及销售终端分散，通常为农户或极其分散的客户群体，审计人员难以通过客户取得直接的审计证据，比如无法通过传统的函证程序获得确认，也难以通过对数量有限但总额很大的重点客户执行审计程序降低审计风险，就算接触到客户个体，其可信度也远远低于企业客户。

龙宝参茸以经销为主，同时有代销和直销两种模式，且在经销商或者代理商处设立"龙宝"品牌形象销售专柜，存在大量的个人客户，这样的销售模式是极易发生财务造假的。采购情况中个人供应商占比达到了95%以上，主要采购对象为农户，而且报告期内均无改善情况，如表6－5所示。

表6－5　　　　　　　　　　　龙宝参茸供应商构成

采购项目		原材料		库存商品	包装物	合计
		个人供应商	法人供应商	法人供应商	法人供应商	
2015 年	金额（万元）	36 705.56	248.24	500.50	679.37	38 133.68
	占比（%）	96.25	0.65	1.31	1.78	100.00
2014 年	金额（万元）	37 137.48	168.22	638.21	344.78	38 288.69
	占比（%）	96.99	0.44	1.67	0.90	100.00
2013 年	金额（万元）	31 219.32	160.48	424.82	241.77	32 046.39
	占比（%）	97.42	0.50	1.33	0.75	100.00

振隆特产的供应商多为农户，分布在内蒙古、吉林、黑龙江等地的农村地区，部分采用现金交易，采购方式包括直接向产地农户采购、向协议种植基地农户采购以及向商户采购，2011～2013年向产地农户采购比例分别为69.95%、73.14%、89.08%。个人供应商相对于法人供应商来说难以追溯，核查困难。产品70%以上为外销，包括欧洲、美洲及大洋洲等国外市场，销售收入的真实性难以核查，如表6－6所示。所以无论是寻找供应商核实采购情况，还是寻找客户核实销售情况，难度和成本都大大提高。

表6－6　　　　　　　振隆特产出口收入占主营业务收入比重　　　　　单位：%

年份	2012	2013	2014
比重	73.25	84.4	85.27

3. 农业企业存货盘点难度大。农业企业大多采用经销模式，存货遍布经销点，审计师在对存货进行盘点时存在困难，还存在人为因素干扰盘点的情况。

2011～2015年，龙宝参茸存货价值如表6－7所示，上升幅度较大，且预计随着公司销售网络的持续扩大以及市场需求的持续上升，年末存货余额将会持续增长。由于公司的销售模式以经销模式为主，所以存货大量分布在全国各地的经销商处，存货的盘点无法正常进行，同时由于经销商多为个体农户而非公司企业，函证存在困难，存货核查难度较大，注册会计师和券商的核查是否到位存在相当大的不确定性。

在振隆特产存货密集堆放，各垛物品间没预留可查看空间的情况下，注册会计师只对顶层、侧面以及外围的存货进行抽样检查，未对垛中心存货进行检查。振隆特产还声称用磷化铝给南瓜子等存货做了除虫防护且毒气未消，无法实地盘点，由此可见，除了农业企业存货本身的难盘点，人为因素也给盘点工作带来阻碍。

表 6 - 7   2011~2015 年龙宝参茸存货   单位：万元

2011 年	2012 年	2013 年	2014 年	2015 年
10 822.87	16 574.72	23 932.79	32 748.15	39 765.99

4. 生物性资产难盘点，舞弊易隐于自然灾害之下。农业上市公司存在大量的生物性资产，这与企业的一般资产有所不同，生物性资产有自然增值属性，因此导致在会计确认、计量和相关信息披露等方面体现出一定的特殊性。龙宝参茸的园参、西洋参及野山参对土壤、阳光和水分有极高要求；振隆特产籽仁的产量受气候条件、种植面积、坚果生长周期等诸多因素的影响，大面积种植区域难盘点且自然环境多变，有异常波动容易归结于此。在对普通制造类企业进行审计时，审计师可以进入车间或仓库进行实地勘察盘点。但对于农业企业而言，除非运用电子测算设备，雇用行业专家进行认定，否则审计师就无法做到精确地度量。审计师无法像以往得到准确的审计资料，况且时间经费都有所限制，采用被审计单位所提供资料的概率会大大增加，其可信度也随之降低。审计师面对农业专业领域并非是专家，即使存在怀疑也无法取得否定证据，审计技术上也存在短板导致无法对某些生物性资产进行盘点。

5. 税收优惠使得造假成本低。国家对农业行业出台了很多扶持政策，主要体现在税收优惠政策上。如将龙宝参茸及振隆特产的财务报表放在一起比较，就会发现有一个共同特点，即营业收入及利润很高，但纳税额和所得税费用占利润总额比重比其他行业低很多。对于其他财务造假企业，其成本必然包括连续几年需要缴纳的税金，而对于农业企业，由于流转税和所得税都有很多优惠，造假成本也随之"优惠"。

6. 政府大力扶持农业企业 IPO，审批监管更宽松。农业类上市企业作为新兴企业往往会成为地方政府政绩的标杆，得到政府的高度支持和补贴。一个企业的上市不但能为自己筹措巨额资金，而且能为地方政府增加税收，成为地方政府的重要政绩。龙宝参茸案中，当地政府对其上市寄予厚望，不但鼓励龙宝参茸闯关上市，而且不遗余力地扶持。龙宝参茸 2012 年、2013 年、2015 年相继获得政府补贴 1 120 万元、300 万元、300 万元。此外，当地政府还想办法借款给公司"输血"，如其应付账款信息显示，账龄超过 1 年的重要应付款为本溪满族自治区财政局 2 000 万元借款，且该笔借款为无息借款。当地政府与龙宝参茸签订协议，若上市成功，暂借的 2 000 万元的一半作为上市财政扶持，上市后要在当地投资 3 亿元、年缴税 1 亿元以上，过后再研究剩余 1 000 万元扶持政策。如果上市工作终止，则需要立即全额返还政府对其借款。

所以就一系列造假行为来看，我们不禁要怀疑地方政府是否在为企业保驾护航，相关上市审批和监管部门是否为了鼓励民营企业在中小板和创业板上市而放松了要求。

（三）农业上市公司财务舞弊的深层原因

GONE 理论认为，舞弊行为的构成包括需要因子、机会因子、贪婪因子、暴露因子。基于 GONE 理论，并通过对几例有代表性的农业类上市公司舞弊案的对比分析，可以归纳出农业上市公司财务舞弊频发的原因。

1. 农业上市公司舞弊行为的需要因子更多。农业企业往往利润率低，投资回报周期长，想要快速增长达到规模经济需要较长的发展周期，企业的盈利压力相较于其他企业要大得多。当无法满足财务报表上需要的业绩增长时，为取得 IPO 资格，或为保上市身份，农业企业往往铤而走险踏上一条非常规的发展之路。

2. 农业上市公司舞弊行为的机会因子更高。舞弊行为的机会因子受到舞弊人所掌握权力多少的影响，管理者大多拥有财务信息处理的更多权限，一旦这种权力没有得到适当监控，通过非法会计操作获取利益的可能性就更大，而农业上市公司大多一股独大，家族关系复杂，公司治理存缺陷，得不到内控的有效监督与制约，通过非法会计操作的方法获得利益的机会更高，因此农业上市公司舞弊行为的机会因子更高。

3. 农业上市公司舞弊行为的贪婪因子更高。纵观农业上市公司大多都是高额的造假金额，草原兴发虚增利润 13 亿元、银广夏虚增利润 7.72 亿元等等，能操纵的高额利润使得贪婪因子更高。贪婪因子表现也延伸为面对符合自身价值判断的行为进行推动和实施，在造假行为下为自己找到符合价值判断的借口，而农业上市公司在面临盈利压力大，利润率低的情况下，或为求保住上市资格，或为达到高额利润，甚至会美其名曰为企业的融资活动提供支撑，使股东财富急剧增值，为企业发展壮大提供资金来源。

4. 农业上市公司舞弊行为的暴露因子更低。

（1）农业上市公司舞弊被发现的可能性更低。农业上市公司自身的特殊性和复杂性决定了对其存货的核查难度更大，对生物性资产的盘点更困难，上下游多散户及大量现金交易使得收入的真实性难以确定，在自然环境多变化的掩护下，如表 6-8 所示，舞弊被发现的可能性低，使得舞弊的暴露因子更低。

表 6-8　　　　　　　　　　农业上市公司所受自然灾害

案例企业	蓝田股份	草原兴发	绿大地	獐子岛
灾害种类	洪水	禽流感	干旱	冷水团
影响	冲走甲鱼，损失 1 亿元	焚毁鸡禽，损失 3.39 亿元	树苗难存活，损失 6 957 万元	虾夷扇贝死亡，巨亏 7.63 亿元

（2）农业上市公司舞弊成本低。舞弊行为发生前预期会得到的惩罚越小，舞弊的可能性就越大。农业上市公司造假的预期收益远远大于预期成本，舞弊被

发现的处罚成本与舞弊所带来的巨额利润不成比例，主要以行政处罚为主，经济处罚过轻，司法介入有限，也使得暴露因子的影响更低，如表6-9所示。

表6-9　　　　　　　　　　部分舞弊的农业上市被处罚情况

案例企业	造假金额	行政处罚	刑事处罚	会计师事务所
振隆特产	虚增利润7 616万元	处以警告并罚款60万元		瑞华没收业务收入130万元，并处以260万元罚款
银广夏	虚增利润7.72亿元	罚款60万元	√	吊销中天勤会计师事务所的执业资格，吊销其证券、期货相关业务许可证
蓝田股份	虚增资产3 870万元	处以警告并罚款100万元	√	华伦会计师事务所在中国内地"虚假陈述证券民事赔偿案"中承担连带责任的首例判决
草原兴发	虚增利润13亿元	给予公开谴责的处分		未对北京中天华正会计师事务所进行处分
胜景山河	通过造假，募集资金5.8亿元	取消IPO资格		对中审国际会计师事务所采取出具警示函的监管措施，对签字会计师出具警示函并在3年内不受理其出具的文件的监管措施
绿大地	虚增营业收入2.96亿元	处以警告并罚款400万元	√	撤销深圳鹏程会计师事务所证券服务业务许可，没收收入60万元，并处以60万元罚款
紫鑫药业	造假金额不详，通过造假，高价增发再融资10亿元	处以警告并罚款40万元		给予中准所紫鑫药业审计项目签字注册会计师通报批评
新大地	虚增利润总额2 062万元	处以警告并罚款60万元		对大华会计师事务所没收收入90万元，并处以90万元罚款
万福生科	虚增营业收入7.4亿元	处以警告并罚款30万元	√	撤销中磊会计师事务所证券服务业务许可

5. 注册会计师失职。

（1）注册会计师未执行有效的细节测试。2012～2014年振隆特产虚增利润金额分别占当年账面利润总额的8.61%、20.81%、67.33%。瑞华所在对振隆特产2012～2014年营业收入进行审计时，注册会计师对销售交易只看相关的凭证票据，没有做有效的细节测试。若从主营业务收入中抽取若干分录，追查有无发运凭证及其他证据，追查存货的盘点记录，测试存货余额有无减少，检查更多涉及外部单位的单据如外部运输单位出具的运输单据、客户签发的订货单据和到货签收记录，同时独立调查相关重要交易和客户的情况，如客户的经营场所、财务状况、经营水平等，必要时进行实地走访获得直接的证据，那么就不会发现不了大额的虚增利润。

（2）注册会计师未有效函证往来款项。瑞华会计师事务所在对振隆特产2012～2014年财务报表进行审计时，对大部分销售客户，包括大部分境外销售客户，期末应收账款余额及当期销售金额进行了函证，但是询证函却是交由振隆特产的工作人员发出，未对函证保持控制。而振隆特产就安排将虚假回函寄回瑞华所，这无疑给被审计单位提供了造假的空间。在被审单位虚构大量交易情况下，注册会计师对被审计单位提供的客户资料不加甄别，回函根本不具有实质性意义，更何况不是亲自执行，很容易就会落入"询证圈套"，发现不了销售交易中的错误和舞弊。

（3）注册会计师未全面执行实质性分析程序。注册会计师对于财务舞弊的审计更多需要的是一种思维形式而不只是技术方法。如果能认真研究被审计单位财务数据之间的关系，再结合专业判断进行实质性分析程序也会很容易地发现舞弊迹象。通过龙宝参茸已经披露的产销率可以看出，大部分产品的产销率超过或者接近100%，按照这个理解，如果采购价格没有上涨，应该是存货余额下降。然而，在报告期内存货持续增加，存货余额达到了3.9亿元，金额最大的为原材料，占整个存货的比例超过85%。其中原材料园参2013年及2014年持续超过100%，2015年下降到95%，因此如果园参单价没有上涨的话，存货的金额应该是下降的，可是我们看到的是园参存货金额持续增长，但是采购单价并没有大幅上涨，且销售价格也较为稳定，产销率大于100%的情况下园参却有大量结存金额令人生疑，主要生物资产也并非园参，因此园参应该主要来自外购，所以存在存货并未按照真实的成本结转，虚增了利润与存货的情况。

四、农业上市公司财务舞弊审计的应对之策

（一）对农业上市公司执行更严格的风险评估程序

针对报表层分析，农业企业的股权结构大多是一股独大，公司治理上存在明显缺陷。这种情况下大股东对企业有绝对的控制权和决策权，内控机制很难做到有效地控制和制衡，识别舞弊更依赖于注册会计师谨慎的职业判断以及合理审计程序的制定，为识别评估重大错报风险，注册会计师需通过询问、分析程序、观察和检查的程序获取充分适当的审计证据，并且要将审计证据互相印证，才能控制检查风险，降低审计风险。对于认定层而言，农业上市公司的高风险环节包括销售与收款循环、购货与付款循环及存货循环，应给予高度关注的科目包括主营业务收入、存货以及涉及现金采购的有关科目等，注册会计师应更为谨慎严格地评估其重大错报风险。

（二）对农业上市公司执行更有效的风险应对程序

1. 设计恰当的实质性分析程序。注册会计师建立一种识别财务舞弊的思维方式更加重要。通过研究财务数据之间内在的勾稽关系，运用专业判断进行实质性分析，舞弊是有迹可循的。龙宝参茸的产销率大多接近或超过100%，故而可以判断倘若采购的价格没有上涨，那么存货的余额应该是呈下降趋势的。然而报

告期内，存货持续增加，其中原材料金额最大，占比85%。产销率大于100%，存货却有大量结存金额令人生疑，存在存货并未按照真实的成本结转的情况，虚增了利润与存货的情况是可以被发现的。

2. 执行更有效的细节测试。在振隆特产案例中，瑞华所在对振隆特产2012～2014年营业收入进行审计时，只看相关凭证票据，未做有效的细节测试。如果追查发运凭证、盘点记录、存货数量的变动情况，取得更多外部单位开具的单据作为审计证据，调查涉及金额较大的重要交易及相关客户的情况，实地走访查看客户的财务状况及经营水平，那么就不会发现不了大额的虚增利润。

（三）加大农业上市公司收入真实性审查力度

1. 还原农业上市公司享受的优惠免税部分。如果是直销的销售模式，检查重点包括收入条件的核查和支付方式的核查，直销的客户大多为个体商户，审计证据的直接收集较为困难，可能面临着花费巨大的沟通成本、时间成本。可以把农业企业优惠免税部分还原回来，判断被审计单位是否清楚地区分了应纳税收入和免税收入，判断企业净利润中依赖于政策性免税的程度有多大，是否存在净利润过于依赖税收优惠的情况。

2. 实地走访，盘查经销商各阶层职工。如果存在着收入虚增的情况，并且是经销的销售模式，农业企业大多是这种方式，那么审查重点可以放在对经销商的实地考察，进行实地走访，获取与被审计单位往来的凭据。为在审计中蒙混过关，造假企业必然串通经销商或下游企业联合造假，但未必能和整个机构的工作人员联合造假，故而可对经销商的各阶层工作人员进行询问访谈。

3. 立足实质性程序。农业上市公司的主营业务收入情况有规律可循，比如成长周期、耕种时间以及自然环境，可以与行业情况对比或与本企业往期数据对比，如果发现销售收入存在异常变动，那么可对异常情况进行针对性的实质性程序，提高效率的同时也能降低审计成本。

（四）实施有效审计程序识别生物性资产舞弊

农业上市公司有大量生物性资产，盘点困难。存货的特殊性也给农业上市公司的舞弊带来了天然优势，注册会计师应针对这种特殊性实施审计程序识别生物性资产舞弊。

1. 注重存货的分析性审计程序。农业企业的存货项目涉及很多账户和循环，可以通过勾稽关系和与存货相关的财务比率进行分析，并与历史数据及行业水平相比较，发现由于舞弊而导致的异常指标，对异常指标进行重点审计。例如对已经披露的产销率和存货结余进行分析性审计程序，用以发现虚增利润与存货的情况。

2. 对生物性资产重点监盘。鉴于生物性资产本身具有的特殊性，审计人员可以认定其存在特别风险，这时审计人员应当评价相关控制的设计情况，判断是否得到有效的执行，评估执行情况。除风险评估程序及控制测试外，检测存货数量准确性和完整性的实质性程序需要监盘来确保。对于方便易操作的生物资产，可以实行全面盘点，技术上存在难度的，进行抽点，将抽点结果与财务部提供的数据进行比对分析，倘若不存在差异或者存在差异合理，那么可以进行推算，得到全部实有数量。差异不合理或差异异常，需要扩大盘点范围，甚至进行全面盘点，以盘点数量为准作为实有量，依赖较强专业性的盘点，可以聘请具有专业胜任能力的专家。

（五）采购及付款循环加强实质性分析程序

注册会计师应关注付款环节的内控制度，包括采购过程中不相容职位是否分离、明细单与发票是否一致，签字盖章是否齐全、供应商名单是否真实可靠等。另外，农业企业存在大量现金交易，且上下游多散户，难以通过单一的实质性程序控制检查风险，应加强实质性分析程序，检查采购发票单、入库单以及验收单等原始凭证之间的勾稽关系。对大额交易进行函证，必要时走访农户，核对交易内容。

（六）发展特殊行业的专业型审计业务

为提高审计质量，会计师事务所可以发展特殊行业专业型审计业务，对现有市场进行细分，将高风险的农业上市公司审计业务发展成自己的核心业务，聘请专业理论与实务经验兼具的审计人员，打造专业的审计团队，定期进行针对特殊行业审计业务的培训。实时追踪农业行业变化和市场走向，避免因注册会计师对行业背景及风险缺乏认识而导致审计失败的情况。

五、讨论题目

1. 农业企业财务欺诈与其他行业相比有哪些不同特点？
2. 在经销模式下，农业企业财务报表审计重点应包括哪些内容？
3. 归纳农业企业财务信息披露违规的手段。
4. 对农业上市公司监管需要覆盖哪些环节？
5. 剖析农业企业财务欺诈频发的深层原因。
6. 面对农业企业欺诈上市、财务造假频发，审计有何应对之策？

案例使用说明

一、本案例要解决的关键问题

本案例旨在培养学生剖析农业企业舞弊频发的原因，得出农业企业舞弊的特点，在此基础上提出审计对策。在审计理论及财务分析理论的基础上，分析振隆特产及龙宝参茸案案例，帮助学生明确农业企业舞弊行为的机会因子更高，引导学生分析农业企业审计中所面临的实际问题，拓宽分析农业企业财务欺诈的视野和思路，形成解决问题的方案，以对农业企业审计制度建设有所启发。并期望通过个案研究的规律性推广，为我国农业企业的审计模式提供理论支撑和人才储备。

二、案例讨论准备工作

为了有效实现本案例的教学目标，学生应在案例讨论前通过预发材料了解下列相关知识背景。

（一）理论背景

本案例需要学生准备的知识点主要包括：审计标准与审计准则；审计目标与审计责任；审计计划与审计模式；审计报告及风险评估；GONE 理论；财务报表分析。

（二）行业背景

纵观证券市场，从 2001 年 1 月 1 日到 2016 年 6 月 30 日上市公司所发布的关于处罚整改公告一共 13 977 条，其中农业类企业发布 481 条，占比 3.44%。截至 2016 年 6 月整个证券市场上市公司总数为 2 887 家，而农业类企业仅有 46 家，占比 1.59%。由此可以推测出，农业类企业的违规现象要高于其他行业。

（三）制度背景

《中华人民共和国审计法》《审计法实施条例》《中国注册会计师审计准则》。

三、案例分析要点

（一）需要学生识别的关键问题

本案例需要学生识别的关键问题包括：农业企业舞弊频发的原因、农业企业审计的重点问题、农业企业经销模式的审计要点。

（二）解决问题的可供选择方案及其评价

1. 农业企业欺诈上市频发的原因。在首次公开发行中，农业企业通过财务造假粉饰报表的方法取得上市资格的主要原因包括如下三点。

（1）税收优惠使得造假成本低。国家为鼓励和扶持农业生产和农产品加工，对农业企业实施了很多税收优惠政策，农业的税率很低甚至个别领域完全免税。根据《中华人民共和国企业所得税法》的规定，企业从事农、林、牧、渔业项目的所得，可以免征、减征企业所得税；根据《中华人民共和国增值税暂行条例》的规定，农业生产者销售的自产农产品免征增值税；农业产品增值税的法定税率为13%。在其他行业，企业的造假成本包括连续几年必须缴纳的税金，而农业行业，由于流转税和所得税都有很多优惠，降低了造假成本。

（2）终端分散，大量现金交易。农业企业销售终端分散，下游通常为个人客户，意味着巨大的交易量和极其分散的客户群体，审计人员难以通过客户取得直接的审计证据，比如无法通过传统的函证程序获得确认，也难以通过对数量有限但总额很大的重点客户执行审计程序降低部分风险，就算接触到客户个体，其可信度也远远低于企业客户。面对这样的企业，审计很大程度依赖对内控制度的评估，需要设计非常严密的符合性测试，但大多数农业企业的现状又是内控极度薄弱不可靠，审计工作最后会演变为大量烦琐而低效的实质性测试工作，工作量大而结论又不可靠。

通常工商业企业，其上下游皆为其他公司，相互间的业务支付通过银行转账，交易线索容易掌握，但农产品加工企业的上游多是小农户，现金交易常见，这种交易在银行系统或物流系统难以留下痕迹，现金的最大特点是不可追溯、不可还原、不可验证，交易的真实性和可靠性难以把控，终端分散和现金交易给审计带来困难。另外，大量的现金还伴随坐支的情况，那么财务痕迹就只能看到一个收支相抵后的余额，一般来讲，存在大量现金交易乃至出现现金坐支的企业，其他环节的内控和流程管理也比较差，从其他路径获得可信证据的可能性也会比较低。

（3）生产性生物资产核查不易。生物资产与企业的存货、固定资产等一般资产不同，其具有特殊的自然增值属性，因此导致其在会计确认、计量和相关信息披露等方面也体现出一定的特殊性。也正是因为其是有生命的特殊资产，部分需要生活在特定的环境中，因此对生物资产（特殊是水产养殖）实物的盘点造成困难。在核查价值的时候，有很多的调控空间。审计师对农业专业领域并非专家，即使存在怀疑也无法取得证据否定，审计技术上也存在弊端无法对某些存货进行盘点，比如海产品，通常采用的选定某些海域、捞捕样本来推算总体存货量的方法，客观上很难做到，就算做到其中的误差也难以把控。

2. 农业企业在经销模式下的审计重点。

（1）发行企业经销模式的占比、经销商的数量以及变动情况、经销商的区域分布是否合理、经销商的注册资本以及经营资产是否与业务合作相匹配。

①审计项目组需要详细列示被审计企业报告期内经销商的明细（基本资料包括但不限于：注册资本、注册地、经营范围、股东、核心管理人员等），同时要逐一核对报告期内经销商的变动情况，如果被审计企业的经销商存在大规模的变动，那么是需要仔细核查原因并关注是否存在经营风险，尤其关注某个区域、某个领域等集中加入或退出的情形。

②关注经销商的区域分布是否与被审计企业的业务布局和产品销售版图相匹配。由于经销商需要考虑成本的合理性，比如仓储、运输、营销等成本，因而经

销商一般情况下都有着固定的销售区域。如果被审计企业产品遍布全国而经销商却集中在某一个省份，那就需要重点审查；如果被审计企业产品主要应用在东部，而经销商却主要集中在西部，也需要重点关注。

③项目组还需要关注经销商的资金实力和资产状况，关注经销商的实力与被审计企业的业务规模是否相匹配。

（2）与经销商之间的合作模式、结算模式、退换货条款、各期实际退换货情况及主要原因、会计处理。

企业与经销商的合作模式主要有两种，一种是买断式销售，一种是代理式销售。从审核实践来看，采取的基本上是100%的买断式销售，将产品销售给经销商之后风险报酬转移就可以实现收入，在产品销售给经销商之后被审计企业就可以确认收入。从财务真实性的角度来讲，经销商产品后续的去向就显得尤为重要了，如果报告期内存在少量的退换货情形且规模较大且没有合理的原因，就会存在较大的风险。

关于退换货的会计处理问题，会计准则有着明确的规定，一般情况下应该是调整被审计企业的营业成本。除了退换货之外，可能还会存在补货的情形，这种情况并不是非常多见，一般情况下可以作为正常的产品销售处理。

（3）报告期内各期经销商进入、退出及存续情况，报告期内与企业持续存在业务往来的经销商数量及销售收入、是否存在期末新增加经销商的情形、单个经销商的收入分布情况。

上市公司一般都会有业绩稳定增长的压力，因而经销模式下要重点关注报告期末新增加经销商的情形，尤其关注一些特殊情形：经销商新增加数量和规模较大，对经营业绩的影响很大，甚至没有这些经销商的贡献就不符合发行条件；新增加的经销商大部分是新注册的公司，以前跟企业从来没有经济往来；新增加经销商的出身可疑，比如注册地均在被审计企业注册地周围，经销商的实际控制人可能是某一个人或者某几个人。

（4）经销商采购产品最终销售的大致去向，经销商是否实现了最终销售。这是农业企业审计的重点也是难点。将企业的经销商不视同为客户而只是产品销售的一环，将经销商全部纳入体系进行核查。关于经销商的核查，会有很多的现实制约因素：经销商不配合核查；经销商的管理达不到核查的条件；经销商销售被审计企业和别的品牌的产品，混在一起难以区分。

对经销商最终销售审计操作思路如下：首先，项目组要对关于经销商的外围情况核查清楚。其次，选择一些比较有代表性的长期合作的经销商进行详细核查并进行"穿行测试"，以保证被审计企业销售直到经销商销售能够形成一个"闭环"。项目组可以某一个订单为线索，核查被审计企业将产品销售给经销商之后产品的后续流转路径。对经销商进行现场核查，核查经销商负责人的销售经验、经销商的仓储情况、经销商下游客户的合作情况等。最后，对行业专家、监管机构相关人员、周围居民、行业合作伙伴等进行访谈，了解经销商的相关信息。

（5）经销商是否属于发行企业前员工、经销商与被审计企业是否共用商号、经销商与被审计企业以及相关人员之间是否存在关联关系。

①关注被审计企业的内部控制，直销团队是否会持续离职而变成经销商的情形，这样的销售模式的变动是否会对被审计企业的经营业绩造成不利影响；关注员工持股经销商成立时间、经营范围及股权演变过程，进一步核查经销商与被审计企业是否存在关联关系或者其他利益安排的情形；关注是否存在委托代理的风险，经销商利用客户对员工离职不知情的情形，仍旧以被审计企业员工身份进行业务开拓和产品销售，并且实施了损害被审计企业利益或形象的情形。

②关于经销商使用被审计企业商号的情形，在经销模式下是比较常见的，需要关注经销商使用被审计企业商号的原因和战略安排，是否存在相关的利益安排；经销商是否存在滥用商号的情形，是否存在纠纷、法律风险或品牌影响。

③关于关联关系的核查，应该核查到经销商与被审计企业控股股东、实际控制人、董监高、核心技术人员以及相关关联方是否存在关联关系。

（6）被审计企业经销模式与直销模式在信用政策、会计处理等方面是否存在差异，两种模式在毛利率方面是否存在重大差异。

①为了鼓励经销商的业务合作，同时考虑到经销商的资金周转问题，一般情况下被审计企业都会给予经销商一定的信用周期，比如可以允许经销商先赊欠一定金额的货物，等产品销售之后可以在这个额度内随时进行补充和发货。但是如果被审计企业报告期内放宽了对经销商的信用政策，那么就有突击确认收入的嫌疑了。项目组要重点关注信用政策以及结算方式的稳定性和持续性，如果真的发生了变化，那么要重点核查发生的原因、可能存在的风险，以及因为这种变化而对被审计企业生产经营可能带来的影响。

②经销模式下的产品毛利率应该是远低于直销模式下的产品毛利率，在这种模式下销售费用也可能会比直销模式低很多，综合影响下对于产品净利率，直销模式应该是要比经销模式低，审查需考虑两种模式在毛利率方面是否存在重大差异。

3. 农业企业上市财务信息披露违规的常用手段。

（1）农业企业报送或披露的信息可能存在虚假记载，包括虚构业务，虚增资产、收入和利润，编造甚至伪造产权证书和重要经营证照等。

（2）农业企业可能存在报送或披露的信息内容不准确、依据不充分或者选择性、夸大性披露，误导性陈述。

（3）农业企业报送或披露的信息可能存在重大遗漏，包括未披露关联关系及关联交易，未披露股权结构的重大变化，未披露独立性方面的重大问题，未披露重大债务、违约或对外担保等。

（4）农业企业可能存在未按规定报送或披露信息的现象，包括未及时披露生产经营的重大变化，未及时披露重大诉讼或仲裁进展等。

（5）保荐机构及保荐代表人没有尽到保荐工作职责，审慎核查不足，专业把关不够，出具的保荐书存在虚假记载、误导性陈述或者重大遗漏的现象。

（6）会计师事务所、律师事务所、资产评估机构等证券服务机构未勤勉尽责，制作、出具的文件存在虚假记载、误导性陈述或者重大遗漏以及违反业务规则执业的现象。

4. 农业企业 IPO 监管需要覆盖的环节见图 6 - 4。

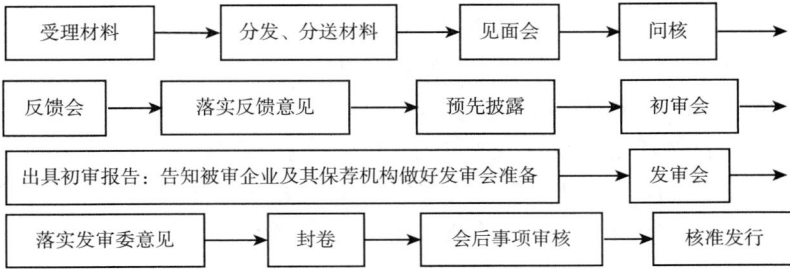

图 6 - 4　农业企业 IPO 监管需要覆盖的环节

农业企业首次公开发行股票的审核工作流程分为受理、见面会、问核、反馈会、预先披露、初审会、发审会、封卷、会后事项、核准发行等主要环节，分别由不同处室负责，相互配合、相互制约。农业企业 IPO 欺诈发行和违规披露涉案主体多、链条长、手法隐蔽，监管需要全面覆盖 IPO 各个环节，全面覆盖被审计企业、控股股东和实际控制人、中介机构等各类主体，全面覆盖不披露、不及时披露、虚假披露等各种违法行为，在任一环节发现欺诈发行和违规披露的情况，即使撤回材料也应同样被定格处罚。

5. 农业企业造假与其他行业相比有哪些特点？

（1）销售终端分散，虚构客户。农业企业销售终端分散，下游通常为个人客户，意味着巨大的交易量和极其分散的客户群体，审计人员难以通过客户取得直接的审计证据，比如无法通过传统的函证程序获得确认，也难以通过对数量有限但总额很大的重点客户执行审计程序降低部分风险，就算接触到客户个体，其可信度也远远低于企业客户。面对这样的企业，IPO 审计很大程度依赖于对内控制度的评估，需要设计非常严密的符合性测试，但大多数农业企业的现状又是内控极度薄弱且不可靠，IPO 审计工作最后会演变为大量烦琐而低效的实质性测试工作，工作量大而结论又不可靠。

（2）大量现金交易，虚增收入。通常工商业企业，其上下游皆为法人企业，相互间的业务支付通过银行转账，交易线索容易掌握，但农产品加工企业的上游多是小农户，现金交易常见，这种交易在银行系统或物流系统难以留下痕迹，现金的最大特点是不可追溯、不可还原、不可验证，交易的真实性和可靠性难以把控，容易虚增收入，给 IPO 审计带来困难。另外，大量的现金还伴随坐支的情况，那么财务痕迹就只能看到一个收支相抵后的余额，一般来讲，存在大量现金交易乃至出现现金坐支的企业，其他环节的内控和流程管理也比较差，从其他路径获得可信证据的可能性也会比较低。

（3）生物资产难盘点，存货造假。生物资产与企业的存货、固定资产等一般资产不同，其具有特殊的自然增值属性，因此导致在会计确认、计量和相关信息披露等方面体现出一定的特殊性。普通制造类企业，注册会计师可以进入车间、仓库等地进行实地勘察盘点，但是对于农业类企业，注册会计师无法精确度量。除了动用卫星测试交由专家认定，注册会计师无法通过调查得到准确的资料，尤其在时间经费有所限制的情况下，使用被审计单位提供的资料在所难免。审计师在农业专业领域并非专家，即使存在怀疑也无法取得证据否定，审计技术上也存在弊端导致无法对某些存货进行盘点。

（4）利用自然环境多变。农业类企业与其他企业相比，对于气候环境依赖性强，财务造假往往就隐藏其中，将其大幅度的变动归咎为环境变化。农业类企业在自然环境这一保护伞下，财务造假变得更为隐蔽和"理所当然"，识别难度加大。

（5）税收优惠使得造假成本低。国家为鼓励和扶持农业生产和农产品加工，对农业企业实施了很多税收优惠政策，农业的税率很低甚至个别领域完全免税。在其他行业，企业的造假成本包括连续几年必须缴纳的税金，而农业行业，由于流转税和所得税都有很多优惠，降低了造假成本。

6. 农业企业审计应对之策。

（1）对农业企业收入的真实性审查。

①如果企业采用直销的销售模式，审计重点包括收入条件的核查和支付方式的核查，直销的销售客户一般是私人或者集体，而在与这些人员进行销售工作的时候很难做到收入确认证据的收集，即使能做到，也要花费巨大的沟通成本。可以把农业企业免税优惠部分还原回来，判断农业企业净利润中依赖于政策性免税的程度有多大，是否存在净利润过于依赖税收优惠的情况。

②农业企业采用经销商代销销售方式，如果存在虚增收入，对经销商的实地核查就是审查重点，对经销商进行实地走访，查阅与企业经营往来的账务情况。为在审计中蒙混过关，造假企业必然串通经销商或下游企业联合造假，但未必能和整个机构的工作人员联合造假，所以可以对经销商的各阶层人员进行访谈。

（2）对生物性资产重点监盘。鉴于生物性资产存货的特殊性，可以认为农业企业存货存在特别风险。对于特别风险，注册会计师应当评价相关控制的设计情况，并确定其是否已经得到有效执行。除风险评估程序及控制测试外，检测存货数量准确性和完整性的实质性程序需要监盘来确保。对于方便易操作的生物性资产，可以实行全面盘点，技术上存在难度的，抽样盘点抽点后，根据抽点结果与公司生产部门、财务部门当前的统计数据进行核对，若不存在差异或存在合理差异，则推算出全部实有数量。若存在异常差异的，则扩大至实施全面盘点，以盘点数作为实有数量。此外，注册会计师必须加强学习专业知识，密切关注执业动态，会计师事务所则应加强培训工作。专业性要求较高的盘点需聘请专家，注册会计师应当评价专家是否具有实现注册会计师目的所必需的专业胜任能力、专业素质和客观性。

（3）核对税收优惠真实性。其中农业企业税收优惠政策如表6-10所示。

表 6 – 10　　　　　　　　　　　　农业企业税收优惠政策

	优惠内容	优惠依据	期限
增值税	销售自产农产品免征增值税	《增值税暂行条例》《增值税暂行条例实施细则》	长期
企业所得税	农产品种植部分所得免征企业所得税	《企业所得税法》《企业所得》《国家税务总局关于"公司＋农户"经营模式企业所得税优惠问题的公告》（2010 年 2 号文）	长期

审核农业企业税收政策要判断其是否清楚地区分了应纳税收入和免税收入，核查税收优惠相对于目标公司利润的比重，判断企业是否对税收优惠构成严重依赖。

（4）建立中介机构审计质量控制体制。证券公司、会计师事务所、律师事务所等中介机构是最先接触拟上市公司的第一手资料的，是监管过程中至关重要的环节，中介机构的高效性和专业性也是其他监管机构所不能比肩的。故建立中介机构审计质量控制体制迫在眉睫。

①培养诚信意识，建立"个人信用制度"。加强道德宣传，重视中介机构职业道德的教育。在执业过程中保持应有的职业谨慎和合理的职业怀疑态度是基本要求。保持合理的怀疑，遵循诚信原则、客观和公正原则，保持专业胜任能力和应有的关注，勤勉尽责，维护行业形象。

在市场经济中"商誉"一词我们已不陌生，在经济社会中中介机构的职业道德也会表现出一定量的价值。如果中介机构的职业道德可以形成商誉，那么商誉构成无形资产的价值，并带来超额收益。由此引发联想，我们可以借鉴金融机构对企业进行信用评价而决定发放贷款的做法，通过在行业内建立诚信档案库，对个人执业经历进行跟踪记录与信用评级，实行信用等级管理和动态管理，并以立法的形式对信用档案的记录与移交、管理与评级、披露与使用及评级机构与被评级单位的责任与权益做出明确规定。无论证券公司、会计师事务所、律师事务所都应建立以"个人信用制度"为基础的规范的服务市场信用体系，将执业信用与个人终身挂钩。

②建立中介机构质量评级制度。良好的声誉能够提供中介机构的可信度和竞争力，构建中介机构质量评价制度，对承担审计、法律、评估等职能的中介机构引入分类评级制度。证券监管部门及相关专业协会对其进行考核评级并公开结果，引导拟上市企业委托评级高的中介机构。"个人信用制度"也引入机构评级制度的评分标准，引导机构雇用信用评分高的从业人员，有信誉过失的执业人员不予录用，严格筛选。

③加大违法成本。如果违信不受惩罚，那么就没有守信的吸引力；如果守信不能带来利益，那么就没有守信的积极性。当造假的预期收益远远大于预期成本时，就会选择造假。如果说监管不严让虚假披露有机可乘，那么处罚不力无疑就是"诱导"因素。加大处罚力度，对虚假信息披露的直接责任人采取吊销执业资格及市场进入等措施，造成后果恶劣的移交司法机关，追究刑事责任。证监会披露的经济处罚与上市后带来的巨额经济利益相比，预期收益远远大于预期成

本，应加重经济处罚的金额，并按同期贷款利率赔偿利益受损的投资者。即使撤回申请，也应受到惩处。

四、教学组织方式

（一）问题清单

1. 农业企业财务欺诈与其他行业相比，有哪些不同特点？
2. 在经销模式下，农业企业财务报表审计重点应包括哪些内容？
3. 归纳农业企业财务信息披露违规的手段。
4. 对农业上市公司监管需要覆盖哪些环节？
5. 剖析农业企业财务欺诈频发的深层原因。
6. 面对农业企业欺诈上市、财务造假频发，审计人员有何应对之策？

（二）课时分配

1. 课后自行阅读资料：约 3 小时；
2. 小组讨论并提交分析报告提纲：约 2 小时；
3. 课堂小组代表发言、进一步讨论：约 2 小时；
4. 课堂讨论总结：约 0.5 小时。

（三）讨论方式

本案例可采用小组形式进行讨论。

（四）课堂讨论总结

归纳发言者的主要观点，重申重点及亮点，提醒大家对焦点问题或有争议观点进行进一步思考，建议大家对案例素材进行扩充研究及深入分析。

案例 18

金亚？惊讶！

——金亚科技的审计意见之困

王丽南　盛　娟

金亚科技公司 2011～2014 年年度报表的审计工作一直由立信会计师事务所承接，经审计后得出的审计结论都是标准无保留审计意见。早在 2015 年 6 月的时候，证监会就对金亚科技及其实际控制人周旭辉进行了立案调查，缘由是涉嫌违反证券法律法规。2015 年的年报审计结果出来之后又进一步加大了深交所对金亚科技的关注。金亚科技及其新委托的审计机构中兴华会计师事务所都受到了深交所的问询。那么究竟是什么原因导致了连续被出具无保留意见的金亚科技公司突然被拒绝发表意见了呢？这当中到底有何玄机？

一、背景简介

（一）会计报表的诊断书——审计意见对企业影响之大

独立的第三方机构会计师事务所对上市企业财务报表进行审计后出具的审计报告对于财务报表使用者来说具有重要意义。注册会计师通过执行审计程序获取证据，为财务报表的真实性、公允性提供合理程度的保证。被发表不同审计意见的财务报告，会不同程度地影响财务报告信息使用者对企业财务报告的信任程度，进而影响进一步的决策。连续的标准无保留意见会给企业打上诚信经营的光环，而非标审计意见则会引来投资者的担忧和监管者的警觉，甚至引起证监会等机构的严厉审查。在如今更是容易"坏事传千里"的信息化时代，企业股价的波动最直接地受到不良信号的影响，因而审计报告意见对企业的影响更是不言而喻的。

（二）照着葫芦不画歪瓢——规章制度对审计工作要求之高

为提高审计的工作质量，审计准则等规章制度一直在修改、完善，2008 年全球金融危机的出现，对企业的经营财务等方面造成了巨大的影响，为更好地保证企业信息的真实性和准确性，国际上对于审计质量的要求以及审计报告的信息含量作出了更高的要求。2015 年，国际审计与鉴证准则理事会（International Auditing and Assurance Standards Board，IAASB）修订并且发布了新的国际审计报告准则，对审计报告的模式、要素、内容等方面做了改进和丰富。

在我国，随着资本市场加速发展，财务报告和审计报告使用者都希望审计时能够出具信息量更加丰富、更有助于决策的审计报告，降低使用者的决策风险。为了满足相关者的要求和促进审计工作的规范和发展，中国注册会计师协会（简称"中注协"）经过两年的审计报告准则的修订改革，并于 2016 年 12 月 23 日，由财政部印发新审计报告准则，包括《在审计报告中沟通关键审计事项》等在内的 12 项中国注册会计师审计准则。其中，最引人注目的也是最核心的一项是《中国注册会计师审计准则第 1504 号——在审计报告中沟通关键审计事项》，其要求注册会计师要在审计报告中对该企业的审计重点难点进行披露，单独设一部分"关键审计事项"加以列示。这表面上看来是针对审计报告提出的要求，但实际上是对于审计工作过程作出了更为严格的要求，要求审计机构在出具审计意见时要基于充分的审计工作，减小了审计机构随意审计、蒙混过关的概率。

二、案例概况

（一）初次见面——金亚科技和中兴华会计师事务所简介

金亚科技股份有限公司（以下简称"金亚科技"）是属于计算机、通信和其他电子设备制造业，成立于1999年11月，总部设在四川成都。金亚科技目前的业务范围涉及数字电视、家庭娱乐、文化游戏以及军工产业，在基础电子设备制造的基础上，注意整体性和产业链的发展，通过技术引进和自主创新，金亚科技具备了较良好的技术能力和实践经验。金亚科技在国内广电行业取得了较好的成就，多次获得创新品牌、技术企业、质量稳定、产值稳定等认证和荣誉。

中兴华会计师事务所最早建立于1993年，经中华人民共和国财政部批准，并在国家工商行政管理局登记注册而成立。现拥有会计、资产评估、财税、工程咨询等服务资格，是具有独立法人资格的专业服务机构。其名称变化如表6-11所示。

表6-11　　　　　　　　中兴华会计师事务所名称变化

年份	名称	备注
1993	中法会计师事务所	初成立
2000	中兴华会计师事务所有限责任公司	由国家工商管理总局核准改制
2009	中兴华富华会计师事务所有限责任公司	吸收合并江苏富华会计师事务所
2013	中兴华会计师事务所（特殊普通合伙）	合伙制转制，经工商行政管理局核准

资料来源：百度百科。

中兴华会计师事务所经过多年发展，目前共拥有超过20家分所，分布在超过10个省市，从业人员近1 000名。从业人员中，拥有注册会计师共计480名，其中北京分所共有158名，占总注册会计师的33%。同时拥有证券、期货等相关业务资格的注册会计师有52名，注册评估师有87名，注册税务师有56名，拥有工程师、律师等资格的人员有42名。

（二）来龙去脉——案例经过

1. 诊断出炉——无法表示意见审计报告引发关注。2015年6月的时候，证监会就对金亚科技及其实际控制人周旭辉进行了立案调查，缘由是涉嫌证券法律法规违规。随后金亚科技分别于2015年8月31日、2016年1月18日以及2016年4月30日对其2014年年报进行了会计调整和更正，更正后的各项利润以及净资产与调整前相比较变动幅度达到了50%以上。

（1）金亚科技2015年年报披露的前期会计差错更正——追溯调整部分数据如表6-12所示。

表6-12　金亚科技2015年报披露前期会计差错更正——追溯调整部分数据　　单位：元

受影响的各期比较期间会计报表项目合计	期初累计影响数
流动资产合计	-26 581 055.61
非流动资产合计	-302 379 279.6
资产合计	-328 960 335.2
流动负债合计	-2 232 824.77
非流动负债合计	-1 727 652.12
负债合计	-3 960 486.89
所有者权益合计	-324 999 848.37
负债和所有者权益总计	-328 960 335.26
净利润（净亏损以"-"号填列）	-24 529 690.72

资料来源：金亚科技2015年度财务报表。

（2）金亚科技2015年报披露的其他应收、应付款项如表6-13、表6-14所示。

表6-13　　　　　　金亚科技2015年报披露的其他应收款　　　　单位：元

关联方	年末余额		年初余额	
	账面余额	坏账准备	账面余额	坏账准备
鸣鹤鸣和	40 000.00	2 000.00		
周旭辉			177 570 437.53	8 878 521.88
成都国通	4 929 800.00	246 490.00		
小计	4 969 800.00	248 490.00	177 570 437.53	8 878 521.88

资料来源：金亚科技2015年度财务报表。

表6-14　　　　　　金亚科技2015年报披露的其他应付款　　　　单位：元

关联方	年末账面余额	年初账面余额
成都国通		75 000 000.00
周旭辉	390 277 498.72	
深圳金亚	8 980 538.26	
金亚云媒	3 034 612.65	
小计	402 292 649.63	75 000 000.00

资料来源：金亚科技2015年度财务报表。

（3）根据金亚科技的披露，北京鸣鹤鸣和文化传媒有限公司（简称"鸣鹤鸣和"）在2015年度属于金亚科技的联营企业，被金亚科技持有34.99%的股份。鸣鹤鸣和在2015年实现净利润-8 077.99万元，处于亏损状态，其中归属于母公司的净利润是-4 768.49万元。根据所持有的股份比例，金亚科技按照权益核算法确认了-1 668.49万元的投资收益，确认2015年期末的长期股权投资账面价值是 1 655.75 万元。

立信会计师事务所（以下简称"立信所"）担任金亚科技 2014 年年度报表审计的会计师事务所，经审计后，给出的审计意见是标准无保留审计意见。2015 年度报告审计的机构变换为中兴华会计师事务所，经过 3 个月的审计工作后，中兴华表示无法对 2015 年年报发表审计意见。中兴华事务所对此给出的解释是：无法获取充分、适当的审计证据表明金亚科技的差错调整、实际控制人周旭辉占用资金以及关联方收益等数据的正确性。

2. 你问我答——金亚科技及中兴华事务所询证函回复。针对审计意见这一部分，深圳证券交易所（简称"深交所"）对金亚科技和中兴华会计师事务所发出了问询函，金亚科技对配合审计工作、未能提供完整财务资料等问题进行了回答；中兴华会计师事务所就无法发表意见的原因作出了陈述，列出了具体的审计受限情形。

（1）金亚科技的回复。金亚科技对中兴华会计师事务所发表无法表示审计意见的原因作出了陈述，并表示本单位一直积极配合审计工作，不存在故意阻碍审计工作的行为。具体的陈述内容主要有以下三点。

①2015 年 12 月 31 日，金亚科技在其第三届董事会第十七次会议上，审议并通过了变更 2015 年度审计机构的议案，同意中兴华会计师事务所（特殊普通合伙）担任其 2015 年度审计机构。2016 年 1 月 18 日，召开 2016 年第一次临时股东大会审议同意通过公司 2015 年度审计机构变更为中兴华会计师事务所（特殊普通合伙）。中兴华事务所是属于 2015 年新聘任的审计机构，按照一般的安排应当在 2015 年年底就开始预审计工作并与 2016 年初正式进行审计。但是由于本次更换审计机构的时间比较晚，导致中兴华会计师事务所没有能够执行预审计工作，而只是在 2016 年 1 月 22 日到 4 月 16 日之间完成整个审计工作。时间上的紧凑很大程度上影响了中兴华事务所的审计程序执行的完整性和充分性，最终出现没有能够获取充分适当的证据的情况。

②金亚科技的母、子以及孙公司分布的范围较广，涉及英国、澳大利亚等地，而且业务也较为复杂，审计机构第一次对金亚科技实施审计，需要在短时间内全面了解情况就有很大的挑战性；而本企业对 2015 年的部分财务数据进行了一系列的调整，对于审计机构来说，需要获取更加细化的资料和证据，对调整的数据实施进一步的调查和验证。对于差错调整的基础原始资料的获取，大多需要通过亲自获取外部证据等方式，比如银行函证和企业函证，都需要银行和其他企业的配合，等待的时间往往比较长。

③金亚科技表示一直积极配合审计机构工作，积极提供相关的资料以及相关方的联系方式。

（2）实施审计的注册会计师回复。中兴华事务所表示金亚科技在审计过程中没有按照会计师事务所的要求提供完整的财务资料，因而会计师事务所没能按照计划执行所有的审计程序以获取充分、适当的审计，只能对金亚科技 2015 年年报发表无法表示意见。具体的陈述内容主要有以下三点：

①对金亚科技作出的重大差错调整的相关事项的调查。对于金亚科技对财务数据作出的重大调整，事务所制定了针对的审计程序，但由于时间紧凑导致审计程序未能完成以及金亚科技没有及时提供完整财务资料，使得事务所未能查出金亚科技更正年度采购额、销售额的重大调整的完整性。一方面，事务所对金亚科技的有关销售及采购的期初余额实施了函证程序，但回函率较低，程序的效果未能发挥。另一方面，事务所需要获取整个业务流程中的数据材料、相关的凭证单据，而金亚科技没能及时完整地给出。而且，关于差错更正的一些自查数据和材料记录，金亚科技也没有给事务所一个清楚的交代。事务所在报告日时仍未能对相关数据进行核对。由于上述原因，事务所无法通过适当的审计程序获取充分、适当的审计证据以确认重大会计差错更正的准确性及完整性，无法对此发表意见。

②对周旭辉占用公司资金问题的审查。根据金亚科技在 2015 年年报中的披露，2015 年年初账面中未发现与周旭辉存在往来，而 2015 年期末账面应付公司实际控制人周旭辉 39 027.75 万元，经金亚科技差错调整后得出应收周炳辉 17 757.04 万元。事务所检查了金亚科技以前年度的相关账务处理情况并询问了相关人员，未能实施完整的审计程序，没能获取与周炳辉占用资金有关的充分的证据，无法对此发表意见。

③对金亚科技的联营企业鸣鹤鸣和的长期股权投资期末价值以及投资收益的审查。事务所成立了项目审计组对鸣鹤鸣和公司实施现场审计，经过金亚科技管理层与鸣鹤鸣和的实控人协商，鸣鹤鸣和同意协助审计工作，但在具体的配合力度上仍显不足，未能充分提供事务所要求的资料。事务所最终未能完成必要的审计程序，无法确定金亚科技对鸣鹤鸣和公司持股的投资收益以及长期股权投资期末价值的准确性，无法确定鸣鹤鸣和公司合并财务报表不存在重大错报。

上述事项存在重大错报风险，而中兴华事务所在执行审计工作中，审计范围受到限制，无法实施完整的必要的审计程序以获取充分、适当的审计证据，得出恰当的审计意见。因为未发现的错报涉及的范围广，对财务报表可能产生很大的影响，根据《中国注册会计师审计准则第 1502 号——非标准审计报告》第十条规定，中兴华事务所不能对金亚科技报出的 2015 年度财务报表发表审计意见。

（三）诊断完毕——案件结果

2016 年 5 月 17 日，深交所发布了《关于对金亚科技股份有限公司及相关当事人给予公开谴责处分的公告》，对金亚科技一案作出违规认定及处罚决定。

1. 经深交所查明，金亚科技及相关当事人存在以下违规行为：

（1）金亚科技实控人周旭辉在 2015 年期初非经营性占用该企业资金余额 17 757.04 万元。

（2）金亚科技分别于 2015 年 8 月 31 日、2016 年 1 月 18 日以及 2016 年 4 月 30 日对其 2014 年年报进行了会计差错更正并追溯调整相关财务数据导致如下结果。其财务数据调整经过如表 6-15 所示。

表 6 – 15　　　　　　　　　金亚科技财务数据调整经过

调整日期	公告名称	调整结果
2015 年 8 月 31 日	关于对以前年度重大会计差错更正与追溯调整的公告	更正前与更正后营业利润、利润总额、净利润、净资产的差异超过 50%，未分配利润差异金额为 30 761.49 万元，净资产差异金额为 31 433.13 万元，净利润差异金额为 1 931.11 万元。
2016 年 1 月 18 日	关于自查报告的公告	进一步补充说明
2016 年 4 月 30 日	2015 年年度报告	又一次调整了 2014 年度的财务报表数据，其中调减资产总额 32 896.03 万元、调减净资产 32 499.98 万元、调减净利润 2 485.97 万元。

资料来源：深交所《关于对金亚科技股份有限公司及相关当事人给予公开谴责处分的公告》。

中兴华会计师事务所给金亚科技的 2015 年年度财务报告出具了无法表示意见的审计报告，审计范围严重受到限制。

2. 深交所对金亚科技作出如表 6 – 16 所示的处分决定。

表 6 – 16　　　　　　　　　深交所对金亚科技处分决定

处分对象	职　位	处分决定
金亚科技股份有限公司	—	公开谴责
周旭辉	实际控制人	公开谴责
王海龙	董事兼副总经理	公开谴责
何苗	董事兼董事会秘书	公开谴责
陈宏	独立董事	公开谴责
罗进	时任董事	公开谴责
陈维亮、周良超	时任独立董事	公开谴责
曾兴勇、张世杰、刘志宏	时任监事	公开谴责
丁勇和	时任副总经理兼财务总监	公开谴责

资料来源：深交所《关于对金亚科技股份有限公司及相关当事人给予公开谴责处分的公告》。

对于以上的违规认定及相应的处分，将会被计入金亚科技的诚信档案，并且向社会大众公布。

三、讨论题目

1. 财务报表审计意见有哪几种？分别于什么情况下出具？

2. 有哪些原因会导致立信会计师事务所对金亚科技 2014 年财务报表出具标准无保留意见？该次审计是否属于审计失败？

3. 中兴华会计师事务所未能表示审计意见的具体因素有哪些？为了尽量减少出具无法表示意见的情形，你对中兴华会计师事务所有哪些建议？

4. 深交所将中兴华事务所无法表示审计意见作为金亚科技违规行为认定之一，是否合适？

5. 无法表示意见的审计报告对社会等各方有何影响？结合所学知识谈谈你的看法。

6. 对金亚科技 2015 年财务报表存在重大错报风险评估判断的合理性表现在哪些方面？

案例使用说明

一、本案例要解决的关键问题

本案例要实现的教学目标，在于引导学生进一步关注审计意见的形成及影响。根据本案例资料，一方面，学生可以进一步了解不同审计意见的形成因素及影响；另一方面，学生可以重点掌握出具无法表示意见的审计报告对相关各方的影响，进一步思考减少无法表示意见的审计报告以提供给公众更加明确信息的途径。

二、案例讨论的准备工作

（一）理论背景

本案例需要学生识别的知识点主要包括：会计重大差错调整等规范，审计意见的类型及出具条件，审计机构的审计职责，企业在被审计时应当履行的义务等知识。

（二）企业背景

金亚科技股份有限公司总部位于成都市蜀西路 50 号，成立于 1999 年 11 月，注册资金 2.646 亿元人民币。2009 年 10 月成功登陆深交所创业板，股票代码 300028。通过引进吸收和自主创新，公司具备数字电视系统端到端的设计、集成、工程施工的能力和实际经验。作为国内拥有最完整的数字电视软、硬件产品体系的企业，金亚科技经过十年的发展在国内广电行业取得了骄人的成绩。2015 年 6 月，金亚科技及其实控人周旭辉因涉嫌违反证券法律法规被证监会立案调查。随后金亚科技分别于 2015 年 8 月 31 日、2016 年 1 月 18 日以及 2016 年 4 月 30 日对其 2014 年年报进行了会计差错更正并追溯调整相关财务数据，导致更正前后营业利润、利润总额、净利润、净资产的变动幅度超过 50%。金亚科技 2014 年度报告由立信会计师事务所审计并且是标准无保留审计意见。中兴华会计师事务所在审计完成后表示由于无法得到充分的审计证据表明金亚科技的差错调整、实控人周旭辉占用资金以及关联方收益等数据的正确性，故发表了无法表示意见的审计报告。对金亚科技2015年年度报表出具了无法表示意见的审计报告，引起一片哗然。随后金亚科技披露的2015年年报因"是否履行配合审计义务""自查的2014年财务数据前后矛盾"等问题遭到深交所问询。股民们都非常急切地希望金亚科技的后续调查尽快能给出一个结果。中兴华给出的无法表示审计意见给公众的心理压上了一块大石头，引起社会广泛关注。

（三）制度背景

《会计法》《企业会计准则》和相关的会计法规关于会计处理的界定，《注册会计师法》和《中国注册会计师执业准则》对审计职责的规定，注册会计师执业道德准则的相关要求，新审计准则对审计质量的要求。

三、案例分析要点

（一）需要学生识别的关键问题

本案例需要学生识别的知识点主要包括：不同审计意见的出具条件，审计机构的职责，审计意见对相关方的影响，减少无法表示意见的途径。

（二）解决问题可供选择的方案及评价

1. 关于审计机构出具不当审计意见的原因。

（1）从被审计单位的角度来说。第一，上市企业的业务和规模都比较大，要进行日常管理，形成完整的会计及非会计资料，需要建立健全内部管理体系，完善内部控制。企业不同的业务循环，要涉及不同的处理部门和大量的凭证，如销售与付款循环，其包括的主要业务活动有接受客户订单、批准销售信用、根据销售单编制发运凭证并发货、按销售单装运货物、向客户开具发票、记录销售、办理和记录现金银行存款收入、办理和记录销售退回、销售折扣与折让、提取坏账准备以及核销坏账等，涉及的主要单据与会计记录有客户订购单、销售单、发运凭证、销售发票、商品价目表、贷项通知单、应收账款账龄分析表、应收账款明细表、主营业务收入明细账、折扣与折让明细账、汇款通知书、现金日记账和银行存款日记账、坏账核销审批表、客户对账单、转账凭证以及现金和银行凭证。而这些业务和单据的记录和保存需要通过从适当的职责分离、恰当的授权审批、充分的凭证和记录、凭证的预先编号、按月寄出对账单以及内部核查程序等方面设计的内部控制来提供保障。而现代企业存在不少内部控制体系不完善或者形同虚设的情况，导致各项经济业务的处理混乱，以至于无法形成并保存相应的资料。第二，资金对于企业来说是重要的"生存血液"，通过完美的财务报表展现企业后会更容易赢得投资者的青睐而获取更多的资金。尤其是对于将要实行IPO的企业来说，财务报表的业绩要求更为苛刻，因而有很多的企业使用各种舞弊手段进行财务数据造假，出具虚假财务报表。从近年来上市公司财务造假手段看，企业不仅是在企业内部账本上做手脚，还通过与关联方串通、与上下游达成违法协议等方式虚构交易，电算化的广泛应用使得许多审计证据以电子形式存在，被篡改的而难以发觉的风险也加大。

（2）从注册会计师角度来说。第一，会计师事务所的能力是能否出具适当审计意见的关键。我国的注册会计师是指取得注册会计师证书并在会计师事务所执业的人员。注册会计师执业资格考试合格，并在中国境内从事审计业务工作2年以上者，可以通过所在的会计师事务所向事务所所在地的省级注册会计师协会提交材料，申请注册为执业会员（即签字注册会计师），签字注册会计师即可在所在会计师事务所开展审计执业活动。虽然签字会计师是经过严格考核才能执业，但执业前的工作水平与执业时工作要求的水平还是存在一定差距，因而对于新的签字注册会计师来说，执业能力仍需要一段时间的提高。而我国的部分会计师事务所，存在着挂证的情况，即注册会计师名义上属该会计师事务所，实际上并不在该会计师事务所工作。那么会计师事务所的实际执业水平就有待进一步考证了，有可能会因为没有胜任能力而出具不当审计意见。第二，会计师事务所的职业道德素养很有可能影响审计意见的适当性。例如，虽然现行的审计准则规定会计师事务所按照审计的复杂程度收取审计费用，但实际上却并没有明确地对审计资源消耗程度的规定，也没有明确的检查机制以控制审计收费与审计质量的关系。审计收费实际上却更倾向于按照会计师事务所的级别来确定。较大的会计师事务所因而在能收到一定费用的情况下，注册会计师很有可能抛弃职业道德而选择减少执行必要审计程序或者不实施进一步审计程序以获取充分适当的审计程序。第三，审计工作往往受到很多客观因素的影响。被审单位规模大、业务复杂、审计时间太短等情况，都会增加注册会计师工作的难度，即使实施了合适的审计程序，也未必能发表适当的审计意见。

（3）企业与审计机构狼狈为奸。无论是上市企业还是会计师事务所，都需要监管者的监督加以约束。目前的法律法规对于违规违法行为的惩处力度普遍较低，使得上市企业财务造假、会计师事务所与被审单位串通等行为屡禁不止。立信两次受罚的金额都只是没收当次收入，对签字注册会计师的处罚力度也不强，故在大智慧受罚之后一年不到的时间，立信又再次铤而走险。只要上市企业和会计师事务所的违法违规行为付出的代价小于得到的利益，就永远会存在以身试法的行为。

2. 关于不同审计意见的影响。标准的无保留意见向公众传递一种积极的信号，有助于树立诚信的企业形象，增加客户的信赖度和忠诚度，是一种积极的广告。带强调事项段的无保留意见整体给公众诚信的印象，但由于强调事项一般是关于企业持续发展能力或内控管理等内容，对于股东和债权人可能有较大的影响，因而对于企业来说，需要加以重视。保留意见向公众传递了模糊的印象，对于敏感类相关利益人可能有一定的影响。否定意见传递消极影响，很有可能导致企业股价下跌，并引起相关部门调查，或面临罚款等处罚。无法表示意见同样是模糊印象，很有可能引起各部门的调查，对审计机构也会带来一种执业能力上的质疑。

3. 关于审计失败问题。按照中国注册会计师审计准则的规定，对财务会计报表发表审计意见是注册会计师的责任。注册会计师作为独立的第三方，对财务会计报表发表意见，有利于提高财务会计报表的可信赖程度。为履行这一职责，注册会计师应当遵守职业道德规范，按照审计准则规定计划和实施审计工作，收集充分、适当的审计证据，得出合理的审计结论，发表恰当的审计意见。注册会计师通过签署审计报告确认其责任。审计失败是指注册会计师由于没有遵守公认审计准则而形成或提出了错误的审计意见。出现经营失败时，审计失败可能存在，也可能不存在。另外，还可能存在这样的情况，即审计人员确实遵守了审计准则，但却提出了错误的审计意见，这种情况称为审计风险。审计风险是财务会计报表事实上存在重大错报时，注册会计师却认为报表是合法和公允的而发表了无保留意见的可能性。在发生经营失败而不是审计失败时，困难就产生了。当某一公司破产或无力偿还债务时，报表使用者往往指责审计失败，特别是在破产的最近会计期间发表的审计意见说明报表是公允的，情况更是如此。报表使用者在被审计单位发生经营失败时指责审计失败，部分原因是他们不了解注册会计师的作用，不能区分经营风险、审计失败以及审计风险之间的差别。指责审计失败的另一部分原因是遭受损失的人们希望得到补偿，而不管错在哪一方。

4. 关于正确发表审计意见。具体来说，可以从五个方面着手：（1）严格遵循职业道德规范和执业准则。注册会计师如果要为社会公众提供高质量、可信赖的专业服务，就必须强化职业道德意识，提高职业道德水准和执业能力。少数注册会计师忽视职业道德规范的要求，在执业过程中往往处于被动地位，甚至帮助被审计单位掩饰舞弊。当发生审计诉讼时，此类注册会计师必然会受到应有的处罚。还有少数注册会计师在执业过程中对有关被审计单位的问题未持有应有的职业谨慎，或为节省时间而缩小审计范围和简化审计程序，这些都会导致财务会计报表中的重大错报不被发现，从而可能使注册会计师成为被告。因此，注册会计师应当树立强烈的风险意识、责任意识和道德意识，保持良好的职业道德，严格遵循专业标准的要求执业、出具报告，对于避免法律诉讼尤其重要。（2）建立、健全会计师事务所质量控制制度。会计师事务所不同于一般的公司、企业，质量管理是会计师事务所各项管理工作的核心和关键。如果一个会计师事务所质量管理不严，很有可能因某一个人或某一个部门的原因导致整个会计师事务所遭受灭顶之灾。许多审计中的差错是由于注册会计师失察或未能对助理人员或其他人员进行切实的监督而发生的。对于业务复杂且重大的委托来说，其审计是由多个注册会计师及许多助理人员共同配合完成的。如果他们的分工存在重叠或间隙，又缺乏严密的执业监督，发生过失是不可避免的。因此，会计师事务所必须建立健全一套严密、科学的内部质量控制制度，并把这套制度落实到每一个部门、每一个人和每一项业务，迫使注册会计师按照专业标准的要求执业，保证整个会计师事务所的质量。（3）招收合格的人员，并予以适当的培训和督导。对于大多数审计项目来说，相当多的工作是由缺乏经验的助理人员来完成的。对会计信息公允和正确与否的识别、估测、评价都大量依靠注册会计师的专业判断。没有注册会计师的丰富经验及由经验积累而成的判断，会计师事务所就要承担审计失败的风险。因此，防止审计失败的措施之一就是必须严格助理人员条件，还要对他们进行有效的业务培训和道德教育，并在审计工作过程中对他们进行适当的监督和指导。（4）谨慎选择被审计单位。中外注册会计师法律案件告诉我们，注册会计师如欲避免法律诉讼，必须慎重地选择被审计单位。被审计单位如果对其顾客、职工、政府部门和其他方面没有正直品格，则出现差错和舞弊行为的可能性就大，审计失败的概率就比较高。即使扩大审计测试的规模，注册会计师也难以使总体审计风险的水平降低到社会可接受的程度内，出现法律纠纷的可能性就比较大。因此，注册会计师在接受委托前，就应采取与前任注册会计师联系等程序，评价管理层的品格。一般来说，不宜与下列被审计单位打交道：曾经有不诚实的记录或在业界的声誉不佳；以前年度曾经发生过舞弊或违反法律法规行为的；管理层过分强调盈利预测性的实现和企业股价表现的；管理层过去常与注册会计师发生争议，或曾经欺骗过注册会计师，或对注册会计师不够尊重的；经常变更会计师事务所、倾向于购买审计意见的；经常从事内幕交易的；倾向于采用不稳健的会计政策和不适当的冒险做法的；面临较大的经济和财务压力、陷入财务困境的。（5）深入了解被审计单位的业务。在很多案件中，注册会计师之所以未能发现错误，一个重要的原因就是他们不了解被审计单位所在行业的情况及被审计单位的业务。会计是经济活动的综合反映，不熟悉被审计单位的经济业务和生产经营实务，仅局限于有关的会计资料，就有可能发现不了某些错误。

（三）推荐解决问题的方案

1. 关于审计意见类型的选择。注册会计师在认为被审计单位编制的财务报表已按照适用的会计准则的规定编制并在所有重大方面公允反映了被审计者的财务状况、经营成果和现金流量的情况下，对财务报告发表标准无保留意见。立信会计师事务所对金亚科技 2014 年的财务报告发表了标准无保留意见，而金亚科技在 2015 年 8 月 31 日披露的《关于对以前年度重大会计差错更正与追溯调整的公告》中对 2014 年度财务报表进行会计差错更正并追溯调整相关财务数据，导致更正前后营业利润、利润总额、净利润、净资产的变动幅度超过 50%，且未分配利润差异金额达 30 761.49 万元、净资产差异金额达 31 433.13 万元、净利润差异金额达 1 931.11 万元。金亚科技 2016 年 1 月 18 日披露的《关于自查报告的公告》对上述调整作了进一步补充说明。金亚科技 2016 年 4 月 30 日披露的《2015 年年度报告》再次追溯调整了 2014 年度财务报表数据，其中调减资产总额 32 896.03 万元、调减净资产 32 499.98 万元、调减净利润 2 485.97 万元。前后 8 个月的时间内三次反复的大幅调整 2014 年的利润金额，已经严重影响年报的真实性，无论调整后的金额是否正确，金亚科技都在信息披露上产生了严重的违规行为。而立信会计师事务所作为中国最早建立和最有影响的会计师事务所之一，排名多年居于本土前十，其在执行审计业务后对金亚科技 2014 年年报发表标准无保留意见不免让人心生怀疑。这期中的原因很大程度上可能是因为立信执业注册会计师没有勤勉尽责、敷衍了事，或者与金亚科技达成购买意见协议。因而立信事务所需要被进一步调查以明确其是否存在未勤勉尽责、未执行适当审计程序等违规行为，很有可能会承担一定的法律责任。

无法表示意见是在注册会计师的审计范围受到了限制，且其可能产生的影响是重大而广泛时，导致注册会计师不能获取充分的审计证据的情况下发表的审计意见类型。结合实际看，中兴华事务所对金亚科技 2015 年年报发表无法表示审计意见的原因可能有以下三点：第一，聘任中兴华事务所的时间滞后。按照会计师事务所常规年报审计安排，一般情况下，应于 2015 年 11～12 月对公司开展2015 年度年报的预审计工作，2016 年 1～4 月开展 2015 年度年报审计工作。因金亚科技变换年报审计机构的时间较迟，导致中兴华事务所于 2016 年 1 月 22 日正式进场，开始对金亚科技进行 2015 年度审计，于 2016 年 4 月 16 日离场。第二，金亚科技的审计业务较多、审计涉及范围较广。由于中兴华事务所第一次担任金亚科技的年度审计工作，需全面了解掌握的公司情况，在年度审计时间有限的情况下，其审计范围包含母公司及所有的国内子公司、海外子公司以及参股公司，而且海外子公司拥有的孙公司分布在英国、澳大利亚等地；其次，由于金亚科技对年报财务数据进行重大调整，加大了审计的验证项目，所需验证、获取的资料较正常情况更多、更具体、更细化，再加上金亚科技一些资料的交接问题，最终导致中兴华事务所难以在有限时间内获得充分必要的审计证据。第三，中兴华事务所的审计业务执业能力也值得进一步的印证。

2. 关于审计意见的影响。无法表示意见的审计报告对于财务报告信息使用者来说，具有一定的迷惑性，属于集中审计意见当中传递的信息量最少的一种意见类型。这种模糊的意见形式会引起投资者和监管部门的关注和警觉。很有可能导致企业股价下跌，并引起相关部门调查，或面临罚款等处罚。无法表示意见同样是模糊印象，很有可能引起各部门的调查，也会造成对审计机构执业能力的质疑。

审计意见类型对上市公司的影响非常大，根据沪深证券交易所股票上市规则的相关规定，上市公司最近一个会计年度的财务会计报告若被会计师事务所出具"无法表示意见"或者"否定意见"的审计报告，其股票将被实施退市风险警示。上市公司披露的 2015 年年报中，和金亚科技一样被会计师出具"无法表示意见"审议报告的，还有盈方微、欣泰电气、*ST 川化、烯碳新材和退市博元等。欣泰电气与金亚科技则被证监会立案调查，存在暂停上市风险。金亚科技由于财务报告被出具无法表示意见，加大了深交所对其的调查，并将其作为金亚科技违规的认定条件之一。

对于中兴华事务所来说，其出具无法表示意见也会引来对其执业能力的质疑。中兴华事务所要想给出更清晰的审计意见判断，一方面需要加强执业能力以及提高职业道德水平，不断增强能力；另一方面需要谨慎接受业务委托，综合考虑委托单位基本情况、历史沿革、所处行业、主要业务模式、内部控制情况、管理层诚信情况等，同时考虑自身的审计时间、审计资源等条件。

四、教学组织方式

（一）问题清单、提问顺序及资料发放顺序

金亚科技的控制人占用大量资金以及"数字变脸游戏"引起广泛关注，同时中兴华的无法表示意见以及立信的标准无保留意见又引来对会计师事务所执业质量的讨论。本案例注重从审计意见的角度探讨被审单位与会计师事务所之间的博弈，重点关注以下问题。

1. 财务报表审计意见有哪几种？分别于什么情况下出具？

2. 有哪些原因会导致立信会计师事务所对金亚科技 2014 年财务报表出具标准无保留意见？该次审计是否属于审计失败？

3. 中兴华会计师事务所未能表示审计意见的具体因素有哪些？为了尽量减少出具无法表示意见的情形，你对中兴华会计师事务所有哪些建议？

4. 深交所将中兴华无法表示审计意见作为金亚科技违规行为认定之一，是否合适？

5. 无法表示意见的审计报告对社会等各方有何影响？结合所学知识谈谈你的看法。

（二）课时分配

1. 课后自行阅读材料：约 2 小时；

2. 小组讨论并提交分析报告提纲：约 2 小时；

3. 课堂小组代表发言并进一步讨论：约 2 小时；

4. 课堂讨论总结：约 0.5 小时。

（三）讨论方式

小组式案例讨论；正方反方分组式讨论；角色扮演式讨论。

（四）课堂讨论总结

课堂讨论总结的主要内容包括：归纳发言者的主要观点；重申其重点和亮点；提醒大家对问题的焦点、有争议问题进行进一步思考；建议学生对案例素材进行扩展研究和深入分析，提出自己独到见解。

案例 19

审计的风险管理

——万福生科案与洪良国际案对比

唐 华 刘 静

近年来，会计师事务所及注册会计师与 IPO 审计相关的诉讼案件时常发生，使注册会计师行业声誉受损，并严重影响了注册会计师行业的健康发展。2013年，创业板造假第一股万福生科（全称万福生科农业开发股份有限公司，证券代码：300268，以下简称万福生科）事件的发生再一次动摇了资本市场的稳定性，引发了投资者的讨论与关注，监管者对会计师事务所尤其是项目责任人的处罚力度前所未有。而在中国香港证券史上最严厉的一次处罚案例中，为洪良国际控股有限公司（以下简称洪良国际）审计的毕马威国际会计公司（以下简称毕马威）虽然审计失败，并且还有审计人员涉嫌收受贿赂的行为，但是毕马威并没有受到香港证监会的处罚。相似的事件出现不同的处理结果，各路媒体和很多投资者不禁要提出这样的疑问，毕马威是如何躲避了香港证监会的处罚？我们这里把关注的焦点放在审计风险管理环节。

一、背景简介

（一）创业板市场利益驱动

IPO 全称 initial public offerings（首次公开募股），是指股份有限公司或有限责任公司首次向社会公众公开招股的发行方式。由于企业一旦上市成功，就可以募集到丰厚的资金，带有功利目的申请 IPO 的企业可能会利用各种不合法手段以求上市成功，这就增加了财务报表的重大错报风险，加大了审计难度。2009 年创业板开闸后，IPO 市场容量呈倍数放大，很多会计师事务所、券商都投入重点资源，抢占市场。由于更换会计师事务所容易受到监管层和投资者的检查和怀疑，所以公司从 IPO 开始接触到上市后的年度审计，一般都由一家会计师事务所独立承揽。连续审计和周期长的特点使得审计费用很高，而即便发行人上市失败，会计师事务所的审计费可以照收不误，带来的直接结果是利益的驱动使 IPO 审计外勤周期缩短，这都为日后风险矛盾的积累爆发埋下了伏笔。

（二）证监会重拳整治资市市场造假

资本逐利的本性决定，信息欺诈、内幕交易、操纵市场等投机违法行为是市场的伴生物，具有长期性固有性，不会因为市场成熟、加强管理就能完全消失。因此，每年四大检查机构（证监会、中国注册会计师协会、财政部专员办、审计署）都会进行例行检查，检查包括质控体系、职业道德、基本项目质量、培训情况、独立性等方方面面，以此关注审计质量，比如在独立性方面，就会对收费较低的事务所比较关注，计算其成本，看收入是否低于市场价格。2013 年以来，上市公司被立案调查的数量大幅增长，尤其自证监会主席肖钢上任以来，仅 8 个多月的时间里就有 50 余家上市公司收到了来自中国证监会的调查通知书。特别是在 10 月 1 日发布《中国证券监督管理委员会派出机构行政处罚工作规定》的一月内，平均每两天就有两家上市公司遭到核查。舆论普遍认为证监会正处于"史上最严执法期"：严打信息披露违规、处罚财务造假企业。仅 IPO 核查就逼退三成排队企业，证监会对资本市场的整肃逐步形成升级态势。

二、案例概况

（一）公司概况

万福生科和洪良国际概况如表 6 – 17 所示。

表 6 – 17   万福生科和洪良国际概况

项目	万福生科（湖南）农业开发股份 有限公司证券代码：300268	洪良国际控股有限公司 （香港联交所，00946）
成立时间地点	2003 年湖南	1993 年成立于福建福清，由台商萧登波创办
股份制改造	2009 年 10 月 7 日，经股东会审议通过，整体变更设立万福生科湖南农业开发股份有限公司	
上市时间	2011 年 9 月 27 日正式登陆创业板	2009 年 12 月 24 日在香港联交所上市
募集资金额度	发行价格为人民币 25 元/股，发行募集资金总额为 4.25 亿元	以每股 2.15 港元的价格发行 5 亿股，筹资净额约 10 亿港元
上市目的	政府推动	洪良国际力图"转型"，上市后，该公司将大力拓展零售品牌业务
行业地位	省级农业产业化龙头企业、省级高新技术企业	内地著名连锁品牌 MXN（麦根）、最大的多功能及高科技布料生产商
主要业务	从事稻米精深加工研发、生产和销售的企业	在内地经营休闲服品牌和纺织品生产，同时给李宁、安踏、Kappa 等运动类服装品牌提供代工服务
公司类型	民营企业	民营（台资）企业
审计师	中磊会计师事务所	毕马威国际会计公司

通过表6-17可以看出，两家公司都是具有规模、拥有一定地位的股份有限公司，为了实现规模发展，需要进行上市，不同的是，万福生科的上市有着当地政府的更多技术和政策大力支持，因为在万福生科之前，常德（万福生科所在城市）当地企业上市基本陷于停滞，公司所在的桃源县，更是从未有过公司上市的"业绩"。

洪良国际是一家传统布料生产商，上市的目的是力图转型，要大力拓展零售品牌业务。在上市融资计划中，洪良国际拟把35%用作扩展MXN品牌旗舰店，超过10%将用作收购扩张，26%将用作拓展MXN的品牌业务，22.5%用作购买节能设备，其余款项用作一般营运资金。从洪良国际融资用途上看，有超过一半的资金直接用于旗下品牌的扩张，显现出洪良国际发展品牌业务的决心。那么，两家公司的造假是如何被发现的呢？

（二）财务造假案发始末描述

1. 万福生科财务造假案发始末。

（1）造假案发。2012年8月，湖南证监局上市公司检查组对万福生科进行上市后的例行现场检查，检查组很快发现了万福生科2012半年报预付账款存在重大异常：公开披露的资产负债表显示，预付账款余额为1.46亿元，而科目余额表显示，万福生科预付账款余额超过3亿元，预付账款"账表不符"；财务总监解释称为了让报表好看一点，将一部分预付账款重分类至在建工程等其他科目，但检查组职业敏感让其意识到如此畸高的预付账款绝对不正常，因为上年同期才只有0.2亿元，那么这些预付账款去哪里了？

检查组立即追查到银行，追踪资金真实去向，银行真实的资金流水显示，账上列示预付8 036万元设备供应款根本就没有打给供应商（法人），而是打给自然人；再一比对，发现下游回款根本不是客户（法人）打进来的，而是自然人打进来的。现场检查组发现万福生科银行回单涉嫌造假重大违法事实之后，湖南证监局立即于2012年9月14日宣布对其立案调查，案情上报之后得到证监会高度重视，9月17日中国证监会稽查总队宣布对其立案调查。在铁的事实面前，财务总监无奈交出私人控制的56张个人银行卡，稽查大队又在现场截获存有2012年上半年真实收入数据的U盘，从此揭开了一个伪造银行回单14亿元、虚构收入9亿多元的惊天大案。

（2）拨开云雾。万福生科如何"玩转"9亿元假账？万福生科的造假模式是用公司的自有资金打到体外循环，同时虚构粮食收购和产品销售业务，虚增销售收入和利润。

为完成资金体外循环，万福生科借用了一些农户的身份去开立银行账户，并由万福生科控制使用，有些个人银行账户甚至连农户本人都不知道。具体流程是，它首先把自己账上的资金打到其控制个人账户上去，同时在财务上记录粮食收购的预付款，再相应的做粮食收购的入账，完成原材料入账。之后再把这些实际控制的个人账户的钱，以不同客户回款的名义分笔转回到公司的账户上，财务上对应地做这些客户的销售回款冲减应收款，接下去再相应的做客户销售收入等账目，利用资金的循环达到虚增销售收入的目的。在资金循环过程中，除伪造大量的银行凭证外，还使用了现金存取的方式，整个造假流程都有真实的购销合同、入库单、检验单、生产单、销售单、发票等"真实"的票据和凭证去对应，如果把中间的某张单据单独拿出来，形式上没有问题，但实际上该笔业务却是虚假的。虚构业务的整个造假流程很逼真、很难辨别。所以如果不去追查资金的真实来源，只凭单据的形式核查是发现不了问题的。

（3）会计师事务所失职。那么进行 IPO 审计的会计师事务所为何没有发现万福生科虚构大客户回款事实呢？审计师核查客户银行流水基本通过银行对账单进行，而相当部分银行对账单没有显示"对方户名"，这就给了万福生科浑水摸鱼的机会，将经纪人账户打进的钱包装成大客户的回款，万福生科伪造了银行回单，甚至也伪造了部分银行对账单，这导致直接从银行对账单入手无法核查银行流水真实性。虽然中磊会计师事务所 2011 年报审计时也对 8036 万元预付设备款作了供应商访谈、函证和拍照，但并没有深入进行重大错报风险评估和分析程序，未能发现虚增利润的财务操纵行为，导致审计失败。

首先，万福生科所处的稻米加工行业早在 2009 年就开始发生重大变化，全国大米加工企业由于原料供应不足爆发了大面积停产危机，但万福生科在招股书中，对 2011 年上半年由于断粮危机造成的停产只字未提，对此，中磊事务所没有充分关注万福生科所处的行业重大变化，识破其原材料供应谎言，以识别和评估重大错报风险。其次，中磊会计师事务所如将万福生科的销售毛利率与同行业公司相比较，就会发现，2008～2010 年，万福生科淀粉糖毛利率分别高达 27.7%、29.39%、28.13%，与生产同类产品的公司相比，在其核心产品、营运能力、资本结构皆远不如江西恒天的情形下，万福生科实现净利润是其竞争对手的三倍。

在证监会检查组对万福生科 2012 年上半年年报例行检查结论尚未公布之时，中磊会计师事务所对万福生科 2012 年报审计出具了"带强调事项"的保留意见审计报告，并提醒称，万福生科 2008～2012 年上半年自查会计报表存在重大虚假信息，一旦公司股票终止上市或被暂停上市，则可能导致公司巨额的银行贷款难以展期，同时也可能导致巨额的民事赔偿责任和行政处罚。

2. 洪良国际财务造假案发始末。

（1）案发始末——缘起毕马威职员的举报邮件。2010 年 2 月 20 日，在毕马威香港办公室楼下，一位名叫陈秋云的协助洪良国际上市的"中间人"，将一满袋现钞递给毕马威职员刘淑婷，作为她为洪良国际提供审计服务的额外报酬。刘淑婷拒绝接受这笔钱，但随后，毕马威高级经理梁思哲将这笔 10 万港元的现金带上了办公室给刘淑婷。梁思哲是刘淑婷的上司，跟她一块参与了洪良国际的 IPO 审计。刘淑婷随后获悉，梁思哲收受了来自洪良国际的 30 万港元现金。2010 年 3 月 1 日，刘淑婷将此事以邮件的方式，向毕马威负责内部调查的合伙人何咏璇进行了汇报。随即，该合伙人两度约谈梁思哲，但梁思哲一度否认其收受赂。毕马威于是紧急启动了对洪良国际IPO审计项目的核查，并且发现了一些差异及问题。经毕马威向监管机构报告，香港证券及期货事务监察委员会（以下简称香港证监会）及廉政公署相继介入该案的调查，并于2010年3月29日对洪良国际展开法律程序。自此，揭开了洪良国际造假的内幕。于是，2010年3月30日，上市仅仅3个月，香港证监会入禀高等法院，指控洪良国际招股书资料虚假并具有误导性，严重夸大财务状况，勒令洪良国际即日停牌。2010年5月10日，毕马威请辞审计师职务并生效。

（2）造假手段。香港证监会调查发现，洪良国际的营业额、税前盈利和现金数据均失实。营业额虚报超过20亿元人民币，盈利夸大近6亿元人民币，招股章程内载有多项不实及严重夸大陈述。财务造假表现为：

其一，销售额异常膨胀。2008年5月，洪良国际为发展零售业务以1.4亿元收购福建石狮麦根服饰。根据香港证监会披露的资料，洪良国际在2006～2008年收购之后的13个月时间，为洪良国际带来匪夷所思的1.54亿元毛利，已超过原始投资额的销售收入分别被夸大了约3.81亿元、7.09亿元及9.75亿元，当年实际收入分别被虚增了1.4倍、3.2倍及3.3倍。

其二，其服装零售业务的毛利率表现不正常。公司主要生产综合化纤类针织布料，属于传统的低毛利加工企业。最多的10%左右，但洪良国际2006～2008年报告的毛利率居高不下且逐年增长，分别为23%、25%和28%，远高于同业水平。2009上半年，洪良国际零售服装的平均售价由2008年的64.6元大跌28%至46.5元，但其毛利却奇迹般上升了近9%。

其三，相悖的业绩报告。洪良国际招股说明书披露，2006～2008年的税前利润分别为1.16亿元、1.95亿元和3.09亿元，年复合增长率高达60%。根据香港证监会的披露，2006～2008年的税前利润分别夸大了1.02亿元、1.85亿元及2.98亿元，分别虚构暴增8.3倍、18.5倍和27.1倍。

其四，虚增的现金流。在账务数据处理上，洪良国际通过彻底捏造现金及银行存款，来支撑其虚构的高增长和强盈利能力，每年虚增的"现金及其等价物"同虚增的税前利润非常匹配。洪良国际招股书披露的2006～2008年末账面"现金及其等价物"分别为0.89亿元、1.75亿元和2.38亿元，但按香港证监会的披露，其虚增的"现金及其等价物"分别为0.67亿元、1.65亿元和2.05亿元，几乎完全在虚构"现金及其等价物"。

（三）案发后状况描述

万福生科和洪良国际分别被中国证监会和香港证监会正式立案调查，经历了自查、监管机构调查、披露处罚结果等过程，有关两家公司的造假手段及相应的会计师事务所受到的影响见表6-18。

表 6－18 万福生科和洪良国际造假被查处过程描述

公司 项目	万福生科（湖南）农业开发股份 有限公司证券代码：300268	洪良国际控股有限公司 （香港联交所，00946）
成立时间地点	2003 年湖南	1993 年成立于福建福清，由台商萧登 波创办
审计师	中磊会计师事务所	毕马威国际会计公司
正式开始调查	2012 年 9 月 14 日湖南省证监局立案稽查，9 月 19 日万福生科停牌接受中国证监会立案调查	2010 年 4 月香港证监会介入调查
财务造假手段	利用公司自有资金进行体外循环，同时虚构粮 食收购和产品销售业务，虚增销售收入和利润	通过捏造现金及银行存款，来"支 撑"其虚构的高增长和强盈利能力； 通过收购数量众多、分布零散的服装 零售网点，编造虚假的财务数据
审计失败原因	未实施风险评估程序，未有效函证往来款项，未 执行有效的分析程序	未执行有效的分析程序，未有效函证 往来款项
发现契机	监管部门（证监会核查组）的一次常规督导	职员举报，毕马威自查
对会计师事务 所处理结果	2013 年 10 月 8 日中国证监会行政处罚决定书 （中磊会计师事务所有限责任公司）［2013］ 52 号	毕马威未受到处罚
处罚内容	中磊会计师事务所被没收业务收入 138 万元， 并处以 2 倍的罚款，撤销其证券服务业务许可。 对签字会计师王越、黄国华给予警告，并分别 处 10 万元、13 万元罚款，均采取终身证券市 场禁入措施。对签字会计师邹宏文给予警告，并 处 3 万元罚款	香港证监会迫使洪良国际按照停牌前 的股价将募集的资金退还中小股东

（四）会计师事务所质量控制和风险管理

1. 毕马威会计师事务所的风险管理策略。毕马威由于及时采用了风险管理策略，有效规避了声誉和经济上的巨大损失。由于内部规则和程序明确禁止任何人士向会计师事务所的员工做出任何馈赠，毕马威宣布暂停梁思哲的职务。在内部调查后，毕马威主动向监管机构举报其内部成员在为洪良国际全球发售股份招股书拟备会计师报告时可能曾经收取现金礼物。毕马威还表示，由于与客户的关系已经受损，无法独立完成审计洪良国际截至 2009 年 12 月 31 日年度的财务报表，于 2010 年 5 月 10 日请辞审计师职务并生效。

通过毕马威此次事件的处理过程，可以看出毕马威有着明确的审计质量控制内部规则和程序，一旦涉及有收受礼品甚至贿赂的问题，所产生的影响是非常重大的，审计师的独立性将会受到非常大的影响，以至于几乎没有防范措施可以将其降低至可接受的水平。毕马威发现了受贿行为，没有隐瞒并马上报告给相关的监管机构，之后立即向被审计单位请辞，也正是其 IPO 审计风险管理的一种策略。香港会计师公会也表示不会对毕马威及其注册会计师追究责任。

洪良国际造假案从表面上看，似乎是一起突发事件（即邮件举报）使毕马威躲避了香港证监会的处罚；实质上，这与会计师事务所员工的职业道德、员工本身意识到的法律责任密切相关，而这些都是会计师事务所质量控制的组成部分。

2. 两家会计师事务所的质量控制状况描述。会计师事务所内部质量控制关系到出具业务报告的质量、为客户服务的水准，说到底关系到事务所的生存和发展。会计师事务所的风险管理与其质量控制密切相关。而质量控制结果与分所政策及管理模式等要素息息相关。2010年财政部颁布《会计师事务所分所管理暂行办法》，在财政部和中注协"做大做强"政策积极推动下，会计师事务所纷纷通过设立分所或合并其他事务所并将其改造为分所的方式迅速扩大规模，会计师事务所的质量控制通常受到分支机构的设置及管理情况、组织形式、事务所分所设立动因、业务分配机制、业务特点等多方面因素的影响。参与审计的两家事务所均属于分所形式，具体比较如表6-19所示。

表6-19 中磊会计师事务所和毕马威影响质量控制要素（部分）描述

项目 \ 公司	万福生科——中磊会计师事务所	洪良国际——毕马威国际会计公司
管理模式	总分所管理模式①	采用统一模式管理中国业务
组织形式	有限责任公司制	特殊普通合伙
自身规模②	行业内排名前20的事务所	国际四大会计公司之一
设立动因③	非战略动因④、市场机会	非战略动因、市场机会
业务的性质和复杂程度	农业类上市公司存在现金交易量大、采购和销售较为分散、存货盘点困难等特点，审计风险较高	纺织及服装类上市公司存在复杂关联方交易、销售渠道繁多分散、盈余管理等特点，审计风险处于中等偏上
业务分配机制	各自执业或业务协调⑤	各自执业或业务协调
签字注册会计师来源	王越、黄国华（广西分所）⑥	梁思哲、刘淑婷（香港分所）

① 总分所管理模式，往往是由一个具有特殊资质的规模较大的事务所在各地吸收分所，而这些分所与规模较大的总所在经营理念上具有较大的相似性，对外总所和各地的分所是一个统一的法人实体，对外统一承担审计风险。

② 李成花（2010）通过数据描述对具有证券期货从业资格的事务所分所特征进行了总结：证券资格会计师事务所分所总体规模偏小，七成以上分所注册会计师人数小于30人，规模小会导致质量管理不到位。

③ 有学者（王兵、辛清泉，2010）研究发现会计师事务所分所审计质量较总所低，这种特征主要体现在"非十大"会计师事务所设立的分所中，这可能源于很多"非十大"会计师事务所并不是自身业务发展的需要，因此对分所的质量检查和人员培训管理较少，导致分所质量更低。

④ 非战略型动因下，会计师事务所迫于业务拓展的需要，被动地搞合并，不断地扩大事务所的规模，但如果事务所没有远期的战略规划作为事务所成立分所的支撑，成立的分所独立性就会比较强，甚至会出现总分所各自执政的现象。这种情况下，总分所之间不存在紧密的约束关系，总所对分所的约束主要是通过契约合同关系进行的。

⑤ 总分所主要在各自的业务区域内执行业务，并在执行过程中进行必要的业务协调。

⑥ 签字注册会计师是来自广西分所，是对湖南公司进行审计，在业务统一调配下，这种情况属于同分审计，即统一分所审计，并无总所人员签字把关。

在注册会计师行业发展过程中，保证执业质量处于相对重要的地位，事务所既要保证规模又要保证执业质量。中注协于 2012 年 6 月 8 日发布的《关于支持会计师事务所进一步做强做大的若干政策措施》明确指出，事务所应重视合并对象的质量，重视合并后实现"五统一"，即在人事、财务、业务、技术标准和信息管理五方面实现统一。可见，对于并购做大后的事务所来说，要做到"五统一"，发挥出强强联合的应有效应，仍需很长一段路要走，不容懈怠。

三、参考资料

本案例的关注重点在会计师事务所的审计风险管理上，与此相关的参考资料除了前面案例正文中提供的背景资料以外，还包括有关企业会计准则、审计准则、审计质量控制准则等法规以及相关行业资料。如果需要进行万福生科及洪良国际发行案的扩展研究，可资参考的其他有关主要资料目录见表 6 - 20。

表 6 - 20　　　　　　　　其他主要参考资料目录

资料序号	资料名称
1	万福生科（湖南）农业开发股份有限公司创业板首发招股说明书
2	万福生科 2011 年报
3	万福生科 2012 半年度报告
4	万福生科（湖南）农业开发股份有限公司 2013 年半年度报告
5	万福生科 2012 自查报告
6	中国证监会行政处罚决定书（中磊会计师事务所有限责任公司）[2013] 52 号
7	中国证监会行政处罚决定书（中磊会计师事务所有限责任公司、王越、黄国华）[2013] 49 号
8	洪良国际招股说明书
9	洪良国际 2009 年报
10	洪良国际 2010 自查报告
11	香港特区证监会《证券及期货条例》第 213 条、第 298 条

四、讨论题目

从中磊会计师事务所的被严厉惩罚，到毕马威的安然无恙，IPO 审计中会计师事务所该如何定位自己的角色和承担起应有的责任带给人们太多的启示，引发人们太多的思考。本案例的侧重点仅在于：结合万福生科和洪良国际发行案，重点思考如下问题。

1. IPO 审计的特点是什么？审计风险与审计失败的关系是什么？

2. 注册会计师在 IPO 各阶段工作重点及面临的审计风险有哪些？

3. 结合案例，请说明如何评估财务报表重大错报风险。

4. 探讨为洪良国际审计的审计师是否应该受到处罚，理由是什么。

5. 结合案例，探讨影响会计师事务所质量控制的要素包括哪些。如何保证质量控制政策和程序得到有效执行？

6. 结合案例，比较本土事务所和国际四大所之间风险控制和质量控制制度的运用是否有差异，差异的主要影响因素是什么。

案例使用说明

一、本案例要解决的关键问题

本案例要实现的教学目标是引导学生进一步关注 IPO 审计风险管理相关问题。根据本案例资料，一方面，学生可以进一步思考审计风险和审计失败的关系，各自产生原因，以及我国会计师事务所进行 IPO 审计时风险评估应对的具体问题；另一方面，学生可以在重点掌握了审计风险理论的基础上，进一步关注审计独立性适用的合理性问题，拓宽对会计师事务所质量控制建设的研究思路和领域。

二、案例讨论的准备工作

为了有效实现本案例目标，学生应该具备下列相关知识背景。

1. 理论背景。审计风险的含义及构成要素；IPO 审计的特点及其与审计风险的关系；审计风险和审计失败的关系；识别和评估财务报表重大错报风险的程序；审计质量控制的要素。

2. 行业背景。中磊会计师事务所有限责任公司，简称中磊会计师事务所，是经财政部批复成立的社会中介机构，注册地北京，并在江西、上海等多地设有分所。根据中国注册会计师协会统计，2011～2013 年在事务所规模和从业人员数量上均入选百强所前 50 强。

毕马威（KPMG）是一家网络遍布全球的专业服务机构，国际四大会计公司之一，专门提供审计、税务和咨询等服务，总部位于荷兰阿姆斯特丹。在中国共设有十七家机构，在香港分所从业专业人员超过 2 000 名。

3. 制度背景。《中华人民共和国证券法》《中国注册会计师审计准则第 1231号——针对评估的重大错报风险实施的程序》《会计师事务所质量控制准则第5101 号——业务质量控制》的相关规定；《中国注册会计师职业道德守则》《会计师事务所内部治理指南》的现行规范。

三、案例分析要点

（一）需要学生识别的关键问题

本案例需要学生识别的主要知识点包括：IPO 审计的特点；审计风险的构成要素；审计风险与审计失败的关系；识别和评估财务报表的重大错报风险的风险评估程序；会计师事务所应该建立的质量控制政策和程序。

（二）解决问题的可供选择方案及其评价

1. IPO 审计的特点导致审计风险更大，这里需要学生注意 IPO 审计与其他审计尤其与年报审计相比过程的区别。

2. 重大错报风险的识别和评估。了解被审计单位及其环境而实施的程序称为风险评估程序，目的是为了识别和评估财务报表的重大错报风险。所谓重大错报风险即是指财务报表在审计前存在重大错报的可能性。《中国注册会计师审计准则第 1101 号——财务报表审计的目标和一般原则》第十六条指出："被审计单位在实施战略以实现其目标的过程中可能面临各种经营风险，注册会计师应当重点关注可能影响财务报表的经营风险。"因此，界定经营风险等影响重大错报风险的因素，是评估重大错报风险的前提。经营风险＝战略风险×经营流程风险，来自外部环境的威胁一般称为战略风险，来自企业内部各经营流程的风险可称为经营流程风险。

由于 IPO 审计的特点，重大错报风险的评估要更为谨慎，在万福生科案例中，整个造假流程都有真实的购销合同、入库单、检验单、生产单、销售单、发票等"真实"的票据和凭证去对应，如果把中间的某张单据单独拿出来，形式上没有问题，但实际上该笔业务却是虚假的。虚构业务的整个造假流程很逼真、很难辨别。中磊事务所没有充分关注万福生科所处行业的重大变化，识破其原材料供应谎言，以识别和评估重大错报风险。

3. 会计师事务所应该建立的质量控制政策和程序。根据注册会计师执业准则《会计师事务所质量控制准则第 5101 号——业务质量控制》，会计师事务所应当建立并保持质量控制制度。质量控制制度包括针对下列要素而制定的政策和程序：对会计师事务所业务质量承担的领导责任；相关职业道德要求；客户关系和具体业务的接受与保持；人力资源；业务执行；监控。结合案例，学生可以根据准则的相关规定去探讨哪些政策和程序建立是非常必要的。

4. 会计师事务所的质量控制影响因素。会计师事务所的质量控制内容可以分为质量控制政策和质量控制程序，需要具体考虑以下因素，如管理模式、自身规模、分所数量、设立分所的动因、对人员和分所的授权、人员的经验和知识、业务的性质和复杂程度、成本效益。

（三）推荐解决问题的方案

1. IPO 审计的特点是什么？

IPO 审计特点导致审计风险大，IPO 审计与其他审计相比，具有如下特点。

第一，委托关系复杂。与一般年审相比，审计委托关系更为复杂，关于 IPO 审计委托人，有被审计单位，有被审计单位股东，有被审计单位上级主管部门，从目前看，由被审计单位委托的情形更普遍，即由会计师事务所与被审计单位直接签订业务约定书，根据审计委托，注册会计师直接向被审计单位出具审计报告，被审计单位向会计师事务所支付审计费用。

第二，需要与其他中介机构协同配合。IPO 审计是一个复杂的立体工程，需要保荐人、会计师、评估师、律师、精算师等中介机构的参与。保荐人一般为具有保荐资格的证券公司，是公司改制上市的总协调机构。一般来说，保荐人同时是发行人的财务顾问、辅导机构，还是该次股票发行的主承销商、持续督导机构。在 IPO 过程中，会计师需与其他中介机构密切配合，表现为时间节奏一致，结果互相利用。

第三，与其他中介机构不同。在 IPO 审计中，与其他中介机构相比，会计师的工作更为复杂、细致、严谨、工作量大、责任大，但是与其他中介机构相比，会计师的收费又是最低的，其收费与付出不配比。

第四，周期长。根据证券监督管理委员会令第 32 号《首次公开发行股票并上市管理办法》，发行人的主体资格应当是依法设立且合法存续的股份有限公司，发行人自股份有限公司成立后，持续经营时间应当在 3 年以上，但经国务院批准的除外。有限责任公司按原账面净资产值折股整体变更为股份有限公司的，持续经营时间可以从有限责任公司成立之日起计算。因此被审计单位从公司改制到最后完成上市，一般需要 3 年左右的时间。按照有关规定，会计数据有效期为半年，因此会计师往往需要数次加期审计，与一般审计相比，审计周期长。

第五，对象复杂。IPO 审计对象情况非常复杂，当会计师进场时，往往被审计单位的重组方案还没定，被审计单位与各中介机构共同协商制定方案，会计师的审计范围、对象要随着审计方案的变化而改变。IPO 的审计对象复杂多样，有民营企业、国企、外企等，目前在大型国企上市已基本完成的情况下，民营企业的 IPO 数量增长迅猛，民营企业受家族背景等因素的制约，会计基础薄弱，账务核算千差万别。

第六，结果关注度高。从企业上市条件看，财务指标完成与否直接关系到 IPO 成功与否，实质上审计报告的使用者众多，上市申报审核阶段，证监会要审核；被审计单位上市发行时，招股说明书中要用大量篇幅引用经审计的财务数据，众多股东也会非常关注 IPO 企业的盈利能力以及财务状况。

2. 审计风险和审计失败的关系是什么？ 根据《中国注册会计师审计准则第 1101 号——财务报表审计的目标和一般原则》第十七条中对"审计风险"的定义：审计风险是指财务报表存在重大错报而注册会计师发表不恰当审计意见的可

能性。在现代风险导向审计下，审计风险＝重大错报风险×检查风险。

审计风险和审计失败的关系。（1）区别：①表现形式不同。前者是一种可能性，而后者表现为一种事实，通常由相关监管部门调查认定后作出决定。②形成原因不同。前者是由客观原因，或审计人员并未意识到的主观原因造成的，强调的是客观性；而后者是由审计主体主观因素造成，表现为过失或欺诈。③结果不同。前者具有损失的或然性，后者是认定后的事实，必然导致审计损失。（2）联系：两者的核心都是因为审计意见表达不当造成。在司法认定中，由于对重要性和必要职业关注的认定缺乏量化标准，导致形成意见表达不当的主客观原因难以严格区分。因此审计风险在某些情况下，也会被认定并转化为审计失败而造成审计损失。审计风险是客观存在的，当审计风险与损失联系在一起时，常常表现为事实上的审计失败。

3. 注册会计师在 IPO 各阶段工作重点及面临的审计风险有哪些？注册会计师 IPO 审计与一般年审的重大区别是 IPO 审计是一个巨大的系统工程，需要历经尽职调查、改制重组审计、改制验资、持续审计、配合辅导验收、上市申报审计相关报告制作、证监会意见反馈、上市发行验资等各个阶段。

第一，改制设立阶段。如果公司计划以发行股票方式募集资金并上市，则企业必须改制为股份有限公司，在这一阶段，注册会计师要做的工作包括初步谨慎性调查、参与确定重组改制方案、改制基准日报表审计、股份公司股本验证，需要出具的报告为改制重组审计报告及验资报告。

第二，辅导验收阶段。根据《证券发行上市保荐业务管理办法》第七条，发行人及其董事、监事、高级管理人员，为证券发行上市制作、出具有关文件的律师事务所、会计师事务所、资产评估机构等证券服务机构及其签字人员，应当依照法律、行政法规和中国证监会的规定，配合保荐机构及其保荐代表人履行保荐职责，并承担相应的责任。因此，在这一阶段，注册会计师要协助保荐人对发行人进行相关辅导。

第三，上市申报文件制作阶段。在该阶段，由保荐人牵头组织发行人、律师、会计师制作发行申请文件，保荐人及两名保荐人进行尽职推荐。注册会计师在此阶段需要出具的报告为：①申报企业最近三年或两年经审计财务报表及审计报告；会计师对企业内部控制制度鉴证报告；②申报会计报表与原企业会计报表差异审核报告；③对近三年或两年纳税情况及税收政策与税收优惠出具鉴证报告；④非经常性损益明细表审核报告；⑤盈利预测及审核报告（该报告非文件必须要求，公司可选择是否出具）。

第四，受理核准阶段。当保荐机构完成辅导工作，证监会各地证监局出具"辅导监管报告"，并且发行人按照《公开发行证券公司信息披露内容与格式准则第 9 号——首次公开发行股票申请文件》的要求制作了申请文件后，保荐机构就可以推荐企业向证监会申报申请文件。在此阶段，注册会计师的职责是对发审委会议关于发行人股票发行申请提出的审核意见中的财务会计问题进行书面反馈。

第五，发行上市阶段。投资者申购缴款结束后，主承销商应当聘请具有证券相关业务资格的会计师事务所对申购资金进行验证，出具验资报告。据《证券法》第五十二条，申请股票上市交易，应当向证券交易所依法提交经会计师事务所审计的公司最近三年的财务会计报告，因此，在这一阶段，注册会计师还应出具最近三年财务会计报告的审计报告。

从上述注册会计师在公司 IPO 各阶段的角色可以看出，注册会计师的总体角色为咨询加审计，从咨询、审计工作在整个 IPO 过程中的比重来看，甚至咨询的工作量大于审计，IPO 的过程又十分复杂烦琐，时间跨度很长，注册会计师往往在是否能够保持独立性中挣扎，如果强调独立性，企业的财务指标可能无法满足证监会上市条件，企业根本无法上市；如果不独立，按照目前的监管环境及处罚频率，也可能在很大程度上能够逃避法律制裁，注册会计师有时会抱着侥幸心理与其他中介机构密切配合，以帮助企业达到成功上市的目的，因此，IPO 审计的检查风险加大。

4. 结合案例，请说明如何评估财务报表重大错报风险。所谓重大错报风险即是指财务报表在审计前存在重大错报的可能性。《中国注册会计师审计准则第 1211 号——了解被审计单位及其环境并评估重大错报风险》中强调：注册会计师应当了解被审计单位及其环境，以足够识别和评估财务报表重大错报风险。审计准则要求了解被审计单位及其基本情况的内容能够获得上述各因素的相关信息，这些内容包括：行业状况、法律环境与监管环境以及其他外部因素；被审计单位的性质；被审计单位对会计政策的选择和运用；被审计单位的目标、战略以及相关经营风险；被审计单位财务业绩的衡量和评价；被审计单位的内部控制。

在上述构成因素中，战略风险通常只影响报表层次，而经营流程由于可以区分各经营环节。因此经营流程风险影响业务循环中各交易和账户认定层次的重大错报风险，控制风险和会计风险也影响具体交易或账户的认定层次的重大错报风险。这样就明确了分别根据什么因素来确定会计报表层次和认定层次的重大错报风险。

具体来说，注册会计师可以采用的审计程序内容包括：询问被审计单位管理层和内部其他相关人员；实施分析程序；观察和检查；其他审计程序和信息来源。

在万福生科案例中，首先，中磊会计师事务所未充分了解被审计单位及其环境以评估重大错报风险。风险导向审计中，了解被审计单位及其环境是必要程序。中磊会计师事务所没有全面了解万福生科的基本情况及其所处行业动向，未实施风险评估程序，没有识别其重大错报风险。万福生科所处的稻米加工行业早在 2009 年就开始发生重大变化，全国大米加工企业由于原料供应不足爆发了大面积停产危机，但是在招股书中，万福生科对 2012 年上半年由于断粮危机造成的停产只字未提，对此，中磊事务所没有充分关注万福生科所处行业的重大变化，识破其原材料供应谎言，以识别和评估重大错报风险。其次，分析程序是发现财务报表异常变化的有效手段，应用于风险评估程序和实质性程序。中磊会计师事务所如果执行分析程序，那么是易于识破万福生科虚构利润的把戏。如将其销售毛利率与同行业公司相比较，2008～2010 年，万福生科淀粉糖毛利率分别高达 27.7%、29.39%、28.13%，而生产同类产品的西王糖业、鲁州生物的同期毛利率却始终处于 10% 左右；又如与其主要竞争对手江西恒天实业有限公司相比，在其核心产品、营运能力、资本结构皆远不如江西恒天的情形下，万福生科实现的净利润是其竞争对手的三倍。因此，中磊会计师事务所却未执行有效的分析程序识别重大错报导致审计失败。

在洪良国际发行案中，毕马威也未执行有效的分析程序。例如洪良国际公司主要生产综合化纤类针织布料，属于传统的低毛利加工企业，毛利率最多的只有 10% 左右，但洪良国际 2006～2008 年报告的毛利率居高不下且逐年增长，分别为 23%、25% 和 28%，远高于同业水平。2009 上半年，洪良国际零售服装的平均售价由 2008 年的 64.6 元大跌 28% 至 46.5 元，但其毛利却奇迹般上升了近 9%。截止到 2009 年 6 月底，MXN 品牌服装的销售已经达到了 2.4 亿元，占洪良国际全部营业额的 30%。相对不算成熟、正处在发展阶段的服装品牌，短短半年时间，销售增长就超过 130%，而类似行业服装知名品牌如 Kappa，销售增长只有 30%。毕马威未执行有效的分析程序来识别重大错报，进而在最初没有发现财务报表中的虚假错报。

5. 结合案例，探讨为洪良国际审计的审计师是否应该受到处罚，理由是什么。从洪良国际造假的财务表现来看，无论是从布料偏高的毛利率、膨胀的销售额还是相悖的业绩报告，只要注册会计师保持职业谨慎态度，不可能完全发现不了，这里毕马威事中没有执行有效分析程序，事后的质量监控也没有发现，而是员工的举报导致造假被揭发，所以从审计准则的执行有效性的角度来评价，毕马威的注册会计师应该受到处罚。

6. 结合案例，探讨会计师事务所应该建立的质量控制政策和程序有哪些，根据注册会计师执业准则《会计师事务所质量控制准则第 5101 号——业务质量控制》，会计师事务所应当建立并保持质量控制制度。质量控制制度包括针对下列要素而制定的政策和程序：（1）对会计师事务所业务质量承担的领导责任；（2）相关职业道德要求；（3）客户关系和具体业务的接受与保持；（4）人力资源；（5）业务执行；（6）监控。

《会计师事务所质量控制准则第 5101 号——业务质量控制准则》第四章第三十五条（2）规定，识别和评价对独立性产生不利影响的情形，并采取适当的行动消除这些不利影响；或通过采取防范措施将其降至可接受的水平；或如果认为适当，在法律法规允许的情况下解除业务约定。

毕马威建立了内部风险控制规则和程序，当得知其内部成员梁思哲在为洪良国际全球发售股份招股书拟备会计师报告时可能曾经收取现金礼物，则宣布暂停了梁思哲的职务。在内部调查后，毕马威主动向监管机构举报。因为贿赂问题影响的不仅是个别注册会计师的独立性，还会严重损伤会计师事务所层面的独立性。因此，毕马威于 2010 年 5 月 10 日请辞审计师职务并生效。

业务质量控制准则第四十条规定，会计师事务所应当制定有关客户关系和具体业务接受与保持的政策和程序，以考虑客户的诚信。从洪良国际的历史财务报表存在重大舞弊和行贿情节来看，足以表明管理层缺乏诚信。客户的诚信问题，虽然不会必然导致财务报表产生重大错报，但绝大多数的审计问题都来源于不诚信的客户。会计师事务所接受一个错误的客户带来的损失，可能远远超过源于这个客户的收费，陷于诉讼和声誉下降等带来的无形损失，更是难以估量和无法弥补的，因此，即使在承接阶段选择了错误的客户，那么之后解除业务约定也是明智的选择。

7. 结合案例，比较本土事务所和国际四大所之间风险控制和质量控制制度的运用是否有差异，差异的主要影响因素是什么？本土事务所和国际四大所都已经建立基本的质量控制制度和程序，明确质量控制目的，但是业务规模、执业人员，行业专长等方面的差异也会导致质量控制的执行和运用存在差异。因此，本土事务所和国际四大所之间风险控制和质量控制制度的运用有差异，差异的主要影响因素有如下三个方面。

（1）从业务规模上看，仅2012年度中国会计所百强排行榜显示，普华、德勤、安永和毕马威"四大"在华机构，业务收入分别超过29亿元、29亿元、22亿元和19亿元，包揽前四名，业务总收入占全国会计师事务所行业年总收入440亿元的近1/4。虽然"四大"在审计领域拥有绝对优势，但国内本土会计师事务所与"四大"的差距正逐步缩小。据统计，2002年，收入最高的本土会计师事务所与"四大"平均收入比为1∶4.06，这一差距在近些年逐年缩小，2011年缩小为1∶1.68。

（2）行业专长和业务结构的优化方面。实际上，排名前列的本土所已经具备了与"四大"充分竞争的条件和实力，但在业务结构的优化、转制以及专长化等方面，本土会计师事务所尚有较大差距。目前，注册会计师事务所已经远远地超出了传统的会计审计服务概念，发展成为一个综合运用现代金融财务技术，为企业提供包括内部控制审核、并购重组、资产证券化以及金融衍生业务等多方面财务顾问服务的专家系统。业务结构的优化属于事前的质量控制，能有效规避审计风险。前瞻产业研究院会计行业研究员罗娟指出，虽然国际四大的业务范围几乎包含了经济活动的各个层面，但却有着各自不同的专业发展领域，本土所可集中优势资源，将提供的服务向纵深方向发展，以增强审计质量的同时，培育更强的竞争力。

（3）人才是关键。会计师事务所以其智力资本的集中为特色，由于事务所的最终产品是由人力资本通过智力劳动创造的，因此，注册会计师的积极性和创造性的发挥决定了事务所的审计质量和经营风险，并由此影响着事务所的声誉和发展。

国际四大所纷纷在国内抢人才，其提供的高薪和优越的发展机会吸引了大量毕业生的加入。对比而言，我国大部分会计师事务所没有完善的人才培养机制，导致人才缺乏，这也将影响到其人才储备并阻碍将来的进一步发展。前瞻产业研究院会计行业研究员罗娟认为，综观全球注册会计师行业的发展，越是能力框架比较广、高层人才比较多、团队组成年轻化的会计师事务所，越是能在激烈的国内国际市场竞争中脱颖而出。因此，有必要加快整合、优化我国注册会计师队伍的人才结构，保证审计质量，形成品牌会计师事务所。

8. 结合案例，探讨会计师事务所应该如何保证质量控制政策和程序得到有效执行。为了使会计师事务所的分所管理得到进一步的规范和加强，使事务所的内部治理更加合理和优化，在总结我国目前现有的会计师事务所分所管理经验不足的基础上，财政部出台了《会计师事务所分所管理暂行办法》，该暂行办法中规定会计师事务所应当从人员、财务、业务、信息管理、技术标准等方面做好质量控制工作。

审计质量控制体系的构建应当包括以下五个方面：组织结构设置、职业原则和理念、业务管理控制体系、支持体系、监督体系。其中，业务管理控制体系是审计质量控制体系的核心内容，其他体系的构建都是为更好地提升业务质量服务的，组织结构设置是前提，执业原则和理念是基础，支持体系做支撑，监督体系是保障。组织结构设置应当考虑组织形式的选择以及事务所的组织管理模式。执业原则和理念是提升业务质量的基础，包括统一执业标准、明确执业人员的职责分工、营造合适的企业文化、强调职业道德理念。

业务管理控制是整个审计质量控制体系的核心，在总分所管理模式下，业务管理控制主要包括建立业务分级分类管理制度，建立总分所之间的业务协调，业务执行时要规范总分所之间的印章管理机制。支持体系为提高审计业务质量提供人员、财务、信息技术等方面的支撑。监督体系要体现实施审计业务时的全过程控制，即承接业务前的事前控制，执行业务时的事中控制，完成审计业务后的事后控制。

四、教学组织方式

（一）问题清单及提问顺序、资料发放顺序

本案例讨论题目依次为如下。

1. IPO 审计的特点是什么？
2. 审计风险的构成要素是什么？审计风险与审计失败的关系是什么？
3. 注册会计师在 IPO 各阶段工作重点及面临的审计风险有哪些？
4. 什么是财务报表重大错报风险？注册会计师进行的风险评估程序有哪些？
5. 结合案例，说明如何评估财务报表层次和认定层次重大错报风险。
6. 探讨洪良国际审计的审计师是否应该受到处罚，理由是什么？
7. 结合案例，探讨影响会计师事务所质量控制的要素包括哪些。会计师事务所应该如何保证质量控制政策和程序得到有效执行？
8. 比较本土事务所和国际四大所之间风险控制和质量控制制度的运用是否

有差异，差异的主要影响因素是什么。

本案例的参考资料及其索引，在讲授有关知识点之后一次性布置给学生。

（二）课时分配

1. 课后自行阅读资料：约 3 小时；
2. 小组讨论并提交分析报告提纲：约 3 小时；
3. 课堂小组代表发言、进一步讨论：约 3 小时；
4. 课堂讨论总结：约 0.5 小时。

（三）讨论方式

本案例可以采用小组式进行讨论。

（四）课堂讨论总结

课堂讨论总结的关键是：归纳发言者的主要观点；重申其重点及亮点；提醒大家对焦点问题或有争议观点进行进一步思考；建议大家对案例素材进行扩展研究和深入分析。

案例专题七 内部控制审计问题

案例 20

航天通信集团公司内部控制问题是"无心之过"还是"有意之为"

刘 静 孔冉旭 闫佳惠

2017 年 4 月 27 日，天职国际会计师事务所（特殊普通合伙）给航天通信集团公司出具了否定意见的内部控制审计报告，其中指出航天通信集团公司内部控制存在三处重大缺陷，并且因内部控制存在重大缺陷从而导致集团公司收到了自成立以来的第一份非标准无保留意见的财务报表审计报告。同时，在 2017 年 4 月 27 日这天，航天通信集团公司在当天收盘价仅为 15.96 元。面对此次否定意见的内部控制审计报告，无疑是给了航天通信集团公司多年内部控制发展建设一记重击。而建立有效的内部控制对于企业良好发展可以提供有效的保障。内部控制审计则从外部鉴证公司内部控制是否健全有效，从而保障公司内部控制规范。航天通信集团公司此次被发现内部控制"出错"已经不是第一次，然而在多次"犯错"之后被内部控制审计审查出错误却少而又少。虽然每次航天通信集团公司都会在被证监会等监管机构责令之后进行整改，但屡屡出错究竟是出于公司内部控制"无心"之举还是"有意"为之呢？面对公司内部控制不断建立和完善，怎样才能使内部控制健全有效并落到实处则成为更需关注的问题？那么我们就以航天通信集团公司多次违规行为作为出发点进行深入研究。

一、案例背景

我国《企业内部控制配套指引》要求上市公司披露内部控制自我评价报告及对内部控制有效性进行审计并出具审计报告，自 2012 年 1 月 1 日起在上海证券交易所、深圳证券交易所主板上市公司施行；在此基础上，择机在中小板和创业板上市公司施行。面对这样的内部控制政策背景，航天通信集团公司作为在上交所上市的企业，自 2012 年首次公开披露内部控制自我评价报告及内部控制审计报告起，已连续5年按国家规定披露相关内部控制及内部控制审计材料。据统计截至2017年9月12日在上交所和深交所挂牌上市的公司中，共有2 269家公司披露内部控制审计报告，被出具否定意见内部控制审计报告的有22家公司，其中就有航天通信集团公司；除此之外，航天通信集团公司所处的批发业和零售业中有133家公司披露了内部控制审计报告，其中仅有航天通信和大连控股2家公司被出具了否定意见的内部控制审计报告。面对如今我国内部控制体系的规范体系，在诸多上市公司虽按要求每年披露相关内部控制报告，但这些报告的可信度却并不高，在依旧会被证监会查出各种各样的内部控制错误的前提下，此时否定意见的内部控制审计报告则显得尤为刺眼。

二、案例详情

（一）航天通信内部控制问题是否为"无心之过"

1. 航天通信集团公司简介。航天通信控股集团股份有限公司前身是浙江省纺织工业公司，在1987年进行转制，并于1993年经国家体改委批准进行股份制试点，并且在1993年9月28日在上海证券交易所挂牌上市，股票代码为6000677。

随着公司转制的成功，2000年8月，浙江省人民政府与中国十大军工集团之一的中国航天科工集团公司签订了《省部合作备忘录》，中国航天科工集团公司成为公司的第一大股东。之后，中国航天科工集团公司便不断地向航天通信集团注入军用通信、航天防务武器、装备制造等军工资产，使航天通信集团公司逐渐转型为军民融合发展的大型国防科技型上市公司。

公司2006年6月进行股权分置改革。截至2016年12月31日，中国航天科工集团公司直接持有公司100 207 883股股份，通过航天科工资产管理有限公司间接持有公司2 464 400.00股股份，合计占总股本比例为19.68%。截至2016年12月31日，本公司累计发行股本总数521 791 700股（每股面值人民币1元），公司注册资本为521 791 700元，其中有限售条件的流通股合计105 363 614.00股，无限售条件流通股合计416 428 086.00股，如图7-1所示。

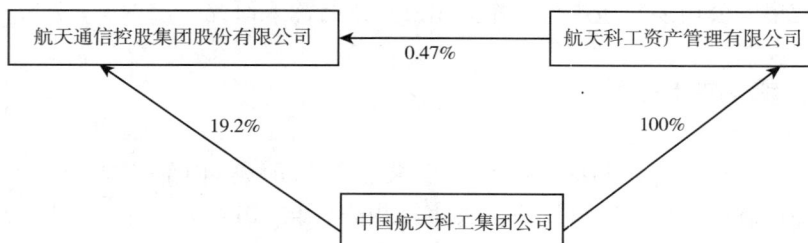

图7-1 公司与控股股东之间的产权及控制关系

　　航天通信立足于建设国家一流军民融合上市公司，蔡名蕊（2016）研究表明，在企业处于非绝对控股的情况下，第一大股东持股比例上升对内部控制质量产生显著正向影响。中国航天科工集团作为航天通信控股集团股份有限公司的非绝对控股的第一大股东，持有19.2%的比例，其利益与航天通信集团公司利益有一定的一致性。航天通信集团公司经营好坏也会对第一大股东中国航天科工集团产生相应的影响。那么航天通信集团公司内部控制发展不仅肩负了对本公司的义务，还负有对其各大股东的责任。

　　2. 航天通信集团公司内部控制沿革。

　　（1）内控初建立，十年始发展。2007～2016年，航天通信集团公司十年间内部控制发展，是伴随着我国"一个规范"《企业内部控制基本规范》、"三个指引"《企业内部控制应用指引》《企业内部控制评价指引》和《企业内部控制审计指引》内部控制规范的框架体系建设逐渐完善的过程。

　　在这十年间，航天通信集团公司内部控制从无到有。2007～2011年间，航天通信集团公司设立了专门的监察审计部并制定了公司《内部控制制度》，到2011年形成了公司《内部控制手册》和《风险管理手册》，基本建成了公司内部控制；自2012年集团公司成立了风险控制（内部控制）管理委员会，由委员会指导监察审计部进行每年的内部控制评价工作。集团公司这十年的内部控制发展在形式上逐渐趋于完整，并于2012年之后逐渐完善公司内部控制，如表7-1所示。

表7-1　　　　　　　　　航天通信2012～2016年内部控制发展

年份	内部控制发展情况	披露情况
2012	公司成立风险控制（内部控制）管理委员会，委员会办公室设在公司监察审计部，由委员会指导监审部开展内部控制评价工作； 公司以风险管理为导向开展了内部控制体系建设工作，指导下属公司尤其是新设子公司制订或修订了一系列与自身业务情况相匹配的内部控制制度，进一步完善公司制度体系，提升风险管控水平； 已建立并实施了一套较为完整的内部规章制度，涵盖了内控基本规范要求的五大管理要素和管理业务子要素。	按财政部等5部委出台的内部控制配套指引，要求披露内部控制自我评价报告； 按要求披露内部控制审计报告，且为无保留意见内部控制审计报告。
2013	董事会下设战略决策委员会、薪酬与考核委员会、提名委员会和审计委员会四个专业委员会； 公司持续开展了内部控制体系建设工作，对照《企业内部控制基本规范》及其应用指引，及时发现缺漏并进行修订完善； 依据《企业内部控制基本规范》及其配套指引以及公司各项内部控制制度，确定内部控制评价的具体内容，全面评价公司内部控制制度设计和运行的有效性； 公司已根据相应法律法规，建立健全公司内部控制管理体系，基本达到公司内部控制的目标，可以认为公司具备比较合理和有效的内部控制系统。	按要求披露内部控制自我评价报告； 按要求披露内部控制审计报告，且为无保留意见的内部控制审计报告。

续表

年份	内部控制发展情况	披露情况
2014	公司持续开展了内部控制体系建设工作，对照《企业内部控制基本规范》及其应用指引，及时发现缺漏并进行修订完善； 依据《企业内部控制基本规范》及其配套指引以及公司各项内部控制制度，确定内部控制评价的具体内容，全面评价公司内部控制制度设计和运行的有效性； 公司已根据相应法律法规，建立健全公司内部控制管理体系，基本达到公司内部控制的目标，可以认为公司具备比较合理和有效的内部控制系统； 公司本部共设置十部一室一办等职能机构，包括办公室、发展计划部、资产运营部、市场部、科技质量部、军贸质量验收代表室、民用产业部、财务部、人事政工部、纪检监察审计部、法律事务部和安全保障部。	按要求披露内部控制自我评价报告，且在内部控制评价报告中指出公司存在财务报告内部控制重大缺陷1个； 按要求披露内部控制审计报告，且为否定意见的内部控制审计报告。
2015	公司对客户资信等级评估、授信额度管理等方面的内部控制在执行层面存在的重大缺陷进行了整改； 随着国家法律法规体系的逐步完善，内部控制环境的变化以及公司持续快速发展的需要，公司的内部控制还需进一步健全和完善，并在实际中得以有效地执行和实施。	按要求披露内部控制自我评价报告，但无法找到该文件； 按要求披露内部控制审计报告，且为无保留意见的内部控制审计报告。
2016	公司根据《公司法》《证券法》和其他有关上市公司的法律法规要求，结合实际情况，完善《公司章程》以及三会议事规则，形成了股东大会、董事会、监事会和经理层相互分离、相互制衡的法人治理结构，确保了公司的规范运作； 公司建立了严格的逐级授权体系，所有业务和管理程序均严格遵守了公司制定的操作规程或管理办法，经办人员的每一项工作都在其授权范围内进行； 公司制定了相关的人事管理制度和办法，采用激励与约束机制，实行目标任务管理和业绩指标相结合的考核制度，以确保员工具备和保持应有的专业能力和道德品质； 公司已建立健全的内部控制制度。	按要求披露内部控制自我评价报告，且在报告中指出存在财务报告内部控制重大缺陷； 按要求披露内部控制审计报告，且为否定意见的内部控制审计报告。

资料来源：巨潮资讯网，http://www.cninfo.com.cn/，2017年9月。

（2）公司体系日渐扩大，治理结构开枝散叶。在十年发展间，航天通信集团公司内部控制虽有错误发生，但整体一直力求不断健全完善内部控制体系，为公司稳健发展提供保障。航天通信集团公司2007年起设立了专门的监察审计部，到2012年公司本部共设置了十一个职能部门。在2014年，公司完善内部机构设置，健全机构间相互制衡协作关系，并重新划分职能部门，共设置了十部一室一办等职能机构，如图7-2所示。

健全公司治理结构，是航天通信集团公司一直在内部控制建设过程中的一个重要目标，也是在历年年度报告"公司治理"段会明确强调的部分。航天通信集团公司所成立的审计会员会隶属于董事会，与董事会、监事会共同管理公司内部控制等相关问题，并且在监察审计部设置了风险控制（内部控制）管理委员会，由委员会指导监察审计部为之后各年开展内部控制评价工作，且内部控制自我评价报告经审计委员会会议审议通过后提交董事会，由公司董事会按照《企业内部控制基本规范》要求对财务报表相关内部控制进行评价，会议通过后对外披露。

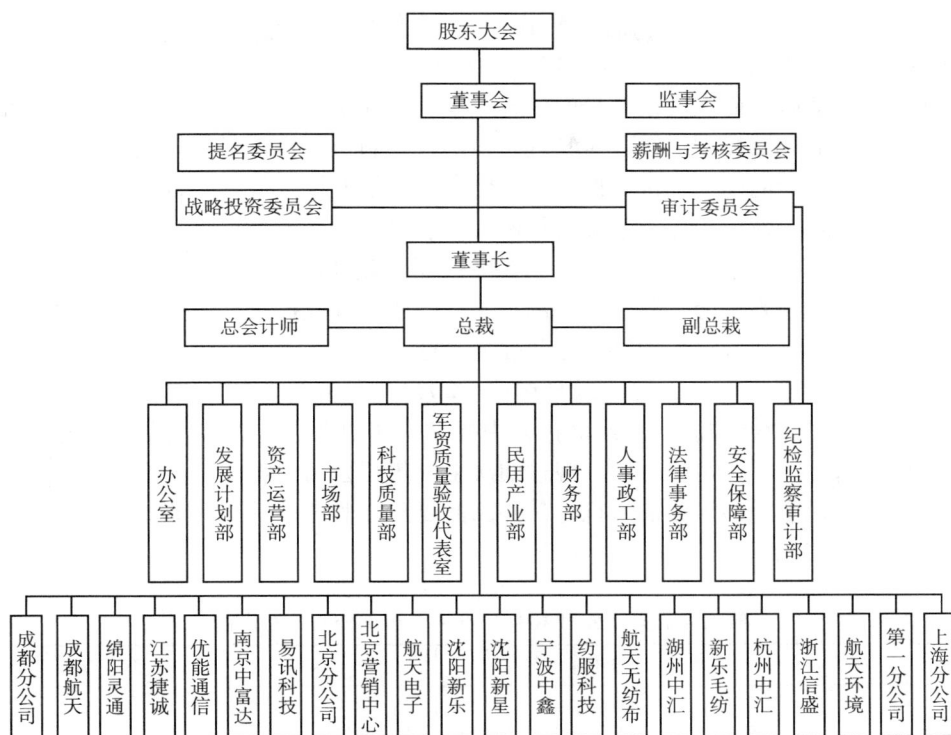

图 7-2 航天通信集团公司治理结构

（3）自评报告捉摸不透，内部控制暗流涌动。自 2010 年财政部等 5 部委出台内部控制配套指引后，要求自 2012 年 1 月 1 日起在上交所、深交所主板上市公司需披露公司内部控制自我评价报告及内部控制审计报告。航天通信集团公司自 2012 年至如今连续披露了 5 年内部控制自我评价报告，如表 7-2 所示。

表 7-2 　　　　　　　　航天通信集团公司内部控制自我评价报告

年份	内部控制自我评价报告	评价主体
2012	认为公司具备比较合理和有效的内部控制系统	风险控制（内部控制）管理委员会指导监察审计部
2013	认为公司具备比较合理和有效的内部控制系统	风险控制（内部控制）管理委员会指导监察审计部
2014	存在财务报告内部控制重大缺陷，具体为客户资信等级评估执行层面内部控制程序存在重大缺陷	风险控制（内部控制）管理委员会指导监察审计部
2015	认为公司具备比较合理和有效的内部控制系统	风险控制（内部控制）管理委员会指导监察审计部
2016	存在财务报告内部控制重大缺陷，具体为财务报告内部控制重大缺陷	风险控制（内部控制）管理委员会指导监察审计部

资料来源：巨潮资讯网，http：//www.cninfo.com.cn/，2017 年 9 月。

　　面对 2012 年、2013 年和 2015 年这三年看似合理有效的内部控制自我评价报告，航天通信集团公司只在 2014 年和 2016 年两个年份公开披露了公司内部控制存在的重大缺陷，而在其他年份的内部控制自我评价报告中，均表示公司具备比较合理有效的内部控制系统，对实现公司内部控制目标提供了合理的保障，能提高公司防范风险的能力，进而促进公司健康、持续发展。但其实在集团公司认为自己具备合理有效内部控制系统的年份中，航天通信集团公司仍存在一些大大小小问题，从而导致集团公司内部控制屡屡被证监会等相关机构点名批评，而这些却未被公司风控委员会、监察审计部及董事会所发现或提及，不免让人对其披露的内部控制自我评价报告的结果有些捉摸不透。

　　（4）内控浮于表面，屡次以身试法。2007～2014 年，航天通信集团公司虽只在 2014 年的内部控制自我评价报告中提到公司财务报表存在内部控制重大缺陷，但在这之间，公司曾分别出现过四次由于集团公司内部控制存在缺陷，从而导致公司出现多次违规或造假行为，并因此受到证监会及其相关监管机构责令整改，如表 7-3 所示。

表 7-3　　　　　　　　航天通信集团公司 2007～2014 年内部控制问题详情

时间	事件	结果	解决方法
2007 年 11 月 6 日	财政部第十三号会计信息质量检查公告披露，航天通信控股集团股份有限公司 2003～2005 年虚增利润 3 110 万元；但航天通信集团公司未披露处理决定	财政部驻浙江省财政监察专员办事处对航天通信控股集团股份有限公司下达的检查结论和处理决定	在 2006 年年度报告中进行了相应的会计处理，前任董事长陈鹏飞被判无期徒刑
2010 年 8 月 18 日	浙江证监局在对公司进行现场检查时发现，航天通信控股集团股份有限公司下属子公司成都航天通信设备有限公司和沈阳航天机械有限责任公司 2009 年分别虚增收入 2 021 万元和 1 092 万元	浙江证监局出具了《关于对航天通信控股集团股份有限公司监管意见的函》	集团本部及下属各单位均对照要求进行了自查自纠；启动了内部控制体系建设并制定了实施计划，聘请了中介咨询机构对整个公司采购、生产、销售、筹融资、投资等各方面流程进行了调查
2012 年 12 月 10 日	浙江证监局下发的行政监管措施决定书，指出航天通信控股集团股份有限公司控股子公司张家港保税区新乐毛纺织造有限公司与有关客户资金往来频繁且账实不符，存货与资产管理存在重大缺陷	浙江证监局出具《关于对航天通信控股集团股份有限公司采取责令改正措施的决定》	公司公布整改报告，并针对存在的问题逐一进行整改并记录整改完成情况

续表

时间	事件	结果	解决方法
2014 年 9 月 20 日	浙江证监局下发的行政监管措施决定书，明确指出航天通信控股集团股份有限公司子公司易讯科技股份有限公司：2013 年虚增营业收入 4 555.65 万元，虚增营业成本 3 685.46 万元，虚增管理费用 351.56 万元，虚增净利润 440.84 万元；与北京大唐燃料有限公司、上海建顺纺织有限公司、张家港保税区禾硕国际贸易有限公司等客户，存在代理业务收入有误。	浙江证监局出具《关于对航天通信控股集团股份有限公司采取责令改正措施的决定》	在"2012 年度、2013 年度财务报告会计差错更正事项说明的专项审核报告"中进行了更正

资料来源：巨潮资讯网，http://www.cninfo.com.cn/，2017 年 9 月。

航天通信集团公司的屡屡内部控制无效仍会是"无心"之举吗？还是"有意"为之呢？从其中两个典型事件中也许我们能看出一些眉目。

①交易金额存在差异。浙江证监局在 2012 年 12 月 10 日对航天通信控股集团公司下发的行政监管措施决定书《关于对航天通信控股集团股份有限公司采取责令改正措施的决定》，在其中指出公司 2011 年新收购控股子公司张家港新乐毛纺织造有限公司财务基础薄弱，与部分客户的业务及资金往来频繁、账实不符，存货及固定资产管理存在重大缺陷。航天通信控股集团公司在 2013 年 1 月 4 日公布了整改报告，对浙江证监局所要求整改的事项的原因及整改过程进行了具体的披露。其中指出由于子公司财务基础薄弱，且由于核算时间差异和本外币结算差异导致交易金额存在差异，同时还存在部分账务记载串户，并且经过核实，将截至 2012 年 9 月 30 日的往来余额差异核查清楚，如表 7 - 4 所示。

表 7 - 4　　　　　　　　　新乐毛纺与其有关客户资金往来核查情况　　　　　　　　　单位：元

对方单位名称	公司		对方单位		差额
	应收账款原币	应收账款本币	应付账款原币	应付账款本币	本币
如意集团	4 062 155.80	30 540 822.10	4 062 155.80	30 556 664.50	- 15 842.40
如意股份	- 3 428 143.05	- 19 530 069.47	- 3 428 143.05	25 903 297.79	- 45 433 367.26
保税区如意	—	13 923 038.15	—	13 923 038.15	
香港伟尧	—	—	—	—	
香港恒成	—	—	—	—	

资料来源：关于浙江证监局行政监管措施决定书相关问题的整改报告。

②收入确认方法的错用。航天通信集团公司在 2014 年收到浙江证监局出具《关于对航天通信控股集团股份有限公司采取责令改正措施的决定》，其中指出存在代理业务收入有误的现象。航天通信控股集团公司在与北京大唐燃料有限公

司、上海建顺纺织有限公司等客户确认收入时，均采用了总额法确认收入，而航天通信控股集团公司与这些客户之间属于代理业务，本应按照净额确认收入。因此，导致在2012年和2013年航天通信控股集团分别多确认收入190 617 295.54元、22 245 060 780.36元分别多确认成本181 915 404.73元、145 060 780.36元。在被证监局责令整改之后，航天通信控股集团在"2012年度、2013年度财务报告会计差错更正事项说明的专项审核报告"中进行了更正，如表7－5与表7－6所示。

表7－5　　　　　2012年度财务报告会计差错影响合并财务报表项目情况　　　单位：元

项目	追述重述前	调整金额	追述重述后
营业收入	8 846 294 158.19	－ 190 617 295.54	8 655 676 862.65
营业成本	8 030 987 273.47	－ 181 915 404.73	7 849 071 686.74

表7－6　　　　　2013年度财务报告会计差错影响合并财务报表项目情况　　　单位：元

项目	追述重述前	调整金额	追述重述后
营业收入	24 515 255 025.66	－ 145 060 780.36	2 270 194 245.30
营业成本	2 319 348 535.94	－ 145 060 780.36	2 174 287 755.58

资料来源：2012年度、2013年度财务报告会计差错更正事项说明的专项审核报告。

这仅仅是航天通信控股集团公司多次被证监会等监管机构问询或责令整改中的一部分，面对航天通信集团公司多次因自身问题受到证监会等监管机构的"批评和教育"，也许其内部控制问题究竟是"无心"还是"有意"，在我们心中已略有一二。

（二）航天通信集团公司内部控制是否"有意之为"

1. 起起伏伏的内部控制审计报告。自2012年起，在上市公司担任审计业务的会计师事务所同时负责公司内部控制审计来鉴证公司内部控制的有效性。如表7－7所示，从中可以看出自2012年起航天通信集团公司共有2家会计师事务所担任其内部控制审计，从表7－7中也可以看出2家会计师事务所对于标准无保留意见的偏好程度。

表7－7　　　　　航天通信集团公司2012～2016年内部控制审计报告

年份	内部控制审计报告	审计报告	会计师事务所
2012	无保留意见	无保留意见	立信会计师事务所
2013	无保留意见	无保留意见	立信会计师事务所
2014	否定意见	无保留意见	立信会计师事务所
2015	无保留意见	无保留意见	立信会计师事务所
2016	否定意见	保留意见	天职国际会计师事务所

资料来源：巨潮资讯网，http://www.cninfo.com.cn/，2017年9月。

在表 7 - 7 中，自 2012 年证监会明确规定各上市公司出具内部控制自我评价报告，以及内部控制审计报告起至 2017 年 5 年之间，两家会计师事务所分别在各自任职的年份作为航天通信集团公司内部控制审计主体机构，对航天通信集团公司内部控制有效性进行外部鉴证。立信会计师事务所在 2011～2016 年对航天通信集团公司进行审计业务的这 5 年时间内，仅在 2014 年为其出具了第一份否定意见内部控制审计报告。时隔一年，天职会计师事务所在 2016 年首次担任内部控制审计主体时，再次发现其内部控制存在重大缺陷，出具了第二份否定意见的内部控制审计报告。在这短短五年时间内，航天通信集团公司内部控制审计报告结果起起伏伏，也从一方面反映出公司内部控制存在的问题可能并不是一时有之。

2. 耐人寻味的审计主体变更。2007～2016 年 10 年间，航天通信集团公司共更换 4 家会计师事务所作为本公司外审机构：

（1）无从考证的变更。2007～2008 年间，中和正信会计师事务所作为航天通信集团公司的外部审计机构，对其审计业务进行鉴证，报酬为每年 88 万元，如表 7 - 8 所示。

表 7 - 8　　　航天通信集团公司会计师事务所 2007～2009 年变更情况　　　单位：万元

年份	会计师事务所	报酬	内部控制审计会计师事务所	报酬	财务顾问	报酬	保荐人	报酬	更换事务所是否在年报中给出说明
2007	中和正信会计师事务所	88	无	无	无	无	无	无	
2008	中和正信会计师事务所	88	无	无	无	无	无	无	否
2009	天健正信会计师事务所	88	无	无	无	无	无	无	否

资料来源：巨潮资讯网，http：//www.cninfo.com.cn/，2017 年 9 月。

然而在 2008 年及 2009 年航天通信集团公司并没有向上级报备或对外披露任何关于变更会计师事务所的相关文件，直到 2009 年天健正信会计师事务所给航天通信集团公司出具了当年的审计报告。

（2）换汤不换药的变更。自 2009 年起航天通信集团公司将外审机构更换为天健正信会计师事务所，2009 年报酬为 88 万元，到 2010 年涨为 98 万元。然而仅 2 年时间，天健正信会计师事务所在 2011 年与立信会计师事务所签订了《协议书》，天健正信会计师事务所分立部被立信吸收合并。而航天通信集团公司在 2011 年也将外部审计机构更换为立信会计师事务所，在同年年度报告中"重要事项"章节有相应的解释，如表 7 - 9 所示。

表 7 - 9 航天通信集团公司会计师事务所 2009 ~ 2015 年变更情况 单位：万元

年份	会计师事务所	报酬	内部控制审计会计师事务所	报酬	财务顾问	报酬	保荐人	报酬	更换事务所是否在年报中给出说明
2009	天健正信会计师事务所	88	无	无	无	无	无	无	
2010	天健正信会计师事务所	98	无	无	无	无	无	无	无
2011	立信会计师事务所（特殊普通合伙）	108	无	无	无	无	无	无	是
2012	立信会计师事务所（特殊普通合伙）	138	立信会计师事务所（特殊普通合伙）	50	无	无	中信建投证券股份有限公司	100	
2013	立信会计师事务所（特殊普通合伙）	138	立信会计师事务所（特殊普通合伙）	50	无	无	中信建投证券股份有限公司	2250	
2014	立信会计师事务所（特殊普通合伙）	138	立信会计师事务所（特殊普通合伙）	50	无	无	中信建投证券股份有限公司	无	
2015	立信会计师事务所（特殊普通合伙）	168	立信会计师事务所（特殊普通合伙）	60	中信证券股份有限公司	800	无	无	

资料来源：巨潮资讯网，http://www.cninfo.com.cn/，2017 年 9 月。

并且自 2012 年起，立信会计师事务所对航天通信集团公司的内部控制进行审计。但在之前天健正信分立部被立信会计师事务所吸收合并时，分立部的人员及执行的相关业务也一并转入立信会计师事务所，并且任由该部分人员执行原有业务。这就使得虽然从表面看航天通信集团公司更换了会计师事务所，但是从本质上并没有更换。

（3）自欺欺人的变更。2016 年航天通信集团公司将立信会计师事务所更换为天职国际会计师事务所时，根据国资委的有关要求，经公司于 2016 年 11 月召开 2016 年第一次临时股东大会审议通过，对于更换公司会计师事务所进行了大会表决。然而天职会计师事务所仅在 2016 年一年时间担任航天通信集团公司外部审计机构，并在这一年中，分别给航天通信集团公司出具了否定意见的内部控制审计报告和第一份非标准无保留意见的财务报表审计报告。在

2017 年 8 月 26 日公司对外披露的《关于变更外部审计机构的公告》中提出 "根据审计工作需要，为保证公司审计工作的独立性和客观性，公司拟在 2017 年度予以更换，拟聘请瑞华会计师事务所（特殊普通合伙）（以下简称：瑞华）为公司 2017 年度的财务审计机构和内部控制审计机构，审计费用为 168 万元人民币，内部控制审计费用为 60 万元人民币，共计报酬 228 万元人民币。" 如表 7－10 所示。

表 7－10　　　　航天通信集团公司会计师事务所 2016～2017 年变更情况　　　　单位：万元

年份	会计师事务所	报酬	内部控制审计会计师事务所	报酬	财务顾问	报酬	保荐人	报酬	更换事务所是否在年报中给出说明
2016	天职国际会计师事务所（特殊普通合伙）	168	天职国际会计师事务所（特殊普通合伙）	60	无	无	无	无	是
2017	瑞华会计师事务所（特殊普通合伙）	168	瑞华会计师事务所（特殊普通合伙）	60					

资料来源：巨潮资讯网，http://www.cninfo.com.cn/，2017 年 9 月。

　　面对披露内部控制自我评价报告及内部控制审计报告的五年来，航天通信集团公司变更了两次，即一共三家会计师事务所为内部控制审计主体机构。并且在 2014 年立信会计师事务所对其出具第一份否定意见内部控制审计报告之后隔一年，更换为天职会计师事务所，而在天职会计师事务所第一年任职就对其出具第二份否定意见内部控制审计报告之后，又变更为瑞华会计师事务所。这其中，究竟是单纯的更换事务所还是另有隐情呢？

　　3. 屡教不改的内部控制。如果说航天通信集团公司之前屡屡未及时发现的内部控制失效是公司内部控制"无心"之举，那两次审计签发了否定意见之后的内部控制则是公司"有意"为之的嫌疑。两次否定意见内部控制审计报告如表 7－11 所示。

表 7－11　　　　航天通信集团公司两次否定意见内部控制审计报告对比

年份	内部控制审计报告意见	导致否定意见的事项
2014	否定意见	（1）贵公司对客户资信等级评估、授信额度管理等方面的内部控制在执行层面存在重大缺陷。 （2）贵公司具有客户资信等级评估、授信额度管理方面的内控设计程序，但业务部门在与客户交易的过程中未严格执行，属于执行层面的内控制度存在重大缺陷，导致 1.35 亿元应收账款无法按期收回。

续表

年份	内部控制审计报告意见	导致否定意见的事项
2016	否定意见	航天通信之子公司智慧海派科技有限公司未按照航天通信内控制度识别关联方及其交易，我们在审计过程中发现未披露的关联方及其交易。上述重大缺陷影响了关联方关系及其交易得到恰当识别、会计处理和披露，与之相关的财务报告内部控制失效。 智慧海派在销售业务中就同一事项签订有供应链服务外包协议（或代理协议）、销售合同（或采购合同），我们认为，智慧海派采用经销模式确认营业收入的依据不充分。上述重大缺陷影响了应收账款、营业收入、营业成本、发出商品等多个报表项目的准确性，与之相关的财务报告内部控制失效。 智慧海派部分原材料耗用未计入产品成本，原因为该部门原材料由客户免费提供。客户免费提供原材料未在合同中约定，在产品成本核算时不包含该部分原材料成本的依据不充分。上述重大缺陷影响了存货、营业成本等报表项目的准确性，与之相关的财务报告内部控制失效。

资料来源：2014 年度、2016 年度内部控制审计报告。

从表 7-11 中我们可以看到，在 2014 年航天通信集团公司内部控制的执行层面存在重大缺陷，未能严格执行内部控制，导致内部控制在执行层面存在重大缺陷，为公司带来 1.35 亿元无法按期收回的应收账款的巨额损失，并且会计师事务所也给出否定意见的内部控制审计报告。

第一次否定意见内部控制审计报告仍未能引起航天通信集团公司内部控制的深刻反思。在 2015 年 8 月 25 日航天通信集团公司对外披露的《关于控股集团股份有限公司内部控制整改情况专项说明》中，针对 2014 年存在重大缺陷的内部控制进行了整改，说明中指出"修订了商贸销售业务管理办法，完善了销售合同审批等执行层面的业务流程"，但从 2016 年否定意见的内部控制审计报告中我们可以看到，三项重大缺陷中有一项即又是在"销售业务中就同一事项签订有供应链服务外包协议（或代理协议）、销售合同（或采购合同）"。不难看出 2015 年航天通信集团公司在对内部控制的整改中并没有将"专项说明"中指出的整改方法落实到位，这不免让人对 2015 年内部控制的有效性心存疑虑，同时也对无保留意见的内部控制审计报告和无保留意见的财务报表审计报告的真实性产生怀疑。

虽然每年航天通信集团公司内部控制都在当年的年报及相关文件中指出在不断地健全完善，但没有落到实处的内部控制形同虚设。在 2016 年又未能严格遵循公司内部控制的要求，在关联方及其交易的识别、经销模式确认营业收入的方式及产品成本核算内容方面都出现重大缺陷，导致 2016 年航天通信集团公司内部控制失效，再次被出具了否定意见的内部控制审计报告，也给公司带来第一份非标准无保留意见的财务报表审计报告。

三、航天通信内部控制屡次失效原因分析

1. 公司审计委员会不健全。审计委员会在公司内部控制中具有重要的监督

作用，审计委员会还对公司管理层遵守法规、道德行为、利益冲突等方面负有监督职责，并对这些方面要保持高度的警惕性。也就意味审计委员会对于公司内部控制及公司治理层面都负有重要的监督职责。而航天通信集团公司在2007~2010年四年的年度报告"董事会报告"章节中显示，"公司董事会审计委员会由3名董事组成，其中独立董事2名，委员会主任由独立董事担任。审计委员会原委员李晓春董事因工作调动，于2007年12月28日辞去了董事职务，公司董事会对审计委员会尚未进行调整，因此暂缺一名。"我国相关规定要求上市公司审计委员为至少由3人组成，且均应为非执行董事，而航天通信集团公司在长达四年时间内，仅由2名独立董事承担审计委员会的相关职责。从之前对航天通信集团公司内部控制失效的了解中，2007年及2010年均存在相应的内部控制失效事件，内部控制失效纠其其中一个原因就是审计委员会的监督失职，而这种监督失职在审计委员会人员不完善的情况下，就难辞其咎。

2. 公司风险管控未奏效。在2014年第一份否定意见内部控制审计报告中，曾明确指出由于航天通信集团公司未严格执行内部控制程序，对客户资信等级评估的执行存在重大缺陷，从而导致1.35亿元应收账款不能按期收回。这在公司应当识别内部风险时最应关注的被投资公司财务状况、经营成果、现金流量等财务因素的分析都没有做到，可见公司风险管控体系并未建立完善，公司风险控制（内部控制）管理委员会形同虚设，导致公司内部缺乏有效的风险识别能力，无法在进行业务活动时明确地识别风险并且及时应对或规避风险，从而给公司带来巨额亏损。这对于航天通信集团公司这种一流军民融合企业在激烈的竞争流中生存带来重大隐患，也给公司内部控制这种监督纠错机制带来负面影响。

3. 对子公司及控股公司监管不足。在航天通信集团公司7次内部控制失效的事件中，4次均是因为其子公司及控股公司所出现的问题导致航天通信集团公司内部控制失效。航天通信集团公司缺乏一套严格完善的子公司管理体系，并且由于航天通信集团公司对子公司的各项业务都有着审批的职责，子公司各项业务均需由母公司审批通过后方可执行，那么在审批过程中航天通信集团公司的不仔细甚至不作为，也给了子公司可乘之机或者坚实后盾。

4. 委托立信会计师事务所任期过长。2011年，天健正信会计师事务所与立信会计师事务所签订了《协议书》，天健正信的分立部分被立信吸收合并，该部分人员执行的相关业务项目一并转入立信。由于航天通信集团公司原审计业务由天健正信的分立部分人员执行，为保持审计业务的一致性、连续性，保证公司会计报表的审计质量，航天通信集团公司聘用的会计师事务所变更为立信会计师事务所（特殊普通合伙）。陈信元（2006）通过实证分析得出，审计任期小于一定年份（约6年）时，审计任期的增加对审计质量具有正面影响，而当审计任期超过一定年份（约6年）时，审计任期的增加对审计质量具有负面影响。由于立信会计师事务所作为审计机构，对航天通信集团公司的审计年限已经有5年，再加之天健正信分立部被吸收合并之前，负责航天通信集团公司审计业务有2年时间，一共7年审计任期显然对航天通信集团公司的审计质量产生一定的负面影响。过长的审计任期使会计师事务所与被审计公司之间有了过多的交集，难免出现感情因素影响工作结果，对于航天通信的舞弊行为选择视而不见或者降低严格程度，都为内部控制审计的失败增加砝码。

5. 证监会处罚过轻。面对多次受到证监会责令整改或调查的航天通信集团公司，频频地上榜却仍屡屡犯错，其根本原因在于即使内部控制游走在国家底线的边缘，面对航天通信集团公司屡次内部控制失效，浙江证监局下发的都是整改措施而不是行政处罚，航天通信的违规行为几乎是"零经济成本"，但游走在边缘的内部控制对公司多项业务的放水却能给公司带来极大利益。面对利大于弊的形势和处罚力度不强的证监会，航天通信集团公司都无法停止内部控制频频失效的脚步。

四、航天通信集团公司内控失效案例启示

虽然我国目前在上市公司内部控制体系建设方面越发完善，但面对日渐完善的内部控制相关规定，仍有诸多上市公司被爆出内部控制存在重大缺陷则也反映出，我国目前相关内部控制措施的实施情况并不理想。对此，从航天通信集团公司内部控制屡次失效的背景下，得出以下四点启示。

（一）应加强监督公司健全其治理结构

公司治理结构是公司治理层面的组织架构，其完整程度会直接影响公司整体的组织架构。并且对于公司治理结构的设计，涉及独立董事制度的设立、董事会专业委员会的设置及设立董事会秘书三大模块，是上市公司经营运作的核心，亦承担保证公司健康、可持续发展的重要责任。因此，强制性监督公司健全治理结构，符合法律法规要求、发展战略要求、管理控制要求及内外部环境要求，既能给公司内部控制的实施带来有效监督，也能为企业提高竞争力和风险控制能力。

（二）应建立有效风险管控体系并实施

风险评估作为内部控制五要素中的一个要素，同样是实施内部控制的重要环节。内部控制中重要性原则要求内部控制应当在兼顾全面的基础上突出重点，对于导致内部控制失效的事件，其本身就应当作为公司风险管控的重点监督对象，以便于及时发现风险并采取措施遏制。但公司内部控制又不仅仅是一种防弊纠错的机制，更是一种管理方法、战略实施工具，而风险作为其中的一个重要部分，风险管控无法做到全面控制，也会直接成为公司内部控制失效的一大重要原因。

（三）应严格执行对子公司的监管和控制

集团企业的子公司涉及多个行业多个地区，集团为了实现整体战略目标和公

司发展需要，就必须对其子公司进行控制与监管，将公司制定的相关决策规定贯彻到每个子公司中，并监督其有效实施。由于子公司的经济利益直接关系到集团的整体利益，则对子公司的监管和控制不仅能保证子公司及集团的经营状况和盈利能力，还能对公司内部控制的有效实施提供保障。

（四）应加强国家监管

1. 严格监管被审单位。目前我国证监会等监管机构对上市公司违规违法行为的行政处罚，相对于其所通过违规违法行为得到的利益要远远少得多。因此，无法真正抑制上市公司或个人铤而走险的做法。证监会及各区域证监局作为直接监管机构，应当针对被审单位的内部控制进行全面审查与监管，不定期抽查被审单位内部控制落实情况，一旦发现内部控制没有切实执行或存在失效，从而导致公司出现虚增财务数据、舞弊等恶劣情况，应及时对其采取相应处罚，而不仅仅停留在问询或责令整改等"零处罚成本"的层面。因此，国家应加强对上市公司违规违法行为的处罚力度，明确制定出不同处罚等级，并且针对多次违规的上市公司处罚力度要远远高于初次违规的上市公司，同时对其以后年份的监管要强于其他上市公司。只要严格的监管与处罚，才能真正使被审单位强化其内控治理。

2. 严格监管会计师事务所。航天通信集团公司原审计业务由天健正信会计师事务所分立部人员执行，而后天健正信被立信会计师事务所吸收合并后，该部分业务继续由立信会计师事务所承担。诸如这种情况，证监会应在每年不定期对各大会计师事务所业务等进行全面检查，尽早发现并处理此类现象，从而避免出现暗藏的审计任期时间过长的现象，不给公司内部控制失效任何可乘之机；也通过每一次全面检查来考核各大会计师事务所的业务能力及资产状况等，给予会计师事务所外部压力督促其在对上市公司进行内部控制审计时尽职尽责，从而给内部控制创造一个有效的外部监督鉴证的环境，也在一定程度上使公司内部控制进行自我提升，整体全面促进内部控制的有效实施。

五、讨论题目

1. 航天通信集团公司现有内部控制是有效的内部控制吗？
2. 有效的内部控制要具备哪些要素？航天通信公司内部控制存在哪些问题？
3. 内部控制审计机构切实履行监督、鉴证职责了吗？
4. 我国上市公司在日益完善的内部控制大环境下应如何保证公司内部控制的有效性？
5. 如果你是航天通信集团公司审计部部长，如何改变公司内部控制现状？
6. 从制度层面，如何采取有效措施使我国上市公司内部控制应用落到实处，发挥应有作用？

案例使用说明

一、本案例要解决的关键问题

本案例旨在培养学生对内部控制的认识和理解，对内部控制的相关各项知识点有更深刻的认识。通过航天通信集团公司2016年否定意见的内部控制审计报告引出近年来内部控制频频出现的失效行为，来对内部控制及内部控制失效有更直观的理解。从而探究究竟是怎样的内部控制失效导致航天通信集团公司最终被出具了否定意见的内部控制审计报告。并希望通过本案例的研究，使学生了解并思考在我国如今内部控制的政策背景下，上市公司应该如何加强企业内部控制有效性，将内部控制落到实处。

二、案例讨论准备工作

为了有效实现本案例的教学目标，学生应在案例讨论前通过预发材料了解下列相关知识背景。

（一）理论准备

本案例需要学生准备的知识点主要包括：内部控制基本理论、内部控制应用、内部控制的评价。

1. 内部控制基本理论。内部控制的含义，内部控制是一种全员控制、全面控制和全程控制。我国内部控制包含五要素：内部环境、风险评估、控制活动、信息与沟通和内部监督。内部控制目标包含五个：合规目标、资产安全目标、报告目标、经营目标和战略目标。

内部控制作用：可以保证国家的各项政策法规在公司内部贯彻落实；保证会计信息的真实性、准确性；保证公司风险管控落到实处；保证公司资产安全完整；促进公司提高经营效率稳健发展。

内部控制的应用：我国财政部等5部委联合发布的《企业内部控制应用指引第1号——组织架构》等18项应用指引，涵盖了上市公司所要面临的18项业务活动，并要求各上市公司贯彻执行。

2. 内部控制的评价与审计。企业要进行内部控制的评价，按内部控制缺陷的本质可分为：设计缺陷和运行缺陷。按内部控制严重程度可分为：重大缺陷、重要缺陷、一般缺陷。

企业董事会领导并负责披露内部控制自我评价报告，监事会对董事会领导的内部控制评价过程进行监督，审计委员会负责进行内部控制评价，由审计部进行具体的实施工作，最后形成一份对公司内部控制有效性的全面评价书面报告。

内部控制审计意见类型包括三种：无保留意见、否定意见和无法表示意见。

（二）行业背景

航天科技公司所处行业为国防军工行业，该行业属于资金、技术和人才密集型的高风险产业，其自身的政治性、高保密性和买方垄断性使其成为国有企业中的中流砥柱。国防军工行业定义为国防建设提供服务的，为部队提供武器或军需物资的单位或部门。由于国家政府的高度重视和长期投资，国防军工业属于高科技行业，拥有着顶级的技术设备和高端的研究人才，属于科技领先的行业。作为国家制造业的核心，它拥有庞大的产业体系，既是国家军事实力的重要基础，也是国民经济的重要组成部分。其在提升国家科技水平，促进经济稳定增长，增强国家综合实力等方面发展的作用不容低估。国防军工业的发展主要取决于两个重要的因素，其一是我国目前国防安全的现状和未来的战争预计；其二是我国目前的国家实力水平和经济基础。航天科技公司在三级行业分类中，在航天装备业中排名第六，第一名是航天电子；在二级行业分类国防军工业中排名第十八，第一名是中直股份。

（三）政策准备

我国曾在1999年修订的会计法中提出应当健全单位内部会计监督制度，直到2009年7月1日起施行的《企业内部控制基本规范》对内部控制的五要素制定了详细的规范。我国财政部会同证监会、审计署、银监会、保监会在2010年4月15日发布《企业内部控制应用指引第1号——组织架构》等18项应用指引、《企业内部控制评价指引》和《内部控制审计指引》，标志着我国内部控制规范体系的形成，是我国内部控制制度发展的里程碑。

三、案例分析要点

（一）需要学生识别的关键问题

本案例需要学生识别的主要知识点包括：内部控制基本理论、内部控制与内部控制审计区别。

（二）推荐解决问题的方案

1. 航天通信集团公司内部控制是健全有效的吗？航天通信集团公司公司内部控制并不是健全有效的，存在如下很多问题。

（1）组织架构设置不完善，权责分配不明确。人作为在内部控制中的重要因素，在控制环境中发挥着重要的作用。航天通信集团公司虚增盈利，并且在其相应的财务报表中不真实记录，只为满足公司利益需求，却给相关的会计信息使用者带来错误的会计信息，从而导致使用者们因此做出错误的判断和决策，给企业带来极具破坏性的负面影响。

控制环境规定企业的纪律与构架，塑造企业文化精神并影响员工的控制意识，是企业建立与实施内部控制的基础。在组织构架设置上，企业仍然欠缺科学系统的整体考虑，企业管理举步维艰，决策难以与不断增长的企业组织规模相适应。在航天通信集团公司被查出的四起财务舞弊案件中，虽然多是其子公司出现舞弊行为，但据相关报道称航天通信集团公司负责信息披露的工作人员告诉记者，"这是子公司的问题，对公司影响不大，公司只需要如期提交整改报告就好。"可见，航天通信集团公司高层管理人员在面对内部控制缺陷时未能发挥其应有的作用，这种敷衍了事的态度导致公司内部控制失效。

（2）风险管控不足。风险评估是企业及时识别、系统分析经营活动中与实现内部控制目标相关的风险，合理确定风险应对策略，实施内部控制的重要环节。2014 年，航天通信集团公司在开展贸易业务过程中，未对上海中澜的实际控制人和新疆艾萨尔是否有能力承担担保义务进行详细调查，并在超过最高担保额 9 000 万元后仍向上海中澜和新疆艾萨尔发货，后因对方出现严重资金问题，造成 1.35 亿元应收账款无法收回。由此可见，航天通信集团公司在销售业务内部控制中的客户开发与信用管理环节存在漏洞。客户资料与文档不健全，缺乏合理的资信评估，导致客户选择不当，销售款项不能收回，从而影响企业的资金流转和正常经营。

（3）内部控制体系实则不健全。销售业务是企业运营的灵魂，销售量的稳定增长、销售市场份额的扩大，是企业得以生存和发展的坚实保障。在销售环节，客户的信用管理是一大重点和难点。航天通信集团公司对客户的资信等级评估不到位，对客户的授信额度管理在执行层面上做得不到位。导致销售款项回收不畅，造成企业经济效益的重大损失。

此外，2010 年 8 月 18 日，浙江证监局根据对航天通信集团公司下属子公司成都航天通信集团公司设备有限公司和沈阳航天机械有限责任公司的财务报表对比研究，发现它们通过关联交易分别虚增收入 2 021 万元和 1 092 万元。关联交易是企业关联方之间的交易，是公司运作中经常出现的而又易于发生不公平结果的交易。航天通信集团公司虚增收入和利润的行为严重影响了财务报告的真实性和可靠性。内部控制制度和程序在设计和执行上的缺陷导致公司相关高层管理人员并未发现财务报告错误或是即使发现了财务问题而出于私利考虑，玩忽职守。

（4）信息严重失真，披露不充分。信息与沟通是企业及时、准确地收集、传递与内部控制相关的信息，确保信息在企业内部、企业与外部之间进行有效沟通，是内部控制的重要组成要素。航天通信集团公司 2010 年被证监局在现场检查时发现，两家子公司存在虚增收入 2 021 万元。可见，航天通信集团公司和其子公司之间的信息沟通存在问题，会计信息失真。航天通信集团公司的信息披露严重违反了诚实、信用原则，从航天通信集团公司 2007～2014 年这多年间的财务报告可以看出，公司多次出现经济危机，几次被停牌，资金周转不开，说明公司的决策传达和执行效率低下，信息沟通不及时，甚至有所隐瞒。

（5）监控不到位。监控也称为内部监督，是指企业对内控制度的建立与实施情况进行监督检查。一旦发现内控缺陷，应当及时加以改进。航天通信集团公司 2011 年新收购的控股子公司张家港保税区新乐毛纺织造有限公司财务基础薄弱，于 2012 年 12 月 10 日被发现与部分客户的业务及资金往来频繁、账实不符，存货及固定资产管理存在重大缺陷。浙江证监局认为，航天通信集团公司子公司易讯科技股份 2013 年度虚增营业收入 4 555.65 万元，虚增营业成本 3 685.46 万元，虚增管理费用 351.56 万元，导致虚增净利润 440.84 万元。公司还存在业务交易虚假、代理业务确认收入等问题，并责令公司按照浙江证监局的要求，限期向证监局书面报告整改落实情况。

2. 有效的内部控制要具备哪些要素？航天通信集团公司在哪些要素上存在问题？

（1）1992 年 9 月，COSO 发布了著名的《内部控制——整合框架》，并于 1994 年进行了修订，其中明确了内部控制包括五个相互独立又相互联系的构成要素：控制环境、风险评估、控制活动、信息与沟通和监控。而在 2013 年 5 月，COSO 发布了修订后的《内部控制——整合框架》，并提议取代 1992 年发布的原框架，其中对原有的内部控制 5 要素上升到风险管理的高度来重新认识，并增加为 8 要素：内部环境、目标设定、事项识别、风险评估、风险应对、控制活动、信息与沟通和监控。

（2）而我国在 2009 年起实施的《企业内部控制基本规范》中指出我国内部控制包含 5 要素，分别是：

内部环境。内部环境是企业实施内部控制的基础，一般包括治理结构、机构设置及权责分配、内部审计、人力资源政策、企业文化等。

风险评估。风险评估是企业及时识别、系统分析经营活动中与实现内部控制目标相关的风险，合理确定风险应对策略。

控制活动。控制活动是企业根据风险评估结果，采用相应的控制措施，将风险控制在可承受度之内。

信息与沟通。信息与沟通是企业及时、准确地收集、传递与内部控制相关的信息，确保信息在企业内部、企业与外部之间进行有效沟通。

内部监督。内部监督是企业对内部控制建立与实施情况进行监督检查，评价内部控制的有效性，发现内部控制缺陷时，应当及时加以改进。

航天通信集团公司内部控制失效并不仅仅是其中一个要素缺失导致的，回顾屡次内控失效，可以看到：

内部环境存在问题。航天通信集团公司在 2007 ~ 2010 年间，审计委员会原委员三名委员中，李晓春辞去董事职位，因此导致审计委员会缺失一名委员，而公司并没有及时填补空缺，导致审计委员会在长达 4 年时间内只有 2 名委员。这种结构严重影响公司治理结构，造成内部环境出现问题。

内部监督存在问题。航天通信集团公司在 2007 年、2010 年、2012 年及 2014 年中分别出现虚增利润、虚增收入、账实不符及虚增营业成本等事件。并且在 2016 年否定意见的内部控制审计报告中，所提到的由于无法识别关联方及其交易从而导致内部控制存在重大缺陷的事件，均可看出，航天通信集团公司缺乏优秀诚实的企业文化，不能统一董事、监事、高级管理人员和全体员工的思想和意志，不能形成较好的执行力，难以发挥内部监督的作用，无法保证公司内部控制有效实施，从而给公司强化管理、提升企业经营管理效率和效益带来负面影响，也导致公司收到自成立以来的第一份非标准无保留意见的审计报告。

风险评估存在问题。在航天通信集团公司2014年的否定意见内部控制审计报告中显示，公司未对上海中澜的实际控制人和新疆艾塞尔公司是否有能力承担担保义务进行详细调查，从而导致应收账款1.35亿元人民币无法按期收回，给公司带来巨大影响。航天通信集团公司在对公司经营业务进行风险评估时没有切实做到识别相应风险，未建立严格的信用保证制度，对上海中澜和新疆艾萨尔的资信等级评估不到位以及对该项担保业务的潜在风险认识不完全。公司经营管理层的风险防范意识和风险辨识能力远远不够，对于重大项目的投资决策和重要的管理决策过于盲目和专断。

3. 立信会计师事务所和天职会计师事务所是否切实履行内部控制审计监督职责？立信会计师事务所在2014年切实履行了内部控制审计监督职责，并于该年为航天通信集团公司公司出具了第一份否定意见的内部控制审计报告。但在2011～2015年天职会计师事务所任航天通信集团公司内部控制审计机构的五年时间内，出具的四份内部控制审计报告中，仅有2014年一份否定意见，其他都是无保留意见，即肯定了航天通信集团公司内部控制的有效性，然而公司曾在立信会计师事务所任职期间，分别于2012年和2014年均存在内部控制失效问题，却在2012年未能切实履行其内部控制审计监督职责，使航天通信集团公司内部控制失效逃过了最后一道关卡。

天职会计师事务所在其作为航天通信集团公司2016年内部控制审计机构和财务报表审计机构的一年时间内，切实履行了内部控制审计监督职责，铁面无私地发现航天通信集团公司内部控制存在多项重大缺陷，不仅给出了否定意见的内部控制审计报告，还为航天通信集团公司出具了自成立以来的第一份非标准无保留意见的财务报表审计报告。

4. 我国上市公司在日益完善的内部控制大环境下应如何提高公司内部控制的有效性？

（1）完善公司治理模式，增强公司竞争力。健全的内部控制是完善公司治理的重要保证，有利于保护投资者和其他利害相关者的利益，避免有关方受虚假财务信息的影响造成经济损失；完善公司的治理，是内部控制有效运行的前提。航天通信集团公司应该根据上市公司的治理要求，完善公司组织架构，并且建立相应的制度和作业流程，明确管理层的管理职能和治理层的决策职能。此外，公司需定期或不定期召开董事会、监事会及董事会下属委员会会议，并保留相应的会议记录。

（2）实施全面风险管理，创造诚信内控环境。实行全面风险管理，要求公司高层在重大项目的投资决策和重要的管理决策上具有一定的风险防范意识和风险辨识能力，建立完善的制度防范经营风险和财务风险，密切关注企业日常运营的基本环节。综合考虑宏观经济政策等外部环境蕴含的风险和公司价值链中可能产生的风险及影响。建立严格的信用保证制度，完善本企业的担保政策和相关管理制度，只有对申请人整体实力、经营状况、信用水平非常了解的情况下才能进行担保。

企业财务报告列示的资产、负债、所有者权益金额应当真实可靠，企业财务报告应当如实列示当期收入、费用和利润。加强安全管理、资金风险防控、应收账款催收工作等。企业应该创建诚信内控环境，塑造优秀的企业文化。企业主要负责人应当站在促进企业长远发展的战略高度重视企业文化建设，切实履行第一责任人的职责，认真规划、狠抓落实，承担内控的责任。

（3）构建内部信息系统，促进公司信息畅通。航天通信集团公司应当建立科学的信息采集机制。内部信息的采集有利于规范企业内部管理，提高经营效率和效益；外部信息的采集对于公司战略目标的制定和实现，并做出适应市场环境的决策具有重要意义。航天通信集团公司应做到公司高层加强沟通，全体员工参与沟通。同时，航天通信集团公司要搭建良好的外部沟通平台，加强与外部投资者、客户、中介机构和监管部门等之间的沟通和反馈。健全信息公示制度，做好全面及时的信息披露工作，保证信息质量客观公正。充分发挥信息技术在信息沟通与信息处理中的作用，加强对信息系统的开发与维护，保证信息系统安全、稳定地运行。

建立有效的反舞弊机制有利于及时发现和处理舞弊行为，及时防范因舞弊行为导致的内部控制措施失效。航天通信集团公司要对各级机构特别是董事会和公司高管在反舞弊中的职责权限做出明确规定，严厉惩处舞弊人员；发挥会计机构和会计人员的作用；建立和完善举报投诉制度和举报人保护制度。

（4）健全内部监控体系，发挥自我评价效力。内部监控是对其他内部控制程序和活动的一种再控制。在组织架构上，航天通信集团公司要建立实现公司高层权力相互制衡的监督体系，审计委员会需在董事会和监事会的双重领导和管理下运行，保证内部控制的独立性。加强对内控人员的培训和再教育有利于发现企业在经营管理过程中的薄弱环节和问题。按照业务分管的原则，航天通信集团公司可以成立专门的工作小组，实施对子公司财务风险控制和管理事项的监督指导，充分发挥内部控制的作用。

四、教学组织方式

（一）问题清单及提问顺序

1. 航天通信集团公司现有内部控制是有效的内部控制吗？

2. 有效的内部控制要具备哪些要素？航天通信集团公司在哪些要素上存在问题？

3. 内部控制审计机构切实履行监督、鉴证职责了吗？

4. 我国上市公司在日益完善的内部控制大环境下应如何保证公司内部控制的有效性？

5. 如果你是航天通信集团公司审计部部长，你将如何改变公司内部控制现状？

6. 从制度层面，如何采取有效措施使我国上市公司内部控制应用落到实处，发挥应有作用？

（二）课时分配

1. 课后自行阅读资料：120 分钟；
2. 小组讨论并提交分析报告提纲：约 90 分钟；
3. 课堂小组代表发言、进一步讨论：约 90 分钟；
4. 课堂讨论总结：约 30 分钟。

（三）讨论方式

本案例可采用小组形式进行讨论。

（四）课堂讨论总结

课堂讨论的关键是：归纳发言者的主要观点，重申其重点及亮点，提醒大家对焦点问题或有争议观点进行进一步思考，如何采取有效措施使我国上市公司内部控制应用落到实处，建议大家对案例素材进行扩充研究及深入地分析。

案例 21

银基希碳公司内控审计意见与
财务报表审计意见之重大影响

刘 静 刘 为 李 琪

一、引言

随着我国退市制度的不断完善，至 2018 年 11 月 A 股退市公司已达 50 余家。退市原因也开始呈现出多元化的特征。例如：欣泰电气因欺诈发行被强制退市、博元股份因重大信息披露违法退市、中弘股份因连续 20 个交易日收盘价均低于 1 元"破面值"而退市。2018 年 5 月，深交所发布公告称，银基烯碳因连续三个会计年度的净利润为负值被暂停上市后，又因 2017 年度被出具无法表示意见的审计报告，从而触发启动强制退市机制。银基烯碳公司成为 A 股首个仅触及审计意见一项指标就退市的上市公司。这警示人们要抑制"投机炒作"，创造价值投资的氛围，避免"劣币驱逐良币"，促进优胜劣汰；更彰显注册会计师审计在规范市场秩序中的作用，审计是资本市场的经济"卫士"。

二、银基烯碳公司审计案例详情

（一）中兴华会计师事务所简介

中兴华会计师事务所成立于 1993 年，总部位于北京，在江苏、广东、山东、河北等地设有 18 家分所。事务所具有从事证券、期货相关业务审计资格，大型金融企业审计资格，特大型企业审计资质，是中央金融工委聘任的 15 家会计师事务所之一。中兴华会计师事务所连续两年被银基烯碳公司聘为年度审计机构，审计费用分别为 100 万元及 150 万元，2018 年对银基烯碳公司内部控制审计出具否定意见，对财务会计报表出具无法表示审计意见。

（二）银基烯碳公司的前世今生

银基烯碳公司全称银基烯碳新材料集团股份有限公司（以下简称"银基烯碳"），成立于 1989 年 12 月，前身为沈阳物资开发股份有限公司，公司股票于 1993 年 5 月 18 日在深交所挂牌上市（股票简称：辽物质，代码：000511），注册资金 660 万元，是辽宁省第一家上市公司，也是东北地区第一家深交所上市公司。

在近 30 年的发展过程中，公司证券名称从辽物质到银基发展再到烯碳新材，先后实现三次重大战略转型，始终想保持自己行业龙头地位。公司在更名银基发展时期的 2007 年，营业收入达到历史最高的 9.74 亿元，净利润较 2006 年大幅增长了 77.5%。2013 年，在国家调控房地产背景下，公司开始进军石墨烯暨先进的碳产业，2014 年实现主营业务收入 165 027.18 万元，比上年同期增长 165.25%。但是 2014 年、2015 年、2016 年连续三个会计年度经审计的净利润为负值。股票自 2017 年 7 月 6 日起暂停上市。2018 年 4 月 28 日，银基烯碳 2017 年度报告被中兴华会计师事务所出具无法表示意见的审计报告，被终止上市。具体历程如图 7-3 所示。

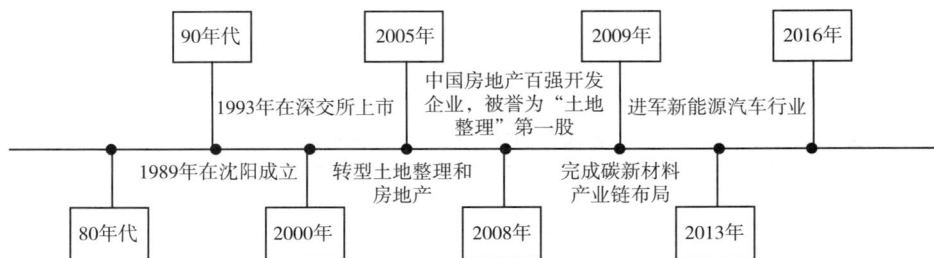

图 7-3　银基烯碳公司成立及发展历程

资料来源：银基烯碳公司官网。

（三）频频查出内控重大缺陷，内控审计接连被提否定意见

自 2010 年财政部等 6 部委出台内部控制配套指引，要求自 2012 年 1 月 1 日起在上交所、深交所主板上市公司需披露公司内部控制自我评价报告及内部控制审计报告。银基烯碳在五年里，除 2013 年瑞华会计师事务所出具了无保留意见的内部控制审计报告之外，其余 4 年，三家不同的会计师事务所均出具了否定意见内部控制审计报告，如表 7 – 12 所示。

表 7 – 12　　　　　　　　　银基烯碳公司内部控制审计报告

年份	内部控制审计报告	会计师事务所
2013	无保留意见	瑞华会计师事务所
2014	否定意见	大信会计师事务所
2015	否定意见	中证天通会计师事务所
2016	否定意见	中兴华会计师事务所
2017	否定意见	中兴华会计师事务所

资料来源：巨潮资讯网，http://www.cninfo.com.cn/，笔者整理。

2014 年披露的内控审计报告指出公司在确认房地产收入时，未能按照确定的方法及时准确确认收入和结转成本；但到 2015 年内部控制审计报告发现公司三项重大缺陷中有一项仍是在确认房地产收入时，未按确定的方法及时准确地确认收入和结转成本，不难看出银基烯碳在 2014 年对内部控制的整改中并没有将"专项说明"中指出的整改方案落实到位。

2016 年度，公司被发现在关联交易管理中对主动识别、获取及确认关联方信息的控制制度未得到有效执行；而到 2017 年度的内部控制审计报告中，注册会计师又发现公司在有关借款协议中，还是形成了关联方对银基烯碳非经营性资金占用，公司在关联方交易管理中对主动识别、及时获取及确认关联方信息的控制制度未得到有效执行。几年来对审计机构指出的问题只是敷衍了事，屡审屡犯，屡教不改，有解决措施并不去落实到位，2014 ~ 2017 年，3 家会计师事务所都认定银基烯碳公司缺乏有效的内部控制，连续给出否定意见的内部控制审计报告。具体见表 7 – 13。

表 7 –13　　　　　　　银基烯碳公司四年间否定意见内控审计报告对比

年份	内部控制审计报告意见	导致否定意见的事项	审计机构结论
2014	否定意见	1. 公司在对海城三岩矿业有限公司、奥宇石墨集团有限公司、黑龙江省牡丹江农垦奥宇石墨深加工有限公司等项目的投资决策、后续管理方面不到位。在对上述投资项目会计核算中，未能正确核算长期股权投资成本的初始确认及后续计量金额，对存在的减值迹象未能及时进行减值测试。	大信会计师事务所在审计过后认为，由于存在上述重大缺陷及其对实现控制目标的影响，公司于 2014 年

续表

年份	内部控制审计报告意见	导致否定意见的事项	审计机构结论
2014	否定意见	2. 公司在确认房地产收入时，未按照正确的方法及时准确地确认收入和结转成本，导致2011~2014年度国电项目及成本结转、车库收入存在大额跨期现象；未按企业会计准则规定进行借款费用核算，使2014年房地产成本中利息资本化金额不准确；房地产相关销售税金计提不准确。导致2014年补提以前年度大额土地增值税。	12月31日未能按照《企业内部控制基本规范》和相关规定在所有重大方面保持有效的财务报告内部控制。
2015	否定意见	1. 烯碳新材公司存在重大项目的投资决策管理不到位情况。（1）2015年12月10日，在与天津及香港某公司鉴定相关合同时，文件签署人为董事长及总裁，未见其他董事签字。（2）公司全资子公司北京银新投资有限公司在与某两家投资公司签订相关协议时，此合同未写明签署日期，且未见其他董事签字。（3）同2015年12月，经烯碳新材公司全资子公司北京银新投资有限公司金融事业部报批，总裁与董事长批准，拟以北京银新投资有限公司为主体联合三家公司共同设立杭州厚长烯碳股权投资合伙企业（有限合伙），该投资无其他董事签字批准。 2. 烯碳新材公司存在利用无真实交易的合同从银行开具票据进行融资贴现的情况，并且该融资行为未对外进行公告。2015年12月30日，公司通过其子公司签订了没有实际执行的购销合同，从银行开具4.4亿元银行承兑汇票，该事项涉嫌违反《中华人民共和国票据法》等相关法规规定。 3. 烯碳新材公司在确认房地产收入时，未按确定的方法及时准确地确认收入和结转成本，导致部分房屋及车库收入存在跨期现象。	中证天通会计师事务所认为，有效的内部控制能够为财务报告及相关信息的真实完整提供合理保证，而上述重大缺陷使公司内部控制失去这一功能。同样，事务所认为，由于存在上述重大缺陷及其对实现控制目标的影响，公司于2015年12月31日未能按照《企业内部控制基本规范》和相关规定在所有重大方面保持有效的财务报告内部控制。
2016	否定意见	1. 重述2015年及以前年度的财务报表，以更正由于舞弊或者错报导致的重大错报。 2. 公司关联交易管理中对主动识别、获取及确认关联方信息的控制制度未得到有效执行，导致相关交易未能被及时识别；2016年度，公司及全资子公司沈阳银基置业有限公司为控股股东提供反担保，上述事项未履行相关审批及披露事宜。	与2014年度、2015年度一样，中兴华会计师事务所认为，由于存在上述重大缺陷及实现控制目标的影响，公司于2016年12月31日未能按照《企业内部控制基本规范》和相关规定在所有重大方面保持有效的财务报告内部控制。
2017	否定意见	1. 公司子公司深圳银基烯碳能源科技有限公司2017年5月4日向烯碳新材关联方提供并支付500万元资金，双方却并未签订相关借款协议。形成关联方对烯碳新材非经营性资金占用。公司未指定防范控股股东及关联方资金占用的管理制度，存在设计缺陷。上述情况违反了证监会相关规定。 2. 公司承诺对子公司宁波杭州湾新区碳基新材料公司贷款承担连带偿还义务，该事项未按照公司《对外担保管理办法》履行相关的审批和披露事宜。 3. 公司在处理关联方交易时，对关联方关系及交易认定与实际情况不符。	同样，与上述年度一样，中兴华会计师事务所认为，公司内部控制的有效性已失去。

资料来源：巨潮资讯网，http://www.cninfo.com.cn/。

（四）资产不实，隐瞒费用，连续亏损，非标准审计意见导致退市

1. 丽港稀土股权转让未完成工商变更登记。银基烯碳于 2012 年签署了向连云港市丽港稀土实业有限公司（以下简称"丽港稀土"）增资的《增资合同》，双方约定：本公司向目标公司增资 20 000 万元，持有丽港稀土 40% 的股权。截至 2017 年 7 月，"丽港稀土"股权转让仍未完成工商登记变更，不具有对抗善意第三人的效力。2015 年，中证天通会计师事务所以无法获取充分的审计证据、无法确认资产转让事项的真实性为由出具了无法表示意见的审计报告，2016 年中兴华会计师事务所收集了相关的审计证据后，以无法判断股权未过户对银基烯碳财务报表产生的影响为由出具了保留意见的审计报告。2017 年中兴华会计师事务所还是把该问题作为原因之一出具无法表示意见的审计报告，"截至审计报告日银基烯碳新材仍为 2015 年度以资产包的方式转让'丽港公司'40% 股权的工商登记股东，我们无法判断股权未过户对公司财务报表可能产生的影响"。

实际情况是 2015 年 5 月丽港稀土向江苏高法提起诉讼，请求法院判令"ST稀碳继续履行《增资合同》中约定的付款义务，立即向丽港稀土支付增资合同剩余增资款 1.5 亿元；向丽港稀土支付因拖欠增资款产生的违约金 3 347.1 万元，由 ST 稀碳承担全部诉讼费用。"江苏高法对 ST 稀碳持有的 40% 股权实施了诉讼保全，丽港稀土的股权已被冻结。

2. 融资费用挂账，不确认部分高管和员工工资及绩效等费用。2015 年，银基烯碳公司通过其子公司沈阳银基置业有限公司（以下简称银基置业）代付融资费用，涉及多笔业务，其中主要四家债权人 6.9 亿元的融资费用 1 728.56 万元未正确计入当期损益，而是挂账"其他应收款""其他应付款"账户，隐藏融资费用，虚增资产，少记负债，虚增利润[①]。

2015 年度，银基烯碳及其子公司银基置业将 15 名员工的工资及绩效，合计金额 239.1781 万元以借款方式记入"其他应收款"科目，未计入管理费用。多项会计处理错误导致 *ST 烯碳 2015 年度合并财务报表虚增资产 1 795.24 万元，少计负债 172.5 万元；合并利润表少计期间费用 1 967.74 万元，虚增净利润 1 967.74 万元，占 2015 年净利润的 868%[②]。

3. 财务数据不实，未按规定披露重大对外投资、借款事项。银基烯碳存在前期重大会计差错，于 2017 年 6 月 24 日披露的《2016 年年度报告》和《关于前期会计差错更正的公告》显示，公司对 2015 年财务报表相关项目进行差错更正，对公司归属于母公司净利润、未分配利润等均产生影响，其中，影响 2015 年度经审计归属于母公司所有者的净利润 -2 400 万元，影响 2015 年未分配利润 -8 684.1982 万元，其差错率分别为 138% 和 -165%[③]。

---

① 资料来源：由银基稀碳公司行政处罚及市场禁入事先告知书整理。
② 资料来源：2016 年 4 月 30 日公布的银基烯碳公司《审计报告》。
③ 2017 年 10 月 11 日银基烯碳新材料集团股份有限公司关于收到深圳证券交易所《关于对公司及相关当事人给予纪律处分的决定》的公告。

2017 年 1 月 26 日，公司发布 2016 年度业绩预告披露 2016 年度归属于上市公司股东的净利润为盈利 4.5 亿元至 5.2 亿元。2017 年 6 月 24 日，公司披露的 2016 年年度报告显示，2016 年度归属于上市公司股东的净利润为 - 4.74 亿元。上述事实显示，公司业绩预告中披露的公司业绩与公司定期报告中披露的公司业绩存在重大差异，且公司未能披露修正公告①。

2015 年 11 月 10 日，*ST 烯碳与恒荣（香港）有限公司、天津银瑞万通资产管理有限公司三方签订合同，共同设立西华碳汇融资租赁（天津）有限公司，约定 *ST 烯碳认缴出资 1.8 亿元人民币，占 *ST 烯碳 2014 年经审计净资产的 12.9%；2016 年 4 月 26 日，*ST 烯碳控股子公司北京银新投资有限公司与盘锦中跃光电科技有限公司签订《借款协议》，约定将 3.85 亿元款项（占公司 2015 年调整前经审计净资产的 26.8%）借给中跃光电，借款期限不超过 30 天，借款利息 400 万元，盘锦中跃投资有限公司对上述借款承担连带责任保证。而公司未按规定披露重大对外投资事项及控股子公司重大对外借款事项，因此受到中国证监会的行政处罚，责令改正，给予警告，并处罚款。②

4. 连续三年亏损，又触发退市条款，终被强制退市。因 2014 年、2015 年、2016 年连续三个会计年度经审计的净利润为负值，烯碳股票自 2017 年 7 月 6 日起暂停上市。

由于截至 2017 年 12 月 31 日止，公司短期借款 79 112.40 万元，其中 44 973.05 万元已逾期；应付利息余额 13 696.56 万元，其中 12 951.49 万元已逾期；随着 2018 年借款到期、利息支付、税费缴纳及预计负债的支付将减少公司可供支配的现金。同时，公司财务报表附注中尚有或有事项未解决（其中有一项根据合同计提预计负债达 1 005.9 万元）。公司在持续经营能力存在重大不确定性，虽然公司提出了改善，但可能导致对公司持续经营能力产生重大疑虑的重大不确定性依然存在。加之，公司内部控制存在重大缺陷。2018 年 4 月 28 日，中兴华会计师事务所对公司 2017 年年度财务会计报告出具了无法表示意见的审计报告（中兴华审字［2018］011047 号）。公司 2014～2017 年财务报表审计报告如表 7 - 14 所示。

表 7 - 14　　　　　　　　银基烯碳公司年度财务报表审计报告

年份	年度财报审计报告	会计师事务所
2014	标准无保留意见	大信会计师事务所
2015	无法表示意见	中证天通会计师事务所
2016	保留意见	中兴华会计师事务所
2017	无法表示意见	中兴华会计师事务所

资料来源：巨潮资讯网，http://www.cninfo.com.cn/。

---

①② 2017 年 6 月 16 日银基烯碳新材料股份有限公司关于收到中国证券监督管理委员会《行政处罚及市场禁入事先告知书》的公告。

这个非标准审计意见就属于《深圳证券交易所股票上市规则（2018年修订）》第14.4.1条规定的公司股票应终止上市情形，公司股票自2018年6月5日起进入退市整理期，"烯碳退"股价连续获得18个跌停板，从暂停上市前的最后一个交易日的5.27元/股跌至"落幕"时0.61元/股，跌幅近九成。2018年7月17日是烯碳退告别资本市场前的最后一个交易日，总市值缩水至7.05亿元，仅为其历史最高市值187.89亿元的4%。

三、银基烯碳公司审计案启示

银基烯碳公司从一家明星企业走向没落，从"东北地区第一家深交所上市公司"变成"A股首只非标退市股"。站在审计视角，会计师事务所就像对航行中的大船孜孜不倦进行修缮的船坞，而银基烯碳这艘远航了25年的船却迟迟不进港，无视审计意见去纠错，修复完善，导致其自身一点一点被倾覆。该案给人启发，警示多方。

1. 内部控制审计能指出公司治理的重大缺陷，可督促完善企业管理。内部控制审计通过无保留意见鉴证上市公司在所有重大方面保持了有效的内部控制；更能通过否定意见指出被审计单位财务报告内部控制存在一项或多项重大缺陷。如中兴华会计师事务所审计连续两年给出否定意见：指出2016年度公司在关联交易管理中对主动识别、获取及确认关联方信息的控制制度未得到有效执行，2017年度又发现公司在有关借款协议中，还是形成了关联方对银基烯碳非经营性资金占用，这就是企业公司治理的重大缺陷，暴露了企业丽港稀土股权转让以及投资决策的混乱和失误以致舞弊。又如内控审计指出银基烯碳公司2014年确认房地产收入时，未能按照确定的方法及时准确确认收入和结转成本；2015年还存在三项重大缺陷，仍未按确定的方法及时准确地确认收入和结转成本，结果导致*ST烯碳2015年度合并财务报表虚增资产1795.24万元，少计负债172.5万元，虚增净利润1967.74万元。

巴辛（Bhasin，2017）认为近年来的会计丑闻和不良的公司治理结构有很大的关系。如果公司能正视审计指出的内部控制重大缺陷，不"屡教不改"，而是积极采取措施，完善公司治理，提高经营管理，就不至于最后因公司持续经营能力产生重大疑虑而被出具无法表示意见审计报告，触发退市条款。

2. 卓越有效的内部控制与风险管理是保证企业基业长青的不二法宝。2018年财政部会同证监会对沪深两市3485家上市公司公开披露的2017年度内部控制报告进行了系统分析，并发布《我国上市公司2017年执行企业内部控制规范体系情况分析报告》，结果显示3245家上市公司公开披露了内部控制评价报告，占比93.11%，3177家内部控制自我评价结论为整体有效；2602家聘请会计师事务所进行了内部控制审计，其中有2596家被出具无保留意见，内部控制规范体系在上市公司得到有效运行。但同时指出，部分上市公司仍存在对披露的内部控制缺陷整改不到位，隐瞒、虚报内部控制缺陷，披露内部控制缺陷时避重就轻，报告披露不够及时、格式不够规范等问题，一定程度上反映出内部控制建设在部分上市公司尚未得到应有的重视，影响了上市公司内部管理水平和防御风险能力的进一步提升。如银基烯碳对外重大投资只见董事长签名，而没有其他董事签名，这次银基烯碳虽然是因会计师事务所出具的非标准意见审计报告而导致退市，但其退市的根本原因还是公司内部控制、运营及风险管理方面出现重大问题。

3. 注册会计师有能力做好审计，充分发挥监督、鉴证和评价作用。审计是因为所有权和经营权分离，经济责任关系的形成，基于对经济活动监督的客观需要而产生的，其本质职能是就是经济监督，即监察和督促被审计单位的经济活动沿着正确轨道运行，促使被审计单位遵纪守法，保护资产安全，促进改善经营管理，提高经济效益。在本案例中，银基烯碳公司在 2015 年本聘请了上会会计师事务所作为年度审计机构，但在 2016 年 4 月 9 日，离年报披露截止只有 20 余天的日子，上会事务所书面通知不再承接财务审计委托。公司找到了北京中证天通会计师事务所，虽然时间很短暂，但中证天通事务所仍严格遵守审计准则，审出公司出现 4.4 亿元银行承兑汇票违规处理、项目投资未履行董事会批准程序等问题。2016 年度，银基烯碳公司改聘中兴华事务所作为年度审计机构，中兴华事务所在年度审计报告中指出公司存在涉嫌信息披露违法违规等问题。2017 年度，中兴华事务所又以缺乏充分适当的审计证据向公司出具了无法表示意见类型的年度审计报告。

作为审计机构的事务所能顶住巨大压力，在明知出具非标准意见的审计报告会导致公司被强制退市的前提下，仍坚持审计准则，坚守注册会计师的职业道德和操守，出色地完成审计工作，捍卫了资本市场秩序，维护了投资者的利益，履行好上市公司财务审计的"看门人"职责。

4. 审计是维护资本市场的利剑，要重视、激励会计师事务所严把监督关。根据《深证券交易所股票上市规则（2018 年修订）》规定，因净利润、净资产、营业收入或审计意见类型等规则规定情形被暂停上市的公司，若无法按时披露被暂停上市后的首个年报或按时披露仍显示公司净利润或者扣除非经常性损益后的净利润为负值、期末净资产为负值、营业收入低于一千万元、被出具保留意见、无法表示意见或否定意见的审计报告便会触发强制退市。这一制度规定重视、激励会计师事务所严把监督关。

银基烯碳公司就是因净利润连续三年为负被暂停上市，又被出具无法表示意见审计报告而触发强制退市机制的首家上市公司。这对资本市场震动不小，警示上市企业，关键时点，注册会计师出具的审计意见性质直接决定公司退市与否，企业应配合审计工作，重视审计意见，积极整改审计发现的问题；更警示注册会计师，审计意见的权威性应建立在高质量的审计服务基础上，审计有经济监督、鉴证职能，还有评价职能，审计不仅要找出关键审计事项，还要提供管理建议书。

四、强化审计监督维护资本市场秩序的建议

以前没因涉及审计意见而被强制退市的先例，许多企业一而再、再而三，屡审不改，对审计重视不够。银基烯碳成为 A 股首个仅触及审计意见一项指标就退市的上市公司，国家以制度规定来树立审计的权威性，警示更多公司要重视审计，而会计师事务所和注册会计师更要谨慎履职，提高审计质量，承担起资本市场卫士、保护投资者神圣责任。

1. 提高会计师事务所审计职责意识，维护资本市场健康发展。审计可以为政府监管部门、机构投资者、股东、债权人和个人投资者等提供有效且高质量的鉴证信息，从而保障我国资本市场的有效运转和积极发展。银基烯碳作为一家老牌问题公司，被证监会处理已经不是一次。近四年经历三家会计师事务所进行内部控制审计和财务年报审计，审计人员都能从承接审计项目开始，便保持谨慎的职业怀疑态度，严格遵循审计准则，采取多种审计程序，明察秋毫，指出公司存在的内控重大缺陷和财务报表的重大错报和虚假。最后，中兴华事务所以具体数据和恰当审计理由给出无法表示意见审计报告引发公司触发强制退市条款，保护了投资者的利益，捍卫了资本市场秩序。

2. 提升审计人员的执业能力，确立审计意见的权威性。注册会计师通过内部控制审计鉴证上市公司内部控制是否有效，通过年度财务报表审计意见对被审计单位会计信息的合法性和公允性进行再确认，增加或降低其可靠性，从而发挥其对上市公司的监督作用，促进公司加强治理和改善经营。在具体审计过程中，面对不同行业各异的经济环境、纷繁复杂的业务，无意的错报及精心设计的舞弊，审计人员的执业能力至关重要。迪安杰洛（L. DeAngelo，1981）强调能否敏锐察觉被审计单位错报或舞弊，对财务报表做出真实合理的披露，这很大程度取决于注册会计师的专业胜任能力、职业道德素质和独立性程度。我们认真审计独立性是前提，职业道德素质是保障，而审计人员的专业胜任能力就是查出问题，收集充分适当证据，发表恰当意见的关键，也是提升审计质量和树立审计专业权威的根本保证。

3. 提高审计服务水平，及时发现企业内控重大缺陷。阿瓦达拉等（Awadallah et al.，2016）认为注册会计师在识别和评估审计风险时只关注了财务信息，忽略了非财务信息的作用。银基烯碳因会计师事务所出具的非标准意见审计报告而导致退市，但退市的根本原因是其内部控制无效，连续四年被出具否定意见，公司运营与风险管理方面出现问题，连续三年亏损，持续经营能力产生重大疑虑。建议会计师事务所若实施连续审计，要对被审计单位增加内控审计回访机制，督促企业完善内控制度设计与实施，督促对审计指出的问题务必采取纠正措施，把整改效果报告给企业治理层，进而促使完善公司治理、堵住管理漏洞，提高企业的经济效益和经营者的管理水平。

4. 提高审计收费，确保高质量审计服务。无论是内控审计还是财务报表审

计，注册会计师要遵循审计准则规定实施审计程序，获取审计证据，形成审计结论，出具审计报告，对所审计信息是否不存在重大错报提供合理保证，以积极方式发表审计意见。

那么，会计师事务所审计服务必须收取足够的费用弥补在审计过程中付出的成本，并获取盈利以支撑事务所发展和做强。当前，在我国新经济环境下，审计业务风险极高，面对复杂的经济条件、较多的新问题，审计人员需要运用多种审计程序，根据新发现的实际情况及时调整审计范围，才能获得充分适当的审计证据，为保证审计质量建议提高审计收费。

现实情况是各类会计师事务所审计收费差距大，内资所审计收费总体上偏低，审计市场集中度低，存在恶性低价竞争等问题。根据 Wind 数据，我国 A 股 3 539 家上市公司 2017 年度年报审计费用合计 542 183 万元，平均每家上市公司审计费用 155 万元。"国际四大"中国区的普华永道、安永、德勤、毕马威 2017 年度上市公司客户 222 家、审计费用合计 191 292 万元，平均每家上市公司审计费用 862 万元，且国内金融业上市公司是最肥的审计项目，2017 年审计费用超过 1 亿元的客户有五家：中国银行、中国建设银行、中国工商银行、中国农业银行、中国平安，审计费用分别达到 21 500 万元、13 700 万元、13 600 万元、12 230 万元、10 300 万元，五大客户被国际四大所"瓜分"，最高的一单是中国银行，安永华明审计费用是 21 500 万元。而国内八大内资会计师事务所（瑞华、立信、天健、信永中和、大华、大信、致同、天职国际）前排的立信会计师事务所，2017 年度审计了 583 家上市公司，共收取审计费用 68 729 万元、平均每个上市公司客户收费 119 万元，低于平均审计费用；更多的中小所收费差距更大。所以，我们的内资会计师事务所急需完善运行机制，从工作效率、风险把控、内控严格程度、专业水平及执业水平等方面入手，加强内部治理，全面提升审计质量，进而提高审计收费，形成良性循环，尽早塑造本土品牌，履行好捍卫资本市场健康秩序之责。

五、讨论题目

1. 在银基烯碳公司内部控制失效前提下，注册会计师审计可以起到替代作用吗？

2. 会计师事务所对银基烯碳公司成功审计的经验有哪些？

3. 在当前环境下，如何促使上市公司保持内部控制的有效性？

4. 如果你负责审计银基烯碳公司，在公司股票被停牌的前提下，你还会出具无法表示意见类型的审计报告吗？

5. 银基烯碳公司的强制退市会促进其他上市公司更好配合审计机构工作吗？

6. 思考我国审计收费存在的问题及解决对策。

案例使用说明

一、本案例要解决的问题

通过对银基烯碳新材料集团股份有限公司出现的问题，来确定注册会计师审计对上市公司健康持续发展的积极作用，并对公司三番五次被查出问题却迟迟得不到有效解决提出建议，可以让其他公司引以为戒。学生可以思考我国上市公司应该如何正视注册会计师的审计意见重要性，避免发生同样的错误。

二、案例准备讨论工作

为了有效实现本案例的教学目标，学生应在案例讨论前通过预发材料了解下列相关知识背景。

（一）理论准备

本案例需要学生准备的知识点主要包括：审计的作用、审计的职能、审计的意见。

1. 审计的作用。审计的作用是指履行了审计的职能，实现审计目标，在审计工作实践中所体现出的效果和影响。审计的职能决定了审计的作用，一般来说，审计的作用主要有防护性作用和促进性作用两种。

（1）防护性作用主要表现在通过审计监督，可以查错防弊、堵塞漏洞、杜绝浪费，维护财务制度和财经法纪，制止经济犯罪活动，从而能合理保证被审计单位报出的信息资料真实可靠，保护国家和企事业单位的财产物资安全与完整。

（2）促进性作用主要表现在通过审查鉴证，可以证实被审计单位会计报表等经济信息资料真实、公允、充分地反映其财务状况和经营成果，从而更好地取信社会各方面以及解脱或明确经济责任；通过审查评价，可以找出被审计单位存在的不足和弊端，并深入分析原因，提出切实可行的建议和措施，能够促进被审计单位改善经营管理、提高经济效益。

2. 审计的性质与职能。审计的性质也即审计的本质特征。审计的本质是一种具有独立性的经济监督活动，其本质特征集中体现于它的独立性方面，表现在以下三个方面。

（1）组织机构的独立，是保证审计工作独立性的关键。审计组织必须独立于被审计单位之外，与被审计单位没有任何组织上的行政隶属关系。否则，审计机构受制于其他部门和单位，或成为国家财政部门和各机构财务部门的下属机构，那么财政、财务收支审计将失去意义。

（2）审计人员精神上的独立，审计工作不能受任何部门、单位和个人的干涉，审计人员在对被审查的事项做出评价和鉴定时，要保持精神上的独立，自觉抵制各种干扰，做出客观公正的结论。

（3）经济来源的独立，是保证审计组织独立和审计人员精神独立的物质基础。审计组织只有在经济上不受制于人，尤其是不受制于被审计单位，才能真正做到独立。

审计的职能是审计本身所固有的体现审计本质属性的内在功能，是审计能够适应社会经济生活的需要所具备的能力。审计是一种独立性的经济监督活动，其最基本的职能就是经济监督，这是由审计的本质所决定的，不进行监督就无所谓审计。目前，公认的审计职能有三个，即经济监督、经济鉴证和经济评价。

（1）经济监督职能就是监察和督促被审计单位的经济活动沿着正确的轨道运行，促使被审计单位遵纪守法，保护资产安全，改善经营管理，提高经济效益，促进国民经济健康发展。

（2）经济鉴证职能就是通过审核和查验，鉴定和证明被审计单位的会计资料等是否正确、公允，其财务收支及经营成果是否真实可靠，经营者的经济责任是否履行，并据以提出审计报告等书面证明，以取得审计委托人或社会各方面的公认。

（3）经济评价职能就是通过审核和查验，指出被审计单位在经营管理方面存在的问题，内部控制是否健全有效，并针对性地提出解决问题的对策和建议，促使被审计单位完善会计管理，改善经营活动，促进经济活动合法、有效，取得好的经营成果。

3. 财务报告审计的意见类型。审计是一项经济监督活动，只要注册会计师执行审计业务都要遵循审计准则，发表审计意见。财务报告审计意见类型有无保留意见、保留意见、无法表示意见和否定意见四种类型，可以写出五种审计报告，还有一种是加强调事项段的无保留意见审计报告。

（二）公司发展背景

银基烯碳新材料集团股份有限公司（以下简称"银基烯碳公司"）成立于1989年，前身为沈阳物资开发股份有限公司，于1993年5月18日在深圳证券交易所上市（股票简称：辽物质，股票代码：000511），注册资金660万元，是辽宁省第一家上市公司，也是东北地区第一家深交所上市公司。

沈阳物质开发有限公司上市之后表现却不那么尽如人意，由于1996年、1997年连续两年亏损，深交所于1998年4月对辽物质股票作出了ST特别处理，公司股票一度简称为ST辽物质。及时出手力挽狂澜的是沈阳银基集团股份有限公司，以重组ST辽物质的方式。1999年4月27日，公司股票简称变更为"银基发展"。公司更名为"沈阳银基发展股份有限公司。"公司主营业务由原来的"再生资源回收加工"转变为"城市基础设施投资，酒店经营，装饰、装修工程"。属于银基的房地产时代开始了。

上市公司房地产业务最好的时光出现在 2007 年，在这一年，公司营业收入达到历史最高的 9.74 亿元，净利润较 2006 年大幅增长了 77.5%。

到 2013 年，在国家调控房地产背景下，公司开始进军石墨烯暨先进碳产业。2013 年 11 月，公司谋划非公开发行，计划募集 13.20 亿元。拟重点投资促进"纳米活性炭增效肥""重油助燃减排碳基活化剂"两大应用类拳头产品的发展，同时投资设立烯碳新材料研究院，加快石墨烯、纳米碳等前沿产品的开发。

2014 年 1 月，公司正式更名为"银基烯碳新材料股份有限公司"，股票简称"烯碳新材"。标志着公司"成功将主业从持续十几年的房地产业战略转移到烯碳新材料产业中来。"同年，公司实现主营业务收入 165 027.18 万元，比上年同期增长 165.25%。从产品结构来看，房地产销售收入大幅下滑，产品销售收入猛烈提升。房地产销售收入占比不到 3%。

公司在近 30 年的发展过程中，证券简称从辽物质到银基发展再到烯碳新材，先后实现三次重大战略转型，始终想保持自己行业龙头地位。

（三）政策准备

2001 ~ 2007 年，A 股强制退市的上市公司数量分别为 3 家、7 家、4 家、8 家、11 家、5 家、6 家，主要是由于上市公司的连续三年亏损造成；2009 年因暂停上市后未披露定期公告退市一家；2013 ~ 2015 年，因亏损强制退市的上市公司数量分别为 2 家、1 家、3 家；2016 年，因信息披露违规退市一家；2017 年由于连续亏损和欺诈上市各强制退市一家；2018 年 8 月 31 日前退市三家。A 股强制退市力度从 2013 年起有所增强。同时，在近两年强制退市的原因除以往常见的连续亏损外，开始呈现多元化特征，如信息披露违规甚至欺诈上市以及近期由于非标准审计意见被终止上市的银基烯碳。

随着退市制度的加强，坚决让违规公司退市，一方面，对于目前市场内的上市公司而言本身也是一种警示，避免"劣币驱逐良币"效应持续放大，在尊重市场规则的前提下促进优胜劣汰；另一方面，也有利于抑制"投机炒作"的风气，创造价值投资的氛围，引导投资者积极进行价值投资。

根据《深证券交易所股票上市规则（2018 年修订）》规定，因净利润、净资产、营业收入或审计意见类型等规则规定情形被暂停上市的公司，若无法按时披露被暂停上市后的首个年报或按时披露仍显示公司净利润或者扣除非经常性损益后的净利润为负值、期末净资产为负值、营业收入低于 1 000 万元、被出具保留意见、无法表示意见或否定意见的审计报告便会触发强制退市。

三、案例分析要点及需要学生识别的关键问题

1. 银基烯碳新材料集团股份有限公司成功审计案例有何启示？

（1）内部控制审计能指出公司治理的重大缺陷，可督促企业完善管理。内部控制审计通过无保留意见鉴证上市公司在所有重大方面保持了有效的内部控制；更能通过否定意见指出被审计单位财务报告内部控制存在一项或多项重大缺陷。如中兴华会计师事务所审计连续两年给出否定意见：指出 2016 年度公司在关联交易管理中对主动识别、获取及确认关联方信息的控制制度未得到有效执行，2017 年度又发现公司在有关借款协议中，形成了关联方对银基烯碳非经营性资金占用，这就是企业治理的重大缺陷，暴露了企业丽港稀土股权转让以及投资决策的混乱和失误以致舞弊。又如内控审计指出银基烯碳公司 2014 年确认房地产收入时，未能按照确定的方法及时准确确认收入和结转成本；2015 年还存在三项重大缺陷，仍未按确定的方法及时准确地确认收入和结转成本，结果导致 *ST 烯碳 2015 年度合并财务报表虚增资产 1 795.24 万元，少计负债 172.5 万元，虚增净利润 1 967.74 万元。

如果公司能正视审计指出的内部控制重大缺陷，不"屡教不改"，而是积极采取措施，完善公司治理，提高经营管理，就不至于最后因公司持续经营能力产生重大疑虑而被出具无法表示意见审计报告，触发退市条款。

（2）注册会计师有能力做好审计，充分发挥监督、鉴证和评价作用。审计是因为所有权和经营权分离，经济责任关系的形成，基于对经济活动监督的客观需要而产生的，其本质职能是就是经济监督，即监察和督促被审计单位的经济活动沿着正确轨道运行，促使被审计单位遵纪守法，保护资产安全，促进改善经营管理，提高经济效益。在本案例中，银基烯碳公司在 2015 年本聘请了上会会计师事务所作为年度审计机构，但在 2016 年 4 月 9 日，离年报披露截止只有 20 余天的日子，上会事务所书面通知不再承接财务审计委托。公司找到了北京中证天通会计师事务所，虽然时间很短暂，但中证天通事务所仍严格遵守审计准则，审出公司出现 4.4 亿元银行承兑汇票违规处理、项目投资未履行董事会批准程序等问题。2016 年度，银基烯碳公司改聘中兴华事务所作为年度审计机构，中兴华事务所在年度审计报告中指出公司存在涉嫌信息披露违法违规等问题。2017 年度，中兴华事务所又以充分适当的审计证据向公司出具了无法表示意见类型的年度审计报告。

作为审计机构的事务所能顶住巨大压力，在明知出具非标准意见的审计报告会导致公司被强制退市的前提下，仍坚持审计准则，坚守注册会计师的职业道德和操守，出色地完成审计工作，捍卫了资本市场秩序，维护了投资者的利益，履行了上市公司财务审计的"看门人"职责。

2. 履职尽责的注册会计师是成功审计的关键。审计是一项经济监督活动，要充分发挥审计的职能和作用，前提在于审计人员如何去对被审计单位的经济活动进行判断和评价，能否得出客观公正的审计结论，这时就需要审计人员严格遵守注册会计师审计准则和注册会计师职业道德。

审计准则是用来规范注册会计师执行审计业务、获取审计证据、形成审计结论、出具审计报告的专业标准，是提供审计服务时，注册会计师对所审计信息是否不存在重大错报提供合理保证，并以积极方式提出结论的专业标准。只要注册会计师执行审计业务是以发表审计意见为目的，均应遵照执行。注册会计师职业道德的基本原则包括：诚信、独立性、客观和公正、专业胜任能力和应有的关注、保密、良好职业行为。该案例中，中证天通事务所和中兴华事务所都能履职尽责认真实施审计，对银基烯碳公司的内部控制重大缺陷和年度财务报表发表了恰当审计意见。

3. 严格的会计师事务所质量控制是审计行业健康发展的保障。会计师事务所要想取得社会公众信任，获得良好声誉，健全的质量控制是必不可少的。

质量控制是每个会计师事务所必须做好的一项重要工作。健全完善的质量控制制度是保证会计师事务所及其人员遵守法律法规的基础，也使中国注册会计师职业道德规范和中国注册会计师审计准则得以全面贯彻落实。中国注册会计师执业准则体系中的《会计师事务所质量控制准则第5101号——会计师事务所对执行财务报表审计和审阅、其他鉴证和相关服务业务实施的质量控制》第五章第七十五条主要明确了会计师事务所质量控制的目标、要素和要求，旨在规范会计师事务所的业务质量控制，明确会计师事务所及其人员的质量控制责任。会计师事务所建立并保持质量控制制度，以合理保证会计师事务所及其人员遵守职业准则和适用的法律法规的规定，保证会计师事务所和项目合伙人出具适合具体情况的报告。在该案例中，对银基烯碳公司实施财务报表审计和内部控制审计的各大会计师事务所，无论退出委托，还是接受委托进行连续审计，都严格履行了审计质量控制准则，查出银基烯碳各种重大财务报表错报漏报，四年时间一致对该公司发表内部控制审计否定意见，共同促成这家问题较多的"劣质"上市公司退市，保护了潜在投资者的利益，维护资本市场秩序。

4. 国家监管机构以制度规定强化了注册会计师审计的权威性。根据2018年修订的《深圳证券交易所股票上市规则》规定，因净利润、净资产、营业收入或审计意见类型等规则规定情形被暂停上市的公司，若无法按时披露被暂停上市后的首个年报或按时披露仍显示公司净利润或者扣除非经常性损益后的净利润为负值、期末净资产为负值、营业收入低于1 000万元、被出具保留意见、无法表示意见或否定意见的审计报告便会触发强制退市。

这一制度规定重视、激励会计师事务所严把监督关。银基烯碳公司就是因净利润连续三年为负被暂停上市，又被出具无法表示意见审计报告而触发强制退市机制的首家上市公司。这对资本市场震动不小，警示上市企业，在关键时点注册会计师出具的审计意见性质直接决定公司退市与否，企业应配合审计工作，重视审计意见，积极整改审计发现的问题；更警示注册会计师，审计意见的权威性应建立在高质量的审计服务基础上，审计有经济监督、鉴证职能，还有评价职能，审计不仅要找出关键审计事项，还要提供管理建议书。

5. 多部门应加强合作监管上市公司，维护资本市场健康发展。我国资本市场从建立到快速发展不到三十年，需要中国证监会、各省市证监局和沪交所、深交所及各类中介机构乃至大量的上市公司共同维护，尤其需要负有监管职责的各部门加强合作，各尽其职，齐抓共管，才能维护资本市场健康发展，本案例就是一个很好体现。

注册会计师的审计是独立的经济监督，是上市公司财务审计的"看门人"，是资本市场的经济"卫士"。会计师事务所以独立第三方身份对上市公司财务报表信息的合法性、公允性发表意见，鉴证被审计单位内部控制的有效性，指出内部控制的重大缺陷。如本案例，银基烯碳公司连续四年被三家会计师事务所出具内部控制审计否定意见，向社会公众和上市公司监管部门传递了该公司内部控制存在重大缺陷的信息；同时，四年时间里三年的财务报表审计被出具非标准无保留意见。

证监会是我国证券市场的主管部门，它按照国务院授权履行行政管理职能，依照相关法律、法规对全国证券市场实行统一监管，维护证券市场秩序。该案例中，证监会辽宁监管局曾认定银基烯碳公司涉嫌违法，并根据违法行为的事实包括未在法定期限内披露年度报告及季度报告等，辽宁监管局对公司给予警告并处40万元罚款，对相关人员处3万~5万元罚款。中国证监会还查到银基烯碳公司2015年度报告财务数据不实，未按规定披露重大事件，对公司直接责任人员采取市场禁入的处罚。

2018年5月28日，深圳证券交易所发布《关于银基烯碳新材料集团股份有限公司股票终止上市的决定》，深圳证券交易所决定对银基烯碳公司股票终止上市。2018年7月18日银基烯碳终于被强制退市。

四、教学组织方式

（一）问题清单及提问顺序、资料发放顺序

1. 在银基烯碳公司内部控制失效的前提下，注册会计师审计可以起到替代作用吗？
2. 会计师事务所对银基烯碳公司成功审计的经验有哪些？
3. 在当前环境下，如何促使上市公司保持内部控制的有效性？
4. 如果你负责审计银基烯碳公司，在公司股票被停牌的前提下，你还会出具无法表示意见类型的审计报告吗？
5. 银基烯碳被强制退市会促进其他上市公司更好配合审计机构工作吗？
6. 思考我国审计收费存在的问题及解决对策。

（二）课时分配

1. 课后自行阅读资料：120分钟；
2. 小组讨论并提交分析报告提纲：约90分钟；
3. 课堂小组代表发言、进一步讨论：约90分钟；
4. 课堂讨论总结：约30分钟。

（三）讨论方式

本案例可采用小组形式进行讨论。

（四）课堂讨论总结

课堂讨论的关键是：归纳发言者的主要观点，重申其难点及亮点，提醒大家对争议观点进行进一步思考，例如如何采取有效措施使我国上市公司审计行之有效，怎样解决我国内资会计师事务所审计收费低问题等等。

案例专题八 政府审计问题

案例 22

WJ 物流有限公司经济责任审计案

刘 静 王盼盼 闫佳惠

一、引言

2014 年 4 月，WJ 物流集团有限公司进行董事会换届选举，原董事、HK 物流公司董事长汪某从 HK 物流公司离职。依照公司相关制度规定，公司内审部门对汪某开展经济责任审计，在审查过程中发现 HK 物流公司的应收账款存在重大风险，按照企业会计准则的相关规定计提坏账、减值准备后，公司很有可能出现破产危机。2014 年 9 月 16 日，WJ 物流集团有限公司发布公告称，HK 物流公司原董事长汪某履职期间涉嫌滥用职权、严重失职等问题，已被公安机关刑事拘留并立案侦查。在母公司 WJ 物流集团有限公司对子公司以前的历次审计中，都没有发现子公司的问题，值得反思。

二、案例背景

（一）WJ 物流集团有限公司简介

WJ 物流集团有限公司成立于 2000 年 11 月 21 日，其前身是芜湖港，公司在发展中多次获得国家级、省级荣誉称号，并在 2003 年 3 月实现上市。2010 年 12 月，淮南矿业集团对芜湖港进行资产重组，取得了芜湖港的控制权。在重组之前，其前身芜湖港借助其港口优势主要从事煤炭、集装箱、散货、件杂货等装卸、仓储、中转的综合业务。重组以后，公司由单一的港口业务变为拥有多种物流体系的综合运输公司，其主要的业务板块包括煤炭物流、大宗生产资料商贸物流、集装箱物流、航运服务物流等。

随后，淮南矿业打算通过收购的方式，扩大业务规模，2009 年，芜湖港第一次通过了向其发行股票的议案。2010年10月14日芜湖港定向增发，以每股11.11元的价格，向淮南矿业发放1.67亿股，收购了淮南矿业旗下铁运公司100%股权和HK物流公司100%股权，至2010年10月31日，淮南矿业所有的铁运公司、HK物流公司工商变更登记手续办理完毕。随后2011年和2014年芜湖港分别以每股8.78元、每股3.12元向淮南矿业发行了1.71亿股和4.5亿股，淮南矿业全额认购，一共支付了18.66亿元总资产和价值超过30亿元的资产，至此，淮南矿业持有芜湖港的股份达到50.65%，超过半数，成为芜湖港最大的股东，完成控股，安徽省国资委成为芜湖港的实际控制人，芜湖港变更为WJ物流集团有限公司。在股权结构中，淮南矿业持有公司50.65%的股权，通过全资子公司上海HK物流公司持有公司2.02%的股权，合计持有公司52.67%的股权，WJ物流集团有限公司最大股东、实际控制人关系如图8-1所示。

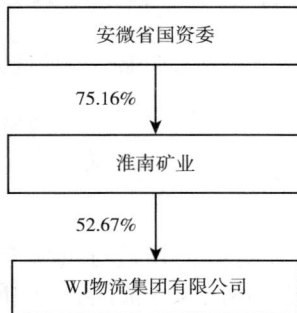

图8-1　WJ物流集团有限公司最大股东、实际控制人关系

（二）HK物流公司简介

2008年10月13日，淮南矿业集团有限责任公司出资成立HK物流公司，在2010年底，芜湖港储运股份有限公司进行战略重组时，淮南矿业集团将HK物流公司作为全资子公司注入芜湖港公司（后更名为安徽WJ物流集团有限公司）旗下，至此，HK物流公司成为WJ物流集团有限公司的全资子公司。

HK物流公司主营各种钢材原材料、机电产品等大宗生产资料的销售和服务以及第三方物流整体外包业务，其中钢材和铜材是物流贸易业务的主要品种。在HK物流公司董事长汪某的带领下，2012年11月16日，HK物流公司收购斯迪尔电子交易平台50%的股权，成为斯迪尔的实际控制人，自此HK物流公司实现了向大宗生产资料现货电子交易领域的转型，在HK物流公司董事长汪某的主导设计下成功研发出"平台＋基地"一体化运作模式。该模式不需要生产商参与，首先生产方将生产完的钢材存入斯迪尔在各地的仓储中心，购货方在斯迪尔下单后，将款项打入第三方账户，即HK物流公司，其次由斯迪尔负责把货物从各地仓储中心交付托运，最后再将款项转给钢厂。这一模式在带来利益的同时也为企业后来的发展埋下隐患。

三、案例概况

（一）东窗事发，"一纸诉状"引发经济责任审计

2014 年 9 月 10 日，WJ 物流集团有限公司的公告在投资者中引起轰动，公告称，公司百分百控股的 HK 物流公司由于没有足够的资金支付到期债务，中国民生银行上海分行已经把 HK 物流公司作为第一被告起诉。截至 9 月 5 日，中国民生银行等金融机构把 HK 物流公司的 20 多个账户全部冻结，共计 1.5 亿元。在投资者一片哗然下，WJ 物流集团有限公司被迫披露了 HK 物流公司董事长汪某的经济责任审计问题。

（二）WJ 物流经济责任审计遇到困难

1. 内控失效，审计受阻。汪某任职期间一直身兼两职，即董事长和常务副总经理，这两个职位都是公司中极为重要的职位。身兼两职的汪某不但掌管公司日常大小事务的处理，还掌握了股东大会的发言权。他在职期间无视其他股东的利益，甚至为自己谋利而置企业发展于不顾，企业管理人员也与其有着千丝万缕的联系。对于重大事项的处理，汪某等人独断专行，导致公司内部控制存在重大缺陷。

对 HK 物流公司审计工作的开展，需要公司财务人员及其他部门人员进行配合。但是总会计师汪靖与董事长汪某存在某种关系，审计人员索要材料时，财务人员相互推诿，无法及时获取所需财务凭证及资料。甚至在函证过程中，自己冒充关联公司进行回函，企图蒙混过关。审计人员进行盘点时，也不积极配合，仅拿出相关样本，而拒绝审计人员进行实地盘点。这些行为严重阻挠了母公司的常规审计流程，使得审计质量受到质疑。

2. 审计人员缺乏专业知识。HK 物流公司主营大宗物品物流，在审计过程中涉及大量的专业知识，但前来审查的审计人员对 HK 物流公司经营方式了解不到位。审计人员大多是财会专业出身，对物流行业不具备专业知识，另外，加上公司财务人员的消极态度，使得审计工作难度加大。审计人员初到审计现场时，面对数量庞大的董事长日常工作文件，不但没有头绪，而且对于文件内部记载的工作事项更是一头雾水。一些大宗物流交易的专业名词根本是只能读出来，却不能真正理解其含义，无奈之下只能求助于 HK 物流的内部工作人员，公司专门抽调出一名技术人员进行资料分析、讲解。审计人员开始在公司内部寻找相关线索和信息，这导致了审计工作进展缓慢。况且技术人员毕竟是公司的内部人员，对于数据解读方面是否公允不好判断。

3. 审计人手不足。母公司 WJ 物流集团有限公司是大型的国有企业，涉及业务广泛，拥有较多的子公司，而审计人员数量过少，导致在对各子公司进行内审时，由于工作量大，对每个子公司的财务状况了解有限，不能透彻地了解子公司

复杂的关联交易。董事长汪某在职期间利用职权通过关联方交易大量转移国有资产，而此次的经济责任审计，审计人员面临时间紧，任务重，人手少的窘况，无法透彻地分析子公司涉及的关联交易。

（三）真相浮出水面，查明 HK 物流公司舞弊事实

在证监会的介入下，经济责任审计不断深入，审计员梳理出 HK 物流公司所存在的重大风险，查明舞弊事实，2012～2014 年虚增净利润的手段如图 8 - 2 所示，2012～2014 年虚增营业收入的手段如图 8 - 3 所示。

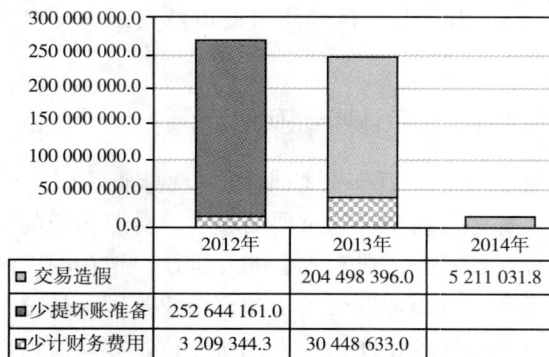

	2012年	2013年	2014年
▨ 交易造假		204 498 396.0	5 211 031.8
■ 少提坏账准备	252 644 161.0		
▢ 少计财务费用	3 209 344.3	30 448 633.0	

图 8 - 2　2012～2014 年虚增净利润的手段

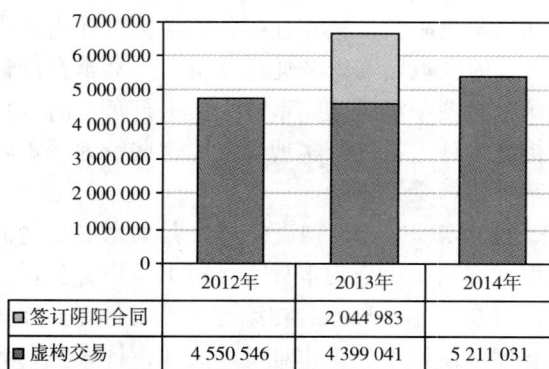

	2012年	2013年	2014年
▨ 签订阴阳合同		2 044 983	
■ 虚构交易	4 550 546	4 399 041	5 211 031

图 8 - 3　2012～2014 年虚增营业收入的手段

1. 利用财务手段虚增利润。

（1）虚构贸易。在 2012 年度，HK 物流公司与湖北华中有色金属有限公司、武汉中西部钢铁交易有限公司、上海福鹏投资控股有限公司和福鹏控股（北京）有限公司（以下统称"福鹏系公司"）虚构贸易循环，致使销售收入虚增 25.51 亿元；2013 年，HK 物流公司又与福鹏系公司虚构 41.25 亿元的采购交易。

在整个虚构过程中，福鹏系公司运用斯迪尔交易平台同时作为采购方和供货

方，HK 物流公司作为发货和收款的第三方，利用与福鹏系公司的合作收取相应的资金占用费。在全部的流程中，没有任何实物的存在。与虚构的贸易循环相对应的是资金循环的虚构。HK 物流公司向福鹏系公司支付采购款，利用斯迪尔平台，HK 物流公司又向福鹏系公司收取销售款项，最终款项又回到 HK 物流公司。

（2）签订阴阳合同。2013 年，HK 物流公司把库存材料以订立阴阳合同的方式高价销售。在合同上标注很高的价格，实际结算时只收取较低的费用。在账务处理上，HK 物流公司按合同上的高价确认收入并结转成本，虚增利润 2.04 亿元。

（3）少计提财务费用。2012 年和 2013 年，HK 物流公司将银行承兑汇票按照买方付息的方式贴现，其中 2012 年有 321 万元、2013 年有 304 万元贴现费用未计入财务费用，使得公司利润虚增。

（4）少计提坏账准备。经审计人员发现，HK 物流公司在对应收账款坏账准备的计提方面存在重大风险。2012 年和 2013 年，在对福鹏系公司的应收债权计提坏账时，所采用的计提比例和账龄分析方法不当，不能合理地计提坏账准备。此外，HK 物流公司还将部分应收账款转为应收票据，以减少应收账款数额，达到少计提坏账的目的，以此增加利润。经审查，HK 物流公司 2012 年应调增 2.53 亿元的坏账准备、2013 年应少计 98 万元的坏账准备。

经审查发现，HK 物流公司通过以上盈余手段使得 WJ 物流集团有限公司在 2012 年和 2013 年分别虚增收入 45.51 亿元和 46.04 亿元，由此导致利润分别虚增 2.56 亿元和 2.34 亿元。由此可知，WJ 物流集团有限公司所公布的 2012 年度和 2013 年度的财务数据严重失实，对营业收入及净利润进行调整前后对比如图 8 - 4 和图 8 - 5 所示。

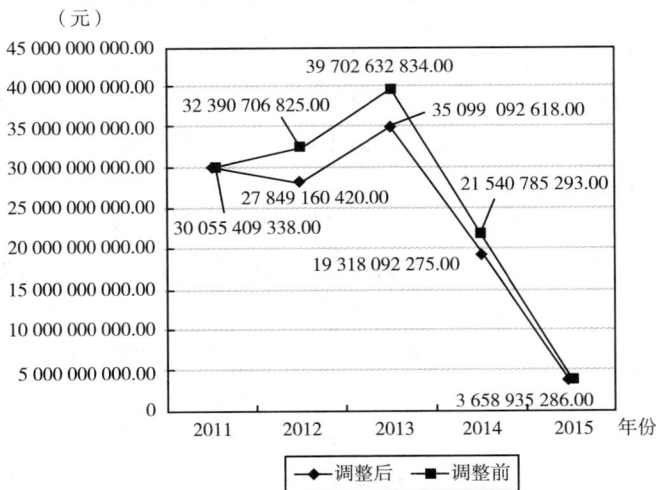

图 8 - 4　营业收入调整前后对比

（元）

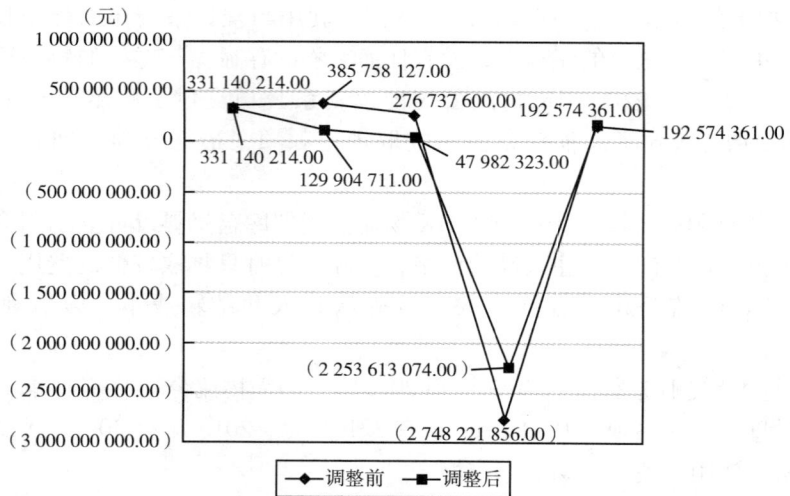

1 000 000 000.00

500 000 000.00   331 140 214.00   385 758 127.00

0   276 737 600.00   192 574 361.00   192 574 361.00

331 140 214.00

（500 000 000.00）   129 904 711.00   47 982 323.00

（1 000 000 000.00）

（1 500 000 000.00）

（2 000 000 000.00）

（2 500 000 000.00） （2 253 613 074.00）

（3 000 000 000.00） （2 748 221 856.00）

◆— 调整前   ■— 调整后

图 8－5　净利润调整前后对比

2. 隐瞒对外担保事项。在审查过程中发现，HK 物流公司对外担保事项的审批和披露存在违规。按照公司规定，公司对外担保数额超过最近一期期末审计净资产的 30%，需提交董事会审议，并且在年报中进行披露。HK 物流公司在 2011 年向华中有色、中望实业、中西部钢铁、溧阳建新制铁有限公司、溧阳昌兴炉料有限公司等公司提供 16 亿元的动产差额回购担保业务，占 WJ 物流集团有限公司 2010 年度经审计净资产的 50% 以上。2013~2014 年，HK 物流公司合计对外提供 12.84 亿元的动产差额回购担保，占 WJ 物流集团有限公司 2014 年度经审计净资产的 38%，公司对这两项担保没有进行披露。

（四）WJ 物流集团有限公司以往经济责任审计出现的问题

1. 审计成本大，审计方法单一。在母公司 WJ 物流集团有限公司历次对子公司 HK 物流公司的审计中没有发现任何问题，认为 HK 物流公司一切正常，其危机的爆发还是因民生银行上海分行起诉 HK 物流公司因无足额资金支付贷款，可见，集团内部审计是存在问题的。

经调查发现，WJ 物流集团有限公司作为母公司，其业务多，规模大，2014 年资产总额达 73.22 亿元，经营范围包括交通运输、水上运输、仓储、邮政业等 8 项许可经营项目和 19 项一般经营项目，旗下还有两家分公司和四家子公司。因此，若要对旗下的公司进行全面审计，必然面临着高昂的审计成本。考虑到成本原因，审计人员往往只选择一般审计，审计方法单一，没有发现存在的问题。如对应收账款审计，在 2011 年 WJ 物流集团有限公司只有 300.55 亿元的营业成本，然而却有 97.18 亿元的应收票据，而同行业的五矿集团，其营业成本为 1 280.85 亿元，应收票据仅为 100.25 亿元。面对如此大的行业差距，审计人员却没有意识到其中的风险，可见其审计方法的单一、粗糙。

2. 审计人员专业胜任能力不足。在与 WJ 物流集团有限公司董秘进行交流中得知，WJ 物流集团有限公司曾多次派监管部门对 HK 物流公司进行了历次内部、外部检查，每次检查反馈的结果都是没有重大问题。WJ 物流集团有限公司在 2014 年 4 月又组织此次审计，5 月正式调查，直到 7 月份出具的报告仍然认为 WJ 物流集团有限公司没有问题，由此可见审计人员的专业胜任能力极其不足。

参与审计人员的政治素质和业务能力是经济责任审计能否顺利开展的关键因素。当前我国一些国有企业和上市公司的内部审计人员多是财务专业出身，综合素质和审计职业判断能力不是很高，不能满足日益复杂的审计环境，也不能很好地应对多变的经济审计问题。因此，为保证经济责任审计的质量，需要对审计人员的职业道德和专业能力进行不断提高。

3. 子公司内部控制形同虚设。在审查过程中审计人员发现，虽然 WJ 物流集团有限公司建立了一套很完善的内部控制体系，但在具体执行过程中未能够得到很好的执行。

（1）信息沟通不及时，内部监管不力。为保障母公司能够及时有效地了解子公司动态，获取子公司信息，我国《企业内部控制基本规范》规定，各公司应建立规范的信息传递机制，保证信息传递的质量和速度。同时，也应该对该机制进行检验，及时发现信息传递过程中的问题，一旦发现问题要及时报告，并制定应急方案，以保证信息的及时性与真实性。

WJ 物流集团有限公司对此没有足够的重视，其经营业务范围广，内部机构设置复杂，管理环节较多，组织容易失灵，出现信息不对称现象，使得母公司了解不到真实的信息。汪某领导的子公司 HK 物流公司单方面地隐瞒了事实，没有及时上报，以致在历次的内审中都没有发现 HK 物流公司应收款项存在重大的风险。

（2）风险评估系统不完整。风险既是机遇又是挑战，对企业而言，风险不但关乎企业的正常运营，也影响着企业的立足和发展之道。作为拥有多个子公司的母公司，应该积极主动地去关注和识别企业所面临的风险，采用科学的方法收集信息，建立完善的风险识别系统，并能果断地区分风险的重要程度，以制定和调整策略，将企业的风险降到最低。

WJ 物流集团有限公司在对 HK 物流公司的审计过程中发现，HK 公司的资产负债率已经达到 94%，为取得银行对 HK 物流公司的信心，仍然做了一个 10 亿元的债转股决定，2014 年 8 月 15 日，WJ 物流集团有限公司发布公告，经董事会第六次会议审议通过了对子公司增资的议案，将持有的对 HK 物流公司 10 亿元的委托贷款和其他债权以债转股形式对 HK 物流公司进行增资，但该决议并没有提交股东大会审议批准。在完成债转股 10 天后，披露了这一结果，无不让投资者怀疑 WJ 物流集团有限公司的风险评估系统的有效性。

一个具备完善风险评估系统的企业，不仅需要评估子公司的风险，还需要站在母公司角度，对各个关联企业进行评估，根据评估结果采取不同的控制手段。一个企业的破产并不是突然的，总有诸多的征兆。如果最初发现 HK 物流公司在应收账款方面存在重大风险，就应当引起母公司的高度重视；结合企业集团发展，考虑企业风险，若对 HK 物流公司的筹资能力进行风险评估，WJ 物流集团有限公司也不至于损失 10 亿元的债权。

（3）管理层凌驾于内控之上。对于 WJ 物流集团有限公司的董事而言，内部控制对他们没有束缚，他们可以超越内部控制权限，按照自己的意愿掌控公司，一旦公司的领导者有不当行为，企业就会面临危机。在 WJ 物流集团有限公司组织的此次审计发现，自 HK 物流公司建立以来，汪某一直是公司的"一把手"，掌控着公司人事调动权，在其任职期间，利用手中权力，划分阵营，拉拢为其效力的职工。例如，以职位晋升为诱饵，引诱其参与舞弊，使得管理层凌驾于公司内部控制之上，从而控制企业中部分人员协助其对审计人员或者是国资委、检察机关的人员提供虚假信息，以达到隐瞒事实，安全平稳离职的目的。HK 物流公司出现的财务危机，不可能是由董事长汪某独自操纵的，其当时的财务负责人与汪某有着复杂的关系，在整个舞弊中有不可推卸的责任。但汪某作为案件的"牵头人"，不合法履行职责，在整个舞弊过程中，起到了"带头"作用。审计人员进行现场审计调查时，面临"一言堂"的窘状，难以真实取证。

在我国，一些国有企业并没有建立完善的权力制约体系，其管理层拥有很大的权力，个别人存在侥幸心理，触碰法律底线，运用自己的权力之便谋取私利，使得公司的内部控制系统瘫痪，常出现公司领导"一言堂"现象，并胁迫其他人员遵从其决定。在现实中，有些企业的法定代表人在经营决策出现失误或意图谋取不法之财时，会串通企业其他人员舞弊，报告虚假状况。有的领导在职期间不顾公司人才培养机制，私自提升心腹，在自己离任后，将心腹提升到自己的岗位，要求其继续掩盖舞弊事实，对外粉饰太平，或者以权力为诱饵，选举迎合自己利益的人做接班人，造成企业整体的舞弊之风，这对母公司的经济责任审计存在极大的阻碍作用，增加审计的难度，加大风险，甚至导致审计失败。

四、案例启示

（一）防患于未然，对子公司领导进行经济责任审计时坚持先审后离

对领导干部进行经济责任审计的组织方式，就其任职情形来讲，主要是先审后离和先离后审两种，先审后离在本质上和任中审计一样，是对领导人在职期间履职情况的审计，而先离后审，顾名思义，就是在领导离职后，对其履职情况的审计。在实际审计时，大多是这两种审计模式共存。在这两种审计模式共存的情况下，先审后离作为事前监督的手段应居于主导地位。这样，方便联系被审计领导，及时发现问题，督促改进，也有利于审计结果的评价和运用。但对于先离后审方式，将领导人调离现任岗位，更有利于审计人员获取真实的信息，保证审计工作的客观性，因此，先离后审应该作为必要的补充形式。在健全的领导干部任用机制下，先审后离方式的经济责任审计使得领导的经济责任有机可查，落实责任到具体的个人。

（二）增强内部审计人员的职业道德和独立性

内审机构对于企业内部控制制度的合理性及执行度具有监督作用，其独立性决定了监督作用的质量。一个高度独立的内部审计可以直接向治理层和管理层报告内部控制的缺陷，并形成内控报告，保障内部机构的良好运行。

母公司旗下的各子公司由于其经营的特殊性各有不同的机构设置和人员安排，因此，作为母公司的 WJ 物流集团有限公司应该根据公司章程，结合 HK 物流公司的具体情况，为其建立相应的控制体系，实现权力的制约。例如，在董事长这一职位上，实行任期选举制，可从母公司空降董事长，并进行换届选举，这样既可以实现母公司对子公司的控制，又可以保障 HK 物流公司与母公司战略目标一致，保障集团的利益。

（三）优化内部控住环境，健全内部控制协调机制

一个良好的内部控制体系，需要有良好的企业文化支撑，并且要建立协调机制。

1. WJ 物流集团有限公司应该注重企业的文化建设。要把这种企业文化深入到企业规章制度里，形成自己独特的价值观，并且这种价值观为所有员工接受，让所有员工都加入企业建设中来，提高内部控制的透明度和参与度，为企业的发展添砖加瓦。建立完善的奖惩制度和合理的员工晋升机制，并且建立保障员工权益的举报机制，保护举报人的隐私，鼓励员工积极举报子公司存在的问题，使得信息沟通渠道畅通。此外，最重要的还是提高员工的职业素质，通过培训等方式，提升业务能力，充分发挥他们在内部控制实施中的主观能动性。

2. WJ 物流集团有限公司应特别注重对管理层的监控。现实中好多企业也清楚内部控制的重要作用，也强调健全内控制度，但一些公司的管理层和治理层常常凌驾于内部控制之上，可以超越权限，掌控公司的决策。一旦公司的领导者有不当行为，企业就会面临危机。HK 物流公司爆发的财务危机舞弊事件，从本质上讲，是 WJ 物流集团有限公司没有建立对子公司的权力制约机制，使得汪某无视内部控制制度，以致出现财务漏洞。为此，应该特别注重对董事的法制教育，提高法制观念，建立完善的规章制度，不定期地进行法制宣传和培训，提高董事的决策能力，杜绝违法操控。

3. 公司企业内部控制的高效运转不仅需要健全制度机制，还需要健全协调机制。各个子公司都要有自己的目标和计划，且必须服从于集团的整体目标，只有步调一致，才能更好地实现集团的总体战略。因此，母公司应建立协调机制，使得母公司与子公司经营协调一致。具体而言，对于 HK 物流公司的每项重大决议都应上报母公司 WJ 物流集团有限公司，并获得批准，且在母公司的监督下实施。此外，要保障信息沟通渠道的畅通，随时了解子公司的动态。

（四）形成系统性审计方法体系，灵活运用 ABC 分析审计方法

所谓审计方法，是针对如何开展审计而进行的，是"如何审""怎么审"的

问题。因此系统性的审计方法对于提高审计的质量至关重要。在审计过程中，充分做好前期的准备工作，全面了解审计单位，制定审计策略；在审计时，对审计单位在全面审计的基础上要有侧重点，特别注意重点舞弊嫌疑，采取询问、函证、实质性程序等多种方法，运用不同手段，保证证据的多样性。此外，面对日益复杂和隐蔽的舞弊手段，在审计过程中要拓展思路，运用不同的方法取证，抓住审计重点。

经济责任审计不同于其他审计，其涉及领导的任职期限，时间长，任务多，因此在审计中面临的情况也比较复杂。原有的财务收支审计方法无法适应经济责任审计的综合性与项目的多样性。因此，在审计过程中，应适时调整审计方法，坚持重点审计与一般审计相结合，根据技术进步，运用现代科技，与时俱进地创新审计方法。

ABC分析审计法是对各项经济活动根据其重要影响进行分类，分析不同经济活动的审计风险，将审计风险相同的划分在同一个层次，以有利于确定审计的工作重点，对于高风险的、重要活动的先行进行审计。ABC分析审计法在经济责任审计中应用较为广泛，主要是因为离任人员大多工作年限较长，其需要审计的内容较多，难以划分重点，利用这种方法可以很好地划分主次，分类管理。同时，划分审计重点还可发现被审计单位管理的薄弱环节，为日后的工作提供建议。在对审计对象进行划分时主要根据审计内容和公司特点划分为A、B、C三个方面的等级，区分出审计的不同方面和审计工作重点，不仅可有效地节约审计时间，将重要问题进行着重调查，还可降低工作强度。例如，在审计过程中对于关联方的审计便可从对关联方的梳理开始，将频繁出现的实体名字的次数统计出来，对于数量众多的进行重点审查，审计经验表明，这些出现频率高的企业就是和被审计单位具有密切关系的企业，也常常是和被审计单位发生不法经济往来的企业。

五、讨论题目

1. 经济责任审计具体内容是什么？是如何进行分类的？
2. 经济责任审计的职能包括哪几方面？
3. WJ物流集团有限公司以往经济责任审计失败的原因有哪些？
4. 对于WJ物流集团有限公司经济责任审计出现的问题有何解决措施？

案例使用说明

一、本案例要解决的关键问题

本案例旨在培养学生分析WJ物流有限公司经济责任审计案，在审计理论指导下，熟悉了解经济责任审计相关内容、分类以及基本职能，进一步思考 WJ 物流有限公司以往经济责任审计失败的原因，并引导学生思考，提出建议及措施。拓宽分析经济责任审计的视野和思路，形成解决问题的方案，在此过程中，学生不仅要对案例中经济责任审计存在的问题进行分析，还要通过案例的学习，提升对经济责任审计认识，主动发现现实经济生活中经济责任审计存在的问题及解决的办法。

二、案例讨论准备工作

为了有效实现本案例的教学目标，学生应在案例讨论前通过预发材料了解下列相关知识背景。

（一）理论背景

本案例需要学生准备的知识点主要包括：经济责任审计、审计标准与审计准则、审计目标与审计责任、经济责任审计的计划与方法模式、审计报告及风险评估。

（二）行业背景

我国经济责任审计的首案是 1984 年审计机关对黑龙江齐齐哈尔某企业的厂长进行离任审计，该案例拉开了我国经济责任审计的序幕。在市场经济改革的浪潮中，国有企业也在经历多次改革后成为我国国民经济的中流砥柱，因此，对于如何客观公正地评价领导干部在任期间的经济责任履行情况至关重要，这不仅关系到企业的长远发展，还关乎国家财产和人民利益。所以，为达到更好地评价和监督，要求审计机构能够紧随时代的发展，相应改变审计的范围，提高审计质量。

国有企业作为国家的经济支柱，如何高效地考核、督察、约束和鼓励国企领导干部一直是国家机关、实务界和学术界探讨的要点。国有企业的领导人应该牢记国家或集体的委托，敢于承担自己的责任，以保障国有资产的安全和增值。因此需要对国企领导人在职期间的履职情况进行经济责任审计，鉴定其经济活动，界定责任范围，督察其廉政自律。

随着时代的发展，经济责任审计的理论越来越多地被付诸实践，在实践中关于经济责任审计的理论也逐渐丰富。对国有企业领导人的经济责任进行审计已成为国家审计机关实施监督评价职能的方式，在实施经济责任审计过程中查处国有企业领导人的违纪违法行为；从反腐角度来讲，开展国有企业领导人经济责任审计更具有特殊的意义。历经 30 多年的发展，经济责任审计逐渐规范，从无法可依到有章可循，其审计依据逐渐成熟，并且作为一项制度得到了广泛的认同，是我国特有的审计种类和内容。在当前反腐的浪潮下，实施经济责任审计，不但可以监督国企领导和事业单位公务人员遵纪守法，合理、合规地运用手中的权力，而且还能够为纪检部门监察提供依据，从而一定程度上预防和惩治腐败，维护国家财产和人民利益，这种审计更需要在实践的过程不断完善和发展。

（三）制度背景

2012 年 12 月国家最高行政机关国务院颁布了《党政主要领导人和国有企业领导人员经济责任审计规定》（以下简称两办《规定》），该《规定》涵盖了国企干部经济责任审计的内涵、评价和结果运用等方面的内容。在 2014 年 7 月又颁布了《党政主要领导人和国有企业领导人员经济责任审计规定实施细则》（以下简称《实施细则》），该细则更具体地规定了经济责任审计的各方面。这些法律的制定与颁布极大地推动了我国经济责任审计的发展。

三、案例分析要点

（一）需要学生识别的关键问题

本案例需要学生识别的关键问题包括：构建经济责任审计思维、识别经济责任审计中存在的问题、建立健全经济责任审计体系。

（二）解决问题的可供选择方案及其评价

1. 经济责任审计的内涵。经济责任审计是指由独立的第三方机构（通常是政府审计机关）对企事业单位的法定代表人或经营承包人在任职期间内所负的经济责任履行情况所进行的审计。依据《审计法》《党政主要领导干部和国有企业领导人员经济责任审计规定》以及国家干部管理的有关规定，对企事业单位和国有企业的领导在职期间所在岗位的经济活动进行审计，以查明其经济活动真实合法及其经济活动所带来的效益，并审查领导是否尽职，监督其在任职期间的廉洁自律情况，以此为人事部门和纪检部门对领导的考核提供依据。

经济责任审计的产生和发展是中国特色社会主义政治、经济体系的产物，其适应了当前对领导干部的考核要求，并且能为干部行为的规范和纪检部门的监察提供依据。同时也能促进领导廉洁自律，从一定程度上杜绝腐败行为。

接受他人委托的审计机构，即审计的主体，可以是政府设立的审计机关，也可以是独立的第三方社会机构，或者是企事业单位自己设立的内部审计部门。被审计单位即审计对象，是企事业机关单位和国有企业的领导干部。根据审计对象所在单位的性质不同其审查内容也不相同，主要审查被审计领导在职期间单位财政财务状况及其所负责的经济责任情况，其重点是评价经济责任。

与其他审计相比，经济责任审计主要有以下审计特点：首先，审计的目标很特殊。经济责任审计的目标是审计领导干部任期间经济责任履行情况，而其他审计则主要反映单位的财务状况和经营情况等。具体而言，经济责任审计的目标是界定经济责任人任职期间在本单位、本部门所负的经济责任，为人事部门和纪检部门提供服务。在审计中以其所进行的经济活动为线索，重点审计领导遵纪守法和尽职尽责情况，以达到权力监督的目的，将腐败扼杀在萌芽中，能真正的防腐倡廉，为每位领导干部都敲响警钟，提醒领导合法、合规、合理地运用手中的权力。其次，审查对象很特殊。在常规的日常审计中其审计对象通常是被审计单位或部门的日常财政财务收支情况，而经济责任审计对象是由人及事。先界定所审查的领导干部，然后根据其岗位职责确定审查的范围，因此经济责任审计的对象既包括单位的审计内容，还包括领导干部履行经济责任的内容，据以对领导干部任职期间履行的经济责任进行评价。这种审计需要进行人和事的结合，扩大了审计范围，审计难度和审计风险也相应地加大。最后，审计内容也具有特性，其审计的内容一般包括领导干部任职期间"三重一大"决策情况，所在管辖区经济发展情况，管理范围内财政预算的管理使用情况，个人廉政情况，以及对于自然资源资产开发利用和保护情况、环境的可持续发展情况，这些是其他审计所不具备的。这种审计要求更为严格，内容更为详细，具有综合性，与此同时，对审计人员的专业水平和素养提出了更高的要求。

2. 经济责任审计的职能是什么？经济责任审计具有监督、鉴证和评价三种基本职能。

（1）经济监督职能。所谓监督，可理解为监察和督促。在审计过程中，其监督职能主要体现在对经济责任目标合法性的审查，要求领导人所进行的经济活动符合国家法律规范，不得违章违纪。

（2）经济鉴证职能。所谓鉴证，可理解为鉴别和证实。在审查过程中对被审计领导经济活动的合法性、可行性、真实性进行审查核实，为人事部门和纪检部门提供可靠依据。

（3）经济评价职能。所谓评价，可理解为衡量和评定。其主要职能是在责任审计中，审核被审计领导所提供资料的真实性，分析是否合法公允，以此来判定领导人的经营管理水平、业绩及廉洁自律等情况。

经济责任审计的职能中，经济监督是基本职能，其鉴证和评价职能是经济责任审计的内在功能。其中后者审计人员就可以履行，但前者则必须由审计人员、委托人、利用审计结果的组织人事部门和纪检监察机关等共同来履行。

3. 经济责任审计是如何分类的？对于不同的分类标准其经济责任审计类型也就不同。合理的分类，可以使得审计人员根据不同的分类采用不同的审计流程，便于审计工作的开展，使得审计工作更具有针对性，审计并不要求面面俱到，而是要求抓住关键点有所侧重的进行审计，根据各类型审计的特点开展审计工作，以便保证审计结果的客观公正，落实经济责任。依据审计的内容、时间、被审单位的性质，将经济责任审计作如下分类：

（1）依据审查内容，可分为目标经济责任审计和破产经济责任审计。经济责任的目标审计，主要审查被审计领导在职期间经济目标的完成情况，包括承包目标、租赁目标、任期目标等，这种审计大多有合同可查，根据经济责任人签订的任期合同就可确定审计的内容，审计的方向比较明确。

经济责任的破产审计，主要针对的是破产企业。依照《企业破产法》，查明造成企业破产的原因，将企业破产责任落实到具体个人。此外，还要对破产企业的财产物资进行监督，比如，破产清算时对债权人、债务人权利和义务的确认，破产资产的价值评估，破产资产的变卖和分配等。破产审计要贯穿企业破产清算的整个过程，以确认具体个人的经济责任，保障破产清算的顺利。

（2）依据审计时间，可分为任前经济责任审计、任中经济责任审计和离任经济责任审计。任前经济责任审计，是指在领导人上任之前，先审查被审计单位现有财务状况以及经营成果的合法性、真实性、效益性，以此来确认后任领导的经济责任，按照被审单位的实际状况与后任领导合法合理的签订合同，订立经济目标，以保障双方的合法权益。

任中经济责任审计，顾名思义，主要指的是在职审计。在被审计领导的履职期间，审计单位可对被审计领导的履职情况进行审查，主要查看财务收支是否合理合法，经济活动是否符合企业长远发展，生产经营能否持续，及时发现问题，督促改正，监督被审计领导的廉洁自律。

离任经济责任审计，简称离任审计，是针对离任领导的审计。在领导任期届满或调离时，对其所在部门单位经济活动和经营成果的合法性、真实性、有效性进行审查和评价，审查履职情况，确定其经济责任。

（3）依照审计对象单位的性质，可分为党政领导干部经济责任审计和国有企业领导人员经济责任审计。其中，前者指的是对企事业领导干部的责任审计。后者主要是指对国企单位法定代表人（董事长或原董事长）的责任审计。

4. WJ 物流集团有限公司以前经济责任审计失败的原因是什么？

（1）经济责任审计制度不规范。从立法角度来讲，对国有企业领导人的经济责任审计国家没有统一的规定，相应的政策比较少，大部分是各个省市根据省情自行定制，这有利于各省根据实际情况灵活地组织审计，但是也存在一定的弊端，突出的问题表现在各地情况参差不齐，经济责任审计标准不同，干预因素较多，致使审计人员和公司内部人员相互勾结，串通舞弊，以致影响审计结果。

现有的经济责任审计流程是参照之前财务报表审计制定的一个大概的审计工作流程，具有普遍性，但每个被审单位情形大有不同，统一的流程没有针对性且不能区别对待。在对 HK 物流进行审计的过程中，由于其是一家大宗物流交易公司，涉及的钢铁贸易涉及大量应收账款，因此需要对其进行重点审计。但现有的经济责任审计不能做到对各个方面的全面审计，很容易忽略高管工作中可能存在的问题。

（2）审计人员缺乏风险意识。审计工作中，对风险的识别是审计工作的重中之重。审计人员识别风险的能力影响审计的质量和效率。审计人员在对董事长进行离任审计的过程中，由于缺乏风险意识，没能针对公司特殊业务进行具体的审计，对审计事项的重要程度了解不够，不能合理安排审计的重点，以致审计工作前期没有效率。审计人员不能以风险为导向，找不到 HK 物流的审计工作重点，且不能对董事长汪某在任期间的重要工作情况进行分析。此外，在开展审计工作过程中，常有一些审计组或审计人员忽略了法定的审计程序，审计程序不规范。例如，在函证的问题上，询证函的发放只是填写快递单而没有真正的发出去，审计通知书不能严格按照时间规定送达到被审计单位，审计相关材料上签字和盖章不健全等。由于审计人员不具备风险意识，对资料的审核不严谨，导致审计只是流于形式，忽略了审计的真正意义。

（3）公司内部控制制度不健全。一个企业的立足之道，无外乎建立健全规范的管理制度，利用制度实现权力的制约和平衡。公司内部制度不健全，无法严格地规范企业日常的人员和财务工作流程，使得舞弊人员有机可乘。

WJ 物流集团有限公司是一个大集团，也设有内审部门，但是审计人员的业务能力有待提高。只有具备良好的职业道德才能保证审计的顺利进行。从目前的内部审计人员的构成来看，大多数为原来的财务人员，知识较为单一，没有相对应的内部审计基础，内部审计工作的开展大多是通过对企业的财务凭证、银行对账单等财务方面着手进行检查，这样的审计结果有待商榷，不具有很大的参考意见。

5. 对 WJ 物流集团有限公司以往经济责任审计出现的问题有何解决措施？

（1）防患于未然，坚持先审后离。在本案例中，对汪某的审计是在其离任后开始的，对国家财产人民利益造成的损失是无法弥补的。因此，应该将对领导的审计贯穿于整个任职期间，发现问题，及时上报，及时解决。

（2）增强内部审计人员的职业道德和独立性。在本案例中，之前母公司对 HK 物流公司进行过多次审计，均是风平浪静，未发现问题，不可否认的是，危机的爆发是多种因素造成的，但审计人员的素质和执业水平对审计的结果产生了重大影响。为此，应重视审计人员的队伍建设。一方面，要注重积累经验，选择有相关工作经验的人，对其专业要求不要仅局限在财务专业，要更倾向于复合型人才；另一方面，要注重对审计人员的培训，及时了解行业状况，不断学习新知识、新方法，树立终生学习的理念。

（3）优化内部控制环境，健全内部控制协调机制。首先，应该注重企业的文化建设，并且将这种企业文化深入到企业规章制度里，形成自己独特的价值观，并且使这种价值观为所有员工接受，让所有员工都加入企业建设中来，提高内部控制的透明度和参与度。其次，注重管理层的建设，完善公司内控，不能使个人凌驾于内部控制之上。最后，不仅需要健全制度机制，还需要健全协调机制。各个子公司都要有自己的目标和计划，但该计划和目标必须服从于集团的整体目标，只有步调一致，才能更好地实现集团的总体战略。母公司应建立协调机制，使得母公司与子公司协调一致。

（4）形成系统性审计方法体系，灵活运用 ABC 审计方法。在审计过程中，充分做好前期的准备工作，全面了解审计单位，制定审计策略，在审计时，对审计单位在全面审计的基础上要有侧重点，特别注意重点舞弊嫌疑，采取询问、函证、实质性程序等多种方法，运用不同手段，保证证据的多样性。利用 ABC 分析法，在对审计对象进行划分时主要根据审计内容和公司特点划分为 A、B、C 三个等级，区分出审计的不同方面和审计工作重点，这样可有效地节约审计时间，将重要问题进行着重调查，降低工作强度。

四、教学组织方式

（一）问题清单及提问顺序、资料发放顺序

1. 经济责任审计具体内容是什么？是如何进行分类的？
2. 经济责任审计的职能包括哪几方面？
3. 导致 WJ 物流有限公司经济责任审计失败的原因有哪些？
4. 对于 WJ 物流集团有限公司经济责任审计出现的问题有何解决措施？

（二）课时分配

1. 课后自行阅读资料：约 3 小时；
2. 小组讨论并提交分析报告提纲：约 3 小时；
3. 课堂小组代表发言、进一步讨论：约 3 小时；
4. 课堂讨论总结：约 0.5 小时。

（三）讨论方式

本案例可采用小组形式进行讨论。

（四）课堂讨论总结

课堂讨论的关键是：归纳发言者的主要观点，重申其重点及亮点，提醒大家对焦点问题或有争议观点进行进一步思考。

案例 23

"好借好还，再借不难"

——J 省地方政府置换债券管理情况专项审计

刘　静　闫佳惠　孔冉旭

一、引言

2015 年，财政部下发了 10 000 亿元地方存量债务置换债券额度。为此，J 省财政厅开展了地方政府债券管理使用情况专项审计，对地方政府置换债券管理情

况进行审计，旨在"摸清家底，反映问题，揭示风险，提出建议"，并完善债务管理制度，充实债务管理力量，做好债务规模控制、债券发行、预算管理、统计分析和风险监控等工作，全面做好加强地方政府性债务管理各项工作。

二、J省地方政府置换债券管理情况专项审计项目组简介

2015年RH事务所承接了J省地方政府置换债券管理情况的专项审计，成立了项目小组，该项目组按照地区划分为A、B、C、D 4个小组，每一小组由1名财政厅人员、6名RH事务所工作人员及一名用友软件公司人员组成。王红是RH事务所的一名注册会计师，多次作为项目组负责人参与上市公司审计项目及政府专项审计项目，经验丰富，业务能力强。此次，王红作为项目组负责人加入到了A项目组，A项目组的审计业务范围包括了J省的省会城市，故A项目组的审计工作在五个项目组中是重点、难点。

三、J省地方政府置换债券管理情况专项审计理论准备

为更好地开展审计工作，王红带领项目组成员对此次专项审计需要明晰的理论知识进行了如下梳理。

（一）政府债务的含义及内容

政府债务是指经上级机关批准由政府及所属部门直接作为债务人举借或者依法承担担保责任的债权债务关系。是政府作为债务人，与债务人按照有偿原则发生信用关系来筹集财政资金的一种信用方式，也是政府调度社会资金，弥补财政赤字，并借以调控经济运行的一种特殊分配方式，政府债务是整个社会债务的重要组成部分。政府债务主要包括外债、国债转贷、专项借款、国内金融机构贷款、政策性挂账、应由政府偿还或管理的企业财务挂账，在特殊情况下由政府兑付或管理的企业债券及其他需由政府偿还、兑付或管理的债务等。

（二）地方政府债务的特点

1. 贷款期限长、偿债率高。我国的地方政府债务中长期贷款所占的比重较大，如主权外债和国债转贷资金贷款的期限大多在10年以上，且在地方政府债务总量中占有较大比重。偿债率是指当年应偿还的债务本息占财政预算内外收入的比重，主要反映政府直接债务对财政收支的影响程度。目前，仅我国地方政府直接显性债务就占财政收入的20%以上，超过了债务偿债率的安全界线水平。

2. 债务规模巨大，或有债务较多。据国务院发展研究中心地方政府债务研究课题组统计，我国目前地方政府债务至少在10 000亿元以上，巨额债务远远超出了地方政府的偿债能力，一些地方甚至出现了局部性的债务风险，出现了支

付危机。地方政府一般会为一些国有企业贷款提供担保，这样就会形成或有债务，而且数额越来越大，在借款人不能还款的情况下，地方政府要承担清偿责任，也可能引发债务风险。

3. 隐蔽性强，缺乏统一口径。地方政府为了规避《预算法》中不能发行地方政府债券的规定，巧立名目进行举债，缺乏透明度。同时，各级地方政府对政府债务均缺乏统一的统计数据，也没有统一的统计口径，导致债务监控指标无法运用，债务预警机制无法建立。

4. 缺乏整体规划和管理，违约率较高。地方政府在债务资金的筹集与使用上缺乏整体规划和科学的项目论证，债务融资存在多部门分散管理的情况，使地方政府债务在总体上缺乏科学合理的规划。并且，由于地方政府在债权债务关系中属于强势的一方，故财政困难可能导致地方政府债务信用下降，出现债务违约较高的现象。

（三）对地方政府债务的甄别与置换

我国地方政府债务的特点决定着对其的预算管理迫在眉睫，急需对地方政府债务进行甄别与置换。置换债券是指在财政部甄别存量债务的基础上将原来政府融资平台的理财产品、银行贷款等期限短且利率高的债务，置换成期限长且利率低的债券。以期降低利息负担，优化期限结构，腾出更多资金用于重点项目建设，妥善偿还存量债务。地方政府还要统筹各类资金，优先保障在建项目的续建和收尾。《国务院关于加强地方政府性债务管理的意见》中要求地方政府抓紧将存量债务纳入预算管理。以 2013 年政府性债务审计结果为基础，结合审计后债务增减变化情况，经债权人与债务人共同协商确认，对地方政府性债务存量进行甄别。地方政府及其部门举借的债务，凡属于政府应当偿还的，相应纳入一般债务和专项债务范畴。地方政府将甄别后的政府存量债务逐级汇总上报国务院批准后，分类纳入预算管理。纳入预算管理的债务原有债权债务关系不变，偿债资金要按照预算管理要求规范管理，积极降低存量债务利息负担，对甄别后纳入预算管理的地方政府存量债务，各地区可申请发行地方政府债券置换。

四、J 省地方政府置换债券管理情况专项审计前的准备工作

（一）J 省地方政府置换债券管理情况专项审计目的

明晰此次专项审计的目的才能更有效地开展审计工作。根据审计署前任审计长刘家义在全国政府性债务审计培训会议上的讲话，此次地方政府置换债券管理情况专项审计任务旨在"摸清家底，反映问题，揭示风险，提出建议"，具体任务和内容分解为以下四点。

1. "摸清家底"——将地方政府债务纳入预算管理。旧预算法不允许地方政府举债融资，故而借助地方政府融资平台形成的历史存量债务，尽管对推动地

方经济发展发挥了积极作用，但实际上却"名不正"，且地方政府债务规模一直是未知数。此次审计以经审计署审计确定的 2013 年政府性债务审计结果为依据，摸清地方政府债务规模，通过发行地方政府置换债券置换存量债务，实现地方政府债务规模由隐性向显性的转变，将地方政府债务纳入预算管理。

2. "反映问题"——减轻地方政府债务还本付息压力。通过地方政府融资平台举借的债务普遍利率较高，债务置换降低了地方政府债务整体利息支出负担。公开资料显示，地方政府债务利率大多在 7% 以上，部分项目利息甚至高达 20% 以上，平均成本在 10% 左右，以 2015 年置换的债券规模计算，被置换的存量债务成本从平均 10% 降至 3.5% 左右，预计将为地方每年节省利息 2 000 亿元。另外，债券置换通过债务展期的方式减少了当期还本压力，在目前经济下行、地方财政减收、土地出让收入减少等情况下，以债务置换的方式为地方腾出资金发展重点项目创造了有利条件。但在执行过程中是否存在实际问题，能否将减轻地方政府债务还本付息的压力落到实处，还需进一步审核。

3. "揭示风险"——判别存在的债务风险。我国目前地方政府债务额巨大，远远超出了地方政府的偿债能力，一些地方甚至出现了局部性的债务风险，出现了支付危机。并存在大量的或有债务，而且数额越来越大，在借款人不能还款的情况下，地方政府要承担清偿责任，就可能引发债务风险，此外是否还存在其他债务风险，需要在审计过程中判别发现。

4. "提出建议"——完善债务管理制度。通过实际审查，发现我国地方政府债务管理体系中存在的问题，并提出建议及解决措施，完善债务管理制度，壮大债务管理力量，做好债务规模控制、债券发行、预算管理、统计分析和风险监控等工作，完善地方政府债务体系并规范协调政策，推进我国债券市场健康发展。

（二）J 省地方政府置换债券管理情况专项审计依据

此次政府债券管理使用情况专项审计依据包括《国务院关于加强地方政府性债务管理的意见》《地方政府存量债务纳入预算管理清理甄别办法》，以及财政部印发的《地方政府一般债务预算管理办法》和《地方政府专项债务预算管理办法》。此外，项目组向成员下发了《2015 年 J 省新增债券分配额度明细表》，明细表中详细标明了该省份 2015 年新增一般债券及新增专项债券分配情况，以及《2015 年 J 省置换债券分配额度明细表》，该表阐明了 J 省各市县地区 2015 年置换一般债券及专项债券的情况。还发放了 J 省地区 2015 年地方政府债券管理使用情况专项检查台账，说明了存量政府债务处置情况以及各具体项目的债券资金拨付使用情况，包括已拨付数额、未拨付数额、按规定用途使用数额、未按规定用途使用数额、财政库款垫付及回补数额、结余未使用数额。

（三）J 省地方政府置换债券管理情况专项审计对象

经国务院批准，财政部向 J 省下达 2 273 152.31 万元处置存量债务额度（政府债务和政府或有债务合计）及6 446 899.60万元置换债券和新增债券额度。置换范围是2013年政府性债务审计确定截至2013年6月30日的地方政府负有偿还责任的存量债务、2015年到期需要偿还的部分，该部分债务就是此次审计的审计对象。这部分债务的操作程序如下，在向地方下达债券额度前，已向全国人大有关机构进行了沟通报告，下达债券额度后，又向全国人大有关机构进行了报备。

（四）J省地方政府置换债券管理情况专项审计内容

1. J省置换债券资金的使用。置换债券资金必须用于偿还审计确定的截至2013年6月30日政府负有偿还责任的债务中2015年到期的债务本金，J省政府已经安排其他资金偿还的，可以用于偿还审计确定的政府负有偿还责任的其他债务本金。财政厅有以下三点要求：一是置换债券中的一般债券和专项债券必须被分别纳入一般公共预算管理和政府性基金预算管理中；二是要求债券资金置换存量债务时，本级财政部门、存量债务债权人与债务人、有关主管部门要共同签订协议，明确还款金额、还款时间及相关责任等，由各级财政部门严格按照财政国库管理制度有关规定、协议规定和偿债进度支付；三是要求置换债券偿还存量债务要严格逐笔对应到2013年政府性债务审计中确定的存量债务项目，省级财政部门要认真统计置换债券偿还存量债务的分项目情况，并报财政部预算司、国库司及财政部驻各地专员办备案；四是要求省级财政部门和财政部驻各地专员办加大监管力度。对违规组织债券发行、改变债券资金用途等行为，要依法依规严肃处理。

2. RH事务所注册会计师重点关注的问题。RH事务所注册会计师需要判别J省置换债券是否优先置换高息债务的本金，不得用于偿还应由企事业单位等自身收益偿还的债务；判别J省新增债券是否依法用于公益性资本支出，是否优先用于保障在建公益性项目后续融资，是否优先用于棚户区改造等保障性安居工程建设、普通公路建设发展、城市地下管网建设改造、智慧城市建设等重大公益性项目支出，不得用于经常性支出或楼堂馆所等中央明令禁止的项目支出；检查J省存量债务的完成情况，将债务处置与置换债券额度挂钩，将债务处置与新增债券额度挂钩，将债务处置与激励性转移支付资金分配挂钩；检查财政库款垫付和回补情况。

五、J省地方政府置换债券专项审计工作实施与问题讨论

（一）摸底工作的开展

为了更好地完成摸底工作，王红捋清了审计思路，在实际操作中，审计组将审计流程划分为四个阶段，不通过数据直接分析，而改为直接运用查询结果。

第一个阶段是数据采集。数据采集要求被审部门提供所需凭证，包括债券资

金的拨款凭证、国库垫付和回补的相关凭证、债券解除四方协议以及核对处置存量债务的相关证明材料。另外，王红与用友软件公司人员配合在地方政府债务管理系统中导出所需数据，包括对地方财政部门及有关单位的政府性债务余额、债务举借、资金使用、还本付息、会计核算、统计分析等，以提供给项目组成员进行实质性测试分析程序。项目组成员判断债券资金对应项目明细表及申报台账的真实性及合规性，此外还要判断资金使用是否高效。

第二个阶段是数据查询并制定实施方案。各项目组内两人负责一个专题，根据实用性原则，通过查询地方政府债务管理系统得出特定目的的查询结果，结合实际情况直接构成实施方案的主要内容。王红通过系统查询结果，按照重要性原则，选择相关银行、政府部门以及相关企事业单位进行延伸核实。按照《国务院关于加强地方政府性债务管理的意见》《地方政府存量债务纳入预算管理清理甄别办法》，以及财政部印发的《地方政府一般债务预算管理办法》和《地方政府专项债务预算管理办法》的要求，主要判断是否按照计划使用资金，资金的使用是否合规，资金的使用是否高效。

第三个阶段是现场延伸调查、验证查询结果、发现审计问题。审计人员按照实施方案，确定审计重点，选择延伸单位，大大提高了审计效率，节约了审计成本，提升了审计成果的层次。在判断资金的使用是否达到预期效益时，王红通过将政府债券审计与绩效审计相结合的方法，用经济效益指标、社会效益指标以及生态效益指标来衡量，这就涉及政府绩效审计与整体制度安排之间的关系，项目组财政厅人员就此判断在地方债务管理制度与体系中是否存在问题。与绩效审计相结合，注册会计师不但可以使用传统的审计方法，例如：抽查法、详查法、顺查法以及逆查法等，还可以运用到系统论、分析法、评价法、论证法以及模糊综合评判法等，项目组可以根据情况灵活选取审计方法。

第四个阶段是结合现场延伸反馈情况，开展政府债券管理使用情况专项审计工作讨论会，及时调整方案，确保审计项目实施贴近实际。在审计实施方案完成后，审计组根据分工选择延伸，根据各小组反馈情况调整方案，并将新情况、新问题及时下达，确保审计资源有机结合。

（二）政府债券管理使用情况专项审计工作讨论会

项目小组的工作已经进展到一半时召开一次讨论会，项目小组成员在一起讨论分析，交流审计情况，遇到问题及时解决，讨论会上大家的发言都很积极，讨论非常激烈。

1. 债务置换标准及口径不够明确，存在信息不对称的情况。王红作为审计工作难度最大、审计工作也最为重点的 A 组负责人在会上提出了 A 组遇到的问题，"地方政府存量债务置换规模是以 2013 年审计署审计认定的债务而确定的，正式开展债务置换前，财政部门组织全国各级地方政府进行了全面的债务规模甄别与确认。但是在专项审计中发现，历史存量债务的甄别缺乏统一具体的口径，再加上清理上报时间仓促，存在信息不对称的情况，各级财政对地方政府债务的统计存在一定差别。"

B组注册会计师表示赞同，"是的，在我们组负责的区域也出现了这样的情况，此次专项审计以2013年年末地方政府对存量债务进行甄别之后得到数据为基础，把2015年到期的债务本金作为2015年地方政府置换债券分配额度的重要标准，这一置换标准的依据主要是基于之前的甄别结果，是静态数据，缺乏动态性，故在审计过程中较实际情况难免产生一定偏差，给我们的审计工作带来了难度。"

财政厅人员说道："信息不对称，缺乏统一口径的问题引起的另一个问题是，新增债券主要是为了满足新增设项目所需的建设资金，在置换后的新债务管理模式下，新增债券发行额度的获得与下达，直接决定了各级政府当年债务融资的规模，由于地方政府债务总规模实行限额管理，新增债券额度在省内各地市及各县区之间没有具体的分配规则，而各地基础设施建设发展情况不一，政府投融资项目立项情况不一，容易形成地方财力越雄厚地区分配的越多，地方财力不足地区反而分配额度少的情况。"

2. 债务系统信息录入存纰漏。针对问题1，一名项目组成员提议道"地方政府现在使用的计算机债务系统实时更新置换情况及新增情况会不会对这个问题有帮助呢？"

王红回应，"项目组在审计过程中确实运用到了计算机审计，并和项目组配备的软件公司人员沟通，利用地方政府债务系统进行数据分析，用计算机来执行经济监督、鉴证及评价职能，财政厅也通过该系统对地方政府债务情况进行把控，但在实际审计过程中发现，由于系统刚刚启用，有的市县使用生疏，存在置换情况在系统中录入错误的情况，导致系统信息存在纰漏，我们在审计时也要注意这个问题。但是我们必须要掌握先进的审计技术和方法，利用信息化审计技术手段，分析债务部门提供的各种数据，找出规律性、趋势性与普遍性的问题。"

财政厅人员赞同道，"的确，应该用数字说话，用事实证明，深入分析，由表及里，找出漏洞的弊端和成因，把审计工作的重点放在发现体制和机制方面存在的问题。"

3. 不同类型债券置换出现"两难"问题。王红提出了另外一个问题："从发行方式和资金使用用途来看，地方政府债券的置换方式包括一般置换债券和专项置换债券两种，其中前者主要是通过公开招标方式发行，根据规定其使用用途也必须是偿还一般债务。而后者资金的最终用途通常是用于偿还专项债务。但在审计过程中发现，地方政府在实践过程中常常会出现债券类型转换的情况，是按新类型转换还是按原始类型转换呢？"

C组审计师说道，"如果按新类型置换，会存在资金混用的审计风险问题。"王红若有所思地说，"但是如果按原始类型置换，则有可能会因为未按置换要求而产生账面'沉淀资金'"，李晨赞同道，"没错，所以在这种情况下，资金的使用就会产生'两难'问题，这个时候我们的审计风险关注点就多了，要重点关注此问题。"

4. 大额或有债务未披露。D 组审计师也提出了一个问题："在我们审计的市县中发现存在大量或有债务，但由于政府施行任期制，地方政府往往从政绩出发，认为或有债务不需要本届政府偿还，因而有意不披露或有负债，再加上目前政府的债务统计只限于直接债务，未包括或有债务，致使无法掌握地方或有债务的真实规模，潜在风险很大。"

王红记录下了此次讨论会各位审计师提出的问题，并在心里想到：大家提出的问题很全面，既有债务置换标准及口径不够明确、信息不对称的问题，静态数据以及债券系统录入错误、缺乏公开透明的操作问题以及不同类型债券置换出现的"两难"问题，还有置换额度在地方政府之间分配及或有债务的披露制度问题，以及该如何将政府债务审计与经济责任审计更好地结合在一起，究竟如何解决这些问题。王红整理着问题，准备着下一轮发言，随着大家的激烈讨论，问题逐渐清晰地浮出水面……

六、讨论题目

1. 我国政府债务的分类与构成是怎样的？
2. 地方政府债务审计中债务规模、债务结构及风险指标如何确定？
3. 地方政府置换债券管理使用情况专项审计应从哪些环节进行？
4. 政府债务审计与经济责任审计如何相结合？
5. 置换债券存在的资金混用审计风险问题及"沉淀资金"的两难问题应如何解决？
6. 大量的地方政府或有负债会带来哪些风险？未披露的地方政府或有负债在审计中应如何处理？

案例使用说明

一、本案例适用范围、拟解决的关键问题

（一）适用范围

本案例主要适用《审计理论与实务》《审计案例分析》《绩效预算与政府审计》。

（二）本案例拟解决的关键问题

本案例拟解决的关键问题在于：引导学生通过分析 2015 年 J 省地方政府置换债券管理情况专项审计，在熟悉政府债务及置换债券的含义和内容后，进一步思考在 J 省地方政府置换债券管理情况专项审计中遇到了哪些问题，思考

如何将地方政府置换债券管理情况专项审计与绩效审计相结合，并引导学生针对 J 省地方政府置换债券管理情况专项审计中遇到的审计问题进行专业判断并提出合理化建议。

在此过程中，学生不仅要深刻理解政府债务及置换债券的含义和内容、深入了解地方政府举债融资机制相关知识，还要明晰政府专项审计价值及其审计技巧，通过案例的学习，提升对地方政府置换债券管理情况专项审计中遇到的新问题进行解决和分析的能力。

二、案例讨论的准备工作

为了有效实现本案例的教学目标，学生应在案例讨论前通过预发材料了解下列相关知识背景。

（一）理论背景

本案例需要学生准备的知识点主要包括如下内容。

1. 地方政府债券置换。地方政府债券置换是指通过财政部对地方政府债务存量进行鉴别以后，把原来地方政府的短期、高利率的债务置换成中长期、较低利率的地方政府债券，其中高利率债券的常见种类有银行贷款、城投债等。置换地方政府债券的目标分为短期和长期，置换债券的短期目的是缓解地方政府土地财政和地方财政的压力，长期目标是建立健全地方政府举债平台和机制，提高地方隐形债务的透明度，促进我国地方政府债务的长期健康发展。

2. 地方政府举债融资机制。地方政府举债采取政府债券方式。没有收益的公益性事业发展确需政府举借一般债务的，由地方政府发行一般债券融资，主要以一般公共预算收入偿还。有一定收益的公益性事业发展确需政府举借专项债务的，由地方政府通过发行专项债券融资，以对应的政府性基金或专项收入偿还。社会资本通过特许经营等方式，参与城市基础设施等有一定收益的公益性事业投资和运营。政府通过特许经营权、合理定价、财政补贴等事先公开的收益约定规则，使投资者有长期稳定收益。投资者按照市场化原则出资，按约定规则独自或与政府共同成立特别目的公司建设和运营合作项目。投资者或特别目的公司可以通过银行贷款、企业债、项目收益债券、资产证券化等市场化方式举债并承担偿债责任。政府对投资者或特别目的公司按约定规则依法承担特许经营权、合理定价、财政补贴等相关责任，不承担投资者或特别目的公司的偿债责任。

3. 政府审计与预算管理的关系。我国审计机关是专司行政监督的政府组成部门。作为政府的重要组成部分，审计机关要围绕党和政府的工作中心开展审计和审计调查，为实现政府目标服务。预算反映了政府活动的范围，加强预算管理的目的是加强对政府及其组成部门各项活动的管理。对预算管理和财政预算执行情况，以及财政预算资金管理使用情况进行审计是我国审计机关的重要职责。

从审计工作报告看，审计署每年都开展中央财政管理审计、中央部门预算执行审计，此外还选择一些重大投资项目和重点资金开展审计。审计机关正是通过审查预算执行和其他财政财务收支情况，以及财政预算资金管理使用情况，发现政府及其部门在预算管理和财政财务收支的真实性、合法性和效益性方面的问题，提出改进问题的建议，推动政府更加有效地履行职责和管理使用各种公共资源，从而促进政府依法行政、依法理财、提高绩效和强化责任。从这一点来说，我国政府审计是政府管理的重要组成部分，审计工作应服从政府管理的目标，立足于促进政府管理目标的实现。

4. 政府专项审计的特点。

首先，政府专项审计的目标具有宏观性。政府审计是对经济领域中带全局性、普遍性、倾向性的特定事项进行系统调查了解，通过综合分析，向有关部门反映情况、揭露问题、提出解决问题的建议，为党委、政府决策提供依据，为国家宏观调控服务。因此，专项审计调查的目标具有宏观性。

其次，政府专项审计的范围具有广泛性。主要体现在调查对象的广泛性和资料来源的广泛性两个方面。从对象上看，凡是与被调查事项有关的单位和个人都属于政府专项审计调查的范围。从资料来源上看，政府专项审计调查的证实材料既可以是从被调查单位的账册、报表中所收集的会计、统计数据，也可以是通过调查走访有关人员等方式所收集的与被调查事项有关的其他资料。

再其次，政府专项审计的方式具有多样性。审计人员可以采用多种方式来开展审计调查，可以是单项调查，也可以是多项调查；可以是单独的审计调查，也可以结合项目审计开展审计调查；可以通过审核被调查单位的会计、统计资料进行调查，也可以通过召开座谈会和走访有关单位、个人，以及向有关单位、个人发放审计调查表等方式来进行调查。

最后，政府专项审计的作用具有时效性。政府专项审计目的是为上级经济决策提供依据，因此做出审计调查结论和提出审计调查建议必须要在上级有关部门做出决策之前，否则就会错过时机，使审计调查失去了应有的价值。在政府专项审计调查工作结束后，出具专项审计调查报告，是由专项审计调查组向审计机关提出的反映问题、分析原因以及提出意见建议的报告，这是反映调查成果大小的关键。

（二）政策背景

2009 年《中央预算执行和其他财政收支的审计工作报告》是地方政府债务审计的开端，并以审计报告的形式向全国人大常委会进行报告。

2011 年《国务院办公厅关于做好地方政府性债务审计工作的通知》明确了债务审计主体、对象、范围等。

2014 年 8 月，经全国人大审议通过的新《中华人民共和国预算法》修正案允许地方政府通过发行地方政府债券的方式举债融资，地方政府存量债务置换工作拉开序幕。通过发行地方政府置换债券置换存量债务，实现了地方政府债务规模由隐性向显性的转变。9 月，《关于深化预算管理制度改革的决定》就处理地方政府债务提出了框架性的指导意见及具体要求，并首次提出通过发行地方政府置换债券来处理存量债务，同时实现将地方政府存量债务纳入预算管理。

2014 年 10 月，国务院发布了《国务院关于加强地方政府性债务管理的意见》（国发〔2014〕43 号），标志着我国对地方性政府债务的治理进入了一个新阶段。为进一步加强地方政府性债务管理，做好地方政府存量债务纳入预算管理相关工作，财政部于 10 月 23 日制定了《地方政府存量债务纳入预算管理清理甄别办法》。

2016 年 12 月，财政部印发《地方政府一般债务预算管理办法》和《地方政府专项债务预算管理办法》，对一般债务和专项债务实施预算管理制定了具体规定。

（三）2015 年地方政府债券专项审计的现实背景

十二届全国人大常委会审议决定，批准《国务院关于提请审议批准 2015 年地方政府债务限额的议案》（下称议案）。在这份议案中，财政部确认了两块内容：一是最终甄别确认的 2014 年末地方政府债务余额，二是在全国"两会"上由全国人大批准的 2015 年地方政府债务新增限额。议案确认 2015 年地方政府债务限额为 16 万亿元，预计债务率为 86%，2015 年新增地方债 6 000 亿元，这表明截至 2014 年底政府性债务规模达到 15.4 万亿元。其次，经全国人大、国务院批准，下达了 6 000 亿元新增地方政府债券和 3.2 万亿元地方政府债券置换存量债务额度。在此之前，3 月 12 日，财政部首次确认地方债务置换额度为 1 万亿元；6 月 10 日，财政部确认第二批地方债务置换额度同样为 1 万亿元。这意味着中央财政又增加了 1.2 万亿元地方政府债券置换存量债务额度。

1. 目前地方债发行整体情况。截至 2015 年 8 月 28 日，地方债共发行 518 只，合计 1.87 万亿元。自江苏 5 月 18 日公开发行第一只地方政府债券以来，截至 2015 年 8 月 28 日，我国地方政府发行了地方债 518 只，共计 18 743.54 亿元。一般债券发行 15 591 亿元，专项债券发行 3 152.54 亿元。一般债券是指为没有收益的公益性项目发行的、约定一定期限内主要以一般公共预算收入还本付息的政府债券；专项债券是指为有一定收益的公益性项目发行的、约定一定期限内以公益性项目对应的政府性基金或专项收入还本付息的政府债券。至 2015 年 8 月 28 日，一般债券共发行 343 只，占比 66.22%，合计发行 15 591 亿元，占比 83.18%，平均每只一般债券 45.45 亿元；专项债券一共发行 175 只，占比 33.78%，合计发行 3 152.54 亿元，占比 16.82%，平均每只专项债券 18.01 亿元，专项债券的平均发行规模明显小于一般债券。

按发行方式来分，公开发行的债券规模为 14 069.37 亿元，定向发行的债券规模为 4 774.17 亿元。5 月 12 日，财政部、人民银行和银监会共同下发《关于2015 年采用定向承销方式发行地方政府债券的有关事宜的通知》。截至 8 月 28 日，两种发行方式中，公开发行的地方债共有 286 只，占比 71.3%，合计发行14 069.37 亿元，占比 76.16%，平均每只公开发行的地方债规模为 49.19 亿元；定向承销方式发行的地方债共有 232 只，总占比 44.88%，合计发行 4 774.17 亿元，占比 23.84%，平均每只定向承销发行的地方债规模为 20.58 亿元。从发行年限来看，5 年期发行量最大。从债券发行的只数来看，一年期的债券仅有两只，为安徽省所发行，其余年限的债券，3 年期、5 年期、7 年期和 10 年期约各占四分之一，其中 3 年期债券最少，为 113 只，5 年期的债券发行最多，为 141只。从债券发行的规模来看，不考虑一年期的情况下，5 年期的发行规模最大，约占 31.62%，3 年期的发行规模最小，约占 15.25%。

2. 目前各省市置换债进度情况。根据相关文件规定，地方债的发行主体包括 31 个省（自治区、直辖市）政府和 5 个计划单列市政府，截至 8 月 28 日，绝大部分主体都已经发债，仅有 2 个主体尚未发行地方债，是西藏自治区和深圳市。其中，湖北省发行规模最大，达到 1 407.7 亿元，此外，浙江省、山东省和江苏省的地方债发行规模也突破千亿元规模，分别达到了 1 373.1 亿元、1 252.88 亿元和 1 133.04 亿元。截至 2015 年 8 月 28 日，各省区市地方债发行规模如图 8－6 所示，各省区市已发行的地方债与 2015 年到期偿还债务进行对比的情况如图 8－7 所示。

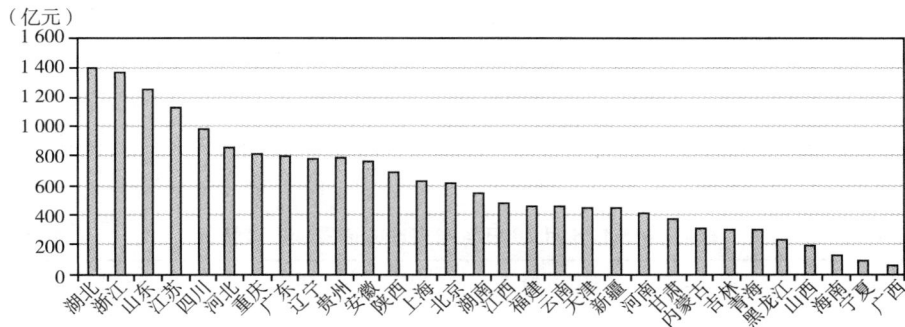

图 8－6　截至 2015 年 8 月 28 日各省区市地方债发行规模

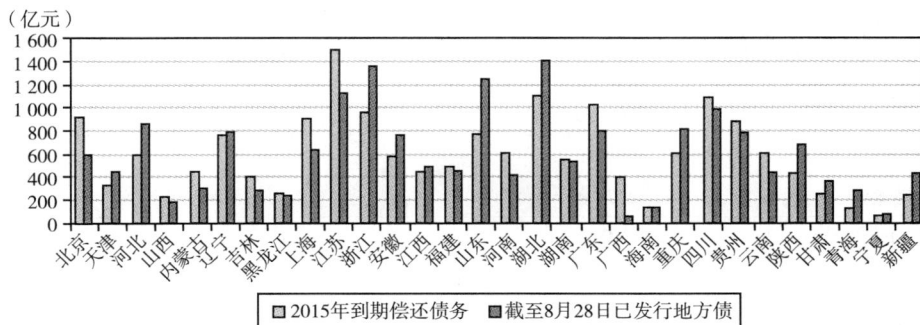

图 8－7　各省区市已发行的地方债与 2015 年到期偿还债务进行对比

置换债券资金必须用于偿还审计确定的截至 2013 年 6 月 30 日政府负有偿还责任的债务中 2015 年到期的债务本金，地方政府已经安排其他资金偿还的，可以用于偿还审计确定的政府负有偿还责任的其他债务本金，置换高息债务；不得用于偿还应由企事业单位等自身收益偿还的债务，不得用于付息，不得用于经常性支出。地方债发行规模超出 2015 年到期偿还债务的省区市如表 8 - 1 所示，截至 2015 年 8 月 28 日各省区市地方债置换进度情况如表 8 - 2 所示。

表 8 - 1 　　　　　　地方债发行规模超出 2015 年到期偿还债务的省市　　　　　单位：亿元

省区市	2015 年到期偿还债务	截至 8 月 28 日已发行地方债
天津	334.2	453
河北	606.74	855.81
辽宁	761.96	700.07
浙江	967.97	1 373.1
安徽	598.38	763.63
江西	445.10	493.64
山东	783.7	1 252.88
湖北	1 113.82	1 407.7
重庆	615.66	824
陕西	437.9	692
甘肃	244.03	375.44
青海	136.61	299
宁夏	70.63	83.81

表 8 - 2 　　　　　　截至 2015 年 8 月 28 日各省市地方债置换进度情况　　　　　单位：亿元

省区市	2015 年到期偿还债务	截至 8 月 28 日已发行地方债
北京	933.58	608
天津	334.2	453
河北	606.74	855.81
山西	225.39	195.99
内蒙古	450.1	319.26
辽宁	761.96	799.07
吉林	430.15	300.57
黑龙江	277.94	243.01
上海	914.09	642
江苏	1 504.58	1 133.04
浙江	967.97	1 373.1
安徽	598.38	763.63
江西	445.1	493.64
福建	507.63	462.63
山东	783.7	1 252.88
河南	636.27	424

续表

省区市	2015 年到期偿还债务	截至 8 月 28 日已发行地方债
湖北	1 113.82	1 407.7
湖南	567.72	545.22
广东	1 037.22	808.27
广西	425.95	62.72
海南	148.86	135.8
重庆	615.66	824
四川	1 088.68	997.58
贵州	890.03	796.39
云南	620.87	458.7
陕西	437.9	692
甘肃	244.03	375.44
青海	136.61	299
宁夏	70.63	83.81
新疆	252.36	440

资料来源：Wind 资讯、新世纪评级。

三、案例分析要点

（一）需要学生识别的关键问题

本案例需要学生识别的关键问题包括：政府审计中对置换债券、新增债券及处置存量债情况需关注的重点问题以及如何对其审计、对置换债券专项审计中遇到的审计问题进行专业判断并提出合理化建议、政府审计的意义。

（二）解决问题的可供选择方案及其评价

1. 分析思路如图 8 - 8 所示。

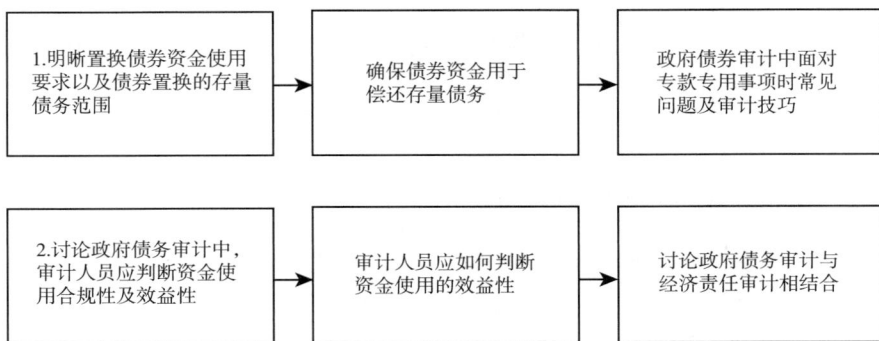

图 8 - 8　分析思路

2. 我国政府债务的分类与构成是怎样的？我国财政预算部根据我国实际情况，将地方政府债务进行了分类，如表 8 - 3 所示。审计署在《2010 年地方政府性债务情况专项审计调查附表填报要求与说明》中提到将债务分为三类：政府负有直接偿还责任的显性债务、政府负有担保责任的显性或有债务、政府负有兜底责任的隐形或有债务。

表 8 - 3　　　　　　　　　　　　　　地方政府债务分类

债务	直接债务	或有债务
显性债务	（1）主权外债（财政部转债给地方的国际金融组织的贷款） （2）本级政府的国债转贷 （3）借入上级政府的周转金、农业综合开发贷款等款项 （4）地方财政部门举借的外债 （5）各种拖欠款（工程款、公务员和教师工资、出口退税等欠款）	（1）地方政府担保的主权债务（外国政府的贷款） （2）地方政府的国债转贷中由建设单位负担的部分 （4）国债项目配套资金 （5）粮棉、供销等企业的政策性挂账
隐性债务	社会保障制度缺口	（1）下级政府的财政缺口和债务 （2）地方金融机构的不良资产的债务 （3）地方国有企业单位的亏损、欠款或挂账损失 （4）地方事业单位的亏损、欠款或损失挂账 （5）自然灾害的突发事件的超常救援 （6）以政府之名融资违规运行形成的或有债务 （7）对非公共部门债务的清偿 （8）地方政策性投资公司坏账损失

3. 地方政府债务审计中债务规模、债务结构及风险指标如何确定？

（1）地方政府债务规模。地方债务总额反映了我国地方政府债务的总体规模。

（2）地方政府债务结构。

$$政府负有偿还责任债务的比例 = \frac{政府负有偿还责任债务总额}{全国地方债务总额} \times 100\%$$

$$政府负有担保责任的或有债务总的比例 = \frac{政府负有担保责任的或有债务总的总额}{全国地方债务总额} \times 100\%$$

$$政府负有兜底责任债务的比例 = \frac{政府负有兜底责任债务总额}{全国地方债务总额} \times 100\%$$

（3）地方政府债务风险情况。

$$债务负担率 = 年末债务余额 / 当年生产总值（GDP）\times 100\%$$

$$债务率 = 年末债务余额 / 当年综合可用财力 \times 100\%$$

$$偿债率 = 年末债务偿还额（即当年偿还本息额） / 当年综合可用财力 \times 100\%$$

$$逾期负债率 = 年末逾期债务额 / 年末债务总额 \times 100\%$$

4. 地方政府置换债券管理使用情况专项审计应从哪几个环节进行应对?

（1）资金申请与分配环节。

一是新增债券额度在省内各地市及各县区之间没有具体的分配规则，各地基础设施建设发展情况不一，政府投融资项目立项情况不一，审查有无形成地方财力越雄厚地区分配的越多，地方财力不足地区反而分配额度越少的情况。

二是审查款项发放是否符合贷款条件，手续、凭证以及四方协议是否齐全，利息计算是否正确。

三是审查是否按计划具体、明确地分配到具体项目，款项是否按照项目落到实处。

四是根据具体情况，分析判断计划及分置换案是否合理科学。

（2）使用环节。

①真实性及合法性。除了审查债券资金的拨款凭证是否合规，债券解除四方协议是否齐全，审查国库垫付和回补的相关凭证，核对处置存量债务的相关证明材料，判断债券资金对应项目明细表及申报台账的真实性及合规性。还应针对地方政府债务特点，从宏观角度考虑当地经济发展情况，摸清债务结构及规模，深入了解地方政府债务基本情况，如规模、结构、期限等，设计审计关键点和程序，对债务形成的原因进行了解，判断其是否合理，审查债务的管理是否完善，及时发现风险隐患，检查资金的使用是否合理，是否按照计划置换及新增，并对项目进行综合评价，判断资金使用是否合理。

②效益性。判断资金的使用是否达到预期效益，可以用经济效益指标、社会效益指标以及生态效益指标来衡量，妥善处理政府绩效审计与整体制度安排之间的关系。将政府债务审计与绩效审计相结合，不但可以使用传统的审计方法，如抽查法、详查法、顺查法以及逆查法等，还可以运用系统论、分析法、评价法、论证法以及模糊综合评判法等判断资金使用的效益性。

（3）管理环节。一是审查置换债券中的一般债券和专项债券有无分别纳入一般公共预算管理和政府性基金预算管理。

二是审查债券资金置换存量债务时，本级财政部门、存量债务人与债权人、有关主管部门有无共同签订协议，明确还款金额、还款时间及相关责任等，各级财政部门有无严格按照财政部国库管理制度有关规定、协议规定和偿债进度支付。

三是审查置换债券偿还存量债务有无严格逐笔对应到 2013 年政府性债务审计确定的存量债务项目，省级财政部门要认真统计置换债券偿还存量债务的分项目情况，并报财政部预算司、国库司及财政部驻各地专员办备案。

四是审查省级财政部门和财政部驻各地专员办的监管力度。对违规组织债券发行、改变债券资金用途等行为，有无依法依规严肃处理。

5. 政府债务审计与经济责任审计如何相结合？对地方政府债务进行绩效审计是十分必要的，通过检查债务资金是否合理运用，对运用之后产生的经济效益，以及地方政府对举借的债务资金的偿还能力等各方面进行综合的绩效审计，保证债券资金使用的合规性，提高资金使用率，为进行有效的政府债务情况管理，政府债务审计与经济责任审计的结合是至关重要的。可以以政府债务经济效益指标为评价指标，其中政府债务经济效益指标如表8－4所示。

表8－4 政府债务经济效益指标

一级指标	
经济效益指标	GDP增长率
	财政收入增长率
	城乡居民储蓄存款增长率
	在职职工平均工资增长率
	社会消费品零售总额增长率
	农林牧副渔业总产值增值率
社会效益指标	高中在校生人数增长率
	年末实有道路长度增长率
	卫生机构床位数增长率
生态效益指标	工业固体废弃物再利用增长率
	废水治理设施数增长率
	城市园林绿地面积增长率

6. 大量的地方政府或有负债会带来哪些风险？未披露的地方政府或有负债在审计中应如何处理？或有负债是指基于一项有可能发生的不连续事件而产生的责任。大量的地方政府或有负债会招致地方政府变相举债，地方政府债务呈现出不断增长的趋势，当达到一定规模时会引发债务风险，从而会发生潜在的债务危机，扰乱我国正常的财政金融秩序，最终，地方政府的债务风险会转嫁到中央，引发全国性债务风险危机。

在面临地方政府或有负债时，审计内容包括政府需履行担保责任的债务：（1）地方政府性债务主体举借，确定由与债务单位事业和经营相关的收入等非财政资金偿还，且地方政府提供担保的债务；（2）地方政府举借，以非财政资金偿还的债务。还包括地方政府债务主体为公益性项目举借，由非财政资金偿还，且地方政府未提供担保的债务。政府在法律上对该类债务不承担偿债责任，但当债务人出现债务危机，政府可能承担救助责任。

为打破或有负债审计范围的局限性，应该加强对资金使用绩效水平的审查，将绩效审计与经济责任审计相结合，防止官员钻空子，举借隐性债务，增加地方政府性债务的风险。将制度合理性审计和政策执行效果审计相结合，对投资项目的风险性、收益性等进行调查评估。结合跟踪审计与事前审计，针对重点地方政府性债务项目，跟踪审计能够发挥显著效果，主要表现在监督财政资金的管理使用、防止损失浪费、提高资金使用效益等方面，也在一定程度上减少了官员为谋私利，滥举借债务。

7. 完善我国地方政府债券管理有哪些建议及措施？

（1）建立健全地方债还本付息预算管理。探索地方政府债务偿还机制，将地方政府债务管理纳入政府绩效考核体系，实行履职审计与地方政府新增债务规模、存量债务压缩规模挂钩，鼓励积极化解存量债务，防范地方政府债务风险。

（2）建立债务信息披露机制，加强地方政府债券市场化建设。建立健全政府债券的信息披露机制，可加强债券市场的透明度，有利于市场评级机制的提高和完善。在发行主体和投资者主体上，要不断丰富债券投资者类型，不断发展和完善信用衍生品市场。建立健全投资者保护制度，在政府债券中引入双评级机制，广泛采纳不同评级机构的建议。

（3）完善地方政府融资平台转型退出机制。对平台公司的历史存量债务及新增债务进行清理和管控，对平台公司经营绩效实施考核，对具有转型资质的地方政府融资平台按照市场化的要求改善平台公司内部管理和风险控制机制，探索平台公司转型道路。另外，充分利用地方政府通过债务置换化解历史债务风险所创造的缓冲期，深化财政体制改革，加快推进地方政府资产负债表管理、全口径预算管理以及政府预算的公开透明等。厘清地方政府与融资平台的界限，逐步建立地方政府债券与 PPP 模式相结合的地方政府融资体系。

（4）提前做好地方债发行计划，推动地方政府债券额度分配公开透明。一是统筹安排全年置换债券、新增债券发行计划，参照国债发行管理做法，在年初制定全年的债券发行规模，明确债券发行时间，同时避免因地方债发行时间过于集中对债券市场形成的冲击。二是建立科学的新增债券额度分配机制，新增债券额度分配应适当向经济不发达地区倾斜，以协调区域发展、区域投资不平衡现状。

四、教学组织方式

（一）问题清单及提问顺序、资料发放顺序

1. 我国政府债务的分类与构成是怎样的？
2. 地方政府债务审计中债务规模、债务结构及风险指标如何确定？
3. 地方政府置换债券管理使用情况专项审计应从哪些环节进行？
4. 政府债务审计与经济责任审计如何相结合？
5. 置换债券存在的资金混用审计风险问题及"沉淀资金"的两难问题应如何解决？
6. 大量的地方政府或有负债会带来哪些风险？未披露的地方政府或有负债在审计中应如何处理？

（二）课时分配

1. 课后自行阅读资料：约 3 小时；

2. 小组讨论并提交分析报告提纲：约 3 小时；

3. 课堂小组代表发言、进一步讨论：约 3 小时；

4. 课堂讨论总结：约 0.5 小时。

（三）讨论方式

本案例可采用小组形式进行讨论。

（四）课堂讨论总结

课堂讨论的关键是：归纳发言者的主要观点，重申其重点及亮点，提醒大家对焦点问题或有争议观点进行进一步思考。

案例 24

政府与企业博弈中的碳审计研究

——德国西门子碳审计案

刘　静　闫佳惠

一、引言

碳审计，也就是低碳审计，即审计机构或人员根据相关法律、法规及准则对被审计单位的低碳活动进行的监督和鉴证。2003 年，《我们未来的能源：创建低碳经济》白皮书中首次提出低碳经济的概念：低碳经济是通过更少的自然资源消耗和更少的环境污染，获得更多的经济产出。然而，作为低碳经济重要监管手段的低碳审计，在全球都尚处起步阶段，形成系统的低碳审计体系还存在许多问题有待我们分析和解决。

二、案例背景

1. 西门子集团简介。西门子股份公司是全球领先注重低碳业务的技术企业，创立于 1847 年，业务遍及全球 200 多个国家和地区，专注于电气化、自动化和数字化领域。作为世界最大的高效能源和资源节约型技术供应商之一，西门子在海上风机建设、燃气轮机和蒸汽轮机发电、输电解决方案、基础设施解决方案、工业自动化、驱动和软件解决方案，以及医疗成像设备和实验室诊断等领域占据领先地位。西门子自 1872 年进入中国，140 余年来以创新的技术、卓越的解决方案和产品坚持不懈地对中国的发展提供全面支持，并以出众的品质和令人信赖的可靠性、领先的技术成就、不懈的创新追求，在业界独树一帜。2015 年，西门子在中国的总营业收入达到 69.4 亿欧元，拥有约 32000 名员工。西门子已经发展成为中国社会和经济不可分割的一部分，并竭诚与中国携手合作，共同致力于实现可持续发展。西门子 2016 财年第三季度（2016 年 4 月 1 日到 6 月 30 日）订单同比增长 6%，达 211 亿欧元；营业收入同比增长 5%，达到 198 亿欧元，出货比为 1.06。扣除汇率因素影响，新订单额增长 10%，营收增长 9%。实体业务利润额同比增长 20%，达到 22 亿欧元。实体业务部门利润率实现大幅增长，达到 10.8%。净收益达到 14 亿欧元，与去年同期持平。基本每股收益（EPS）为 1.64 欧元，上年同期为 1.65 欧元。

2. 行业简介。现代审计作为社会监督保障的重要手段，它不仅仅保护利益相关者的经济利益，更承担着维护社会利益的重任。随着环境污染、全球变暖问题的加剧以及环境保护和可持续发展概念的引入，审计的社会责任和发展趋势要求引入"低碳审计"这一概念，使得审计适应经济和社会的发展，从而发挥审计在推动经济与社会可持续发展方面的促进作用。低碳审计是审计机构或人员根据相关法律、法规及准则对被审计单位的低碳活动进行的监督和鉴证。低碳审计作为新兴的审计领域，存在诸多问题：第一，研究尚处于初级阶段，需要系统性科研平台的支撑，并需要注重理论在实践中的应用；第二，采集碳审计数据较困难，为低碳审计的认证增添难度；第三，缺少监督标准与实施办法；第四，未形成专门机构，缺少碳审计专业人才；第五，涉及低碳审计内容的法律法规不健全。尽管低碳审计之路荆棘载途，但依然有企业披荆斩棘探索出成功的低碳审计模式。

三、案例概况

1. 高效照明系统点亮低碳审计实践之路。2009 年，德国环境部公布了低碳经济战略性文件，倡导全国建立节能照明城，更新已有的老旧低效照明系统，并对电力系统从量征收生态税，加速 LED 照明系统的实施，德国复兴信贷银行和德国联邦经济部合作为低碳企业建立了节能基金。这为西门子低碳照明系统的研发提供了平台。西门子将传统耗能多，二氧化碳排放量大的照明设施更新为 LED 系统，效果更优的同时功耗却大大减少，同时不降低人们的生活水平，也不会导致经济减速，带来了照明系统的革新。采用西门子全新 LED 技术的交通信号灯比传统白炽灯系统的耗电量减少 98%。西门子工程师已将交通信号灯的平均能耗降至 1~2 瓦，而采用白炽灯泡的交通信号灯系统能耗则高达 60 瓦左右。新型交通信号灯系统采用高能效 LED 照明和数字模块，可实现大幅节能，从而助力减少城市预算并有利环境。

德国政府征收生态税不仅加速了西门子等低碳企业的革新力度，还解决了环保资金难保证的问题，生态税的征收既加大了税收政策对污染、环境破坏行为的调控力度，又形成了专门用于保护环境的税收来源。此外，还加大了对环保机构罚款收入和排污费资金流向的审查。目前，已经在意大利博尔扎诺市和德国南部城市比提希海姆－比辛根开展了试点项目。

除了征收生态税之外，德国政府还出台给予可再生能源项目资金补贴和贷款优惠，并对购买电动车的消费者给予 3 000 ~ 5 000 欧元的补助。对于该资金补贴，德国政府加强了企业申请预算追加的审批环节，将审计监督追溯到企业低碳材料及设备的采购环节，检查资金的使用是否严格符合预算的安排，设置财政补助的减排绩效并时时追踪减排成效是否明显。

在低碳法律体系方面，德国可以说是为低碳经济立法最全的国家。从 20 世纪 70 年代开始，德国政府建设并完善发展了一系列低碳经济的法律体系。1972年，德国重新修订并通过了《德国基本法》，赋予政府在环境政策领域更多的权力。同年，德国制定了《废弃物处理法》。1996 年，德国提出了新的《循环经济与废弃物管理法》，2002 年出台了《节省能源法案》。2004 年，德国政府出台了《国家可持续发展战略报告》，专门制定了"燃料战略——替代燃料和创新驱动方式"。2009 年 6 月，德国环境部公布了发展低碳经济的战略文件，强调低碳经济为经济现代化的指导方针。文件重点强调了低碳技术是当下德国经济的稳定器，并将成为未来德国经济振兴的关键。低碳经济下完备的法律体系为低碳审计主体的工作提供了依据，也为西门子等低碳企业提供了准则和战略规划。

2. 西门子与瑞典政府携手共建低碳审计标准。瑞典韦灵厄这座城市的大部分地区都只比海平面高几米。因此，要尽最大可能避免气候变化，该城市一直投资于"绿色"楼宇科技，充分挖掘其市政设施的节能潜力，以期节约水电、节省资金、降低二氧化碳排放。同时，希望通过降低能源消耗，尽快收回尖端技术的投资成本。他们很快发现，要实现这个目标，显然需要携手实力雄厚的合作伙伴。韦灵厄选中了西门子，其试验也得以启动。

借助西门子提供的一个多楼宇监控系统，通过当地建筑物中设置的不计其数的测定点，可向高级运行中心发送关于电能流动的数据。高级运行中心采用西门子的软件来评估数据，持续不断地监测用电情况、电价和二氧化碳排放量。通过对碳核算数据的分析制定出了建筑物低碳审计的认证标准，将此标准分为四个方面：照明、通风、噪音及温度控制。丹麦政府规定所有新建房屋须严格按照此低碳标准进行建设，并对未达标老旧建筑发放专项改建基金，通过改造及再审计达到低碳认证标准。西门子已通过这种方式，协助政府制定审计标准，提供低碳数据，对超过 5 200 栋建筑物进行了现代化改造，节省了超过 10 亿欧元的资金，减少二氧化碳排放上千万吨。

3. 电费结算让审计认证中低碳数据的采集更便捷。在日趋复杂的电力市场中，西门子正在不断改进对广泛的相关业务流程的计费方式。由于现今自由化的电力市场已变得异常复杂，这项举措不但降低了企业生产成本，还加强了低碳会计信息的披露，对低碳审计的必要性不言而喻。

由于大多数电能都不储存而是立即投入使用，电网运营商必须不断预测特定网络区域内的用电需求。然后，运营商将通过购买电力或协调现有电厂中的可用电力来提供所预测的用电量。然而，如果实际消费的电量与预测需求量不同，相关差额将在之后进行追溯计费。除差额计费之外，每次输电时产生的电网损耗也必须要被准确估算。市场参与者越多，这种追溯计费就越复杂。比如，单德国就拥有超过 1 000 个电力供应商和 900 多个电网运营商。此外，并非每个电力传输点都一直拥有可用的电表数据。因此，有时需要对超过一年以前的计费数据进行追溯性修正。这将会大大增添企业内控及其他审计机构对低碳信息准确审查的难度。

西门子研发了电表数据综合处理平台，供需数据可以被收集、校验并迅速发送给相关方。另外，可以对实际用电量与预测需求量之间的差额进行计费。系统还会储存电表使用历史，如在特定时间上，哪个供应商与哪个电表相关联，以便在几年后仍能正确进行追溯计费。处理平台不仅拥有很高的自动化水平和质量控制水平，所有的生产过程还留有数字化记录，生产软件每天要接收大约 1 300 万条数据，其中大部分是生产流程信息。这些信息会被用来进行财务分析。根据量化结构下生态效益指标的基本计算公式：生态效益＝产品与服务的价值/对环境的影响，西门子将碳流量与财务系统内的价值流量相结合，构建了可测评的生态效益指标，为低碳审计的认证过程提供了基础，并将低碳财务数据交由普华永道会计师事务所按照世界可持续发展工商理事会和世界资源研究所发布的《温室气体盘查议定书倡议行动》规定的标准进行审计。此外，这样的解决方案不仅限于电力领域，它还可以应用于天然气和供水等市场。目前，在相关市场中已经有了一些初步应用。例如，挪威的国有电网运营商将在 2017 年把数据平台及相关数据中心模式应用到一些业务流程中，更有效地为低碳审计提供可测评的生态效益指标。

4. 西门子"三位一体"的低碳审计模式。

（1）政府审计。德国政府鼓励西门子进行低碳技术的开发与研究，给其提供了财政资金，并鼓励西门子等企业实行现代化能源管理模式，将企业可以享受的税收政策与企业管理模式相关联。但是倘若缺少对低碳财政补助资金的追踪与监督，则给予的津贴、财政补助、贷款优惠政策、相应的税收政策都失去了意义。德国政府强化低碳审计的监督机制，确保该资金切实应用到低碳项目的研发与生产中，而不是将低碳补贴流失到企业的其他支出中，把控资金的最终流向，防止低碳变为企业牟利的工具。并且相关行业的标准需要环保局及行业协会负责制定，审计人员在进行低碳审计时需要依据国家政策、法律法规及行业标准，所以由审计部门直接进行碳审计工作是无可替代的。

（2）内部审计。低碳审计的工作重点不但要揭露问题，而且要致力于寻找解决之道，内部审计能够为低碳审计提供这样的平台。外部审计主要关注财务报告的审计意见，如果错报并非重大通常不会深入调查，与之相反，内部审计强调解决问题，对发现的每一个问题都要追根溯源，低碳审计需要这种涵盖范围更广的追溯。

在内部审计的组织架构上，西门子公司与其他大型跨国公司有所不同。西门子公司采用以全球总部加地区中心的组织架构，取代分散的内部审计部门。现在，西门子公司内部审计部除慕尼黑总部之外，在北美洲、拉丁美洲、欧洲和非洲、东亚及太平洋、南亚和中东还拥有5个地区内部审计中心。西门子公司的低碳内部审计部门不仅提供传统的核心内审业务，例如财务报告审计、风险管理审计、内部控制审计、合规审计、公司治理审计，还致力于提供包括涉及低碳业务的系统更新、投资决策、尽职调查在内的服务，长期愿景是为公司低碳发展提供战略指导。

（3）民间审计。西门子推出"与环保相关业务组合"的概念，将碳流量与财务系统内的价值流量相结合，并将该业务组合的收入和二氧化碳减排量，交由普华永道会计师事务所按照世界可持续发展工商理事会和世界资源研究所发布的《温室气体盘查议定书倡议行动》规定的标准进行审计，由第三方独立机构——会计师事务所监督和鉴证低碳履行情况并出具审计报告，严格遵守碳审计准则，这一业务涉及工程技术学、环保学、统计学、社会学等多维度的协调配合，并包括了可再生能源及环境保护等多个业务领域。第三方独立审计专业胜任能力高，为低碳审计输送专家及技术人员，使低碳审计建立在科学和工程技术上，提高了低碳审计的专业性及准确性。

在西门子案例中，德国复兴信贷银行和德国联邦经济部也做出了努力，它们合作为西门子等低碳企业建立了节能基金，激励企业优化产品效能，为其研发低碳产品提供了经济保障。

四、案例启示

在低碳审计实践中，政府与企业都扮演着至关重要的角色，在双方的博弈中，有效地平衡与制约尤为重要。由德国西门子碳审计成功实践，我们可以看出低碳审计实质上是政府和企业博弈之中的联合审计，政府要推行、激励低碳经济运行，企业为经济利益和持续发展需要低碳认证，政府通过监督低碳经济政策履行情况，促使企业转变为低碳经营审计模式。

1. 明确审计认证，使碳排放指数基数化。在低碳审计的认证过程中，应建立明确的标准体系，并与传统行业中碳排放的平均指数进行比较。低碳审计尚处于初始阶段，可以先确立电力、煤炭、天然气、成品油、照明、建筑、交通等主要高排放且减排空间较大的行业指标，从主要行业入手再逐渐扩展，应用到其他领域。对于企业纷繁复杂的生产链而言，可以逐步将采购环节、生产环节、分销环节、销售环节、消费者的实际使用环节中的碳排放进行基数化，乃至将废弃或者回收机制中的碳排放比率计算在内，针对不同的生产工艺和生产过程进行认证、分析和计算。企业应在政府的协助下建立完备的低碳会计系统，完善低碳活动中的会计记录，给认证机构提供充足的会计资料和佐证，从源头为低碳审计工作带来便捷，协助政府及审计机构，提高低碳审计的工作效率。

2. 授权第三方，强化低碳审计监督。政府与第三方独立审计机构需携手进行监督审查，另外企业也应加强内部审计使企业披露的碳会计信息是可靠的。政府主导、强化内审、扶持民间审计，三者相互合作，以期促使企业所提供碳会计信息的真实性、完整性、全面性，确保给予的低碳补助资金能够切实应用到低碳项目的研发与生产中。在独立机构的配合下，不但要着重审查专项资金的用途及流向，还要判断资金使用是否高效，深入审查企业是否实行了现代化能源管理模式，判定在生产链各环节中低碳模式的落实。而政府对整个监督过程还要严格监控，强化审计监督职能。如有监督失灵的情况相关者也应承担相应的法律责任。

3. 建立联合碳审计知识体系，拓展从业人员知识维度。西门子低碳审计案例中还涉及低碳生产中的相关维度：工程技术学、环保学、统计学、社会学等。为了进行全面、深入地碳审计核查与鉴证，在第三方审计机构选拔审计人员时，要看重其是否具有双重或多重专业，是否具有多种从业经验。政府应积极地促进培养低碳审计所需要的专业复合型人才，提高注册会计师在碳审计方面的理论知识与实践能力。在高校开展建设有关低碳审计的专门学科，建立低碳审计从业认证资格考试，与环保机构一同培养低碳审计所需的人才，以期复合型低碳审计人员可以从技术层面及财经方面计算分析在企业生产链中的相关资源消耗和碳排放量，甚至能从分析中发现碳减排问题并为企业提供相应的解决办法。

4. 建立低碳审计法律体系，将现有准则"绿色"化。在碳审计的认证过程中，应由政府的法律法规确立碳排放认证标准，让认证过程有法可依。在碳审计的授权过程中，应由政府和市场认定第三方的低碳审计资格，明确第三方的权力界限，强化民间审计在低碳行业中的作用。在碳审计的监督过程中，政府应完备处罚条例，对于高排放高消耗的企业，可按照排放量缴税、罚款，严重者承担相应法律责任，用严格的条例威慑高排放企业。同时，对于企业给予的优惠政策、税收激励也需要法律法规加以规范化，使优惠政策真正落到实处。对已有会计法、审计法进行低碳审计内容的填充，对相关审计准则进行"绿色"的更新。

5. 对完善我国低碳审计的若干思考。结合西门子成功经验，在我国现有国情的基础上实现低碳审计的目标；完善中央地方政府、企事业单位、第三方机构的责任履行；监管碳交易的真实性，把控财政补贴资金的流向；制定科学的低碳审计法律法规。

（1）政府审计为主，调动多方参与。中国的"十三五"规划中提出了贯彻创新、协调、绿色、开放、共享的发展理念，根据经济增长与社会发展有机统一的新要求，转变经济增长方式，所以更新审计模式就势在必行，即审计署的宏观规划与引领是低碳审计的根本保证，地方政府审计部门的落实和经常监管是低碳审计的基础。在低碳审计实践中，要充分利用政治优势，深化和引领绿色经济新模式，同时联合会计师事务所、工商税务机关、金融机构，协同企业内部审计，明确分工，各司其职地发挥各个主体的作用。除此之外，中国庞大的人口加剧了能源的消耗，消费者主体的行为也应纳入所考虑的范畴，提高社会舆论监督，加强民众的低碳意识，鼓励低碳产品或可利用可回收产品的消费，从消费环节抵制高消耗高排放企业，巩固低碳审计效果。

（2）监管低碳交易行为及财政补贴的真实性和效益性。德国政府对西门子等低碳企业采用了对购买低碳产品的行为进行税收激励政策和补贴，中国可以借鉴这种激励行为，但前提是需要确保低碳交易的真实性。通过低碳审计认证产品的低碳性质是否存疑，有无达到准则要求。地方政府严格审计企业低碳项目及产品立项的真实性，判断是否归属于低碳范畴，由中央政府根据低碳项目或产品下拨低碳财政补助资金。在资金下拨后，政府连同第三方审计机构通过严格的低碳审计监督激励政策实施和补贴资金使用情况，追踪并评估资金使用效果，以便及时进行信息反馈和调整。

（3）健全低碳审计法律法规，加大违法成本。2014年，我国修订了《中华人民共和国环境保护法》，正式形成了保护生态环境的法律体系。但与《中华人民共和国审计法》《中华人民共和国会计法》等相结合，或是单独针对低碳审计所修订的法律文献尚未完善。有效的低碳审计法律体系，需根据低碳化进程的变化而更新调整法律文献的重点，不断从法律方面平衡减排与发展的关系。同时，也应建立健全约束相关政府机关的条例，明确第三方审计机构的权利及义务，使低碳审计的监督得以有效地运行，让监管部门有法可依。

在低碳审计监督过程中要考核低碳要求的法规是否科学合理，相关的准则制定是否存在问题，以便及时反馈、修缮。对于突破低碳要求的被审计企业，要加大惩罚力度，甚至进行有效的司法介入，使高排放高消耗的企业承担更高的违法违约成本，促进经济低碳化进程。

五、讨论题目

1. 如何构建"三位一体"低碳审计机制？
2. 低碳审计认证标准确立面临哪些问题及如何解决？
3. 低碳审计的性质对从业人员有哪些要求？
4. 系统的低碳审计模式需要考量哪几个影响因素？
5. 德国西门子碳审计成功案对中国低碳审计有何启示？

案例使用说明

一、本案例要解决的关键问题

本案例旨在引导学生将环境科学与审计实务相互交叉渗透，在审计理论及可持续发展理论指导下，分析西门子碳审计实践的案例，帮助学员明确低碳审计系统中各主体的职责，建立"三位一体"的低碳审计机制，引导学生分析低碳审计所面临的实际问题，拓宽分析低碳审计的视野和思路，形成解决问题的方案，以对低碳审计下的制度建设有所启发。并期望通过个案研究的规律性推广和低碳审计思维前瞻性的培养，为我国审计模式的"绿色更新"提供理论支撑和人才储备。

二、案例讨论准备工作

为了有效实现本案例的教学目标，学生应在案例讨论前通过预发材料了解下列相关知识背景。

（一）理论背景

本案例需要学生准备的知识点主要包括：审计组织体系与审计分类、审计标准与审计准则、审计目标与审计责任、审计计划与审计模式、审计报告及风险评估等传统审计知识。还需掌握一定的环境知识，可持续发展概念及生态系统特性等。

（二）行业背景

作为全球电子电气工程领域的领先企业，德国西门子股份公司成立于1847年，出色的技术和卓越的服务为全球的消费者提供着优秀的产品和完美的服务，同时西门子也注重强化低碳的经营理念。2012年，西门子的营业收入中涉及绿色低碳业务的已达到330亿欧元，占公司营业收入的40%。西门子利用低碳技术研发生产的低碳产品帮助消费者减少了3.32亿吨碳排放，约占德国二氧化碳全年排放量的40%。2013年6月，西门子凭借自己在低碳经济方面的作为及成就，在国际可持续发展投资专业机构RobecoSAM基于全球各行各业2 500多家企业的分析和评估后，在颁奖典礼上斩获了三项荣誉：行业领跑者（sector leader）、行业推进者（sector mover）、金奖（gold class）。由此标志着西门子成功地由传统经营模式更新至低碳经营模式，碳审计的建立初步达到了预期的效果，实现了节能减排可持续发展的战略目标，西门子用绿色之光点亮了城市。2015年4月20日，西门子在华推出最高能效等级的电机——低压IE4（国际能效等级4级）能效等级电机，以支持中国制造业的可持续发展。2016年7月27日，西门子和中国华能集团（华能）共同主办了以"创新、绿色、协同"为主题的"2016能源·绿色发展论坛"，致力于践行中国"十三五"规划提出的五大发展理念，分享中外能源转型发展成功经验，探讨行业绿色发展路径。

（三）制度背景

《中华人民共和国审计法》《审计法实施条例》《中国注册会计师审计准则》《中华人民共和国环境保护法》。

三、案例分析要点

（一）需要学生识别的关键问题

本案例需要学生识别的关键问题包括：构建"三位一体"审计机制、低碳审计认证标准的确立、低碳审计模式的构建。

（二）解决问题的可供选择方案及其评价

1. 如何构建"三位一体"低碳审计机制？在低碳审计的过程中，仅仅依靠两大主体——政府与企业，是远远不够的，虽然以政府为主导进行的低碳审计具有强制性、权威性，但低碳产业的变化日新月异，政府推动的低碳审计还需要多方配合才具有灵活性。依靠企业为主体的碳审计可以更好地测量和追踪碳足迹但也存在弊端，当低碳不是企业利益最大化的选择时，企业主导下进行的低碳内部审计就无法得到保障。

在德国政府主导下，西门子强化低碳的内审系统，严格审查研发立项及财务支出，设置减排绩效，检查资金的使用是否符合预算的安排，如披露购入节能电机、节能的楼宇技术控制组件等产品的低碳会计信息，交由普华永道按照世界可持续发展工商理事会和世界资源研究所发布的《温室气体盘查议定书倡议行动》规定的标准进行审计，由第三方独立机构——会计师事务所监督和鉴证低碳履行情况并出具审计报告，严格遵守碳审计准则。由此实现了政府主导、扶持民间审计、强化内审，三者相互合作，构建"三位一体"的审计机制，促使提供的碳会计信息的真实性、完整性、全面性，具体内容见表8-5。

表8-5 低碳审计主体分工

低碳审计主体	参与方式	参与内容
政府审计	主导	政府层面可采用四种方式进行低碳审计：直接参与、协议参与、开设账户及项目参与。
民间审计	协助	设立独立的第三方机构，协助政府与企业进行全面的监管和评估，对碳排放情况进行审计鉴证，并将此内容纳入审计报告。
企业内部审计	积极参与	企业在报告中体现每年减排的目标及实施情况，及时对内部碳排放情况进行检测，将低碳环境绩效纳入内审范围。

（1）政府主导。案例中德国政府针对这一问题为全球树立了典范，在出台给予可再生能源项目资金补贴和贷款优惠时，加强了企业申请预算追加的审批环节，将监督追溯到企业的低碳材料及设备的采购环节，检查资金的使用是否严格符合预算的安排，设置财政补助的减排绩效并时时追踪减排成效是否明显。德国政府通过以上手段赢得了在与企业的博弈中，低碳审计监督这一至关重要的环

节。政府在进行低碳监督审查时，要深入审查企业是否实行了现代化能源管理模式，判定在生产链的各环节中低碳模式的落实情况。将绿色 GDP 作为考核在职领导的指标。加大对重点企业的审查力度，可采用不定期检查及抽查等手段。此外，要通过给予津贴及税收政策等鼓励低碳企业，并确保给予的低碳补助资金能够切实应用到低碳项目的研发与生产中，不但要着重审查专项资金的用途及流向，还要判断资金使用是否高效。

（2）民间审计协助。案例中普华永道按照世界可持续发展工商理事会和世界资源研究所发布的《温室气体盘查议定书倡议行动》规定的标准对西门子进行审计。设立第三方独立机构，加强会计师事务所在低碳审计中的作用，拓展低碳审计专项审计业务，协助政府进行全面的监管和评估，对碳排放情况进行审计鉴证，并将此内容纳入审计报告。加强管理咨询职能，协助企业建立低碳减排控制体系，加速企业"绿色化"转型。

（3）企业内部审计积极参与。企业应加强内部审计职责，使其披露的碳会计信息是可靠的，追踪碳足迹，发现并改造升级高耗能的设备及生产环节，推进产品效能优化、生产方式转型。依照法律法规积极配合政府及第三方审计机构的审计工作。

2. 低碳审计认证标准确立面临的问题及如何解决？在明确的低碳审计标准下进行审计认证是有效进行低碳审计工作的基础，然而在低碳背景下确立审计认证标准存在着诸多问题：一方面，低碳减排涉及鉴证对象的领域十分广泛，包括电力、煤炭、天然气、成品油、照明、建筑、交通等，为低碳审计标准的设立带来难度。另一方面，在企业的生产链中，低碳行为将会涉及采购环节、生产环节、分销环节、销售环节，包括消费者的实际使用环节到最后的废弃或者回收机制，纷繁复杂的环节链使得政府对企业低碳活动的把控能力较弱，审计机构若想设立能够有效判定企业运营过程中某环节某步骤是否存在低碳行为的认证标准较为困难。

世界可持续发展委员会（WBCSD）构建了生态效益指标的量化架构，分为类别、因素、指标三个层次。类别细分为产品或服务的价值、创造产品或服务过程中对环境的影响、产品或服务使用过程中对环境的影响。因素是在特定范畴中所涉及的相关信息类别。每个因素由若干指标来体现。根据量化结构，生态效益指标的基本计算公式如下：生态效益 = 产品与服务的价值/对环境的影响，西门子将碳流量与财务系统内的价值流量相结合，构建了可测评的生态效益指标。

3. 低碳审计的性质对从业人员有哪些要求？西门子公司低碳审计案例中还涉及低碳生产的相关维度：工程技术学、环保学、统计学、社会学等。为了进行全面、深入地碳审计核查与鉴证，在第三方审计机构选拔审计人员时，要看重其是否具有双重或多重专业，是否具有多种从业经验。政府应积极地促进培养低碳审计所需要的专业复合型人才，提高注册会计师在碳审计方面的理论知识与实践能力。在高校开展建设有关低碳审计的专门学科，建立低碳审计从业认证资格考试，与环保机构一同培养低碳审计所需的人才，以期复合型低碳审计人员可以从技术层面及财经方面计算分析在企业生产链中的相关资源消耗和碳排放量，甚至能从分析中发现碳减排问题并为企业提供相应的解决办法。

4. 如何构建系统的低碳审计模式？在西门子低碳审计实践中，政府与企业都扮演着至关重要的角色，德国政府鼓励西门子等企业实行现代化能源管理模式，并将企业可以享受的税收政策与企业管理模式相关联。在政府的推动下，西门子在运营过程中积极推行循环经济和生态园规划进程，通过碳审计的手段审查研发立项及财务支出，严格把关，实现最大力度的效能优化。普华永道会计师事务所也大力协助德国政府对西门子的审计。在双方的博弈中，审计模式有效的平衡与制约尤为重要。低碳审计模式中明确的审计认证标准是低碳审计模式的基础，合理的审计授权为"三位一体"模式下审计主体的职责提供了保障，也强化了审计监督环节。高效的低碳审计监督系统又促进着认证过程的完善与强化，法律体系的建立为各环节的有序进行提供法律依据和法律保障，建立健全系统的低碳审计模式参见图 8-9。

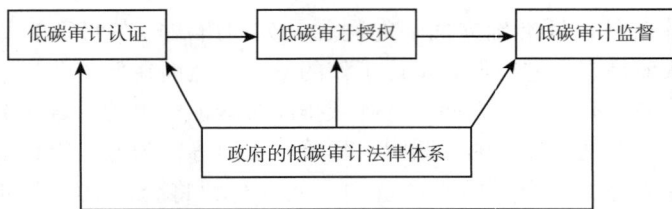

图 8-9　全系统的低碳审计模式

5. 对我国低碳审计有何启示？我国应在现有国情的基础上根据西门子案例的经验实现低碳审计的目标；完善中央地方政府、企事业单位、第三方机构的责任履行；监管碳交易的真实性，把控财政补贴资金的流向；制定科学的低碳审计法律法规。

（1）政府审计为主，调动多方参与。我国的"十三五"规划中提出了贯彻创新、协调、绿色、开放、共享的发展理念，根据经济增长与社会发展有机统一的新要求，转变经济增长方式，所以更新审计模式势在必行，即审计署的宏观规划与引领是低碳审计的根本保证，地方政府审计部门的落实和经常监管是低碳审计的基础。在低碳审计实践中，要充分利用政治优势，深化和引领绿色经济新模式，同时联合会计师事务所、工商税务机关、金融机构，协同企业内部审计，明确分工，各司其职的发挥各个主体的作用。除此之外，中国庞大的人口加剧了能源的消耗，消费者主体的行为也应纳入所考虑的范畴，提高社会舆论监督，加强民众的低碳意识，鼓励低碳产品或可利用可回收产品的消费，从消费环节抵制高消耗高排放企业，巩固低碳审计效果。

（2）监管低碳交易行为及财政补贴的真实性和效益性。德国政府采用了对购买低碳产品的行为进行税收激励政策和补贴，中国可以借鉴这种激励行为，前提是需要确保低碳交易的真实性。通过低碳审计认证产品的低碳性质是否存疑，有无达到准则要求。地方政府严格审计企业低碳项目及产品立项的真实性，判断是否归属于低碳范畴，由中央政府根据低碳项目或产品下拨低碳财政补助资金。在资金下拨后，政府连同第三方审计机构通过严格的低碳审计监督激励政策实施和补贴资金使用情况，追踪并评估资金使用效果，以便及时进行信息反馈和调整。

（3）健全低碳审计法律法规，加大违法成本。2014 年，我国修订了《中华人民共和国环境保护法》，正式形成了保护生态环境的法律体系。但与《中华人民共和国审计法》《中华人民共和国会计法》等相结合，或是单独针对低碳审计所修订的法律文献尚未完善。有效的低碳审计法律体系，需根据低碳化进程的变化而更新调整法律文献的重点，不断从法律方面平衡减排与发展的关系。同时，也应建立健全约束相关政府机关的条例，明确第三方审计机构的权利及义务，使低碳审计的监督得以有效地运行，让监管部门有法可依。

在低碳审计监督过程中要考核低碳要求的法规是否科学合理，相关的准则制定是否存在问题，以便及时反馈、修缮。对于突破低碳要求的被审计企业，要加大惩罚力度，甚至进行有效的司法介入，使高排放高消耗的企业承担更高的违法违约成本，促进经济低碳化进程。

四、教学组织方式

（一）问题清单及提问顺序

1. 如何构建"三位一体"低碳审计机制？
2. 低碳审计认证标准确立面临的问题及如何解决。
3. 低碳审计的性质对从业人员有哪些要求？
4. 如何构建系统的低碳审计模式？
5. 对中国低碳审计有何启示？

（二）课时分配

1. 课后自行阅读资料：约 3 小时；
2. 小组讨论并提交分析报告提纲：约 3 小时；
3. 课堂小组代表发言、进一步讨论：约 3 小时；
4. 课堂讨论总结：约 0.5 小时。

（三）讨论方式

本案例可采用小组形式进行讨论。

（四）课堂讨论总结

归纳发言者的主要观点，重申其重点及亮点，提醒大家对焦点问题或有争议观点进行进一步思考，建议大家对案例素材进行扩充研究及深入地分析。

第二部分

审计模拟实验

模拟实验一 审计业务约定书的签订

（一）模拟实验目的

学生通过本实验熟悉并掌握审计业务约定书的主要内容，学会按照注册会计师审计准则的要求，会计师事务所在接受委托从事任何审计与会计服务业务，都必须与委托单位签订业务约定书，并具体掌握审计业务约定书的签订。

（二）实验资料——1136 租户公司审计案

1. 1136 租户公司审计案的始末。位于曼哈顿第五大街 1136 号的 1136 租户公司是纽约极其具有影响力的商人艾·瑞克的公司之一。瑞克业务的主要收入来源于房地产业，近 40 年来，他一直担任最大一家房地产公司的总裁，事实上瑞克最引以为荣的一幢建筑，就是位于长岛的威斯特汉普顿俱乐部，他在俱乐部中是一名主要股东。20 世纪 60 年代早期，瑞克出于对威斯特汉普顿公司的迷恋，开始从他所参与经营的一些公司中非法地抽调现金，投入到威斯特汉普顿公司中去。据报道，这些现金大部分用于完善长岛俱乐部的资本项目。1965 年 3 月，纽约州最高法院勒令瑞克公司停止营业，指控该公司非法擅自挪用了客户资金。三个月后，瑞克被纽约第十三法庭起诉，罪名是从其公司合作经营项目基金中，挪用了客户的 100 万美元。1965 年 11 月，瑞克认罪，承认从 1136 租户公司窃取了近 13 万美元。因为从瑞克处无法收回被挪用的资金，租户们便对为 1136 租户公司编制年度财务报表和纳税申报表的麦克森·罗森堡会计师事务所提起诉讼，对该会计师事务所的主要指控是，认为该事务所本应发现并报告瑞克贪污基金的行为。

2. 对 1136 租户公司案的审计与查处。整个案件的关键在于，租户公司与罗森堡会计师事务所之间的契约，该契约并未付之于笔端，而仅仅只是会计师事务所的一位合伙人与瑞克之间的口头协议。原告认为会计师事务所为瑞克所聘用，并为 1136 租户公司担任审计业务以及编制年度纳税申报表。会计师事务所对此表示异议，认为除了为 1136 租户公司编制纳税申报表外，按照与瑞克的口头协定，事务所仅为 1136 租户公司提供所谓的代理记账服务。根据法院调查，发现该口头协议的内容，的确是关于执行会计工作而不是审计工作。

对罗森堡会计师事务所和租户而言不幸的是瑞克提供给他们的原始资料完全是错误的，会计师事务所坦率地承认，如果对基金进行审计，此类违规的事项就会被发现。尽管按照协议，罗森堡会计师事务所提供的仅是记账服务，但法庭仍认为会计师事务所应有职业上的义务，对执业过程中引起他们关注的一些特别事项，应与租户进行沟通。更不幸的是在发现一份名为"丢失发票"的工作底稿中清楚地标明：有 4.4 万美元费用的原始单据已经丢失；对会计师事务所的另一项打击源于事务所合伙人的陈述，这位合伙人承认了在与 1136 租户交往中，事务所提供的不仅仅是记账服务，他的下属人员的确查阅了银行对账单和其他一些相关资料，以求对租户基金项目所报告的金额予以核实，且事务所提供的收入报表中把一项 1136 租户公司的费用列作"审计费用"。

法院认为事务所未能提供一份有说服力的证明书，以否认他们没有执行审计工作，而仅仅是编制未经全面审计的会计报表。对 1136 租户案件所作的最终判决是事务所赔偿原告 1136 租户 23 万美元。赔偿数目之大，引起审计界的震惊，因为在这笔业务上罗森堡会计师事务所仅获得 600 美元的报酬。

3. 审计分析与思考。

（1）影响。罗森堡会计师事务所收取 600 美元的代理记账费，但却付出了 23 万美元的赔偿代价。1136 租户公司审计案实质上从侧面提醒注册会计师在任何时候都不要忘记自己是一个具有审计职能的注册会计师，必须按照审计高标准来执行所有的业务。

（2）意义。按照法律上的术语来说，1136 租户公司的纠纷标的并不很大但是该案例在美国审计史上却有里程碑式的作用，给注册会计师行业留下深刻的教训：注册会计师任何时候都要以书面委托合同作为依据，而不能仅仅凭口头约定。

（3）思考。作为具有审计身份的注册会计师，不论在执行什么业务，一定要有高度的职业敏感力，对一些可能影响审计声誉的事件，都要从职业角度出发予以关注；无论对财务报表签发什么样的报告，措辞一定要简单明了，尽量使用审计准则规定的术语，表明注册会计师提供服务的性质及服务的深度，不给客户提供任何误解的可能。

（4）问题探讨。当注册会计师执行非审计业务时，应按什么标准执业？在执行代理记账业务时是否有义务按审计标准进行，发现问题是否应按审计程序处理？

（三）实验要求

罗森堡会计师事务所接受 1136 租户公司代理记账业务的审计案例，只有口头协议，没有书面合同的事实及相关要求和收费标准。

请以中国长税会计师事务所身份按现行中国注册会计师审计准则要求草拟一份审计业务约定书，接受 1136 租户公司委托进行年报审计业务。

模拟实验二 审计重要性水平的确定

（一）模拟实验目的

学生通过本实验熟悉并掌握财务报表层次及报表各项目重要性水平的确定，为审计计划的完成奠定良好的基础。

（二）实验资料

上市公司吉财股份公司是长税会计师事务所的常年审计客户，A、B 注册会计师负责审计吉财股份公司 2018 年度财务报表。审计工作底稿中与确定重要性和评估错报相关的部分内容摘录如下表所示。

相关财务数据与重要性水平要求　　　　　　单位：万元

项目	2018 年	2017 年	备注
营业收入	16 000（未审数）	15 000（已审数）	2018 年，竞争对手推出新产品抢占市场，吉财公司通过降价和增加广告投放促销。
税前利润	50（未审数）	2 000（已审数）	2018 年，降价及销售费用增长导致盈利大幅下降。
财务报表整体的重要性	80	100	
实际执行的重要性	60	75	
明显微小错报的临界值	0	5	

1. 2017 年度财务报表整体的重要性以税前利润的 5% 计算。2018 年，由于吉财公司处于盈亏临界点，A 注册会计师以过去三年税前利润的平均值作为基准确定财务报表整体的重要性。

2. 由于 2017 年度审计中提出的多项审计调整建议金额均不重大，A、B 注册会计师确定 2018 年度实际执行的重要性为财务报表整体重要性的 75%，与 2017 年度保持一致。

3. 2018 年，治理层提出希望知悉审计过程中发现的所有错报，因此，A、B 注册会计师确定 2018 年度明显微小错报的临界值为 0。

4. 吉财股份公司 2018 年末非流动负债余额中包括一年内到期的长期借款 2 500 万元，占非流动负债总额的 50%。A、B 注册会计师认为，该错报对利润表没有影响，不属于重大错报，同意管理层不予调整。

5. A、B注册会计师仅发现一笔影响利润表的错报，即管理费用少计60万元。注册会计师认为，该错报金额小于财务报表整体的重要性，不属于重大错报，同意管理层不予调整。

（三）实验要求

针对上述第1～5项，假定不考虑其他条件，逐项指出A、B注册会计师的做法是否恰当。如不恰当，简要说明理由。

模拟实验三　风　险　评　估

（一）模拟实验目的

学生通过本实验熟悉风险评估在整个审计中的作用，掌握风险评估的一般内容和程序，体会如何结合被审计单位具体情况进行风险评估。

（二）实验资料

吉财股份公司为食品制造行业的上市公司，长税会计师事务所接受其审计委托并指派 A 和 B 注册会计师负责对吉财公司 2018 年度财务报表实施连续审计，A 和 B 注册会计师对吉财公司 2017 年度财务报表出具了无保留意见审计报告，有关资料如下。

资料一，A 和 B 注册会计师在审计工作底稿中记载了与吉财公司及其环境相关的具体情况。部分内容摘录如下。

1. 因农副产品价格大幅上涨，导致食品制造业行业 2018 年的成本平均上升了 20%，相应地，全行业销售价格平均提高 20%。

2. 受涨价 20% 的影响，食品行业 2018 年度销售量平均比上年下降了 17%。

3. 受国家紧缩银根导致的流动资金短缺的影响，吉财公司加强了货款回收工作，使应收账款的周转天数比上年的 20 天明显缩短。

4. 根据将于 2019 年开始实施的新的食品卫生法规，国家禁止食品加工行业继续使用 15 种食品添加剂。2018 年年末，吉财公司储存的这 15 种食品添加剂的账面价值为 120 万元，按规定，最迟应于 2019 年 3 月底销毁。

5. 由于吉财公司在 2017 年储备了大量的用于生产 A 产品的原材料，吉财公司在 A 产品销售价格上升 20% 的情况下其单位成本仅上升了 13.5%。

6. 由于产品滞销，导致吉财公司专用生产设备闲置，吉财公司管理层取消了原定的增加专用生产设备的计划，2018 年度没有增加新的专用生产设备。

7. 因竞争对手推出了 C 产品的改良产品，吉财公司决定 2019 年 1 月 1 日起对库存的 C 产品采取"买一赠一"的营销策略。

资料二，吉财公司 2018 年度未审财务数据及 2017 年对应数据摘录如下。

（1）应收账款年末余额　　　　　　　　　　　　单位：万元

年份	2018 年未审数				2017 年已审数			
产品	A 产品	B 产品	C 产品	小计	A 产品	B 产品	C 产品	小计
年末余额	339	143	126	608	337	132	123	592

（2）期末库存产成品　　　　　　　　　　　　单位：万元

年份	2018 年未审数				2017 年已审数			
存货	A 产品	B 产品	C 产品	原材料	A 产品	B 产品	C 产品	原材料
账面余额	230	150	400	180	330	250	200	170
减：存货跌价准备	1	3	0	10	0	0	0	0
账面价值	229	147	400	170	330	250	200	170

（3）专用设备及累计折旧增减情况　　　　　　　　　　　　单位：万元

	年初余额	本年增加额	本年减少额	年末余额
专用设备	10 008	0	18	9 990
累积折旧	3 080	40	20	3 100

（4）营业收入与营业成本　　　　　　　　　　　　单位：万元

年份	2018 年未审数				2017 年已审数			
产品	A 产品	B 产品	C 产品	合计	A 产品	B 产品	C 产品	合计
营业收入	3 971	3 511	3 045	10 527	3 968	3 100	2 957	10 025
营业成本	2 970	2 625	2 405	8 000	3 358	2 325	2 360	8 043

（三）实验要求

针对资料一中的第 1~7 事项，结合资料二，假定不考虑其他条件，逐项指出资料一所列事项是否可能表明存在重大错报风险，简要说明理由。

模拟实验四　控制测试

（一）模拟实验目的

通过本实验使学生熟悉控制测试，掌握进行控制测试时的性质、时间和范围和常用的测试程序。

（二）实验资料

资料一，长税会计师事务所接受委托审计吉财股份公司 2018 年度会计报表，吉财公司产品销售以其仓库为交货地点。注册会计师在进行了购货与付款循环、生产循环、销售与收款循环的内部控制测试后，审计工作底稿部分内容摘录如下。

1. 对需要购买的且已经列入存货清单的由仓库负责填写请购单，对未列入存货清单的由相关需求部门填写请购单。每张请购单须由对该类采购支出预算负责的主管人员签字批准。

2. 采购部收到经批准的请购单后，由其职员 E 进行询价并确定供应商，再由其职员 F 负责编制和发出预先连续编号的订购单。订购单一式四联，经被授权的采购人员签字后，分别送交供应商、负责验收的部门、提交请购单的部门和负责采购业务结算的应付凭单部门。

3. 验收部门根据订购单上的要求对所采购的材料进行验收，完成验收后，将原材料交由仓库人员存入库房，并编制预先连续编号的验收单交仓库人员签字确认。验收单一式三联，其中两联分送应付凭单部门和仓库，一联留存验收部门。

4. 应付凭单部门核对供应商发票、验收单和订购单，并编制预先联的付款凭单。在付款凭单经被授权人员批准后，应付凭单部门将付款凭单连同供应商发票及时送交会计部门，并将未付款凭单副联保存在未付款凭单档案中。会计部门收到供应商发票的付款凭单后应及时编制有关的记账凭证，并登记原材料和应付账款账簿。

5. 应付凭单部门负责确定尚未付款凭单是否在到期日付款，并将留存的未付款凭单及其附件根据授权审批权限送交审批人审批。审批人审批后，将未付款凭单连同附件交复核人复核，然后交财务出纳人员 J。出纳人员 J 据此办理支付手续，登记现金和银行存款日记账，并在每月末编制银行存款余额调节表，交会计主管审核。

资料二，吉财股份公司 2018 年度销售费用为 800 万元。注册会计师认为重大错报风险较低，拟仅实施控制测试。

注册会计师在审计工作底稿中记录了实施的控制测试，内容摘录如下。

序号	控　　制	控制测试
（1）	财务总监负责审批金额超过 50 万元的付款申请单，并在系统中进行电子签署。	注册会计师从系统中导出财务总监已经审批的付款申请单，抽取样本进行检查。
（2）	超过赊销额度的赊销由销售总监和财务经理审批。自 2018 年 11 月 1 日起，改为由销售总监和财务总监审批。	注册会计师测试了 2018 年 1 月至 10 月的该项控制，并于 2019 年 1 月询问了销售总监和财务总监控制在剩余期间的运行情况，未发现偏差。注册会计师认为控制在 2018 年度运行有效。
（3）	财务人员将原材料订购单、供应商发票和入库单核对一致后，编制记账凭证（附上述单据）并签字确认。	注册会计师抽取了若干记账凭证及附件，检查是否经财务人员签字。

（三）实验要求

1. 针对资料一，假定不考虑其他条件，请逐项判断吉财股份公司上述内部控制程序在设计上是否存在缺陷。如果存在缺陷，请分别予以指出，并说明理由，提出改进建议。

2. 针对资料二，假定不考虑其他条件，逐项判断注册会计师所列控制测试是否恰当。如不恰当，提出改进建议。

事项序号	控制测试是否恰当（是/否）	改进建议
（1）		
（2）		
（3）		

模拟实验五　主营业务收入的分析性复核

（一）实验目的

学生通过实验掌握主营业务收入分析性复核程序，通过一些重要比率的计算来发现主营业务收入的异常变动。

（二）实验资料

2018 年 2 月 11 日，注册会计师 A、B 审查了吉财股份二公司主营业务收入明细账及总账的资料，其具体内容如下表所示。

总　账

会计科目：主营业务收入

2017年 月	日	凭证 字	号	对方科目	摘要	借方	贷方	借或贷	余额	核对
1	31				本月合计		19003320 00	贷	19003320 00	
					累计			贷		
2	29				本月合计		18093012 00	贷		
					累计			贷		
3	31				本月合计		17366229 00	贷		
					累计			贷		
4	30				本月合计		15945396 00	贷		
					累计			贷		
5	31				本月合计		20394591 00	贷		
					累计			贷		
6	30				本月合计		17908274 00	贷		
					累计			贷		
7	31				本月合计		10893476 00	贷		
					累计			贷		
8	31				本月合计		25530172 00	贷		
					累计			贷		
9	30				本月合计		15989630 00	贷		
					累计			贷		
10	31				本月合计		17240879 00	贷		
					累计			贷		
11	30				本月合计		21680193 00	贷		
					累计			贷		
12	31				本月合计	20950433636	9459164 36	贷		
					本年累计	20950433636	20950433636	贷		

主营业务收入明细账

账户名称：主营业务收入——牛皮纸

2017年 月	日	凭证 字	凭证 号	对方科目	摘要	借方	贷方	借或贷	余额	核对
1	31				本月合计		19 003 320.00	贷	19 003 320.00	
					累计			贷		
2	29				本月合计		18 093 012.00	贷		
					累计			贷		
3	31				本月合计		17 366 229.00	贷		
					累计			贷		
4	30				本月合计		15 945 396.00	贷		
					累计			贷		
5	31				本月合计		20 394 591.00	贷		
					累计			贷		
6	30				本月合计		17 908 274.00	贷		
					累计			贷		
7	31				本月合计		10 893 476.00	贷		
					累计			贷		
8	31				本月合计		25 530 172.00	贷		
					累计			贷		
9	30				本月合计		15 989 630.00	贷		
					累计			贷		
10	31				本月合计		17 240 879.00	贷		
					累计			贷		
11	30				本月合计		21 680 193.00	贷		
					累计			贷		
12	31				本月合计	209 504 336.36	9 459 164.36	贷		
					本年累计	209 504 336.36	209 504 336.36	贷		

注：为使资料简明易读，将1~12月的资料合并在一处。

账户名称：主营业务收入——仿卡纸

2017年 月	日	凭证号	摘要	借方	贷方	借或贷	余额	记账
1	31		本月合计		7 894 562.00	贷		
			累计			贷		
2	29		本月合计		8 547 365.00	贷		
			累计			贷		
3	31		本月合计		6 524 352.00	贷		
			累计			贷		
4	30		本月合计		6 542 365.00	贷		
			累计			贷		
5	31		本月合计		8 546 231.00	贷		
			累计			贷		

续表

2017 年		凭证号	摘要	借方	贷方	借或贷	余额	记账
月	日							
6	30		本月合计		5 645 645.00	贷		
			累计			贷		
7	31		本月合计		6 536 589.00	贷		
			累计			贷		
8	24	8 转 164			801 000.00			
8	31		本月合计		7 854 215.00	贷		
			累计			贷		
9	30		本月合计		4 568 975.00	贷		
			累计			贷		
10	31		本月合计		9 856 456.00	贷		
			累计			贷		
11	30		本月合计		8 564 566.00	贷		
			累计			贷		
12	31		本月合计		8 480 793.98	贷		
			本年累计		89 562 114.98	贷		

注：为使资料简明易读，将 1 ~ 12 月的资料合并在一处。

账户名称：主营业务收入——铜版纸

2017 年		凭证号	摘要	借方	贷方	借或贷	余额	记账
月	日							
1	31		本月合计		156 422.00	贷		
			累计			贷		
2	29		本月合计		589 524.00	贷		
			累计			贷		
3	31		本月合计		985 646.00	贷		
			累计			贷		
4	30		本月合计		1 566 489.00	贷		
			累计			贷		
5	31		本月合计		1 789 564.00	贷		
			累计			贷		
6	30		本月合计		1 905 642.00	贷		
			累计			贷		
7	31		本月合计		2 000 389.00	贷		
			累计			贷		
8	31		本月合计		1 986 546.00	贷		
			累计			贷		
9	30		本月合计		1 564 232.00	贷		
			累计			贷		

续表

2017年		凭证号	摘要	借方	贷方	借或贷	余额	记账
月	日							
10	31		本月合计		785 646.00	贷		
			累计			贷		
11	30		本月合计		546 654.00	贷		
			累计			贷		
12	28	12转126			1 568 000			
12	28	12转150			2 795 320			
12	31		本月合计		398 482.02	贷		
			本年累计		14 275 236.02	贷		

注：为使资料简明易读，将1~12月的资料合并在一处。

（三）实验要求

1. 根据以上资料代注册会计师编制主营业务收入月分析表。

2. 根据主营业务收入各月资料进行分析性复核，分析是否有异常变动并将结论填入分析性复核的工作底稿中。

长税会计师事务所主营业务收入月分析表

客户：				签名	日期	
项目：			编制人		2018.2.11	索引号
会计期间：			复核人		2018.2.12	页次
月份	主营业务收入明细科目					
	合计	牛皮纸		仿卡纸		铜版纸
1						
2						
3						
4						
5						
6						
7						
8						
9						
10						
11						
12						
合计						

提示：本表是主营业务收入审定表的附表，用于对各月各种主营业务收入波动的分析。

长税会计师事务所主营业务收入分析性复核工作底稿

客户：			签名	日期	
项目：		编制人		2018. 2. 11	索引号
会计期间：		复核人		2018. 2. 12	页次

计算的比率：

分析性复核结论

模拟实验六 主营业务收入的实质性测试

（一）实验目的

学生通过实验掌握主营业务收入真实性的测试程序，掌握通过检查发票等原始凭证、主营业务收入明细账等来查明主营业务收入是否真实的方法。

（二）实验资料

2018 年 2 月 11 日，注册会计师 A、B 为了测试主营业务收入真实性和账务处理正确性，抽取了部分发票，追查至销货合同、主营业务收入明细账、检查其记录、过账、加总是否正确一致。其抽查的三张大额发票内容如下。

吉林省增值税专用发票

开票日期：2017 年 8 月 24 日　　　No. 0035625

购货单位	名称		福建纸业有限公司			纳税人登记号				1650001450025410									
	地址、电话		福建市天月大街×号			开户银行及账号				246275552036874520									
货物或应税劳务名称		计量单位	数量	单价	金额									税率%	金额					
					百	十	万	千	百	十	元	角	分		百	十	万	千	百	十	元	角	分
仿卡纸		批	1	801 000		8	0	1	0	0	0	0	0	17		1	3	6	1	7	0	0	0
合计		—	—	801 000		8	0	1	0	0	0	0				1	3	6	1	7	0	0	0
价税合计（大写）：			玖拾叁万柒仟零壹佰柒拾元整																				
销货单位	名称		吉林省吉财股份二公司			纳税人登记号				0014852522445225									
	地址、电话		长春市净月区			开户银行及账号				4544563774513364									

收款人：李想　　　　　　　　开票单位：（未盖章无效）　　　　　　结算方式：转账

第　联　销货方记账

吉林省增值税专用发票

开票日期：2017 年 12 月 28 日　　No. 0035625

购货单位	名称	东莞市保温材料厂			纳税人登记号								2340001450025410								
	地址、电话	东莞市人民大街345号			开户银行及账号								567275552036874520								

货物或应税劳务名称	计量单位	数量	单价	金额 百	十	万	千	百	十	元	角	分	税率%	金额 百	十	万	千	百	十	元	角	分
铜版纸	批	1	1 568 000	1	5	6	8	0	0	0	0	0	17		2	6	6	5	6	0	0	0
合计	—	—	1 568 000	1	5	6	8	0	0	0	0				2	6	6	5	6	0	0	0

价税合计（大写）：壹佰捌拾叁万肆仟伍佰陆拾元整

销货单位	名称	吉林省吉财股份二公司	纳税人登记号	0014852522445225
	地址、电话	长春市净月区	开户银行及账号	4544563774513364

收款人：李想　　　　开票单位：（未盖章无效）　　　　结算方式：转账

第　联　销货方记账

吉林省增值税专用发票

开票日期：2017 年 12 月 28 日　　No. 0035625

购货单位	名称	西湖低压电气厂			纳税人登记号								4540001450025410								
	地址、电话	杭州市民主大街786号			开户银行及账号								987275552036874520								

货物或应税劳务名称	计量单位	数量	单价	金额 百	十	万	千	百	十	元	角	分	税率%	金额 百	十	万	千	百	十	元	角	分
铜版纸	批	1	2 795 320	2	7	9	5	3	2	0	0	0	17		4	7	5	2	0	4	4	0
合计	—	—	2 795 320	2	7	9	5	3	2	0	0	0			4	7	5	2	0	4	4	0

价税合计（大写）：叁佰贰拾柒万零伍佰贰拾肆元肆角

销货单位	名称	吉财股份二公司	纳税人登记号	0014852522445225
	地址、电话	长春市净月区	开户银行及账号	4544563774513364

收款人：李想　　　　开票单位：（未盖章无效）　　　　结算方式：转账

第　联　销货方记账

与三张发票有关的三笔记账凭证如下表所示。

转账凭证

2017 年 8 月 24 日　　　转字 8 转 164 号

摘要	会计科目		借方金额										贷方金额										记账
	总账科目	明细科目	千	百	十	万	千	百	十	元	角	分	千	百	十	万	千	百	十	元	角	分	
销售仿卡纸	应收账款	福建纸业		9	3	7	1	7	0	0	0	0											
	主营业务收入	仿卡纸												8	0	1	0	0	0	0	0	0	
	应交税金	应交增值税												1	3	6	1	7	0	0	0	0	
合计				9	3	7	1	7	0	0	0	0		9	3	7	1	7	0	0	0	0	

会计主管：李天　　　　　　记账：王五　　　　　　稽核：张末

附件 2 张

转账凭证

2017 年 12 月 28 日　　　转字 12 转 126 号

摘要	会计科目		借方金额										贷方金额										记账
	总账科目	明细科目	千	百	十	万	千	百	十	元	角	分	千	百	十	万	千	百	十	元	角	分	
销售铜版纸	应收账款	东莞保温		1	8	3	4	5	6	0	0	0											
	主营业务收入	铜版纸												1	5	6	8	0	0	0	0	0	
	应交税金	应交增值税													2	6	6	5	6	0	0	0	
合计				1	8	3	4	5	6	0	0	0		1	8	3	4	5	6	0	0	0	

会计主管：李天　　　　　　记账：王五　　　　　　稽核：张末

附件 2 张

转账凭证

2017 年 12 月 28 日　　　转字 12 转 150 号

摘要	会计科目		借方金额										贷方金额										记账
	总账科目	明细科目	千	百	十	万	千	百	十	元	角	分	千	百	十	万	千	百	十	元	角	分	
销售铜版纸	应收账款	西湖低压		3	3	7	0	5	2	4	4	0											
	主营业务收入	仿卡纸												2	7	9	5	3	2	0	0	0	
	应交税金	应交增值税													4	7	5	2	0	4	4	0	
合计				3	3	7	0	5	2	4	4	0		3	3	7	0	5	2	4	4	0	

会计主管：李天　　　　　　记账：王五　　　　　　稽核：张末

附件 2 张

　　上述 3 笔应收账款均于 2017 年 12 月末收到，且在销售时均有销售合同并已发货。

（三）实验要求

　　请编制主营业务收入检查表，请判断这些审计程序是否能证明主营业务收入的真实性，请将结论填入表中。

长税会计师事务所主营业务收入检查表

客户：							签名	日期		
项目：						编制人		2018. 2. 11	索引号	
会计期间：						复核人		2018. 2. 12	页次	
记账凭证		购货单位	品名及规格	单位	数量	单价	金额	发票号码	收款情况	审计意见
时间	编号									

审计说明及结论：

模拟实验七 应收账款的函证及分析

（一）实验目的

学生通过该实验掌握应收账款真实性的测试程序，学会检查发票等原始凭证，能检查应收账款明细账等账簿，重点掌握应收账款的函证程序。

（二）实验资料

2019年1月12日，长税会计师事务所注册会计师A、B为了测试吉财股份二公司应收账款真实性和账务处理正确性，抽取了部分发票，追查至应收账款账龄分析表、应收账款明细账，检查其记录、过账、加总是否正确一致，并进行应收账款函证。

资料一，吉财股份二公司曾与六家公司发生赊销业务往来，其应收账款余额明细表如下。

应收账款余额明细表

单位：元

债务人名称	摘要	业务发生时间	期初数	期末数	备注		
					1年以下	1~2年	2~3年
大华工厂	销货款	2018.5	126 907 770.54	458 812.00	458 812.00		
成新公司	销货款	2018.4		22 543.65	22 543.65		
力发公司	销货款	2018.12	350 796.24	21 215 678.32	21 215 678.32		
万方公司	销货款	2018.1		325 858.32	325 858.32		
百业公司	销货款	2017.2	545 966.00	545 966.00		545 966.00	
美园公司	销货款	2018.6		129 102 034.90	129 102 034.90		
合计			127 804 532.78	151 670 893.19	151 124 927.19	545 966.00	

两位注册会计师根据应收账款审计程序表的具体计划安排，对所有债务人实施函证程序，回函情况如下：大华公司、成新公司、力发公司、万方公司、美园公司都已回函确认其债务，且金额相符。百业公司没有回函。注册会计师继续审查其记账凭证，其记账凭证如下。

转账凭证

2018 年 12 月 22 日 转字 32 号

摘要	会计科目		借方金额									贷方金额									记账
	总账科目	明细科目	千	百	十	万	千	百	十	元	角	分	千	百	十	万	千	百	十	元	角	分	
销售甲产品	应收账款	百业公司			5	4	5	9	6	6	0	0											
	主营业务收入	甲产品													4	6	6	6	3	7	6	0	附件
	应交税金	应交增值税														7	9	3	2	8	4	0	2 张
合计					5	4	5	9	6	6	0	0			5	4	5	9	6	6	0	0	

会计主管：王天 记账：李一 稽核：张田

与此有关的发票内容如下。

吉林省增值税专用发票

开票日期：2018 年 12 月 22 日 No. 0035625

购货单位	名称	东莞市百业公司		纳税人登记号		2340001450025487									
	地址、电话	东莞市人民大街 655 号		开户银行及账号		567275552036874598									
货物或应税劳务名称	计量单位	数量	单价	金额									税率%	金额								
				百	十	万	千	百	十	元	角	分		百	十	万	千	百	十	元	角	分
甲产品	件	10	46 663.76		4	6	6	6	3	7	6	0	17			7	9	3	2	8	4	0
合计	—		46 663.76		4	6	6	6	3	7	6	0				7	9	3	2	8	4	0
价税合计（大写）：		伍拾肆万伍仟玖佰陆拾元陆整																				
销货单位	名称	长春市吉财实业公司		纳税人登记号		0014852522445289																
	地址、电话	长春市净月区 65 号		开户银行及账号		4544563774513346																

收款人：张驰 开票单位：（未盖章无效） 结算方式：转账 第 2 联 销货方记账

该款项已于审计日前收到。

资料二，长税会计师事务所还负责审计吉财二公司 2018 年度财务报表。审计工作底稿中与函证相关的部分内容摘录如下。

1. 吉财股份二公司在乙银行开立了一个用以缴纳税款的专门账户，除此以外，与乙银行没有其他业务关系。审计项目组认为，该账户的重大错报风险很低且余额不重大，未对该账户实施函证程序。

2. 审计项目组评估认为应收账款的重大错报风险较低，对吉财股份公司2018年11月30日的应收账款余额实施了函证程序，未发现差异。2018年12月31日的应收账款余额较11月30日无重大变动。审计项目组据此认为已对年末应收账款余额的存在认定获取了充分、适当的审计证据。

3. 审计项目组负责填写询证函信息，吉财股份二公司业务员负责填写询证函信封。审计项目组取得加盖公章的询证函及业务员填写的信封后，直接到邮局将询证函寄出。

4. 客户丙公司的回函并非询证函原件。吉财股份二公司财务人员解释，在催收回函时，由于丙公司财务人员表示未收到询证函，因此将其留存的询证函复印件寄送给了丙公司，并要求丙公司财务人员将回函直接寄回至长税会计师事务所。审计项目组认为该解释合理，无须实施进一步审计程序。

5. 审计项目组收到的一份银行的询证函回函中标注"本行不保证回函的准确性，接收人不能依赖回函中的信息"，审计项目组致电该银行，银行工作人员表示这是标准条款。审计项目组据此认为该回函可靠，并在工作底稿中记录了与银行的电话沟通内容。

6. 吉财股份二公司管理层拒绝审计项目组向客户丁公司寄发询证函。

（三）实验要求

1. 针对资料一，完成下列任务：

（1）写一份肯定式的询证函来函证百业公司的应收账款。

（2）代注册会计师填写应收账款函询情况表。

（3）代注册会计师填写应收账款函询未回替代程序检查表。

2. 针对资料二，回答下列问题：

（1）对于第1~5事项，逐项指出审计项目组的做法是否恰当，简要说明理由。

（2）对于第6事项，指出审计项目组应当采取的应对措施。

长税会计师事务所应收账款函询情况表

发函询证纪要				是否收到回函	收到回函				未收到回函（c7－4）		审计意见
					可以确认金额		未确认金额				
序号	选取样本目的	单位名称	期末余额		回函直接确认	调节后可以确认	争议未决金额	其他	通过替代审计可确认金额	未核实金额	
1		大华工厂	458 812.00								确认
2		成新公司	22 543.65								确认
3		力发公司	21 215 678.32								确认
4		万方公司	325 858.32								确认
5		美园公司	129 102 034.90								确认
合计											确认

抽取企业应收账款样本：　户　　抽取样本金额：　　　收到回函样本金额：　　回函可以确认金额：
企业期末应收账款客户：　户　　企业期末应收账款总金额：　　　占样本金额比例：
通过替代审计可确认金额：
户数的比例：　　户　　抽取样本占期末余额比例：　　可确认金额占样本金额的比例：

长税会计师事务所
应收账款函询未回替代程序检查表

债务人名称	借方入账			审计日止是否收到	应收账款内容					拖欠原因	审计确认意见
	日期	凭证号	金额		事由	发票号	货名	数量	金额		
合计											

模拟实验八　存货监盘

（一）实验目的

学生通过实验掌握各种情况下存货监盘的审计程序及对应的监盘方法，学会如何应对监盘中出现的各种特殊情况，以得出充分适当的审计证据。

（二）实验资料

吉财股份三公司主要从事家电产品的生产和销售。长税会计师事务所负责审计吉财股份三公司 2018 年度财务报表。审计项目组在审计工作底稿中记录了与存货监盘相关的情况，部分内容摘录如下。

1. 审计项目组拟不信赖与存货相关的内部控制运行的有效性，故在监盘时不再观察管理层制定的盘点程序的执行情况。

2. 审计项目组获取了盘点日前后存货收发及移动的凭证，以确定吉财公司股份三公司是否将盘点日前入库的存货、盘点日后出库的存货以及已确认为销售但尚未出库的存货包括在盘点范围内。

3. 由于吉财股份三公司人手不足，审计项目组受管理层委托，于 2018 年 12 月 31 日代为盘点吉财公司异地专卖店的存货，并将盘点记录作为吉财股份三公司的盘点记录和审计项目组的监盘工作底稿。

4. 审计项目组按存货项目定义抽样单元，选取 D 产品为抽盘样本项目之一。D 产品分布在 5 个仓库中，考虑到监盘人员安排困难，审计项目组对其中 3 个仓库的 D 产品执行抽盘，未发现差异，对该样本项目的抽盘结果满意。

5. 在吉财股份三公司存货盘点结束前，审计项目组取得并检查了已填用、作废及未使用盘点表单的号码记录，确定其是否连续编号以及已发放的表单是否均已收回，并与存货盘点汇总表中记录的盘点表单使用情况核对一致。

6. 吉财股份三公司部分产成品存放在第三方仓库，其年末余额占资产总额的 10%。

（三）实验要求

1. 针对上述第 1~5 项，逐项指出审计项目组的做法是否恰当。如不恰当，简要说明理由。

2. 针对上述第 6 项，列举三项审计项目组可以实施的审计程序。

模拟实验九　应付账款审计

（一）实验目的

学生通过本实验熟悉应付账款内部控制制度测试的基本内容，具体掌握应付账款的实质性测试工作。

（二）实验资料

长税会计师事务所审计吉财股份公司 2018 年度会计报表审计。根据双方签订的审计约定书，于 2019 年 3 月 11 日至 3 月 20 日对该公司 2018 年度的会计报表进行审计。编制审计计划时，报表层的重要性水平是根据总资产的 0.5% 确定的，为 430 万元，分配至应付账款的重要性水平是 25 万元。该公司应付账款有明细账 34 个，审计人员确定函证其中的 30%（即 10 个客户），据此对 50 000 元以上的账户发出函证。根据制定的审计计划，由注册会计师 A、B 负责应付账款的审计测试与取证工作，发现问题归纳如下。

1. 记账人员在登记总账时误将应记入"应付账款"总账的内容串记到"应收账款"总账中，而明细账没有串记，造成"应付账款"总账借方少记 200 000元，而"应收账款"总账借方多记 200 000 元。

2. 审查"应付账款"明细账，发现其中债权人"忠诚公司"仅 12 月份贷方发生额就高达 160 万元，相当于前 11 个月合计数 200 万元的 80%，经核对发现，12 月 25 日 1056#凭证记录金额为 120 万元，会计分录为，借：银行存款 1 200 000元，贷：应付账款：1 200 000 元，所附原始凭证为银行存款进账单和销售给忠诚公司的销售发票。经查系该公司隐匿销售收入的行为。

3. 发现存在挂账时间达 3 年以上的红星公司应付账款 80 000 元，而查询有关部门了解，红星公司已于两年前破产。

4. 应付账款明细账中北方公司贷方余额为 1 000 000 元，为昌盛公司临时借入款项，用于结算工程价款。

5. 发出的函证共计 10 户，收回 9 户，对未收回的雾华公司 150 000 元进行了如下替代程序：

（1）检查购销合同，合同号为 0086 号，双方约定货物收到后 6 个月付款；

（2）查验仓库收货记录，供货方所发货物与合同一致，已办理估价入库手续（价格与合同一致）；

（3）查验昌盛公司付款凭证为 2018 年 2 月银付字 48 号，所付银行汇票存根联收款单位名称与合同签订相符。

（三）实验要求

1. 根据以上资料请代注册会计师编制应付款项审定表、应付款项明细检查表。

2. 若吉财股份公司执意不对有关账户进行调整，请代注册会计师考虑审计报告意见的类型，说明理由。

应付账款审定表

被审计单位：　　　　　编制人：　　　　日期：　　　索引号：

截止日：　　　　　　　复核人：　　　　日期：　　　页次：

索引号	应调整账户名 ＼ 总账面余额		未审数	调整数	重分类调整数	审定数	备注

审计说明及调整分录：

审计结论：

应付账款明细检查表

被审计单位：　　　　　编制人：　　　　　日期：　　　　索引号：

截止日：　　　　　　　复核人：　　　　　日期：　　　　页次：

序号	户名	主要内容	未审数	函证	其他程序	调整数	审定数

审计说明及调整分录：

审计结论：

模拟实验十　审计程序设计运用

（一）模拟实验目的

学生通过本实验熟练掌握年报审计中主要项目的实质性程序运用，能结合具体实际情况设计适用的审计程序。

（二）实验资料

A、B 注册会计师在审计工作底稿中记录了实施实质性程序的情况，部分内容摘录如下。

项目	实质性程序的测试目标	实施情况及结果
（1）	测试应收票据的完整性	因应收票据均于 2018 年初贴现，A 注册会计师无法清点实物，检查了应收票据备查登记簿的记录，结果满意
（2）	测试应收账款的存在	吉财公司管理层大额的应收账款已于 2017 年全额计提坏账准备，2018 年度无变化，注册会计师直接利用上一年度的测试结果
（3）	测试期末存货跌价准备的准备金额和完整性	A、B 注册会计师获取了财务报表编制的存货跌价准备明细表，复核了该表中计算公式和数据的准确性以及相关假设的合理性，并进行了重新计算，结果满意
（4）	检查关键管理人员薪酬的准确性	A、B 注册会计师获取了财务编制的关键管理人员薪酬明细表，并向关键管理人员进行了函证，结果满意
（5）	检查应付账款余额的正确性	年末应付账款余额为 1 000 万元，A、B 注册会计师选取前 10 大供货商实施函证，均收到回函。回函显示一笔 5 万元的差异，管理层同意调整。因回函总额占应付账款余额的 70%，错报明显微小且已更正，注册会计师没有对剩余总体实施其他审计程序
（6）	判断公司重大未决诉讼的合理性	2018 年底，吉财公司存在重大未决诉讼，内部法律顾问和外聘律师均认为败诉可能性较低，因此，管理层没有确认预计负债。A、B 注册会计师认为该事项存在重大错报风险，检查了相关文件，并获取了管理层和内部法律顾问的书面声明，据此认可管理层的判断

（三）实验要求

指出审计程序是否存在不当之处，如不恰当，说明理由。

模拟实验十一　关联方审计

（一）实验目的

学生通过实验掌握关联方关系及其交易的识别，初步掌握评估与应对关联方关系和交易导致的重大错报风险的程序，以确定财务报表是否实现公允反映。

（二）实验资料

长税会计师事务所负责审计上市公司吉财股份公司 2018 年度财务报表。审计项目组在审计工作底稿中记录了与关联方关系及其交易相关的审计情况，部分内容摘录如下。

1. 2018 年度吉财股份公司向其控股股东购入货物是一项重大业务。审计项目组认为该交易是超出正常经营过程的重大关联方交易，存在特别风险。

2. 吉财股份公司管理层在未审财务报表附注中披露，其向关联方采购原材料的交易按照等同于公平交易中通行的条款执行。审计项目组将吉财股份公司向关联方采购的价格与相同原材料的活跃市场价格进行比较，未发现明显差异，据此认为该项披露不存在重大错报。

3. 因拟信赖吉财股份公司建立的与识别、记录和报告关联方关系及其交易相关的内部控制，审计项目组未了解和测试这些控制，通过实施细节测试应对相关重大错报风险。

4. 审计项目组从吉财股份公司管理层获取了下列与关联方关系及其交易相关的书面声明：

（1）已向注册会计师披露了全部已知的关联方名称；

（2）已按照企业会计准则的规定，对关联方关系及其交易进行了恰当的会计处理和披露；

（3）所有关联方交易均不涉及未予披露的"背后协议"。

5. 审计项目组注意到，吉财股份公司 2018 年发生的一项重大交易，对方很可能是管理层未向审计项目组披露的关联方。审计项目组实施追加程序并与治理层沟通后，仍无法确定是否存在关联方关系，决定在审计报告中增加强调事项段，提请财务报表使用者关注财务报表附注中披露的该项交易。

（三）实验要求

1. 针对上述第 1 项，指出审计项目组应当采取哪些应对措施。

2. 针对上述第 2～5 项，逐项指出审计项目组的做法是否恰当。如不恰当，提出改进建议。

模拟实验十二　审计意见类型选择

（一）模拟实验目的

学生通过本实验熟悉审计意见类型，判断并了解如何编写审计报告。

（二）实验资料

资料一：吉财股份公司持有丙公司 30% 股权，因为能够对其施加重大影响，采用权益法计算。A、B 注册会计师将丙公司识别为具有财务重大性的重要组成部分，提出对其实施审计。丙公司董事会予以拒绝，但提供了经其他会计师事务所审阅的 2018 年财务报表。

资料二：A、B 注册会计师于 2019 年 3 月 10 日完成审计工作，在审计工作底稿中记录了吉财股份公司的财务数据，部分内容摘录如下。

审计工作底稿（部分）　　　　　　　　　　单位：万元

项目	2018 年（未审数）				2017 年（已审数）			
	产品销售			建造合同	产品销售			建造合同
	a 产品	b 产品	c 产品		a 产品	b 产品	c 产品	
营业收入	1 000	5 000	840	500	2 000	0	0	100
营业成本	905	4 600	820	320	1 800	0	0	75
投资收益	（100）				（200）			
税前利润	500				400			
	a 产品	b 产品	c 产品		a 产品	b 产品	c 产品	
存货——产成品	0	1 000	7 380		400	0	0	
存货跌价准备	0	0	0		0	0	0	
在建工程——借款利息	80				0			
长期股权投资	乙公司		丙公司		乙公司		丙公司	
初始投资成本	800		500		800		0	
加：损益调整	（600）		100		（400）		0	
长期股权投资账面价值	200		600		400		0	
长期应收款——乙公司	200				0			

资料三：A注册会计师在审计工作底稿中记录了所了解的吉财股份公司情况及其环境，部分内容摘录如下：

1. 吉财股份公司采用经销商买断方式销售 a 和 b 产品。2018 年度，a 产品的建议市场零售价、出厂价和单位生产成本较 2017 年基本没有变化。b 产品是吉财股份公司 2018 年 2 月推出的新产品，其建议市场零售价比 a 产品高 20%。a 产品和 b 产品的单位生产成本接近，其出厂价分别低于各自建议市场零售价的 10% 和 20%。

2. a 产品于 2018 年 11 月停产。2018 年末，某经销商采用交款提货方式购买最后一批 a 产品。吉财股份公司已收到货款 200 万元，并已开具发票和发运凭单。经销商在验收时发现该批产品质量不符合合同要求，双方尚未就解决方案达成一致意见。

3. 吉财股份公司的记账本位币为人民币。2018 年 9 月，吉财公司与某德国客户签订合同，按固定销售价格定制 10 000 件 c 产品，以欧元计价和结算。吉财股份公司一次性投料生产该批产品，并于 2018 年 10 月 1 日销售 1 000 件，其余 9 000 件按合同约定于 2019 年 1 月销售。吉财公司未生产其他批次 c 产品。（假定 2018 年 10 月 1 日即期汇率为 1 欧元 = 8.4 元人民币，2018 年 12 月 31 日即期汇率为 1 欧元 = 8 元人民币）

4. 吉财股份公司于 2018 年 3 月 1 日借入 2 000 万元、年利率为 8% 的专门借款，用于已开工建设并预计于 2019 年末完工的新生产线。吉财股份公司无其他带息债务。因吉财股份公司与施工方对工程质量存在纠纷，该工程于 2018 年 5 月 1 日至 2018 年 8 月 31 日中断。

5. 吉财股份公司于 2017 年起从事建筑安装工程，截至 2018 年末仅承揽一项业务，建造合同约定，工程建设期为 18 个月，工程总价为 500 万元，如果工程提前 3 个月完工，并且质量符合设计要求，客户另付 100 万元奖励款，工程于 2017 年 10 月 1 日开工，于 2018 年 12 月末基本完工。经监理人员认定，工程质量未达到设计要求，还需进一步施工。

6. 吉财股份公司持有乙公司 40% 股权，目前无处置计划。乙公司多年亏损，2018 年度亏损 500 万元，预期其经营状况在未来 5 年内不会发生改变。2018 年 5 月，乙公司因资金短缺，由吉财股份公司为其代垫采购款 200 万元，并约定两年后还款。

（三）实验要求

假定不考虑其他因素（如所得税），代 A、B 注册会计师判断应出具何种类型审计意见的审计报告，并编写审计报告。

参 考 文 献

1. 李若山：《审计案例——国外审计诉讼案例》，沈阳：辽宁人民出版社1998 年版。

2. 高雅青，李三喜：《上市公司审计案例分析》，北京：中国时代经济出版社 2003 年版。

3. 中天恒会计师事务所编著：《会计报表审计实质性测试案例分析》（修订版），北京：中国时代经济出版社 2003 年版。

4. 葛家澍：《会计数字游戏：美国十大财务舞弊案例剖析》，北京：中国财政经济出版社 2003 年版。

5. 拉里·F. 康里奇著，耿建新等译：《审计学——一项风险分析方法》（第五版），北京：中国人民大学出版社 2004 年版。

6. 张景山：《审计案例分析》，北京：中国市场出版社 2012 年版。

7. 刘桂春：《审计案例分析》，北京：经济科学出版社 2012 年版。

8. 王爱国. 国外的碳审计及其对我国的启示 [J]. 审计研究，2012（5）.

9. 樊行健，肖光红. 关于企业内部控制本质与概念的理论与反思 [J]. 会计研究，2014（2）.

10. 《国务院关于加强地方政府性债务管理的意见》（国发〔2014〕43 号）.

11. 赵放. 关于我国碳审计问题的对策性思考 [J]. 审计研究，2014（4）.

12. 财政部有关负责人就发行地方政府债券置换存量债务有关问题答记者问，交通财会，2015（04）.

13. 汤谷良，韩慧博，祝继高：《财务管理案例》（第 2 版），北京：北京大学出版社 2015 年版。

14. 张淑芳. 市场经济下审计的职能与作用探讨 [J]. 经济论坛，2015（1）.

15. 叶陈刚，裴丽，张立娟. 公司治理结构、内部控制质量与企业财务绩效 [J]. 审计研究，2016（2）.

16. 田新民，夏诗园. 新常态背景下地方政府债券置换研究 [J]. 当代经济管理，2016（11）.

17. 刘静：《审计学》（第 4 版），北京：经济科学出版社 2017 年版。

18. 杨敬懿，蔡琳. 上市公司内部控制重大缺陷的分析——基于内部控制审计报告 [J]. 中国注册会计师，2017（12）.

19. 李晓慧，郑海英：《审计教学案例精选》，北京：北京大学出版社 2018

年版。

20. 彭俊英，陈艳芳，幸倞：《审计实务教学案例》，北京：中国人民大学出版社2018年版。

21. 李晓慧：《审计学实务与案例》（第4版），北京：中国人民大学出版社2018年版。

22. 袁益政，竺素娥：《财务管理案例》（第3版），大连：东北财经大学出版社2018年版。

23. Linda Elizabeth DeAngelo：Auditor independence，"low balling"，and disclosure regulation ［J］. Journal of Accounting and Economics，1981，Vol. 3（2），pp. 113 – 127CrossRef.

24. Bhasin，Madan Lal，Integrating Corporate Governance and Forensic Accounting：A Study of an Asian Country ［J］. International Journal of Management Sciencesand Business Research. 2017，01：Vol. 6，Issue 1.

25. Awadallah，Abdelmoneim，A. and El Said，Haithm Mohamed. Implications of Financial and Non-Financal Measures on the Refinement of the Assessments of Audit Risk：An Empirical Investigation ［J］. Joumal of Modem Accounting and Auditing. 2016，07：Vol. 12，No. 7，365 – 378.